T0135697

Wiebke Köhlmann

Zugänglichkeit virtueller Klassenzimmer für Blinde

Die vorliegende Arbeit wurde im Mai 2016 von der mathematisch-naturwissenschaftlichen Fakultät an der Universität Potsdam als Dissertation zur Erlangung des akademischen Grades Doktor der Naturwissenschaften (Dr. rer. nat.) angenommen.

1. Gutachter: Prof. Dr. rer. nat. habil. Helmut Jürgensen, Universität Potsdam
2. Gutachterin: Prof. Dr.-Ing. habil. Ulrike Lucke, Universität Potsdam
3. Gutachter: Prof. Dr. rer. nat. habil. Gerhard Weber, Technische Universität Dresden

Bibliografische Information der Deutschen Nationalbibliothek

Die Deutsche Nationalbibliothek verzeichnet diese Publikation in der Deutschen Nationalbibliografie; detaillierte bibliografische Daten sind im Internet über http://dnb.d-nb.de abrufbar.

Zugl.: Potsdam, Univ., Diss., 2016

©Copyright Logos Verlag Berlin GmbH 2016
Alle Rechte vorbehalten.

ISBN 978-3-8325-4273-3

Logos Verlag Berlin GmbH
Comeniushof, Gubener Str. 47,
10243 Berlin
Tel.: +49 (0)30 42 85 10 90
Fax: +49 (0)30 42 85 10 92
INTERNET: http://www.logos-verlag.de

Zusammenfassung

E-Learning-Anwendungen bieten Chancen für die gesetzlich vorgeschriebene Inklusion von Lernenden mit Beeinträchtigungen. Die gleichberechtigte Teilhabe von blinden Lernenden an Veranstaltungen in virtuellen Klassenzimmern ist jedoch durch den synchronen, multimedialen Charakter und den hohen Informationsumfang dieser Lösungen kaum möglich.

Die vorliegende Arbeit untersucht die Zugänglichkeit virtueller Klassenzimmer für blinde Nutzende, um eine möglichst gleichberechtigte Teilhabe an synchronen, kollaborativen Lernszenarien zu ermöglichen. Im Rahmen einer Produktanalyse werden dazu virtuelle Klassenzimmer auf ihre Zugänglichkeit und bestehende Barrieren untersucht und Richtlinien für die zugängliche Gestaltung von virtuellen Klassenzimmern definiert. Anschließend wird ein alternatives Benutzungskonzept zur Darstellung und Bedienung virtueller Klassenzimmer auf einem zweidimensionalen taktilen Braille-Display entwickelt, um eine möglichst gleichberechtigte Teilhabe blinder Lernender an synchronen Lehrveranstaltungen zu ermöglichen. Nach einer ersten Evaluation mit blinden Probanden erfolgt die prototypische Umsetzung des Benutzungskonzepts für ein Open-Source-Klassenzimmer. Die abschließende Evaluation der prototypischen Umsetzung zeigt die Verbesserung der Zugänglichkeit von virtuellen Klassenzimmern für blinde Lernende unter Verwendung eines taktilen Flächendisplays und bestätigt die Wirksamkeit der im Rahmen dieser Arbeit entwickelten Konzepte.

Abstract

E-learning applications can support the legally required inclusion of learners with disabilities. Unfortunately, due to the synchronous, multimedia character of such solutions and the high information density, equal participation by blind learners at lessons in virtual classrooms is barely possible.

This work evaluates the accessibility of virtual classrooms for blind participants in order to facilitate an equal participation in synchronous and collaborative learning scenarios. In the context of a product analysis, virtual classrooms are analyzed in terms of their accessibility and existing barriers. Furthermore, guidelines for the design of accessible virtual classrooms are defined. Subsequently, an alternative interface concept for the display of and interaction with virtual classrooms on a two-dimensional tactile Braille display is developed in order to provide an equal access to participation in synchronous learning sessions. After an initial evaluation with blind subjects, a prototype of the alternative interface concept for an open source application is implemented. The concluding evaluation of the prototypical implementation using a tactile Braille display shows an improvement of the accessibility of virtual classrooms for blind learners and affirms the concepts developed within this work.

Danksagung

Großer Dank gebührt zu allererst Prof. Dr. Helmut Jürgensen, der mir stets viel Geduld und Verständnis entgegen brachte und mit wertvollen Ratschlägen für das Gelingen der Arbeit sorgte. Weiterhin gilt mein Dank Prof. Dr. Ulrike Lucke, die mich sowohl in ihrer Rolle als Zweitbetreuerin und Gutachterin wie auch als Chefin mit detaillierten und kritischen Hinweisen zu Publikationen und der Dissertation unterstützte sowie zu der Fertigstellung der Arbeit motivierte. Ich danke außerdem Prof. Dr. Gerhard Weber für sein drittes Gutachten sowie die angenehme Zusammenarbeit zum Thema barrierefreier Computernutzung für Blinde.

Meinen wissenschaftlichen Kollegen an der Universität Potsdam danke ich für die immer zielführenden Diskussionen, die so manchen neuen Aspekt in meine Dissertation einbrachten. Speziell möchte ich hier Francis Zinke für anregende Diskussionen sowie technische und inhaltliche Anregungen und Maria Schiewe für die gegenseitige Unterstützung bei der Themenfindung danken. Weiterhin möchte ich Dr. Franka Grünewald für ihre Unterstützung bei der Zeitplanung und Finalisierung der Arbeit danken. Mein Dank richtet sich außerdem an die Mitarbeiter des Lehrstuhls Mensch-Computer Interaktion der TU Dresden für ihre konstruktive Unterstützung bei Implementierungsfragen. Ich möchte weiterhin allen Studierenden danken, die im Rahmen von Projekten oder Abschlussarbeiten wertvolle Unterstützung geleistet haben. Allen Korrekturlesern gilt mein Dank für ihre kritischen Anmerkungen und ihre Zeit.

Weiterhin danke ich allen, die mich bei der Durchführung von Benutzertests unterstützt haben – der Dank gilt dabei insbesondere Prof. Dr. Gerhard Weber und seinen Mitarbeitern sowie Ulrich Kalina und Oliver Nadig der Blista in Marburg. Ohne die wertvollen Einsichten der Probanden, die an meinen Studien mitgewirkt haben, wäre ein Verständnis der Bedürfnisse blinder Nutzender nicht möglich gewesen. Daher möchte ich auch ihnen herzlich für ihre Mitwirkung danken.

Nicht minder aufreibend waren die vergangenen Jahre für meine Familie, die dieses Werk durch ihre Geduld und moralische Unterstützung ermöglicht hat. Ich danke insbesondere meinem Mann und meinen Kindern für ihr Verständnis für meine Arbeit und den dafür erforderlichen Zeitaufwand. Weiterhin möchte ich meiner Familie danken, die mir für die Erreichung von Abgabefristen den Rücken freihielt.

Verwendete Konventionen

In der vorliegenden Arbeit werden folgende Konventionen zur Kennzeichnung von Textelementen verwendet:

- kursiv (*kursiv*): fremdsprachliche Begriffe, Eigennamen, fachspezifische Begriffe sowie Hervorhebungen
- doppelte Anführungszeichen („"): Zitate
- eingerückte alleinstehende Absätze mit kleiner Schriftgröße: Blockzitate
- nichtproportionale Schriftart (`Courir`): Quellcode, Formeln
- nichtproportionale Schriftart und Einfassung in eckige Klammern (`[Courir]`): Bezeichnungen von Bedienelementen und Hardwaretasten

Bei den Literaturnachweisen wird zwischen Druckerzeugnissen und Internetquellen unterschieden. Die Zitation von Druckerzeugnissen erfolgt durch die Abkürzung von Autoren und Jahreszahl; die Zitation von Internetquellen erfolgt durch eine laufende Nummer entsprechend der Reihenfolge der Referenzierung nach DIN 1505-2 [Deu84].

Häufig gebrauchte Abkürzungen werden bei der ersten Nennung im Text benannt und im Abkürzungsverzeichnis erfasst.

Inhaltsverzeichnis

Nowadys learning technologies transformed educational systems with impressive progress of Information and Communication Technology (ICT). Furthermore, when these technologies are available, affordable and accessible, they represent more than a transformation for people with disabilities. They represent real opportunities with access to an inclusive education and help to overcome the obstacles they met in classical educational systems. [LJJ$^+$14, S. 29]

1. Einleitung

Die vorliegende Arbeit beschäftigt sich mit der Frage, welche Barrieren bei der Beteiligung blinder Lernender an einer synchronen, virtuellen, kollaborativen Lernsituation auftreten und durch welche Maßnahmen eine möglichst gleichberechtigte Teilhabe erreicht werden kann. Die Fragestellung kann in die Schwerpunkte Mensch-Maschine-Kommunikation, E-Learning und Inklusion eingeordnet werden und erfordert somit eine interdisziplinäre Betrachtung.

1.1. Problemstellung

Das Thema Inklusion gewinnt in Bezug auf gesetzliche Vorgaben, wie bspw. die UN-Behindertenrechtskonvention [1], das Behindertengleichstellungsgesetz (BGG) [Bun02], das Hochschulrahmengesetz (HRG) [Bun07] und die Bologna-Reform [2], an hochschulpolitischer Relevanz. Die Gesetze legen fest, dass Menschen mit gesundheitlichen Beeinträchtigungen – wie bspw. im Hochschulkontext Studierende aufgrund von körperlichen oder kognitiven Einschränkungen – nicht benachteiligt werden dürfen. Laut der 20. Sozialerhebung des Deutschen Studentenwerks [3] weisen 7 % aller Studierenden an deutschen Hochschulen eine das Studium erschwerende gesundheitliche Beeinträchtigung auf. Davon haben 13 % eine Sehbeeinträchtigung mit daraus folgender Studienerschwernis. 8 % der Studierenden ohne und 27 % der Studierenden mit gesundheitlichen Beeinträchtigungen unterbrachen ihr Studium.

Der Begriff einer inklusiven Bildung wird von den Vereinten Nationen [4] auf alle Lernenden als Schlüsselstrategie für das Erreichen einer „Education For All" erweitert. Aufgrund dieser Strategie sowie fortschreitenden technischen Entwicklungen, wie bspw. der zunehmenden Verbreitung von verschiedenen Interaktionsplattformen und „Wearables"[1], darf Inklusion nicht nur auf Menschen mit Beeinträchtigungen und ältere Nutzende beschränkt werden, sondern sollte auf alle Nutzende ausgeweitet werden, die von Zugänglichkeitsproblemen heute oder in der Zukunft betroffen sein könnten (vgl. [SS01]).

---

[1]Unter einem *Wearable Computer* versteht man ein Computersystem, das während der Anwendung am Körper des Benutzenden befestigt ist (bspw. Hörgeräte oder Armbanduhren mit Gesundheitsfunktionen).

Blinde Lernende greifen auf digitale Information mit Hilfe von technischen Hilfsmitteln zu – meistens sind dies Screenreader-Anwendungen[2] (Bildschirmleseprogramme) und taktile Ein-/Ausgabegeräte (sog. Braille-Zeilen[3]). Damit erfolgt die Ausgabe zeilenweise und textbasiert – zweidimensionale Inhalte, wie Tabellen, Diagramme, grafische Darstellungen oder strukturelle und räumliche Zusammenhänge, können mit diesen Hilfsmitteln nur eingeschränkt abgebildet werden (vgl. [JP05]). Diese zweidimensionalen Inhalte können in den meisten Fällen nur über analoge taktile Darstellungen oder alternative textuelle Beschreibungen erschlossen werden. Weiterhin werden bei der Orientierung und Wegfindung in bekannten Umgebungen meist Langstock oder Blindenführhund verwendet. Blinde Studierende sind somit sowohl bei der Orientierung auf dem Universitätsgelände als auch bei dem Erfassen von Lerninhalten (bspw. analoge Lernmaterialien und Tafelbildern) oft auf fremde Hilfe angewiesen. Hürden für die Wahrnehmung von Information können bereits bei einfachen textuellen Inhalten entstehen, wenn diese bspw. nicht mit technischen Hilfsmitteln lesbar sind, nicht mittels Überschriften strukturiert wurden oder über eine nicht-zugängliche Webseite verbreitet werden.

Die Verwendung des Internets und digitaler Materialen, bspw. im Rahmen eines E-Learning-Szenarios, ergänzen die Präsenzlehre zunehmend in allen Bildungsbereichen (vgl. [LT07]), und das Angebot an virtuellen Lernumgebungen (engl. *Virtual Learning Environments (VLEs)*) auf denen Lernende kollaborieren und kooperieren können nimmt zu [BL10]. Der Zugang zu Information und der Wissenserwerb kann Menschen mit Beeinträchtigungen durch die wachsende Verfügbarkeit von digitale Lernmaterialien und -räumen erleichtert werden und bietet so Chancen für ihre Inklusion an Hochschulen oder im Bereich des lebenslangen Lernens. Sofern die Inhalte zugänglich gestaltet sind, ermöglicht E-Learning, sich ortsunabhängig mit eigenen Hilfsmitteln viele Materialien selbst zu erschließen, in eigener Geschwindigkeit zu lernen und mit anderen Lernenden kollaborieren zu können.

Ein hochschulübergreifender Austausch, bspw. über *Open Educational Ressources (OER)*, zur Wiederverwendung zugänglicher Materialien könnte den Informationszugang für Lernende mit Beeinträchtigungen verbessern und den Aufbereitungsaufwand für Lehrende (vgl. [BCM+06]) verringern. Nach einer Studie von Dobusch et al. [5] findet die Verbreitung von *Open Educational Ressources*, bspw. über landeseigene Portale, leider kaum statt.

Der wachsende Informationsumfang, die Multimedialität (bspw. Grafiken, Videos, Animationen) und die Synchronizität im E-Learning – welche für Nutzende ohne Beeinträchtigung in der Regel die Lernerfahrung bereichern (vgl. [Sch02]) – stellen jedoch große Hürden für viele Lernende mit Beeinträchtigungen, insbesondere für blinde und sehbehinderte Nutzende, dar (vgl. [Kah98]) und relativieren somit die zuvor beschriebenen positiven Effekte von E-Learning.

Verschiedene Richtlinien definieren Kriterien für eine barrierefreie Gestaltung von Internetangeboten und E-Learning-Anwendungen. Sie dienen als Grundlage und Orientierung für die zugängliche Gestaltung von Angeboten, sind jedoch aufgrund der An-

---

[2]Screenreader sind Bildschirmleseprogramme, die den Bildschirminhalt auditiv wiedergeben.
[3]Braille-Zeilen sind taktile Ausgabegeräte zur Darstellung der Screenreaderausgabe auf einer Zeile Braille-Schrift.

wendungsart oder auch aufgrund bestehender Schwachstellen (vgl. [Hai15, KSB+07]) nicht immer vollständig anwendbar.

Eine Vision einer Inklusion hin zur „Unsichtbarkeit" der Einschränkung bzw. der benötigten (technischen) Hilfsmittel, zielt auf individuelle adaptive Lösungen ab, die sich automatisch an die Bedürfnisse des Nutzenden anpassen:

> As we are striving for an inclusive community, people with disabilities should not have to identify themselves as having a disability or using a specific technology to access content. Any user profile should not be based on disability to access specific tools. The interaction between content and the end-user must be seamless. [McC14, S. 77]

Adaptive Konzepte und Lösungen zur Anpassung von Inhalten sowie Anwendungen entsprechend persönlicher Bedürfnisse sind im Fokus der aktuellen Forschung (vgl. bspw. [MBJL15, SZWB14]). Jedoch stellt die Berücksichtigung der heterogenen Anforderungen verschiedener Nutzergruppen mit und ohne Beeinträchtigung eine große Herausforderung dar und ist nicht allein softwareseitig zu bewerkstelligen. Ein Ansatz – anstelle von Personalisierungen – generalisierte Lösungen (im Sinne von *Universal Design*, vgl. [Van00]) zu schaffen, die allen Nutzenden helfen, kann eine wichtige Grundlage für zukünftige Entwicklungen darstellen: „If content is designed using principles of universal design, inclusion and intelligence, content is accessible to everyone" [McC14, S. 77]. Andererseits muss vermieden werden, dass die Generalisierung zu einer Einschränkung der Angebotsvielfalt auf Kosten der Lernenden ohne Beeinträchtigungen führt.

Die *Universal Design for Learning Guidelines* [6] verfolgen den Ansatz, Chancengleichheit für alle Lernende zu schaffen. Newell et al. [NGM+11] argumentieren, dass eine universelle Gestaltung aufgrund der sehr unterschiedlichen Bedarfe kaum möglich ist und daher eher ein inklusives Design angestrebt werden sollte. Daher sollte bei der Gestaltung die Methode des *User-Sensitive Inclusive Design* verfolgt werden, welches zudem betont, dass Anpassungen aufgrund der Komplexität unterschiedlicher Bedarfe mit Bedacht umgesetzt werden sollten [NG00].

Im Sinne der Inklusion blinder Lernender in Regelschulen und Universitäten, ist eine kollaborative Arbeitsumgebung für Lernende mit und ohne Beeinträchtigungen – wie schon von Jürgensen & Power [JP05] beschrieben – erforderlich. Das Deutsche Studentenwerk [7, S. 1] fasst Bestrebungen zur chancengleichen Teilhabe von Menschen mit Behinderung an Hochschulen zusammen:

- Sicherstellung der Chancengleichheit in Bezug auf Studienangebote,
- Nachteilsausgleiche bei Studien- und Prüfungsleistungen,
- Bereitstellung barrierefreier Strukturen im Hochschulbereich,
- Aufbau und Erhalt von Informations-, Beratungs- und Dienstleistungsangeboten zu Studien- und Berufswahlphasen sowie
- gleichberechtigte Teilhabe an einem internationalen Hochschulraum.

Zu kooperativem Lernen existieren umfassende Untersuchungen, welche positive Auswirkungen u. a. in Bezug auf Problemerkennungsfähigkeit, Wissensfindung und -aneignung und Zusammenarbeit mit anderen [HH07] belegen. Zu Beginn dieses Forschungsvorhabens waren die Bedürfnisse blinder Lernender in kooperativen Lernszenarien nach McGookin et al. und Winberg et al. [MB07, WB04] noch nicht ausreichend untersucht.

Verschiedene Untersuchungen zu kooperativem Lernen unter Blinden belegen, dass geeignete technische Hilfsmittel in Kombination mit entsprechenden Anwendungen eine erfolgreiche Kooperation zwischen blinden und sehenden Nutzenden ermöglichen können [CB05, KYM07, SBBW06, SBH04, SME07, SRGS00, SZ03, Win06], jedoch befassen sich die meisten dieser Untersuchungen mit abstrakten Aufgabenstellungen und lassen nur eingeschränkt Rückschlüsse auf praxisnahe Lernszenarien zu.

Kooperative Lernumgebungen vereinen eine Vielzahl von Werkzeugen und Funktionen bspw. für synchrone und asynchrone Kommunikation und Kollaboration, Inhaltserstellung sowie Datenaustausch. Durch die Komplexität und Verschiedenartigkeit der Komponenten dieser Umgebungen treffen unterschiedliche Zugänglichkeitsbarrieren aufeinander und stellen somit eine Herausforderung für eine inklusive Gestaltung dar.

Ein Beispiel dieser kooperativen Lernumgebungen sind virtuelle Klassenzimmer (VK). Mit Hilfe von virtuellen Klassenzimmern können viele Eigenschaften einer Präsenzlehr-/-lernsituation mittels synchroner Kommunikation und Medieneinsatz (bspw. mit Chat, Audio- und Video-Konferenz, Shared Desktop und dynamischem Whiteboard) im Internet abgebildet werden [FH12]. Virtuelle Klassenzimmer vereinen damit textuelle, grafische und dynamische Inhalte in einer synchronen Kommunikations- und Kollaborationssituation. Das Erfassen von grafischen Medien ist jedoch mit den herkömmlichen Hilfsmitteln blinder Lernender – Screenreader und Braille-Zeile – nicht möglich. Zudem besteht ein semantisches Problem bei synchroner Kommunikation darin zu erkennen, welche Zusammenhänge zwischen den medialen Beiträgen (bspw. Chat, Video, Whiteboard, Dateiübertragung, Shared Desktop) bestehen. Bei der Verwendung von Kommunikations- und Kollaborationsanwendungen verlaufen außerdem meist mehrere Aktionen parallel. Ein Sehender erkennt durch den Gesamtüberblick sofort, ob eine Änderung stattgefunden hat – bspw. wird gleich der Zusammenhang zwischen Dateiübertragung oder Texteingabe im Chat mit einem sprachlichen Beitrag ersichtlich. Durch die punktuelle Informationsaufnahme von Blinden und Menschen mit Sehbeeinträchtigungen kann die Verknüpfung mehrerer Ereignisse schwierig sein bzw. die Veränderungen werden ggf. gar nicht bemerkt (vgl. auch [Web89]). Aus diesen bleibenden Hürden ergeben sich Anforderungen an die Autoren bzw. Lehrenden bei der Erstellung der (Lern-)inhalte und an die Anwendungen in Bezug auf Benutzerfreundlichkeit und Zugänglichkeit.

Brock et al. [BVO+10] fordern die Entwicklung zugänglicher kollaborativer Anwendungen, welche den schriftlichen Ideenaustausch bzw. das Brainstorming auch für Menschen mit Sehbeeinträchtigung ermöglichen. Seit Beginn dieses Forschungsvorhabens wurden verschiedene Untersuchungen zu kollaborativen Anwendungen durchgeführt (vgl. [FLB+10, KMM+14, KNK10, MRV+11, SCM14]), welche die Zugänglichkeit für blinde Nutzende untersuchen und verbessern. Hersteller virtueller Klassenzimmer unterstützen zunehmend eine zugängliche Bedienung. Jedoch reichen diese Maßnahmen nicht aus, um blinden Lernenden den gleichberechtigten Zugang zu kollaborativen Lernszenarien zu ermöglichen.

1.2. Zielsetzung und Forschungsvorhaben

Nach Luke [Luk01] bestehen die größten Zugänglichkeitsbarrieren im Bildungsbereich in dem effektiven pädagogischen Einsatz von Technologien. Dabei müssen Lehrende sowohl pädagogische als auch zugänglichkeitsbezogene Aspekte berücksichtigen. Um die Lehrenden zu unterstützen, betont [Luk01] den Bedarf an integrierten Zugänglichkeitsfunktionen zur Vereinfachung der Verwendung von E-Learning-Werkzeugen.

Nach Treviranus & Roberts [TR06] sollte dabei nicht die Frage verfolgt werden, wie eine gleiche Erfahrung für Menschen mit und ohne Einschränkung erreicht werden kann, sondern eher, wie die gleichen Lernziele erreicht werden können. Diese Argumentation könnte nahelegen, dass auch Repräsentationen mit großen Unterschieden zum Original akzeptabel seien. Jedoch fordern Treviranus & Roberts [TR06] weiterhin eine möglichst originalgetreue Transformation, welche eine Grundvoraussetzung für die Kommunikation über die Inhalte und somit für kollaboratives Lernen ist. Daraus folgt, dass bei der zugänglichen Anpassung von Inhalten und Anwendungen zum Lernzweck ein möglichst gewinnbringendes Verhältnis zwischen gleichwertiger Darstellung und dem Lernerfolg angestrebt werden sollte.

Virtuelle Klassenzimmer können aufgrund ihres ortsunabhängigen Charakters eine Teilnahme von Lernenden mit Beeinträchtigungen an einer Veranstaltung überhaupt erst ermöglichen. Im Vergleich zu Präsenzveranstaltungen sind diese nach Falloon [Fal10] jedoch nur dann vorteilhaft, wenn die Sitzung einen kollaborativen, interaktiven Charakter hat, welcher den Lernenden eine aktive und gleichberechtigte Rolle einräumt.

Auch Mynatt [Myn97] betont, dass eine Anforderung an Screenreader-Anwendungen die Erleichterung der Kollaboration unter blinden und sehenden Personen darstellt, und somit eine Kommunikation bezüglich der Benutzungsoberfläche möglich sein muss. Um diese Kommunikation zu ermöglichen, sind u. a. ein ähnliches mentales Modell sowie eine ähnliche räumliche Anordnung von Objekten hilfreich. Blinde Lernende äußerten weiterhin selbst den Wunsch nach möglichst großer Ähnlichkeit der Inhaltsrepräsentation (vgl. Kapitel 9.5.6). Weiterhin wird der Einsatz von taktilen Grafiken als entscheidend für das Lernergebnis eingeschätzt [ZW14].

Die Zugänglichkeit virtueller Klassenzimmer ist von verschiedenen Faktoren – E-Learning-Plattformen, Inhalten, Veranstaltungsorganisation, Lehrmethoden sowie Gesetzen und Richtlinien [Gug13] – abhängig. Diese Faktoren können sozialen, technischen und informationsbezogenen Kontexten zugeordnet werden (siehe Abbildung 6.9 auf S. 91). Soziale und informationsbezogene Faktoren können technisch oder durch Aufklärung unterstützt, aber nur zum Teil beeinflusst und aufgrund der erforderlichen Eigeninitiative der Akteure nicht garantiert werden. Weitere konkrete Zugänglichkeitsbarrieren bei der Verwendung von virtuellen Klassenzimmern entstehen – neben allgemeinen Hürden wie bspw. Wahrnehmung und Navigation (vgl. [8]) – u. a. durch dynamische Inhalte, visuelle Medien, parallele Ereignisse sowie einen mangelnden Überblick über semantische Zusammenhänge.

Demnach kann eine pädagogische Aufbereitung alleine die Hürden nicht überwinden und bedarf einer technischen Unterstützung in Form einer zugänglichen Plattform. Auch Lucke & Specht [LS12] betonen am Beispiel mobiler Technologien für die Lehre, dass technische und nicht-technische Aspekte zusammen betrachtet werden müssen. Um den Bedürfnissen und Vorlieben von Lernenden gerecht zu werden (vgl. [ISO08b]), ist es erforderlich, technische Funktionen (u. a. Anzeige und Kontrolle), pädagogische Konzepte sowie Inhalte zu vereinen. Dies macht interdisziplinäre Betrachtung der Problematik erforderlich.

Je mehr Zielgruppen in der Gestaltung berücksichtigt werden sollen, umso kom-
plizierter wird die Umsetzung unter Berücksichtigung aller Bedarfe [NGM$^+$11]. Die
vorhandene Heterogenität innerhalb der Zielgruppe von Menschen mit Sehbeeinträchtigungen (bspw. hinsichtlich Geburtsblinden und Späterblindeten) führt außerdem zu
verschiedenen Anforderungen, die berücksichtigt werden müssen. Die Entwicklung einer
Anwendung zum Beheben von Barrieren für verschiedene Arten der Beeinträchtigungen[4] ist sehr komplex und birgt die Gefahr, spezielle Bedarfe nur oberflächlich behandeln zu können oder bestimmte Nutzergruppen auszuschließen (vgl. [Van00]). Um diese
potentiellen Konflikte zu vermeiden, konzentriert sich diese Arbeit auf nur eine Zielgruppe, wie auch von [NGM$^+$11] empfohlen: Blinde und Sehbehinderte, die aufgrund
ihres geringen Sehrestes mit Braille-Schrift und Screenreader arbeiten. Nachfolgend
wird von dieser Zielgruppe als ‚blind‘ gesprochen.

Die Zielsetzung dieser Arbeit, die Inklusion sowie den Informationszugang für Blinde
zu einer zunehmend von digitalen Medien und Kollaboration geprägten Lehre zu verbessern, steht noch vor verschiedenen ungelösten Barrieren in Bezug auf semantische
Zusammenhänge, soziale Präsenz, Wahrnehmbarkeit der Benutzungsoberfläche sowie
der Interaktion. Um die Vorteile von grafischen Benutzungsoberflächen in Bezug auf
die direkte Manipulationsmöglichkeit der Bedienelemente, deren räumliche Anordnung,
einen guten Gesamtüberblick auch für blinde Lernende nutzen zu können sowie die möglichst gleichberechtigte Kommunikation und Kollaboration unter blinden und sehenden
Lernenden zu erreichen, wird in dieser Arbeit die Verbesserung der Zugänglichkeit kollaborativen Lernumgebungen am Beispiel von virtuellen Klassenzimmern angestrebt.

Diese Zielsetzung wird durch die Entwicklung alternativer Benutzungskonzepte sowie
die beispielhafte Abbildung eines virtuellen Klassenzimmers auf ein zweidimensionales,
berührempfindliches, taktiles Flächendisplay angestrebt. Es wird davon ausgegangen,
dass die entwickelten Konzepte auf andere (zukünftige) Geräte und Plattformen übertragbar sein werden und die allgemeine Bedienbarkeit für Menschen mit und ohne
Beeinträchtigung verbessern könnten (vgl. [Cun12, Van00]).

Aus der Zielstellung ergeben sich folgende Fragestellungen:

1. Welche konkreten Barrieren treten bei der aktiven Teilnahme von blinden Lernenden an synchronem kollaborativem Lernen auf?

2. Wie zugänglich sind die derzeit auf dem Markt verfügbaren proprietären und frei
   verfügbaren virtuellen Klassenzimmer für blinde Nutzende?

3. Welche Voraussetzungen muss ein virtuelles Klassenzimmer erfüllen, um eine
   gleichberechtigte Teilnahme von blinden und sehenden Lernenden zu ermöglichen?

4. Welche Maßnahmen und alternativen Konzepte sind nötig, um bestehende Anwendungen virtueller Klassenzimmer entsprechend den Anforderungen barrierefrei anzupassen?

5. Kann ein zweidimensionales taktiles Flächendisplay die Beseitigung bestehender
   Barrieren unterstützen?

Aufgrund der Interdisziplinarität der Fragestellung aus den Bereichen der Informatik (Mensch-Maschine-Interaktion, technische Hilfsmittel), der Pädagogik (kolla-

---

[4]Weitere Beeinträchtigungen können bspw. motorisch, kognitiv, sensorisch oder sozial sein. Für eine
nähere Beschreibung der Einschränkungen vgl. [Chi10].

borsatives Lernen, E-Learning) sowie der Barrierefreiheit und der Kommunikations-
theorie muss die Herangehensweise diese verschiedenen Perspektiven berücksichtigen.
Aufgrund ihrer Ansiedelung im Fachbereich Informatik konzentriert sich diese Arbeit
jedoch hauptsächlich auf zwei Sichtweisen von zugänglichem E-Learning nach Guglielman [Gug13]:

- die Verbesserung technischer Voraussetzungen für zugängliche virtuelle Klassenzimmer (Sichtweise *E-Learning-Plattformen und -Software* [Gug13])
- die Einhaltung von Richtlinien (Sichtweise *Gesetze und Richtlinien* [Gug13])

Der Fokus dieser Arbeit liegt daher auf der Untersuchung existierender Barrieren und
der Entwicklung von alternativen Konzepten, welche die Zugänglichkeit virtueller Klassenzimmer für blinde Lernende verbessern und eine möglichst gleichberechtigte Teilhabe
an kollaborativen Veranstaltungen ermöglichen. Dabei erfolgt keine vollständige Umsetzung aller Funktionalitäten eines virtuellen Klassenzimmers, sondern eine prototypische Weiterentwicklung einer etablierten Lösung, um die verbesserte Bedienbarkeit
und Zugänglichkeit zu evaluieren und nachweisen zu können.

Aufgrund der Konzentration dieser Arbeit auf die Zugänglichkeit und Anpassung
virtueller Klassenzimmer sowie des Umfangs dieser Arbeit, werden folgende Aspekte
nicht oder nur ansatzweise betrachtet:

- *Zugängliche Lerninhalte*: Die zugängliche Aufbereitung von Lerninhalten (vgl.
  [Gug13]) ist eine wichtige Voraussetzung für die Inklusion von Lernenden mit
  Beeinträchtigungen. Jedoch obliegt diese Anpassung den Lehrenden bzw. Medi-
  enentwicklern und kann von Seiten einer E-Learning-Umgebung u. a. nur durch
  Anleitungen, Hilfestellungen bspw. zum Hinzufügen von Metadaten sowie mög-
  lichen Beschränkungen beim Hochladen beeinflusst werden. Die Relevanz der
  alternativen Aufbereitung der Inhalte und der Mitarbeit von Akteuren wird in die-
  ser Arbeit gewürdigt, jedoch finden diese Aspekte in der Konzeption nur sekundär
  Beachtung.
- *Organisation der Veranstaltung*: Die organisatorischen Rahmenbedingungen einer
  Veranstaltung (vgl. [Gug13]) können technisch unterstützt werden, unterliegen
  aber der Verantwortung von Lehrenden und Bildungseinrichtungen.
- *Lehrmethoden*: Der passende Einsatz von kollaborativen Lernmethoden[5] (vgl.
  [Gug13]) kann zum Erfolg einer Veranstaltung beitragen, wird jedoch aufgrund
  des technischen Fokus dieser Arbeit nicht betrachtet.
- *Adaptive Lernumgebungen*: Die (automatische) Anpassungsfähigkeit von Lernumgebungen entsprechend der Bedarfe einzelner Lernender kann einen wichtigen
  Beitrag zu der Zugänglichkeit einer Anwendung leisten. Da die vorliegende Arbeit
  sich primär auf die Entwicklung alternativer Benutzungskonzepte konzentriert,
  werden Anpassungen vorherrschend über manuelle Einstellungen vorgenommen.
  Semi-automatische Adaptionsmöglichkeiten von virtuellen Klassenzimmern, bspw.
  in Bezug auf persönliche Bedürfnisse, Lerninhalte sowie Ein- und Ausgabegeräte,
  sind auf der hier entwickelten Basis als gewinnbringende Erweiterung denkbar.
- *Social Web und Web 2.0*: Der kollaborative Charakter von Social-Web- und Web-
  2.0-Anwendungen ist für die Lehre interessant und wird somit zunehmend einge-

---

[5]Beispiele für kollaborative Lernmethoden sind Gruppeninterviews, Gruppenpuzzle oder Gruppenral-
lye [HH07, Sla94, Tra04].

setzt (vgl. [Leh11]). Erkenntnisse aus Untersuchungen zur Zugänglichkeit dieser Anwendungen sind in Bezug auf diese Arbeit interessant (vgl. eine Untersuchung zu *Google Docs* [MBB⁺11]), jedoch würde eine Ausweitung des Forschungsfokus auf Social Web und Web 2.0 zu weit führen.

- *Berücksichtigung weiterer körperlicher Beeinträchtigungen*: Nach Newell et al. [NGM⁺11] steigt die Komplexität der Umsetzung, je mehr Bedarfe (unterschiedlicher Zielgruppen) berücksichtigt werden. Da die Anpassung eines visuellen Mediums für blinde Lernende bereits eine große Herausforderung darstellt, werden in der nachfolgenden Arbeit keine weiteren körperlichen Beeinträchtigungen, noch Lernende mit Sehbehinderung berücksichtigt.

Die genannten Aspekte, welche in dieser Arbeit keine Berücksichtigung finden, beziehen sich auf veranstaltungsspezifische Inhalte und Organisation, Zielgruppe sowie die Integration aktueller technischer Entwicklungen. Die vorliegende Arbeit bildet eine fundierte Basis für zugängliche virtuelle Klassenzimmer für die konkrete Zielgruppe blinder Nutzender und ermöglicht somit deren Weiterentwicklung unter Berücksichtigung der genannten Aspekte.

1.3. Methoden und Vorgehensweise

Zur Identifikation existierender Barrieren und Dokumentation von Erfahrungen mit einer zugänglichen kollaborativen digitalen Lernplattform wird zuerst eine Umfrage mit blinden Nutzenden zum Thema E-Learning und Kollaboration durchgeführt. Anschließend werden zur Feststellung der allgemeinen Zugänglichkeit aktuelle Anwendungen virtueller Klassenzimmer in Bezug auf ihre Funktionalität und Barrierefreiheit untersucht. Zu der Produktanalyse zählen

- eine technische Funktionsanalyse,
- eine Konformitätsprüfung anhand von Zugänglichkeits-Richtlinien,
- eine Überprüfung der nicht-visuellen Arbeitsweise mit technischen Hilfsmitteln und
- eine Analyse der Programmierschnittstellen.

Für die Produktanalyse wird eine Auswahl virtueller Klassenzimmer bezüglich ihrer technischen Eigenschaften überprüft und die Ergebnisse werden tabellarisch erfasst. Die Überprüfung der Bedienbarkeit mit einem Screenreader wurde unter Simulation der nicht-visuellen Arbeitsweise unter Verwendung der Methode *Barrier Walkthrough* [Bra08b] durchgeführt. Zur Erfassung auslesbarer Eigenschaften von Benutzungsoberflächen über Programmierschnittstellen wurden Analysewerkzeuge [9–11] verwendet.

Aus den Ergebnissen der Produktanalyse, existierenden Richtlinien sowie aktueller Forschung werden Gestaltungsrichtlinien für barrierefreie virtuelle Klassenzimmer für Blinde abgeleitet und die zum Analysezeitpunkt zugänglichsten virtuellen Klassenzimmer bestimmt.

Anschließend werden alternative Konzepte für die Darstellung und Bedienung zugänglicher virtueller Klassenzimmer auf einem zweidimensionalen multimodalen Braille-Display entwickelt. Zur Überprüfung der Konzepte während der Konzeptionsphase wird *Paper-Prototyping* mit taktilen Ausdrucken [MKSW09] mit blinden Nutzenden eingesetzt. Dabei werden für die Nachvollziehbarkeit von Handlungsabfolgen die Methoden *Cognitive Walkthrough* [SB10] sowie *Lautes Denken* eingesetzt. Die Simulation von Bedienabläufen erfolgt mit der *Wizard-Of-Oz*-Methode [DJA93].

Für ein ausgewähltes virtuelles Klassenzimmer wird eine Auswahl der Konzepte prototypisch implementiert und für die Ausgabe auf einem zweidimensionalen taktilen Display unter Verwendung des *BrailleIO*-Frameworks [BPW14] angepasst. Die Überprüfung der exemplarischen Implementierung erfolgt mittels einer heuristischen Evaluation ausgewählter Anwendungsfälle (AF) mit blinden Probanden unter Verwendung der Methode des *Lauten Denkens* [RC02].

Abbildung 1.1 stellt die logische Struktur der vorliegenden Arbeit dar, bildet jedoch nicht exakt die Kapitelstruktur ab. Diese wird nachfolgend beschrieben.

1.4. Aufbau der Arbeit

Zunächst erfolgt die Beschreibung der erforderlichen Grundlagen zu Sehschädigung und Informationszugang (Kapitel 2) sowie Richtlinien (Kapitel 3). Weiterhin werden Konzepte der Kommunikation und Kollaboration erläutert und ein Modell für die Kollaboration unter Beteiligung blinder Lernender entwickelt (Kapitel 4). Der Begriff des inklusiven E-Learnings wird diskutiert und E-Learning-Systeme werden vorgestellt (Kapitel 5).

Im Anschluss an die Grundlagenkapitel werden Barrieren von virtuellen kollaborativen Lernumgebungen für Blinde erörtert und der aktuelle Forschungsstand wird wiedergegeben (Kapitel 6). Zur Ermittlung der zugänglichsten Lösung eines virtuellen Klassenzimmers und bestehenden Barrieren wird eine Produktanalyse durchgeführt (Kapitel 7). Die in diesen Untersuchungen erlangten Erkenntnisse erlauben die Definition von Gestaltungsrichtlinien (Kapitel 8).

Anschließend wird auf Grundlage existierender Konzepte und unter Berücksichtigung der Gestaltungsrichtlinien ein alternatives Benutzungskonzept für die Bedienung eines virtuellen Klassenzimmers auf einem taktilen Flächendisplay entwickelt und evaluiert (Kapitel 9).

Die nachfolgenden Kapitel beschreiben die prototypische Implementierung des Benutzungskonzepts (Kapitel 10) sowie dessen Evaluation mit blinden Probanden (Kapitel 11). Abschließend wird ein Fazit gezogen, die Ergebnisse dieser Arbeit werden diskutiert und weiterführende Arbeiten motiviert (Kapitel 12).

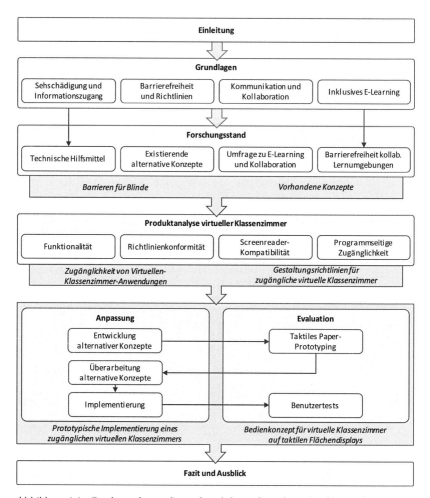

Abbildung 1.1.: Struktur der vorliegenden Arbeit; fett: logische Abschnitte; kursiv:
              Ergebnisse

2. Sehschädigung und Informationszugang

Weltweit leben auf der Welt laut *World Health Organization (WHO)* [12] 285 Millionen Menschen mit eine Sehbeeinträchtigung. Davon sind 39 Millionen blind und 246 sind sehbeeinträchtigt.

Für ganz Deutschland werden blinde und sehbeeinträchtigte Menschen laut dem *Deutschen Blinden- und Sehbehindertenverband e. V. (DBSV)* nicht gezählt [13]. Für einige Bundesländer (bspw. Bayern) liegen Zahlen der Blindengeldempfänger vor. Bertram [Ber05] leitet aus den Zahlen einer *WHO*-Erhebung für Europa ab, dass 2002 in Deutschland 164.000 Blinde und 1.066.000 Sehbehinderte lebten.

2.1. Klassifikation

Unter einer Sehschädigung werden Blindheit, hochgradige Sehbehinderung sowie Sehbeeinträchtigungen geringeren Grades verstanden [Ant06]. Sehschärfe (Visus) und Gesichtsfeldeinschränkungen werden für diese Klassifikation berücksichtigt [Wal05]. Eine Sehbehinderung haben alle Personen, deren Sehvermögen zwischen Vollblindheit und Normalsichtigkeit liegt – medizinisch ausgedrückt bedeutet dies ein „Sehvermögen größer als 0 (Vollblindheit) und kleiner als 1 (Normalsichtigkeit)" [Ant06, S. 159].

Nach dem Bundesministerium für Arbeit und Soziales [Bun08] ist ein Mensch blind, der kein Restsehvermögen hat, dessen Sehschärfe auf keinem Auge mehr als 0,02 beträgt oder dessen Sehvermögen in einer gleichwertigen Schwere eingeschränkt ist. Als hochgradig sehbehindert gilt, dessen Sehschärfe auf keinem Auge mehr als 0,05 beträgt oder dessen Sehvermögen in einer gleichwertigen Schwere eingeschränkt ist. Die WHO [12] definiert vier Grade der visuellen Funktion: „normal vision", „moderate visual impairment", „severe visual impairment" und „blindness". Sehschädigungen werden dabei in fünf Stufen unterteilt (vgl. Tabelle 2.1), wobei Stufen eins und zwei laut WHO eine Sehbeeinträchtigung und Stufen drei bis fünf Blindheit bezeichnen. Nach deutschem Recht wird Stufe drei als „hochgradig sehbehindert" eingestuft.

Tabelle 2.1.: Kategorisierung von Sehschädigungen nach [WHO15, Abschnitt H54.9]

Stufe	Engl./dt. Bezeichnung	Sehschärfe (nach Korrektur)
1	*moderate visual impairment*/mäßig sehbehindert	0,3 bis 0,1 (kleiner 3/10)
2	*severe visual impairment*/sehbehindert	0,1 bis 0,05 (kleiner 1/10)
3	*blindness*/hochgradig sehbehindert	0,05 bis 0,02 (kleiner 1/20)
4	*blindness*/blind	0,02 bis Lichtwahrnehmung (kleiner 1/50)
5	*blindness*/blind	Keine Lichtwahrnehmung

Die Grenze zwischen Sehbehinderung und Blindheit wird unterschiedlich definiert [Cun12] (vgl. bspw. deutsche und englische Bezeichnungen in Tabelle 2.1). In dieser Arbeit wird eine Person als blind bezeichnet, wenn sie zur Arbeit am Computer einen Screenreader (siehe Abschnitt 2.4.1) verwendet. Demnach können auch Personen mit hochgradiger Sehbehinderung in dieser Definition eingeschlossen sein.

2.2. Informationszugang

Durch den eingeschränkten oder nicht vorhandenen Sehsinn von Menschen mit Sehbeeinträchtigung erfolgt der Informationszugang vermehrt über den auditiven und taktilen Sinn. Die Informationsaufnahme erfolgt dabei in der Regel sequentiell. Das Zusammensetzen der sequentiellen Information zu einem Gesamtbild erfordert eine hohe kognitive Leistung. Nach Theofanos & Redish [TR03] müssen Blinde bspw. zum Wahrnehmen einer Internetseite ihre Aufmerksamkeit auf drei Aspekte gleichzeitig lenken: Screenreader-Ausgabe, Browser und Seite selbst. Nachfolgend werden der auditive und taktile Sinn näher vorgestellt und Einschränkungen in der Informationsaufnahme aufgezeigt.

2.2.1. Auditive Wahrnehmung

Der auditive Sinn ist für Blinde eine Hauptquelle für räumliche Information (vgl. [Tin12] nach [DSG82]) und damit wichtig für die Orientierung. Der auditive Sinn dient dem Blinden als Fernsinn zum Wahrnehmen von Objekten, welche sich außerhalb der Körperreichweite befinden; dabei können Veränderungen der Hörparameter wie bspw. Lautstärke, Tonhöhe oder Tonrichtung Aufschlüsse über Bewegungen geben. Der Hörsinn ermöglicht jedoch nur eine sequentielle Aufnahme von Informationen, wohingegen der Sehsinn das Wahrnehmen mehrerer Ereignisse und/oder Objekte zur gleichen Zeit erlaubt [Tin12].

2.2.2. Taktile Wahrnehmung

Nach Jansson & Raisamo [JR09] ist die Hand ein System zur Wahrnehmung, welches mittels Erkundung Informationen sammelt. Im Vergleich zum Sehsinn, kann der Tastsinn keinen Überblick über die Umgebung verschaffen. Dabei gibt der taktile Sinn dem Blinden Aufschluss durch das Erkunden von Objekten in greifbarer Nähe, bspw. in Bezug auf Größe, Beschaffenheit, Form und Konsistenz [Tin12]. Das Erlangen eines Überblicks mittels Tastsinn kann – im Vergleich zur visuellen oder auditiven Informationserfassung [BBLM12] – mühsam und zeitaufwendig sein [JR09]. Außerdem sind zu große, zu weit entfernte, zu heiße, zu kalte oder zu zerbrechliche Dinge zum Tasten ungeeignet. Daher sind zum Erkunden solcher Umweltobjekte Abstraktionen und Reduktionen der Wirklichkeit in Form von Modellen oder Reliefs erforderlich [Hof08a]. Während visuelle und auditive Eindrücke den Rezipienten ohne dessen Zutun und unbewusst erreichen, verlangt die taktile Wahrnehmung dessen volle Aufmerksamkeit [Tin12].

Haptische und taktile Ausgaben können für verschiedene Zwecke in Bezug auf Benutzungsoberflächen eingesetzt werden. Dabei können sie bspw. eine Alternative oder

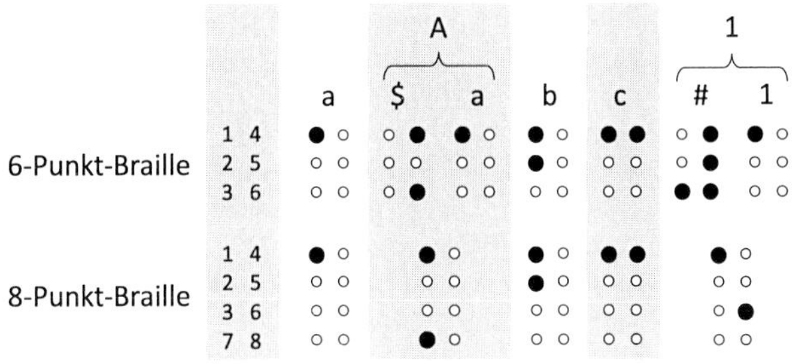

Abbildung 2.1.: Gegenüberstellung von 6-Punkt-Braille und 8-Punkt-Braille (Eurobraille) mit Nummerierungsreihenfolge; schwarze Punkte: Gesetze Braille-Punkte, Kreise: Platzhalter für Visualisierung

Ergänzung der auditiven oder visuellen Ausgabe darstellen – u. a. mittels Vibration von Mobiltelefonen oder taktilen Rückmeldungen auf berührempfindlichen Bildschirmen. Außerdem kann die taktile Beschaffenheit von Objektformen, deren Festigkeit oder Oberfläche vermittelt werden. Weiterhin können taktile Ausgaben bei der Immersion in virtuellen Welten unterstützen [Eur11].

Die meisten blinden und stark sehbehinderten Personen können Texte mittels Punktschrift (bspw. Braille-Schrift[6]) und z. T. auch taktilen Repräsentationen von Schwarzschrift[7] taktil erfassen [JR09]. Braille ist ein System zum Lesen und Schreiben für blinde Personen [Jan08]. Braille-Schrift besteht entweder aus einer 6-Punkt- oder 8-Punkt-Matrix (bspw. Computerbraille [15]) welche durch erhabene Punkte dargestellt wird. Die Darstellung von zweidimensionalen Inhalten in Braille-Schrift erfordert eine Linearisierung der Inhalte (vgl. [BBLM12]) – damit können räumliche Zusammenhänge nur durch Zusatzinformationen erfasst werden. Zweidimensionale Darstellungen können in stark abstrahierter Form über taktile Abbildungen erfasst werden [KZ11]. Zum Erstellen von analogen taktilen Darstellungen können bspw. Braille-Drucker [Kah98], Schwellpapier oder Tiefziehfolie [Tin12] verwendet werden.

Lesende verwenden ihre Fingerspitzen, um die taktilen Schriftzeichen zu interpretieren [Jan08]. Der kleinste Abstand von taktilen Reizen, der mit einer Fingerspitze dabei wahrgenommen werden kann, beträgt 1–2 mm [Hat14]. An dieser Auflösung sind auch die Abstände der Braille-Punkte orientiert. Weber [Web89] unterscheidet aktives und passives Lesen. Beim aktiven Lesen werden die Finger über mehrere Braille-Module bewegt, beim passiven Lesen bleiben die Finger stationär auf einem taktilen Display und erfassen die Inhalte durch Veränderungen der Anzeige [Web89].

Für Druckerzeugnisse wird in der Regel 6-Punkt-Braille verwendet. Dabei beträgt der Braille-Punktabstand (horizontal wie vertikal) von Mittelpunkt zu Mittelpunkt 0,23 cm und der Abstand zwischen den Punkten der Buchstaben 0,41 cm [16]. Zur Darstellung von Großbuchstaben wird ein $-Zeichen vorangestellt und zur Darstellung von Zahlen ein #-Zeichen (vgl. Abbildung 2.1). Weiterhin können häufig auftretende Silben und Buchstabenkombinationen durch Kurzschrift ausgedrückt werden. Es exis-

---

[6]In dieser Arbeit wird nachfolgend immer von Braille in der Ausführung des Computerbraille/Eurobraille gesprochen. Für weitere Informationen zu Blindenschriften siehe [14].

[7]Unter Schwarzschrift wird die Schrift für Sehende verstanden.

tieren verschiedene Braille-Schriften für verschiedene Länder. Am Computer kommt
Computerbraille bzw. Eurobraille zum Einsatz. Dabei werden 256 Zeichen des ANSI-
Zeichensatzes auf eine 8-Punkt-Darstellung abgebildet[8]. Die Verwendung von Son-
derzeichen zum Einleiten von Zahlen oder Großbuchstaben entfällt dabei.

2.2.3. Einschränkungen der Informationsaufnahme

Eine Erblindung kann von Geburt an bestehen (Geburtsblindheit) oder im Laufe des
Lebens plötzlich oder allmählich eintreten. Die Erblindung im Laufe des Lebens kann
nach Faust [17] in Frühblinde, Späterblindete und Altersblinde unterteilt werden. Dabei
sind weiterhin verschiedene Faktoren von Bedeutung, wie bspw. ob ein Sehrest vorhanden ist, der Erblindungs-Zeitraum, die Persönlichkeitsstruktur und das soziale Umfeld [17]. Der Zeitpunkt der Erblindung, die Restsehkraft, die Verwendung technischer Hilfsmittel (vgl. Kapitel 2.4) und persönliches Vorstellungsvermögen beeinflussen
maßgeblich das mentale Modell in Bezug auf das Verständnis räumlicher und visueller
Zusammenhänge (vgl. [KZ11]). Jedoch betonen Downs & Stea [DSG82], dass geburts-
blinde Menschen trotz ihrer Einschränkung eine ähnliche kognitive Kartierfähigkeit
wie Sehende besitzen. Zu beachten ist aber, dass Informationseingaben und die daraus entstehenden Vorstellungen von Blinden und Sehenden dabei sehr verschieden
sind [DSG82].

Insgesamt erfordern die Orientierung und das Verständnis von strukturellen Zusammenhängen mehr Zeit als bei einer visuellen Arbeitsweise. Screenreader versuchen dies
durch Hilfestellungen, u. a. in Form von Elementlisten (bspw. alle Überschriften oder
Links) und Sprungmarken abzumildern. Die Kommunikation unter Sehenden und Blinden wird durch die verschiedenen mentalen Modelle und Erfahrungen beeinträchtigt.
Bspw. werden durch Sehende über räumliche Anordnungen beschriebene Zusammenhänge (rechts oben, links unten usw.) von Blinden i. d. R. nicht verstanden.

Blinde und sehende Nutzende haben unterschiedliche Erfahrungen im Umgang mit
Anwendungen aufgrund der verschiedenen Eingabe- und Ausgabe-Modalitäten [MW13].
Die Verwendung der Tastatur und Spracherkennung als Eingabemöglichkeit im Gegensatz zur Computermaus sowie die Ausgabe über Sprache oder Braille im Gegensatz
zum Monitor führt zu unterschiedlichen Interaktionsabläufen und somit auch zu unterschiedlichen mentalen Modellen [MW13].

Menschen mit Sehschädigungen müssen ihre Handlungsmodelle an ihre Wahrneh-
mungsmöglichkeiten anpassen [Kah98]. Zum Beispiel seien Hindernisse (Bäume, ab-
gestellte Fahrräder usw.) in der Umwelt für einen in der Mobilität geschulten blinden Fußgänger durch Schallreflexionen wahrnehmbar, jedoch würden diese bspw. durch
Verkehrslärm gestört, so dass der Blinde ausschließlich auf seinen Tastsinn angewiesen
sei. Kahlisch [Kah98, S. 34 f.] beschreibt damit verbundene Probleme, die einen Unterschied in der Bildung kognitiver Modelle aufzeigen:

Eingeschränkte Motorik: Durch fehlende optische Rückmeldungen wird die Hand-
    lungsfähigkeit eingeschränkt – bspw. ist die Bedienung einer Computermaus nicht
    möglich.

---

[8]Das vollständige Computerbraille-Alphabet ist im Anhang A.1 zu finden.

Interpretation des Verhaltens durch das soziale Umfeld: Es ist möglich, dass das soziale Umfeld behinderungsbedingtes Verhalten falsch auslegt und bspw. eine hohe Bordsteinkannte, welche als Orientierungshilfe dient, als Hindernis betrachtet.

Mangelnder Überblick: Situationen können ggf. aufgrund von fehlendem Überblick falsch eingeschätzt werden – bspw. kann Hundebellen zu einer Schrecksituation führen, auch wenn der Hund sich hinter einem Zaun befindet.

Tinnes [Tin12] beschreibt weiterhin Einschränkungen in Bezug auf den Lernprozess:

Mangel an Lernerfahrungen: Durch die Einschränkung auf den Tastsinn oder auf Dinge in unmittelbarer Nähe (Sehbehinderung) sind außerschulische Lernmöglichkeiten eher eingeschränkt. Dies führt im Vergleich zu Sehenden oft zu einem Erfahrungsdefizit.

Lese- und Schreibfähigkeit: Die verzögerte Entwicklung der Lese- und Schreibfähigkeit führt zu einer Einschränkung des eigenständigen Lernens, da Kinder sich erst später selbstständig Wissen aneignen können.

Große Textmengen: Das Wahrnehmen von großen Textmengen erfordert aufgrund der eingeschränkten gleichzeitigen Informationsaufnahme einen höheren Zeit- und Ressourcenaufwand.

Hoher Zeit- und Ressourcenaufwand: Der erhöhte Zeit- und Ressourcenaufwand lässt sich auf die gesamte Lernsituation übertragen, da insgesamt für die Erreichung eines gleichwertigen Arbeitsergebnisses mehr Zeit, Geld und kognitive Anforderung erforderlich sind.

Im Kontext (synchronen) kollaborativen Lernens stellen insbesondere die eingeschränkte Motorik sowie das Auftreten großer Textmengen Hürden für blinde Lernende dar, da bspw. die Interaktion mit manchen Inhalten nur über eine Computermaus durchführbar ist und, abhängig von der Gruppengröße, umfangreiche textuelle Beiträge zu unterschiedlichen Themen, wie bspw. in einem Gruppen-Chat, schnell überfordern können.

2.3. Computernutzung

Bei der Computernutzung kann vornehmlich zwischen textorientierten und grafischen Systemen bzw. Benutzungsoberflächen unterschieden werden. Heute existieren fast ausschließlich grafische Systeme. Interaktionsformen textorientierter Systeme (bspw. Bedienung über Tastatur und Kommandozeile) sind jedoch weiterhin in grafischen Systemen enthalten und erlauben auf diese Weise eine Interaktion durch Nutzende mit Sehschädigung mit diesen grafischen Systemen. Auditive Benutzungsoberflächen erlauben die Kommunikation mit einem System über auditive Ein- und Ausgaben, sprachlicher und nicht-sprachlicher Natur [Kor08]. Sie stellen eine Alternative oder Ergänzung zu grafischen Benutzungsoberflächen dar. Wenn nicht anders benannt, wird im Folgenden von grafischen Benutzungsoberflächen ausgegangen.

Moderne grafische Benutzerschnittstellen können über das WIMP-Paradigma (Window, Icon, Menu, Pointing device) charakterisiert werden. Dabei bedienen und manipulieren sehende Nutzende wie selbstverständlich zweidimensionale Information am Computer mit Hilfe von Computermaus und Tastatur [SKNW09]. Bildschirme stellen dafür Informationen je nach Bedarf dar – angefangen von Webseiten, über längere Texte, komplexe Tabellen und Diagramme bis hin zu dynamischen Inhalten. Sehende Nutzende profitieren weiterhin von dem Vorteil des WYSIWYG-Prinzips (What You See Is What You Get), welches Inhalte während ihrer Bearbeitung genauso darstellt, wie sie bei der Ausgabe über weitere Geräte, bspw. Drucker, aussehen.

Im Gegensatz dazu sind blinde Nutzende auf eine sequentielle Informationsaufnahme angewiesen. Bildschirmleseprogramme – nachfolgend Screenreader genannt – lesen die Anwendungsdaten aus, Bedienelemente und Texte werden dabei mittels Sprachsynthese akustisch über eine synthetische Sprachausgabe oder taktil über eine Braille-Zeile ausgegeben. Diese Hilfsmittelsoftware ist auf die sequentielle Ausgabe ausgelegt und beschränkt sich auf das Auslesen (die Filterung) und die Nutzbarmachung häufig verwendeter Standardsoftware. Durch die zeilenweise Ausgabe können zweidimensionale Inhalte, wie Tabellen, Diagramme, grafische Darstellungen, Layout-Kontrolle oder auch nur strukturelle und räumliche Zusammenhänge, mit diesen Hilfsmitteln nicht abgebildet werden [KZ11]. Sehbehinderte verwenden bspw. Vergrößerungsanwendungen zum Wahrnehmen von Bildschirminhalten (vgl. Kapitel 2.4, [KS13, VWB08]).

Degenhardt et al. [DKR96] vergleichen diese Übersetzung von Bild-zu-Text mit einer „Black Box": Die grafischen Informationen der Benutzungsoberfläche werden in textuelle Informationen umgewandelt, bevor sie über Sprachausgabe und Braille-Zeile von den Blinden wahrgenommen werden können. Der Blinde erhält immer nur das Übersetzungsergebnis, aber nie die grafische Ausgangsinformation. Selbst bei einer Umsetzung der grafischen Benutzungsoberfläche in eine semigrafische Darstellung, bspw. auf einem Flächendisplay, bleibt dieses Problem bestehen.

Bei der Arbeit am Computer verwenden Blinde ihre Hände nicht nur zur Eingabe, sondern auch zum Lesen und Erkunden von Inhalten [BPSW13]. Die Eingabe von Information am Computer durch Blinde erfolgt zumeist mit der Standardtastatur. Für ihre Verwendung ist das Beherrschen des Zehn-Finger-Schreibens Voraussetzung. Alternative Eingabemöglichkeiten umfassen u. a. die Braille-Tastatur von Braille-Zeilen oder Spracherkennungsanwendungen. Die Verwendung der Maus zum direkten Ansteuern und Manipulieren der Darstellung ist für Blinde nicht möglich, da diese eine funktionale Hand-Auge-Koordination erfordert [Tin12].

2.3.1. Interaktion

Nach Kahlisch [Kah98] muss ein Nutzender zur Durchführung von Interaktionen die von der Benutzungsoberfläche angebotenen Informationen wahrnehmen und verarbeiten. Dafür verwendet ein blinder Nutzender Tastatur- oder Spracheingabe auf gleiche Weise wie ein Sehender oder setzt direkte Manipulation mit Hilfe von Maus- und Cursor-Routing (vgl. Kapitel 2.4.1) oder Kommandos zur Steuerung der Schreibmarke und Mauszeiger bspw. über einen Screenreader ein. Die durch Blinde nutzbare Interaktionsformen textorientierter Systeme, welche i. d. R. auch in grafischen Systemen die Grundlage bilden, können in Kommando, Menü und Datenabfrage unterschieden werden [Böl95, S. 67 ff.]:

Kommando: Die Interaktion mittels Kommandos ermöglicht eine gleichberechtigte Kooperation zwischen Blinden und Sehenden. Beide Benutzergruppen müssen hier die Befehle, die Syntax und Optionen erlernen, die Eingabe erfolgt ausschließlich über die Tastatur, es existiert nur eine Eingabemarke und Positionsinformationen sind irrelevant.

Menü: Die Interaktion über Menüs bietet den Vorteil, dass Befehle nicht auswendig gelernt werden müssen. Die Menüpunkte sind in Ebenen unterteilt, die entweder sequentiell erfasst oder mittels Tastaturkürzel direkt ausgewählt werden können. Die Positionsinformationen der Menüs auf dem Bildschirm sind in der Regel irrelevant für den Benutzenden.

Datenabfrage: Die Eingabe von Daten durch einen blinden Nutzenden, bspw. in ein Formular, stellt in der Regel kein Problem dar, da die Einfügemarke sich meist im Feld befindet und somit auch auf der Braille-Zeile angezeigt bzw. über die Sprachausgabe ausgegeben wird. Die Navigation in einem Formular erfolgt mit Hilfe der Pfeil- oder Tabulator-Tasten.

Das während des Ausleseprozesses erlangte Wissen muss der blinde Nutzende im Kurz- oder Langzeitgedächtnis speichern, um diese Teilinformationen wie bei einem Puzzle zu einem Gesamtbild zusammensetzen zu können. Dies geschieht durch zeilenweises Ertasten auf der Braille-Zeile oder das sequentielle Vorlesen durch eine Sprachausgabe. Die dadurch erfasste Information führt dann ggf. zu einer Interaktion. Ein Sehender hingegen erfasst eine Dialogsituation primär visuell als Gesamtbild und wählt somit – geleitet durch Strukturierungen wie bspw. Rahmen oder besondere Formatierungen – gezielt gewünschte Dialogelemente aus. Ein Erinnern über eine allgemeine Vorstellung des Dialogs hinaus ist für einen Sehenden nicht zwingend erforderlich, da eine Dialogsituation schneller erfasst werden kann als durch einen Blinden. Die Verwendung des auditiven Gedächtnisses erfordert daher eine größere Konzentrations- und Gedächtnisleistung als bei der visuellen Informationsaufnahme [BVO+10]. Kahlisch [Kah98, S. 122 ff.] spricht hier von einem zweistufigen Interaktionsprozess blinder Nutzender:

1. Ausleseprozess: Der Nutzende erfasst den aktuellen Dialogkontext unter Verwendung seiner technischen Hilfsmittel.

2. Dialogkontextbezogene Interaktion: Der Nutzende führt die eigentliche Interaktion auf der Benutzungsoberfläche durch.

Im Rahmen des Ausleseprozesses muss ein blinder Nutzender Informationen über die Benutzungsoberfläche und deren Kontrollelemente (Icons, Menüs, Schaltflächen usw.) erhalten. Um die Bedeutung der Inhalte zu erfassen, ist weiterhin die Information über deren Eigenschaften, Formatierung (Schriftgröße, -farbe usw.) und Strukturierung (Absätze, Überschriften usw.), entscheidend [AL09].

Die Auswahl von Elementen erfolgt in der Regel über die Tastatur mittels Tabulator- und Pfeil-Tasten, Tastaturkürzel sowie Listen gleichartiger Elemente (bspw. Link- oder Überschriftenliste wie in *Jaws* [18]) und Sprungmarken. Die Position des Mauszeigers als Zeigegerät grafischer Benutzungsoberflächen ist nicht wahrnehmbar. Der Mauszeiger verändert seine Zeigerform entsprechend des Kontextes (Standardform Pfeil, Einfügemarke/Textform, Warteform, Verschiebe-Pfeile und Zeiger) und dient der Auswahl, dem Manipulieren und dem Fokussieren von Bedienelementen. Die Schreib- oder Einfügemarke kennzeichnet dabei eine Stelle in einem Dokument oder Formular, in der

Text eingegeben werden kann. Der Fokus zeigt an, welches Element einer grafischen Benutzungsoberfläche derzeit ausgewählt ist.

Bei der Verwendung eines Screenreaders werden der Mauszeiger und die Einfügemarke z. T. durch virtuelle Cursor der Screenreader kompensiert (vgl. Kapitel 2.4.1). Jedoch ist die Auswahl und Manipulation der Bedienelemente mittels Tastatur aufgrund mangelnder Tastaturunterstützung oftmals nur eingeschränkt möglich und direktes Ansteuern von Bedienelementen nur über Tastaturkürzel durchführbar.

Bei der Verwendung der Tabulator-Taste wandert der Fokus mit zu interaktiven Elementen (Eingabefeldern, Schaltflächen, Mehrfachauswahl usw.). Nicht-interaktive Inhalte wie Texte erhalten dabei keinen Fokus. Dies kann zu einer nur partiellen Erfassung der Benutzungsoberfläche durch Blinde führen. Für häufig verwendete Kommandos stellen Anwendungen häufig Tastaturkürzel bereit. Ein Tastaturkürzel ist eine Kombination von Tasten, um eine bestimmte Aktion auszuführen. Tastaturkürzel verkürzen durch das direkte Ansteuern von Elementen die Interaktionszeiten, müssen jedoch für eine effiziente Bedienung auswendig gelernt werden [AL09].

Um eine gleichberechtigte Interaktion zu gewährleisten, müssen alle visuell gesteuerten Interaktionsformen – bspw. unter Verwendung der Computermaus oder der Touch-Eingabe auf einem berührempfindlichen Bildschirm – auch für textorientierte Interaktionsformen verfügbar sein. In diesem Zusammenhang sind insbesondere Drag-and-Drop- oder Auswahlaktionen nur schwer auf nicht-visuelle Bedientechniken abzubilden. Ein weiterer Nachteil für blinde Nutzende bleibt die sequentielle Informationsaufnahme sowohl bei Kommandos als auch bei Menüs und somit ist kein schneller Überblick über die Bildschirmausgabe möglich [Böl95]. Weiterhin kann in einem Formular das Herstellen eines Zusammenhangs zwischen Eingabefeld und dessen Beschriftung schwierig sein, so dass die Funktion des Feldes sich nicht für den blinden Nutzenden erschließt.

Um diese Nachteile auszugleichen, können Benutzungsoberflächen mit multimodalen Rückmeldungen (auditiv, haptisch und visuell) hilfreich sein [JBK$^+$04]. Nicht-visuelle Feedback-Elemente (auditiv und/oder haptisch) könnten dabei als Ergänzung zum visuellen Sinn eingesetzt werden [Tin12]. McGee et. al. [MGB01] geben jedoch zu bedenken, dass multimodale Rückmeldungen nicht nur redundant oder ergänzend sein, sondern auch widersprüchliche auditiv-taktile Informationen zu Folge haben können.

2.3.2. Auditive Benutzungsoberflächen

Fellbaum und Ketzmerick [FK04] beschreiben Eigenschaften von auditiven Medien, wie sie bspw. in Videos, synchronen Konferenzen oder Aufzeichnungen von Lehrveranstaltungen Einsatz finden. Entscheidend ist dabei, dass akustische Medien das Erfassungstempo bestimmen, da ein Lernender die Information entsprechend der Audio-Geschwindigkeit aufnehmen muss. Weiterhin besteht die Gefahr, dass Details aufgrund des flüchtigen Mediums den Bedürfnissen der Nutzenden entsprechend nicht ausreichend studiert werden können. Diesen kontinuierlichen Informationsfluss muss sich der Lernende einprägen, wodurch eine hohe Gedächtnisleistung erforderlich wird [FK04].

Morley et al. [MPOM98] beschreiben Anforderungen an auditive Information, um deren Erfassung zu erleichtern. Dazu zählen unter anderem, die Möglichkeiten

- einer einfachen und schnellen Wiederholung der letzten Sinneinheit, z. B. des vorherigen Absatzes,

- des sofortigen Anhaltens der Audio-Ausgabe,

- der Unterscheidung von Benachrichtigungen mittels variierender Tonhöhe oder der Kombination eines Klangs mit einer Sprachausgabe sowie

- eine kurze Beschreibung zu jedem Element abzurufen [MPOM98].

Unter auditiven Benutzungsoberflächen werden nach Peres et al. [Kor08] bidirektionale, kommunikative Verbindungen zwischen einem menschlichen Nutzenden und einem technischen Produkt verstanden. Dabei zählen bspw. Spracherkennung und Dialogsysteme zu der technischen Seite und auditive Signale zur Vermittlung von Informationen zur menschlichen Seite.

Das Ziel von auditiven Benutzungsoberflächen ist nicht vorherrschend die Umsetzung einzelner Elemente, sondern vielmehr die Umwandlung der gesamten grafischen Benutzungsoberfläche einschließlich topologischer und topografischer Merkmale der Teileelemente [Tin12] und somit dem Erhalt der räumlichen Anordnung [Myn97]. Dabei werden Klangelemente für die Elemente einer Benutzungsoberfläche in einem virtuellen Raum akustisch wiedergegeben, so dass ein blinder Nutzender sich mit Hilfe dieser Signale orientieren kann [Tin12]. Eine grundlegende Bedienung mittels einer auditiven Benutzungsoberfläche besteht aus einer synthetischen Sprachausgabe im Falle einer Überschneidung des Maus-Zeigers mit einem Bedienelement [Myn97]. Auditive Rückmeldungen können dabei auch das Erkennen von Änderungen basierend auf Nutzereingaben oder anwendungsbezogenen Ereignissen der Benutzungsoberfläche unterstützen [Myn97]. Auditive Benutzungsoberflächen ermöglichen blinden Nutzenden die direkte Interaktion mit auditiv dargestellten Bildschirmelementen, da eine direkte Hand-Ohr-Koordination die direkte Steuerung über spezielle Eingabegeräte wie bspw. Touchscreens erlaubt [Tin12].

Die Anreicherung einer grafischen Benutzungsoberfläche mit auditiven Elementen – anstelle einer vollständigen Umwandlung und zusätzlich zu den auditiven Ausgaben des Screenreaders – kann die Bedienbarkeit für sehende und blinde Nutzende verbessern. Nach Jürgensen und Power [JP05] kann eine Kombination aus einer taktilen Repräsentation einer grafischen Darstellung für globale Informationen und aus auditiven Ausgaben für Details für die Wahrnehmung vorteilhaft sein.

Auditive Informationen umfassen u. a. Klänge zur Vermittlung von wichtigen Zusatzinformationen, wie bspw. die Unterstützung von Eingaben oder Benachrichtigung über Ereignisse in Lernprogrammen [FK04]. Es wird dabei zwischen sprachlichen und nichtsprachlichen Klängen unterschieden. Nicht-sprachliche Klänge, wie bspw. auditive Icons, Earcons und Hearcons, können in Bezug auf ihre Form (bspw. Sound-Parameter) oder Funktion (Rolle des Klangs in einem System) eingeordnet werden [NW09]. Die Bezeichnungen der Klangkategorien sind in der Literatur jedoch nicht einheitlich (vgl. bspw. [BSG89, Gav86, NW09, WNL06]), um u. a. Informationen über Objekte, Statusinformationen und Ereignisse zu vermitteln [NW09]. Kategorien für auditive Signale sind in Tabelle 2.2 zusammengefasst[9].

---

[9]Weitere auditive Signaltypen, wie bspw. Audifikation oder 3D-Audio-Displays (vgl. [NW09, PPSS10]) werden in dieser Arbeit nicht betrachtet, da sie für virtuelle Klassenzimmer nicht unmittelbar relevant sind.

Tabelle 2.2.: Auswahl verbreiteter Klangsignal-Klassen mit ihrer Form und Funktionalität in einem System (in Anlehnung an [NW09, S. 32-3] und [Tin12, S. 61])

Signal-klasse	Form und Eigenschaften	Funktionalität im System	Beispiel
Alarme	Kurze, einfache Signale zum Erlangen der Aufmerksamkeit	Alarmieren, Warnen	Ping
Auditive Icons	Klang aus natürlichen Tönen/Umgebungs- bzw. Alltagsgeräusche	Hinweise auf Objekte, Status und Prozesse; auditive Menüs	Papierknistern für das Leeren eines Papierkorbs
Earcons	Beliebige kurze Melodie ohne direkten Rückschluss auf ein Bedienelement	Hinweise auf Objekte, Status und Prozesse; auditive Menüs	Vogelgezwitscher
Spearcons	Kurze, beschleunigte Sprache	Hinweise auf Objekte, Status und Prozesse; auditive Menüs	Beschleunigte Ausgabe von „save", „save as"
Hearcons	Komplette Geräusche ohne direkten Rückschluss auf ein Bedienelement	Hinweise auf Objekte, Status und Prozesse; auditive Menüs	Klang zur Orientierung im Raum
Auditive Graphen	Auf Frequenzen abgebildete Daten	Unterstützung bei der Datenerfassung	Je größer ein Wert, desto höher der Klang

Auditive Icons, Earcons, Sprearcons und Hearcons können als Prozess- und Status-
Indikatoren dienen [NW09] und sind in den nachfolgend diskutierten Konzepten von
Bedeutung. Diese Klangsignale sind in der Regel kurz und werden bspw. zur Erleichterung von Scroll-Operationen, von Zeige-, Klick- und Verschiebe-Aktionen mit der Maus
eingesetzt.

Auditive Icons sind i. d. R. äquivalent zu grafischen Bedienelementen, welche durch
Alltagsgeräusche repräsentiert werden (bspw. wird der Papierkorb durch ein Papier-
rascheln symbolisiert). Aufgrund der direkten Verbindung zwischen Bedienelement
und Klangsignal, sind auditive Icons vom Nutzenden leicht identifizierbar [Tin12].

Earcons (auch „abstraktes Earcon" nach Blattner et al. [BSG89]) sind verschiedene
künstliche Klänge, welche keine direkten Rückschlüsse von Klangsignal zu Bedienelement erlauben [Tin12]. Die Kombination mehrerer Earcons ergibt ein „zusammenge-
setztes Earcon" [BSG89], um beispielsweise komplexe Strukturen wie Menü-Ebenen
darzustellen [Tin12]. Ihr abstrakter Charakter erlaubt einen flexiblen Einsatz für fast
jedes Objekt oder jeden Prozess – jedoch muss die Verbindung zwischen Klang und Objekt erlernt werden [NW09]. Nach Brewster [Bre02] werden tiefe Töne oft als negativ
interpretiert.

Spearcons („sprachbasiertes Earcon") sind Wörter, welche in einem Maße beschleu-
nigt werden, dass die Sprache unkenntlich wird. Der resultierende Klang ist eindeutig.
Ähnliche Klänge bilden Klang-Familien, bspw. sind „save", „save as" und „save as web
page" durch ihren gleichen Beginn als verwandt erkennbar [WNL06].

Hearcons ähneln Earcons in Bezug auf die fehlende „Geräusch-Objekt-Beziehung"
[Tin12], bestehen aber zumeist aus kompletten Geräuschen, wie bspw. Vogelgezwitscher.

Untersuchungen zur Bedienfreundlichkeit des Einsatzes von auditiven Signalen zeigen, dass auditive Signale den Nutzenden bei (Lern-)Anwendungen unterstützen können. Nach Brewster [Bre02] erhöhen auditive Signale als Information über den Zustand einer Schaltfläche die Bedienfreundlichkeit von Benutzungsoberflächen für Sehende auf kleinen Touch-Displays in Bezug auf Effektivität und subjektivem Empfinden des Arbeitsumfangs [Bre02]. Weiterhin zeigte eine Untersuchung von Maury et al. [MAC99] eine Verbesserung der benötigten Zeit bei der Auswahl eines Elements aus einem Menü durch den Einsatz von rhythmischen Klängen. Eine Untersuchung zum Einsatz von nicht-sprachlichen Audio-Signalen in einer Lerninhaltspräsentation mit Hilfe eines Avatars und Folien ergab, dass beim Einsatz von Earcons und auditiven Icons eine verminderte Frustration bei den Lernenden zu verzeichnen war, dass der Großteil der Nutzenden die Klänge als hilfreich beim Lernprozess empfand und dass die Klänge keinen ablenkenden Effekt hatten [AR11].

Ein Ansatz, um die Maus für einen blinden Nutzenden zugänglich zu machen, stellt die Transformation von optischen Informationen auf eine akustische Ebene dar [Böl95]. Das Eingabegerät Maus wird in grafischen Systemen mittels der Hand-Auge-Koordination bedient: Der Nutzende sieht Cursor und Zielobjekt zur gleichen Zeit und erkennt somit die Richtung, in der das Zielobjekt liegt. Veränderungen des Maus-Cursors werden sofort wahrgenommen und Nutzende können aufgrund dieser Rückmeldungen die Mausbewegungen steuern. Bölke [Böl95] beschreibt eine Möglichkeit der Umwandlung von der zweidimensionalen Hand-Auge-Koordination in eine dreidimensionale Hand-Ohr-Koordination mit Hilfe von Klängen zur Steuerung von Cursor-Bewegungen in einem 3D-Raum.

Eine auditive Benutzungsoberfläche ist jedoch nur benutzbar, wenn der Hörende die Klänge wahrnehmen kann [NW09]. Störende Einflüsse können beispielsweise externe Geräuschquellen (bspw. Straßenlärm) oder parallele auditive Signale (Screenreader-Ausgabe und auditive Benachrichtigungen) sein. Ist bspw. die Anzahl der simultan erklingenden Klangsignale zu groß, kann der Benutzende ein einzelnes Klangobjekt nicht mehr lokalisieren [Tin12]. Weiterhin müssen Klänge mit bestimmten Bedeutungen in einer Bedienumgebung unterscheidbar sein, um ihre Bedeutung eindeutig entschlüsseln zu können [NW09]. Ein zu häufiges Auftreten von Klängen in einer Bedienumgebung kann außerdem als störend empfunden werden [NW09] – insbesondere in einer Umgebung mit hoher Interaktivität und Ereignisreichtum.

Daher muss beim parallelen Einsatz von Audio-Signalen, der Screenreader-Ausgabe und einer Audio-Konferenz, geprüft werden, in welchem Verhältnis ein unterstützender Effekt von nicht-sprachlichen Signalen und störende Kollisionen[10] der verschiedenen Signale stehen. Bei einem virtuellen Klassenzimmer können bspw. Klänge zur Signalisierung von Ereignissen vermehrt und in kurzen Abständen oder gar überlappend zusätzlich zu der natürlichen Sprache von Audio- bzw. Video-Konferenzen auftreten. Ein übermäßiger Einsatz von schaltflächenunterstützenden Klängen, wie bspw. bei Fokussieren einer Schaltfläche [Bre98], sollte demnach vermieden werden.

Bei einer synchronen Lernsituation können obige Anforderungen nach Morley et al. [MPOM98] nur eingeschränkt eingehalten werden, da z. B. eine Wiederholung oder ein Pausieren nur bei der Screenreader-Ausgabe jedoch nicht bei einer Audio-Konferenz

---

[10]Hier kann angenommen werden, dass die Beurteilung, ab wann Kollisionen als störend empfunden werden sehr subjektiv ist.

möglich ist. Mögliche Lösungsansätze, wie z. B. die Verwendung des rechten und linken Audio-Kanals von Stereo-Kopfhörern, sind genau zu prüfen, da bspw. eine Untersuchung zur Erkennbarkeit von Graphen durch auditive Hinweise über beide Kanäle eine geringere Erkennungsrate und einen höheren Zeitaufwand zur Folge hatte [BNCM01].

2.3.3. Einschränkungen der Computernutzung

Bei der Nutzung grafischer Computersysteme trifft ein Nutzender mit Sehschädigung auf eine Pixel-, Maus- und Grafik-Barriere (vgl. [Kah98] und [BBV91] zitiert nach [Böl95]):

Pixel-Barriere: Pixelbasierte Bildschirmausgaben (Grafiken, Text als Bild usw.) sind von textorientiert arbeitenden Screenreadern nicht lesbar und stellen eine *technisches Problem* dar.

Maus-Barriere: Durch die fehlende Hand-Auge-Koordination und visuelle Kontrolle der Mauszeiger-Position am Bildschirm ist eine Computermaus nicht benutzbar. Die fehlende Rückmeldung zur Maussteuerung stellt ein *motorisches Problem* dar. Ausschließlich durch die Computermaus erreichbare Funktionen sind somit für einen blinden Nutzenden nicht verwendbar.

Grafik-Barriere: Grafisch präsentierte Inhalte (Symbole, Abbildungen, Animationen, Videos usw.) können oft nur mit einem Informationsverlust in nicht-visuelle Repräsentationen transformiert werden. Dieses *semantische Problem* kann zum Teil durch grafische taktile Ausgabegeräte gelöst werden, ist jedoch durch die begrenzte Auflösung stark limitiert.

Petrie et al. [PWV09] sprechen weiterhin von einer Multimedia-Barriere, welche durch mangelnde Zugänglichkeit für „print-disabled people" hervorgerufen wird. Prescher et al. [PW09] definieren den Begriff über die Verwendung verschiedener Medienarten, welche für Menschen abhängig von ihrer Einschränkung bereichernd oder unzugänglich sein können: ein Blinder ist auf auditive Ausgaben angewiesen, wohingegen ein gehörloser Mensch diese nicht wahrnehmen kann. Insbesondere bei E-Books behindere eine mangelnde Beachtung standardisierter Interaktionstechniken nach Petrie et al. [PWV09] die korrekte Funktionsweise von Screenreadern und Vergrößerungsanwendungen.

Die Lesegeschwindigkeit bei Braille ist deutlich geringer als bei dem Lesen von Schwarzschrift durch Sehende [Gar04] und führt somit zu einer verlangsamten Informationsaufnahme. Um Inhalte am Bildschirm zu erfassen, lassen Sehende ihre Augen über die Benutzungsoberfläche schweifen. Blinde hingegen müssen die Fokusposition auf dem Bildschirm durch Verwendung der Tastatur nutzen und die Sprachausgabe des Screenreaders liest den jeweiligen Inhalt laut vor [AL09].

Asakawa [AL09] beschreibt die bei der Verwendung von Screenreadern am häufigsten auftretenden Probleme als

Mangel an Kontext: Beim Erfassen kleiner Ausschnitte kann der Gesamtüberblick verloren gehen.

Informationsüberlastung: Sich wiederholende, nicht verändernde Elemente einer Webseite oder Anwendung können das Gedächtnis überlasten.

Übermäßige Sequentialisierung der Information: Die verfügbaren Befehle zur Navigation können eine sequentielle Lesereihenfolge erzwingen, was zur Frustration des Nutzenden führen kann.

Tastaturbedienung: Durch die ausschließliche Navigation mittels der Tastatur verlangsamt sich die Bedienung.

Interpretation des Screenreaders: Bei Webseiten liest der Screenreader die Elemente nach ihrem Vorkommen im Quellcode vor und nicht entsprechend Formatierungsinformationen.

Weiterhin erfolgt die Informationspräsentation zunehmend grafisch und wird in einen direkten Kontext zu textuellen Inhalten gesetzt [Tin12]. Durch die Ergänzung von Text und grafischen Darstellungen, ist für ein Verständnis das Erfassen aller Informationen notwendig.

Vanderheiden [Van09a, S. 3-5 ff.] beschreibt umfassend die Probleme und Bedürfnisse von Nutzenden in Bezug auf verschiedene Beeinträchtigungen. Tabelle 2.3 fasst die für blinde Nutzende relevanten Punkte zusammen:

Tabelle 2.3.: Zusammenfassung der Bedürfnisse blinder Nutzender (nach Vanderheiden [Van09a, S. 3-5 ff.])

Information	Auftretende Probleme von Blinden

Keine Wahrnehmung von statisch dargestellter Information (Beschriftungen, Schilder, Handbücher, Texte usw.)	• Keine Wahrnehmung von
	  • gedruckten Beschriftungen auf Tasten, Bedienelementen usw.
	  • Anleitungen auf dem Gerät
	  • Handbüchern und andere zum Produkt gehörige gedruckte Materialien
	  • Information, welche nur mittels Grafiken präsentiert wird
	
	• Keine Möglichkeit der Auffindbarkeit von öffentlichen Geräten

Wahrnehmen von Information auf dynamischen Anzeigen (Bildschirme, Warnungen, Alarme, u. a.)	• Keine Wahrnehmung von Inhalten auf Bildschirmen • Aktuelle Funktion von Soft-Keys[11] ist nicht feststellbar
Wahrnehmen der Existenz und Position von interagierbaren Elementen (Schaltflächen, Bedienelemente usw.)	• Nicht feststellbare Größe, Anzahl, Position oder Funktion von Bedienelementen auf Touchscreens • Auffinden von ungruppierten Bedienelementen • Bedienelement an ungewöhnlicher Position ist nicht auffindbar • Versehentliches Auslösen von Aktionen beim Erkunden einer Oberfläche • Fehlleiten durch taktile Erhebungen, welche als Bedienelemente interpretiert werden können • Keine Eingabemöglichkeit bei Bildschirmtastaturen

Fortsetzung auf der nächsten Seite

Tabelle 2.3.: *Fortsetzung: Zusammenfassung der Bedürfnisse blinder Nutzender*

Information	Auftretende Probleme von Blinden
Wahrnehmen des Status von Bedienelementen und Hinweisen (inkl. Fortschrittsanzeigen)	• Status nicht erkennbar, wenn gleiche Alternative mehrfach verwendet wird • Status von visuellen Indikatoren ist nicht erkennbar • Status von Schaltern nicht erkennbar, wenn sie nicht taktil unterscheidbar sind
Wahrnehmen von Rückmeldungen einer Aktion	• Status nicht erkennbar, wenn gleiche Alternative mehrfach verwendet wird • Visuelle Rückmeldung zu Aktionen sind nicht wahrnehmbar
Fähigkeit alle Funktionen zu bedienen	• Funktionen mit erforderlicher Auge-Hand-Koordination sind nicht bedienbar (Zeigewerkzeuge wie Maus, Trackball und Touchscreens) • Keine Bedienung von Geräten mit berührungsempfindlichen Bedienelementen • Keine Verwendung von Anwendungen, welche eine Iris oder ein Auge erfordern (Identifikation)
Fähigkeit Aufgaben und Aktionen in vorgegebener Zeit zu erledigen	• Nicht-visuelle Arbeitstechniken sind oftmals langsamer als herkömmliche
Verhindern versehentlichen Auslösens von Aktionen	• Berührungsempfindliche Bedienelemente können versehentlich beim Erkunden ausgelöst werden • Verpassen von Warnsignalen oder Bedienelementen
Fehlertoleranz	• Fehler sind bei visuellen Hinweisen nicht feststellbar • Kontextuelle visuelle Hinweise auf einen Fehler sind nicht wahrnehmbar • Unklare Bedienung zum Rückgängig machen
Gleichwertige Sicherheit und Privatsphäre	• Fehlende Privatsphäre, wenn Hilfe Dritter nötig ist • Fehlendes Feststellen von Personen, welche über die Schulter blicken • Ohne Kopfhörer erfolgt die Ausgabe über Lautsprecher
Fähigkeit der effizienten Navigation	• Warten auf unwichtige Audioausgaben bis relevante Information erreicht wird
Verständnis wie ein Produkt zu verwenden ist	• Unklarheit, wie unterstützende Funktionen zu aktivieren sind • Alternative Bedientechniken können unverständlich sein • Erfassen des allgemeinen Kontextes schwierig aufgrund fehlendem visuellem Gesamteindruck • Komplexe Layouts können mit Pfeiltasten schwer zu navigieren sein

Fortsetzung auf der nächsten Seite

Tabelle 2.3.: *Fortsetzung: Zusammenfassung der Bedürfnisse blinder Nutzender*

Information	Auftretende Probleme von Blinden
Verständnis der Ausgabe	• Ausgaben ergeben oft nur visuell Sinn (bspw. räumliche Bezüge) • Schwierigkeiten mit simultanen Audioausgaben
Kontrolle des Produkts mit Hilfe von technischen Hilfsmitteln	• Nicht benutzbare technische Hilfsmittel aufgrund von Nicht-Mitführen der Geräte in der Öffentlichkeit oder Verbot des Anschlusses der Geräte • Der Anschluss technischer Hilfsmittel muss von Nutzenden ausführbar sein • Alle visuellen Informationen zu dem technischen Hilfsmittel müssten in maschinenlesbarer Form verfügbar sein • Alle Funktionen müssen vom Hilfsmittel aus bedienbar sein

2.4. Technische Hilfsmittel

Unter assistiven Technologien (engl. *assistive technologies*, AT) oder technischen Hilfsmitteln wird spezialisierte Software und/oder Hardware verstanden, welche anstelle oder als Ergänzung von häufig genutzter Software oder Hardware zur Kontrolle, Anzeige oder Verarbeitung eingesetzt wird [ISO08a]. Assistive Technologien können in Anwendungen integriert sein oder als eigenständige Software oder Hardware existieren, dabei ist es auch möglich, dass assistive Softwarelösungen mit entsprechender Hardware gebündelt werden [Une13]. Softwarelösungen können dabei in freie bzw. Open-Source und proprietäre Anwendungen unterschieden werden.

Neben assistiven Technologien zur Unterstützung der Verwendung von Informations- und Kommunikationstechnologien, existieren umfassende Hilfsmittel zur Erleichterung des Alltags: Beschriftungssysteme, Uhren und Wecker, sprechende Küchenwaagen und Mikrowellen, Identifikationshilfen für Geld usw. [HJ08b].

Die meisten Betriebssysteme integrierten standardmäßig Zugänglichkeitsfunktionen wie bspw. die Anpassung von Schriftgröße, des Farbschemas sowie Tastatur- und Mausalternativen. Textverarbeitungs-, Präsentations- oder Tabellenkalkulationsanwendungen sowie Internet-Browser erlauben ebenfalls die Anpassung der Darstellung. Mobile Endgeräte unterstützen ebenfalls die Anpassung der Schriftgröße und weiterhin Sprachsteuerung, bspw. zum Anrufen eines Kontakts [Une13].

Green [Gre11] teilt assistive Technologien in vier Kategorien ein: *Mobilität*, *Anzeige und Sensorik*, *Eingabe/Ausgabe und Kontrolle* sowie *Kommunikation* (siehe Tabelle 2.4). Die gängigsten technischen Hilfsmittel für Blinde fallen in die Kategorien *Mobilität* und *Anzeige und Sensorik*. Mobile Endgeräte fallen zunächst in die Kategorie *Kommunikation*, jedoch werden moderne Smartphones mit Screenreadern und Touchscreen bedient (vgl. Kapitel 2.4.3) und dienen zur Positionsermittlung, womit sie auch in die Kategorien *Eingabe/Ausgabe und Kontrolle* und *Anzeige und Sensorik* fallen. Aufgrund

---

[11] Ein Soft-Key ist eine Taste der Tastatur, welche abhängig von der aktiven Anwendung verschiedene Funktionen ausführen kann.

Tabelle 2.4.: Kategorisierung assistiver Technologien nach Green [Gre11, S. 209]

Kategorie	Zweck	Beispiele
Mobilität	Unterstützung physikalischer Bewegung und unabhängigen Lebens	Elektronischer Rollstuhl, angepasstes Auto, Roboterarm, Krücke, Gehstock, Prothesen, Langstock usw.
Anzeige und Sensorik	Zu der Anzeige und zu dem Lesen von Ergebnissen. Verfügbarmachen von angereicherten oder alternativen sensorischen Erfahrungen	Große Bildschirme, Vergrößerungsanwendungen, Screenreader, Braille-Ausgabe, GPS-Positionsermittlung, Echo-Lokation, Brille, Hörgerät usw.
Eingabe/Ausgabe und Kontrolle	Verbindung zu Computern und anderen intelligenten Geräten	Angepasste Tastatur, Saug-Blas-Schalter, Kopf-Schalter, Trackball, Eye-Tracker, Touchscreen usw.
Kommunikation	Individuen ermöglichen, mittels Sprache zu kommunizieren	E-Mail, SMS, mobile Endgeräte, Symbol-Systeme, alternative oder angereicherte Kommunikationsgeräte usw.

ihrer primären Funktion als Kommunikationsmittel, werden mobile Endgeräte nachfolgend in der Kategorie Kommunikation beschrieben. Hilfsmittel zur Unterstützung der Mobilität sind für die vorliegende Arbeit nicht relevant und werden daher nicht näher betrachtet.

2.4.1. Hilfsmittel zur Unterstützung der Anzeige und Sensorik

Der wichtigste Unterschied zwischen visueller und haptischer Wahrnehmung ist das sofortige Erhalten eines Überblicks über eine Situation mittels visueller Wahrnehmung [Jan08]. Die visuelle Wahrnehmung ist der haptischen aber nicht in allen Fällen überlegen – beim Bestimmen von Gewicht und Festigkeit von Objekten ist die haptische Wahrnehmung besser geeignet (vgl. Tabelle 2.5).

Aktualisierbare taktile Geräte (engl. *tactile refreshable devices*) stellen Bildschirminformationen mit Hilfe von Taxeln – also taktilen Pixeln – dar. Vidal-Verdu & Hafez [VVH07] unterscheiden dabei in statische und dynamische Geräte. Auf statischen Geräten, bspw. Braille-Zeilen oder Flächendisplays, erkunden die Hände die dargestellten Konturen oder gehobenen Pins; auf dynamischen Geräten, bspw. taktilen Computermäusen (vgl. Abschnitt 2.4.2), bei denen bspw. ein Finger auf der taktilen Ausgabe ruht, verändern sich die Pins z. B. aufgrund von Mausbewegungen [VVH07]. Eine Kombination beider Ansätze stellt das *Optacon* dar: Dabei wird eine kleine Kamera bspw. über Schwarzschrift in einem Buch, geführt, welche die schwarzen und weißen Bereiche für die nicht-dominante Hand in eine vibrierende taktile Repräsentation umwandelt [WB06].

Nachfolgend wird genauer auf einige technische Hilfsmittel zur Unterstützung der Anzeige und Sensorik eingegangen, um die Einschränkung des visuellen Sinns zu kompensieren.

Tabelle 2.5.: Vergleich haptische und visuelle Wahrnehmung nach Jansson [Jan08, S. 138]

Visuell	Haptisch
Aufgaben, die mit haptischer und visueller Wahrnehmung fast gleichberechtigt möglich sind:	
Ecken auf 3D-Oberflächen finden	
Lokalisieren von Objekten in direkter Umgebung des Wahrnehmenden	
Wahrnehmen der Größe von Objekten	
Wahrnehmen der Textur von Oberflächen	
Aufgaben, die mit haptischer Wahrnehmung nur eingeschränkt oder nicht möglich sind:	*Aufgaben, die mit visueller Wahrnehmung nur eingeschränkt oder nicht möglich sind:*
Überblick über eine Situation erhalten	
Wahrnehmen von Farben	Wahrnehmen des Gewichts von Objekten
	Wahrnehmen der Festigkeit von Oberflächen
Wahrnehmen eines 3D-Raumes über die Arm-Reichweite hinaus	Wahrnehmen der Temperatur von Oberflächen
Wahrnehmen von Kanten in einer 2D-Darstellung	

Vergrößerungssoftware

Vergrößerungssoftware, bspw. *ZoomText* [19] oder *MAGic* [20], präsentiert vergrößerte Ausschnitte der Benutzungsoberfläche auf dem Computer-Bildschirm, ähnlich einer Lupenfunktion. Dabei kann eine 1,25- bis 20-fache Vergrößerung erreicht werden. Oftmals sind neben der Größe auch Anpassungen der Form und Farbe des Cursors sowie eine Glättung der vergrößerten Schriften möglich [Une13].

In der Regel verwendet der sehbeeinträchtigte Nutzende zur Interaktion Tastatur und Maus wie ein normalsichtiger Nutzender. Da nur ein Ausschnitt der Benutzungsoberfläche zurzeit sichtbar ist, kann eine Bewegung mit der Maus nicht nur das Verschieben des Maus-Cursors, sondern auch des Bildausschnitts bedeuten. Ursprünglich wurden Screenreader für blinde Menschen entwickelt, wohingegen Vergrößerungssoftware Menschen mit schwacher Sehkraft unterstützen sollte. Das Einsatzgebiet von Screenreadern wurde jedoch mit der Zeit erweitert und kann bspw. in Kombination mit Vergrößerungssoftware zur Unterstützung stark Sehbeeinträchtigter eingesetzt werden [AL09].

Neben Vergrößerungssoftware können auch Hardware- (Lupen u. ä.) oder Video-Vergrößerungs-Systeme (auch *Closed-Circuit Television (CCTV) System*) verwendet werden. Video-Vergrößerungs-Systeme verwenden eine Kamera, um ein vergrößertes Bild an einen Monitor zu übertragen [Une13].

Screenreader

Screenreader, auch Bildschirmleseprogramme, sind die primären technischen Hilfsmittel für Blinde zur Arbeit an Computern. Sie unterstützen blinde Nutzende bei der nicht-visuellen Verwendung von Computern, indem textuelle Informationen des Bildschirms vorgelesen werden. Die Hauptaufgabe von Screenreadern ist dabei die auf dem Bildschirm dargestellte Information zu erfassen und diese mittels synthetisierter

Sprachausgabe und/oder mittels Braille bspw. auf einer Braille-Zeile (vgl. Abschnitt 2.4.1) auszugeben [AL09]. Der Nutzende verwendet zur Interaktion primär die Tastatur, weiterhin können auch Spracheingabe oder Braille-Tastatur der Braille-Zeile zum Einsatz kommen [EB08].

WebAIM [21] führt regelmäßig eine Studie zu Screenreader-Nutzung durch. In der Studie vom Januar 2014 wurden 1465 Datensätze erhoben. Die Antworten auf die Frage nach dem primär genutzten Screenreader für Laptops und PCs ergab Folgendes: 50 % der Befragten nutzen *Jaws* [18][12], 18,6 % *NVDA* [22], 7,7 % *System Access* oder *System Access To Go* [23], 6,7 % *Window-Eyes* [24], *VoiceOver* [25], 1,3 % *ZoomText* [19], 0,4 % *ChromeVox* [26] und 4,9 % andere Screenreader. Demnach scheint eine Berücksichtigung der Screenreader *Jaws* und *NVDA* für PCs bei Neuentwicklungen sinnvoll, Screenreader für mobile Endgeräte (vgl. Kapitel 2.4.3) sollten ebenfalls eingeschlossen werden.

Screenreader sind in der Lage alle sichtbaren (auslesbaren) Texte einer Anwendung zu lesen, Tags (bspw. Alternativtexte), welche von sehenden Nutzenden nicht wahrgenommen werden, zu erfassen sowie alle Überschriften und Hyperlinks aufzulisten [Cun12]. Jedoch können u. a. Texte in Grafiken oder Navigationsstrukturen nicht von einem Screenreader erfasst werden [Cun12]. Screenreader sind demnach Anwendungen, welche zwischen Nutzenden, einem Betriebssystem und dessen Anwendungen vermittelt und somit blinde Nutzende unterstützen, Inhalte der grafischen Benutzungsoberfläche wahrzunehmen [AL09].

Screenreader arbeiten in zwei Modi: dem *Tracking*-Modus, in welchem eine Echtzeitausgabe bezüglich der ausgeführten Tastatur- oder Mausbefehle sowie Fokusveränderungen erfolgt und einem *Review*-Modus, in dem die Benutzungsoberfläche unabhängig von aktuellen Status der Anwendung entsprechend der programminternen Baumstruktur erkundet werden kann [GB94].

In der Regel unterstützen Screenreader Funktionen zum Navigieren und Bedienen der Benutzungsoberfläche. Dazu zählen

- das Vollbild eines Anwendungsfensters oder Desktops,
- ein nutzerdefinierter Bereich des Bildschirms, wie bspw. ein Dialogfeld,
- Bedienelemente (bspw. Schaltflächen, Einfach- und Mehrfachauswahl) inklusive deren Statusinformation (bspw. ausgewählt), Menüs usw.,
- ein gesamtes Dokument,
- einzelne Absätze, Sätze, Zeilen, Wörter, Buchstaben und phonetische Entsprechungen von Buchstaben,
- Eigenschaften und Funktionen (wie bspw. Großbuchstaben, Satzzeichen, Symbole, Schriftgröße) sowie
- Systemnachrichten [AL09, S. 28-4].

Weiterhin unterstützen Screenreader zum Erkunden des Bildschirms i. d. R. spezielle Cursor. Diese Cursor werden u. a. zur Simulation der Maus verwendet oder um auf Bereiche der Benutzungsoberfläche zuzugreifen, die der Systemfokus nicht erreichen kann [AL09].

---

[12] [AL09] bestätigt die weltweit führende Position des Screenreaders *Jaws*.

Zum Zugriff auf Informationen in Windows-Betriebssystemen bietet *Jaws* verschiedene Cursor an. Je nach der Art der auszulesenden Information, stehen unterschiedliche Cursor zur Verfügung [Fre13]. Nachfolgend wird eine Auswahl beschrieben[13]:

PC-Cursor: Der PC-Cursor entspricht dem Systemfokus und wird zum Navigieren in Menüs, zum Editieren von Texten in Dokumenten sowie zur Navigation in Dialogelementen verwendet.

Jaws-Cursor: Der *Jaws*-Cursor entspricht der Computermaus. Mit dessen Hilfe können die Mauszeigerposition mit der Tastatur gesteuert und Mausklicks ausgeführt werden. Mit dem *Jaws*-Cursor können auch Bereiche der Bildschirmoberfläche angesteuert werden, die mit dem Systemfokus nicht erreichbar sind.

Virtueller PC-Cursor: Der virtuelle PC-Cursor wird für den Zugriff auf statischen Text in Webseiten verwendet und erlaubt das Lesen eines Textes wort-, linien- oder absatzweise.

Beim Erkunden einer Webseite mit *Jaws* wird der virtuelle Cursor verwendet[14]. Dabei existieren drei verschiedene Herangehensweisen [AL09]:

1. Mit Hilfe der Pfeiltasten kann der Inhalt sequentiell gelesen werden. Dabei gibt der Screenreader u. a. Text, Links, Überschriften, Eingabefelder und Schaltflächen aus.

2. Mit den Tabulator-Tasten wird der Fokus zwischen Kontrollelementen – also Links, Eingabefeldern, Schaltflächen usw. – bewegt. Dabei werden dem Nutzenden nur Texte der Kontrollelemente, aber keine Inhalte vorgelesen. Mit Hilfe dieser Methode erlangt der Nutzende einen Überblick über die Webseite.

3. Mit speziellen Befehlen können bestimmte Abschnitte oder Elemente direkt angesteuert werden. Bspw. können browserspezifische Tastaturbefehle oder *Jaws*-Befehle zum Navigieren in Tabellen verwendet werden.

Jaws bietet weiterhin Link- und Überschriftenlisten an, über welche diese direkt angesteuert werden können. Bei dem Auslesen von Desktop-Anwendungen bieten Tastaturkürzel zum direkten Ansteuern von Bereichen oder Elementen eine Möglichkeit zum schnellen Fokuswechsel.

Nicht in jedem Fall können Screenreader eine optimale Unterstützung zur Wahrnehmung von Benutzungsoberflächen bieten. Alternativ können „Self-Voicing"-Anwendungen[15] eine auditive Benutzungsoberfläche bereitstellen, die ohne Screenreader verwendet werden kann [AL09]. Nachteilig ist jedoch, dass diese eine höhere Einarbeitungszeit erfordern, da die Bedientechniken wahrscheinlich nicht der gewohnten Arbeitsweise mit einer bestimmten Screenreader-Anwendung entsprechen. Auf die technische Funktionsweise eines Screenreaders wird im Kapitel 7.5.1 eingegangen.

---

[13]Weitere Cursor umfassen einen unsichtbaren Cursor, Braille-Cursor und Touch-Cursor [Fre13].

[14]Allgemeine Browsing-Strategien unter Verwendung von Screenreader und Braille-Zeile beschreiben Borodin et al. [BBDR10].

[15]„Self-Voicing"-Anwendungen sind solche Anwendungen, welche auditive Rückmeldungen direkt integriert haben und somit eine zusätzliche Screenreader-Anwendung nicht benötigt wird.

 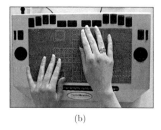

(a)   (b)

Abbildung 2.2.: (a) Braille-Zeile und Tastatur, (b) *BrailleDis 7200* mit Darstellung
einer Umsetzung des Spiels Mensch-Ärgere-Dich-Nicht

Braille-Zeilen

Braille-Zeilen (siehe Abbildung 2.2, (a)) oder Braille-Displays dienen der taktilen,
textuellen Ausgabe von Bildschirminhalten in Braille mittels einer Screenreader-An-
wendung. Verschiedene Ausführungen können bis zu 80 Zeichen in einer Zeile anzeigen.
Die Ausgabe auf der Braille-Zeile wird über den Sceenreader gesteuert. Eine Braille-
Zeile wird normalerweise vor einer Computertastatur angeordnet, um einen schnellen
Wechsel zwischen der Eingabe über die Tastatur und das Erfassen der Inhalte über die
Braille-Zeile zu ermöglichen [HJ08a].

Die Braille-Module werden über Piezobieger-Technologie gesteuert. Über den Braille-
Modulen sind Routingtasten angebracht, welche i. d. R. das Setzen eines Mausklicks an
der Stelle auslösen [BPSW13].

Der gleichzeitig auf einer Braille-Zeile darstellbare Inhalt – in der Regel ein Teil einer
Zeile auf dem Bildschirm – kann als „Braille-Fenster" bezeichnet werden [Stö01]. Mit
diesem kleinen Ausschnitt erkundet ein blinder Nutzender den Bildschirminhalt. Zur
Navigation stehen verschiedene Funktionalitäten zur Verfügung, u. a. die Möglichkeit
des zeilen- oder seitenweisen Auf- und Abblätterns sowie des Springens zur Cursor-
Position. Zum Springen zur Cursor-Position, dem „Cursor Routing", befinden sich über
oder unter jedem Braille-Modul je eine Hardwaretaste. Diese setzen die Einfügemarke
oder den Mauszeiger auf die jeweilige Position [Stö01].

Taktile Flächendisplays

Zweidimensionale taktile Darstellungen werden i. d. R. in analoger Form produziert
(vgl. Kapitel 2.4.2), welche jedoch keine dynamischen Änderungen darstellen können.
Piezoelektronische Braille-Module werden von Herstellern am häufigsten für digitale
Braille-Ausgabegeräte verwendet. Sie weisen kurze Reaktionszeiten auf, sind aber
kostenintensiv und auch empfindlich [27].

Im Laufe der Zeit wurden daher verschiedene taktile Displays in verschiedenen Größen
und basierend auf unterschiedlichen Technologien erforscht: Piezoelektronische Module
wie in Braille-Zeilen, Formgedächtnislegierungen und verschiedene Arten von Poly-
meren [CDRK+08]. Dabei stellten sich Formgedächtnislegierungen und elektro-chemi-

sche Polymere als ungeeignet heraus, bspw. aufgrund ihres hohen Energiebedarfs oder ihrer langsamen Geschwindigkeit [CDRK⁺08].

Aufgrund der hohen Kosten und des steigenden Bedarfs an taktilen zweidimensionalen Darstellungen konzentriert sich die laufende Forschung auf die Entwicklung kostengünstigerer und für die Massenproduktion tauglicher Technologien, welche eine angemessene Aktualisierungsrate aufweisen [27].

Die meisten Entwicklungen von taktilen Displays konzentrieren sich daher auf Piezobieger oder elektroaktive Polymere (EAP). Tabelle A.1 im Anhang auf S. iii liefert einen Überblick über eine Auswahl von taktilen Flächendisplays.

Ein derzeit auf dem Markt verfügbares zweidimensionales taktiles Gerät ist das im Rahmen des *HyperBraille*-Projekts [28] (vgl. Kapitel 9.1.3) entwickelte *BrailleDis 7200* bzw. das Vorgängermodell *9000* [VWB08] der Firma metec [29]. Der Aufbau des *BrailleDis* wird hier genauer beschrieben, da es bei den hier beschriebenen Untersuchungen (vgl. Kapitel 9, 10 und 11) Verwendung findet[16].

Das *BrailleDis* misst 60 Reihen mit 120 äquidistant angeordneten Stiften. Das entspricht einer Ausgabe von 12 Zeilen Braille-Schrift mit je 40 Zeichen. Die Stifte bzw. Pins können durch Piezobieger angesteuert gehoben (taktil erfühlbar) oder gesenkt werden. Nach Prescher et. al. [PBW14] können diese dynamisch beweglichen Pins auch als „Taxel" bezeichnet werden. Die zweidimensionale Oberfläche erlaubt das diskrete[17] Darstellen von mehreren Zeilen Braille-Schrift, einfachen Grafiken und Diagrammen sowie von Benutzungsoberflächen. Entsprechend einer Anforderung von [Web93] an Braille-Anzeigegeräte, ist die Erkundung des Bildschirminhalts damit ohne ein Bewegen der Mauszeiger-Position möglich.

Unter der Darstellungsfläche befindet sich eine Navigationsleiste zur Durchführung von Verschiebeoperationen, wie sie auch bei herkömmlichen Braille-Zeilen vorhanden ist (vgl. Abbildung 2.2, (b)). Über der Darstellungsfläche sind Tasten zur Eingabe von 8-Punkt-Braille sowie vier zusätzliche Funktionstasten angeordnet. An den Seiten befinden sich „Kippschalter für Zooming, Steuerkreuze zur Navigation innerhalb von Dokumenten sowie jeweils eine Gestentaste" [BPSW13, S. 329] [BPSW13].

Das *BrailleDis* hat eine berührempfindliche Oberfläche, die Multi-Touch-Gesteneingabe erlaubt – also mehrere gleichzeitige Berührungen unterscheiden kann [BPSW13, KZ11]. Damit wird eine zweihändige Arbeitsweise unterstützt. Zur Interaktion mittels Gesten sind robuste Interaktionstechniken erforderlich (bspw. das Drücken einer Modustaste), um das Eingeben einer Geste zu kennzeichnen [BPSW13] (siehe Kapitel 9.1.3). Das bei einer Braille-Zeile mögliche Cursor-Routing wird durch die Möglichkeit der Gesteneingabe ersetzt.

Zu dem *HyperBraille*-System gehört eine grafikfähige Screenreader-Software, genannt *HyperReader*, welche für die Verarbeitung von Layout-Informationen entwickelt wurde [BPSW13]. Eine Weiterentwicklung ist das *BrailleIO*-Framework [30] (siehe Kapitel 9.1.3), welches die Anpassung von Anwendungen für die Darstellung auf dem *BrailleDis* ermöglicht.

---

[16]Unterschiede zwischen *BrailleDis 7200* und *9000* werden in [Pre14] beschrieben.

[17]Im Vergleich zu ununterbrochenen kontinuierlichen Linien bspw. von Darstellungen auf Tiefziehfolien, sind diskrete Darstellungen, wie bei Braille-Druckern oder beim BraileDis, aus Punkten zusammengesetzt (vgl. [JP05]).

2.4.2. Hilfsmittel zur Eingabe/Ausgabe und Kontrolle

Neben den weit verbreiteten Hilfsmitteln wie Screenreadern und Braille-Zeilen dienen u. a. auch Spracheingabesysteme oder tragbare Notizsysteme der Eingabe von Information [Kah98]. Nachfolgend werden weitere technische Hilfsmittel zur Interaktion mit Computern beschrieben.

Spracherkennungssoftware

Spracherkennung oder Sprache-zu-Text-Übersetzungen (engl. *speech-to-text*) dienen der Umwandlung von Sprache in Text. Ein Sprecher spricht in ein Mikrofon und die Spracherkennungsanwendung interpretiert das Signal. Spracherkennungssoftware verfügt in der Regel über einen Basiswortschatz. Eine Erweiterung und Verbesserung der Erkennung wird durch das Trainieren auf die Stimme des Eingebenden und durch die Eingabe speziellen (Fach-)Vokabulars trainiert.

Texterkennungssoftware

Liegt ein Text nicht in digitaler Textform vor, wie bspw. als analoges Buch oder als Ausdruck, eingescannter Text oder als Foto, oder ist eine Datei aufgrund von Berechtigungen oder Dateistruktur für einen Screenreader nicht lesbar, benötigt ein blinder Lesender Unterstützung von Auflesediensten oder kann sich einer Texterkennungssoftware (engl. *Optical-Character-Recognition (OCR)*) bedienen.

Dokumente, welche durch die Texterkennungssoftware in Text umgewandelt werden sollen, müssen zunächst digital vorliegen – also in der Regel eingescannt werden. Das Texterkennungssystem analysiert die Abbildung und erkennt Buchstaben und Wörter. Daraus wird eine Textdatei mit Wörtern, Absätzen und Seiten erstellt. Nach der Erkennung und einer manuellen Korrektur fehlerhaft erkannter Buchstaben können die Texte über einen Screenreader ausgegeben werden [Hof08b].

Taktile Computermäuse

Eine taktile Computermaus ist eine Maus, welche über eine zusätzliche Funktion zur Vermittlung taktiler Information verfügt. Über eine Matrix von vibrierenden oder statisch herausragenden Stiften (Pins) auf der Oberseite der Maus können taktile Muster oder Braille-Buchstaben abhängig von der Mausposition auf dem Bildschirm wahrgenommen werden. Ein Beispiel ist die *VTPlayer* von *VirTouch*[18], eine Maus mit zwei 4×4 Pin-Matrizen, für jeweils einen Finger [JR09].

Problematisch bei der nicht-visuellen Bedienung einer taktilen Computermaus kann die Bewegung und Lokation des Cursors sein, wenn der Körper des Nutzenden nicht korrekt zur Richtung des Bewegungspfades ausgerichtet ist [Her08].

---

[18]Die Firma *VirTouch* ist online nicht mehr auffindbar.

Haptische Displays

Haptische Displays erlauben eine Manipulation mittels Haptik und Informationen über virtuelle Objekte. Zielgruppe sind sowohl sehende als auch blinde Personen. Haptische Displays arbeiten mit Force-Feedback bei der Kollision zwischen dem virtuellen Cursor (gesteuert über ein Gerät in der Hand des Nutzenden, bspw. einen Stift) und einer virtuellen Repräsentation. Zusätzlich zu der Form des Objekts können auch weitere Eigenschaften, wie bspw. Festigkeit oder Textur, abgebildet werden [JR09].

Ein Beispiel für ein haptisches Display ist das *Geomagic Touch* (vormals *PHANToM* genannt) [31], welches mittels eines frei beweglichen Stiftes durch haptische Rückmeldungen die nicht-visuelle Interaktion mit virtuellen Objekten ermöglicht.

Braille-Schreibgeräte

Zur Eingabe von Braille stehen neben der Braille-Zeile weitere analoge und digitale Geräte zur Verfügung. Nachfolgend wird eine Auswahl nach Hersh & Johnson [HJ08a] vorgestellt:

- Eine Punktschriftmaschine ist eine Schreibmaschine, welche erhabene Braille-Punkte auf ein dickes Spezialpapier stanzt.
- Ein Braille-Notizgerät ist ein kleines tragbares Gerät zum Aufzeichnen und Erfassen von Notizen, Daten, Kalendereinträgen und anderen Daten. Häufig umfassen Braille-Notizgeräte eine Braille-Tastatur, eine Braille-Zeile und Sprachausgabe.
- Eine Braille-Tastatur ist ein Eingabegerät zur Eingabe von Braille in gleicher Weise wie bei einer herkömmlichen QWERTZ-Tastatur.

Nachfolgend werden Hilfsmittel für die analoge Ausgabe von Braille beschrieben.

Braille-Drucker

Braille-Drucker (bspw. von [32]) dienen der Herstellung von Ausdrucken in Punktdarstellungen, meist Braille-Schrift. Dabei werden Punkte in Spezialpapier gestanzt. Da Braille-Drucker in der Regel für die Ausgabe von Braille-Schrift eingesetzt werden, erfolgt die standardmäßige Ausgabe mit Abständen zwischen den Braille-Zeichen – also einem größeren horizontalen Abstand nach zwei Punkten und einem größeren horizontalen Zeilenabstand nach drei Zeilen. Manche Drucker sind auch in der Lage die Punkte äquidistant – also mit gleichen Abständen – zu drucken, um die Darstellung von einfachen grafischen Zusammenhängen wie bspw. Diagramme zu ermöglichen.

Eine höhere Auflösung bieten weiterhin Drucker der Firma *ViewPlus*, welcher nicht nur ein feineres Punkteraster und kleinere Punktgrößen unterstützt, sondern auch mehrere verschiedene Punkthöhen [33].

Weitere analoge taktile Darstellungen

Alternative Möglichkeiten zum Erstellen von analogen, kontinuierlichen[17], taktilen Darstellungen sind Schwellpapier und Tiefziehfolie (vgl. [JP05,WB05]). Für Darstellungen auf Schwellpapier wird die darzustellende Grafik mit einem Grafikprogramm erstellt und dann mit einem Fotokopierer auf temperaturempfindliches Schwellpapier kopiert [34]. Bei der Zufuhr von Wärme durch ein Heizgerät quellen die schwarzen Bereich auf und werden taktil erfühlbar.

Zur Erstellung von erhabenen Darstellungen aus Kunststoff kann Tiefziehfolie verwendet werden. Darstellungen auf Tiefziehfolien sind zwar haltbarer als Schwellkopien, aber auch teurer in der Herstellung.

Das *Talking Tactile Tablet* [LW03] besteht aus einer berührempfindlichen Oberfläche auf die analoge taktile Darstellungen gelegt werden und kombiniert somit diese Darstellungen mit einer digitalen Ausgabe. Über eine Anwendung auf einem angeschlossenen Computer werden Audioinformationen abhängig von den berührten Bereichen auf der taktilen Darstellung ausgegeben. Mögliche Anwendungsgebiete sind topografische Karten oder anatomische Zeichnungen.

Im Blinden- und Sehbehindertenunterricht werden weiterhin tastbare Modelle verwendet, wenn die realen Gegenstände nicht dafür geeignet sind. Die Herstellung solcher Modelle aus Holz, Metall o. ä. ist kosten- und zeitintensiv und damit oft nur in begrenzten Stückzahlen für den Unterricht verfügbar [Kal15]. Mit Hilfe des 3D-Drucks ist das kostengünstige und schnellere Erstellen solcher Modelle in höheren Stückzahlen möglich [Hat15].

2.4.3. Hilfsmittel zur Unterstützung der Kommunikation

Fast alle technischen Hilfsmittel zur Anzeige und Sensorik sowie zur Ein-/Ausgabe und Kontrolle unterstützen auch Kommunikation. Nachfolgend wird genauer auf mobile Endgeräte als technische Hilfsmittel zur Unterstützung von Kommunikation eingegangen, da diese bisher noch nicht behandelt wurden.

Mobile Endgeräte

Laut einer Studie mit 118 blinden und sehbeeinträchtigten Personen [JJWB11] verwenden 56 % der blinden Befragten ein internetfähiges mobiles Telefon. Mit Hilfe von speziellen Screenreadern und Interaktionstechniken können Touchscreens, bspw. von mobilen Endgeräten, Tablets oder Verkaufsautomaten, von Nutzenden durch Berührungen gesteuert werden[19] [Her08].

Screenreader für Smartphones verschiedener Hersteller – *Android Talkback* [37], *iOS VoiceOver* [25] und Sprachausgabe für *Windows Phone* [38] – ermöglichen eine nichtvisuelle, durch auditive Rückmeldungen gesteuerte Bedienung der berührempfindlichen Bildschirme.

Interaktionstechniken von Mobiltelefonen für Sehende können nicht auf die von Blinden übertragen werden, da eine Unterscheidung zwischen einer Erkundungs- und Einga-

---

[19]Vgl. auch Erfahrungsberichte von blinden *iPhone*-Nutzenden: [35,36].

beabsicht oder Interaktion mit Objekten erfolgen muss, um den *Midas-Touch-Effekt* zu vermeiden [BPSW13]. Jacob [Jac91] beschreibt das *Midas-Touch-Problem* in Zusammenhang mit Blickerfassung, wobei nicht jede Augenbewegung einen Befehl auslösen soll, sondern die Befehlseingabe bewusst und nicht versehentlich durch den Nutzer erfolgen soll. Das Konzept „explore by touch" [BPSW13, S. 322] umgeht dieses Problem und macht den Bildschirm eines Geräts durch eine textuelle Repräsentation auditiv erfassbar. In der Regel werden dabei die Elemente einmalig berührt, um deren Eigenschaften ausgegeben zu bekommen (vgl. Kapitel 9.1.2). Unter Verwendung von Interaktionstechniken für Sehende würde dies bereits eine Interaktion auslösen. Bei Interaktionstechniken für Blinde hingegen führt eine einfache Berührung nur zum Informationsabruf und bspw. eine weitere Berührung erst zur Weiterreichung des Befehls an die Anwendung (*Accessibility Action* unter *Android*) [BPSW13]. Dabei ist die Position des Doppelklicks unerheblich.

Bei der Bedienung eines Touchscreens sind die Rückmeldungen entscheidend, um zu erfassen, ob eine Aktion ausgeführt wurde. Mögliche Rückmeldungen bieten verschiedene Vibrationsmuster mit unterschiedlichen Aussagen [BPSW13].

Durch die Bedienbarkeit von Smartphones durch Blinde, haben diese u. a. Zugang zu mobiler Telefonie, Instant Messaging, Navigationsanwendungen (vgl. bspw. [FMS+14, SRG+10]) sowie weiteren assistiven Applikationen, wie bspw. Barcode-Scanner sowie Anwendungen zur Erkennung von Geldscheinen [39] oder Farben [40].

Neben Smartphones gewinnen auch Smartwatches – intelligente Uhren u. a. mit Sensoren und Internetzugang – an Popularität. Um auch diese für Blinde zugänglich zu machen, verfügt die *Dot-Smartwatch* [41] über eine Braille-Ausgabe von vier Zeichen. Die *Dot-Smartwatch* unterstützt laut Herstellerangaben die folgende Funktionen: Uhr, Alarm, Benachrichtigung, Navigation und Bluetooth-4.0-Verbindung [41].

2.5. Relevanz für das Forschungsvorhaben

Das obige Kapitel

- dient dem Verständnis der Wahrnehmungseinschränkungen von sowie der Computernutzung durch Menschen mit Sehbeeinträchtigung und
- liefert einen Überblick über verfügbare technische Hilfsmittel.

Dieses grundlegende Wissen ist erforderlich, um potentielle Barrieren für konkrete Anwendungsfälle zu erkennen und neue Bedientechniken zu entwickeln, wie es in den Kapiteln 6.2 und 9 erfolgt.

3. Barrierefreiheit und Richtlinien

Eine körperliche Beeinträchtigung oder ein störender Umstand – verursacht durch Umwelt und Umgebung – kann in Bezug auf die Durchführbarkeit von Aktionen oder Funktionen einschränken. Aus dieser Einschränkung entsteht eine Unzulänglichkeit, die schließlich zu einem Nachteil im Vergleich zu nicht-beeinträchtigten Menschen führt [VJ12].

Abbildung 3.1 nach Vanderheiden und Jordan [VJ12] zeigt deutlich, dass ein Nachteil verschiedene Ursachen haben kann, welche nicht zwingend auf eine körperliche Beeinträchtigung zurückzuführen sind. Demnach zielt das Streben nach Barrierefreiheit – als die Nicht-Existenz eines Nachteils – nicht nur auf das Zugänglichmachen der Umwelt für Menschen mit Behinderungen ab, sondern strebt auch andere Umstände zu vermeiden, die einen Zugang zur Umwelt für Menschen ohne Beeinträchtigung behindern.

In diesem Kapitel wird zunächst Barrierefreiheit am Beispiel des Internets verdeutlicht und anschließend definiert. Es folgt ein Überblick über die gesetzlichen Rahmenbedingung und existierenden Richtlinien. Abschließend erfolgt eine Einordnung in den Kontext des praktischen Teils dieser Arbeit.

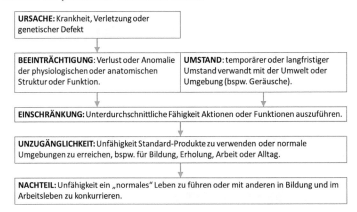

Abbildung 3.1.: Ursache-Wirkung-Modell zeigt den Einfluss von Einschränkung und Design auf Beeinträchtigungen, als auch parallele Einflüsse von Beeinträchtigung und Umstand, nach Vanderheiden & Jordan [VJ12, S. 1411]

3.1. Beispiel barrierefreie Webseiten

Der barrierefreie Zugang von Menschen mit Beeinträchtigungen zum Internet ist Gegenstand umfassender Untersuchungen. Daher verbinden viele Menschen mit dem Begriff

Barrierefreiheit vornehmlich die Benutzbarkeit von Webseiten. Webseiten sind ein gutes Beispiel zur Verdeutlichung der Problematik, da die Verwendung des Internets in unserem Alltag allgegenwärtig ist – daher wird nachfolgend näher auf barrierefreie Webseiten eingegangen. Jedoch umfasst der Begriff Barrierefreiheit weitaus vielfältigere Bereiche, u. a. Mobilität, Bildung sowie Informations- und Kommunikationstechnologien jeglicher Art.

Je mehr die Komplexität und Multimedialität der Internetangebote zunehmen, desto mehr Menschen mit Beeinträchtigungen werden ausgeschlossen. Einschränkungen entstehen bspw. für Blinde durch Layout-Tabellen, welche von Screenreadern selten korrekt auslesbar sind, für Menschen mit Sehbeeinträchtigung durch komplexe Layouts, welche nicht skalierbar sind sowie für Menschen mit Mobilitätseinschränkungen durch Menüs, welche sich bei kleinen Bewegungen des Mauszeigers wieder schließen [Cun12].

Nach Brajnik ist eine Webseite zugänglich, wenn „specific users with specific disabilities can use it to achieve specific goals with the same effectiveness, safety and security as non-disabled people" [Bra08a, S. 66] und wenn – unabhängig von der vom Webseitenbesucher verwendeten Ausgabe- und Interaktionsmodalität und vom Kontext – der gleiche Inhalt mit dem gleichen Grad an Effizienz bereitgestellt wird.

Zum Erfassen einer Webseite kann ein Blinder verschiedene Ansätze verfolgen. Mit Hilfe des Screenreaders kann durch die Elemente der Webseite mittels Tabulator-Taste navigiert werden, wobei hier die festgelegte Tabulator-Reihenfolge eine entscheidende Rolle für das Verständnis der Struktur einnimmt. Alternativ bieten Screenreader Listen aller Links und Überschriften der jeweiligen Seiten an, um einen Überblick zu erlangen und ggf. direkt zu Inhalten springen zu können. Grafische Inhalte, wie bspw. Fotos, Layout-Elemente oder Schaltflächen mit Pixelgrafiken als Beschriftung, sind nur wahrnehmbar, wenn diese über einen sinnvollen Alternativtext verfügen.

Cunningham [Cun12] beschreibt die häufigsten Barrieren beim Lesen einer Webseite für verschiedene Arten von Beeinträchtigungen (Blindheit, Hörschädigung, mobilitätsbezogene und kognitive Einschränkungen). Vollblinde Nutzende stehen vor folgenden Hürden:

- Unzureichend strukturiertes *HTML*,
- Bilder ohne aussagekräftigen Alternativtext,
- unzugängliches *Flash*[20],
- Funktionen, welche eine visuelle Wahrnehmung erfordern oder bei welchen die alternative Umsetzung zu wünschen übrig lässt,
- sich wiederholende Elemente, welche nicht übersprungen werden können sowie
- mangelhaft strukturierte Formulare [Cun12].

Die Beachtung von Barrierefreiheits-Richtlinien für die Umsetzung barrierefreier Webseiten (vgl. Abschnitt 3.3) stellt eine gute Grundlage für den Zugang für Menschen mit Behinderung dar. Jedoch können bspw. nicht alle Kriterien der *Web Content Accessibility Guidelines (WCAG)* [8] durch Menschen getestet werden [AFGM10], bzw. werden manche inhaltliche Unzulänglichkeiten nicht erfasst.

---

[20]*Adobe Flash* ist eine Plattform zur Erstellung von multimedialen und interaktiven Inhalten [42].

3.2. Definition Barrierefreiheit

Unter Barrierefreiheit (engl. *accessibility*) versteht die *Kommission der Europäischen Gemeinschaften* [43] die Überwindung technischer Hindernisse von Menschen mit und ohne Behinderung, um gleichberechtigt an der Informationsgesellschaft teilhaben zu können. Der Aspekt der Barrierefreiheit zählt zu dem umfassenderen Konzept der Einbeziehung (vgl. Kapitel 5) – der Inklusion – bei welchem andere Hemmnisse, wie bspw. finanzielle, geografische oder bildungsbezogene Hindernisse beachtet werden [43].

In Bezug auf einen Lernkontext wird der Begriff *disability* durch [44] als Ungleichgewicht zwischen den Bedürfnissen des Lernenden und des vorhandenen Lehr-/Lernangebots definiert und ist demnach keine persönliche Eigenschaft des Lernenden sondern ein Artefakt der Beziehung zwischen Lernenden und Vermittlung des Lerninhalts [44].

Aufgrund des Einbezugs aller Nutzenden in die Definition der Barrierefreiheit, kann von einem universellen Zugriff (engl. *universal access*) gesprochen werden. Dieser Zugriff beschäftigt sich mit der globalen Anforderung des Umgangs mit Vielfalt bzw. Diversität in Bezug auf Charakteristika der Zielgruppe (Menschen mit Behinderung eingeschlossen), dem Geltungsbereich und der Art der Aufgabe, dem unterschiedlichen Nutzungskontext und dessen Einfluss auf industrielle und soziale Anstrengungen [SS01].

Universal Access beschreibt eine globale Anforderung zum Umgang mit Diversität in Bezug auf die Eigenschaften der Nutzenden, auf den Themenbereich und die Art von Aufgaben sowie auf die unterschiedlichen Verwendungskontexte [SS01]. Das Prinzip *Design for All* hat konkreter zum Ziel, u. a. Chancengleichheit in allen gesellschaftlichen Bereichen zu schaffen, indem die Umwelt, alle Gegenstände, Dienstleistungen, Informationen usw. für jeden ohne besonderen Aufwand nutzbar sind [45]. *Access for All* [46] wiederum beschreibt einen Ansatz zur zugänglichen Gestaltung von computerbasierten Umgebungen, in welchen die digitalen Ressourcen und Vermittlungsmethoden auf die Bedürfnisse der Nutzenden zugeschnitten sind. Verwandt dazu ist die Definition des Begriffs Barrierefreiheit aus Sicht der (Software-)Umgebung von Pearson et al.:

> Accessibility [...] is the ability of the environment to adjust to the needs of all learners and is determined by the flexibility of the environment (with respect to presentation, control methods and access modality) and the availability of adequate alternative-but-equivalent content. [PGG10, S. 334]

Einflussfaktoren dieser Zugänglichkeit werden von Hadian [Had04] in der Abbildung 3.2 verdeutlicht. Nach dieser Definition umfasst Zugänglichkeit die Aspekte Funktionalität, Portabilität, Benutzerfreundlichkeit, Wartbarkeit und Verlässlichkeit. Dabei beinhaltet das Funktionalitäts-Attribut Interoperabilität die Unterstützung der Interaktion über verschiedene Betriebssysteme. Das Portabilitäts-Attribut Adaptierbarkeit beschreibt die Möglichkeit, ein Werkzeug in anderen Umgebungen ohne weitere Anpassungen einsetzen zu können. In Bezug auf Benutzerfreundlichkeit ist die Bedienbarkeit und Kontrolle durch den Nutzenden sowie eine möglichst einfache Erlernbarkeit entscheidend. Die Wartung eines Werkzeugs betreffend ist ein geringer erforderlicher Aufwand bei nötigen Änderungen wichtig. In Bezug auf Verlässlichkeit ist eine hohe Fehlertoleranz entscheidend, um ein bestimmtes Leistungslevel der Anwendung erhalten zu können [Had04].

Abbildung 3.2.: Charakteristika von Zugänglichkeit (engl. *accessibility*) nach Hadian
              [Had04]

Die barrierefreie Anpassung von Software wird von ihren Herstellern i. d. R. nur langsam durchgeführt, da die Entwicklung komplex und mit zusätzlichen Kosten verbunden ist, wie die verschiedenen Aspekte nach Hadian [Had04] zeigen. Das wird durch
die Einnahmen für angepasste Software nicht ausgeglichen. Für öffentliche Angebote
existieren rechtliche Bestimmungen, welche eine barrierefreie Umsetzung vorschreiben.
Die folgenden Abschnitte beschreiben die wichtigsten Gesetze und Richtlinien bezüglich
der barrierefreien Gestaltung von Informations- und Kommunikationstechnologien und
gehen auf die besonderen Bedürfnisse von blinden Studierenden ein.

3.3. Standards und Richtlinien

Standards und Richtlinien werden erst durch eine Festschreibung in der Gesetzgebung
bindend. Dabei existieren nationale und internationale rechtliche Festlegungen, die bis
zur *Allgemeinen Erklärung der Menschenrechte* [Gen48] zurückreichen[21].

Nach Vanderheiden [Van09b] werden Standards und Richtlinien u. a. für folgende
Zwecke entwickelt: Kompatibilität von Produkten, Sicherstellung eines gewissen Per-
formanzgrads und Design nach bestimmten Vorgaben. Weiterhin dienen Standards und
Richtlinien als Vergleichsbasis von Produkten, als Voraussetzung für effektive Kommunikation und als Basis für politischen Diskurs und Jurisdiktion [Tin12]. Vanderheiden beschreibt außerdem fünf verschiedene Arten von Standards: Kompatibilitäts-,
Performanz-, Design-, Sicherheits- und Barrierefreiheitsstandards. Des Weiteren können die Richtlinien unterschiedliche Schwerpunkte in Bezug auf Organisation, Service
(im Bildungssektor, bspw. [47]), Behinderung und Technologie (bspw. für konkrete Anwendungen oder technische Hilfsmittel) aufweisen [Sea06].

Barrierefreiheitsstandards stellen eine Mischung aus Kompatibilitäts-, Performanz-
und Design-Standards dar. Dabei umfassen Sicherheitsaspekte bspw. Hörschädigungen,
das Auslösen von Anfällen und andere gesundheitsbezogene Gefährdungen. Kompatibilität, im Sinne von Interoperabilität, stellt sicher, dass eine Verwendbarkeit mit assistiven Technologien gewährleistet ist. Des Weiteren bezieht sich Interoperabilität auf
die Kommunikation mit den am weitesten verbreiteten Kommunikationsgeräten unter

---

[21]Für die Jahre 1948 – 2007 benennen die Vereinten Nationen [4] 11 rechtliche Verordnungen zur Unterstützung von Inklusion.

Verwendung verschiedener Medien, so dass der Nutzende die zu verwendenden Medien entsprechend seinen Fähigkeiten und Vorlieben wählen kann. Design-Standards beschreiben effektive und stabile Gestaltungsstrategien. Performanzstandards finden im Kontext der Barrierefreiheit Anwendung, wo zusätzliche Flexibilität erforderlich ist [Van09b].

Es existieren verschiedene Richtlinien und Normen, welche Kriterien für eine barrierefreie Gestaltung von Webseiten und Softwareanwendungen definieren. Nachfolgend wird eine Auswahl der für diese Arbeit relevanten Barrierefreiheits-Standards und -Richtlinien beschrieben[22].

3.3.1. Normen

Normen beschreiben Regeln, Leitlinien oder Merkmale gleichartiger bzw. ähnlicher Gegenstände. In Deutschland werden Normen durch das *Deutsche Institut für Normung (DIN)* [48] herausgegeben. Auf europäischer Ebene erfolgt dies über das *Europäische Komitee für für Normung* (CEN) [49], auf internationaler Ebene durch die *International Organization for Standardization* (ISO) [50]. Nachfolgend werden die für diese Arbeit relevantesten Normen vorgestellt.

DIN EN ISO 9241

Ergonomische Standards unterstützen die Gebrauchstauglichkeit in Bezug auf bessere Effizienz und Fehlervermeidung, Leistungssteigerung sowie Verbesserung des Komforts der Nutzenden und bilden u. a. eine Grundlage für Design, Evaluationen und internationalen Handel [EKK+10]. Die *DIN EN ISO 9241 Ergonomie der Mensch-System-Interaktion* beschreibt die Anforderungen an die Arbeitsumgebung, Software und Hardware. Nachfolgend werden zwei für diese Arbeit relevante Teile vorgestellt[23].

Teil 110: Dialogue principles [Deu06]: Definiert software-ergonomische Grundsätze für die Dialoggestaltung von Software. Die beschriebenen Gestaltungsgrundsätze umfassen Aufgabenangemessenheit, Selbstbeschreibungsfähigkeit, Erwartungskonformität, Lernförderlichkeit, Steuerbarkeit, Fehlertoleranz und Individualisierbarkeit.

Teil 920: Guidance on tactile and haptic interactions [Int09]: Beschreibt u. a. Aspekte der Effektivität, Akzeptanz und Bedürfnisse von Nutzenden sowie deren Gesundheit und Sicherheit. Weiterhin werden taktile und haptische Eingaben und Ausgaben, deren Kodierung und Layout sowie Interaktion beschrieben [EKK+10].

ISO/IEC 24751

Die *ISO/IEC 24751 Information technology – Individualized adaptability and accessibility in e-learning, education and training* (dt. Individuelle Anpassbarkeit und Barrierefreiheit für E-Learning, Ausbildung und Weiterbildung) hat zum Ziel, individuelle

---

[22]Für eine umfassendere Liste von Standards siehe [Van09b, PHP11].
[23]Weitere Arbeiten der ISO-Arbeitsgruppe zum Thema der taktilen und haptischen Interaktion sind in [EKK+10] beschrieben.

Bedürfnisse und Präferenzen von Nutzenden auf bildungsbezogene digitale Ressourcen abzubilden [ISO08a]. Die Norm besteht aus drei Teilen:

Teil 1: Framework and reference model: Allgemeines Rahmenwerk für die Beschreibung von persönlichen Bedürfnissen und Präferenzen in Bezug auf die Zugänglichkeit und von Charakteristika der Ressourcen, welche die Wahrnehmbarkeit, das Verständnis und die Interaktion beeinflussen [ISO08a].

Teil 2: 'Access for all' personal needs and preferences for digital delivery: Bereitstellung eines allgemeinen Informationsmodells zur Beschreibung von persönlichen Bedürfnissen und Präferenzen bei der Verwendung von digitalen Ressourcen oder Diensten [ISO08b].

Teil 3: 'Access for all' digital resource description: Definition einer einheitlichen Sprache zur Beschreibung digitaler Lerninhalte im Kontext von Barrierefreiheit [ISO08b].

3.3.2. World Wide Web Consortium

Das *World Wide Web Consortium (W3C)* ist ein internationales Konsortium aus Mitgliedsorganisationen, Angestellten und der Öffentlichkeit zur Entwicklung von Internet-Standards. Die *Web Accessibility Initiative (WAI)* des W3C definiert u. a. Standards und Richtlinien für barrierefreie Internetanwendungen.

Inwieweit die nachfolgend beschriebenen Standards des *W3C* (*WCAG*, *ATAG* und *UAAG*) jeweils erfüllt werden, kann mit Hilfe von Konformitätsstufen (engl. *level of conformance*), die jedem Erfolgskriterium zugeordnet sind, geprüft werden (vgl. [8]). Eine Konformitätsstufe (*Level A*, *AA* oder *AAA*) gilt als erfüllt, wenn alle Erfolgskriterien der jeweiligen Stufe zutreffen.

Level A: Die Webseite erfüllt alle *Level-A*-Erfolgskriterien.

Level AA: Die Webseite erfüllt alle *Level-A*- und *-AA*-Erfolgskriterien.

Level AAA: Die Webseite erfüllt alle *Level-A*-, *-AA*- und *-AAA*-Erfolgskriterien.

Es wird nicht empfohlen, dass *Level AAA* für alle Internetseiten verpflichtend ist, da für manche Inhalte nicht alle Erfolgskriterien erfüllt werden können. Zum Beispiel können komplexe Mausinteraktionen, die in einer Medienanwendung wie bspw. *Flash*, erforderlich sind, nicht ohne weiteres auf Tastaturbefehle übertragen werden, wie es Richtlinie 2.1.3 fordert:

> Keyboard (No Exception): All functionality of the content is operable through a keyboard interface without requiring specific timings for individual keystrokes. (Level AAA) [8]

Nachfolgend werden Standards des *W3C* vorgestellt.

Web Content Accessibility Guidelines (WCAG)

Die für die Gestaltung zugänglicher Webseiten am weitesten verbreiteten Richtlinien sind die *Web Content Accessibility Guidelines (WCAG) 2.0* [8]. Die *WCAG 2.0* beruhen auf vier Prinzipien, welche zwölf Richtlinien enthalten. Für die Richtlinien werden wiederum testbare Erfolgskriterien definiert. Die Prinzipien bilden die Grundlage für den Zugang zu Webinhalten:

Prinzip 1: Wahrnehmbar: Informationen und Bedienelemente müssen in einer für alle Nutzenden wahrnehmbaren Form präsentiert werden.

Prinzip 2: Bedienbar: Die Benutzungsoberfläche muss von allen Nutzenden navigiert und bedient werden können.

Prinzip 3: Verständlich: Präsentierte Information und die Bedienung der Oberfläche müssen verständlich sein.

Prinzip 4: Robust: Inhalte müssen so robust gestaltet sein, dass sie zuverlässig durch *User Agents*[24], einschließlich assistiver Technologien, interpretiert werden können.

Authoring Tool Accessibility Guidelines (ATAG)

Die *Authoring Tool Accessibility Guidelines (ATAG) 2.0* [52] beschreiben Richtlinien zur Gestaltung barrierefreier Autoren- und Evaluationswerkzeuge für die Erstellung von Webinhalten. Die *ATAG 2.0* sind in zwei Teile aufgeteilt, die wiederum Prinzipien, Richtlinien und Erfolgskriterien enthalten:

Teil A: Zugänglichkeit der Benutzungsoberflächen von Autorensystemen:

- Prinzip A.1: Benutzungsoberflächen von Autorenwerkzeugen folgen anwendbaren Barrierefreiheits-Richtlinien.
- Prinzip A.2: Editier-Ansichten sind wahrnehmbar.
- Prinzip A.3: Editier-Ansichten sind bedienbar.
- Prinzip A.4: Editier-Ansichten sind verständlich.

Teil B: Unterstützung bei der Erstellung von zugänglichem Inhalt:

- Prinzip B.1: Vollautomatische Prozesse erzeugen zugänglichen Inhalt.
- Prinzip B.2: Autoren werden in der Herstellung zugänglichen Inhalts unterstützt.
- Prinzip B.3: Autoren werden bei der Verbesserung der Zugänglichkeit existierenden Inhalts unterstützt.
- Prinzip B.4: Autorenwerkzeuge fördern und integrieren die Verwendung von Zugänglichkeitsfunktionen.

User Agent Accessibility Guidelines (UAAG)

Die *User Agent Accessibility Guidelines (UAAG) 2.0* [51] definieren Richtlinien für die Gestaltung von *User Agents*, welche bspw. die Kommunikation mit technischen Hilfsmitteln ermöglichen. Die *UAAG* basieren wie die *WCAG 2.0* auf Prinzipien, welche allgemeine Richtlinien mit testbare Erfolgskriterien enthalten:

Prinzip 1: Wahrnehmbar: Der *User Agent* ist wahrnehmbar, sodass die Ausgabe für Nutzende zugänglich ist.

---

[24]Browser, Media-Player und Anwendungen die Webinhalte darstellen werden in den *User Agent Accessibility Guidelines (UAAG) 2.0* [51] als *User Agents* definiert (vgl. *UAAG* in diesem Kapitel).

Prinzip 2: Bedienbar: Der *User Agent* ist bedienbar, sodass Nutzende mit ihm kommunizieren können.

Prinzip 3: Verständlich: Der *User Agent* ist verständlich, sodass Nutzende wissen, wie er zu bedienen ist.

Prinzip 4: Programmatischer Zugang: Der *User Agent* erlaubt einen Zugriff durch assistive Technologien.

Prinzip 5: Spezifikationen und Konventionen: Der *User Agent* beachtet andere Barrierefreiheits-Richtlinien (bspw. *WCAG*) und Plattform-Konventionen (bspw. *Windows, iOS*)

Accessible Rich Internet Applications (WAI-ARIA)

Die *Web Accessibility Initiative – Web Accessibility Initiative-Accessible Rich Internet Applications (WAI-ARIA)* 1.0 [53] stellt eine semantische Erweiterung für *HTML*-Seiten dar, um die Barrierefreiheit (dynamischer) Webseiten zu verbessern. Dafür stellt *WAI-ARIA* eine Ontologie bereit, welche das Definieren von Rollen, Eigenschaften und Zuständen für Bedienelemente [53] – also das Hinzufügen von Meta-Daten zu *HTML*-Tags [Cun12] – erlaubt. Zur Verwendung von *WAI-ARIA* können folgende semantische Erweiterungen vorgenommen werden:

Rollen: Eine Rolle (`role`) wird einem Element zugewiesen und liefert assistiven Technologien Informationen, wie dieses Element zu behandeln ist. Eine Rolle kann bspw. ein Menüelement (`menuitem`) oder ein Listenelement (`listitem`) sein.

Eigenschaften und Zustände: Um Accessibility-APIs[25] zu unterstützen, können Bedienelemente über WAI-ARIA-Eigenschaften und -Zustände zugeordnet werden. In Kombination mit der Rolle, kann der *User Agent* die assistiven Technologien jederzeit mit Informationen zu der Benutzungsoberfläche versorgen (vgl. Quellcode 3.1).

Fokusverwaltung: Alle interaktiven Objekte sollten fokussierbar und mit der Tastatur erreichbar sein (vgl. [51]). Standard-*HTML*-Objekte können mittels Tabulator-Reihenfolge oder Tastaturkürzel ansteuerbar gemacht werden. Für komplexere Bedienelemente (bspw. die Rollen `combobox`, `menu` oder `radiogroup`) stellt *WAI-ARIA* die Möglichkeit bereit, den Fokus innerhalb der Elemente zu verwalten.

```
1 <li role="menuitemcheckbox" aria-checked="true">
2     Sortieren  nach  letzter  Änderung
3 </li>
```

Quellcode 3.1: *WAI-ARIA*-Definition   von   Rolle   und   Eigenschaft   eines
                Listenelements

---

[25]Accessibility-APIs (Application Programming Interface) sind Schnittstellen für technische Hilfsmittel.

3.3.3. Barrierefreie-Informationstechnik-Verordnung

Um den Zugang zu Internetauftritten und „mittels Informationstechnik realisierte[n] grafische[n] Programmoberflächen" [54, §1] der Behörden der Bundesverwaltung zu gewährleisten, definiert die *Barrierefreie-Informationstechnik-Verordnung (BITV)* [54] Richtlinien für die barrierefreie Gestaltung von Internetangeboten und grafische Benutzungsoberflächen. Die Richtlinien basieren auf den *WCAG* des *W3C* und orientieren sich an den Konformitätsstufen. Dabei sind alle Anforderungen des *Level A* zu erfüllen. Weiterhin muss Level AA für alle Navigations- und Einstiegsangebote erfüllt werden.

3.3.4. IMS Global Learning Consortium

Das *IMS Global Learning Consortium* besteht aus mehr als 200 Organisationen aus dem globalen Bildungsbereich und hat sich zum Ziel gesetzt, die Teilhabe an Bildung und Erziehung zu verbessern. Das *IMS* gibt freie Standards bspw. zu der Interoperabilität von Lernwerkzeugen und Leistungsüberprüfungen, zu Kursplanung sowie der Entwicklung zugänglicher Lernanwendungen heraus [55].

IMS Guidelines for Developing Accessible Learning Applications

Die *IMS Guidelines for Developing Accessible Learning Applications (IMS) (Version 1.0 white paper)* [47] beschreiben Herausforderungen für die Online-Lehre in Bezug auf Barrierefreiheit und sprechen Empfehlungen aus. Abschnitt 7 definiert *Guidelines for Developing Accessible Synchronous Communication and Collaboration Tools*. Die Richtlinien sind nach Werkzeugen aufgeteilt, zu denen jeweils Probleme und bewährte Methoden beschrieben werden. Die Echtzeit-Werkzeuge umfassen:

- synchroner Text-Chat,
- Audio-Konferenzen,
- Video-Konferenzen,
- Whiteboards und
- Multi-User Domain Object Oriented Environments (MOOS)[26].

Weitere Abschnitte befassen sich bspw. mit der Zugänglichkeit von asynchronen Kollaborationswerkzeugen (Abschnitt 6) oder Benutzungsoberflächen (Abschnitt 8).

IMS Access For All

Die im Entwurf befindliche Spezifikation *IMS Access For All* (Version 3.0 Specification, Public Draft 1.0) [56] hat zum Ziel, Eigenschaften von Ressourcen an die individuellen Bedürfnisse und Vorlieben der Nutzenden anzupassen sowie unpassende Inhalte identifizieren zu können und somit eine entsprechende Anpassung zu ermöglichen. *Access For All* definiert dafür einen Standard zur Erfassung von Metadaten und Präferenzen von Nutzenden.

---

[26]Unter *Multi-User Domain Object Oriented Environments* (MOOS) werden virtuelle Welten verstanden, welche durch Avatare gesteuert werden [47].

3.3.5. Universal Design for Learning Guidelines

Das *National Center On Universal Design for Learning* definiert *Universal-Desgin-For-Learning*-Richtlinien (UDL), welche Prinzipien für pädagogische Entwürfe für die Gestaltung von Lehrplänen definieren, um Chancengleichheit für alle Lernenden zu schaffen. Die *Universal Design for Learning (UDL)*-Richtlinien enthalten Lernziele, -methoden, -materialien und Lösungsansätze [6].

Die *UDL*-Richtlinien bestehen aus drei Prinzipien („Provide multiple means of Representation", „Action and Expression" und „Engagement" [6]), dazugehörigen Richtlinien und Checkpoints. Sie verfolgen im Gegensatz zu den anderen technisch ausgerichteten Richtlinien einen didaktischen Ansatz zur Unterstützung unterschiedlicher Lerntypen und -einschränkungen. Diese Richtlinien sind hauptsächlich auf Präsenzlehre bezogen, schließen aber digitale Lernanwendungen nicht aus und betrachten diese sogar als Möglichkeit zur Verbesserung des universellen Lern-Designs. Nachfolgend werden einige für diese Arbeit relevante Richtlinien und Checkpoints beschrieben.

Richtlinie 1: Provide options for perception: Richtlinie 1 *Provide options for perception* beschreibt die Notwendigkeit, dass Information für alle Lerner gleichermaßen wahrnehmbar sein muss. Dazu zählen die Bereitstellung von Information mittels verschiedener Modalitäten (bspw. visuell, auditiv, taktil) und das Angebot anpassbarer Formate (bspw. Vergrößerung, Lautstärkeanpassung).

Checkpoint 3.2: Highlight patterns, critical features [...] and relationships: Dieser Checkpoint beschreibt den Unterschied zwischen Experten und Neulingen, wobei Experten schnell wichtige von unwichtiger Information trennen, ihre Zeit effizient einteilen und Verknüpfungen finden, mit welchen die wertvollste Information in bestehendes Wissen eingeordnet werden können. Als unterstützende Maßnahmen werden u. a. die Hervorhebung von Schlüsselelementen in Texten, Grafiken, Diagrammen und Formularen, und deren Beziehungen untereinander genannt sowie das Angebot von Beispielen und Hinweisen, um die Aufmerksamkeit auf kritische Punkte zu lenken. Dieses Konzept lässt sich auf Sehende und Blinde übertragen: Sehende (die Experten) erfassen Zusammenhänge schneller als Blinde (Neulinge) und können wichtige von unwichtiger Information leichter trennen. Die Richtlinie fordert eine Unterstützung beim Knüpfen von Verbindungen verwandter und Identifikation wichtiger Information, welche auch die Zugänglichkeit von komplexen Benutzungsoberflächen für Blinde erleichtern könnte.

Checkpoint 4.1: Vary the methods for response and navigation: Der Checkpoint 4.1 fordert alternative Möglichkeiten zum Antwortgeben, zur Auswahl und zur Komposition, um Barrieren in Bezug auf motorische Anforderungen zu vermeiden. Übertragen auf die Bedienung eines Computers, entspricht dieser Checkpoint der Forderung nach alternativen Eingabemöglichkeiten (vgl. bspw. Kapitel 3.3.2 *WCAG*-Richtlinie 1.1) und der Unterstützung langsam kommunizierender Nutzer (vgl. bspw. Kapitel 3.3.4 *IMS*-Richtlinie 7.1.7).

Checkpoint 5.1: Use multiple media for communication: Checkpoint 5.1 empfiehlt alternative Medien anzubieten, sofern nicht ein bestimmter Medieneinsatz für die Erreichung des Lernziels erforderlich ist. Zur Umsetzung dieses Checkpoints werden u. a. die Verwendung von sozialen Medien und interaktiven Internetwerkzeugen vorgeschlagen, z. B. Foren, Chat, Annotationswerkzeuge und animierte Präsentationen, wobei gerade die Verwendung solcher Werkzeuge zu neuen Barrieren für Blinde führen können.

3.3.6. Zusammenfassung

Insgesamt beinhalten alle beschriebenen Standards und Richtlinien relevante, teils redundante, Aspekte der Zugänglichkeit von Informations- und Kommunikationstechnologien. Die *Universal Design for Learning Guidelines* beschreiben allgemeine Aspekte der zugänglichen Gestaltung von Lerninhalten und bilden somit eine wichtige Grundlage.

Für die Bedienbarkeit virtueller Klassenzimmer durch blinde Lernende sind vornehmlich die *WCAG 2.0*, wegen der grundlegenden Prinzipien zur barrierefreien Gestaltung von Internetseiten, und die *IMS Guidelines for Developing Accessible Learning Applications*, aufgrund der konkreten Beschreibung von Interaktionsfunktionen, anwendbar. Diese werden durch die *DIN EN ISO 9241-110* ergänzt.

Jedoch stellt keiner der beschriebenen Standards ausreichend komplexe Richtlinien für barrierefreie virtuelle Klassenzimmer für blinde Lernende bereit. Dies kann an der Vielschichtigkeit der Anwendungen liegen: ein Webservice mit vielfältigem Medieneinsatz und synchroner Kommunikation und Kollaboration. Nach McCall [McC14] muss sich intelligentes Design an bestehenden und in Entwicklung befindlichen Standards über die Gesetzgebung hinaus orientieren und außerdem Grenzen von Richtlinien geschickt ausbalancieren. Demnach scheint die Beachtung mehrerer Standards für diese Arbeit als gerechtfertigt.

Die *UAAG 2.0* definieren wichtige Richtlinien zur Gestaltung von *User Agents* und bilden somit eine wichtige Grundlage für mögliche Anpassungen von Lernanwendungen (vgl. Kapitel 7.5). Der Fokus der *ATAG 2.0* liegt hauptsächlich auf den Autoren, die barrierefreie Inhalte erstellen, statt auf Nutzenden mit Behinderung und wird hier primär der Vollständigkeit halber geführt. Weiterhin ist *WAI-ARIA* auf diese Arbeit nicht direkt anwendbar, da virtuelle Klassenzimmer i. d. R. nicht auf *HTML* basieren (vgl. Kapitel 7.2). Die *IMS Access-for-All*-Spezifikation und die *ISO/IEC 24751* beschreiben wichtige Aspekte in Bezug auf die Berücksichtigung der Präferenzen von Nutzenden. Obwohl diese Standards nicht konkret in dieser Arbeit angewandt werden, geben sie dennoch wichtige Hinweise für die nachfolgenden Entwicklungen.

In Kapitel 7 „Produktanalyse virtueller Klassenzimmer" finden die *IMS Guidelines for Developing Accessible Learning Applications, WCAG 2.0, UAAG 2.0, DIN EN ISO 9241-110* und *Universal Design for Learning (UDL)* Anwendung. Da die Inhalte der *BITV* und einigen *DIN*-Normen zu großen Teilen in den zuvor genannten Richtlinien ebenfalls behandelt werden, erfolgt in den nächsten Kapiteln keine weitere Betrachtung diese Richtlinien.

3.4. Relevanz für das Forschungsvorhaben

Die in diesem Kapitel vorgestellten Standards und Richtlinien

- bilden die Grundlage bei der Entwicklung für zugängliche Benutzungsoberflächen für Menschen mit Sehbeeinträchtigung,
- werden bei der in Kapitel 7.2 beschriebenen Überprüfung der Zugänglichkeit existierender virtueller Klassenzimmer angewandt und
- dienen als Grundlage zur Definition von speziell für zugängliche virtuelle Klassenzimmer entwickelte Gestaltungsrichtlinien (Kapitel 8).

Weiterhin dient die Definition des Begriffs Barrierefreiheit zur Verdeutlichung von erforderlichen Anpassungen bei der Erweiterung des bestehenden virtuellen Klassenzimmers (Kapitel 10).

4. Kommunikation und Kollaboration

Zwischenmenschliche Kommunikation ist eine Grundlage für den Informationsaustausch und die Zusammenarbeit in Form von Kooperation und Kollaboration:

Kommunikation: Austausch von Nachrichten [Ant06].

Kooperation: Zusammenarbeit in Gruppen mit einem gemeinsamen Ziel [MR04] aber verteilten Aufgaben [Koz10], bei der das Ergebnis eine Kombination von individuellen Einzelleistungen ist [IH04].

Kollaboration: Zusammenarbeit in Gruppen zur Erreichung eines gemeinsamen Ziels, wobei die individuellen Beiträge der Einzelnen alle zu einem gemeinsamen Ergebnis beitragen [MR04].

Nachfolgend werden die Begriffe definiert, Kommunikations- und Kollaborations-Modelle vorgestellt sowie Einschränkungen für Blinde diskutiert.

4.1. Kommunikation

Kommunikation erfolgt durch den Austausch von Nachrichten (bzw. Zeichen) zur Vermittlung von Sinn und Bedeutung zwischen Akteuren [Ant06]. Dabei lässt sich menschliche Kommunikation in drei voneinander abhängige Aspekte unterteilen: Syntaktik, Semantik und Pragmatik [WBJ96]. Syntaktik bezieht sich dabei auf Aspekte der Nachrichtenübertragung, wie bspw. Code, Kanäle und Rauschen. Die Bedeutung der verwendeten Zeichen und ihre Beziehung untereinander wird durch die Semantik beschrieben und die Pragmatik der Kommunikation umfasst das Verhalten der Teilnehmenden und die Wirkungsweise der Zeichen. Unter Pragmatik wird außerdem die Körpersprache und der Kontext gefasst.

4.1.1. Kommunikationsmedien

Fellbaum & Ketzmerick [FK04] beschreiben visuelle, auditive, zeitabhängige und zeitunabhängige sowie multimediale Medientypen (vgl. auch Tabelle 9.1 auf S. 191). Zu zeitabhängigen Medien zählen Audio und Video aufgrund ihres flüchtigen Charakters, wobei zeitunabhängige Medien, wie bspw. Texte und Grafiken, konstant bleiben. Multimediale Medien werden durch die Kombination von anderen Medientypen – wovon mindestens eines zeitabhängig sein muss – und Interaktivität gekennzeichnet [FK04].

Multimodalität beschreibt die Wirkung von Information auf verschiedene Sinne. In den meisten Fällen betrifft dies auditive und visuelle (kurz: audiovisuelle) Informationen [FK04]. Im pädagogischen Kontext sind Medien Informationsträger: ein Lehrender verwendet personale Medien (bspw. Sprache, Mimik und Gestik) sowie apersonale Medien (bspw. Texte, Bilder, Videos) zur Vermittlung von Lerninhalten [Ant06].

4.1.2. Kommunikationsmodelle

Allgemeine Kommunikationsmodelle (bspw. nach Shannon & Weaver [Sch04]) basieren auf der Nachrichtentechnologie und sind daher zumeist technischen Ursprungs. Didaktische Kommunikations- und Interaktionsmodelle konzentrieren sich mehr auf den Prozess und die Auswirkungen von sozialer Interaktion in einer Lernsituation, in der persönliche Vorerfahrungen und Sichtweisen eingebracht werden [Ant06].

Die Grundzüge menschlicher Kommunikation umfassen einen Sender, der eine Nachricht enkodiert und an einen Empfänger übermittelt, der diese dekodiert sowie eine mögliche Störungsquelle (engl. *noise*). Gesellschaftliche Randbedingungen, wie bspw. Kommunikationssituation, Informationsniveau, emotionaler Erlebnishorizont und Interessen der Kommunikationspartner, nehmen ebenfalls Einfluss auf die Kommunikation [Bad07].

Kommunikation kann dabei gewissen Regeln folgen und mittels Rückmeldungen auf Korrektheit überprüft werden. Zum Verständnis der Information kann neben dem Sachinhalt auch Meta-Information von Bedeutung sein.

Das klassische Kommunikationsmodell nach Shannon & Weaver wurde als ein technisches Modell für die Informationsübertragung entwickelt. Dabei deckt das Modell keine menschliche Kommunikation ab. Eine Nachrichtenquelle verschickt eine Nachricht an einen oder mehrere Sender, die den Code in ein dem Kanal angepasstes Signal umwandeln. Das Signal wird über einen Kanal an den Empfänger übermittelt, der das Signal wieder in eine Nachricht zurückverwandelt. Somit wird das Nachrichtenziel erreicht. Die Übertragung kann durch eine Störquelle/ein Rauschen (bspw. Verzerrungen oder Übertragungsfehler) behindert werden. In diesem Modell ist es unwichtig was Nachrichtenquelle und -ziel und wer oder was Sender und Empfänger sind. Die Bedeutung oder der Sinn der Nachricht, also die Semantik, werden nicht berücksichtigt [Sch04]. Durch die Erweiterung des klassischen Modells durch Aspekte der Codierung und Dekodierung (vgl. Abbildung 4.1) kann dieses auch für menschliche Kommunikation verwendet werden. Vor der Übermittlung muss das Signal anhand eines festen Codes enkodiert und nach der Übermittlung vom Empfänger mit demselben Code dekodiert werden. Dabei bestehen die Codes aus „feste[n] Zuordnungsregeln zwischen subjektiven Intentionen und sprachlichen Zeichen" [Sch04, S. 24].

Zum Verständnis beider Seiten müssen diese den gleichen Code verwenden, also äquivalente Kompetenzen besitzen, „um aus sprachlichen Äußerungen die subjektiven Bedeutungszuschreibungen zu decodieren" [Sch04, S. 24]. Dies setzt voraus, dass der Sender Wissen darüber besitzt, welche sprachlichen Zeichen für eine Kommunikation verwendet werden können, um sich verständlich zu machen [Sch04]. Bei unbekannten Empfängern, bspw. bei einer entfernten Kommunikationssituation mit mehreren heterogenen Empfängern, kann die Kommunikation an einem Mangel an gemeinsamen Codes scheitern.

Das *dyadische*[27] *Kommunikationssystem* nach Aufermann [Auf71] (Abbildung 4.1, grau) basiert auf Kommunikator und Rezipient, welche beide Signale En- und Dekodieren und über ein Medium zum Kommunikationspartner schicken. Im Zentrum des Modells steht der gemeinsame Zeichenvorrat, welcher zur Interpretation der Nachricht

---

[27]Dyadisch: in zwei Bestandteile zerlegbar.

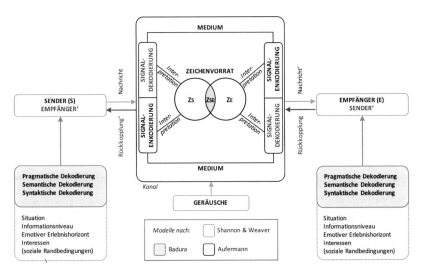

Abbildung 4.1.: Kombiniertes Kommunikationsmodell: Klassisches Kommunikationsmodell nach Shannon und Weaver (blau) [Sch04], Rückkopplungen
(rot), nach Badura (grün) [Sch04] und Dyadisches Kommunikationssystem nach Aufermann [Auf71] (grau)

benötigt wird. Interessant ist weiterhin die Verfügbarkeit verschiedener Medien für die
Signalübertragung.

Nach Schützeichel konkretisiert Badura das oben beschriebene Kommunikatiosmo-
dell, indem er syntaktische, semantische und pragmatische Encodierungs- und Deko-
dierungsprozesse und den sozialen Kontext des Senders und Empfängers berücksichtigt
(grüne Elemente in Abbildung 4.1) [Sch04].

Mit Baduras Kommunikationsmodell vergleicht Schützeichel des Weiteren das ähnliche Konzept von Lasswell, welches die klassischen W-Fragen betrachtet:

Who
Says What
In Which Channel
To Whom
With What Effect?
[Sch04, S. 26] nach [Las48]

Bei der Kommunikation zwischen zwei Kommunikationspartnern sind diese Fragen
leicht zu beantworten. Bei der Kommunikation in größeren Gruppen kann die Identifikation des Sprechers und des einen adressierten Empfängers – oder mehreren –
schwierig werden. Ebenso kann das Erkennen der Auswirkung durch verschiedene parallele Kommunikationssituationen, ggf. über verschiedene Kanäle, erschwert werden.

Gruppenkommunikationssysteme beschreiben Situationen mit mehr als zwei Kommunikationspartnern [Auf71]. Der Informationsfluss kann in solchen Systemen als

Kreis, wie ein Stern oder als Vollstruktur erfolgen (Abbildung 4.2). Für eine gleichberechtigte Kollaborationssituation scheint eine Vollstruktur am geeignetsten.

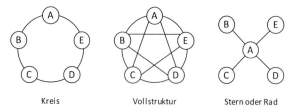

Abbildung 4.2.: Gruppenkommunikationssysteme nach Aufermann [Auf71, S. 16]

Massenkommunikation[28] wird nach Maletzke [Mal75] durch öffentliche, indirekt durch technische Verbreitungsmittel sowie einseitige Aussagen an ein heterogenes Publikum charakterisiert. Dabei vermittelt ein Kommunikator eine Aussage, welche über ein Medium den Rezipienten erreicht. Der Rezipient ist Teil eines heterogenen Publikums, welches durch Selbstbild, Persönlichkeit, und weitere soziale Beziehungen zu den jeweiligen Rezipienten das Signal unterschiedlich wahrnimmt. Ein Rückkanal besteht nur durch eine Rückmeldung an die Redaktion, bspw. durch Anrufe oder Briefe, und nicht über den Kanal der Massenkommunikation [Mal75].

In einem Lernkontext ist das Massenkommunikationsmodell mit einer klassischen Vorlesung oder einem Massive-Open-Online-Course (vgl. Kapitel 5.1.2) vergleichbar, bei dem ein Dozierender die Lehrinhalte über ausgewählte Medien vermittelt. Die Lernenden sind dabei die Empfänger, die nur begrenzte Möglichkeiten der Nachfrage haben (1:n-Beziehung). Nach Westley & MacLean [WM55] unterscheidet sich Massenkommunikation von Face-to-Face-Kommunikation durch eine geringere Anzahl an Wahrnehmungsmodalitäten sowie eine Reduktion an Rückmeldungen.

Überträgt man das Modell nach Maletzke [Mal75] auf das heutige Web 2.0 in dem ein bidirektionaler Informationsaustausch möglich ist, ergeben sich neue Rückkanäle, die in dem Modell noch nicht vorgesehen sind. Hömberg & Burkart [HB98] beschreiben die Eigenschaften moderner Kommunikationssysteme mit der Möglichkeit von Individual-, Gruppen- und Massenkommunikation und Auflösung der klaren Trennung zwischen Sender und Empfänger in ihrem *Modell elektronisch mediatisierter Gemeinschaftskommunikation*. Dabei wird jeder Beteiligte in seinen Möglichkeiten der Kommunikation durch die vorgegebene Kommunikationsstruktur und Funktionen der Medienanwendungen beschränkt [HB98].

4.1.3. Weitere Kommunikationsaspekte

Schulz von Thun [Thu05] betrachtet bei der Kommunikation zwischen einem Sender und einem Empfänger die Natur der übermittelten Botschaft aus vier Perspektiven in Form eines „Kommunikationsquadrats":

---

[28]Ein weiteres Modelle der Massenkommunikation ist bspw. das von Westley und MacLean [WM55].

Sachinhalt: Sachinformation der Nachricht.

Selbstoffenbarung: Information über den Sender der Nachricht (Sprache, Gemütszustand usw.).

Beziehung: Information über Verhältnis zwischen Sender und Empfänger (Tonfall, Formulierungen, non-verbale Äußerungen usw.).

Appell: Einflussnahme auf Empfänger (z. B. Aufforderung zu einer Handlung) [Thu05].

Die klassischen Kommunikationsmodelle (bspw. Shannon & Weaver [Sch04] oder Aufermann [Auf71]) betrachten zumeist den Sachinhalt von Kommunikation. Badura [Bad07] adressiert weiterhin die Aspekte der Selbstoffenbarung und auch der Beziehung. Weitere Aspekte menschlicher Kommunikation – die z. T. durch Schulz von Thun [Thu05] abgedeckt werden – umfassen u. a.[29]:

Rückkopplung und Feedback: Eine Rückkopplung ist die Reaktion des Empfängers auf ein kommunikatives Handeln eines Senders. Dabei wird der ehemalige Sender zum Empfänger, wenn der ursprüngliche Empfänger eine Nachricht an ihn sendet [Sch04].

Interaktion: Unter sozialer Interaktion versteht man einen wechselseitigen Austausch von Nachrichten zwischen zwei oder mehreren Personen [WBJ96]. Durch Interpretation dieser Interaktion kann gemeinsames oder kollektives Handeln entstehen [Blu07]. Gegenseitiges Verständnis entsteht, wenn so genannte Gesten[30] (bspw. Wünsche oder Erklärungen) für alle Parteien dieselbe Bedeutung haben [Blu07].

Vorerfahrung: Kommunikationsteilnehmende bringen zu jedem Prozess immer die Welt von Objekten, die Sets von Bedeutungen und die Interpretationsentwürfe mit, die sie schon besitzen. Eine gemeinsame Handlung basiert somit immer auf dem Zusammenhang der Vorerfahrungen der beteiligten Personen.

Reize: Kommunikation kann u. a. durch visuelle, haptische oder verbale Reize erfolgen. Visuelle Reize umfassen Bildinformationen [EM09], haptische Reize bspw. Informationen über die Textur oder Weichheit eines Materials durch Berührung [Nic09], und verbale Reize umfassen menschliche Sprache [BN09].

4.2. Kooperation und Kollaboration

Zusammenarbeit von zwei oder mehr Personen wird mit den Begriffen Kooperation oder Kollaboration beschrieben. Im Vergleich zu individueller Arbeit, entstehen bei Zusammenarbeit zusätzliche Kosten in Bezug auf Arbeitskräfte, Ressourcen und Zeit [SB92]. Für Zusammenarbeit müssen die Beteiligten ihre Tätigkeiten bekannt geben und eventuell Tätigkeiten ausführen, die nicht direkt mit der Aufgabe zusammenhängen [SB92].

Kooperation und Kollaboration sind weder räumlich noch zeitlich begrenzt. So kann Kooperation und Kollaboration zwischen Personen stattfinden, die sich an unter-

---

[29]Die Aspekte der inneren und äußere Erfahrung [Sch04, WBJ96] sowie Inhalts- und Beziehungsaspekte [WBJ96] werden nicht näher betrachtet, da sie bei den weiteren Ausführungen von geringer Relevanz sind.

[30]Gesten stehen bei Blumer [Blu07] für einen Teil einer ablaufenden Handlung.

schiedlichen Orten aufhalten, oder die asynchron kommunizieren (vgl. [Hin04]). Dies bedeutet jedoch nicht zwingend, dass asynchrone oder entfernte Kooperation genauso effektiv ist wie eine Kooperation, die synchron zwischen an einem Ort anwesenden Personen stattfindet.

Kooperation zeichnet sich durch gegenseitige Abhängigkeit (engl. *mutual dependence*) der beteiligten Personen aus. Die Kooperierenden verlassen sich aufeinander, woraus eine positive Abhängigkeit resultiert. Dazu gehören u. a. die Koordination von Aktivitäten und Verteilung von Aufgaben. Die Interaktion von kooperativen Gruppen verändert sich abhängig von den Anforderungen und der Situation. Dabei unterteilt sich kooperative Arbeit (engl. *cooperative work*) in physikalische (Zeit und Raum) und logische (Kontrolle, Aufgabenteilung, Verantwortung) Aspekte [SB92].

Nach Johnson & Johnson [JJ95] findet Kooperation statt, wenn eine positive Abhängigkeit (engl. *positive interdependence*) besteht, d. h. die Teilnehmenden ihre Abhängigkeit voneinander erkennen[31].

Die Begriffe Kooperation und Kollaboration werden im Zusammenhang mit Lernen oft synonym gebraucht – bspw. durch die Verwendung der uneindeutigen Abkürzung *CSCL* (*Computer Supported Collaborative/Cooperative Learning*) – jedoch beschreiben sie unterschiedliche Arten der Zusammenarbeit:

Kooperation bedeutet Zusammenarbeit in Gruppen mit einem gemeinsamen Ziel [MR04] aber verteilten Aufgaben [Koz10]. Bei der Kooperation steht das Ergebnis im Vordergrund [MR04], welches aus individuellen Einzelleistungen zusammengefügt wird [IH04].

Kollaboration hingegen beschreibt solche Arbeitsweisen, welche die Interaktion im Arbeitsprozess betonen [MR04] und ein gemeinsames Engagement erfordern [Koz10]. Dabei erfolgt die Arbeit in einer Gruppe von zwei oder mehr Personen zur Erreichung eines gemeinsamen Ziels, wobei die individuellen Beiträge der Einzelnen alle zu einem gemeinsamen Ergebnis beitragen [MR04].

Hinze [Hin04] beschreibt Kommunikation und Koordination als notwendige Grundlagen für Kooperation. Dabei unterstützt Kommunikation den Informationsaustausch und Koordination einen reibungslosen Ablauf. Bondarouk & Sikkel [BS03] unterscheiden kollaborative Arbeit weiterhin in eine formale und eine kulturelle Ebene, wobei die formale Ebene in direktem Zusammenhang mit dem Arbeitsgegenstand und der Aufgabe steht und die kulturelle Ebene sich auf die Interpretation durch die Menschen konzentriert.

In Bezug auf Computeranwendungen können kollaborative Systeme – Ellis et al. verwenden den Begriff „Groupware" – als „computer-based systems that support groups of people engaged in a common task (or goal) and that provide an interface to a shared environment" [EGR91, S. 40] definiert werden. Die wichtigsten Aspekte sind dabei die gemeinsame Aufgabe und geteilte Anwendungsumgebung. Die Definition umfasst dabei synchrone und asynchrone Systeme [EGR91].

Diese Arbeit konzentriert sich nachfolgend auf Kollaborationsprozesse, da diese eine höhere Interaktivität erfordern als Kooperationsprozesse und somit mögliche Barrieren deutlicher aufzeigen.

---

[31]Johnson & Johnson [JJ95, S. 180 ff] beschreiben außerdem noch die soziale, ergebnisorientierte und sachbezogene Abhängigkeit.

Für eine effektive Kollaboration kann davon ausgegangen werden, dass i. d. R. Klein-gruppen an der Kommunikationssituation beteiligt sind und somit die Anzahl der Beteiligten geringer ist als bei der Massenkommunikation. Ziel eines Kommunika-tionsmodells ist die Beantwortung der Frage, wie unabhängige Kommunikatoren eine gemeinsame Vorstellung von einem Sachverhalt entwickeln können [KH02].

Auf kollaborative Kommunikationssituationen ist das Modell der Massenkommunika-tion nach Maletzke [Mal75] aufgrund der einseitigen Kommunikation nicht anwendbar. Jedoch liefert das Modell interessante Aspekte für die Gruppenkommunikation, da der Empfänger nur zwischen angebotenen Medien wählen kann und somit einem gewissen Zwang unterliegt, Informationen in bestimmter Form zu rezipieren.

In einer Kollaborationssituation agieren die Beteiligten meist gleichberechtigt in ei-ner n:n-Beziehung. Das Modell des Rückkanals von kollaborativen Situationen äh-nelt klassischen Kommunikationsmodellen, mit der Möglichkeit einzelner oder mehrerer Adressaten im Gegensatz zu einer 1:1-Beziehung. Daher wird das oben beschriebene Kommunikationsmodell (vgl. Abbildung 4.1) als Grundlage für die Entwicklung eines Kollaborationsmodells verwendet (Abbildung 4.3). Jeder Beteiligte verfügt über einen eigenen Zeichenvorrat ($Z1 - Zn$). Die Schnittmenge aus diesen bildet den gemeinsamen Zeichenvorrat, der groß genug für ein gemeinsames Verständnis sein muss[32]. Auf den Kanal wirken allgemeine Geräusche als Störquellen ein, aber auch jeder Beteiligte kann bei Fern-Kollaboration abhängig von seinem Umfeld weiteren Störfaktoren ausgesetzt sein.

Nachfolgend werden Modelle beschrieben, welche sich vorherrschend mit Kollabora-tionsprozessen in Lernumgebungen beschäftigen.

Bondarouk et al. [BS03] beschreiben den Mechanismus des kollaborativen Lernens mit Hilfe des *Collaborative Learning Cycles*: *gemeinsame Aktion – Team-Reflexion – geteiltes Verständnis – geteiltes Wissen – gemeinsame Anpassung – gemeinsame Aktion* usw. Dieser basiert auf dem *Individual Learning Cycle* von Kolb [Kol84] und geht von der Grundannahme des gemeinsamen Handelns und Reflektierens aus. Der „Collabo-rative Learning Cycle" zeigt damit den Ablauf von kollaborativem Lernen auf, jedoch nicht die konkreten Kommunikationsprozesse.

Das Modell zur kollaborativen Wissensbildung von Stahl [Sta00] umfasst einen Kreis-lauf der persönlichen, individuellen Verständnisfindung als Grundlage für den Kreislauf der sozialen, kollaborativen Wissensbildung. Der Kreislauf der sozialen Wissensbildung wird von Singh et al. [SHW07] durch einen weiteren Kreislauf der gemeinsamen Ver-ständnisbildung ergänzt. Dabei bildet eine geteilte Arbeitsumgebung – wie bspw. ein virtuelles Klassenzimmer – ein gemeinsames Medium für die Interaktion.

Kienle & Herrmann [KH12] entwickeln ein Prozessmodell für kollaboratives Lernen, welches als Muster „für die Gestaltung von Computerunterstützung und des organi-satorischen Rahmens von Computer Supported Cooperative/Collaborative Learning (CSCL)-Veranstaltungen angesehen werden" [KH12, S. 187] kann. Dieses Modell ist auch auf eine Kollaborationssituation übertragbar, die keinen Lernfokus hat.

---

[32]In der Abbildung 4.3 wird auf die Einflussfaktoren nach Badura [Bad07] zur besseren Lesbarkeit verzichtet.

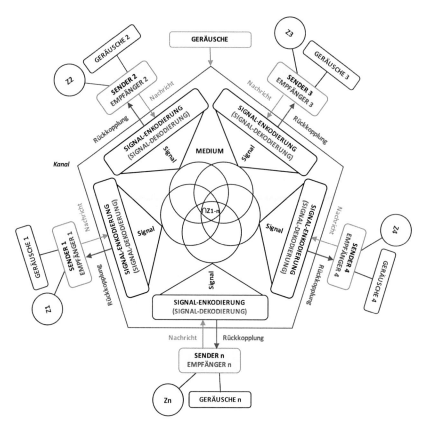

Abbildung 4.3.: Erweiterung des Kommunikationsmodells (Abbildung 4.1) auf $1-n$
Sender und Empfänger (Vollstruktur) zu einem Kollaborationsmodell

Das Prozessmodell [KH12] umfasst vier Phasen:

- *vorbereiten – am eigenen Material lernen – am Material anderer lernen – kolla-borieren* [KH12],

Ohne den Einbezug des Lernkontexts umfasst es folgende Schritte:

- *vorbereiten – eigenes Material erfassen – Material anderer erfassen – kollaborie-ren.*

4.3. Kommunikation und Kollaboration mit blinden Beteiligten

Voraussetzung für den Informationsaustausch zwischen Sender und Empfänger ist ein Kanal (der sich – den fünf Sinnen entsprechend – aus fünf Subkanälen konstituiert, deren synergetische Leistung höher als die Summe der Einzelkapazitäten ist). Handelt es sich bei der Empfängerinstanz um einen Blinden oder Menschen mit Sehbeeinträchtigung, wird die funktionale Gesamtleistung dieses Kanals durch den Ausfall des visuellen Subkanals herabgesetzt. Bedenkt man, dass etwa 80 % aller Informationen den Empfänger über den Sehsinn erreichen, ist diese Beeinträchtigung erheblich. [Tin12, S. 20]

Es ist bei einer Gruppensituation mit Blinden und Sehenden demnach erforderlich, die vorhandenen Informationen in eine für jeden Beteiligten wahrnehmbare Form umzuwandeln. Weiterhin müssen nicht nur wahrnehmungsbezogene Aspekte in Betracht gezogen werden, sondern u. a. mentale Modelle und wahrnehmungsspezifische Einschränkungen. Dabei muss zwischen Situationen unter Sehenden und Blinden sowie nur unter Blinden unterschieden werden.

Im Gegensatz zu Präsenz-Situationen, treten bei computervermittelter Kommunikation nach Schummer & Haake [SH12, S. 84 f.] folgende Barrieren auf[33]:

- „Überwindung der [räumlichen und zeitlichen] Distanz im Medium",
- „Herstellung eines gemeinsamen Bezugsrahmens" mittels expliziter Referenzen auf Personen/Objekte/Botschaften,
- Einschränkung der verfügbaren Kommunikationskanäle im Vergleich zu Präsenzsituationen (Sehen, Hören, Gestik, Mimik usw.),
- Erschweren der Koordination der Kommunikation bez. „des Zugriffs auf das Medium" (bspw. Sprachrechte) und „des inhaltlichen Vorgehens (Bsp. Moderation)", und
- aktives Herstellen der sozialen Wahrnehmung (bspw. Emotionen und nonverbale Äußerungen) durch Teilnehmende.

Basierend auf dem *Kommunikationsquadrat* [Thu05] (vgl. Kapitel 4.1.3), wird nachfolgend auf Einschränkungen in der Kommunikation von und mit Blinden eingegangen.

4.3.1. Einschränkungen in Bezug auf Sachinhalt

Die vorgestellten Kommunikationsmodelle, insbesondere das Modell von Shannon & Weaver, setzen für die erfolgreiche Kommunikation eine ausreichend große Schnittmenge des Zeichenvorrats von Sender und Empfänger voraus [Sch04]. In einer Kollaborationssituation können zwischen den verschiedenen Beteiligten unterschiedlich große gemeinsame Schnittmengen des Zeichenvorrats vorhanden sein. Insgesamt kann eine gleichberechtigte Gruppenkommunikation unter allen Beteiligten aber nur mit dem gemeinsamen Zeichenvorrat aller Beteiligten erfolgen, welche möglicherweise erheblich geringer sein kann als der von zwei Kommunikationspartnern.

---

[33]Wörtliche Passagen aus [SH12, S. 84 f.] werden in der Aufzählung nur durch Anführungszeichen und ohne erneute Nennung der Quelle für eine bessere Lesbarkeit zitiert.

Da die Anzahl der in der Perzeption beeinträchtigter Kommunikationspartner in Relation zur Gesamtmenge möglicher Kommunikationspartner i. d. R. verhältnismäßig gering ist, ist die Beschränkung auf die kleinste gemeinsame Zeichenschnittmenge nicht praktikabel (vgl. Abbildung 4.4).

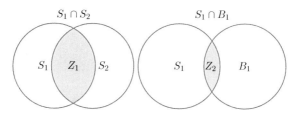

Abbildung 4.4.: Gemeinsamer Zeichenvorrat (Schnittmengen) der Kommunikationspartner; links: Sehend – Sehend (Schnittmenge Z_1), rechts: Sehend – Blind (Schnittmenge Z_2); dabei Z1 >Z2

Um die möglichst verlustfreie Kommunikation zwischen Blinden und Sehenden zu ermöglichen, muss die gemeinsame Zeichenmenge (vgl. Abbildung 4.4) erhöht werden, um diese möglichst anzugleichen. Dieses kann durch einen Übersetzer[34] erreicht werden, der die für das Verständnis des Sachinhalts benötigte fehlende Zeichenmenge in eine für den anderen Kommunikationspartner wahrnehmbare Form dekodiert (siehe Abbildung 4.5). Jedoch ist zu beachten, dass manche Situationen ohne Übersetzer auskommen können und bei anderen wiederum eine Übersetzung – aufgrund von zu hohem Informationsverlust einer Umwandlung – nicht möglich ist.

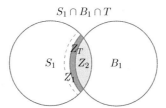

Abbildung 4.5.: Gemeinsamer Zeichenvorrat (Schnittmengen) der Kommunikationspartner S_1 (sehend) und B_1 (blind) mit Übersetzer (T); Z_1: Schnittmenge Sehend – Sehend, Z_2: Schnittmenge Sehend – Blind, Z_T: dazugewonnene Schnittmenge durch Übersetzer

---

[34]Die Idee eines Übersetzers wurde bereits global von Robben [Rob06] für den Computer als Medium beschrieben. Durch eine Übersetzung wird dabei der textuelle, auditive oder grafische Inhalt in einen universellen Code umgewandelt (vgl. [RSS07]). Der hier beschriebene Übersetzer arbeitet ähnlich, da die empfangenen Inhalte in ein universelles Format umgewandelt werden. Im Fall der menschlichen Kommunikation müssen jedoch nicht nur die Symbole in ein universelles Format übersetzt werden, sondern auch die semantischen und pragmatischen Informationen berücksichtigt werden.

Ausgehend von einer Kommunikationssituation mit einem sehenden Sender und einem blinden Empfänger ist wahrscheinlich, dass der Sender über einen größeren Zeichenvorrat verfügt. Betrachtet man die umgekehrte Situation (blinder Sender und sehender Empfänger) wird für den Sachinhalt i. d. R. kein Übersetzer benötigt, da der Sehende diesen mit der vorhandenen Zeichenmenge dekodieren kann. Sind beide Kommunikationspartner blind, ist ein Übersetzer ebenfalls überflüssig, da keine zusätzliche Information generiert werden können.

Im analogen Kontext werden Übersetzer, bspw. zur Übertragung von Lehrbüchern in Braille, bereits eingesetzt. Digital wird die Übersetzung von Sachinhalten für Blinde in der Regel von technischen Hilfsmitteln (Screenreader und Braille-Zeile) übernommen, jedoch können dabei primär auditive und textuelle Informationen übermittelt werden. Rein visuelle Informationen, wie bspw. Bilder oder Videos, sind nicht darstellbar.

Kommunikationswege abhängig von Modus und Medium

Geht man davon aus, dass mindestens einer der Kommunikatoren blind ist, müssen zwei Kommunikationssituationsaspekte nach Schützeichel [Sch04] genauer betrachtet werden: Modus und Medium. Der Modus – also das *Wie* der Kommunikation – beschränkt sich dabei auf nicht-visuelle Modi und Medien. Die Körpersprache kann also nicht wahrgenommen werden und somit liefern u. a. nur Stimmlage, Betonung und Atmung Hinweise bezüglich der Konnotation der Nachricht.

In welchem Medium bzw. unter Verwendung welcher Medien Blinde kommunizieren können, hängt von den verfügbaren Hilfsmitteln und ihren persönlichen Fähigkeiten ab. Aufgrund der hohen Kosten von Hilfsmitteln (bspw. zur Flächendarstellung), stehen meist nur digitalisiertes Material, Braille-Zeile und Screenreader zur Verfügung. Da visuelle Darstellungen nicht erfasst werden können, sind nicht alle Interaktionsmodi und Medien von Blinden verwendbar.

Für blinde Kommunikationspartner kann die Übermittlung des Sachinhalts i. d. R. in textuellem oder auditivem Modus direkt und ohne Übersetzer erfolgen. Grafische Inhalte können jedoch nicht direkt erfasst werden und müssen daher in eine für Blinde wahrnehmbare, inhalts- und bedeutungserhaltende Repräsentation übersetzt werden[35]. Umgekehrt ist es möglich, dass diese Spezialform, übermittelt von einem blinden Sender an einen sehenden Empfänger, ebenfalls der Anpassung bedarf, um zu einer Verständigung zu gelangen.

Es ist nicht auszuschließen, dass in manchen Fällen dennoch textuelle und auditive Inhalte angepasst werden müssen. Daher scheint es sinnvoll, alle Nachrichten zunächst an einen Übersetzer zu schicken, der diese entweder unverändert oder angepasst weitergibt.

Im oben beschriebenen Kollaborationsmodell (Abbildung 4.3) könnte ein Übersetzer bei der Dekodierung von Signalen angesiedelt sein. In einer technischen Umsetzung wären zwei Ansätze denkbar: (1) die zentrale Umwandlung aller Inhalte in alle denkbaren Ausgabemodi für alle Beteiligten oder (2) die personalisierte Übersetzung individuell für jeden Beteiligten.

---

[35]Für eine Zuordnung möglicher Transformationen von ursprünglichem zu zugänglichem Modus siehe [57].

4.3.2. Weitere Einschränkungen

Bisher wurde die Übersetzung des Sachinhalts diskutiert. Jedoch sind Blinde im Vergleich zu sehenden Kommunikatoren auch auf anderen Ebenen benachteiligt. So ist bspw. die äußere Erfahrung nur eingeschränkt wahrnehmbar und manche Rückkopplungen und Interaktionen (bspw. Gesichtsausdruck, Gesten und Körperhaltung) sind nicht wahrnehmbar. Die Vorerfahrung der Kommunikatoren kann ebenfalls eine entscheidende Rolle spielen, da diese Einfluss auf den gemeinsamen Zeichenvorrat hat. Die Fähigkeit und Art und Weise, sich räumliche Zusammenhänge vorzustellen hängt bspw. neben dem Intellekt, davon ab, ob man diese zuvor sehend (Restsehkraft oder späterblindet) oder nicht visuell erfahren hat (vgl. Kapitel 2.2.3). Diese Einschränkungen sind in abstrakten Kollaborationsmodellen schwer abzubilden und werden daher in Kapitel 6.2 detailliert beschrieben.

4.3.3. Diskussion der Modelle

Baduras Modell [Bad07] (vgl. Kapitel 4.1.2) beschreibt den Vorgang der Kommunikation unter Berücksichtigung von mehrfachen En- und Dekodierungsprozessen und sozialen Einflussfaktoren. Betrachtet man diese Aspekte unter der Annahme, dass Sender und/oder Empfänger blind sind, ergeben sich folgende Einschränkungen:

Bei der semantische Dekodierung können unterschiedliche Vorerfahrungen (bspw. wie ein Gegenstand aussieht bzw. beschaffen ist) zu Problemen führen. Zu der pragmatischen Dekodierung zählen u. a. das Verhalten der Teilnehmenden, der Kontext und die Körpersprache. Körpersprache ist von einem blinden Kommunikationsteilnehmenden nicht wahrnehmbar und der örtliche Kontext ist nur eingeschränkt über die verbleibenden Sinne (Hören, Riechen, Fühlen) erfassbar. Die syntaktische Dekodierung hingegen wird in diesem Kontext nicht besonders eingeschränkt.

Manche der genannten sozialen Einflussfaktoren wie Situation oder Interessen sind für jede Person individuell und somit erfahren blinde Personen in diesen Bereichen nicht zwingend eine Einschränkung. Das Informationsniveau hingegen ist abhängig von der blindengerechten Zugänglichkeit und Aufbereitung der Information. Der emotive Erlebnishorizont ist stark von der Vorerfahrung geprägt, die bei sehenden, geburtsblinden und späterblindeten Personen variiert. Außerdem kann der Zeitpunkt des Eintritts und der Grad der visuellen Einschränkung von Bedeutung sein. Ein zusätzlicher sozialer Einflussfaktor von blinden Kommunikationsteilnehmenden ist die physische Einschränkung, d. h. die mangelnde Wahrnehmung von Körpersprache und die Verwendung bestimmter Medien (bspw. Video oder Wandtafeln). Weiterhin können Vorstellungsvermögen (mentales Modell) und ggf. eine Außenseiterrolle bzw. die soziale Eingliederung relevant sein.

Diese Einflussfaktoren variieren bei den Kommunikatoren und können als Störfaktor auf die Kommunikation wirken.

Verschiedene Prozesse des Modells kollaborativen Lernens von Kienle & Herrmann [KH12] können für die Zugänglichkeit relevant sein. Diese werden in der nachfolgenden Liste aufgeführt und in Bezug zu Funktionen des virtuellen Klassenzimmers gesetzt:

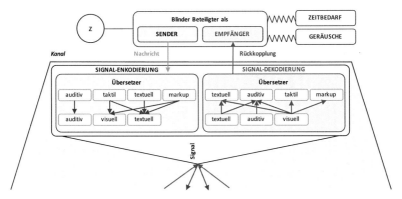

Abbildung 4.6.: Detail-Darstellung eines blinden Beteiligten des Kollaborationsmodells (Abbildung 4.3); Erweiterung um Signal-Interpretation mittels einer beispielhaften Übersetzung/Transformation des Modus (vgl. [57])

- Vorbereiten:
  - Material erstellen: Bereits beim Erstellen von Lernmaterialen kann der Lehrende Zugänglichkeitsaspekte berücksichtigen.
- Am eigenen Material lernen:
  - Anmerkungen einfügen (Notizen),
  - Ergebnisse darstellen (Interaktion) und
  - Ergebnisse editieren (Interaktion).
- Am Material anderer lernen:
  - Auf Beiträge anderer achten (Inhalte und Änderungen wahrnehmen),
  - verknüpfen (Links erstellen),
  - suchen (Inhalte wahrnehmen),
  - filtern (Selektion relevanter Ereignisse im Aktivitätsprotokoll) und
  - Anmerkungen einfügen (Beschreibungen, Notizen anderer bearbeiten).
- Kollaborieren:
  - Diskutieren (Audio-Konferenz, Chat, Whiteboard) und
  - auf Beiträge anderer achten (Inhalte und Änderungen wahrnehmen).

Das Kollaborationsmodell (Abbildung 4.3) kann durch die Einbindung des oben beschriebenen Übersetzers für verschiedene Modi erweitert werden. Abbildung 4.6 zeigt beispielhafte Transformationen, welche die Kommunikation zwischen blinden und sehenden Beteiligten verbessern könnten.

Eine reine Transformation der Inhalte mittels eines Übersetzers wie im Modell ist nicht ausreichend, um komplexe Zugänglichkeitsbarrieren zu beheben (vgl. Kapitel 6.2). Zur Vereinfachung der Darstellung steht daher der Übersetzer stellvertretend für komplexere Anpassungen, die in der nachfolgenden Arbeit beschrieben werden.

4.4. Kooperatives und kollaboratives Lernen

Unter kooperativem Lernen wird das gemeinsame Bearbeiten von Problemen, der Austausch von Wissen sowie von Lernergebnissen verstanden [Wei01]. Dabei kann die Kooperation zwischen Lernenden, aber auch zwischen Lernenden und Lehrenden stattfinden [Wei01].

Kollaboratives Lernen hingegen hat zum Ziel – ähnlich der Kollaboration im Allgemeinen – die Lernenden-zu-Lernenden-Interaktion zu unterstützen und ein gemeinsames Ziel zu erreichen [MR04]. Kollaboratives Lernen kann synchron oder asynchron erfolgen. Unter synchroner Kommunikation versteht man den Informationsaustausch unter Lernenden, welcher fast zeitgleich stattfindet (bspw. mittels Chat oder Instant-Messaging). Asynchrone Kommunikation findet zeitlich versetzt statt (bspw. mittels E-Mails, Diskussionsforen und Wikis) [Wes01a].

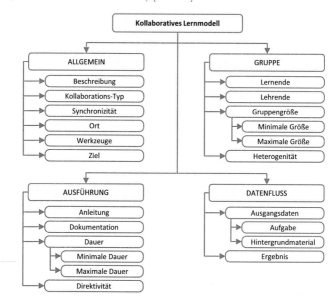

Abbildung 4.7.: Angepasstes kollaboratives Lernmodell nach Wessner [Wes01a] kombiniert mit Dimensionen für CSCL nach [Wes01b]

Die Aktivitäten von kollaborativem Lernen können nach Wessner [Wes01a] in einem kollaborativen Lernmodell (engl. *Collaborative Learning Model*) durch die Bereiche Allgemein, Gruppe, Durchführung und Datenfluss beschrieben werden. Weiterhin beschreibt Wessner [Wes01b] Dimensionen von CSCL. Die Kombination des Lernmodells und der Dimensionen (bspw. Werkzeuge, Synchronizität und Heterogenität) ist in Abbildung 4.7 zusammengefasst:

- Der Bereich *Allgemein* beschreibt die kollaborative Aktivität mit Hilfe von Attributen wie bspw. die Bezeichnung, das Ziel, den Typ und die verwendeten Werkzeuge der Aktivität. Er wird erweitert durch die Dimension des Ortes.

- Der Bereich *Gruppe* beschreibt die Gruppenzusammensetzung in Bezug auf Größenintervall, Teilnehmende aber auch in Bezug auf ihre Heterogenität.

- Der Bereich *Durchführung* enthält alle Elemente, die für die Durchführung der kollaborativen Aktivität von Bedeutung sind, bspw. Anleitungen und die Dauer der Aktivität. Weiterhin kommt hier die Dimension der Direktivität hinzu, welche beschreibt, ob der Lernprozess angeleitet wird oder ob die Gruppe eine selbstorganisierende Einheit ist.

- Der Bereich des *Datenflusses* beschreibt, welche Inhalte in die Aktivität einfließen und welche Ergebnisse produziert werden.

Kooperative Lernformen können Problemerkennungsfähigkeit, Wissensfindung und -aneignung sowie Zusammenarbeit mit anderen fördern [HH07] und eine Verbesserung der mündlichen Kommunikationsfähigkeit bewirken [58]. Weiterhin belegen Studien positive Effekte kooperativen Lernens bezüglich der sozialen, akademischen und kognitiven Kompetenzen [Sla94, MB07]. Johnson & Johnson [JJ95] untersuchen verschiedene Arten von Abhängigkeiten und stellen fest, dass Interaktion, eine individualistische Belohnungsstruktur und eine Gruppenmitgliedschaft nicht ausreichen, um bessere Ergebnisse von kooperativen im Vergleich zu traditionellen Lernsituationen zu erklären. Für das Erreichen besserer Ergebnisse bei Kooperation ist vielmehr positive Abhängigkeit entscheidend. Ein Argument gegen kooperative Lernszenarien ist nach Kerres et al. [KNN04], dass Lernende diese als aufwendig und wenig hilfreich empfinden.

Es existieren ebenfalls Studien, die erfolgreiche Lernsituationen zwischen Probanden mit und ohne Beeinträchtigung beschreiben (vgl. bspw. [FLB+10, JJ82, SBBW06, SBH04]). Kooperatives Lernen fördert bspw. zwischenmenschliche Anziehung [59] und erhöht das Verständnis für Lernende mit Beeinträchtigungen [JJ82].

Die umfassenden Belege der positiven Wirkung von kollaborativem Lernen ermutigen zu einem vermehrten Einsatz in der Lehre. Niegemann [Nie08] gibt jedoch zu bedenken, dass dieser positive Effekt nur erzielt werden kann, wenn die Lernumgebung optimale Bedingungen für den kollaborativen Lernprozess bietet. Dieser kollaborative Lernprozess kann nur erfolgreich sein, wenn auch individuelle Bedürfnisse berücksichtigt werden. Die Barrierefreiheit der eingesetzten Lernumgebungen und das gegenseitige Bewusstsein bezüglich der Einschränkungen anderer Teilnehmenden ist daher in inklusiven Lernszenarien für das Erzielen eines positiven Lerneffekts maßgeblich.

4.5. Relevanz für das Forschungsvorhaben

Die Zugänglichkeit einer kollaborativen Anwendung kann nicht allein durch technische Barrierefreiheit erreicht werden. Vielmehr ist die Berücksichtigung von Kommunikations- und Kollaborationsprozessen sowie didaktischen Aspekten von kollaborativem Lernen ebenfalls elementar, da ein Verständnis der Kommunikatoren untereinander maßgeblich für eine erfolgreiche Nachrichtenübertragung ist.

5. Inklusives E-Learning

Lernen unter Verwendung von Informations- und Kommunikationstechnologie – bzw. mittels verschiedener elektronischer Medien [Rey09] – wird in der Literatur mit verschiedenen Begriffen bezeichnet, bspw. als „web-based learning, computer-mediated communication, telematics environments, e-learning, virtual classrooms, online instruction, I-Campus, electronic communication, cyberspace learning environments, computer-driven interactive communication, distributed learning, borderless education" [GR05, S. 468]. Für den weitverbreiteten Begriff E-Learning existiert ebenfalls keine einheitliche Definition. Oftmals wird der Begriff synonym mit *Computer-Based-Training*, *Technology-Based-Training*, *Computer-Based-Learning* oder *Online-Learning* verwendet [SVC12].

Guri-Rosenblit konzentriert ihre Definition von E-Learning auf elektronische Medien für verschiedene Lernzwecke:

> E-learning [...] is [...] the use of electronic media for a variety of learning purposes that range from add-on functions in conventional classrooms to full substitution for the face-to-face meetings by online encounters. [GR05, S. 469]

Eine weitere Definition von Lee & Lee betont die Online-Informationsübermittlung:

> [E]-Learning is an on-line [sic] education defined as the self paced or real time delivery of training and education over the internet to an end user device. [LL06, S. 429]

Sangrà et al. [SVC12] erstellen eine Definition anhand einer Literaturauswertung und von Expertenmeinungen. Nach deren Auswertung weist die folgende Definition jedoch Einschränkungen in Bezug auf die Evolution von E-Learning-Technologien und sozioökonomischen Faktoren auf:

> E-learning is an approach to teaching and learning, representing all or part of the educational model applied, that is based on the use of electronic media and devices as tools for improving access to training, communication and interaction and that facilitates the adoption of new ways of understanding and developing learning. [SVC12, S. 152]

Diese Definition beschreibt das Ziel, den Zugang zu Ausbildung, Kommunikation und Interaktion zu verbessern. Bezieht man dies auf Menschen mit Beeinträchtigung könnte sie auch in Bezug auf Inklusion Gültigkeit haben (vgl. Kapitel 5.2).

5.1. E-Learning-Systeme

In der Literatur finden sich unterschiedliche Kategorisierungen von E-Learning-Systemen[36] (siehe bspw. [Nie04,SSS04,TES13]). Nachfolgende Übersicht stellt eine Auswahl

---

[36]Nachfolgend werden die Begriffe Lern-System und -Umgebung entsprechend der Verwendung in den referenzierten Quellen verwendet. Eine deutliche Abgrenzung der Begriffe voneinander wie in [För04] erfolgt nicht.

von Systemen vor[37], die es erlauben elektronisches Lernen durchzuführen, zu verwalten sowie eine Kollaboration unter Lernenden zu ermöglichen[38]. Es werden hauptsächlich Systeme betrachtet, welche online betrieben werden, da diese aufgrund ihrer Ortsunabhängigkeit den Zugang für Lernende mit Beeinträchtigungen erleichtern. E-Learning-Anwendungen können dabei Funktionen für synchrone (Chat, Audio- und Video-Konferenzen, Application-Sharing usw.) und asynchrone (E-Mail, Foren, Newsletter usw.) Kommunikation unterstützen [Nie04]. Die inhaltlichen Umsetzungen oder didaktischen Aufbereitungen werden vom Akteur selbst bestimmt und werden daher aufgrund mangelnder Einflussmöglichkeit und hoher Varianz hier nicht betrachtet. Ein besonderer Schwerpunkt liegt auf kooperativen Lernumgebungen, da diese Untersuchungsgegenstand der vorliegenden Arbeit sind.

5.1.1. Lernmanagementsysteme

Lernmanagementsysteme (LMS), umgangssprachlich Lernplattformen genannt, dienen der Verwaltung von Lerninhalten und der Kursabwicklung in (Hoch-)Schulen und unterstützen die dabei notwendigen Lernprozesse [TES13].

Bäumer et al. [BMW04] beschreiben Administration, Kommunikation und Inhalt als die drei wesentlichen Säulen von Lernmanagementsystemen. Dabei können folgende Funktionsbereiche unterschieden werden [TES13][39]:

- Werkzeuge für Lehrende zur Erstellung von Aufgaben und Übungen,
- Evaluations- und Bewertungshilfen,
- Präsentation von Lernmaterialien/Inhalten,
- Unterstützung von Lehrenden in Bezug auf Administration (bspw. bei Abgaben, Terminen), und
- Kommunikationswerkzeuge für Lernende und Lehrende.

In der Regel überwiegt in LMS asynchrones Lernen, jedoch ist bei vielen Lösungen eine Erweiterung auf synchrone Kommunikationsformen, wie bspw. die Verwendung eines Chats oder die Integration eines virtuellen Klassenzimmers (vgl. Kapitel 5.1.3) möglich.

5.1.2. Massive-Open-Online-Courses

Ein Massive-Open-Online-Course (MOOC) ist ein im Vorhinein erstellter, aus multimedialen Inhalten bestehender Online-Kurs [TES13], welcher einer großen Anzahl an Lernenden über das Internet frei verfügbar gemacht wird.

Stephen Downes unterscheidet nach [60] zwischen xMOOCs und cMOOCs. xMOOCs basieren demnach auf traditionellen Universitätskursen, die einer möglichst großen

---

[37]Virtuelle Welten, Soziale Netze und Web 2.0 u. ä. werden in den meisten Quellen nicht als gängige Systeme geführt. Aufgrund von Parallelen zu kollaborativen Lernumgebungen, werden Soziale Netze und Web 2.0 dennoch betrachtet.

[38]Kollaboration ist bspw. in computerbasierten (vgl. [Dit03a]) und webbasierten Trainingssystemen (vgl. [TES13]) sowie E-Portfolio-Systemen (vgl. [TES13]) nicht vorgesehen oder spielt eine untergeordnete Rolle und wird daher nicht betrachtet.

[39]Die einzelnen Funktionsbereiche einer Lernplattform gemäß [BMW04] sind hier aufgrund des besseren Gesamteindrucks durch die Zusammenfassung von [TES13] wiedergegeben.

Zahl an Studierenden zugänglich gemacht werden sollen. Das ‚c' in cMOOCs steht für ‚*connectivist*' und beschreibt den Charakter von cMOOCs, in denen Lernende, oft unter Verwendung von Blogs, Lernumgebungen und sozialen Medienplattformen, interagieren. Dabei nehmen alle Teilnehmenden sowohl die Rolle des Lernenden als auch die des Lehrenden ein [60].

5.1.3. Kollaborative Lernumgebungen

In der Präsenzlehre können für kollaboratives Lernen verschiedene Methoden (bspw. Partner- und Gruppeninterview, Gruppenpuzzle und Problemdiskursmethode[40]) eingesetzt werden [HH07]. Virtuelles kollaboratives Lernen kann mit Hilfe von webbasierten Werkzeugen durchgeführt werden. Dazu zählen u. a. kollaborative Editoren, Wiki-Systeme, Mindmapping-Werkzeuge, Social-Bookmarking-Dienste, der Austausch von Bildern, Dateiablagedienste oder synchrone Online-Konferenzsysteme und -Whiteboards [KWFT13].

Unter kooperativen oder auch kollaborativen Lernumgebungen (engl. *Cooperative/ Collaborative Learning Environment (CLE))* versteht Rey „Lernumgebungen, in denen Lernen in einer Gruppe stattfindet" [Rey09, S. 183]. Sie können u. a. zum kollaborativen Lernen und Erstellen von Dokumenten, zur Durchführung von virtuellen Seminaren und als virtuelles Klassenzimmer (VK, vgl. Abschnitt „Virtuelle Klassenzimmer" in diesem Kapitel) genutzt werden. Sie stellen Funktionalität zum Austausch von Dokumenten, zur Kommunikation, zur Kooperation sowie Kollaboration bereit. Da kollaborative Lernumgebungen i. d. R. die Erstellung von Inhalten (Texten und einfachen grafischen Darstellungen, bis hin zu einer Veranstaltungsaufzeichnung) unterstützen, können einzelne Funktionen als Autorenwerkzeuge mit eingeschränkter Funktionalität (vgl. [BMW04]) betrachtet werden. Wichtige Aspekte und Funktionen synchroner kollaborativer Anwendungen werden von Ellis et al. [EGR91] zusammengefasst:

Geteilter Kontext: Objekte und Änderungen an diesen sind für eine Gruppe von Nutzenden sichtbar.

Gruppenfenster: Anwendungsfenster, welche für alle Teilnehmenden gleichermaßen auf verschiedenen Ausgabegeräten sichtbar sind.

Zeigewerkzeug: Cursor, welcher auf allen Ausgabegeräten sichtbar ist.

Ansicht: Visuelle oder multimediale Repräsentation eines Teiles von dem geteilten Kontext.

Synchrone Interaktion: Interaktion in Echtzeit.

Sitzung: Zeitfenster für synchrone Interaktion.

Rolle: Definition von Rechten und Zuständigkeiten einer Person.

Das Lernen mit kollaborativen Lernumgebungen kann Vorteile bringen, aber auch Probleme erzeugen. Rey [Rey09] fasst potentielle Vorteile im Vergleich zu herkömmlicher Lehre zusammen. Dazu zählen u. a. Aufmerksamkeits- und Motivationsförderung, aktivierenderes und engagierteres Lernen und längeres Behalten von Information. Potentielle Probleme von kollaborativen Lernumgebungen umfassen nach Rey [Rey09]

---

[40]Für eine nähere Methodenbeschreibungen für kollaboratives Lernen vgl. [HH07, JJ88, Sla94, Tra04].

u. a. einen ineffizienten Informationsaustausch in der Gruppe, zusätzlichen Koordinationsaufwand, eine mögliche zusätzliche kognitive Belastung für Lernende sowie *soziales Faulenzen*.

Parallel zu dem prozessorientierten Begriff „kooperative Lernumgebung" wird in der Literatur auch der technische Begriff CSCL-Umgebung (Computer Supported Collaborative/Cooperative Learning) verwendet. CSCL basiert auf Technologien, Konzepten und Werkzeugen des Bereichs der Computer Supported Cooperative/Collaborative Work (CSCW) [SW04]. Es beschreibt „den Einsatz von Informatiksystemen (vernetzte Computer und Software) zur Unterstützung des kooperativen Lernens" [HSW04, S. 2], auch als CSCL-System bezeichnet (vgl. [Lon08, VGBLGS+05]). Die Hierarchien und synonymen Bedeutungen von CSCL-verwandten Begriffen sind in Abbildung 5.1 am Beispiel eines virtuellen Klassenzimmers dargestellt.

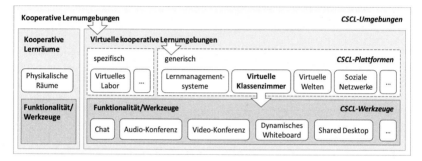

Abbildung 5.1.: Hierarchien und synonyme Bedeutungen von CSCL-verwandten Begriffen mit Fokus auf virtuelle Klassenzimmer

CSCL kann in einer Präsenzsituation in einem Raum oder auch örtlich verteilt durchgeführt werden [HSW04] – die Unterscheidung im Kontext von kooperativen Lernumgebungen erfolgt in *kooperative Lernräume* und *virtuelle kooperative Lernräume*. Buzzi et al. [BBLM12] nehmen in diesem Zusammenhang eine Einteilung entsprechend einer Zeit-Ort-Matrix vor: Dabei können internetbasierte synchrone kollaborative Lernumgebungen als „same time/different place", und asynchrone kollaborative Lernumgebungen als „different time/different palce" eingeordnet werden.

Kooperative Lernräume sind physikalische Räume, wie bspw. Computerarbeitsräume, in welchen kooperatives computerunterstütztes Lernen stattfindet [HW04]. In diesen (realen) kooperativen Lernräumen ist eine sinnvolle Integration der technischen Unterstützung in den Räumen wichtig, d. h. „die soziale und technische Ebene der Kooperation müssen in Einklang gebracht werden" [HSW04, S. 65]. Reale Lernräume der Präsenzlehre „profitieren von dem direkten Austausch nonverbaler und sozialer Hinweisreize" [Daw04, S. 118] und erleichtern somit eine soziale Orientierung, den Austausch von Information und die Ausbildung eines Gruppenbewusstseins.

Virtuelle kooperative Lernräume (VKL) bzw. -umgebungen versuchen die Vorzüge realer Lernräume mit Hilfe von Software nachzubilden, um ortsunabhängiges Lernen zu ermöglichen. Virtuelle Seminare erlauben es bspw. den Lernenden synchron an entfernten Lehrveranstaltungen teilzunehmen und mit sich mit anderen Teilnehmenden auszutauschen oder gemeinsam Aufgaben zu bearbeiten [Dit03b].

Virtuelle kooperative Lernräume lassen sich in generisch und spezifisch unterteilen: Generische virtuelle kooperative Lernräume – auch CSCL-Plattformen genannt (vgl. [SW04]) – wie z. B. virtuelle Welten, Lernmanagementsysteme, virtuelle Klassenzimmer oder soziale Netzwerke, lassen sich flexibel für verschiedene Lernszenarien und -inhalte konfigurieren und einsetzen. Ein spezifischer virtueller kooperativer Lernraum ist auf einzelne Anwendungs- bzw. Wissensbereiche, wie bspw. Biologie, spezialisiert. Dabei kann die Gestaltung eines spezifischen virtuellen kooperativen Lernraums als Implementierung eines generischen VKL erfolgen [Daw12]. Als Beispiel wäre eine virtuelle Welt als generischer virtueller kooperativer Lernraum denkbar, in welchem ein Biologie-Labor zu einem bestimmten Wissensbereich simuliert wird. Bei einer Kombination kooperativer und virtueller kooperativer Lernräume entsteht Blended Learning [Daw04]. Eine weitere verwandte Bezeichnung für CSCL-Plattformen wird von Ellis [EGR91] verwendet. Sie definiert „Groupware" als Oberbegriff für Werkzeuge für Gruppenarbeit. Dazu zählen u. a. kollaborative Editoren, Abstimmungssysteme und Konferenzsysteme.

Die Funktionalitäten bzw. die (CSCL-)Werkzeuge von virtuellen kooperativen Lernräumen hängen von den konkreten Anwendungen ab. Hauptbestandteile einer CSCL-Plattform sind nach Appelt [App04, S. 137 ff.] synchrone und asynchrone Werkzeuge, die den Benutzern die Kommunikation und Kooperation ermöglichen:

Asynchrone Kommunikationswerkzeuge:

- Diskussionsforen
- E-Mail
- Dateiaustausch
- Notizen
- Benachrichtigungs- und Ereignisdienste
- Private und gemeinsame Arbeitsbereiche
- Gruppenbildung

Synchrone Kommunikationswerkzeuge:

- Chat
- Video-Konferenz
- Shared Whiteboard
- Instant-Messaging-Systeme

Evaluationswerkzeuge:

- Selbsttest
- Studenten- und Kursmonitoring
- Benotung durch Tutoren
- Beobachtung von Gruppenverhalten

In Abbildung 5.1 ist beispielhaft die Funktionalität von virtuellen Klassenzimmern abgebildet. Synchrone Werkzeuge umfassen dabei u. a. Chat, Audio- und Video-Konferenz, Shared Desktop sowie ein kollaborativ genutztes dynamisches Whiteboard. Die Werkzeuge virtueller Klassenzimmer dienen u. a. der Erstellung und Darstellung von Inhalten. Mögliche Medien und Transformationsmöglichkeiten werden in Kapitel 9.1.1 beschrieben.

Nach Dawabi [Daw04] bieten virtuelle kooperative Lernräume eine funktionale Unterstützung in Bezug auf Kommunikation, Koordination und Kooperation. Diese Funktionen werden im Folgenden detailliert beschrieben. Weiterhin wird auf die Interaktivität von kollaborativen Lernumgebungen und auf die für diese Arbeit interessante Form, das virtuelle Klassenzimmer, eingegangen.

Kommunikationsfunktionen

Typische Vertreter computervermittelter Kommunikation sind so genannte Systemklassen [SH12] für Kommunikationswerkzeuge. Sie ermöglichen einen Informations- und Datei-Austausch zwischen den Akteuren. Zu Kommunikationswerkzeugen zählen nach Dawabi [Daw04] bspw. Chat-, Audio- und Video-Werkzeuge. Niegemann [Nie08] unterscheidet synchrone Kommunikationsfunktionen (Chat, Audio- und Video-Konferenzen), welche die zeitgleiche Kommunikation der Teilnehmenden unterstützen, und asynchrone Kommunikationsfunktionen (E-Mail, Foren und Newsgroups), welche eine zeitversetzte Kommunikation unterstützen. Nach Schümmer & Haake [SH12] und Appelt [App04] zählen zu der Definition noch weitere Kommunikationsfunktionen:

E-Mail: Versenden von Informationen und Anhängen an beliebig viele Adressaten.

Mailing-Listen: Versenden von Informationen und Anhängen an eine feste Gruppe von Adressaten über einen Verteiler.

Diskussionsforen und Nachrichtengruppen: Zentrale Speicherung von Nachrichten und von Diskussionssträngen, mit Moderationsmöglichkeit. Nachrichtengruppen ähneln einem Forum, werden aber durch externe Systeme verwaltet.

Blogs: Fortführung des Konzepts des Online-Tagebuchs. Einsatzfelder umfassen u. a. Wissensmanagement, Lerntagebücher und E-Portfolios.

Chat: Textueller Nachrichtenaustausch zwischen zwei oder mehr Personen per Computer.

Instant Messaging: Synchrone und asynchrone Kommunikation zwischen mehreren Benutzenden. Ausgewählte Benutzende können den aktuellen Zustand (bspw. Online-Status, Anwesenheit, Aktivitätsgrad) wahrnehmen. Möglichkeiten zum multimedialen Austausch bzw. Konferenzgespräche bestehen mittels Chat, Audio- und Video-Konferenzen.

Synchrone Konferenzsysteme: Kombination genannter Ansätze in einem gemeinsamen Arbeitsbereich, Unterstützung von Gruppenarbeit (z. B. für die Durchführung virtueller Seminare).

Soziale Netze: Selbstdarstellung und Darstellung der eigenen Kontakte. Erstellung einer virtuellen Identität mittels u. a. Profil, Interessen, Bekanntschaften, Statusnachrichten und integrierten Kommunikationswerkzeugen.

Die Systemklasse *Synchrone Konferenzen* [SH12] bspw. verbindet die Funktionen von Instant-Messaging-Systemen mit der Möglichkeit des gemeinsamen Betrachtens von Dokumenten, Desktop- bzw. Application-Sharing, einer Teilnehmerliste, Abstimmungsfunktion und gemeinsamen Editieren bzw. Erstellen von Zeichnungen und Texten [SH12]. Weiterhin integrieren *Soziale Netze* meist auch eine Chat-Funktion. Tabelle 5.1 charakterisiert eine Auswahl von Systemklassen nach Schümmer & Haake [SH12] entsprechend ihrer Merkmale[41]. Virtuelle Klassenzimmer können als Untergruppe von synchronen Konferenzsystemen betrachtet werden. In Tabelle 5.1 sind Merkmale, die durch virtueller Klassenzimmer zusätzlich erfüllt werden, blau unterlegt.

---

[41]Das Merkmal der Persistenz muss nicht zwingend eine asynchrone Kommunikation ermöglichen, da zwar die Daten dauerhaft gespeichert sein können, jedoch keine Interaktion mehr erlauben.

Tabelle 5.1.: Charakterisierung einer Auswahl von Systemklassen nach Schümmer & Haake [SH12, S. 88]; Eingeklammerte Häkchen: Merkmal nicht komplett unterstützt; fette Häkchen mit blauer Hinterlegung: Merkmale, die für virtuelle Klassenzimmer zutreffen (ergänzend zu [SH12, S. 88])

Merkmal	Systemklasse	Chat	Audio-Konferenz	Video-Konferenz	Synchrone Konferenzen	Soziale Netze
Zeit	Synchron	✓	✓	✓	✓	(✓)
	Asynchron					✓
Gruppengröße	Paar	✓	✓	✓	**(✓)**	
	Kleingruppe	✓	(✓)	(✓)	✓	
	Großgruppe				(✓)	✓
Symmetrie	Leser = Schreiber	✓	✓	✓	✓	(✓)
	Leser ≠ Schreiber				✓	✓
Offenheit	Offen				(✓)	✓
	Geschlossen	✓	✓	✓	✓	(✓)
Kontinuität	Statisch	✓				✓
	Datenstrom		✓	✓	✓	
Persistenz	Flüchtig	✓	✓	✓	✓	
	Persistent	(✓)			**(✓)**	✓
Informationsfluss	Push	✓	✓	✓	✓	(✓)
	Pull				✓	✓

Koordinationsfunktionen

Koordinationsfunktionen regeln die Kommunikation zwischen den Teilnehmenden – also die Rollen- und Rechteverwaltung (engl. *floor control*) und das Bewusstsein bezüglich der Anwesenheit anderer Teilnehmender (engl. *awareness*) [Daw04]. Sie umfassen nach Dawabi [Daw04], Holmer & Jödick [HJ12] sowie Niegemann [Nie08]:

Awareness/Soziale Präsenz: Kennzeichnung von Zustand (bspw. aktiv/inaktiv) und Kontext (bspw. Rolle) einzelner Teilnehmender, dem Status der Objekte, Prozessen sowie Gruppen- und Einzelaktivitäten.

Rollen- und Rechteverwaltung: Verteilung von Aufgaben und Zugriffsrechten (Rollen) innerhalb des Lernraums.

Prozess- und Phasenunterstützung: Lenkung des Lernprozesses der Gruppe von außen. Steuerung des Lernprozesses abhängig vom Aufgabentyp, Einhaltung der zeitlichen Begrenzung zur Lösung einer Aufgabe und Zuweisen von Rederechten.

Zusätzliche Steuerungsmechanismen: Werkzeuge zur Verwaltung von Ressourcen und Benutzenden. Abstimmungen, Testfragen zur Verständnisüberprüfung, Rückmeldungen bez. Arbeitsergebnissen zum Zweck der Neufokussierung der Gruppe oder gezielten Intervention durch den Lehrenden.

Kooperationsfunktionen

Kooperationsfunktionen umfassen Werkzeuge, die das gemeinsame Nutzen von Ressourcen ermöglichen [Daw04] und erlauben die Zusammenarbeit an gemeinsamen Artefakten [HJ12]. Nach [HJ12, S. 114ff.] und [Nie08, S. 343] umfassen Kooperationsfunktionen virtueller kooperativer Lernräume:

Gemeinsame Objektverwaltung: Zentraler Ort für Datenablage, -austausch und -verwaltung, (inkl. Bewusstseins-Funktionen bspw. bezüglich des Urhebers eines Objekts) sowie einstellbaren Zugriffsrechten (bspw. privat, Gruppe, öffentlich).

Kooperative Editoren: Editierwerkzeuge zum gemeinsamen Erzeugen und Bearbeiten von Artefakten, der Konfliktvermeidung durch Rechte- und Rollenverteilung (bspw. Bearbeitung durch nur einen Nutzender gleichzeitig), Editieren von Texten, Grafiken, Audio- und Video-Dateien. Werkzeuge umfassen u. a. Hypermedia-Editoren und Multimedia-Whiteboards.

Application Sharing: Gemeinsame Manipulation von Artefakten mit nicht-kooperativen Anwendungen.

Interaktivität

Interaktivität in kollaborativen Lernumgebungen zeichnet sich durch die Kommunikation und die Autorenschaft aller Teilnehmenden durch Beiträge in Form von Text-, Audio- und Video-Beiträgen sowie auch Grafiken und Zeichnungen aus. Die Interaktivität eines virtuellen kooperativen Lernraums kann in Hierarchiestufen entsprechend einer „Taxonomie der Interaktivität" (engl. *engagement taxonomy*) nach Naps et al. [NRA+02, S. 142] (Übersetzung durch [Rey09, S. 22 f.]) eingeteilt werden:

1. *No viewing* (Keine Interaktivität)

2. *Viewing* (Einfache Kontrolltasten)

3. *Responding* (Fragen werden gestellt]

4. *Changing* (Veränderung der Inhalte oder Eingangsdaten)

5. *Constructing* (Erstellung eigener Visualisierung)

6. *Presenting* (Präsentation einschließlich Feedback und Diskussion)

Erweitert man den Begriff der Interaktivität um die enge Zusammenarbeit einer Kollaborationssituation, reicht einfaches Antworten (*responding*) und Verändern (*changing*) nicht aus. Hier ist zusätzlich ein Verständnis, eine Synthese sowie eine Bewertung[42] von fremden Inhalten erforderlich.

Virtuelle Klassenzimmer

Virtuelles Klassenzimmer (VK) sind synchrone Konferenzsysteme zur Durchführung von Gruppentreffen in Echtzeit an verteilten Standorten [FH12]. Sie können viele

---

[42]Vgl. auch die Lernziele der *Bloom'schen Taxonomie* [BE76].

Eigenschaften einer Präsenzlehr- bzw. -lernsituation mit Hilfe von synchroner Kommunikation und Medieneinsatz (bspw. mit Chat, Audio- und Video-Konferenz, Shared Desktop und dynamischem Whiteboard) abbilden und ermöglichen somit „das gemeinsame Präsentieren und Bearbeiten von Ressourcen und biete[n] dazu neben einem gemeinsamen Arbeitsbereich (z.b. mittels eines Shared Whiteboard oder Application Sharing) auch multimodale Interaktionsmöglichkeiten (neben Audio- und meist auch Videokanal) und dezidierte Moderationsunterstützung [...]." [FH12, S. 165].

Virtuelle Klassenzimmer zählen nach Schümmer und Haake zu der Systemklasse *Synchrone Konferenzen* [SH12]. Ergänzend zu den definierten Merkmalen (synchron, Kleingruppe, Leser = Schreiber usw.) durch Schümmer et al. können dieser Systemklasse in Hinblick auf die Funktionalität virtueller Klassenzimmer weitere Merkmale zugewiesen werden (siehe Tabelle 5.1, blau hinterlegte Häkchen): Die Systemklasse *Synchrone Konferenzen* geht von einer synchronen, gleichberechtigten Kommunikationssituation in Gruppen aus. Virtuelle Klassenzimmer hingegen können auch von Paaren für Lernzwecke genutzt werden, wenngleich i. d. R. von Kleingruppen auszugehen ist. Aufgrund der Rollenverteilungsmöglichkeit in Moderatoren und Teilnehmende mit und ohne Schreibrechten, kann beim Merkmal Symmetrie auch ein Leser ungleich dem Schreiber sein. Aufgrund des Lehrcharakters kann in den meisten Fällen von einer geschlossenen Veranstaltung ausgegangen werden. Eine Persistenz des virtuellen Klassenzimmers kann durch das Abspeichern von Inhalten (Whiteboard-Ansichten, Präsentationsdateien usw.) und die Aufzeichnung der Veranstaltung erreicht werden. Der Informationsfluss kann im Vergleich zu synchronen Konferenzen aufgrund starker Verwandtschaft mit Instant-Messaging-Funktionen auch mittels „push" erfolgen – also ohne aktives Zutun des Nutzenden, wie bspw. die automatische Übertragung einer Chat-Nachricht.

5.1.4. Adaptive Lernumgebungen

Unter einer adaptiven Lernumgebung (engl. *Adaptive Learning Environment (ALE)*) versteht man ein System, das die Individualität des Lernenden bei einer computergestützten Lehrveranstaltung berücksichtigt [Leh10]. Alternative Bezeichnungen von adaptiven Lernumgebungen umfassen nach Rey [Rey09, S. 179] „differentiated, individualized, personalized [and WK] tailored E-Learning". Nach Paramythis et al. [PLR04] kann eine Lernumgebung als adaptiv betrachtet werden, wenn sie in der Lage ist,

- die Aktivitäten von Nutzenden zu überwachen und zu interpretieren,
- Rückschlüsse anhand von Aktivitäten in Bezug auf Nutzeranforderungen und -präferenzen zu ziehen und
- verfügbare Daten über seine Nutzenden und das betreffende Themengebiet zur Erleichterung des Lernprozesses zu nutzen.

Zu Adaptivitätsmechanismen zählen nach Lucke & Specht [LS12] konkreter eine automatische Inhaltsauswahl und -darstellung, eine Lernpfadanpassung an individuelle Lernziele und wechselnde didaktische Arrangements. Weiterhin betonen Lucke & Rensing [LR14] die Bedeutung einer Personalisierung der Anwendung auf Grundlage des Kenntnisstands des Nutzenden sowie einer Personalisierung über Profile.

5.1.5. Persönliche Lernumgebungen

Eine persönliche Lernumgebung (engl. *Personal Learning Environment (PLE)*) stellt eine Sammlung von interoperablen E-Learning-Werkzeugen dar [Gre11]. Die individuelle Informations- und Kommunikationsumgebung der PLE kann durch einen Lernenden individualisiert gestaltet werden [TES13]. E-Learning-Werkzeuge können dabei bspw. ein Blog für individuelle Reflexion, Wikis für kollaboratives Lernen oder ein E-Portfolio (vgl. [TES13]) zur Präsentation der eigenen Arbeiten sein [Ker06]. Aus technischer Sicht besteht eine „persönliche virtuelle Lernumgebung (PVLE) aus der Menge der genutzten digitalen Ressourcen und Artefakten sowie den dabei verwendeten Diensten, Werkzeugen und Anwendungen [... und bildet ..., WK] somit ein technisches Medienökosystem rund um den Nutzenden" [KH16].

5.1.6. Web-2.0-Anwendungen

Unter Web 2.0 versteht man interaktive und kooperative Funktionen des Internets, bei welchen der Nutzende sowohl konsumiert als auch selbst Inhalt erstellt. Web-2.0-Anwendungen sind bspw. Web-Blogs, Wikis, Podcasts und Videopodcasts, Ressourcenaustausch und gemeinsames Indexieren (vgl. [ZR13]). Im Web 2.0 können Lernende durch die Erstellung eigener Inhalte auch selbst zu Lehrenden werden. Lernende übernehmen weiterhin aktiv Verantwortung für ihren eigenen Lernprozess und Lehrende nehmen eher die Rolle eines Begleiters oder Beraters ein [AKTZ13].

5.1.7. Zusammenfassung

Die vorgestellten E-Learning-Systeme können nach Ausmaß ihrer Interaktivität, Synchronizität und der Erforderlichkeit der Kollaboration verglichen werden (siehe Abbildung 5.2). Weiterhin ist bei dieser Auswertung zu beachten, dass von einer der Definition entsprechenden Nutzungsweise ausgegangen wird, wobei bei fast allen Systemen die Möglichkeit einer Adaption oder Erweiterung denkbar ist.

Lernmanagementsysteme sind wenig kollaborativ, eingeschränkt interaktiv sowie zumeist asynchron – sie werden erst bei Integration von weiteren Funktionen (wie bspw. virtueller Klassenzimmer) synchron. Persönliche und adaptive Lernumgebungen (PLE, ALE) können das gesamte Spektrum von Interaktivität, Synchronizität und Ausmaß an Kollaboration, abhängig von verfügbaren Lernangeboten und persönlichen Präferenzen, in verschiedensten Ausprägungen annehmen und sind daher außerhalb des Würfels in Abbildung 5.2 dargestellt.

xMOOCs und kollaborative Lernumgebungen (Cooperative/Collaborative Learning Environment (CLE)) stellen starke Gegensätze dar: xMOOCs sind i. d. R. nicht interaktiv, nicht synchron und trotz hoher Teilnehmendenzahlen nicht kollaborativ, wohingegen E-Learning mittels kollaborativen Lernumgebungen kollaborativ, meist interaktiv und – abgesehen vom Wiederholen der Veranstaltung mittels einer Aufzeichnung – synchron verläuft. Stark interaktiv ausgeprägte cMOOCs und kollaborative Lernumgebungen ähneln sich jedoch in Bezug auf ihre Interaktivität und Kollaborationsmöglichkeit. Dabei sind cMOOCs i. d. R. nicht synchron und weisen höhere Teilnehmendenzahlen

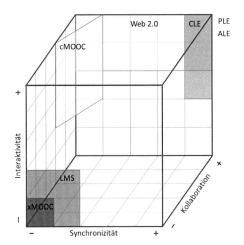

Abbildung 5.2.: Ausprägungen in Bezug auf Interaktivität, Synchronizität und Kollaboration von E-Learning-Systemen

als kollaborative Lernumgebungen auf. Web 2.0 ist kollaborativen Lernumgebungen sehr ähnlich, wobei der Grad der Synchronizität und Interaktivität variieren kann.

Web-2.0-Anwendungen zeichnen sich durch ihren stark kollaborativen und interaktiven Charakter aus. Dabei kann die Bearbeitung asynchron und auch synchron[43] erfolgen.

5.2. E-Learning und Inklusion

Im „Handlexikon der Behindertenpädagogik" wird der Ansatz der Inklusion definiert als

> [...] allgemeinpädagogischer Ansatz, der auf der Basis von Bürgerrechten argumentiert, sich gegen jede gesellschaftliche Marginalisierung wendet und somit allen Menschen das gleiche volle Recht auf individuelle Entwicklung und soziale Teilhabe ungeachtet ihrer persönlichen Unterstützungsbedürfnisse zugesichert sehen will. Für den Bildungsbereich bedeutet dies einen uneingeschränkten Zugang und die unbedingte Zugehörigkeit zu allgemeinen Kindergärten und Schulen des sozialen Umfeldes, die vor der Aufgabe stehen, den individuellen Bedürfnissen aller zu entsprechen – und damit wird dem Verständnis der Inklusion entsprechend jeder Mensch als selbstverständliches Mitglied der Gemeinschaft anerkannt. [Ant06, S. 98]

Die Vereinten Nationen definieren Inklusion als einen „[...] process of addressing and responding to the diversity of needs of all children, youth and adults through increasing participation in learning, cultures and communities, and reducing and eliminating exclusion within and from education" [4, S. 8 f.]. Dazu zählen weiterhin die Anpas-

---

[43]Eine synchrone Bearbeitung umfasst in diesem Fall auch die gleichzeitige Bearbeitung desselben Inhalts.

sungen von Inhalt, Herangehensweisen, Strukturen und Strategien mit dem Ziel einer integrativen Beschulung aller Kinder [4].

„Inclusive education" – als Schlüsselstrategie für das Erreichen von „Education For All" (EFA) – meint dabei die Unterstützung des Bildungssystems, um alle Lernenden zu erreichen [4].

Nach Gröber et al. [GWB10] werden unter dem Begriff *eInclusion* alle Anstrengungen verstanden, welche die Unterschiede zwischen Personen mit Zugang und Fähigkeiten zur Nutzung von modernen Informations- und Kommunikationstechnologien und solchen ohne diesen Zugang verringern sollen. Dazu zählen u. a. Menschen mit Einschränkungen aufgrund von Behinderung, Alter, Bildung oder Gender.

Die Europäische Union definiert *eInclusion* als die Verwendung von Informations- und Kommunikationstechnologien zum Erreichen von Inklusion [61]:

> eInclusion [...] aims at reducing gaps in ICT usage and promoting the use of ICT to overcome exclusion, and improve economic performance, employment opportunities, quality of life, social participation and cohesion. [61, S. 1]

Die Zielsetzung der Inklusion von Menschen mit Behinderungen an Bildungseinrichtungen und das Mittel der *eInclusion* zur Reduzierung der Hürden in der *Informations- und Kommunikationstechnik (IKT)* bilden eine Grundvoraussetzung für barrierefreie E-Learning-Angebote. Nach Gröber et al. [GWB10] ist *Inclusive E-Learning* ein Gebiet von *eInclusion*. Unter *Inclusive E-Learning* versteht man die Bestrebung, „to best include everyone in eLearning, to best consider special/ individual [sic] needs when creating eLearning applications and settings" [GWB10, S. 7]. Inklusives E-Learning erfordert, dass sowohl die E-Learning-Anwendung und dessen Inhalt zugänglich sind, als auch dass entsprechend der Bedürfnisse der Zielgruppe Anwendungen und deren Inhalte individuell angepasst werden [GWB10]. Neben allgemeinen Richtlinien zur barrierefreien Gestaltung (siehe Kapitel 3.3) geben die *Universal Design for Learning Guidelines* (siehe Abschnitt 3.3.5) u. a. Hinweise zu Methoden und Materialerstellung, um Chancengleichheit zu erzielen.

Nach Laabidi et al. [LJJ$^+$14] ist E-Learning ein Grundbaustein, um die E-Inklusion von Lernenden mit Behinderung sicherzustellen. Dabei kann E-Learning die Inklusion von Lernenden mit Behinderung aufgrund seines orts- und zum Teil zeitunabhängigen Charakters sowie seiner alternativen Präsentationsformen und Medieneinsatzmöglichkeiten fördern. Eine Behinderung im Lernprozess nach Treviranus et al. [TR06] entsteht dann, wenn die Bedürfnisse des Lernenden nicht mit dem Lernangebot in Einklang zu bringen sind. Damit stellt die Behinderung ein Artefakt der Beziehung zwischen Lernendem und Lernumgebung oder Informationsvermittlung dar. Beispielsweise kann die Verwendung bestimmter visueller Medien zum Ausschluss blinder Lernender führen, wenn den speziellen Bedürfnissen nach alternativer gleichwertiger Aufbereitung nicht nachgekommen wird:

> Accessibility is dependent on the flexibility of the education environment, curriculum, and delivery, as well as the availability of adequate alternative-but-equivalent content and activities. Accessibility requires individual optimization of the learning process. [TR06, S. 470]

Um ein E-Learning-Angebot zugänglich zu gestalten, beschreibt Cunningham [Cun12] grundlegende Maßnahmen:

1. Barrierefreie Software-Anwendungen,

2. alternative Angebote für nicht-zugängliche Medien,

3. Unterstützungsfunktionen zum Nachteilsausgleich,

4. Personalisierung des Angebots entsprechend individueller Bedürfnisse und

5. Bereitschaft zu der Unterstützung Lernender mit Beeinträchtigungen durch andere Akteure (Lernende und Lehrende).

Die ersten beiden Punkte werden weitestgehend von gängigen Barrierefreiheitsrichtlinien abgedeckt (vgl. Kapitel 3.3). Nachteilsausgleiche sind gesetzlich vorgeschrieben und in Hochschulordnungen (bspw. [Bun07]) definiert. Jedoch variiert das Angebot der verschiedenen Bildungseinrichtungen stark in Bezug auf die Personalisierung von Angeboten und die Bereitschaft zur Unterstützung der Lernenden mit Beeinträchtigungen.

5.3. Blinden- und Sehbehindertenpädagogik

Zur Förderung von Kindern und Jugendlichen mit einer Sehbeeinträchtigung wird in Blinden- und Sehbehindertenpädagogik unterschieden. Unter Sehbehindertenpädagogik wird die „Theorie und Praxis der besonderen Bedingungen des Lernens und der sozialen Eingliederung von Kindern, Jugendlichen und Erwachsenen" [Ant06, S. 159] verstanden, deren verfügbares Sehvermögen eingeschränkt, jedoch zum Lernen verwendbar ist [Ant06]. Bei einem Ausfall des Sehens bzw. nicht zum Lernen verwendbarem Sehrest, findet die Blindenpädagogik Anwendung [Ant06]. Aufgrund von engen Zusammenhängen und fließenden Übergängen, kann eine Zusammenfassung von Sehbehindertenpädagogik und Blindenpädagogik zu einer Sehgeschädigtenpädagogik in manchen Fällen pädagogisch sinnvoll sein [Ant06].

Um optimales Lernen zu ermöglichen, benötigen Lernende mit Sehbeeinträchtigung spezifische Unterstützung. Sie sind aber in der Lage, mit denselben Sinnen wie Normalsehende zu lernen (*WHO*-Stufen 1 und 2, Tabelle 2.1 auf S. 11). Bei Lernenden mit hochgradiger Sehbehinderung ist die Wahrnehmung so eingeschränkt, dass visuelle Reize nur teilweise oder in geringem Maße wahrgenommen werden. Zum Arbeiten wird entweder vergrößerte Schwarzschrift oder Braille bzw. ein Screenreader verwendet (*WHO*-Stufen 3 und 4, Tabelle 2.1). Das Sehvermögen bei blinden Lernenden ist nicht vorhanden oder so gering, dass es bei der Wahrnehmung keine Rolle spielt. Der Unterricht für Blinde wird daher auf nicht-visuelles Lernen abgestimmt (Braille und taktile Medien) [Sch85a].

Die Aufgabe der Sehgeschädigtendidaktik ist die Förderung der Lernenden mit Beeinträchtigung, so dass optimale Möglichkeiten der sozialen, kulturellen und beruflichen Integration bestehen [Sch85a].

5.3.1. Integrative Betreuungsformen

Schindele [Sch85b] unterscheidet drei Organisationsformen des Blinden- und Sehbehindertenunterrichts: segregierte Beschulungsformen, kooperativ-additive und integrative Betreuungsformen[44].

Die integrierte Betreuungsform bindet Schüler und Schülerinnen mit Sehbeeinträchtigung als vollwertige Mitglieder in normalsichtige Klassen einer Regelschule ein. Dabei wird Integration inhaltlich als „allseitige Förderung [...] aller Kinder [...] durch gemeinsame Lernsituationen" [Ant06, S. 99] definiert.

Das Ziel der integrierten Betreuungsform ist die bestmögliche Förderung der Schülerinnen und Schüler ohne Abgrenzung von Familie, Mitschülerinnen und Mitschülern. Zur Verwirklichung wird eine Unterstützung und Schulung der Lehrenden, Mitschülerinnen und Mitschülern sowie Betroffenen benötigt. Lehrende sind angehalten, den Unterricht möglichst den Bedürfnissen anzupassen und Hilfsmaterial bereitzustellen. Das didaktische Hauptproblem dieser Betreuungsform besteht in der zum größten Teil parallelen Umsetzung allgemeiner und einschränkungsspezifischer Maßnahmen, ohne dass inhaltliche Redundanz, Zeitverlust oder eine Störung des Unterrichtsablaufs entstehen.

Vorteil dieses Modells ist die Ermöglichung von Interaktion mit Familie, Nachbarn sowie Mitschülerinnen und Mitschülern, wie sie auch bei normalsichtigen Schülerinnen und Schülern stattfindet. Voraussetzungen dafür sind der reibungslose, verzögerungsfreie Unterrichtsablauf, die Ausbildung der Sozialkompetenz und das Verhindern des Entstehens einer Außenseiterposition der Schülerin oder des Schülers mit Sehschädigung.

Integrative Betreuungsformen und somit inklusive Pädagogik (vgl. Abschnitt 5.2) gewinnen derzeit an Bedeutung. Nach der UN-Behindertenrechtskonvention [1] muss eine inklusive Beschulung für alle Altersstufen gewährleistet werden. Spätestens bei einem Hochschulstudium gibt es keine Alternative zu Inklusion.

5.3.2. Studieren mit Sehbeeinträchtigung

Die nachfolgenden Ausführungen wurden bereits in Teilen in [KZ11] veröffentlicht.

Die Gleichstellung von Studierenden mit gesundheitlichen Beeinträchtigungen ist in verschiedenen Gesetzen festgeschrieben (bspw. [Bun02, Bun07]). Mit diesen Festlegungen haben „die Hochschulen [...] dafür Sorge zu tragen, dass behinderte Studierende in ihrem Studium nicht benachteiligt werden und die Angebote der Hochschule möglichst ohne fremde Hilfe in Anspruch nehmen können" [Deu05].

Das Deutsche Studentenwerk (DSW) definiert Anforderungen an barrierefreie Strukturen, welche die Zugangs- und Nutzungsmöglichkeit von Hochschulgebäuden, die „Sicherstellung der barrierefreien Wahrnehmbarkeit und Nutzbarkeit aller Informations- und Kommunikationsangebote" und eine barrierefreie Hochschuldidaktik durch Angebote zur Adaption von Studienmaterialien und Qualifizierung von Lehrenden umfassen [7].

---

[44]Erläuterungen zu den segregierten, kooperativ-additiven Beschulungsformen sind im Anhang A.3 auf S. iv zu finden.

Im Studium stehen Studierende mit Sehbeeinträchtigung vor vielfältigen Barrieren: Wenn Barrieren wie Studiumswahl, Einschreibung, Wohnungssuche usw. überwunden sind, bleiben Probleme wie die Orientierung auf dem Campus, Verwaltungsangelegenheiten, die Teilnahme an Veranstaltungen sowie der Zugang zu Studienmaterialien und Literatur. Der Einsatz von E-Learning zur Unterstützung der Präsenzlehre bietet Chancen in Bezug auf bedarfsgerecht aufbereitete und digitale Materialien, Ortsunabhängigkeit und individuelle Lerntempi, birgt jedoch auch neue Barrieren bspw. aufgrund von grafischen, dynamischen und synchronen Inhalten. Digitale Dokumente ersparen zunächst ein Auflesen oder die Verwendung von Texterkennung. Jedoch ist ein digitales Dokument nicht zwingend barrierefrei (vgl. Kapitel 2.2). Zum Beispiel müssen Studierende mit Sehbeeinträchtigung digitale Dokumente vor dem Lesen hinsichtlich ihrer persönlichen Anforderungen analysieren und entscheiden, ob sie diese mit ihren vertrauten Hilfsmitteln oder nur mit Hilfe Dritter erfassen können [KRW+14]. Sind die potentiellen Barrieren der Arbeitsmaterialien vorab bekannt – bspw. fehlende Strukturierung mittels Überschriften oder fehlende Alternativtexte für Abbildungen – kann gezielt passende Unterstützung angeboten werden.

Für Prüfungsleistungen oder im Studium allgemein wird oft mehr Zeit benötigt, oder sie sind in der geforderten Form nicht durchführbar. Als Nachteilsausgleich können Regelungen zum freien Prüfungsversuch, Ersatzleistungen, Nutzung von technischen Hilfsmitteln und personellen Hilfen [Deu05] in den Prüfungsordnungen festgelegt werden.

Die Benachteiligung Studierender mit Sehbeeinträchtigung entsteht, neben obigen Aspekten, hauptsächlich durch unzureichend zugängliches Lernmaterial und nicht digital vorliegende Literatur. Der Literaturzugang erfolgt i. d. R. durch Scanner mit Schrifterkennungsprogramm oder Auflesen. Das Problem sind nicht-textuelle Inhalte, die mit diesen Methoden nicht erfassbar sind. Bei der Literaturrecherche und -beschaffung stehen den Studierenden spezielle Bibliotheken zur Verfügung, die aber nicht alle Werke abdecken können [KVW08].

Studierende mit Sehbeeinträchtigung werden oft durch persönliche Studienassistenzen unterstützt, die u. a. Literatur digitalisieren und Studienarbeiten formatieren. Außerdem existieren an vielen Universitäten speziell eingerichtete Blindenarbeitsplätze, an denen Lernmaterial gescannt und gedruckt werden kann. Ein Notebook mit entsprechenden technischen Hilfsmitteln stellt im Studienalltag das wichtigste Hilfsmittel für sehgeschädigte Studierende dar. Weitere mögliche Dienste für den Zugang zu Information umfassen Aufsprache- und Auflesedienste sowie Vorlesekräfte [Kah98].

Die in Gleichstellungsgesetzen und Maßnahmenkatalogen definierten Anforderungen an ein barrierefreies Studium werden leider nicht an allen Hochschulen ausreichend umgesetzt. Häufig ist es eine Kostenfrage, ob bspw. ein Blindenarbeitsplatz für wenige Studierende aufrechterhalten wird. Der barrierefreie Zugang zu und die Aufbereitung von Information wird im Folgenden aus den Perspektiven von Softwareentwicklern, Hochschullehrern, Autoren von Lerninhalten und Hochschulverwaltungen betrachtet.

5.4. Relevanz für das Forschungsvorhaben

Die vorliegende Arbeit konzentriert sich auf die Zugänglichkeit virtueller Klassenzimmer für Blinde. Die Vorstellung verschiedener E-Learning-Systeme

- dient der Verdeutlichung der vorhandenen Ähnlichkeiten und Unterschiede und
- hilft bei der Abgrenzung des Fokus auf virtuelle Klassenzimmer dieser Arbeit zu alternativen Systemen.

Weiterhin betont das hochschulübergreifende Thema der Inklusion die Relevanz, zugängliche Benutzungskonzepte für komplexe synchrone Kollaborationsumgebungen zu entwickeln.

6. Zugänglichkeit virtueller kollaborativer Lernumgebungen

Zu beachtende Faktoren bei durch Blinde benutzbaren Kooperationslösungen sind nach Buzzi et al. [BBL09] Bedienfreundlichkeit (engl. *usability*), Zugänglichkeit (engl. *accessibility*) und Lernwirksamkeit (engl. *educational effectiveness*). Dabei sind Richtlinien für die Zugänglichkeit von Webseiten, wie die *WCAG 2.0* [8], die Verwendung von *WAI-ARIA* [53] oder auch die speziell auf synchrone kollaborative Lernumgebungen abgestimmten *IMS Guidelines for Accessible Learning Applications* [47] nicht ausreichend[45], da nicht alle Barrieren durch ihre Einhaltung behoben werden können. Nicht abgedeckte Hürden umfassen u.a. die Synchronizität und Semantik bei der Inhaltserstellung (vgl. Kapitel 6.2).

Winberg & Bowers [WB04] weisen in ihrer Studie zu kooperativen Benutzungsoberflächen für Menschen mit Sehbeeinträchtigung darauf hin, dass es im kollaborativen Kontext nicht ausreicht, nur die zugängliche Anwendung zu betrachten. Vielmehr muss untersucht werden, wie diese Anwendungen von den Probanden verwendet werden (siehe Kapitel 9.5 und 11). Diese Feststellung verdeutlicht die Bedeutung von Tests unter Beobachtung von kommunikativen und sozialen Aspekten.

Virtuelle kollaborative Lernumgebungen können die Teilhabe an Lehrveranstaltungen für blinde Lernende erleichtern, bergen aber auch neue Hürden, bspw. in Bezug auf die Multimedialität, Synchronizität und den Informationsumfang, über die allgemeinen Zugänglichkeitsbarrieren des Informationszugangs (vgl. Kapitel 2.2 und 2.3.3) hinaus.

Guenaga et al. [GBO04] beschreiben die Schwierigkeit, einer Abfolge der Ereignisse und der Kommunikation zu folgen, einer Umwandlung in *text-to-speech* und *speech-to-text* in Echtzeit sowie der Betreuung einer Gruppe bei heterogenen Nutzenden als die größten Zugänglichkeitsprobleme für blinde Nutzende von synchronen Anwendungen. Der Moderierende bzw. Lehrende muss in einer solchen Lernsituation überwachen, dass alle Lernenden dem Ablauf folgen können, und im Zweifelsfall entsprechende Anpassungen vornehmen. Eine kollaborative Lernumgebung sollte die Möglichkeit bieten, die Nachrichtenübertragung zu stoppen und den Informationsfluss entsprechend der Nutzerpräferenzen zu steuern [GBO04].

Die Bedürfnisse von blinden und sehbeeinträchtigten Nutzenden in der Computer Supported Collaborative Work (vgl. Kapitel 5.1.3) sind laut Winberg & Bowers [WB04] sowie McGookin & Brewster [MB07] nicht ausreichend untersucht. Seit der Veröffentlichung dieser Quellen wurden umfassende Untersuchungen zu verschiedenen Zugänglichkeitsbarrieren kollaborativer Lernumgebungen und Internetanwendungen durchgeführt, jedoch können diese Untersuchungen die Barrieren nur teilweise beheben. Eine im Rahmen dieser Arbeit durchgeführte Umfrage unter Menschen mit Sehbeeinträchtigung liefert einen Überblick über Erfahrungen mit und den ak-

---

[45]Siehe Kapitel 3.3 für weitere Informationen zu Barrierefreiheitsrichtlinien.

tuellen Einsatz von E-Learning und Kollaboration. Nachfolgend werden die Zugänglichkeitseinschränkungen von kollaborativem Lernen erläutert. Der Forschungsstand zu
asynchronem und synchronem Einsatz virtueller kollaborativer Lernumgebungen wird
zusammengefasst.

6.1. Umfrage zu Barrieren beim Einsatz von Kollaboration und E-Learning

Als Grundlage für die weitere Forschungsausrichtung wurde im Rahmen dieser Arbeit
eine Umfrage mit Menschen mit Sehbeeinträchtigung[46] durchgeführt [Köh12]. Die Umfrage umfasste Fragen zu dem technischen (u. a. verwendete Hilfsmittel und E-Learning-
und Kommunikations-Anwendungen) und sozialen Umfeld (u. a. Kooperation und Informationsaustausch mit anderen blinden und/oder sehenden Personen) (vgl. [MW13])
der Probanden. Anhand der Umfrage soll ermittelt werden, zu welchem Grad und zu
welchem Zweck Personen mit Sehbeeinträchtigung elektronisch unterstützte Kollaboration und E-Learning im bildungsbezogenen und beruflichen Umfeld nutzen und welche
Barrieren auftreten können [Köh12].

Verallgemeinert lassen sich folgende Forschungsfragen formulieren [Köh12]:

1. Wie findet eine Zusammenarbeit zwischen Blinden und Sehenden statt?

2. Welche Probleme treten bei der Nutzung von synchronem und asynchronem
   E-Learning und der Teilnahme an kollaborativen Lernsituationen durch Personen mit Sehbeeinträchtigung auf?

3. Was sind die Rahmenbedingungen von kollaborativen Situationen (Anzahl der se-
   henden/sehbeeinträchtigten Teilnehmenden, Zweck, Plattform, Hilfsmittel usw.)?

4. Wie groß ist der Anteil der Personen mit Sehbeeinträchtigung, die kollaboratives
   Lernen nutzen, und welche Werkzeuge verwenden sie dafür?

5. Welche Probleme/Einschränkungen, insbesondere in Bezug auf Materialien und
   Anwendungen, treten bei der Teilnahme an elektronischem Lernen und Kollaboration auf?

Das Ergebnis der Umfrage soll helfen, die Problemstellungen in Bezug auf die Nutzung
von virtuellen kollaborativen Lernumgebungen zu definieren und anhand der vorherrschenden Bedürfnisse das weitere Vorgehen festzulegen.

6.1.1. Zielgruppe

Zielgruppe der Umfrage waren Menschen mit Sehbeeinträchtigung und Blinde aus allen
beruflichen Bereichen, wobei die Stichprobe primär aus dem schulischen und universitären Bereich stammen sollte, da hier der umfangreichste Einsatz von kollaborativem
Lernen vermutet wurde. Da lebenslanges Lernen gerade für späterblindete Menschen
von großer Bedeutung ist, wurde keine obere Altersbeschränkung, jedoch ein Mindestal-

---

[46]Es wurden sowohl blinde als auch sehbeeinträchtigte Personen befragt, um einen möglichst umfassenden Eindruck des Einsatzes von E-Learning und Kollaboration zu erhalten und etwaige Unterschiede aufgrund des Grads der Beeinträchtigung feststellen zu können.

ter von 16 Jahren festgelegt, um eine für einen Vergleich ausreichende Erfahrung von Computer- und E-Learning-Nutzung voraussetzen zu können.

6.1.2. Befragungsdesign und -durchführung

Durch die Zielgruppe der Befragung entstanden besondere Anforderungen an die Art der Durchführung. Eine persönliche Befragung wäre wünschenswert gewesen, um mögliche technische Barrieren zu vermeiden. Dies war jedoch aufgrund des zu erwartenden Arbeitsaufwandes nicht in gewünschtem Umfang realisierbar. Eine alternative telefonische Durchführung hätte die Problematik der Ortsabhängigkeit behoben, aber der Arbeitsaufwand wäre nicht signifikant geringer gewesen. Somit wurde die Befragung internetbasiert mit Hilfe der barrierefreien Plattform oFb [62] (siehe Anhang A.4.1 auf S. v) und in Einzelfällen telefonisch durchgeführt. Die gestellten Fragen bezogen sich auf allgemeine Themen zur Sehbeeinträchtigung bis hin zur Erfahrung mit kooperativem Lernen[47].

Die Umfrage umfasste neben Begrüßung und Verabschiedung sechs Abschnitte, u. a. mit folgenden Inhalten [Köh12]:

1. Allgemeine Angaben: Alter, Geschlecht, Behinderung, Ausbildung usw.

2. Braille-Kenntnisse: Braille-Kenntnisse, Verwendung von Braille-Zeilen, Verwendung von taktilen Grafiken usw.

3. Computer-Kenntnisse: Verwendung von Hard- und Software, Hilfsmittel usw.

4. E-Learning: Erfahrungen mit E-Learning, E-Learning-Werkzeuge, Barrieren usw.

5. Kollaboration: Erfahrungen mit Kollaboration, Einsatzgebiete (bspw. Beruf, Lernen), Software usw.

6. Abschließende Fragen: Probleme im Zusammenhang mit E-Learning und Kollaboration

Abhängig von den Antworten der Teilnehmenden wurden Abschnitte der Umfrage übersprungen (vgl. Abbildung A.2 im Anhang auf S. vi). Bspw. wurden keine weiteren Fragen zu Braille-Kenntnissen gestellt und es wurde direkt zum Abschnitt Computernutzung gesprungen, wenn ein Teilnehmender angab über keine Braille-Kenntnisse zu verfügen.

6.1.3. Datenerhebung

Die Befragung wurde über einen Zeitraum von 16 Wochen Ende 2011 mittels eines zugänglichen Online-Fragebogens[48] durchgeführt. Per E-Mail und Telefon wurden Blindenorganisationen, Schulen und Hochschulen und Einzelpersonen zur Verteilung bzw. Teilnahme an der Befragung aufgefordert.

Bei Schwierigkeiten beim Ausfüllen des Fragebogens wurde zunächst versucht das Problem mittels E-Mail und Telefon zu lösen. War dies nicht erfolgreich, wurden in Einzelfällen persönliche Befragungen per Telefon durchgeführt. Während des Um-

---

[47]Der komplette Fragenkatalog ist im Anhang unter A.4.5 auf S. vii zu finden.
[48]Verwendeter Dienst: SoSci-Survey [62]; Befragungszeitraum (16.08.2011 – 1.12.2011).

fragezeitraums wurden geringfügige Änderungen an der Umfrage vorgenommen, um berichtete Probleme zu beheben (siehe Anhang A.4.4 auf S. vii).

6.1.4. Stichprobe

Während des Befragungszeitraums wurden 222 Seitenaufrufe der deutschsprachigen Umfrage registriert. Davon verließen 97 die Umfrage auf der Willkommensseite und 83 Teilnehmende schlossen die Befragung nicht ab. Die Anzahl von abgeschlossenen gültigen Fragebögen beläuft sich auf 42. Die Stichprobe wird als repräsentativ betrachtet aufgrund der großen Altersverteilung und in Hinblick auf die Stichprobengröße anderer Studien mit dieser Zielgruppe (vgl. bspw. [LBB12] und Kapitel 11.7)

Um einen internationalen Vergleich zu schaffen und um Einblicke in alternative Arbeitsweisen und Unterstützungsangebote anderer Länder zu erhalten, wurde die Befragung ins Englische übersetzt und an Organisationen und Universitäten in den USA und Großbritannien verschickt.

Der Rücklauf der englischsprachigen Befragung war gering – die Stichprobe beläuft sich auf vier abgeschlossene Fragebögen. Aufgrund möglicher verschiedener Voraussetzungen (Hilfsmittel, Infrastruktur, Kultur usw.) wurden die deutschsprachige und englischsprachige Stichprobe getrennt ausgewertet. Vergleicht man die Stichproben, ist festzustellen, dass 50 % der deutschsprachigen E-Learning-Nutzenden Lernplattformen verwenden, wohingegen diese von den englischsprachigen Befragten nicht eingesetzt werden. Weiterhin ist die Verwendung von Kollaboration zur Durchführung von Lehrveranstaltungen und technischem Support bei den deutschsprachigen Nutzenden ausgeprägter (vgl. Tabelle A.55 auf S. xxxvi). Die englischsprachige Stichprobe wird im Folgenden nicht weiter betrachtet, da diese aufgrund des geringen Umfangs nicht repräsentativ ist und somit signifikante Unterschiede oder Übereinstimmungen nicht ermittelbar sind.

6.1.5. Auswertung

Die Befragung ergab eine breite Nutzung von E-Learning-Anwendungen in beruflichen und bildungsbezogenen Bereichen, wobei Kollaboration hauptsächlich in Präsenzsituationen mit sehenden Kollaborationspartnern stattfindet. Nachfolgend werden die Ergebnisse entsprechend der Umfragestruktur beschrieben [Köh12].

Allgemein

An der Umfrage nahmen 19 Männer und 23 Frauen (Tabelle A.10 auf S. xv) im Alter von 19 bis 75 Jahren (siehe Tabelle A.9 auf S. xv) teil. Davon verfügten 50 %[49] über einen verwertbaren Sehrest (Tabelle A.12 auf S. xvi). Die Frage nach der aktuellen Tätigkeit ergab, dass an der Umfrage 5 % Schüler, 14 % Studenten und 52 % Berufstätige teilnahmen (Tabelle A.19 auf S. xviii). Ausgehend von der Zielgruppe der Umfrage und den angefragten Stellen nahmen weniger Studierende sowie Schülerinnen und Schüler teil als erhofft.

---

[49]In dieser Arbeit werden zur Verdeutlichung Prozentangaben benutzt, auch wenn die Grundgesamtheit kleiner als 100 ist.

Braille-Kenntnisse

81 % der Befragten hatten die Braille-Schrift erlernt (Tabelle A.20 auf S. xviii), davon 53 % im Alter von fünf bis zehn und 29 % im Alter von 11 bis 20 Jahren (siehe Tabelle A.21 auf S. xviii). 71 % der Befragten, welche die Braille-Schrift erlernt hatten, besaßen eine Braille-Zeile. 79 % der Befragte hatten Erfahrungen mit taktilen Abbildungen (Tabelle A.28 auf S. xx).

Computerkenntnisse

Die Befragung zeigte, dass alle Teilnehmenden einen Computer nutzten, davon 83 % mehrmals am Tag (siehe Abbildung 6.1). Die am häufigsten genutzten Anwendungen waren E-Mail, *Microsoft Internet Explorer* und *Word* (siehe Abbildung 6.2). Betrachtet man die Nutzung von Hilfsmitteln, so verwendeten 81 % Bildschirmleseprogramme, 57 % Braille-Zeilen und 19 % Spracherkennungssoftware (vgl. Abbildung 6.3).

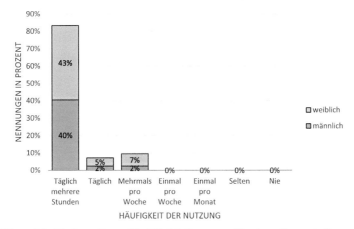

Abbildung 6.1.: Umfrage Frage C1: Wie häufig nutzen Sie einen Computer?
(Datenquelle: Tabelle A.30 auf S. xxi, Werte gerundet)

E-Learning

Die Befragung zeigte, dass die Teilnehmenden die Barrieren bezogen auf verschiedene Bereiche der Lehre, wie bspw. Lernmaterialien, Orientierung, Prüfungen, Kurse (Tafelbild, Geschwindigkeit usw.) sowie die Kommunikation mit Lehrenden und Lernenden, unterschiedlich wahrnahmen. Die größten Hürden – Antwortmöglichkeiten *groß* und *sehr groß* zusammengenommen – schienen dabei Prüfungen, gefolgt von Materialien und Kommunikation zu sein (Abbildung 6.4).

Folgende Probleme wurden für der Verwendung von E-Learning benannt:

- Grafiken (Nennungen: 2)
- komplexe Strukturen/unübersichtlich (Nennungen: 2)

- nicht zugängliche Software (Nennungen: 2)
- nicht zugängliche Materialien (Nennungen: 2)
- Zeitprobleme beim Erfassen von Informationen (Nennungen: 1)

38 % der Befragten verwendeten E-Learning in ihrer (weiterführenden) Ausbildung. Davon wurden zumeist Online-Materialien genutzt, gefolgt von Lernmanagementsystemen (Abbildung 6.5). Kollaborative Anwendungen wurden nur von 12 %, also fünf von 42 der E-Learning-Nutzenden verwendet. E-Mail und Online-Lernmaterialien waren die am meisten genutzten Funktionalitäten in Bezug auf E-Learning. Shared Desktop, Live-Präsentationen und Whiteboard wurden am wenigsten genutzt. Für schriftliche Kommunikation wurden E-Mail und Foren dem Chat vorgezogen (Abbildung 6.6).

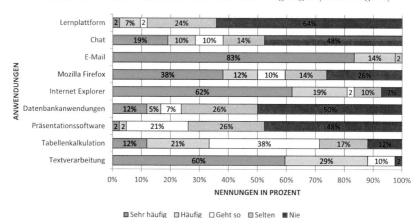

Abbildung 6.2.: Umfrage Frage C2: Mit welchen Anwendungen arbeiten Sie wie häufig? (Datenquelle: Tabelle A.31 auf S. xxi)

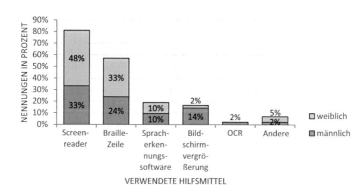

Abbildung 6.3.: Umfrage Frage C5: Welche Hilfsmittel verwenden Sie zur Arbeit an Computern? (Datenquelle: Tabelle A.34 auf S. xxiv, Werte gerundet)

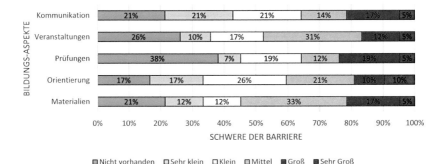

Abbildung 6.4.: Umfrage Frage E3: Wie schätzen Sie die Hürde in Bezug auf genannte Aspekte in Ihrem Studium/Ihrer Ausbildung ein? (Datenquelle: Tabelle A.38 auf S. xxv, Abbildung nach Köhlmann [Köh12], Werte gerundet)

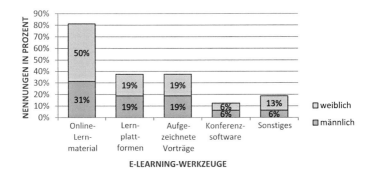

Abbildung 6.5.: Umfrage Frage E6a: Welche E-Learning-Werkzeuge haben Sie bereits verwendet? (Datenquelle: Tabelle A.41 auf S. xxvii, Werte gerundet)

Kollaboration

95 % der Befragten kollaborierten mit anderen Lernenden, Kollegen und Freunden. Die Kollaboration fand meist mit sehenden Personen statt (Abbildung 6.7); mit sehenden und mehr als einer sehbeeinträchtigten Person jedoch nur sehr selten. 70 % der Befragten nutzten Kollaboration für private, 65 % für berufliche und nur 43 % für bildungsbezogene Zwecke.

Nur 23 % (neun von 40) der Befragten, die kollaborieren, hatten bereits an computergestützten kollaborativen Situationen teilgenommen. Der verfolgte Zweck der Kollaboration war meist Dokumentenbearbeitung (sieben Nennungen, 78 %), technischer Support (sieben Nennungen, 78 %) oder Besprechungen (sechs Nennungen, 67 %). Die Nutzung für Kurse wurde von vier Befragten (44 %) angegeben (Abbildung 6.8). Als typische Kooperationssituationen (vgl. A.4.6 auf S. xxx) wurden die Inhaltserstellung (16 Nennungen), der Informationszugang (11 Nennungen), Besprechungen (zehn Nennungen) und das Lernen in Studien- und Lerngruppen (fünf Nennungen) genannt.

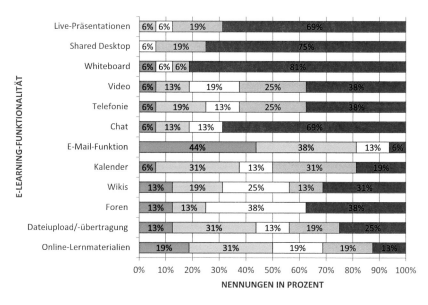

Abbildung 6.6.: Umfrage Frage E7: Welche Funktionalität nutzen Sie von diesen E-Learning-Werkzeugen und wie häufig?
(Datenquelle: Tabelle A.43 auf S. xxvii, Werte gerundet)

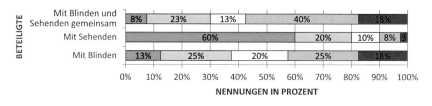

Abbildung 6.7.: Umfrage Frage K2: Wie häufig und mit wem findet die Zusammenarbeit statt? (Datenquelle: Tabelle A.46 auf S. xxix, Werte gerundet)

Sonstiges

Die Frage nach auftretenden Problemen bei der Zusammenarbeit mit anderen lieferte breitgefächerte Antworten (vgl. Frage S1 im Anhang A.4.6 auf S. xxxiii). Drei der Befragten nannten eine Verunsicherung bzw. fehlende Sensibilität im Umgang mit blinden Kooperationspartnern durch Sehende. Jeweils zwei der Befragten führten den gemeinsamen Wissensstand, die Technik und die Hilfsmittel als Problemquellen auf.

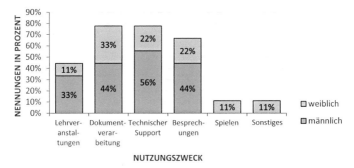

Abbildung 6.8.: Umfrage Frage K9: Zu welchem Zweck nutzen Sie computergestützte Kooperation? (Datenquelle: Tabelle A.52 auf S. xxxii, Werte gerundet)

Weitere mögliche Hürden waren die variierende Arbeitsgeschwindigkeit und der unterschiedliche Grad der Behinderung innerhalb der Gruppe.

Wünsche der Befragten zwecks Verbesserungen und zusätzlichen Hilfsmitteln in Bezug auf E-Learning und Kooperation (vgl. Frage S2 im Anhang A.4.6 auf S. xxxiv) waren vorherrschend eine barrierefreie Gestaltung der Anwendungen (sechs Nennungen). Konkret benannt wurde hier der Wunsch nach einer verbesserten Strukturierung, einer Reduktion visueller Inhalte und einem allgemein erleichterten Informationszugang. Außerdem wurden geringere Kosten für Hilfsmittel, eine Verbesserung der Zusammenarbeit und offener Umgang von Normalsichtigen und Blinden sowie eine Sensibilisierung der Techniker gewünscht.

Befragte formulierten außerdem einen Bedarf der Verbesserung der Barrierefreiheit bei E-Learning-Inhalten von Fernstudiengängen und forderten barrierefreie Lernprogramme für Studiengänge und Berufsausbildungen mit blinden Studierenden bzw. Auszubildenen (vgl. Frage S3 A.4.6).

Bei der Verwendung von *Power-Point*-Präsentationen [63] in der Präsenzlehre stellten freie Formulierungen des Dozenten eine Hürde dar. Befragte äußerten Wünsche, dass die Inhalte der Folien vorgelesen sowie der Inhalt als Skript verfügbar gemacht und beim Vortrag die entsprechenden Seitenzahlen genannten werden sollten (vgl. Frage S4 im Anhang A.4.6 auf S. xxxv).

6.1.6. Zusammenfassung und Bewertung

Die meisten in der Befragung beschriebenen E-Learning-Erfahrungen beruhen auf asynchronen Lernmaterialien und der Verwendung von Lernplattformen. Kollaboration wird meistens in Präsenzsituationen eingesetzt. Online-basierte Kollaboration mit mehr als einem blinden Teilnehmenden scheint selten zu sein. Leider erlauben die erhobenen Daten es nicht festzustellen, ob dies nicht zugänglicher Software oder dem seltenen Einsatz von kollaborativen Werkzeugen in der Lehre geschuldet ist [Köh12].

Insgesamt zeigt die Befragung, dass kollaborative Kommunikationswerkzeuge selten von Lernenden mit Sehbeeinträchtigung verwendet werden. Traditionelle Lernsituationen und Kollaboration in Präsenzsituationen scheinen immer noch vorherrschend.

Aufgrund der geringen Erfahrung der Befragten mit kollaborativem Lernen, kann noch keine konkrete Aussage zu möglichen Barrieren getroffen werden.

Insgesamt haben 125 Personen an der Umfrage teilgenommen, wovon 42 Personen (33,6 %) diese abschlossen. Die hohe Abbruchquote kann in technischen Schwierigkeiten oder der verhältnismäßig langen Bearbeitungsdauer abgeschlossener Fragebögen von durchschnittlich 40 Minuten (vgl. Tabelle A.8 auf S. xv) im Vergleich zu den in der Begrüßung angekündigten 20 bis 25 Minuten begründet sein. Ein vorab durchgeführter Testlauf mit einem geübten blinden Computernutzenden hatte keine Zugänglichkeitseinschränkungen ergeben. Die erhöhte Bearbeitungsdauer könnte dennoch mit möglichen Bedienschwierigkeiten ungeübter Nutzender mit dem Umfrageformular zusammenhängen.

Für die Verbesserung der Zugänglichkeit virtuelle Klassenzimmer sind die Wünsche nach einer Reduktion von visuellen Inhalten, einer verbesserten Strukturierung und allgemeingültigen, einheitlichen Benutzungskonzepten von Bedeutung. Der Wunsch nach genauer Wiedergabe der präsentierten Folieninhalte verdeutlicht die Schwierigkeit verschiedene Inhalte (hier die Folieninhalte und deren verbale Beschreibung) gleichzeitig zu erfassen und in Verbindung zu setzen.

6.2. Einschränkungen von kollaborativem Lernen

Hesse et al. [HGH97] beschreiben zwei Problembereiche von computergestütztem kooperativem[50] Lernen: den *Sozialen Kontext* und *Informationskontext*. Zum Sozialen Kontext zählen bspw. die Aspekte der fehlenden Abstimmung über den gemeinsamen Wissenshintergrund, des Mangels an sozialer Präsenz und zum Informationskontext, bspw. ein Überangebot an Informationen, sowie die fehlende Nachrichtenverbundenheit. Für computergestützte synchrone Kollaboration mit dem Fokus der Zugänglichkeit für Blinde müssen diese Problembereiche um einen technischen Kontext (Benutzungsoberfläche, Navigation usw.) und die Aspekte Synchronizität und Semantik (Zusammenhänge und Kontextbezüge der Inhalte) erweitert werden.

Die Aspekte Motivation, Lerntypen und Lernerfolgsmessung (vgl. [Hin04, Wei05]) werden in dieser Arbeit nicht betrachtet, da diese von Lehrenden berücksichtigt bzw. gemessen werden müssen und von technischen Lösungen nicht beeinflusst bzw. nur unterstützt werden können.

Nach Stahl et al. [SC04] verändert CSCL im Vergleich zu herkömmlicher Kommunikation gleichzeitig Modus, Medium, Ebenen und Kontext. Die unter den oben genannten Kontexten zusammengefassten Aspekte lassen sich durch diese Kategorien gruppieren (siehe Abbildung 6.9). Nachfolgend werden die Problembereiche in Bezug auf synchrone computergestützte Kollaboration im Allgemeinen und für Blinde und Menschen mit Sehbeeinträchtigungen im Speziellen näher erläutert.

---

[50]Hesse et al. [HGH97] verwenden den Begriff „kooperativ". Die folgende Beschreibung geht jedoch von einer computergestützten Kollaborationssituation aus.

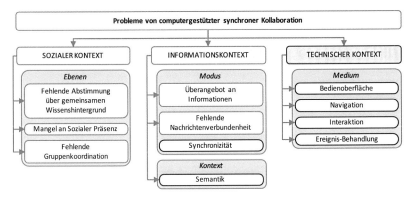

Abbildung 6.9.: Problembereiche von computergestützter synchroner Kollaboration basierend auf den Problembereichen von computergestütztem kooperativem Lernens nach Hesse et al. [HGH97, S. 252] (blau), gruppiert nach Stahl et al. [SC04] (grün) und ergänzt durch eigene (schwarz/grau)

6.2.1. Sozialer Kontext

Nach Stahl et al. [SC04] findet Lernen auf mehreren „Ebenen" statt: (1) Individuelles Lernen und Vorerfahrung wird in die Gruppe eingebracht, (2) die Gruppe erzielt einen Lernerfolg, welcher das Ergebnis des Gruppenprozesses beeinflusst und (3) die Gruppe selbst gehört zu einem größeren sozialen System. Der Lernprozess dieser Ebenen wird durch soziale Aspekte, d. h. die Interaktionsformen und die Wahrnehmung anderer Personen [HGH97], beeinflusst.

Nachfolgend werden die Aspekte *fehlende Abstimmung über gemeinsamen Wissenshintergrund*, *Mangel an sozialer Präsenz* und *fehlende Gruppenkoordination* des sozialen Kontextes beschrieben (vgl. [Köh09, Köh12]).

Fehlende Abstimmung über gemeinsamen Wissenshintergrund

Um effektiv zusammenarbeiten und Missverständnisse vermeiden zu können, ist ein gemeinsamer Wissenshintergrund in kooperativen Arbeitsgruppen wichtig. Dieser umfasst Wissen „über Kenntnisse und Fertigkeiten der Kommunikationspartner sowie über deren Einstellungen und Verhaltensgewohnheiten[, aber auch, WK] Kenntnis über soziale [. . .] Gesichtspunkte [. . .], wie Kleidung, Sprache oder Sozialverhalten." [HGH97, S. 258]. Außerdem erlauben solche Hintergrundinformationen unmittelbare Rückschlüsse auf das Verständnis des Kommunikationspartners. Durch die Wahrnehmungseinschränkung von Blinden existieren außerdem oftmals unterschiedliche mentale Modelle von Objekten, Räumen usw. als bei Sehenden (vgl. [Myn97]), die bei der gemeinsamen Weiterentwicklung des Wissensbestands hinderlich sein können.

Mangel an Sozialer Präsenz

Bei der Kollaboration ist das Bewusstsein (engl. *awareness*) eines Teilnehmenden darüber, wer, wann und wo welche Aktion durchführt, wichtig für die Wahrnehmung der anderen Teilnehmenden [BBLM12]. Sorden & Ramírez-Romero [SRR12] stellten eine positive Abhängigkeit zwischen wahrgenommener sozialer Präsenz und der Zufriedenheit der Lernenden fest. In einer Präsenzsituation wird die Distanz zwischen Lernenden und Lehrenden durch unmittelbare Rückmeldungen durch physische und verbale Hinweise reduziert [PB07]. Bei entfernter bzw. onlinebasierter Kommunikation kann diese unmittelbare Rückmeldung nicht immer gewährleistet werden, weshalb für jeden Nutzenden das Problem mangelnder sozialer Präsenz entsteht. Dabei finden non- und paraverbale Kommunikationsakte nicht statt. Soziale Hinweisreize sind nur eingeschränkt möglich und Rückmeldungen werden auf explizites Feedback reduziert, da Gestik und Mimik entfallen [Nie04]. Für sehende Nutzende besteht die Möglichkeit, eine Video-Übertragung zur eingeschränkten Erfassung von Gesten und Mimik zu verwenden.

Eine weitere Schwierigkeit in Bezug auf soziale Präsenz ist das Erzeugen eines Gruppenzusammenhalts sowie das Erfassen von Gefühlen und Humor. Mechanismen zur Übermittlung von Gefühlen sind die Verwendung von Emoticons oder Selbstoffenbarungsaussagen [GAA00].

Die Problematik des Wahrnehmens von Gestik und Mimik tritt für Blinde und Menschen mit Sehbeeinträchtigungen auch bei persönlicher Kommunikation auf und spielt deshalb hier eine untergeordnete Rolle. In dieser Hinsicht ist die Benachteiligung bei onlinebasierter Kommunikation für Blinde im Vergleich zu Sehenden sogar geringer als bei persönlichem Kontakt, da für alle Teilnehmenden hier die gleichen Bedingungen herrschen.

Fehlende Gruppenkoordination

Nach Ellis et al. [EGR91] kann die Effektivität von Kommunikation und Kollaboration durch die Koordination von Aktivitäten verbessert werden. Ohne diese Abstimmung kann es zur Inkonsistenz von Teilaufgaben kommen.

Um die Gruppenaktivität zu strukturieren, können hier technologisch-basierte und sozial-basierte Interaktionsregeln eingeführt werden [EGR91]: Technologisch-basierte Interaktionsregeln können bspw. Mechanismen zur Vergabe von Sprachrechten sein, welche die Teilnehmenden zu einem ausdrücklichen Wechsel zwischen den Beitragsrechten anhalten [HGH97]. Sozial-basierte Interaktionsregeln hingegen werden von den Gruppen selbst aufgestellt.

6.2.2. Informationskontext

Der Informationskontext umfasst Einflussfaktoren auf den Informationsaustausch über computergestützte Kollaborationsplattformen [HGH97] (vgl. auch [Köh09,Köh12]). Dieser Problembereich kann in *Modus* und *Kontext* nach Stahl [SC04] unterteilt werden.

Der *Modus* beschreibt, wie die Kommunikation stattfindet. So ermöglichen Kollaborationsplattformen die Kombination verschiedener Kommunikationsformen, wie bspw. synchrone Kommunikation in Gruppen und moderierte asynchrone Diskussionen [SC04].

Der *Kontext* beschreibt die kollaborative Umgebung (Aktivitäten, Gruppenhierarchien, kulturelle, historische und soziale Hintergründe), welche die Bedeutung der ausgetauschten Nachrichten und Nachrichtensequenzen beeinflusst [SC04].

Nachfolgend werden in der Kategorie *Modus* die Aspekte *Überangebot an Information, fehlende Nachrichtenverbundenheit* und *Synchronizität* und in der Kategorie *Kontext* der Aspekt *Semantik* beschrieben.

Überangebot an Informationen

In einer synchronen computergestützten Kollaborationssituation können die Teilnehmenden beliebig viele Nachrichten und Inhalte beliebiger Länge generieren und verfügen außerdem über weitere Informationskanäle wie bspw. das Internet und Dateiübertragung [HGH97]. Außerdem bieten die meisten Kollaborationsplattformen mehrere Kommunikations- und Informationskanäle (siehe Kapitel 7.1). Diese Fülle an umfangreichen parallel erzeugten Informationen kann insbesondere bei der Verwendung von technischen Hilfsmitteln, wie einer Braille-Zeile mit 40 (maximal 80) gleichzeitig darstellbaren Zeichen, zur Überlastung (engl. *cognitive overload*[51]) führen.

„[Die] Zuordnung und Zugehörigkeit einzelner Bildschirmelemente auf Grund der Eindimensionalität ihrer Ausgabegeräte [ist] nur schwer nachvollziehbar" [Tin12, S. 59 f.]. Die mangelnde Standardisierung des Bildschirmaufbaus verschiedener Anwendungen erschwert weiterhin die Erfassung [Tin12]. Die Entwicklung immer höherer Bildschirmauflösungen steht der limitierten Auflösung taktiler Flächendisplays gegenüber (vgl. [JP05]), z. T. bedingt durch die Auflösung der Fingerkuppen und ergonomischen Gesichtspunkten bezüglich der Platzierung in Relation zur Tastatur. Die zunehmende Verbreitung kleiner Displays auf mobilen Geräten stellt einen Gegentrend dar. Die Erkenntnisse aus den daraus entstandenen neuen Benutzungskonzepten sowie der erforderlichen Inhaltsreduktion könnten für die Umsetzung für Blinde adaptiert werden. Dennoch umfasst die Auflösung mobiler Geräte weiterhin ein Vielfaches der Auflösung taktiler Flächendisplays wie dem *BrailleDis* [29].

Die *Cognitive Load Theory* beschreibt die kognitive Belastung beim Verarbeiten von Informationen [ED08]. Eine Studie von Evans & Douglas [ED08] belegt einen erhöhten Zeitbedarf von blinden Lernenden für das Erfassen von Inhalten im Vergleich zu Sehenden.

Fehlende Nachrichtenverbundenheit

Fehlende Nachrichtenverbundenheit beschreibt einen mangelnden Bezug von Nachrichten, die Teilnehmende austauschen. In Präsenzsituationen wird der Kommunikationsfluss durch nonverbale und paraverbale Hinweise gesteuert, wohingegen besonders bei asynchroner computergestützter Kommunikation Verzögerungen und damit „inko-

---

[51] [SCM14] definiert „cognitive load" als einen allgegenwärtigen Faktor in Computersystemen, da die Interaktion mit der Technik eine Interpretation und somit geistige Leistung erfordert. Ein *Cognitive Overload* beschreibt demnach bei einer Überlastung der geistigen Leistung.

härente Kommunikations- und Arbeitsprozesse" [HGH97, S. 260] das Ergebnis sein können [HGH97].

Denkbar ist außerdem ein Auftreten fehlender Nachrichtenverbundenheit bei vielen Teilnehmenden, die zu verschiedenen Themen gleichzeitig beitragen.

Synchronizität

Bei der Verwendung von synchronen Kommunikations- und Kooperationsanwendungen verlaufen meist mehrere Aktionen parallel. Schnell aufeinanderfolgende oder durch mehrere Teilnehmende parallel erzeugte Beiträge können für langsam kommunizierende Nutzende[52] schwer nachvollziehbar sein. Ein Sehender kann durch Einbezug von kontextuellen Hinweisen, seiner Erinnerung, Erfahrung und durch den visuellen Gesamtüberblick [BJCH12] i. d. R. sofort erkennen, ob eine Änderung stattgefunden hat. Bspw. wird gleich der Zusammenhang zwischen einer Dateiübertragung oder Texteingabe mit sprachlichem Beitrag hergestellt („Die bereitgestellte Datei ergänzt ... "). Durch die punktuelle Informationsaufnahme von Blinden kann die Verknüpfung mehrerer Ereignisse schwierig sein bzw. die Veränderungen werden ggf. gar nicht bemerkt. Weiterhin kann die kollaborative Bearbeitung desselben Inhalts Konflikte in Bezug auf Datenkonsistenz und auf das Erkennen von Änderungen durch andere Teilnehmende hervorrufen. Diese Aspekte zeigen, dass eine Lösung erforderlich ist, die parallele Aktionen in Echtzeit nachvollziehbar macht.

Semantik

Die Grafik-Barriere stellt ein schwer lösbares semantisches Problem dar [Böl95]. Sie beschreibt die Schwierigkeit, grafische Symbole zu der Repräsentation von Objekten (bspw. ein Mülleimer oder Radiergummi) in eine taktile Ausgabe mit geringerer Auflösung für Blinde unter Erhalt der Erkennbarkeit umzuwandeln [Böl95]. Dabei ist nicht nur die Wahrnehmbarkeit an sich problematisch, sondern auch das Erkennen der räumlicher Anordnung und der Beziehungen der Objekte untereinander [Tin12].

Die semantische Problematik für Blinde und Menschen mit Sehbeeinträchtigung bei synchroner Kommunikation besteht zusätzlich darin zu erkennen, welche Zusammenhänge zwischen den medialen Beiträgen (bspw. Chat, Video, Whiteboard, Dateienübertragung, Shared Desktop) sowie Bedienelementen bestehen (vgl. [Myn97].

Die Möglichkeit der Zuordnung einer Beschriftung zu einem Kontrollkästchen kann damit bspw. nicht gegeben sein. Weiterhin unterstützen Gruppierungen und Umrandungen (engl. *bounding-box*) visuell das Erfassen von zusammengehörigen Elementen. Da blinde Nutzende diese Gruppierungen oftmals nicht wahrnehmen können, bleiben diese Beziehungen verborgen [Myn97]. Dadurch fehlt u. a. die Orientierung und ein Überblick über verfügbare Informationen, Änderungen und Struktur der Benutzungsoberfläche [BBL09]. Selbst eine Bild-zu-Bild-Umsetzung, welche alle Grafikinhalte auf einem taktilen Ausgabegerät abbildet, lässt nach Tinnes [Tin12], aufgrund der zu geringen Auflösung derzeit verfügbarer Geräte, keine gleichwertige Adaption zu. Das Benutzungskonzept aus dem *HyperBraille*-Projekt [SKNW09] (siehe Kapitel 9.1.3) hingegen

---

[52]Vgl. *IMS Guidelines for Developing Accessible Learning Applications* [47], Richtlinie 7: „Provide mechanisms that allow users who communicate slowly to participate effectively".

zeigt, dass Umsetzungen, bspw. von einfachen Diagrammen und Präsentationsfolien, auf grafischen taktilen Flächendisplays durchaus möglich sind.

Bei der Erläuterung von Sachverhalten mit Hilfe von Bildinformation (bspw. einer Präsentation) werden über sprachliche Kommentare wichtige Zusatzinformationen vermittelt und Zeigehandlungen ausgeführt [FK04]. Damit kann u. a. auf Richtungen, Farben oder animierte Bildbestandteile hingewiesen werden. Weiterhin können beim Zeichnen auf einem Whiteboard in Echtzeit erstellte Skizzen in Kombination mit sprachlichen Erläuterungen oder Diskussionen entwickelt und erläutert werden. Diese sprachliche Kommunikation kann die fehlende Information zu einem gewissen Grad ausgleichen, sofern die Defizite bekannt sind [PW09]. Dennoch sind solche Zeigehandlungen und die Verknüpfung der Sprach- mit der Bildinformation – sei es eine bestehende oder gerade in Entwicklung befindliche Darstellung – für Blinde nur schwer nachvollziehbar.

6.2.3. Technischer Kontext

Blinde Nutzende sind auf technische Hilfsmittel angewiesen, daher erleichtert die wachsende Verfügbarkeit von digitalen (Lern-)Inhalte den Informationszugang. Die Bedienbarkeit von Lernumgebungen und Anwendungen im Allgemeinen für Nutzende mit Beeinträchtigungen hängt dabei maßgeblich von der Unterstützung der technischen Hilfsmittel und der softwareseitigen Barrierefreiheit der Anwendungen ab. Hürden, wie bspw. automatische Aktualisierungen einer Webseite, die von einem Screenreader nicht registriert werden [PW09], können blinde Nutzende vom Zugang ausschließen.

Die meisten blinden Nutzenden arbeiten am Computer mit einer Screenreader-Software und einer Braille-Zeile (vgl. Abschnitt 2.4). Die geringe Auflösung dieser Hilfsmittel führt u. a. zu einer drastischen Informationsreduktion, die noch verschärft wird, wenn nicht alle Elemente einer Anwendung von den technischen Hilfsmitteln auslesbar sind. Zweidimensionale taktile Geräte erhöhen den gleichzeitig darstellbaren Informationsumfang und Erweitern die Limitierung auf textuelle Inhalte um einfache grafische Zusammenhänge und bergen Potential die Problematik zu lindern, aber nicht zu beheben.

Zur Unterstützung der Auslesbarkeit von Anwendungsdaten durch technische Hilfsmittel stehen Anwendungsentwicklern verschiedene Schnittstellen zur Verfügung (siehe Kapitel 7.5.1). Oft werden diese aber nicht ausreichend beachtet. Zusätzlich sorgen kurze Entwicklungszyklen und neue Versionen von Anwendungen dafür, dass Screenreader-Hersteller ihre Produkte häufig anpassen müssen und selten aktuelle Versionen unterstützen.

Der Problembereich des technischen Kontextes wird durch Stahl [SC04] als *Medium* beschrieben. Als Medium für computergestützte (synchrone) Kollaboration werden meist kollaborative Lernumgebungen (siehe Kapitel 5.1.3) genutzt. Diese stellen vielfältige Funktionalitäten, wie bspw. Chat, Audio- und Video-Kommunikation, Dateiaustausch und Whiteboard, bereit, welche wiederum verschiedene Medien (Text, Bilder, Videos, Audio, Animationen usw.) unterstützen. Je komplexer diese Plattformen, desto höher sind die Hürden in Bezug auf Benutzungsoberfläche, Navigation, Bedienung und Einsatz der verfügbaren Funktionen. Besonders für blinde Personen stellt der Zugang zu multimedialen Inhalten eine Hürde dar, sofern keine äquivalenten alternativen Beschreibungen vorhanden sind [BBL09].

Nachfolgend werden die Aspekte *Benutzungsoberfläche*, *Navigation*, *Interaktion* und *Ereignis-Behandlung* beschrieben.

Benutzungsoberfläche

Nach Treviranus [TR06] stellt sich ein sehender Nutzender beim Erfassen von unbekannten Dokumenten und Webseiten verschiedene Fragen bezüglich des Dokumenttyps und des Inhalts. Ein allgemeiner Eindruck entsteht durch Formatierung und grafische Gestaltung. Der Zweck und das Anwendungsfeld werden durch vorhandene (Bedien-)elemente, wie z. B. Formularfelder und Links, erfasst. Der Inhalt kann durch visuelles Überfliegen auf interessante Inhalte geprüft werden. Dabei können durch visuelle Strukturierungen spezielle Abschnitte schnell erkannt werden.

Diese Vorgehensweise ist auch auf Benutzungsoberflächen übertragbar: Ein Nutzender ohne Beeinträchtigung erfasst Benutzungsoberflächen i. d. R. auf einen Blick im Ganzen und konzentriert sich anschließend auf Details. Aufgrund der meist linearisierten und sequentiellen Informationsaufnahme von Blinden (vgl. Abschnitt 2.4) und der geringen Auflösung der Hilfsmittel können zweidimensionale Benutzungsoberflächen nur schrittweise erfasst werden. Somit ist die Menge der gleichzeitig erfassbaren Information gering und text- und zeilenbasiert.

Ungenutzter Platz, wie bspw. leere Flächen des Hintergrunds, verdeckte Teile einer Benutzungsoberfläche und minimierte Programmfenster basieren auf visuellen Darstellungskonzepten und entsprechen nicht der Vorstellung und Arbeitsweise von Blinden. Sehende Nutzende minimieren oft Programmfenster, um den Informationsumfang zu verringern und zu verwalten, wohingegen blinde Nutzende durch eine Liste aktiver Anwendungen navigieren. Somit wirkt ungenutzter Platz auf blinde Nutzende verwirrend, die es gewohnt sind, von Objekt zu Objekt zu navigieren [Myn97].

Grafische Elemente wie Icons, Bilder, Videos und Animationen transportieren Information, die durch Blinde nicht erfasst werden kann, und weiterhin kann das Auffinden von bestimmten Informationen und die Navigation schwierig sein [TR06]. Außerdem werden oftmals Informationen bezüglich des räumlichen Aufbaus, wie bspw. die Position und Größe eines Objekts, von Screenreadern nicht ausgegeben und entgehen somit blinden Nutzenden [Myn97].

Screenreader lesen alle Elemente (Bedienelemente, Navigationsleiste, Inhalt) entsprechend des Aufbaus der Benutzungsoberfläche vor. Diese Mischung von Inhalt und Struktur erfordert zusätzlichen mentalen Aufwand und verlangsamt die Informationsaufnahme [BBL09], was eine effektive Teilnahme an synchroner Kommunikation behindert.

Die Verwendung von Vergrößerungssoftware von Menschen mit Sehbeeinträchtigung kann zu ähnlichen Einschränkungen führen [TR06]. Der Umfang an gleichzeitig wahrnehmbarer Information ist auf einen kleinen Ausschnitt der Darstellung begrenzt, so dass Dialogfenster übersehen werden können oder Zusammenhänge zwischen Objekten schwierig zu ermitteln sind.

Ein Teil dieser Probleme kann bspw. durch ein gut strukturiertes Layout und einen klaren inhaltlichen Aufbau behoben werden. Kriterien für die Zugänglichkeit von Benutzungsoberflächen, speziell Webseiten, werden durch verschiedene Richtlinien (*WCAG*

[8], *BITV* [54] usw.) und Gesetze definiert. Die Einhaltung dieser Richtlinien ist eine gute Grundlage für zugängliche Anwendungen, ist aber nicht für alle Oberflächen ausreichend (vgl. [AFGM10]). Weiterhin unterstützt der Zugang zu einer möglichst identischen Darstellung für alle Teilnehmenden eine effektive synchrone Kollaboration, bspw. das gemeinsame Erstellen von Inhalten in demselben Fenster.

Navigation

Sehende Nutzende verwenden für die Navigation entweder Tastatur oder Computermaus. Besonders die Maus erlaubt einen schnellen Fokuswechsel zu einem bestimmten Element mit einem Klick, wofür bei Verwendung der Tastatur mehrere sequentielle Aktionen erforderlich wären [ISO08c]. Nach Treviranus & Roberts [TR06] ersetzt die Computermaus größtenteils Tastaturbefehle. Diese wiederum wird in den letzten Jahren zunehmend durch Touchscreens ersetzt.

Besonders bei Anwendungen mit vielen verschiedenen Funktionen und Fenstern, wie bspw. Kollaborationsplattformen (vgl. Abschnitt 5.1.3), ermöglicht die Verwendung der Maus einen schneller Wechsel über visuelles Identifizieren des Zielfokus und Klicken auf den entsprechenden Bereich. Die ausschließliche Bedienung mit der Tastatur kann langsamer sein als mit der Maus, da es zum einen mehrere Tastaturbefehle erfordern kann, um zum Ziel zu gelangen, und zum anderen der Zielfokus zunächst identifiziert werden muss, bspw. durch Erkennen einer Änderung. Durch den mangelnden Überblick des Gesamtkontextes kann dies schwierig sein und ein erneutes Lesen der Anwendung zur Wiedererlangung des Überblicks kann nötig werden [BBL09].

Das Ausmaß in dem eine Anwendung die Bedienung mit verschiedenen Kontrollmethoden ermöglicht, wird als „Kontrollflexibilität" bezeichnet [ISO08c]. Um die Navigation für möglichst viele Nutzende – auch für solche mit Beeinträchtigungen – zu erleichtern, ist demnach eine hohe Kontrollflexibilität erforderlich.

Interaktion

Bestehende Richtlinien zur Zugänglichkeit konzentrieren sich zumeist auf die Rezeption der Benutzungsoberflächen und Inhalte. So sind Forderungen nach textuellen Repräsentationen aller Elemente und einer Möglichkeit der Bedienung ausschließlich durch die Tastatur bspw. in den *WCAG* [8] definiert. Für die Teilnahme an kollaborativen Szenarien muss aber auch eine möglichst gleichberechtigte Interaktion möglich sein. Dazu zählen nicht nur die Zugänglichkeit aller Bedien- und Inhaltselemente, sondern auch die gleichberechtigten Eingabemöglichkeiten in Form von Text, Audio, Video und grafischen Inhalten. Textuelle Inhalte und auch Audio stellen i. d. R. keine Hürde für blinde Nutzende dar. Das Bereitstellen eines Videos der eigenen Person ist ebenfalls möglich, jedoch ist die Wahrnehmung und Erstellung jeglicher anderer grafischer Inhalte (Video, Bilder, Animationen usw.) mit bestehenden Hilfsmitteln schwierig.

Schiewe et al. [SKNW09] beschreiben außerdem die Problematik, dass das „What You See Is What You Get"-Prinzip (WYSIWYG), welches sehenden Nutzenden erlaubt Formatierung und Layout ihrer Eingaben direkt zu überprüfen, nicht auf eine linearisierte Darstellung übertragbar ist. Im Falle der Verfügbarkeit einer zweidimensionalen taktilen Ausgabe, bspw. über ein Flächendisplay (vgl. Kapitel 2.4.1), müsste dieses Prinzip auf „What You Feel Is What You Get" (WYFIWYG) angepasst werden, indem bspw. Möglichkeiten zur Layout-Kontrolle und dem Erfassen von verwandten Elementen ermöglicht wird [SKNW09].

Ereignis-Behandlung

Für blinde Lernende ist die Wahrnehmung von Änderungen und Ereignissen aufgrund des geringen gleichzeitig wahrnehmbaren Informationsumfangs schwierig. Ereignisse in einer kollaborativen Lernumgebung umfassen u. a. Statusänderungen der Teilnehmenden (bspw. Betreten und Verlassen der Sitzung, Handheben, Mikrofon und Video freigeben, Rollenänderung), das Erstellen und Verändern von Inhalten (bspw. Chatbeiträge, Präsentationsfolien, Whiteboard-Zeichnungen), das Beitragen zu Audio- und Video-Konferenz, Einstellungen (bspw. am Layout oder Zoom) sowie Fehler- und Erfolgsmeldungen (vgl. Funktionalität von virtuellen Klassenzimmern, Kapitel 5.1.3). Buzzi et al. [BBL+14] betonen, dass beim kollaborativen Bearbeiten von Inhalten, Änderungen für alle Teilnehmenden sofort erkennbar sein müssen. Weiterhin müssen Rückmeldungen zu Aktionen von Teilnehmenden leicht erfassbar sein [BBL+14].

Das Erkennen von Ereignissen hängt eng mit den Problembereichen *Benutzungsoberfläche* und *Synchronizität* zusammen. Der dynamische synchrone Charakter einer kollaborativen Lernumgebung führt zu vielen parallelen Ereignissen und somit zu Herausforderungen der Ereignis-Behandlung und -Benachrichtigung. Weiterhin kann eine übersichtliche Gestaltung von Benutzungsoberflächen das Wahrnehmen von Änderungen und Ereignissen begünstigen.

Für effektive synchrone Kollaboration, welche bspw. das gemeinsame Erstellen von Inhalten in demselben Fenster erfordert, ist es besonders wichtig, dass alle Teilnehmenden über einen Zugang zu einer möglichst identischen Darstellung verfügen. Wenn Änderungen eines Nutzenden nicht sofort für alle anderen Teilnehmenden in der gleichen Weise, entsprechend des WYSIWYG-Prinzips, sichtbar sind, kann dies zu Problemen in der Gruppendynamik und der Konsistenz der erzeugten Inhalte führen [EGR91].

Bei der visuellen Bedienung können Änderungen oft über Veränderungen des Gesamtbildes der Benutzungsoberfläche wahrgenommen werden; bspw. bewegt sich der Chat-Verlauf zeilenweise nach oben oder es findet ein Folienwechsel statt. Für blinde Lernende sind solche Änderungen nicht erkennbar. Hier sind andere Rückmeldungen, wie bspw. auditive Signale (vgl. Kapitel 2.3.2) erforderlich. Der Einsatz von auditiven Signalen kann gerade in kollaborativen Echtzeitanwendungen problematisch werden, da verschiedene Audio-Quellen – Audio-Konferenz, auditive Signale und Sprachausgabe des Screenreaders – sich überlagern können und somit die Erfassung verhindern.

6.2.4. Zusammenfassung der verschiedenartigen Barrieren

Die Aufgaben blinder wie sehender Benutzender in kollaborativen Informationsplattformen umfassen das Erstellen und das Auswerten von Beiträgen. Die effektive Zusammenarbeit zwischen blinden und sehenden Autoren bzw. Lesern ist jedoch nur leistbar, wenn die [. . .] Barrieren umgangen werden. Der Kontext der Kommunikation erlaubt dabei zu einem gewissen Grad spezielle Reparaturmechanismen. So können Teilnehmende durch persönliche Gespräche Defizite aufarbeiten. Dazu muss jedoch das Defizit benennbar sein. [PW09, S. 159]

Die Beschreibung der Problembereiche zeigt verschiedenartige Barrieren der Zugänglichkeit virtueller kollaborativer Lernumgebungen für Blinde auf. Diese werden z. T. in Barrierefreiheitsrichtlinien (vgl. Kapitel 3.3) und verschiedenen Forschungsarbeiten (z. B. [BBL+14, PW09, SCM14, SME07]) beschrieben. Die durchgeführte Nutzerbefragung (Kapitel 6.1) bestätigt diese Barrieren, insbesondere in Bezug auf die Wahrnehmbarkeit von Inhalten sowie ein mangelndes Bewusstsein von sehenden gegenüber blinden Lernenden. Nachfolgend werden die für diese Arbeit relevanten Barrieren zusammengefasst (vgl. auch [Köh12]):

- Wahrnehmen der Benutzungsoberfläche (Pixel- Grafik-, Multimedia-Barriere)
- Navigation zu allen Bedienelementen (Maus-Barriere)
- Gleichberechtigte Interaktionsmöglichkeiten (Maus-Barriere)
- Überangebot an Information
- Auflösung und Orientierung
- Semantische Zusammenhänge
- Synchronizität im Gegensatz zu verlangsamter Informationsaufnahme
- Erkennen von inhaltlichen oder statusbezogenen Änderungen
- Soziale Präsenz und fehlende Nachrichtenverbundenheit

Inwieweit die beschriebenen Barrieren in existierenden Anwendungen und Forschungsarbeiten behoben werden und welche Lösungsansätze dabei verfolgt werden, zeigt die nachfolgende Beschreibung des Forschungsstands von asynchronen und synchronen Einsatzszenarien virtueller kollaborativer Lernumgebungen.

6.3. Forschungsstand zu asynchronen Einsatzszenarien

Nachfolgende Ausführungen sind zu großen Teilen [Köh14b] entnommen. Die beschriebenen Untersuchungen zum asynchronen Einsatz von kollaborativem Lernen basieren auf Lernplattformen.

Power et al. [PPSS10] analysieren drei Lernplattformen auf die Benutzerfreundlichkeit und Barrierefreiheit von Foren für Nutzende mit Seheinschränkung; dabei wurden synchrone Kommunikationsfunktionen nicht betrachtet. Bei allen LMS traten Hürden auf, die durch angemessene Inhaltserstellung hätten vermieden werden können. Bühler et al. [BFS09] analysieren Login, Start- und Inhaltsseite, Navigation, Forum, Chat und Mailfunktion von fünf Open-Source-LMS nach der *BITV* [54] (siehe Kapitel 3.3.3)[53] und empfehlen u. a. eine einfache Kursstruktur und die Verwendung von *HTML*-Inhalten zum Abbau der Zugänglichkeitsprobleme. Buzzi et al. [BBL09] beschreiben ebenfalls Problembereiche von LMS und definieren Richtlinien für den Zugang zu Information. Harrison et al. [HSP08] entwickeln eine adaptive Lernumgebung, welche anhand von spezifischen Einschränkungen, verwendeten Hilfsmitteln und Präferenzen zum Medieneinsatz sowie zur Formatierung eine Anpassung der Inhaltspräsentation vornimmt. Diese Untersuchungen konzentrieren sich jedoch nur auf das Erfassen aller bzw. die Adaption der Informationen, aber nicht auf semantische oder strukturelle Zusammenhänge entsprechend der Nutzeranforderungen.

---

[53]Weitere Zugänglichkeitsanalysen von LMS sind bspw. [Bos14, FPP+09, IMMC14, TFK09].

Weigand [Wei13] beschreibt die zugängliche Lernplattform des Berufsförderungswerks Würzburg, welche in drei Bereiche aufgeteilt ist: einen Informationsbereich, in dem alle Lerninhalte bereitgestellt werden, einen Kommunikationsbereich zur synchronen und asynchronen Kommunikation und einen Autorenbereich mit einem *Content-Management-System (CMS)*. Die Barrierefreiheit der Lernplattform zeichnet sich nach Weigand [Wei13] durch ein für blinde und sehbeeinträchtigte Anwender optimiertes Layout, validem *XHTML* [64], Tastaturbedienbarkeit, einer weitgehend textuelle Aufbereitung der Lerninhalte mit wenigen grafischen Elementen inklusive Alternativtexten und auditiven Elementen aus.

Die Lernplattform „*Moodle* [65] ist nach eigenen Angaben dank der Beachtung von Barrierefreiheitsrichtlinien für Studierende mit Beeinträchtigungen verwendbar. Für die umfassende zugängliche Nutzung müssen Autoren auch in ihren Dokumenten für die Plattform Barrieren erkennen und wissen, wie diese vermieden werden können" [KRW+14, S. 2][54]. Es „existieren verschiedene *Moodle*-Erweiterungen, wie bspw. die Plug-ins *Accessibility* [66], *SimpleSpeak* [67], *Table of Contents Generator* [68] [. . . ,] *MathJax* [69]" [KRW+14, S. 2] sowie Ansätze zur Integration einer semantischen Annotationsmöglichkeit durch Lernende [DP10], welche den Zugang für Menschen mit körperlichen Einschränkungen erleichtern.

„Das Prinzip ‚B.2.5.2: Identify Pre-Authored Content Accessibility' der *Authoring Tool Accessibility Guidelines 2.0* [52] fordert, dass ein Auswahlmechanismus für das Einfügen von außerhalb der Autorenumgebung erstellten Inhalten zwischen zugänglichen und nicht zugänglichen Inhalten unterscheidet" [KRW+14, S. 2]. Eine prototypische Implementierung eines *Moodle*-Plug-ins zur Prüfung der Barrierefreiheit von PDF-Dokumenten [KRW+14] befasst sich mit dieser Problematik. Es analysiert und kennzeichnet die in einem *Moodle*-Kurs verfügbaren Materialien im PDF-Format bezüglich ihrer Barrierefreiheit. Das Plug-in führt eine technische Prüfung aller in einem Kurs verfügbaren PDF-Dokumente anhand von PDF-Barrierefreiheits-Standards (vgl. [ISO14]) durch und zeigt die Prüfergebnisse je PDF-Dokument auf einer zusätzlichen Seite an. Die zu prüfenden Kriterien und die Anzeige der Ergebnisse erfolgt je nach Rolle – Studierender oder Kursleiter – und anhand des individuellen Nutzerprofils. Studierende mit Beeinträchtigungen können somit die potentiellen Barrieren der Arbeitsmaterialien vorab erkennen und können gezielt passende Unterstützung suchen. Lehrende erhalten Hinweise für Verbesserungen der Barrierefreiheit ihrer PDF-Dokumente, wie in der *ATAG*-Richtlinie „B.4.2: Ensure that documentation promotes the production of accessible content" [52] gefordert [KRW+14].

Weiterhin ist *Moodle^{Acc+}* laut [LJJ+14] eine zugängliche Version der Lernplattform *Moodle* und ähnelt in Bezug auf die Inhaltsprüfung dem oben beschriebenen *Moodle*-Plug-in. Es ermöglicht das Erfassen persönlicher Einschränkungen über Metadaten und stellt Dienste zur Unterstützung von Lernenden und Lehrenden, zur Erstellung von zugänglichen Kursen und zur Prüfung der Barrierefreiheit der Plattform bereit.

Weitere barrierefreie Lernumgebungen sind bspw. in [Arr05,SBV+07,SZ10] beschrieben. Neben den angeführten Analysen von Lernumgebungen und Untersuchungen von zugänglichen Webseiten (vgl. z. B. [NP10, VYS+13]), auf die hier nicht weiter eingegangen werden soll, konzentrieren sich weitere Untersuchungen auf einzelne asynchrone Internet-Anwendungen, die auch z. T. in Lernplattformen integriert sind:

---

[54]Nachfolgende Erläuterungen sind weitestgehend aus [KRW+14] entnommen.

Watters et al. [WAHN05] untersuchen das Diskussionsforum des Lernmanagementsystems *WebCT* [70][55] entsprechend der *WCAG 1.0* [71] und entwickeln eine alternative lineare Präsentation u. a. mit Sprungmarken und bedienbaren Eingabefeldern. Ebenso beschäftigen sich Watanabe et al. [WOAO07] mit der zugänglichen Darstellung von stark strukturierten Webinhalten am Beispiel von Webblogs.

6.4. Forschungsstand zu synchronen Einsatzszenarien

Im Vergleich zu asynchronem Einsatz von kollaborativem Lernen, analysieren nur wenige Untersuchungen, „wie synchrone Kommunikation und Kollaboration für Menschen mit Behinderung erleichtert werden können"[56] [Köh14b, S. 4]. Die „Umfrage mit blinden und sehbeeinträchtigten Probanden [(siehe Abschnitt 6.1)] zeigt, dass synchrone kollaborative Kommunikationswerkzeuge selten von blinden Lernern verwendet werden und traditionelle Lernsituationen sowie Face-to-Face-Kollaboration im bildungsbezogenen und beruflichen Umfeld vorherrschen" [Köh14b, S. 4].

6.4.1. Synchrone Kollaboration

Um kollaboratives Lernen zugänglich zu gestalten, existieren verschiedene grundlegende Ansätze in Bezug auf die Ermöglichung von Interaktion zwischen Sehenden und Blinden. Nachfolgend sind einige Untersuchungen zu synchronem kooperativem Lernen unter Blinden und Sehenden zusammengefasst:

- Sallnäs et al. [SBBW06, SRGS00, SZ03] führen Untersuchungen zu Kooperation zwischen Menschen mit und ohne Sehbeeinträchtigung und sozialer Präsenz in einer virtuellen Welt mit Hilfe des *PHANToM* (siehe Abschnitt 2.4.2) mit dem Ergebnis durch, dass haptische Rückmeldungen die Gruppenarbeit erleichtern und die Entwicklung eines gemeinsamen mentalen Modells der Menschen mit und ohne Sehbeeinträchtigung unterstützt wird.

- Nach Sallnäs [SME07] fanden Hägg & Petersson [HP03] in Untersuchungen heraus, dass die Nutzung von Computern blinde Schüler/-innen beim Lernen unterstützen kann. Des Weiteren erleichtert der Computer die Interaktion mit sehenden Mitschülern/-innen und Lehrenden und somit auch die Gruppenarbeit.

- Winberg [Win06] untersucht erfolgreich die Kollaboration zwischen Blinden und Sehenden mittels eines Prototyps zur Unterstützung von „Drag and Drop".

- Kuber et al. [KYM07] untersuchen die Zusammenarbeit von blinden und sehenden Nutzenden bspw. zur Orientierung auf einer Webseite unter Verwendung einer Force-Feedback-Maus. Hierbei stellten sich haptische Technologien als wichtige Unterstützung beim Erfassen von Benutzungsoberfläche und Layout heraus.

- Crossan & Brewster [CB05] verwenden verschiedene Kombinationen von einer Force-Feedback-Maus, dem *PHANToM*, und der Tastatur zur Navigation durch ein Labyrinth. Die Geräte begrenzen das Bewegungsumfeld und simulieren somit

---

[55]Heute bekannt unter *Blackboard Learn*.
[56]Zu diesem Ergebnis kommen auch Buzzi et. al. [BBLM12] in ihrer Analyse von Untersuchungen von E-Learning-Systemen.

Wände. Ziel ist die Untersuchung des Effekts auf das Räumlichkeitsempfinden des Nutzenden. Ein Evaluationsergebnis wird in [CB05] nicht beschrieben.

- Sánchez et al. [SBH04] untersuchen mit Hilfe des Spiels *Schiffe versenken* die Interaktion zwischen sehenden und blinden Kindern. Die Ergebnisse zeigen, dass abstraktes Denken und die Entwicklung eines mentalen Modells durch diese Anwendung unterstützt werden.

In vielen der beschriebenen Untersuchungen unter blinden und sehenden Lernenden wurden virtuelle Umgebungen bestehend aus einer grafischen Benutzungsoberfläche und unter Einsatz des *PHANToM* verwendet (vgl. [MB07, SME07, SRGS00]). Diese Umgebungen mit haptischen Rückmeldungen erleichtern die Gruppenarbeit und fördern die Erstellung eines gemeinsamen mentalen Modells zum Herstellen einer gemeinsamen Wissensgrundlage [JJ82, SBBW06, SME07]. Sanchez et al. [SBH04] fanden unter Verwendung von auditiven statt haptischen Rückmeldungen heraus, dass Kollaboration auch abstraktes Denken fördert.

Sallnäs et al. [SBBW06] stellen die These auf, dass haptische Rückmeldungen in einer virtuellen Umgebung die Teilnahme an Gruppenarbeit und die damit verbundene Interaktion für Menschen mit Sehbeeinträchtigung vereinfachen. Da jedoch die von Sallnäs [SBBW06, SRGS00, SZ03], Crossan & Brewster [CB05] sowie Sánchez [SBH04] durchgeführten Untersuchungen keinen direkten Praxisbezug mit realen Anwendungen aufweisen, gestalten sich Schlussfolgerungen bezüglicher konkreter Anwendungsszenarien schwierig.

Praxisnähere Anwendungsszenarien in Bezug auf synchrones kollaboratives Lernen mit Hilfe von verschiedenen Kollaborationswerkzeugen umfassen u. a. Untersuchungen zu kollaborativen Editoren, virtuellen Klassenzimmern und Annotationswerkzeugen. Diese werden nachfolgend beschrieben.

6.4.2. Kollaborative Editoren

Buzzi et al. [BBLS08] stellen beim Editieren von *Wikipedia*-Seiten [72] mit Hilfe des Screenreaders *Jaws* [18] Schwierigkeiten bei Formatierungseinstellungen mittels Tabulator- oder Pfeiltasten, der Auswahl von Sonderzeichen sowie dem Fokuswechsel zwischen Editier- und Auswahlaktivitäten fest. Zum Beheben dieser Einschränkungen werden Anpassungen an der Bearbeitungsansicht vorgenommen: Die Leiste für Formatierungseinstellungen wird mit *WAI-ARIA* [53] statt wie bisher mit *JavaScript* umgesetzt, so dass zwischen den Elementen mit den Pfeiltasten navigiert werden kann. Weiterhin werden die über 500 Sonderzeichen in Combo-Boxen gruppiert, wobei die erste zur Auswahl einer „Sprache" und die zweite die entsprechenden Zeichen enthält. Außerdem können mittels *ARIA* während des Editierens einer Seite ohne umständliche Fokuswechsel Bedienelemente ausgewählt werden.

Barrieren bei der Bedienung von *Google Docs* unter Verwendung eines Screenreaders nach Buzzi et al. [BBL$^+$10] umfassen u. a. mangelnde Effizienz bei der Orientierung, nicht wahrnehmbare oder bedienbare Grundfunktionalität, mangelnde Tabulator-Tasten-Unterstützung und nicht aussagekräftige Beschreibungen der Kontrollelemente. Weiterhin entstehen Barrieren durch eine Informationsüberlastung, eine Vermischung von Inhalt und Struktur sowie unsortierten Inhalt [MBB$^+$11].

In der Überarbeitung von *Google Docs* durch Mori et al. [MBB⁺11], unter Beibehaltung des gleichen Look-and-Feels, werden Login-Funktion, Dokumentenliste, Textbearbeitungsseiten entsprechend den *WCAG 2.0* [8] und *WAI-ARIA* überarbeitet. Die ursprünglichen *Google-Docs*-Seiten werden erhalten, jedoch quellcodeseitig bereinigt. Weiterhin werden beispielsweise neue *XHTML*-valide interaktive Bedienelemente implementiert. Das Layout wird zur Vereinfachung der Navigation unter Verwendung von *WAI-ARIA landmarks* zur Definition von Bereichen und versteckten Labeln angepasst [MBB⁺11].

Ähnlich einem kollaborativen Dokument beschreiben Singh et al. [SDD04] eine kollaborative Notizfunktion. Die Anwendung integriert Bildschirmfotos der aktuellen Präsentationsfolien in die Notizen und ermöglicht eine direkte Übernahme von Textpassagen der Folien in die eigenen Notizen. Während einer Lehrveranstaltung können sich Lernende zu Gruppen zusammenschließen und ihr Notizen teilen. Die Notizen der anderen Lernenden werden dann in die eigenen integriert. Das Bearbeiten fremder Einträge ist allerdings nicht möglich. Die Evaluation des Werkzeugs zeigt u.a. dass Lernende eine Bearbeitungsfunktion bestehender Notizeinträge wünschen [SDD04].

Taras et al. [TSW⁺08] untersuchen Wikis u.a. unter Berücksichtigung der *WCAG 1.0* [71]. Dabei zeigen sich beim Erfassen von Wiki-Seiten allgemeine Zugänglichkeitsprobleme von Webseiten, wie bspw. die Strukturierung mittels Tabellen und die mangelnde Verwendung korrekter Auszeichnungen. Zum Editieren von Wikis werden von [TSW⁺08] Tastaturbefehle zur direkten Ansteuerung von Aktionen, wie bspw. Editieren, sowie die Unterstützung von Screenreadern und Unterstützungsfunktionen, wie bspw. eine Rechtschreib- und Zugänglichkeitsprüfung, empfohlen. Um das Feststellen von Änderungen an Seiten zu ermöglichen, schlagen [TSW⁺08] versteckte Zusatzinformationen für Screenreader vor.

Das Wiki-basierte kollaborative System *VisualPedia* [MRV⁺11] verwendet eine standardisierte Wiki-Markup-Sprache, unterstützt einen zugänglichen WYSIWYG-Editor und erlaubt eine Personalisierung der Wiki-Seiten (Schriften, Bilder und Anordnung von Bedienelementen). Durch den Editor und die Personalisierbarkeit ist es nach Mesiti et al. [MRV⁺11] auch Nutzenden mit Beeinträchtigungen möglich, Wiki-Seiten zu editieren.

6.4.3. Annotationswerkzeuge

Grafische Inhalte von Anwendungen können durch textuelle oder auditive alternative Beschreibungen ergänzt werden, um diese für Blinde wahrnehmbar zu machen. Aupetit & Rouillé [AR14] verändern das *Document-Object-Model (DOM)*[57] [73] von Webseiten, um Annotationen hinzuzufügen.

Bei auditiven alternativen Beschreibungen von grafischen Inhalten sind nach Kahlisch [Kah98] die Qualität der Verbalisierung, die Synchronisation von Bild und Beschreibung sowie die Integration von alternativen Bedienungsmöglichkeiten für grafische oder mausgesteuerte Interaktionsformen zu berücksichtigen.

---

[57]Das Document-Object-Model (DOM) ist eine sprach- und plattformunabhängige Konvention zur Speicherung von Objektdaten [73].

Brady et al. [BMZ+13] führen eine Studie unter Verwendung der *iPhone*-Applikation *VizWiz Social* durch, um festzustellen, welche Fragentypen zu visuellen Informationen auf einem Foto durch Blinde gestellt werden. *VizWiz Social* erlaubt es blinden Nutzenden, ein Foto aufzunehmen und per Spracheingabe eine Frage hinzuzufügen, welche dann von anderen Nutzenden beantwortet wird. Daraus ergibt sich eine Taxonomie aus vier Fragetypen [BMZ+13]:

- Identifikationsfragen nach dem Namen oder Typ eines Objekts,
- Lesefragen fordern Texttranskriptionen von physischen Objekten oder Bildschirmen,
- Beschreibungsfragen fordern eine Beschreibung einer visuellen oder physischen Eigenschaft eines Objekts an und
- andere Fragen, welche aufgrund unverständlicher oder fehlender Sprache und unklarer Bildaufnahmen nicht beantwortet werden können.

Die Studie zeigt, dass 41 % Identifikationsfragen, 24 % Beschreibungsfragen und 17 % Lesefragen sind [BMZ+13]. Identifikationsfragen werden in virtuellen Klassenzimmern mit zugänglichen Bedienelementen selten auftreten. Sie sind für Freihandformen auf dem Whiteboard, Emoticons oder Präsentationsfolien denkbar. Beschreibungsfragen würden vermutlich in virtuellen Klassenzimmern vorherrschend sein, um Informationen zu grafischen Objekten zu erhalten.

Zur Speicherung zusätzlicher, wiederverwendbarer Informationen zu multimedialen Inhalten für Menschen mit Beeinträchtigungen bieten sich nach Kahlisch [Kah98] Markup-Sprachen wie bspw. *SGML*[58] [74] an. Auch *VRML*[59] [75] wird in diesem Sinne vorgeschlagen [KW99].

6.4.4. Chat

Die Chatfunktion von virtuellen Klassenzimmern ist ein wichtiges Medium zur Rückmeldung zu Verständnisfragen und auch zu technischen Problemen. Weiterhin unterstützt der Chat soziale und inhaltsbezogene Interaktionen unter Lernenden sowie Lernenden und Lehrenden [MPD12].

Kienle [Kie07] beschreibt im Rahmen des *KOLUMBUS*-Chat Funktionen, welche die synchrone Kommunikation erleichtern sollen:

- farbliche Hervorhebung der Beiträge des Moderators,
- Teilnehmerliste mit Statusangaben,
- themengesteuerter Chat (durch Moderator),
- Benachrichtigung bei Themenwechsel durch Meldung im Nachrichtenfeld,
- Antwortmöglichkeit auf konkrete Beiträge,
- Speicherung des Chats inklusive Referenzierungen sowie
- Auswahl der Chat-Teilnehmenden durch Moderator und Meldefunktion für Teilnehmende

---

[58]Die *Standard Generalized Markup Language (SGML)* dient der verallgemeinerten Definition von Markup-Sprachen [74].

[59]Die *Virtual Reality Modeling Language (VRML)* ermöglicht das Erzeugen virtueller Welten im Internet [75].

Diese beschriebenen Funktionen bergen das Potential nicht nur die Bedienfreundlichkeit, sondern auch die Zugänglichkeit eines Chats zu verbessern. Für blinde Nutzende müsste jedoch ein alternatives Konzept zur Hervorhebung von Moderatorenbeiträgen gefunden werden.

Thiessen & Chen [TC07] verfolgen das Ziel zu zeigen, dass eine Web-2.0-Anwendung zugänglich sein kann. Dafür beschreiben sie einen Chat, welcher nach ihrer Aussage u. a. *WCAG 2.0* [8] und *WAI-ARIA* [53] konform ist. Zur Unterstützung von Nutzenden mit und ohne visuelle Beeinträchtigung dienen Texthervorhebungen (Schriftgröße und -farbe) und eine semantischen Sortierung entsprechend der Relevanz der Nachrichten (bspw. nach direkten Antworten auf vorherige Beiträge oder Namensnennung sowie Ähnlichkeiten zu vorherigen Nachrichten).

6.4.5. Zeigeoperationen, Fokus und Whiteboard

Die mangelnde Information über Tafelbilder, Zeigegesten und Körpersprache stellt eine große Herausforderung für blinde Lernende dar. Eine Möglichkeit der Verknüpfung von Elementen ist die Integration von Verweisen zwischen Whiteboardelementen oder auch zwischen verschiedenartigen Inhalten; Theofanos & Redish [TR03] zeigen, dass Anker in Webseiten von Sehenden und Blinden als hilfreich bewertet werden.

Für Lernende mit Sehbeeinträchtigung entwickelten Ludi et al. [LTC14] eine Übertragungsmöglichkeit des Whiteboards auf *iPads* [76], ziehen aber einen eventuellen Nutzen oder eine Erweiterung für blinde Lernende nicht in Erwägung. Nachfolgend werden Ansätze zur Verbesserung der Zugänglichkeit von Zeigeoperationen, des Fokus und des Whiteboards beschrieben.

CollaBoard – Whiteboard mit Videoübertragung

CollaBoard [KNK10] ist eine Anwendung, welche Video-Konferenz und Inhalte eines physikalischen, digitalen Whiteboards kombiniert, statt sie wie in herkömmlichen Konferenzsystemen entkoppelt darzustellen. Dabei wird der Oberkörper der Person vor dem Whiteboard aufgezeichnet und entfernten Kollaborationspartnern zusammen mit dem Whiteboard angezeigt, sodass Gesten und Körperhaltung erfasst werden können. Im Vergleich zu einem System mit getrennter Video- und Whiteboard-Übertragung, zeigte *CollaBoard* laut Kunz et al. [KNK10] ein besseres Bedienergebnis.

Haptic Deictic System

Oliveira et al. [OCFQ10] beschreiben ein System zum Verfolgen von Zeigegesten des Lehrenden für blinde Lernende in Präsenzsituationen. Die Zeigegesten werden mittels einer Kamera erkannt und an einen haptischen Handschuh übertragen. Der blinde Lernende verfügt über eine taktile Darstellung (bspw. eine geometrische Form), die der auf der Tafel gleicht. Der Handschuh leitet die Hand des blinden Lernenden zu der gezeigten Position auf der Darstellung. Die beschriebene Evaluation zeigt jedoch, dass die Lernenden sich zu sehr auf die Technologie konzentrieren, um tatsächlich den Lerninhalt erfassen zu können. Die Autoren vermuten, dass eine Verbesserung der Hardware und Schulung der Lernenden zu besseren Ergebnissen führen könnte [OCFQ10].

„Finger"-Konzept

Krämer & Wegner [KW99] beschreiben eine Konzeptidee für die Verbesserung des Informationsaustauschs in computergestützten Kollaborationssituationen. Das Konzept eines „Fingers" wird verwendet, um interessante Objekte in einem geteilten Objektraum hervorzuheben. Hierbei wird keine Zeigefunktion, ähnlich einem Laserpointer auf einer Projektion, abgebildet, wie sie bspw. bei geteilten Whiteboards eingesetzt wird, sondern auf ein Objekt in einer hierarchischen Struktur verwiesen. Der „Finger" entspricht also einer Pfadangabe vom Wurzelknoten zu einem Blatt des Baumes. Dies kann bspw. eine Kursstruktur mit Lerneinheiten und dazu gehörigen Lernelementen sein [KW99].

Das Hervorheben eines Objekts mittels eines „Fingers" ist somit unabhängig von der vom Nutzenden gewählten Darstellung [KW99], ermöglicht aber die eindeutige Referenz auf ein Objekt zur Unterstützung der Kommunikation.

6.4.6. Virtuelle Klassenzimmer

Die beschriebenen Konzepte betrachten verschiedene Funktionen und Aspekte synchroner Einsatzszenarien für kollaboratives Lernen. Aufgrund des Fokusses der vorliegenden Arbeit, wird nachfolgend detailliert auf virtuelle Klassenzimmer eingegangen. Zunächst wird der Aufbau von Benutzungsoberflächen virtueller Klassenzimmer beschrieben und die vorhandenen Barrierefreiheitsfunktionen der Lösungen werden diskutiert. Mobile Versionen virtueller Klassenzimmer bieten einen Ansatz der Informationsreduktion und werden daher im Anschluss betrachtet. Nachfolgend werden Forschungsansätze vorgestellt, welche bestehende Barrieren zu schließen versuchen.

Aufbau von virtuellen Klassenzimmern

Der Aufbau der Benutzungsoberfläche virtueller Klassenzimmer ist oftmals ähnlich (vgl. Abbildung 6.10[60]) und lässt sich daher schematisch darstellen (siehe Abbildung 6.11). In der Regel bildet ein Präsentationsbereich das zentrale Element, um welches weitere Funktionen angeordnet sind. Häufig sind die einzelnen Funktionen in Modulfenstern angeordnet und können vom Nutzenden frei angeordnet werden. Im Präsentations-Panel können Dateien oder Präsentationen angezeigt, Inhalte (Zeichnungen und Texte) auf einem Whiteboard gemeinsam erstellt werden, Web-Inhalte abgebildet (Web-Tour) und der Desktop freigegeben werden (Desktop-Sharing). Zum Steuern, Zeigen und Editieren der Inhalte im Präsentations-Panel stehen Funktionen in einer Werkzeugleiste zur Verfügung. Mittels Rollen- und Rechtevergabe kann gesteuert werden, wer sich in welcher Weise beteiligen darf. Weitere Kommunikationsfunktionen umfassen einen Chat sowie Audio- und Video-Konferenz-Funktionen. Statusinformationen werden über eine Teilnehmerliste oder auch eine gesonderte Statusanzeige bereitgestellt. In manchen virtuellen Klassenzimmern ist eine Dateiübertragung möglich.

---

[60]Vgl. auch bspw. *Adobe Connect* [77], *Blackboard Collaborate* [78] und *Cisco WebEx* [79].

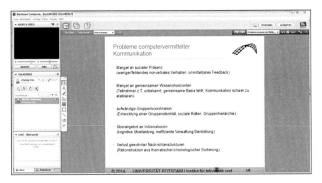

Abbildung 6.10.: Screenshot *Blackboard Collaborate* v. 12.6.6.7847-g26a1047

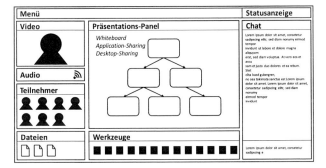

Abbildung 6.11.: Schematische Darstellung eines virtuellen Klassenzimmers

Zugänglichkeitsfunktionen laut Herstellern

Einige Hersteller virtueller Klassenzimmer adressieren explizit die Frage der Barrierefreiheit bei der Vermarktung ihres Produkts. Insbesondere *Blackboard Collaborate (BC)* [80] und *Talking Communities (TC)* [81] legen Wert auf Zugänglichkeit. Die meisten Hersteller unterstützen die Bedienung grundlegender Funktionen mit Hilfe der Tastatur und die Konfiguration der Anzeige. Tabelle 6.1 fasst die wichtigsten von Herstellern virtueller Klassenzimmer genannten Funktionen zur Unterstützung der Teilhabe blinder Nutzender zusammen. Nachfolgend wird genauer auf virtuelle Klassenzimmer und ihre Funktionen eingegangen.

Adobe Connect (AC) [77] beschreibt seine Konformität zu *Section 508 des Rehabilitation Acts* [86] in einem „Voluntary Product Accessibility Template" [87]. Zur Unterstützung der Barrierefreiheit bietet *Adobe Connect* (nach eigenen Angaben) u. a. Tastaturunterstützung inklusive Tabulator-Navigation zur Auswahl wichtiger Funktionen und Tastaturkürzeln sowie Untertitel-Funktion für alternative Beschreibungen [82].

Tabelle 6.1.: Gegenüberstellung der wichtigsten von den Herstellern virtueller Klassenzimmer angegebenen Barrierefreiheitsfunktionen für Blinde laut [81–85]

Funktion	Adobe Connect (AC)	Blackboard Collaborate	Cisco WebEx	Talking Communities	BigBlueButton
Tastaturunterstützung	✓	✓	✓	✓	✓
Logische Tabulator-Reihenfolge	✓	✓	✓	×	×
Tastaturkürzel	✓	✓	×	✓	✓
Auditive Benachrichtigungen	×	✓	×	✓	✓
Alternative Beschreibungen	✓	✓	×	✓	×
Aktivitätsprotokoll	×	✓	×	×	×
Kommandozeile	×	✓	×	×	×
Text-zu-Sprache-Synthese	×	×	×	✓	×
Skalierbares Whiteboard	×	✓	×	×	×
Zugängliche Aufzeichnung	×	✓	×	×	✓
Konfigurierbares Layout	×	✓	×	✓	✓
Konfigurierbare Farben	✓	✓	×	✓	×
Konfigurierbare Audiosignale	×	✓	×	✓	×
Untertitel	✓	✓	×	✓	×

Blackboard Collaborate (BC)   [78] gliedert die angebotenen Barrierefreiheitsfunktionen entsprechend den Zielgruppen Menschen mit Sehbehinderung, Hörbehin-
derung, Mobilitätseinschränkungen und Lernbehinderungen.   Diese werden in
einem „Accessibility Guide" [88] zusammengefasst.
Neben alternativen Beschreibungen [83] ist das Aktivitätsfenster von *Blackboard
Collaborate* hervorzuheben. Das Aktivitätenfenster (engl. *Activity Window*) (vgl.
Abbildung 6.12) ist ein eigenständiges Fenster, welches Ereignisse während einer Sitzung, inklusive der textuellen Folieninhalte, dokumentiert. Über eine Filterfunktion kann ausgewählt werden, welche Ereignisse angezeigt werden sollen.
Über eine Kommandozeile können Interaktionen, wie bspw. Melden oder Mikrofon an- und ausschalten, gesteuert werden.   Das Aktivitätsprotokoll wird im
Sitzungsarchiv gespeichert und ist somit über die Veranstaltung hinaus verfügbar [88].
Weiterhin unterstützt *Blackboard Collaborate* eine Untertitelfunktion und ermöglicht detaillierte Einstellungen u. a. zu akustischen Benachrichtigungen und Tastaturkürzeln.

Cisco WebEx (WE)   [79] setzt sich nach eigenen Angaben zum Ziel, *Section 508 des
Rehabilitation Acts* [86] zu erfüllen. Nach ihrem *Voluntary Product Accessibility
Template* ist dies für *WE* mit Ausnahmen umgesetzt [89]. Der Screenreader *Jaws*
[18] wird für grundlegende Funktionen der Anwendung unterstützt [79].

Abbildung 6.12.: Screenshot „Activity"-Fenster von *Blackboard Collaborate*: (1) Sichtbarkeit des Kommandoeingabefelds, (2) Filter für auditive Benachrichtigungen, (3) Filter für Ereignisse, (4) Filter für Wichtigkeit/Relevanz, (5) Aktivitätsprotokoll, (6) Kommandoeingabefeld

Talking Communities (TC) [81] wurde 2002 von einem blinden Computernutzenden gegründet und konzentriert sich auf nicht-visuelle Funktionen virtueller Klassenzimmer. Dabei werden visueller Funktionen jedoch nicht ausgeschlossen, da Whiteboard und Desktop-Sharing ebenfalls – wenn auch nicht zugänglich – implementiert sind. Nach Angabe des Herstellers wurde *Talking Communities* mit verschiedenen assistiven Anwendungen, u. a. *Jaws* [18], *Window-Eyes* [24] und *ZoomText* [19] getestet.
Talking Communities ist weitestgehend mit der Tastatur bedienbar. Hervorzuheben sind Funktionen zur automatischen Sprachsynthese von Chats und Statusmeldungen sowie zur Dokumentkonvertierung von PDF und *Microsoft Office*-Dokumenten in lesbarere Formate [81]. Weiterhin unterstützt *Talking Communities* alternative Beschreibungen mittels Tastatur oder Spracherkennung.

BigBlueButton (BBB) [90] bemüht sich nach eigenen Angaben in der Version 0.81 insbesondere für blinde Nutzende unter Verwendung des Screenreaers *Jaws* zugänglicher zu werden. Der Hersteller [90] beschreibt die Ergebnisse einer in Auftrag gegebenen Untersuchung nach der Konformität der Anwendung zu den *WCAG 2.0* [8]. Insgesamt erfülle *BigBlueButton* mindestens *Level A* der *WCAG 2.0*, bis auf wenige Aspekte wie bspw. nicht-zugängliche Video-Beschriftungen oder private Chats.
Die Barrierefreiheitsfunktionen von *BigBlueButton* umfassen u. a. umfangreiche Tastatursteuerung für das Chat-Modul inklusive Audio-Benachrichtigungen und zugängliche Aufzeichnungen mit zugänglichen textuellen Präsentationsfolien [85].[61]

Ein virtuelles Klassenzimmer, das alle diese Zugänglichkeitsfunktionen vereint, würde eine gute technische Grundlage in Bezug auf Barrierefreiheit bilden, auch wenn Barrieren in Bezug auf semantische Zusammenhänge und Synchronizität noch nicht behoben werden (vgl. Kapitel 6.2).

---

[61] Bei den durchgeführten Screenreader-Tests (vgl. Kapitel 7.4) konnten nicht alle diese Eigenschaften bestätigt werden.

Mobile Versionen

Viele Anbieter virtueller Klassenzimmer bieten mobile Versionen für Smartphones und Tablets an. Für diese sind die Benutzungsoberflächen den kleineren Displays angepasst und die verfügbare Funktionalität ist zumeist auf die Grundfunktionen, wie bspw. Chat, Audio-Konferenz, Teilnehmerliste und Präsentationsbereich, reduziert. Komplexere Funktionen, wie bspw. das Bearbeiten des Whiteboards und Video-Konferenzen, sind nicht verfügbar. Bei den meisten Lösungen wird nur die Rolle des Teilnehmenden aus einer vornehmend beobachtenden Perspektive unterstützt und auf komplexe Interaktion verzichtet.

Der Aufbau dieser mobilen Versionen ist für die in Kapitel 9 beschriebenen alternativen Konzepte interessant, da die kleinere Bildschirmauflösung eine Informationsreduktion ähnlich wie für eine Darstellung mit technischen Hilfsmitteln für Blinde erfordert. Obwohl diese Auflösung die von taktilen Flächendisplays immer noch übersteigt, sind diese als Grundlage für die alternative Darstellung virtueller Klassenzimmer denkbar. Nachfolgend werden die in Bezug auf Funktionalität und Bedienfreundlichkeit durchdachtesten mobilen Versionen vorgestellt – ein tabellarischer Vergleich der verfügbaren Funktionen befindet sich in Tabelle A.56 auf S. xxxvii.

Adobe Connect: Die Benutzungsoberfläche der mobilen Applikation von *Adobe Connect* [91] ist im Aufbau an die PC-Oberfläche angelehnt (vgl. Abbildung 6.13), erlaubt aber eine Detailansicht der Einzelbereiche über permanent sichtbare Reiter auf der linken Seite: Übersicht (Abbildung 6.13, Bild (a)), Freigabe (Abbildung 6.13, Bild (b)), Teilnehmer (Abbildung 6.13, Bild (c)), Chat (Abbildung 6.13, Bild (d)) und Video. Ein Menü auf der rechten Seite beinhaltet Funktionen abhängig von der Rolle. Teilnehmenden stehen die Funktionen Melden, Hilfe und Optionen zur Verfügung – Moderatoren verfügen zusätzlich über eine Mikrofon-Steuerung und Video-Einstellungen.

Zahlen neben den Reitersymbolen zeigen die Anzahl der beteiligten Teilnehmenden, der verfügbaren Video-Übertragungen usw. an. Eine Auswahl eines Reiters führt zur Anzeige der jeweiligen Funktion im Vollbild.

Blackboard Collaborate: Die mobile Version von *Blackboard Collaborate* [92] ist für die Anzeige im Hochformat optimiert (vgl. Abbildung 6.14). Sie konzentriert sich auf die Hauptfunktionen Audio-Konferenz, Präsentationsbereich und Chat. Die Interaktivität wird über Anzeigemöglichkeiten von Emoticons und Symbolen sowie einer Abwesenheitsanzeige und Abstimmungsmöglichkeiten gefördert. Die Benutzungsoberfläche besteht aus einer Ansicht ohne Videoübertragung (Abbildung 6.14, Bild (b)), mit links- und rechtsseitigem Schiebemenü mit Optionen (Abbildung 6.14, Bild (a)) und Teilnehmerliste (Abbildung 6.14, Bild (c)). Über die Einstellungen lassen sich Audiosignale für Ereignisse, wie z.B. neue Chat-Nachrichten, Veränderung des Mikrofon- und Teilnehmerstatus, (de-)aktivieren.

Cisco WebEx: Bei der mobilen Version von *WE* [93] steht der Präsentationsbereich im Fokus. Der Bildschirm wird entsprechend der Endgerätausrichtung automatische gedreht. Moderatorrechte können nicht an mobile Teilnehmende übergeben werden. Video-Übertragungen, auch seitens des mobilen Teilnehmenden, werden unter dem Präsentationspanel angezeigt. Ein Menü zur Steuerung der Audio- und Video-Konferenz befindet sich im Querformat auf der rechten Seite, im Hochformat unter dem Inhalt. Nur im Hochformat sind die Teilnehmerliste und der Chat als Menüpunkte über der Inhaltsanzeige verfügbar.

(a) Übersicht   (b) Ansicht Freigabe

(c) Ansicht Teilnehmer   (d) Ansicht öffentlicher Chat

Abbildung 6.13.: Screenshots *Adobe Connect Mobile* [91]

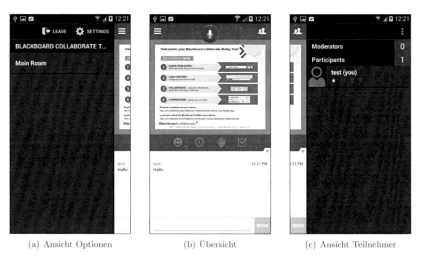

(a) Ansicht Optionen   (b) Übersicht   (c) Ansicht Teilnehmer

Abbildung 6.14.: Screenshots *Blackboard Collaborate Mobile* [92]

BigBlueButton: Eine in der Entwicklung befindliche Version von *BigBlueButton* [94] erlaubt bislang Chat, Audio- und Video-Konferenzen. Eine Übertragung des Präsentationsbereichs erfolgt noch nicht. Die Benutzungsoberfläche ist im Hochformat gestaltet und besteht aus den Ansichten Video, Chat und Teilnehmer, welche über ein permanent sichtbares, unten angeordnetes Menü erreichbar sind. Über ein oben angeordnetes Menü sind Profil und die Mikrofonsteuerung erreichbar.

Die mobile Applikation von *Adobe Connect* überzeugt vom Aufbau und der Konsistenz der Benutzungsoberfläche, wobei *Blackboard Collaborate* viele Audiosignale für Ereignisse anbietet. Keine mobile Version bietet auf dem Smartphone die Möglichkeit, das Whiteboard zu bedienen bzw. vollwertig die Moderation zu übernehmen.

A-Communicator

Zur Untersuchung, welche Funktionen die Zugänglichkeit in Bezug auf Darstellung und kollaborative Bedienung von Grafiken auf einem Whiteboard verbessern, wird im Rahmen eines Forschungsprojekts des *Canadian Network for Inclusive Cultural Exchange (CNICE)* [95] ein Instant-Messaging-System mit einem Whiteboard, *A-Communicator* genannt, entwickelt [Can04]. Die Zeichenumgebung basiert auf SVG [96] und unterstützt kollaborative Dokumentbearbeitung, eine Dokumentbibliothek, einen Kalender, Neuigkeiten-Bereich, Kontaktliste, Posteingang und Diskussions-Foren [95].

Ein Benutzertest mit vier Probanden zeigt, dass die Anwendung noch grundlegende Probleme bezüglich der Bedienfreundlichkeit aufweist, aber die Inhalte des Whiteboards für Blinde verständlich vermittelt werden können [Can04]. Die Entwicklung von *A-Communicator* wurde nach Abschluss des Projekts eingestellt. Daher liegen keine weiteren Erkenntnisse vor.

MIMIZU – Kommunikationssystem für Blinde

Das von Kobayashi & Watanabe [KW06] beschriebene System *MIMIZU* kombiniert ein Tablet mit einem taktilen Display (48×32 Pins) und einem Ultraschall- und Infrarotgesteuerten Stift zum Erstellen von Zeichnungen direkt auf diesem Display und in einer Weiterentwicklung zu einem Kommunikationssystem mit einem Whiteboard für Blinde. Das Kommunikationssystem unterstützt die Übertragung von einfachen Zeichnungen zwischen zwei vernetzten Terminals. Dabei werden die Modi Zeichnen und Radieren unterstützt. Der Wechsel zwischen den Modi erfolgt durch Tippen auf einen von zwei festen speziell texturierten Bereichen auf der linken Seite des Displays. Die Auswahl wird mit einem Earcon bestätigt [KW06].

Das System wird im Rahmen von zwei Untersuchungsszenarien getestet. Die erste Evaluation wird mit zwei blinden Probanden durchgeführt, die einfache geometrische Formen (Dreieck, Rechteck oder Kreis) erkennen und zeichnen müssen. Proband A zeichnet dabei zwei geometrische Formen mit Hilfe des Stifts auf dem taktilen Display. Proband B ertastet die Zeichnung von Proband A und gibt die erkannten Formen als analoge Zeichnung wieder. Im Anschluss wird der Ablauf umgekehrt durchgeführt. Eine mögliche Störvariable bei der Untersuchung ist die individuelle taktile Tastfähigkeit und die Zeichenfähigkeit der Probanden.

Das Ergebnis zeigt, dass im zweiten Durchgang die Zeichnungen qualitativ besser sind, was auf die Kenntnis der zu erwartenden Formen zurückzuführen ist. Nach Kobayashi & Watanabe [KW06] könnte weiterhin die Qualität der Zeichnungen durch die geringe Auflösung des taktilen Displays negativ beeinflusst worden sein [KW06].

Die zweite durchgeführte Evaluation mit einem kompetitiven Ping-Pong-Spiel wird mit vier Probanden durchgeführt, davon zwei blinde Probanden und zwei mit einem verwertbaren Sehrest. Bei dem Spiel wird ein durch vier Pins repräsentierter Ball mit den Stiften, welche Schläger repräsentieren, geschlagen. Dafür wurde mit dem Stift eine Linie gezeichnet, die den Ball abprallen lässt. Das Auffinden des Balls wird von einem blinden Probanden als schwierig empfunden, jedoch wird der Spielspaß insgesamt von Probanden bestätigt [KW06].

Virtuelles Klassenzimmer mit Übersetzer

Freire et al. [FLB+10] entwickeln eine interaktive Whiteboard-Anwendung im Rahmen des „Tidia-Ae"-Projekts zu kollaborativem Lernen. Das Whiteboard erlaubt u. a. die Eingabe von Freitext, das Zeichnen von Formen und Formatierung (bspw. Farbe, Strichbreite) auf existierenden Präsentationsfolien sowie Kopieren, Ausschneiden, Einfügen und Bewegen von Objekten.

Die Entwicklungen konzentrieren sich nach Freire et al. [FLB+10] primär auf das Problem der Pixel-Barriere (vgl. Kapitel 2.3.3), bei dem auch Texte als Bilder dargestellt werden. Dabei wird eine reine Texterkennung als unzureichend bewertet, da diese wichtige kontextuelle Informationen, wie die Zeichnungen und deren räumlichen Beziehungen, nicht erfassen können.

Daher wird die Zugänglichkeit eines virtuellen Klassenzimmers mit Hilfe eines menschlichen Übersetzers untersucht. Dieser Mediator erhält vor der Veranstaltung eine thematische Einführung durch die Lehrkraft. Während des Unterrichts beschreibt der Mediator in Echtzeit die Inhalte von Whiteboard-Elementen mit Hilfe von Text, Position und Intention. In einer Echtzeit-Sitzung erhalten die Lernenden neue Beschreibungen, sobald diese vom Mediator freigegeben werden. Alle Beschreibungen können mit der Tabulator-Taste angesteuert werden [FLB+10].

Das Ergebnis eines Benutzertests zeigt, dass insbesondere Veränderungen (bspw. Statusinformationen wie das Betreten oder Verlassen und der Beginn bzw. das Ende der Sitzung) gekennzeichnet werden müssen. Weiterhin werden umfangreichere Beschreibungen gewünscht. Der Proband verlangt nach mehr Kontrolle über die Ablaufkontrolle: Sobald eine neue Beschreibung verfügbar ist, wird diese abgespielt, auch wenn dabei die Ausgabe einer anderen Beschreibung unterbrochen wird.

Die Information über die Positionierung der Objekte wird als sehr wichtig für das Erfassen in einer logischen Reihenfolge und somit für das Verständnis eingestuft. Außerdem entstehen Probleme durch den Zeitversatz zwischen Präsentation und Übersetzung, so dass ein blinder Teilnehmender die Information asynchron erhält. Hier wäre eine automatisierte zeitgleiche Übersetzung wünschenswert [FLB+10].

Neuentwicklung eines virtuellen Klassenzimmers

Santarosa et al. [SCM14] analysieren die Zugänglichkeit von synchronen Autorensysteme[62] unter Verwendung von *DosVox*[63] [100] und dem Screenreader *NVDA* [22].

Diese Autorensysteme können auch als virtuelle Klassenzimmer eingesetzt werden. Da sich keines der Systeme für Teilnehmende mit Behinderungen als zugänglich herausstellte, wurde ein virtuelles Klassenzimmer mit grundlegenden Funktionen unter Berücksichtigung gängiger Barrierefreiheits-Richtlinien entwickelt. Die Zielgruppe dieser Anwendung umfasst u. a. Lernende mit Beeinträchtigungen in Bezug auf Motorik, Hören und Sehen.

Das virtuelle Klassenzimmer unterstützt zwei Rollen: *Koordinator* (Eröffnen des Raumes und Einladungen verschicken, Kontrolle von Audio- und Video-Übertragung, Hinzufügen von neuen Seiten für die Inhaltserstellung, Möglichkeit die Kontrolle an Teilnehmende abzugeben, Speichern der Veranstaltung und Veröffentlichen als PDF) und *Teilnehmende* (Verwenden aller Produktions- und Editierwerkzeuge, Zugang zu allen Video- und Audioübertragungen). Weitere Zugänglichkeits-Funktionen umfassen:

- Screenreader-Unterstützung für das Chat-Werkzeug,
- automatische Anpassung der Tabulator-Reihenfolge beim Bewegen von Objekten auf dem Whiteboard durch einen Sortierungs-Algorithmus,
- Unterstützung verschiedener Eingabegeräte: Maus, alternative Zeigegeräte[64] und Tastatur,
- alternative Beschreibungen für nicht-textuelle Elemente durch Alt-Attribute,
- Verwendung von *ARIA*-Attribut `aria-describeby` für Textfelder, Eingabefelder und Bildbeschreibungen für alle Editierwerkzeuge des Whiteboards,
- Änderungsbenachrichtigungen bei Veränderungen im Produktionsbereich (Einfügen eines Bildes, Textänderung, Änderungen im Kommunikationsbereich, Eintreten/Verlassen eines Teilnehmenden),
- Aktivitätsprotokoll benachrichtigt über Einfügen von Bildern, Textaktualisierungen, Teilnehmendenstatus usw.,
- Verschiedene Geräte (z. B. Maus und Tastatur) zur Verwendung der Whiteboard-Funktionen, Bewegen von editierbaren Elementen mittels Tastatur,
- Anwendung speichert automatisch und unterstützt damit Geschwindigkeit und Bedürfnisse des Nutzenden und
- Unterstützung verschiedener Sprachen [SCM14].

Die Überprüfung der Zugänglichkeit des entwickelten virtuellen Klassenzimmers erfolgt durch ein Validieren nach Web-Standards (*WCAG 2.0, WAI-ARIA*) sowie manuelles und automatisches Überprüfen der Zugänglichkeit. Es werden Protokolle per E-Mail mit Whiteboard-Zugangsdaten und Aufgabenbeschreibung für die Evaluationssitzung verschickt. Die Probanden nehmen an entfernten Orten an der Sitzung teil.

---

[62]Folgende Anwendungen wurden untersucht: *OpenMeetings* [97], *Twiddla* [98], *dimdim* [99] (Übernahme von Salesforce.com in 2011), *ShowDocument* (offizielle URL (`http://www. showdocument.com/`) nicht erreichbar).

[63]*DosVox* [100] ist ein speziell für Blinde entwickeltes Betriebssystem der Universität Rio de Janeiros, welches Sprachsynthese, Braille, Bildschirmlupe und zugängliche Programme enthält.

[64]Die alternativen Zeigegeräte werden in [SCM14] nicht näher spezifiziert.

Teilnehmende sind fünf Probanden mit einem pädagogischen Bildungshintergrund mit verschiedenen Einschränkungen (einer taub, einer motorisch beeinträchtigt, einer blind, zwei ohne Beeinträchtigungen). Während der Sitzung werden die Interaktionen der Teilnehmenden beobachtet und es erfolgt im Anschluss eine Auswertung der Whiteboard-Aufzeichnung. Anschließend an die Sitzung beantworten die Teilnehmenden einen Fragebogen. Ein zweiter Fragebogen folgt eine Woche später in Bezug auf pädagogische Einsatzmöglichkeiten der Lösung [SCM14].

6.4.7. Sonstige

Arbeiten zur Darstellung von Benutzungsoberflächen auf taktilen Flächendisplays befassen sich ebenfalls zum Teil mit Kollaboration; dazu zählen u. a. die *Tangram*-Arbeitsstation [BP14] sowie ein System zur Visualisierung von Navigationsrouten [IZL14]. Aufgrund der stärkeren Relevanz für die in dieser Arbeit entwickelten alternativen Konzepte werden diese Untersuchungen in Kapitel 9.1.4 näher erläutert.

Untertitel für Video und Folien

Schulze et al. [SPL+14] beschreiben eine Möglichkeit, Vorlesungsaufzeichnungen zugänglich zu gestalten. Dabei werden Videos und auch Vorlesungsfolien über die Lernplattform *OLAT* [101] oder *OPAL* [102] unter Verwendung von *HTML5* verfügbar gemacht. Die Aufzeichnungen werden mit Hilfe von Untertiteln im *WebVTT*-Format [103] zugänglich. Dabei beschreiben [SPL+14] vier Untertitelkategorien:

1. Untertitelung des Sprechenden und Beschreibung der Geräuschkulissen,

2. Beschreibung von Bildern oder Szenen,

3. Beschreibung von Folien oder Tafelbildern und

4. Strukturierung der Aufzeichnung in Kapitel und Abschnitte.

Bis auf die erste Untertitelkategorie können alle anderen blinde Lernende bei der Informationswahrnehmung unterstützen.

Mindmapping-System

Hauptaktivitäten eines Mindmapping-Systems umfassen nach Pölzer & Miesenberger [PM15] das Fokussieren aktuell interessanter Artefakte, Diskussionen über das fokussierte Artefakt sowie Veränderungen der Mindmap. Die größten Hürden für die Wahrnehmung durch blinde Personen umfassen die visuelle und die räumliche Anordnung, welche für die Strukturierung und das Verständnis entscheidend sind.

Kunz et al. [KMM+14] beschreiben ein zugängliches Mindmapping-System auf einem interaktiven Tisch (engl. *Tabletop*)[65], dem *PixelSense* [104], für kollaboratives Brainstorming. Sehende Nutzende interagieren mit Mindmap-Elementen auf der berührempfindlichen Oberfläche des Tisches (bewegen, erstellen, verändern, drehen usw.) und

---

[65]Tisch, dessen Tischplatte aus einem berührempfindlichen Bildschirm besteht.

blinde Nutzende haben über ihren gewohnten Arbeitsplatz Zugriff auf eine Baumstruktur der Elemente. Ein Protokoll erfasst alle durchgeführten Aktionen, welches ein asynchrones Nachvollziehen des Brainstorming-Verlaufs ermöglicht. Zeigegesten (deiktische Gesten) auf dem Tisch werden mittels Sensoren erfasst. Diese Zeigegesten und Änderungen an der Mindmap werden dem blinden Nutzenden mittels Dialogboxen mitgeteilt. Änderungen, die von dem blinden Nutzenden durchgeführt werden, erscheinen sofort auf der berührempfindlichen Oberfläche. Eine erste Evaluation zeigt eine positive Rückmeldung über die Benachrichtigung mittels Dialogboxen, um Änderungen wahrnehmen zu können, sowie auch in Bezug auf das Protokoll aller Aktionen [KMM+14].

Die alternative Darstellung der Mindmap als Baum ist leicht nachvollziehbar, kann jedoch räumliche Nähe von Knoten, die auch semantische Nähe bedeuten kann, nicht abbilden. Bei einer sehr aktiven Brainstorming-Sitzung könnten viele Aktualisierungen in der Dialogbox störend sein. Eine interessante Erweiterung wäre eine Möglichkeit zu schaffen, einen von einer Änderung betroffenen Knoten über den Eintrag im Protokoll in der Baumstruktur zu fokussieren.

Pölzer & Miesenberger [PM15] beschreiben eine Mindmap-Lösung für blinde Personen unter Verwendung des *BrailleDis* und dem *BrailleIO*-Framework. Dabei erfolgt eine Teilung der Darstellungsfläche in drei Bereiche:

- Struktur der Mindmap (oben links),
- Liste letzter Änderungen in Kombination mit auditiven Hinweisen (oben rechts) und
- Inhalt der Artefakte und zusätzliche Information (unten).

Die taktile Darstellung der Mindmap kann verschoben, vergrößert sowie verkleinert werden. Durch eine Gesten-Eingabe werden Informationen zu dem gewählten Mindmap-Element im unteren Bereich ausgegeben. Der Fokus der beschriebenen Arbeit liegt auf der Wahrnehmung und Navigation durch blinde Personen und noch nicht auf Interkation. In ihrer Arbeit beschreiben Pölzer & Miesenberger [PM15] lediglich die Aufteilung der Bereiche und nicht die Darstellung der Mindmap-Artefakte und -Verbindungen. Eine erste Evaluation zeigt positive Rückmeldungen in Bezug auf die räumliche Vorstellung.

Teilnahme an Laborübungen

Murray & Armstrong [MA09] beschreiben ein Angebot für Studierende, über ein virtuelles Klassenzimmer an Präsenz-Laborübungen teilzunehmen. Konkret wird die Konfiguration von drei Routern und zwei Switches beschrieben. Es wird eine Anwendung beschrieben, welche einen sicheren Zugriff auf die Geräte über eine *Telnet*-Verbindung ermöglicht. Die Konfiguration der Hardware erfolgt über eine Netzwerk-Simulationssoftware, welche mittels Tastaturbefehle, Screenreader-Kompatibilität und Tabellen als Ersatz für Drag-And-Drop-Operationen für die Verbindungsherstellung, die Bedienung für Lernende mit Sehbeeinträchtigungen ermöglicht [MA09].

Vor- und Nachbereitung

Um Nutzenden mit Beeinträchtigungen die Orientierung und Vorstellung des in einer Veranstaltung zu behandelnden Materials zu erleichtern, ist es wichtig, ihnen möglichst viele Materialien vorab zur Verfügung zu stellen [SBV+07]. Mori et al. [MBBL10] beschreiben eine Anwendung, welche Dokumente in Bezug auf ihre inhaltliche Struktur analysiert und einen Podcast erstellt, der einen Überblick über die Struktur liefert. Um die Orientierung in Foliensätzen zu verbessern, könnte ein solcher Podcast als Vorbereitung auf eine Lehrveranstaltung hilfreich sein.

Wiedergabe-Geschwindigkeit

Zur Verbesserung der Wahrnehmung von Echtzeit-Transkriptionen für gehörlose Menschen, beschreiben Lasecki et al. [LKB14] die Möglichkeit, die Wiedergabe zu pausieren sowie vor- und zurückzuspulen, um textuelle Transkriptionen in der eigenen Geschwindigkeit erfassen zu können. Eine Fortschrittsleiste zeigt dem Nutzenden durch grüne Markierungen an, dass seine Position der Echtzeit-Sitzung entspricht oder durch rot, dass und wie viel der Nutzende im Verlauf zurückliegt. Um zu der Echtzeit-Sitzung zurückzukehren, kann der verpasste Inhalt bis zur Echtzeit-Sitzung in schneller Geschwindigkeit abgespielt oder direkt dorthin gesprungen werden [LKB14].

Das Konzept des Pausierens ist für viele synchrone Situationen denkbar. Bei virtuellen Klassenzimmern würden jedoch nicht nur Vorträge pausiert werden, sondern auch parallele Ereignisse, wie bspw. Chat-Verlauf oder Statusänderungen von Teilnehmenden.

6.4.8. Zusammenfassung synchroner Einsatzszenarien

Zusammenfassend zeigt der beschriebene Forschungsstand, dass geeignete technische Hilfsmittel in Kombination mit entsprechenden Anwendungen eine erfolgreiche Kooperation zwischen blinden und sehenden Nutzenden ermöglichen können. Dabei ist nach McGookin & Brewster [MB07] eine umsichtige Anwendungsgestaltung wichtig, um den Ausschluss von blinden Lernenden, bspw. durch nicht wahrgenommene Änderungen in einer virtuellen Umgebung, zu vermeiden. Weiterhin stellt eine Anpassung von kollaborativen Echtzeit-Umgebungen nach Treviranus & Roberts [TR06] eine große Herausforderung für Barrierefreiheit dar, da keine Zeit für die Umwandlung von visuellen und auditiven Inhalten in gleichwertige Alternativen besteht. Weiterhin treten Barrieren in Bezug auf Informationsüberlastung sowie eine Vermischung von Inhalt und Struktur – wie am Beispiel von *Google Docs* beschrieben [MBB+11] – auch in virtuellen Klassenzimmern auf. Zur besseren Verwendbarkeit durch blinde Nutzende wird die Tastatur- und Screenreader-Unterstützung von *Google Docs* durch Mori et al. [MBB+11] verbessert, so dass die Werkzeug-Elemente bedienbar sind und Texteigenschaften auch mittels Tastaturkürzeln geändert werden können.

Zu Beginn des Dissertationsvorhabens befassen sich die meisten der beschriebenen Studien mit abstrakten Aufgabenstellungen, Kooperationssituationen zwischen Paaren von sehenden und blinden Probanden und besonderer Unterstützung der blinden Probanden (vgl. [CB05, KYM07, SBBW06, Win06]). Die verwendeten Hilfsmittel sind zumeist noch nicht alltagstauglich, da sie nur beschränkt auf nicht vorab präparierte Darstellungen oder Webseiten anwendbar sind oder in der dreidimensionalen Umgebung des *PHANToM* durchgeführt werden [SBBW06]. Nur wenige Untersuchungen betrachten gängige Lernsituationen unter Verwendung von synchronen Kommunikationswerkzeugen, wie virtuellen Klassenzimmern, in welchen ein blinder Lernender teilnimmt. In vielen Untersuchungen wird die Hilfestellung des sehenden Partners benötigt, die jedoch in herkömmlichen Situationen nicht erwartet werden kann. Winberg [Win06] fasst zusammen, dass der Kontext, in dem eine solche Studie durchgeführt wird, entscheidend ist. Wird in einem Studienkontext die Zugänglichkeit nachgewiesen, ist dies nicht ohne weiteres auf andere Situationen übertragbar. Diese Aussage verdeutlicht die Bedeutung des Praxisbezugs in Studien und der möglichst genauen Nachstellung der zu überprüfenden Faktoren.

Verbale und durch körperliche Berührung geführte Anleitungen von Sehenden für Blinde werden häufig verwendet, um ein gemeinsames mentales Modell zu erzeugen [SME07]. In den Untersuchungen ergreifen i. d. R. die sehenden Lernenden die Initiative des Führens. Dies könnte einen Nachteil für blinde Lernende darstellen, da sie dadurch in eine passive Rolle gedrängt werden. Es kann außerdem für blinde Lernende schwierig sein, die Anweisungen von sehenden Lernenden, welche sich auf eine grafische Benutzungsoberfläche beziehen, auf die Eingabemöglichkeiten ihrer technischen Hilfsmittel zu übertragen [KYM07]. Weiterhin ergibt eine Untersuchung von [MB07], dass blinde Lernende nicht gerne die Kontrolle aufgeben und somit die Führung ihrer sehenden Kommilitonen nicht schätzen.

Untersuchungen der letzten Jahre konzentrieren sich zunehmend auf kollaborative Lernumgebungen und Web-2.0-Anwendungen. Aufgrund deren komplexen Funktionalität werden i. d. R. auch realistische Anwendungsfälle untersucht. Nachfolgend werden Adaptionsmöglichkeiten dieser Entwicklungen für zugängliche virtuelle Klassenzimmer diskutiert. Dabei sind insbesondere die Untersuchungen von Freire et al. [FLB+10] und Santarosa et al. [SCM14] für die nachfolgenden Untersuchungen relevant.

Betrachtet man eine kooperative Lernsituation unter Verwendung eines Konferenzsystems, bspw. in Form eines virtuellen Klassenzimmers, sind oft mehr als zwei Personen beteiligt und eine direkte Hilfe der Beteiligten kann nicht erwartet werden. Textbasierte Inhalte sind mit herkömmlichen Hilfsmitteln leicht zu erfassen, grafische Darstellungen hingegen stellen eine Hürde dar. Ein Lösungsansatz sind textuelle alternative Beschreibungen, welche von manchen virtuellen Klassenzimmern (*Blackboard Collaborate* [78] und *Adobe Connect* [77]) unterstützt werden. Freire et al. [FLB+10] bemängelten jedoch, dass alternative textuelle Beschreibungen in der Regel nur für die gesamte Folie gälten und eine Beschreibung für in Echtzeit hinzugefügte Objekte nicht möglich sei. Neben Zugänglichkeitsproblemen grafischer Inhalte, kann weiterhin der Umfang von parallelen Aktionen (Chat, Präsentation, Whiteboard) zu Orientierungsproblemen für Blinde führen.

Für virtuelle Klassenzimmer ist die Untertitelung von Sprechenden, Bildern oder Szenen sowie Folien und Tafelbildern nach Schulze et al. [SPL+14] denkbar. Eine Untertitelung des Sprechenden bringt für blinde Teilnehmende i. d. R. aber keine Vorteile. Alternative Beschreibungen zu grafischen Inhalten sind jedoch für das Verständnis essentiell und werden bereits von einigen virtuellen Klassenzimmern unterstützt (vgl. Kapitel 6.4.6).

Der Ansatz der Integration eines menschlichen Übersetzers in die Sitzung ist in Bezug auf die Zugänglichmachung des Whiteboards und dessen textuelle sowie grafische Elemente interessant. Problematisch bei diesem Einsatz ist die Einarbeitung und erforderliche Anwesenheit einer weiteren Person in der Rolle des Übersetzers.

Der Lösungsvorschlag zur Erstellung alternativer Beschreibungstexte unter Einbezug eines Übersetzers von Freire et al. [FLB+10] scheint ein guter Ansatz zu sein, jedoch ist eine Zeitverzögerung zwischen Präsentation und Übersetzung nicht zu vermeiden und die Vorbereitung der Veranstaltung für Lehrende und Übersetzer ist aufwendig. Ansätze wie bspw. die Kombination von Mitschriften mehrerer „Übersetzer", wie es für Hörgeschädigte von Lasecki et al. [LMS+12] umgesetzt wurde, ist zu kostenintensiv. Bei einer Erstellung einer originalsprachlichen Mitschrift durch sehende Teilnehmende derselben Sitzung könnten – abhängig vom Umfang der zu beschreibenden Inhalte – Konzentrationseinbußen auftreten.

Übertragen auf Alternativtexte für blinde Teilnehmende, ist das Erfassen durch eine Person zu zeitaufwendig, um sich noch auf die Sitzung konzentrieren zu können. Jedoch beschreiben Lasecki & Bigham [LB14] positive Ergebnisse mit dem Echtzeit-Transktiptionssystem *Scribe*, welches Transkriptionen von einer automatischen Spracherkennungssoftware mit Mitschriften von fünf Teilnehmenden kombiniert. Dabei erfassen die Teilnehmenden ca. drei Sekunden der Audioausgabe und haben dann eine Pause zum Erfassen des Gehörten [LB14]. Eine ähnliche kollaborative Beschreibungsmöglichkeit virtueller Klassenzimmer, bei der Teilnehmende etwaige Pausen oder für sie weniger interessante Passagen der Sitzung zur kollaborativen Beschreibung von visuellen Elementen nutzen, kann zu guten Ergebnissen führen. Relevant könnte in diesem Zusammenhang eine Historie ähnlich wie bei einem Wiki-System sein, um fehlerhafte oder ungewollte Änderungen oder Löschungen rückgängig machen zu können.

Die Untersuchung von Freire et al. [FLB+10] zeigt weiterhin, dass ein Teilnehmender die Kontrolle über das Abspielen der Sitzung haben sollte und dass neue Inhalte zu keinem automatischen Fokuswechsel führen dürfen; nach der Aussage des Probanden sollten auditive Ausgaben von neuen Beschreibungen die aktuelle Ausgabe nicht unterbrechen. Die individuelle Kontrolle von synchronen Abläufen – inklusive Pausieren und Spulen – führt zu Asynchronizität, welche entgegen der Natur des Mediums ist. Um dem Bedürfnis der Inhaltserfassung in der eigenen Geschwindigkeit und des Verfolgens von synchronen Abläufen gleichermaßen gerecht zu werden, ist der Ansatz von Lasecki & Bigham [LB14] interessant: Die Wiedergabe von Echtzeit-Aktionen kann pausiert werden und verpasste Inhalte können durch ein Abspielen in schnellerer Geschwindigkeit wieder aufgeholt werden.

Das von Oliveira et al. [OCFQ10] beschriebene *Haptic Deictic System*, welches die Hand des blinden Lernenden entsprechend der Zeigerposition leitet, stellt ein interessantes Hilfskonzept dar. Zeigegesten in virtuellen Klassenzimmern werden meist durch eine Hervorhebung des Cursors gekennzeichnet. Für blinde Teilnehmende ist diese Information nicht verfügbar, zu einen, da Whiteboard-Inhalte meist nicht erfassbar sind und zum anderen die visuelle Rückmeldungsmöglichkeit fehlt. Eine bloße Ausgabe der Zeigeposition ist nicht ausreichend, um einen Bezug zu angezeigten Inhalten herzustellen, wohingegen eine taktile Repräsentation auf einem taktilen Flächendisplay denkbar wäre.

Das Hervorheben eines Objekts mittels eines „Fingers" [KW99] ermöglicht aber die eindeutige Referenz auf ein Objekt zur Unterstützung der Kommunikation. Im Kontext von blinden Teilnehmenden an einer computergestützten Kollaborationssituation ist das Konzept der unterschiedlichen Darstellung unter Beibehaltung einer eindeutigen Referenzierbarkeit von Objekten ein interessanter Ansatz. Denkbar wäre hier die Verbindung mit bekannten Konzepten wie bspw. Lesezeichen und Verlinkungen.

Die Struktur von virtuellen Klassenzimmern sieht eine Kombination von Video-Übertragung und Whiteboard wie in Kunz et al. [KNK10] nicht vor, zumal hier interaktive statt virtuelle Whiteboards Anwendung finden. Die Problematik der Verdeckung von Inhalten wird von Kunz et al. [KNK10] durch leichte Transparenz der dargestellten Person gelöst. Hier ist allerdings fraglich, ob dadurch ein ausreichender Kontrast für Teilnehmende mit Sehbeeinträchtigung erhalten bleibt. Die Möglichkeit, (Zeige-)Gesten und Körpersprache abzubilden, vermindert die Problematik der sozialen Präsenz (vgl. Kapitel 6.2.1). Eine Integration dieser Informationen in virtuelle Klassenzimmer könnte einen positiven Effekt auf Kommunikation und Lernerfolg haben, jedoch würde dies den ohnehin hohen Informationsumfang noch vergrößern und wird daher in dieser Arbeit nicht weiter verfolgt.

Das von Santarosa et al. [SCM14] entwickelte virtuelle Klassenzimmer unterstützt eine grundlegende Zugänglichkeit für verschiedene Nutzergruppen. Whiteboard-Elemente können mit Hilfe von Positionsangaben verschoben werden. Dies sollte je nach Position eine automatische Anpassung der Tabulator-Reihenfolge bewirken, jedoch weiterhin zu keiner Verbesserung der Wahrnehmung der Elemente führen. Durch das Verschieben erzeugte Überlagerungen der Elemente, eine Möglichkeit der automatischen Anordnung oder Rückmeldungen zur erfolgreichen Durchführung sowie dem Ergebnis des Verschiebens werden nicht thematisiert. Zu dem Whiteboard können Texte, Bilder und Videos hinzugefügt werden; das Zeichnen von geometrischen Formen scheint nicht möglich zu sein. Des Weiteren ist zu vermuten, dass das Erfassen der räumlichen, semantischen Zusammenhängen über Positionsangaben und die Tabulator-Reihenfolge nur in wenigen eindeutigen Fällen möglich ist.

Santarosa et al. [SCM14] räumen mögliche Probleme ihrer Evaluationsmethode ein, da durch die mangelnde Unterstützung vor Ort bei der Bedienung technische Probleme auftreten konnten. Außerdem erfolgte keine direkte Kontrolle der Bedienungsschwierigkeiten. Im Falle des blinden Probanden konnten somit nur erfolgreich ausgeführte Interaktionen dokumentiert werden, aber nicht die Lösungswege oder Fehlversuche. Damit kann keine Aussage über eine Verbesserung der Zugänglichkeit für diese Zielgruppe getroffen werden, es kann jedoch davon ausgegangen werden, dass die Wahrnehmbarkeit der Inhalte von vielen der implementierten Funktionen unterstützt wird. Von den beschriebenen Funktionen unterstützen insbesondere das screenreaderkompatible Chat-Werkzeug, die auditive Benachrichtigung über neue Chat-Beiträge und Veränderungen auf dem Whiteboard, alternative Beschreibungsmöglichkeiten für Nicht-Text-Elemente sowie die Möglichkeit, alle Elemente des Whiteboards in einer logischen Tabulator-Reihenfolge anzusteuern [SCM14], die Teilnahme blinder Lernender.

Das Erfassen des Verhältnisses von Objekten zueinander ist essentiell für das Verständnis [FLB+10]. Die Verwendung eines zweidimensionalen taktilen Flächendisplays könnte dieses Verständnis unterstützen. Die Untersuchungen von Kobayashi & Watanabe [KW06] zeigen, dass sequentielle Zeichenaktionen durchführbar und dynamische Änderungen auf taktilen Flächendisplays erkennbar sind. Das Erkennen von geometrischen Formen ist mit dem Erfassen von Whiteboard-Zeichnungen vergleichbar und die Erkennung eines Balls beim Ping-Pong-Spiel zeigt, dass Veränderungen auf einem zweidimensionalen taktilen Display schnell erfassbar sind.

In Bezug auf eine parallele räumliche Darstellung von Information beschreiben Prescher et al. [PWS10] einen Ansatz der Inhaltsaufteilung entsprechend ihres Typs (z. B. Titel, Inhalt, Strukturinformation) in Regionen (vgl. Abschnitt 9.1.3). Ziel sollte hier sein, die Information automatisch und in Echtzeit entsprechend den Bedürfnissen des blinden Teilnehmenden anzupassen.

Neben Kobayashi & Watanabe [KW06] und Bornschein & Prescher [BP14] sind der Autorin dieser Arbeit keine Untersuchungen zu kooperativem Lernen auf zweidimensionalen multimodalen Ausgabegeräten bekannt. Gerade in Bezug auf einfache grafische Darstellungen und die Strukturierung mehrerer Programmfenster könnte ein solches technisches Hilfsmittel nützlich sein.

6.5. Lösungsansätze für zugängliche virtuelle Klassenzimmer

Die vorab beschriebenen Lösungsansätze lassen nicht alle einen direkten Bezug zu virtuellen Klassenzimmern oder blinden Lernenden vermuten, jedoch können viele darauf übertragen werden. Nachfolgend werden die Lösungsansätze, welche über die Zugänglichkeitsfunktionen der Hersteller (Tabelle 6.1) hinausgehen, zusammengefasst:

- Navigation:
  - Navigation durch Whiteboard-Elemente mittels Tabulator [SCM14] und
  - automatische Anpassung der Tabulator-Reihenfolge auf dem Whiteboard beim Verschieben von Objekten [SCM14].
- Orientierung:
  - Hervorhebungen von wichtigen Chat-Beiträgen (bspw. des Moderierenden) [TC07],
  - Hervorhebungsmöglichkeit von Objekten in einem kollaborativen Raum über Pfadangaben, ähnlich Lesezeichen in einer Gesamtstruktur [KW99],
  - Integration von (Zeige-)Gesten und Körpersprache in eine digitale Whiteboard-Übertragung [KNK10],
  - Verfolgen von (Zeige-)Gesten des Lehrenden über geführte erkundende Hand [OCFQ10] und
  - automatisch erstellter Podcast, der die inhaltliche Struktur von Dokumenten zusammenfasst [MBBL10].
- Alternative Beschreibungen:
  - Echtzeitbeschreibungen der Inhalte des Whiteboards durch menschlichen Übersetzer [FLB+10],
  - Untertitelungsmöglichkeit für aufgezeichnete Veranstaltungen [SPL+14],
  - Annotationsmöglichkeit für grafische Inhalte von Webseiten [AR14] und
  - Hilfsanfragen zu grafischen Inhalten durch blinde Lernende [BMZ+13].

- Benachrichtigungen über Änderungen:
  - Auditive Benachrichtigungen über neue Chat-Nachrichten und Veränderungen auf dem Whiteboard [SCM14] und
  - Information über Änderungen über Dialogfenster [KMM+14].
- Erfassen in eigener Geschwindigkeit:
  - Pausieren der Wiedergabe von Echtzeit-Aktionen und die Möglichkeit, verpasste Inhalte in erhöhter Abspielgeschwindigkeit aufzuholen [LB14] und
  - automatisches Speichern der Whiteboard-Ansicht [SCM14].
- Teilnahme an Kollaboration:
  - Teilnahme an Brainstorming-Aktivität über eine Baumstruktur der Mindmap am Rechner [KMM+14],
  - kollaborative Notizfunktion [SDD04] und
  - Zeichnen mit Hilfe eines Stiftes auf einem taktilen Display [KW06].

Die Übertragung dieser Forschungsergebnisse und Barrierefreiheitsfunktionen auf virtuelle Klassenzimmer reicht jedoch nicht aus, um eine möglichst gleichberechtigte Teilhabe blinder Nutzender an Veranstaltungen in virtuellen Klassenzimmern zu ermöglichen. Viele Barrieren werden von den beschriebenen Lösungsansätzen thematisiert, aber nicht vollständig gelöst. Nicht adressierter Barrieren (vgl. Kapitel 6.2), eingeteilt in die Problembereiche computergestützter synchroner Kollaboration, umfassen u. a.:

- Sozialer Kontext:
  - Kontrolle der eigenen Video-Übertragungen.
- Informationskontext:
  - Semantische Zusammenhänge,
  - Überangebot an Information und
  - Synchronizität der Inhaltserstellung und Kommunikation.
- Technischer Kontext:
  - Wahrnehmbarkeit der Benutzungsoberfläche, insbesondere Whiteboard und Präsentationsbereich und
  - gleichberechtigte Interaktionsmöglichkeiten (Maus-Barriere), bspw. Whiteboard-Elemente erstellen und editieren.

Zum Verringern dieser Barrieren sind u. a. folgende Lösungsansätze denkbar:

- Um eine Überforderung aufgrund zu hohem Informationsumfangs (engl. *cognitive overload*) zu vermeiden, sollte dieser vor der Sitzung überprüft und in angemessene Pakete unterteilt werden. Um dem Teilnehmenden den Druck zu nehmen, alle Informationen gleichzeitig erfassen zu müssen, können außerdem Sitzungen aufgezeichnet, Interaktionsprotokolle geführt und zusätzliche Materialien vor der Sitzung bereitgestellt werden.
- Zur Verbesserung der Orientierung und dem Erfassen von Zusammenhängen ist der Einsatz eines taktilen Flächendisplays hilfreich.

- Um die Navigation für möglichst viele Nutzende zu erleichtern, ist eine hohe Kontrollflexibilität (vgl. [ISO08c]) erforderlich. Für blinde Nutzende sind diesbezüglich eine logische Tabulator-Reihenfolge und die Bereitstellung von Element-Listen sinnvoll. Verwandte Elemente sollten in räumlicher Nähe zueinander angeordnet werden [SKNW09]. Alle Bedienelemente sollten selbsterklärend sein. Ggf. kann die Möglichkeit des Setzens von eigenen Lesezeichen/Sprungmarken hilfreich sein.

- Zur Unterstützung der Änderungs- und Ereigniserkennung können auditive Signale und über einen Befehl abrufbare Statusinformationen helfen (vgl. [SME07]).

- Zum Vermeiden von Konflikten bei der kollaborativen Bearbeitung desselben Inhalts, ist das Verhindern von paralleler Bearbeitung durch Sperren von Abschnitten oder Objekten und die Kennzeichnung von Änderungen anderer für Teilnehmende [Koc94a], bspw. durch visuelle Indikatoren wie Farben, denkbar. Neben der Unterstützung durch das System sollte das Beheben von Konflikten ein sozialer Prozess der Nutzenden sein [BP14].

- Um parallele Aktionen in Echtzeit nachvollziehbar zu machen, wären Lesezeichen denkbar. Deren Detaillierungsgrad sollte abhängig von dem Umfang und der Komplexität der zu strukturierenden Information bestimmt werden, bspw. ein Lesezeichen pro neuem Beitrag eines Sprechers, Themengebiet, Folienwechsel oder zeitlichem Abschnitt. Eine andere Möglichkeit ist das Erfassen aller Aktionen auf einem Zeitstrahl bzw. in einem Log, um diese in die korrekte Abfolge bringen zu können. Dies könnte leicht linearisiert textuell abgebildet werden; demnach würden viele Aktionen in einer Textausgabe zusammengefasst werden. Dieser Lösungsansatz ähnelt dem bei der Anwendung *Skype*[66] [105] verwendeten Konzept, Statusmeldungen im Chatfenster anzuzeigen. Die Benachrichtigung über Änderungen kann, abhängig von verfügbaren Ausgabegeräten, entweder über Ton, Vibration oder in Textform erfolgen.

- Um relevante Informationen nicht-zugänglicher Medien (bspw. Video, Whiteboard oder Desktop) zugänglich zu machen, müssen diese in geeigneter Form abgespeichert und aufbereitet werden. Es ist bspw. denkbar, die Daten einer Shared Desktop-Übertragung in Form eines Bildes, die nur über Bilderkennung sowie alternative Beschreibungen erfassbar wäre, bereits auf Seiten des Senders in einem *XML*-Format (vgl. [LS12], *Off-Screen-Model (OSM)* [Koc94b], *<ML>*[3] [MLT11] o. ä.) zu speichern und somit die Inhalte zugänglich zu machen.

- Um die soziale Präsenz für Sehende und Blinde zu verbessern, kann eine Teilnehmenden-Statusanzeige interessant sein, d. h. Information zu aktuellen Sprechern, Inaktivität von Teilnehmenden usw.

- Bei der Verwendung eines digitalen Whiteboards könnten die Hürden verringert werden, indem
  - alle Inhalte vektorbasiert gespeichert und den blinden Nutzenden in textueller Form zur Verfügung gestellt werden,
  - keine Freiformen erlaubt werden (bspw. Handschrift),
  - die Erstellung der grafischen Elemente über die Eingabe von Parametern (Position und Abmaßen) erfolgen kann,
  - ein Protokoll über die Erstellreihenfolge geführt wird,

---

[66]Die Anwendung *Skype* [105] ist ein Kommunikationswerkzeug für Chat, Audio- und Video-Telefonie.

– eine Layout-Kontrolle über ein taktiles Flächendisplay erfolgen kann,

– Beschreibungen für Elemente angelegt werden können sowie

– das Erstellen von Objekten mittels Tastatur ermöglicht wird.

Die nachfolgenden Kapitel konzentrieren sich auf die Analyse der Zugänglichkeit virtueller Klassenzimmer sowie der Beseitigung der vorhandenen Barrieren unter Berücksichtigung existierender Lösungsansätze.

7. Produktanalyse virtueller Klassenzimmer

Die nachfolgend beschriebene Produktanalyse der Bedienbarkeit von virtuellen Klassenzimmern durch blinde Nutzende dient der Identifikation bestehender Barrieren und ermittelt Anforderungen für eine barrierefreie Teilhabe. Die Produktanalyse dient der Auswahl einer Software-Lösung, die für eine anschließende Anpassung und Erweiterung mit dem Ziel einer möglichst gleichberechtigten Nutzung von virtuellen Klassenzimmern in Bezug auf softwareseitige Zugänglichkeit und vorhandene Barrierefreiheit am geeignetsten ist. Aus jedem Analyseschritt folgt eine Produktpalette, die den jeweiligen Mindestanforderungen gerecht wird [Köh14a].

Im Rahmen der Produktanalyse (vgl. Abbildung 7.1) wurden verschiedene Kollaborationsplattformen (*Produktpalette A*) unter Berücksichtigung ihres Lizenzmodells in Bezug auf ihre Funktionalität ausgewählt (*Produktpalette B*) [KS13]. Anschließend wurden die Plattformen auf ihre Konformität zu den *WCAG-2.0*-Richtlinien [8] und *IMS Guidelines for Developing Accessible Learning Applications*, Abschnitt 7, [47] untersucht und ausgewählt (*Produktpalette C*) [KS13]. Da mit dieser Methode nur formal über die Zugänglichkeit der Anwendung entschieden werden kann, wurde die Zugänglichkeit der Anwendung zusätzlich anhand von Testszenarien unter Verwendung nicht-visueller Arbeitstechniken überprüft (*Produktpalette D*) [KL14, Köh14a]. Zuletzt erfolgte eine Untersuchung der softwareseitigen Zugänglichkeit [SK15]. Die Ergebnisse der Untersuchung der Zugänglichkeit mit nicht-visuellen Arbeitstechniken und der softwareseitigen Zugänglichkeit wurden anhand ihrer Eignung bewertet (*Produktpalette E*).

Der Ablauf der Produktanalyse kann in drei Abschnitte unterteilt werden: Funktionsumfang, nutzerseitige Zugänglichkeit sowie softwareseitige Zugänglichkeit. Zuerst ist eine Definition eines erforderlichen Mindestfunktionsumfangs erforderlich, um eine Vergleichbarkeit der analysierten virtuellen Klassenzimmer im Rahmen der Produktanalyse gewährleisten zu können. Die darauf folgende Untersuchung der nutzerseitigen Zugänglichkeit spiegelt die aktuelle Situation blinder Nutzender bei der Verwendung dieser Lösungen wieder. Sie erfolgt zunächst formal über die Richtlinienkonformität, da die Zugänglichkeits-Richtlinien in vergleichbaren Studien Anwendung findet (vgl. Kapitel 6) und detailliert die meisten Hürden beschreibt. Eine anschließende praktische Überprüfung der Bedienbarkeit mit nicht-visuellen Arbeitstechniken ist erforderlich, da die Richtlinien zwar Aufschluss über die allgemeine Zugänglichkeit liefern, jedoch unüberwindbare Hürden, die Bedienschritte blockieren, nicht ausreichend abdecken können.

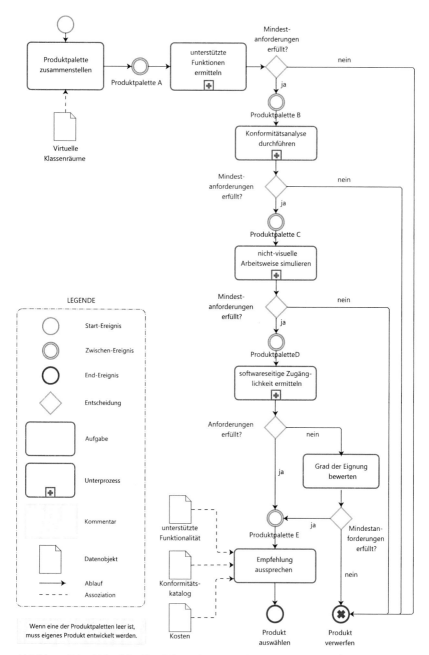

Abbildung 7.1.: Ablauf der Produktanalyse virtueller Klassenzimmer (nach Köhlmann [Köh14a])

Um den später erforderlichen Implementierungsaufwand realistisch zu halten und da die weiterführende Untersuchung von unzugänglichen Lösungen keine neuen Erkenntnisse bringen würde, ist eine weitere Reduktion der Produktpalette logisch. Um ein virtuelles Klassenzimmer für eine Anpassung auszuwählen, ist schließlich eine Analyse der vorhandenen Schnittstellen und auslesbaren Anwendungsdaten sinnvoll.

Die Analysen erfolgten ohne Einbezug von blinden Probanden, da die Überprüfung und Feststellung aller Funktionen sowie Barrieren nur unter visueller Kontrolle möglich war (vgl. Mankoff et al. [MFT05]).

7.1. Funktionsumfang

Nachfolgend wird die Untersuchung des Funktionsumfangs von virtuellen Klassenzimmern beschrieben, um Lösungen für die weiteren Analysen auswählen zu können. Da ein ähnlicher Funktionsumfang der virtuellen Klassenzimmer als Grundlage für nachfolgende Analysen diente, wurden in der Funktionsanalyse spezielle Barrierefreiheitsfunktionen noch außer Acht gelassen, um die Analyse nicht zugunsten einzelner Lösungen zu verfälschen.

7.1.1. Stichprobe

Zur Auswahl der zu analysierenden Lösungen wurde eine Internetrecherche nach verfügbaren virtuellen Klassenzimmern mit einem Mindestfunktionalitätsumfang – bestehend aus Chat, Audio- und Video-Konferenz, Teilnehmerliste, dynamischen Whiteboard und Shared Desktop – durchgeführt. Dieser wurde von dem Funktionsumfang der Systemklasse „Synchrone Konferenzsysteme" nach Schümmer & Haake [SH12, S. 94] abgeleitet (vgl. Kapitel 5.1.3). Als Datenbasis für die Funktionsanalyse dienten die Internetauftritte der gewählten Plattformen und Tests mit Demo-Versionen.

Das Ergebnis der Internetrecherche umfasst 16 virtuelle Klassenzimmer[67] (*Produktpalette A*), die den Mindestfunktionalitätsumfang erfüllen und somit für weitere Analysen ausgewählt wurden:

Zwölf proprietäre Lösungen:

- *Adobe Connect (AC)* [77]
- *Avilano (A)* [106]
- *Blackboard Collaborate (BC)* [78]
- *Saba Centra* [107]
- *Elluminate Live!*[68]
- *GoToMeeting* [108]
- *netucate iLink* [109]
- *Wimba Classroom*[68]

- *SkillSoft Dialogue* [110]
- *Talking Communities (TC)* [111]
- *Cisco WebEx (WE)* [79]
- *WizIQ* [112]

Vier freie/Open-Source-Lösungen:

- *BigBlueButton (BBB)* [113]
- *Moodle* [114]
- *OpenMeetings (OM)* [97]
- *Yugma Free (YF)* [115]

---

[67]Vgl. Tabelle A.57 auf S. xliii im Anhang.
[68]Internetquelle nicht mehr verfügbar.

Zwölf der virtuellen Klassenzimmer sind proprietär und vier freie/Open-Source-Lösungen (Abbildung 7.1, *Produktpalette A*). Proprietäre und freie/Open-Source-Lösungen wurden getrennt evaluiert, da letztere oftmals über einen geringeren Funktionsumfang verfügen, aber mehr Möglichkeiten für eine softwareseitige Erweiterbarkeit bieten [KS13].

7.1.2. Methode

Zunächst diente eine grobe Prüfung der offensichtlichen Funktionalität anhand der Produktbeschreibungen als Kriterium zur Reduktion der zu untersuchenden Lösungen. Jedes virtuelle Klassenzimmer wurde einzeln betrachtet und die allgemein verfügbaren Funktionen aller Klassenzimmer, insgesamt 50 (siehe Tabelle 7.1), wurden in einem Dokument zusammengestellt. In diesen Katalog wurden nur allgemeine Funktionen aufgenommen, spezielle Funktionen für einen barrierefreien Zugang (vgl. Kapitel 6.4.6) wurden in dieser Auswahl nicht betrachtet, um eine Verfälschung der Auswahl zugunsten proprietärer Lösungen zu vermeiden. Jedoch ist ungefähr die Hälfte der ermittelten allgemeinen Funktionen auch relevant für die Barrierefreiheit. Auf dieser Grundlage wurden folgende acht Plattformen (fünf proprietäre, drei freie/Open Source) mit dem größten Funktionsumfang (freie > 23 % und proprietäre Lösungen mit > 44 % des Funktionsumfangs) für die weitere Produktanalyse ausgewählt (vgl. Abbildung 7.1, *Produktpalette B*): *Adobe Connect (AC)*, *Avilano (A)*, *Blackboard Collaborate (BC)*, *Talking Communities (TC)*, *Cisco WebEx (WE)*, *BigBlueButton (BBB)*, *OpenMeetings (OM)* und *Yugma Free (YF)*[69].

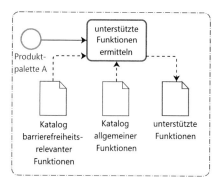

Abbildung 7.2.: Ablauf der Funktionsanalyse

7.1.3. Datenerhebung

Die ausgewählten virtuellen Klassenzimmer wurden anhand ihrer Produktbeschreibungen und Demo-Versionen auf die gesammelten 50 Funktionen überprüft (vgl. Abbildung

---

[69] *Wimba Classroom* und *Elluminate Live!* wurden trotz guter Funktionalität nicht ausgewählt, da zum Zeitpunkt der Analyse beide Produkte in naher Zukunft in *Blackboard Communicate* vereint werden sollten.

7.2). Damit war es möglich, dass eine Funktionalität nur von einer Kollaborations-
plattform unterstützt wurde. Die Funktionen von virtuellen Klassenzimmern können
in funktionale Kategorien unterteilt werden: Koordination, Kommunikation und Kooperation [Daw04] (vgl. Kapitel 5.1.3). Diese Kategorien wurden zur besseren Übersichtlichkeit durch teilnehmerspezifische Konfigurationsmöglichkeiten (*Konfiguration*)
und *Sonstige Funktionalität* ergänzt (siehe Tabelle 7.1).

Zur Bewertung wurden die vorhandenen Funktionen gezählt. Nicht unterstützte
Funktionalität oder solche, die nicht überprüft werden konnten, wurden nicht berücksichtigt. Die Kollaborationsplattformen, proprietäre und freie/Open Source getrennt
betrachtet, welche die meisten Funktionen unterstützten, wurden für die weitere Analyse ausgewählt und bilden *Produktpalette B*. Als Schwellwert für die Auswahl wurde
eine Funktionsunterstützung von mindestens 44 % für proprietäre und mindestens 20 %
für freie/Open-Source-Lösungen gewählt, um eine angemessene Produktpalette in Bezug
auf Funktionsumfang und realistischem nachfolgendem Analyseaufwand zu erhalten.

Tabelle 7.1.: Funktionsanalyse der Kollaborationsplattformen der *Produktpalette B*. Unterstützte Funktionalität: +; nicht unterstützte Funktionalität: –; nicht
ermittelbar: ?; barrierefreiheitsrelevante Funktionen: *

		Proprietär					Frei/OS		
Nr.	Funktionalität	Adobe Connect	Avilano	Blackboard Collaborate	Talking Communities	Cisco WebEx	BigBlueButton	OpenMeetings	Yugma Free
Kommunikation									
1	Internes Nachrichtensystem (E-Mail)	-	-	+	-	-	-	-	-
2	Privater Chat	+	-	+	+	+	+	+	+
3	Öffentlicher Chat	+	+	+	+	+	+	+	+
4	Foren	+	-	-	-	-	-	-	-
5	Live-Konferenz Audio	+	+	+	+	+	+	+	+
6	Live-Konferenz Video	+	+	+	+	+	+	+	+
7	Audio-Ausgabe von Inhalten*	-	-	-	-	-	-	-	-
Koordination									
8	Verschiedene Rollen*	+	+	+	+	+	+	+	+
9	Rollen-/Rechteverwaltung*	+	+	+	-	+	+	-	+
10	Nutzerverwaltung	+	-	+	+	+	-	-	-
11	Selbstständiger Wechsel Whiteboard, Application Sharing und WebTour durch TN[70]*	+	+	+	-	-	+	+	+
12	Selbstständiger Raumwechsel durch TN*	+	-	+	-	-	-	-	-
13	Passwortschutz virtuelle Räume	+	+	?	+	-	-	-	+
14	Gruppenraum	+	-	+	-	-	-	+	-
15	Separate Konferenzräume	+	+	+	+	+	-	+	+
16	Aufgaben/Tests	-	-	+	+	-	-	-	-

Fortsetzung auf der nächsten Seite

---

[70]TN steht hier und nachfolgend für *Teilnehmende*.

Tabelle 7.1.: *Fortsetzung: Funktionsanalyse von Kollaborationsplattformen*

		Proprietär					Frei/OS		
Nr.	Funktionalität	AC	A	BC	TC	WE	BBB	OM	YF
17	Abstimmungen	+	-	+	+	-	-	+	+
18	Meldefunktion*	+	-	+	-	-	+	-	-
19	TN-Statistik	-	-	-	-	+	-	-	-
20	Statusmeldungen TN*	+	+	+	+	+	-	-	+
21	Timer-Funktion	+	-	+	-	-	-	+	-
22	Terminplaner/Notizfunktion*	+	+	+	-	-	-	+	+
23	Adressbuch	-	-	-	+	-	-	-	-
Kooperation									
24	Integriertes CMS*	+	+	-	-	?	-	+	+
25	Dateiimport	+	+	+	+	+	+	+	+
26	Dateiexport	+	-	+	+	+	-	+	-
27	Dateiaustausch*	-	-	+	-	-	-	-	-
28	Dateien wiedergeben	-	+	+	+	+	+	+	-
29	Online-Recherche	-	-	-	-	+	-	-	-
30	Shared Application/Desktop	+	+	+	+	+	+	+	+
31	Web-Tour	+	-	+	+	-	-	+	+
32	Whiteboard	+	+	+	+	+	+	+	+
33	Whiteboard kommentieren*	+	-	+	-	-	+	-	-
34	Weitere Whiteboard-Funktionen	+	+	+	-	-	+	-	+
35	Whiteboard speichern*	-	+	+	-	+	-	+	+
36	Protokollfunktion im Whiteboard*	-	-	-	-	+	-	-	-
37	Sitzungs-Aufzeichnungen*	+	-	+	-	+	-	+	+
38	Indexierung von Aufzeichnungen*	?	-	+	-	-	-	-	-
39	Social-Network-Anbindung	-	-	-	-	-	-	-	-
Konfiguration									
40	Skalierung Bildschirmanzeige*	+	+	+	-	+	+	-	-
41	Konfiguration Design/Layout*	+	+	+	+	+	+	+	+
42	Konfiguration Audio-Einstellungen*	-	+	+	+	+	-	+	-
43	Konfiguration Video-Einstellungen*	-	+	+	-	+	-	+	-
44	Shortcuts*	+	-	+	+	+	-	-	-
45	Mehrsprachenunterstützung	+	+	-	+	?	+	+	-
46	Nutzerprofile*	-	-	+	+	-	-	+	-
Sonstige Funktionalität									
47	Integrierbar in externe Anwendungen	-	-	-	+	+	-	-	-
48	Persönlicher Speicherplatz für TN*	-	+	-	-	-	-	+	-
49	Login erforderlich	-	+	-	+	+	-	+	+
50	Grafischer Taschenrechner	-	-	+	-	-	-	-	-
Summe barrierefreiheitsrelevanter Fkt. (von 22)		13	12	18	6	11	7	11	9
Summe sonstiger Fkt. (von 28)		18	12	19	19	15	10	16	13
Summe Fkt. gesamt (von 50)		31	24	37	25	26	17	27	22
Summe Fkt. gesamt (in %)		62	48	74	50	52	34	54	44

7.1.4. Auswertung

Alle untersuchten Kollaborationswerkzeuge unterstützen Grundfunktionen wie Chat, Audio- und Video-Konferenzen, Shared Desktop und Whiteboard. Insgesamt fällt auf, dass die proprietären Plattformen einen weitaus höheren Funktionsumfang unterstützen als freie/Open-Source-Lösungen.

Ungefähr die Hälfte der katalogisierten Funktionen kann einen direkten Beitrag zur Barrierefreiheit der virtuellen Klassenzimmer leisten. So kann die Audio-Ausgabe von textuellen und grafischen Inhalten (Tabelle 7.1, Funktionalität (Fkt.) 7) das Erfassen erleichtern, auf Änderungen oder Ereignisse wie eine neue Chat-Nachricht hinweisen und im besten Fall die Screenreader-Ausgabe ergänzen. Die Anpassbarkeit eines Audio-Signals ist wichtig, da manche Nutzende dieses in Kombination mit ihrem Screenreader als störend empfinden könnten.

Über verschiedene Rollen (Fkt. 8, 9) könnten Teilnehmende mit Beeinträchtigungen besondere bzw. erweiterte Rechte zur Bedienung des virtuellen Klassenzimmers bereitgestellt werden, bspw. das eigenständige Wechseln der Whiteboard, Application Sharing und Webtour (Fkt. 11) oder ein selbstständiger Wechsel zwischen Räumen (Fkt. 12) zum Ausgleich der langsameren Informationsaufnahme. Eine Meldefunktion (Fkt. 18) ermöglicht das Mitteilen von Problemen, ohne den Veranstaltungsablauf zu stören. Manche virtuellen Klassenzimmer bieten in diesem Zusammenhang erweiterte Funktionen wie z. B. Meldungen an den Vortragenden ("langsamer", "schneller", "Daumen hoch" usw., vgl. [77]) an. Statusmeldungen der Teilnehmenden (Fkt. 20), wie bspw. "abwesend", "offline", "online", "letzter Beitrag `Zeitstempel`", unterstützen die soziale Präsenz und erlauben es inaktive Teilnehmende gezielt einzubeziehen.

Eine integrierte Notizfunktion (Fkt. 22) ermöglicht die direkte Annotation der Inhalte und vermeidet einen Anwendungswechsel, welcher zu Orientierungsverlust führen kann. Ein Content-Management-System (Fkt. 24), die Möglichkeit des Dateiaustausches (Fkt. 27) sowie persönlicher Speicherplatz für Teilnehmende zum Ablegen zusätzlicher Informationen oder Notizen (Fkt. 48) erleichtern die Vor- und Nachbereitung des Kurses. Weiterhin ist zur Nacharbeitung einer Sitzung in eigener Geschwindigkeit eine Aufnahme sinnvoll – diese Funktion ist nur bei fünf der acht untersuchten Plattformen möglich. Indexierungen (Fkt. 38), welche Inhalte strukturieren sowie die Orientierung und Navigation zu bestimmten Veranstaltungsabschnitten erleichtern, sind nur bei *Blackboard Collaborate* möglich[71].

Dynamische Whiteboards beinhalten viele grafische Elemente und Werkzeuge zum Erstellen von Inhalten, die nur eingeschränkt zugänglich sind. Umso mehr sind Funktionen, die das Erfassen der Elemente erleichtern hilfreich. Dazu zählen eine Kommentarfunktion, welche zumeist über den Chat realisiert wird (Fkt. 33), und die Möglichkeit das Whiteboard zu speichern (Fkt. 35) – idealerweise in einem Vektorformat. Eine Protokollfunktion im Whiteboard (Fkt. 36) ähnelt einer Notizfunktion (vgl. Fkt. 22), hat jedoch für Teilnehmende mit Einschränkungen den Vorteil, dass dieses Protokoll im Idealfall für alle Teilnehmenden sichtbar ist und somit eine Dokumentation des zeitlichen Ablaufs, ähnlich einer Historie, darstellt. Konfigurationseinstellungen, welche z. B. die Skalierung der Bildschirmanzeige (Fkt. 40) sowie das Design und Layout (Fkt. 41) betreffen, sind hauptsächlich für Teilnehmende mit Sehbeeinträchtigungen interessant. Konfigurierbare Audio- und Video-Einstellungen (Fkt. 42, 43) erleichtern die Kontrolle über übertragene Informationen, wie bspw. das Deaktivieren des übertragenen Videos oder das Stummschalten des Mikrofons. Tastaturkürzel (Fkt. 44) ermöglichen die Na-

---

[71]Andere Plattformen wie bspw. *Adobe Connect 9* bieten eine Indexierung in späteren Versionen ebenfalls an.

vigation und das Springen zwischen Fenstern. Existiert die Möglichkeit des Anlegens
eines Nutzerprofils (Fkt. 46), könnten diese Konfigurationen profilbezogen gespeichert
und Mehraufwand zu Beginn der Veranstaltungen vermieden werden.

Die Funktionsanalyse hat gezeigt, dass *Blackboard Collaborate* die meisten allgemeinen und barrierefreiheitsrelevanten Funktionen unterstützt. Auf dem zweiten Platz
der insgesamt unterstützten Funktionen folgte *Cisco WebEx*. Betrachtet man nur die
barrierefreiheitsrelevanten Funktionen[72] unterstützten *Adobe Connect*, *Avilano*, *Cisco
WebEx* und *OpenMeetings* einen ähnlich großen Funktionsumfang. Danach folgen *Yugma Free* und *BigBlueButton*. *Talking Communities* schnitt in Bezug auf barrierefreiheitsrelevante Funktionen am schlechtesten ab. Dies widerspricht der Hersteller-
darstellung (vgl. Kapitel 6) und begründet sich durch den Fokus auf nicht-visuelle
Bedienung dieses virtuellen Klassenzimmers und auf das Konzept stark strukturierter
Veranstaltungen, welche einen eigenständigen Raum- oder Funktionswechsel nicht ermöglichen. Auf visuellen Konfigurationsmöglichkeiten und visuellen Funktionen wie
dem Whiteboard lag kein Fokus, was zu eingeschränkter Funktionalität in diesen Bereichen führte.

7.2. Richtlinienkonformität

Die anhand der Funktionsuntersuchung ausgewählten virtuellen Klassenzimmer (vgl.
Abbildung 7.1, *Produktpalette B*) wurden in Bezug auf ihre Konformität zu den *Web
Content Accessibility Guidelines (WCAG) 2.0* [8] und *Section 7: Guidelines for Developing Accessible Synchronous Communication and Collaboration Tools* der *IMS Guidelines for Developing Accessible Learning Applications* [47] formativ untersucht. Diese
Analyse betrachtet dabei nur die Computeranwendungen und nicht die Unterstützung
mobiler Geräte. Eine Zusammenfassung der nachfolgend vorgestellten Ergebnisse wurde
in [KS13] veröffentlicht.

7.2.1. Methode

Zur Analyse der virtuellen Klassenzimmer wurde die Methode *Conformance Review*
[Bra08a] angewandt. Nach dieser analytischen Methode wird überprüft, ob eine Webseite oder Anwendung bestimmte Anforderungskriterien erfüllt. Dazu wurden die
Demo-Versionen auf jedes Kriterium der *WCAG 2.0* und *IMS*-Richtlinien überprüft
(siehe Abbildung 7.3).

Virtuelle Klassenzimmer sind Anwendungen, die i. d. R. aus einem Browser heraus
gestartet werden und entweder im Browser oder als eigenständige Applikation ausgeführt werden. Die Überprüfung mittels automatischer Prüfwerkzeuge für *WCAG*-
Konformität, wie z. B. der Onlinedienst des *W3C* [116] oder Browser-Erweiterungen
wie die *Accessibility-Evaluation-Toolbar* für *Mozilla Firefox* [117], war für die untersuchten virtuellen Klassenzimmer nicht anwendbar, da die Lösungen auf *Java* und
Flash basierten und nicht auf *HTML*. Virtuelle Klassenzimmer ermöglichen Inhaltspräsentation, Inhaltserstellung, Kommunikation und Kollaboration. Demnach sind
sowohl Richtlinien zur Präsentation, wie die *WCAG 2.0*, als auch zur Erstellung von

---

[72]Vgl. Funktionen mit * in Tabelle 7.1.

Inhalten, wie die *ATAG 2.0* [52], passend, auch wenn sich diese Richtlinien auf Webseiten beziehen und somit nicht vollständig auf virtuelle Klassenzimmer anwendbar sind (vgl. [Bra06]).

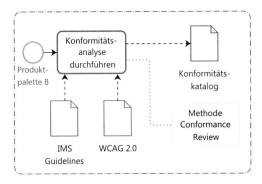

Abbildung 7.3.: Ablauf der Konformitätsanalyse

Keine der *W3C*-Richtlinien – *WCAG* [8], *UAAG* [51] und *ATAG* [52] – allein ist ausreichend, um zugängliche virtuelle Klassenzimmer zu beschreiben, da weder alle möglichen Barrieren abgedeckt, noch alle Kriterien anwendbar sind. Virtuelle Klassenzimmer kombinieren die Eigenschaften aller drei Richtlinien:

- Webinhalte: Präsentation von Inhalten unter Verwendung von Webanwendungen
- Autorenwerkzeuge: Erzeugung von Inhalten durch Lernende und Lehrende
- *User Agents*: Abruf und Darstellung von Webinhalten

Da die meisten existierenden Untersuchungen zu CSCL-Plattformen jedoch auf der Konformität zu den *WCAG* beruhen (vgl. Kapitel 3.3) und Überschneidungen zwischen *WCAG* und *ATAG* existieren, beschränkt sich die folgende Untersuchung auf die Konformität zu den *WCAG 2.0*.

Obwohl die *IMS*-Richtlinien genau die Eigenschaften virtueller Klassenzimmer abdecken, enthalten sie eher Problemdefinitionen und Empfehlungen als tatsächliche Richtlinien. Daher ergänzen sie die oben beschriebenen Richtlinien des *W3C*, statt sich mit ihnen zu überschneiden.

Von Alonso et al. wurden bei einer *WCAG*-Konformitätsprüfung mit Probanden sechs Evaluationswerte vergeben: „pass, fail, partial (i. e. near pass), not applicable, not verified (the evaluator has yet to examine the technique-failure) and don't know (the evaluator is unable to decide a value, typically due to disability)" [AFGM10, S. 421]. In der vorliegenden *WCAG*- und *IMS*-Konformitätsprüfung jedes virtuellen Klassenzimmers der *Produktpalette B* wurden diese auf drei Evaluationswerte vereinfacht: *erfüllt*, *nicht erfüllt* und *nicht ermittelbar*. *Nicht ermittelbar* vereint nicht anwendbare, nicht verifizierbare und unentscheidbare Kriterien, da diese im angewandten Bewertungsschema (s. u.) nicht von Bedeutung sind.

7.2.2. Analyse in Anlehnung an WCAG 2.0

Der nachfolgende Abschnitt beschreibt die Untersuchung der acht entsprechend ihrer Funktionalität ausgewählten Kollaborationsplattformen in Anlehnung die *WCAG*, Version 2.0, des *W3C* [8].

Bewertungsschema

In virtuellen Klassenzimmern sind Interaktion und synchrone Kommunikation, statt Inhaltspräsentation wie auf herkömmlichen Webseiten, vorherrschend. Daher sind die *WCAG 2.0* (siehe Kapitel 3.3.2) nur eingeschränkt anwendbar. Dennoch liefern sie einen guten Überblick über verfügbare grundlegende Zugänglichkeitskriterien. Die Bewertung war allerdings in diesem Fall nicht anwendbar, da keine der untersuchten Lösungen einen einfachen *Level A* erreichen würden und somit wäre ein Vergleich der Plattformen nicht möglich gewesen. Da weiterhin die Aussagekraft der Bewertung der Prüfergebnisse anhand der vorgegebenen Kriterien und Level umstritten ist (vgl. [AFGM10, Bra08a, KSB⁺07]), wurden die Richtlinien unter Anwendung einer alternativen Bewertung überprüft:

Für jedes erfüllte Kriterium erhielt die Plattform 1, 2 oder 3 Punkte entsprechend des Kriterium-*Levels A*, *AA* oder *AAA*. Nicht erfüllte Kriterien erhielten keinen Punkt. Nicht ermittelbare Kriterien wurden wie nicht erfüllte Kriterien gewertet, um eine Verzerrung des Ergebnisses zu vermeiden, da eine Punktevergabe in diesem Fall die Plattformen begünstigt hätte, welche viele nicht ermittelbare Kriterien aufwiesen.

Auswertung

Die Analyse der virtuellen Klassenzimmer nach *WCAG 2.0* (siehe Tabelle 7.2) zeigte, dass keine der Lösungen mit Richtlinien *1.1 Text-Alternativen* und *1.2 Zeitbasierte Medien* des Prinzips *1 Wahrnehmbar* konform war, da keine umfassenden Alternativen für nicht-textuelle Inhalte oder zeitbasierte Medien existierten. Diese Kriterien sind wichtig, insbesondere für Personen mit Seh- und Hörbeeinträchtigungen; daher wird diese Zielgruppe von nicht-textuellen Inhalten ausgeschlossen. Richtlinie *1.3 Anpassbarkeit* ist wichtig für die Anpassung des Displays an eine geringe Auflösung, bspw. die einer Braille-Zeile. Keine Plattform bot die Möglichkeit zum Festlegen einer Lesereihenfolge oder Struktur mittels Konfiguration. Die Unterscheidbarkeit von Information – bspw. durch die Verwendung von hohen Kontrasten – ist besonders für Personen mit Sehbeeinträchtigung wichtig, die eine Vergrößerungssoftware (vgl. Kapitel 2.4) verwenden. *Talking Communities* und *WebEX* erfüllten die Richtlinie *1.4 Unterscheidbarkeit* am besten, indem sie bspw. Farbe als einziges Mittel zur Informationsvermittlung vermieden und ein hohes Kontrast-Verhältnis von wenigstens 7:1 unterstützten[73]. Keine freie Plattform bot eine Tastaturunterstützung für alle Funktionen entsprechend Richtlinie *2.1 Per Tastatur zugänglich*, was zu einer kritischen Barriere für Nicht-Mausnutzende führt.

---

[73]Definiert in *WCAG 2.0*, Richtlinie *1.4 Unterscheidbar*, Kriterium *1.4.6 Kontrast (Level AAA)*.

Tabelle 7.2.: Analyse von virtuellen Klassenzimmern in Anlehnung an *WCAG 2.0*. Spalte m: maximal erreichbare Punktzahl; Spalte n: Anzahl der erfüllten Kriterien (Zeile ✓), nicht erfüllte Kriterien (Zeile ×) und nicht ermittelbare Kriterien (Zeile ?) für die jeweilige Richtlinie; Spalte p: Summe der vergebenen Punkte

Nr.	Richtlinie	m		Adobe Connect		Avilano		Blackboard Collaborate		Talking Communities		Cisco WebEx		BigBlueButton		OpenMeetings		Yugma Free	
				Proprietär										*Frei/OS*					
				n	p	n	p	n	p	n	p	n	p	n	p	n	p	n	p
1 Wahrnehmbar																			
1.1	Text-Alternativen	1	✓	0	0	0	0	0	0	0	0	0	0	0	0	0	0	0	0
			×	1		1		1		1		1		1		1		1	
			?	0		0		0		0		0		0		0		0	
1.2	Zeitbasierte Medien	19	✓	0	0	0	0	0	0	0	0	0	0	0	0	0	0	0	0
			×	9		0		9		9		9		9		0		0	
			?	0		9		0		0		0		0		9		9	
1.3	Anpassbar	3	✓	1	1	1	1	1	1	1	1	1	1	1	1	1	1	1	1
			×	1		1		1		1		1		1		1		1	
			?	1		1		1		1		1		1		1		1	
1.4	Unterscheidbar	20	✓	2	2	3	5	2	2	4	6	4	6	3	6	1	1	1	1
			×	7		4		7		5		5		4		7		4	
			?	0		2		0		0		0		0		2		4	
2 Bedienbar																			
2.1	Per Tastatur zugänglich	5	✓	1	1	0	0	2	4	1	1	1	1	0	0	0	0	0	0
			×	2		3		1		2		2		3		3		3	
			?	0		0		0		0		0		0		0		0	
2.2	Ausreichend Zeit	11	✓	0	0	0	0	0	0	0	0	0	0	0	0	0	0	0	0
			×	0		0		0		0		0		0		0		0	
			?	5		5		5		5		5		5		5		5	
2.3	Anfälle	4	✓	0	0	0	0	0	0	0	0	0	0	0	0	0	0	0	0
			×	0		0		0		0		0		0		0		0	
			?	2		2		2		2		2		2		2		2	
2.4	Navigierbar	19	✓	4	6	3	5	4	6	3	5	4	6	2	2	4	6	3	4
			×	1		2		1		2		1		3		1		2	
			?	5		5		5		5		5		5		5		5	
3 Verständlich																			
3.1	Lesbar	15	✓	0	0	0	0	0	0	1	1	0	0	1	1	0	0	0	0
			×	4		4		4		3		4		3		4		4	
			?	2		2		2		2		2		2		2		2	
3.2	Vorhersehbar	9	✓	4	6	4	6	4	6	4	6	4	6	4	6	4	6	4	6
			×	0		0		0		0		0		0		0		0	
			?	1		1		1		1		1		1		1		1	

Fortsetzung auf der nächsten Seite

Tabelle 7.2.: *Fortsetzung: Analyse von virtuellen Klassenzimmern in Anlehnung an WCAG 2.0*

				Proprietär					Frei/OS		
				AC	A	BC	TC	WE	BBB	OM	YF
3.2	Hilfestellung bei der Eingabe	12	✓	1 3	0 0	1 3	1 3	1 3	0 0	0 0	1 3
			×	0	1	0	0	0	1	1	0
			?	5	5	5	5	5	5	5	5
4 Robust											
3.2	Kompatibel	0	✓	0 0	0 0	0 0	0 0	0 0	0 0	0 0	0 0
			×	0	0	0	0	0	0	0	0
			?	2	2	2	2	2	2	2	2
Gesamtbewertung (in Pkte.)		120		19	17	22	23	23	16	14	15
Gesamtbewertung (in %)		100		16	14	18	19	19	13	12	12

Effektive Navigations- und Orientierungshilfen, wie sie in Richtlinie *2.4 Navigierbarkeit* von Prinzip *2 Bedienbar* beschrieben werden, sind essentiell für allgemeine Bedienbarkeit, aber besonders für Nutzende mit Sehbeeinträchtigung, um die Orientierung zu behalten und Informationen zeitnah zu finden, ohne alle auf dem Bildschirm dargestellten Inhalte lesen zu müssen. Die Einhaltung dieser Richtlinie variierte stark bei den untersuchten Lösungen, aber hier ist hervorzuheben, dass die Open-Source-Plattform *OpenMeetings* zusammen mit drei proprietären Klassenzimmern die höchste Punktzahl erreichte.

Das Prinzip *3 Verständlich* ist nur bedingt auf virtuelle Klassenzimmer übertragbar, da insbesondere die Inhalte zum Verständnis beitragen, hier aber nur die Anwendung evaluiert werden kann. Die Richtlinie *3.1 Lesbar* wurde demnach teilweise erfüllt. Manche virtuellen Klassenzimmer erlaubten es, die Spracheinstellungen individuell anzupassen. Alle virtuellen Klassenzimmer waren *3.2 Vorhersehbar* gestaltet, so z. B. wurden Navigationsmechanismen in verschiedenen Bereichen konsistent verwendet. Die meisten Erfolgskriterien der Richtlinie *3.3 Hilfestellung bei der Eingabe* waren nicht ermittelbar. Die meisten virtuellen Klassenzimmer boten jedoch eine kontextbezogene Hilfe in Form von Tooltipps an; weitere Hilfen waren durch andere Benutzende möglich, aber nicht überprüfbar.

Richtlinie *4.1 Kompatibilität* ist wichtig für mögliche Anpassungen von virtuellen Klassenzimmern, um den Bedürfnissen blinder Nutzender zu entsprechen, bedarf jedoch einer detaillierteren Untersuchung (siehe Kapitel 7.5) als im Rahmen dieser Konformitätsprüfung möglich ist. Daher wurde diese Richtlinie als nicht ermittelbar bewertet.

7.2.3. Analyse nach IMS-Richtlinien

Die *IMS Guidelines for Developing Accessible Learning Applications* [47] umfassen Richtlinien zu verschiedenen E-Learning-Aspekten, bspw. Art der Vermittlung (Text, Audio, Video und Multimedia), Benutzeroberflächen, asynchrone und synchrone Anwendungen. Entsprechend des Fokusses dieser Arbeit wurde die Konformität der acht Kollaborationsplattformen anhand von Abschnitt 7, den *Guidelines for Develop-*

ing Accessible Synchronous Communication and Collaboration Tools, geprüft. Wegen des Fokusses auf synchrone Kommunikations- und Kollaborationswerkzeuge bilden die *IMS*-Richtlinien eine gute Ergänzung zu den *WCAG*, welche sich hauptsächlich auf webbasierte Benutzungsoberflächen konzentrieren.

Die *IMS*-Richtlinien sind in fünf Kategorien unterteilt: Synchroner Text-Chat, Audio-Konferenzen, Video-Konferenzen, Whiteboards und *Multi-User Domain Object Oriented Environments*[74]. Zu jeder Kategorie existiert eine kurze Definition, Probleme werden erläutert und Ratschläge zur Verbesserung der Barrierefreiheit der jeweiligen Funktion werden angeboten. Da *Multi-User Domain Object Oriented Environments* nicht im Fokus von Kollaborationsplattformen stehen, wurde diese Kategorie in der Untersuchung nicht berücksichtigt.

Bewertungsschema

Aufgrund der Formulierung der *IMS*-Richtlinien als Ratschläge, geben die Richtlinien kein Bewertungsschema vor. Um die Ergebnisse mit denen der *WCAG*-Analyse vergleichbar zu machen, wurden die *IMS*-Richtlinien in Anforderungen umformuliert (vgl. Tabelle 7.3 und Anhang A.5.2 auf S. xli) und für jedes erfüllte Kriterium wurde ein Punkt vergeben, für nicht erfüllte oder nicht ermittelbare Kriterien kein Punkt.

Auswertung

Die Analyse (siehe Tabelle 7.3) der Kategorie *1 Synchroner Text-Chat* zeigte in Bezug auf Kriterium *1.3 Tastaturalternativen für alle Maus-Funktionen*, dass die meisten Plattformen die Navigation mittel der Tabulator-Taste unterstützten, aber nur wenige einen umfassenden Katalog an Tastaturkürzeln anboten. In keiner der untersuchten Lösungen war der Teilnehmende in der Lage zeitliche Anzeigen von Nachrichten oder den Fokuswechsel bei neuen Nachrichten zu steuern (Richtlinien 1.5 und 1.6). Die Teilnahme von langsam kommunizierenden Nutzenden konnte bei den meisten Plattformen durch die moderierte Vergabe von Sprachrechten ermöglicht werden.

Wie schon bei Richtlinie 1.3 erwähnt, boten nur wenige Lösungen eine volle Tastaturunterstützung für die Kategorie *2 Audio-Konferenzen*. Keine der untersuchten Kollaborationsplattformen unterstützte Echtzeit-Text-Transkriptionen oder Text-zu-Sprache-Ausgaben für Audio- und Video-Konferenzen. Für Echtzeit-Text-zu-Sprache-Umwandlungen könnte eine externe Screenreader-Software verwendet werden. Um eine Echtzeit-Text-Transkriptionsfunktionalität zu ermöglichen würde ein Übersetzer oder eine entsprechende Erkennungssoftware benötigt werden.

In Bezug auf Kategorie *3 Video-Konferenzen* konnte nicht ermittelt werden, ob die Plattformen Beschreibungsmechanismen für visuelle Elemente anbieten. Die Untertitelfunktion einiger virtueller Klassenzimmer (bspw. [77, 78]) war nicht zur Beschreibung vergleichbarer dynamischer Inhalte ausgelegt.

---

[74] *Multi-User Domain Object Oriented Environments* sind virtuelle Welten, in denen Nutzende sich als als Avatare bewegen und interagieren können [47].

Tabelle 7.3.: Analyse von Kollaborationsplattformen nach *IMS*-Richtlinien; erfülltes Kriterium: +; nicht erfülltes Kriterium: –; nicht ermittelbares Kriterium: ?

				Proprietär					Frei/OS		
Nr.	Richtlinie		Adobe Connect	Avilano	Blackboard Collaborate	Talking Communities	WebEx	BigBlueButton	OpenMeetings	Yugma Free	
1 Synchroner Text-Chat											
1.1	Einfache Benutzungsoberfläche und Konformität zu Richtlinien für Benutzungsoberflächen		+	+	+	+	+	+	+	+	
1.2	Hilfedateien und Orientierungshilfen		+	–	+	+	+	+	–	–	
1.3	Tastaturalternativen für alle Maus-Funktionen		+	+	+	+	+	–	–	+	
1.4	Tastaturbefehle zum Wechsel zwischen Nachrichtenerstellung und -überwachung		–	–	–	–	–	–	–	–	
1.5	Manueller Fokuswechsel zu neuen Nachrichten		–	–	–	–	–	–	–	–	
1.6	Manuelle Aktualisierung der Nachrichtenliste		–	–	–	–	–	–	–	–	
1.7	Ermöglichen der Teilnahme langsam kommunizierender Nutzender		+	–	+	+	+	+	+	–	
2 Audio-Konferenzen											
2.1	Echtzeit-Text-Transkription		–	–	–	–	–	–	–	–	
2.2	Echtzeit-Text-zu-Sprache		–	–	–	–	–	–	–	–	
2.3	Tastaturalternativen für alle Maus-Funktionen		+	–	+	+	+	–	–	–	
2.4	Ermöglichen der Teilnahme langsam kommunizierender Nutzender		+	–	+	+	+	+	+	+	
3 Video-Konferenzen											
3.1	Beschreibungsmechanismen für visuelle Elemente		?	?	?	?	?	?	?	?	
3.2	Echtzeit-Text-Transkription		–	–	–	–	–	–	–	–	
3.3	Integrationsmöglichkeiten für Zeichenspracheübersetzungsdienste		–	–	–	–	–	–	–	–	
3.4	Echtzeit-Text-zu-Sprache		–	–	–	–	–	–	–	–	
3.5	Tastaturalternativen für alle Maus-Funktionen		+	–	+	+	+	–	–	–	
3.6	Ermöglichen der Teilnahme langsam kommunizierender Nutzender		+	–	+	+	+	+	+	–	

Fortsetzung auf der nächsten Seite

Tabelle 7.3.: *Fortsetzung: Analyse von Kollaborationsplattformen nach IMS*

Nr.	Richtlinie	Proprietär					Frei/OS		
		AC	A	BC	TC	WE	BBB	OM	YF
4 Whiteboard									
4.1	Chat zur Beschreibung von Grafiken	+	+	+	+	+	+	+	+
4.2	Tastaturalternativen für alle Maus–Funktionen	+	–	+	+	+	–	+	–
4.3	Verwendung von SVG	?	?	?	?	?	?	?	?
Gesamtbewertung (von 20 Pkte.)		10	3	10	10	10	6	6	4
Gesamtbewertung (in %)		50	15	50	50	50	30	30	20

In Kategorie *4 Whiteboards* konnte der reguläre Chat zum Kommentieren des Whiteboards genutzt werden, wobei hier die Verknüpfung von Text zu Whiteboard-Elementen fehlt (Kriterium 4.1). Das Kriterium 4.2, Tastaturalternativen für alle Maus-Funktionalitäten anzubieten, konnte nicht von allen Plattformen erfüllt werden. Hier liegt die Vermutung nahe, dass die komplexen Mausfunktionen zum Manipulieren und Zeichnen von Objekten auf dem Bildschirm zu umfassend für nutzerfreundliche Tastaturbefehle sind. Das Kriterium *4.3 Verwendung von SVG* konnte nicht ermittelt werden, jedoch verwenden manche Plattformen Vektorgrafiken. *Blackboard Collaborate* speicherte bspw. das Whiteboard in einem Vektorformat in einer XML-Datei und *Adobe Connect* verwendete *Adobe Flash*. Die Zugänglichkeit dieser Formate mit Hilfe eines Screenreaders wurde in Kapitel 7.4 untersucht.

Insgesamt schnitten alle proprietären Lösungen – mit Ausnahme von *Avilano* – mit 50 % Konformität zu den *IMS*-Richtlinien gleich gut ab. Die Open-Source-Lösungen *BigBlueButton* und *OpenMeetings* erreichten beide 30 %.

7.2.4. Auswertung der Analyse zur Richtlinienkonformität

Die Konformitätsanalyse der virtuellen Klassenzimmer der *Produktpalette B* anhand der *WCAG 2.0* und *IMS Guidelines for Developing Accessible Learning Applications, Section 7*, hat gezeigt, dass alle Anwendungen Hürden für Benutzende mit Beeinträchtigungen aufweisen. Damit ist eine Benutzung nur eingeschränkt oder gar nicht möglich. Die Ergebnisse beider Analysen (siehe Tabelle 7.4) zeigen, dass sich die überprüften Richtlinien eher ergänzen als überschneiden: Die Analysekriterien der *WCAG* betrachten die Barrierefreiheit der Lösungen im Allgemeinen, wobei sich die *IMS*-Richtlinien auf die Funktionalität der virtuellen Klassenzimmer konzentrieren. Insgesamt erfüllen proprietäre virtuelle Klassenzimmer mehr Kriterien als freie/Open-Source-Lösungen. Die höchste Konformität zu beiden Richtlinien erzielten *Talking Communities* und *WebEx*, gefolgt von *Blackboard Collaborate* mit einem Prozentpunkt weniger. Die höchste Konformität der freien/Open-Source-Lösungen erzielte *BigBlueButton*.

Zur weiteren Untersuchung werden in *Produktpalette C* nur die führenden virtuellen Klassenzimmer der proprietären und freien/Open-Source-Lösungen übernommen. Obwohl *Adobe Connect* in der *IMS*-Analyse die gleiche Konformität wie *Blackboard Collaborate*, *Talking Communities* und *Cisco WebEx* erreichte, weist dieses virtuelle Klassenzimmer jedoch Schwächen bei der *WCAG*-Analyse auf. *Avilano* stellte sich insgesamt

Tabelle 7.4.: Vergleich der *WCAG*- und *IMS*-Konformitätsanalysen

	Proprietär					Frei/OS		
	Adobe Connect	Avilano	Blackboard Collaborate	Talking Communities	WebEx	BigBlueButton	OpenMeetings	Yugma Free
Konformität mit *WCAG 2.0* (in %)	16	14	18	19	19	13	12	12
Konformität mit *IMS* (in %)	50	15	50	50	50	30	30	20
Durchschnitt (in %)	33	15	**34**	**35**	**35**	**22**	**21**	16

als schwächstes virtuelles Klassenzimmer heraus. Daher wurden die proprietären Lösungen *Adobe Connect* und *Avilano* nicht in *Produktpalette C* aufgenommen. Bei den freien/Open-Source-Lösungen weist *Yugma Free* große Einschränkungen in der *IMS*-Konformität auf und wird daher in den weiteren Untersuchungen nicht berücksichtigt. *BigBlueButton* und *OpenMeetings* ähneln sich in den Ergebnissen. Zu *Produktpalette C* zählen demnach *Blackboard Collaborate*, *Talking Communities*, *WebEx* sowie *BigBlueButton* und *OpenMeetings*.

7.3. Anwendungsfälle

Als Basis für nachfolgende Untersuchungen der nicht-visuellen Bedienung virtueller Klassenzimmer (Kapitel 7.4) wurden Anwendungsfälle (AF, engl. *use cases*) entwickelt. Als Grundlage dafür wurden die Ergebnisse der Umfrage (siehe Kapitel 6.1), die Funktionalität der untersuchten Plattformen (siehe Kapitel 7.2), die Kriterien der Richtlinien *IMS* [47] und *WCAG 2.0* [8] und Anwendungsfälle aus externen Quellen (Kapitel 7.3.2) herangezogen. Ziel war es, mit den Anwendungsfällen möglichst alle Funktionen (vgl. Kapitel 7.1) und mögliche Hürden virtueller Klassenzimmer abzubilden und somit überprüfen zu können.

7.3.1. Funktionalitätsbeschreibungen

Virtuelle Klassenzimmer vereinen verschiedene Komponenten in einem System. Diese umfassen Kommunikations- und Kooperations-, Evaluations-, Autoren- sowie Administrationswerkzeuge [App04]. Funktionsbeschreibungen von virtuellen Klassenzimmern auf den Internetseiten mancher Anbieter ähneln knappen Beschreibung von Anwendungsfällen. Nachfolgend werden beispielhaft die Beschreibungen von *Adobe Connect* und *Talking Communities* wiedergegeben:

Adobe Connect [77]:

- Präsentieren und Kollaborieren von fast jedem mobilen Gerät
- Teilen von Präsentationen und Dokumenten
- gemeinsame Notizen erstellen und Umfragen durchführen
- Audio- und Video-Konferenzen
- Aufnehmen und Bearbeiten von Veranstaltungen
- Produktion und Veröffentlichung von Lernobjekten

Talking Communities [118]:

- Teilen von Dateien, Fotos und Videos
- interaktive Meetings und Präsentationen abhalten
- Kommunikation und Kollaboration mit anderen Personen
- ortsunabhängige Gruppenarbeit
- Aufnehmen und Veröffentlichen von Veranstaltungen
- Publikation einer Aufnahme auf einer Webseite

Die für eine barrierefreie Teilhabe relevanten Funktionen der untersuchten virtuellen Klassenzimmer (vgl. Kapitel 7.1) umfassen u. a. Konfiguration, Tastaturunterstützung, Alternativen für Nicht-Textobjekte, Statusmeldungen und Dokumentenaustausch. Die Kombination aus Kommunikationswerkzeugen (wie bspw. Chat, Video-Konferenz und Dateiaustausch [App04]), Funktionsbeschreibungen der Anbieter sowie dem ermittelten Funktionsumfang der untersuchten virtuellen Klassenzimmer dienen als Grundlage für die Anwendungsfälle und sind nachfolgend in Kategorien *K[Nummer]* zusammengefasst:

K1. Sitzungsverwaltung (Login, Beitreten, Verlassen)

K2. Adaptierbarkeit und Bedienung (Layout-Anpassung, Tastaturbedienung, Konfigurierbarkeit, Skalierbarkeit, Nutzerprofil)

K3. Statusmeldungen (Melden, Teilnehmerstatus)

K4. Inhaltspräsentation und Events (Whiteboard, Präsentationen, Benachrichtigungen, Aktivitätsprotokoll)

K5. Kommunikation (Chat, Audio- und Video-Konferenz, Abstimmungen)

K6. Kollaboration (Shared Desktop, Whiteboard)

K7. Dateiaustausch (Datei-Upload und -download)

K8. Aufzeichnung (Abspielen, Springen mit Markern, Kommentieren, Indexierung)

7.3.2. Anwendungsfälle in der Literatur

In der Literatur werden Anwendungsfälle für Lernplattformen und CSCL-Plattformen in Zusammenhang mit allgemeinen Definitionen und Gestaltungsrichtlinien und im Rahmen von Evaluationen zur Benutzbarkeit und Barrierefreiheit beschrieben.

Diese Anwendungsfälle beschreiben entweder die Kommunikations- und Kollaborationssituation im Allgemeinen oder beziehen sich konkreter auf verfügbare Funktionalitäten (vgl. [PPSS10]). Nachfolgend werden die Anwendungsfälle entsprechend der obigen Beispiele in kommunikations- und funktionsbezogen unterteilt. Dawabi beschreibt bspw. folgende allgemeine kommunikationsbezogenen (Lern-)Szenarien virtueller Klassenzimmer[75]:

Da1. Kooperatives Bearbeiten und Austauschen von Lernmaterialien (gemeinsame Nutzung von Ressourcen)

Da2. Nachbearbeiten von Lernmaterialien

Da3. Kommunikation zwischen Lehrenden und Lernenden

Da4. „Peer-to-Peer" Kommunikation zwischen den Lernenden

Da5. Beantwortung von Fragen oder Lösungen vorgegebener Aufgaben

Da6. Angeleitete oder freie Durchführung von sequentiellen Arbeitsschritten
[Daw04, S. 120]

Im Rahmen einer Evaluation von Lernplattformen auf Barrierefreiheit von Power et al. [PPSS10] bearbeiten Probanden funktionsbezogene Anwendungsfälle, welche der Überprüfung der Benutzbarkeit der verfügbaren Funktionen dienen[76]:

Po1. Find the number of events scheduled on a particular day in the module timetable.

Po2. Update personal details, specifically a new email address and password.

Po3. Download lecture material for the first lecture of the module

Po4. Post a question on the module forum regarding the due date of an assignment.

Po5. Submit the first assignment for the module.

Po6. Download and listen to the module podcast.

Po7. Check the marks assigned in the module.
[PPSS10, S. 522]

Die meisten in der Literatur beschriebenen Anwendungsfälle beziehen sich auf asynchrone Funktionen von Lernplattformen und sind i. d. R. nicht auf virtuelle Klassenzimmer übertragbar, die sich durch ihren synchronen Kommunikationscharakter auszeichnen. Mesiti et al. [MRV$^+$11] überprüfen die Szenarien Login, das Betrachten und Durchsuchen von Lernobjekten entsprechend des Nutzerprofils sowie die Suche nach Lernobjekten auf der Wiki-basierten kollaborativen Lernumgebung *VisualPedia*. Einige der von Power et al. [PPSS10] beschriebenen Aufgaben für Lernplattformen lassen sich hingegen auf virtuelle Klassenzimmer übertragen: Material herunterladen (vgl. Anwendungsfall [Po3]), Frage zu aktuellem Inhalt stellen (vgl. AF [Po4]) sowie Aufzeichnung ansehen (vgl. AF [Po6]).

Freire et al. [FLB$^+$10] beschreiben ein synchrones Szenario mit einem interaktiven Whiteboard, in welchem ein blinder Proband dem Vortrag eines Lehrenden mittels Audio-Ausgabe und Screenreader folgt (vgl. Kapitel 6.4.6). Visuelle Inhalte werden dabei durch einen menschlichen Übersetzer in Echtzeit in textuelle Beschreibungen übersetzt.

Weitere computergestützte kollaborative Szenarien unter Blinden und Sehenden werden bspw. in Sallnäs et al. [SBBW06] und Winberg & Bowers [WB04] beschrieben, jedoch sind diese nicht übertragbar, da sie mit speziellen Hilfsmitteln und nicht in einer herkömmlichen Lernanwendung durchgeführt wurden (vgl. Kapitel 6).

---

[75]Die Nummerierung *Da[Nummer]* wurde nachträglich eingefügt.

[76]Die Nummerierung *Po[Nummer]*wurde nachträglich eingefügt.

7.3.3. Abgeleitete Anwendungsfälle für virtuelle Klassenzimmer

Nachfolgend formulierte Anwendungsfälle dienen der Überprüfung, inwieweit bestehende virtuelle Klassenzimmer mit herkömmlichen Hilfsmitteln für die nicht-visuelle Bedienung verwendet werden können. Dabei sollen typische Anwendungsfälle mit möglichst umfassender Funktionalität abgebildet werden. Die Formulierung der Anwendungsfälle erfolgte angelehnt an von virtuellen Klassenzimmern unterstützten Funktionen (Kapitel 7.3.1) und an in der Literatur erwähnte Anwendungsfälle (Kapitel 7.3.2). Hier handelt es sich nicht um komplette Anwendungsfälle wie bspw. „einer Veranstaltung in einem virtuellen Klassenzimmer folgen", sondern eher um funktionalitätsbezogene, elementare Szenarien, um das Überprüfen und Vergleichen zu erleichtern.

Jeder der nachfolgenden Anwendungsfälle ist in Einzelschritte unterteilt, die mit „S" für Szenario und einer laufenden Nummer zur eindeutigen Zuordnung versehen sind.

Anwendungsfall 1: Anmeldung/Abmeldung
  (vgl. [K1.])

  S1.1 Anmelden/Login im Raum

  S1.2 Technikprüfung (Audio, Video), ggf. mit Assistenten

  S1.3 Raum verlassen

Anwendungsfall 2: Profil
  (vgl. [K2.] und [Po2.])

  S2.1 Profil anpassen

  S2.2 Konfiguration nach persönlichen Bedürfnissen

Anwendungsfall 3: Überblick
  (vgl. [K4.])

  S3.1 Vorhandene Inhalte/Beiträge (Chat, Präsentation, Datei usw.) erkennen

  S3.2 Navigieren im Interface zu allen Elementen

  S3.3 Springen zwischen Fenstern/Funktionen

Anwendungsfall 4: Status
  (vgl. [K3.])

  S4.1 Teilnehmerstatus ansehen

  S4.2 Teilnehmerrolle erkennen

  S4.3 Meldefunktion verwenden

  S4.4 Meldung von anderen Teilnehmenden erkennen

  S4.5 Zugeteiltes Sprachrecht erkennen

Anwendungsfall 5: Dateien
  (vgl. [K7.], [Po3.], [Po5.] und [Da2.])

  S5.1 Dateien herunterladen und speichern

  S5.2 Datei hochladen

Anwendungsfall 6: Inhalt [Köh14b]
(vgl. [K4.])

S6.1 Erfassen vorhandener Inhalten/Beiträgen (Chat, Präsentation, Datei usw.)

S6.2 Bemerken von neuen Inhalten/Beiträgen

S6.3 Alternative Beschreibungen von grafischen Informationen abrufen

S6.4 Alternative Beschreibungen anfordern

Anwendungsfall 7: Chat
(vgl. [K5.], [Po4.] und [Da3.])

S7.1 Chat-Beiträge/-Historie lesen

S7.2 Öffentlichen Chat-Beitrag verfassen

S7.3 Privaten Chat-Beitrag verfassen

Anwendungsfall 8: Audio- und Video-Konferenz
(vgl. [K5.], [Da3.], [Da4.] und [Da5.])

S8.1 Sprecher des Audiobeitrags identifizieren

S8.2 Mikrofon steuern

S8.3 Audiobeitrag leisten

S8.4 Eigenes Videobild übertragen

S8.5 Dargestellte Person der Vide-Übertragung identifizieren

Anwendungsfall 9: Whiteboard [Köh14b]
(vgl. [K6.] und [Da1.])

S9.1 Präsentation von Folien verfolgen

S9.2 Freigegebenen Desktop verfolgen

S9.3 Interaktionen auf dem Whiteboard verfolgen

S9.4 Whiteboard-Einträge den Teilnehmenden zuordnen

S9.5 Eigene Präsentationsfolien steuern

S9.6 Eigenen Desktop freigeben

S9.7 Whiteboard bedienen (Texteingabe und Grafik zeichnen)

Anwendungsfall 10: Nachbearbeitung
(vgl. [K8.], [Po6.] und [Da2.])

S10.1 Aufzeichnung einer Session ansehen

S10.2 In Aufzeichnung suchen

S10.3 Veränderung der Darstellung erkennen

S10.4 Inhalte der Aufzeichnung erfassen

S10.5 Marker setzen

S10.6 Zeitstempel erkennen

S10.7 Aufzeichnung kommentieren

S10.8 Abgespeichertes Whiteboard ansehen

Anwendungsfall 11: Ereignisse
(vgl. [K4.])

S11.1 Erstellung neuer Inhalte wahrnehmen

S11.2 Parallele Aktionen wahrnehmen

S11.3 Reihenfolge wahrnehmen

Die hier beschriebenen Anwendungsfälle können nur einer funktionsbezogenen Prüfung unterzogen werden, da die verwendeten Inhalte einer Kollaborationssituation und das Verhalten der Teilnehmenden von den Beteiligten selbst abhängen, und somit nur bedingt beeinflusst werden können.

7.4. Simulation nicht-visueller Arbeitstechniken

Zur Analyse der Bedienbarkeit der existierenden virtuellen Klassenzimmer mit nicht-visuellen Arbeitstechniken wurden die entwickelten Anwendungsfälle (Kapitel 7.3.3) von einem sehenden Nutzenden mit einem Screenreader durchgeführt und festgestellte Barrieren (Kapitel 7.4.3) dokumentiert. Die Durchführung und Ergebnisse der Analyse wurden in [Köh14b, KL14] publiziert.

Die Auswahl der virtuellen Klassenzimmer für die nachfolgende Untersuchung erfolgte auf Grundlage der Ergebnisse der Untersuchung der Richtlinienkonformität (Kapitel 7.2). Dafür wurden die drei darin führenden kommerziellen – *Blackboard Collaborate* [78], *Cisco WebEx* [79] und *Talking Communities* [111] – und die zwei führenden Open-Source-Plattformen – *BigBlueButton* [113] und *OpenMeetings* [97] – ausgewählt (*Produktpalette C*).

„Zur Analyse der Durchführbarkeit wurden die Anwendungsfälle zunächst mit herkömmlichen, visuellen Ein- und Ausgabemethoden" [Köh14b, S. 5] überprüft. Alle Interaktionen und Arbeitsschritte, welche zur Bearbeitung der definierten Anwendungsfälle erforderlich waren, wurden dabei dokumentiert. Anhand dieser Ergebnisse wurden zu erwartende Barrieren definiert. Der Test wurde aus Sicht eines Sitzungs-Teilnehmenden durchgeführt, so dass manche Funktionen, die Präsentatorenrechte erfordern, nicht untersucht wurden.

Anschließend an die visuelle Durchführung der Anwendungsfälle wurde eine nicht-visuelle Bedienung durch die Verwendung des Screenreaders *Jaws* [18] – mit der zum Zeitpunkt der Untersuchung aktuellen Version 15 und zur Verbesserung der Kompatibilität mit der vorherigen Version 14 – durchgeführt. Bei der Untersuchung wurde auch der Monitor verwendet, um möglichst viele Probleme zu erkennen. Ohne visuelle Kontrolle wäre ein Abgleich der Audio- mit der Monitor-Ausgabe nicht möglich gewesen und manche Probleme wären ggf. übersehen worden (vgl. [MFT05]).

7.4.1. Methode

Mankoff et al. [MFT05] vergleichen verschiedene Barrierefreiheits-Testmethoden:

Expert Review: Web-Entwickler testen Szenarien auf Zugänglichkeit.

Screen Reader: Experten testen Szenarien unter Verwendung von Screenreader und Monitor.

Automated: Automatische Tests erfolgen mit Hilfe von Software.

Remote: Blinde Experten testen Szenarien an eigenen Arbeitsplätzen.

Die Methode *Screen Reader* stellt sich dabei nach Mankoff et al. [MFT05] als effektivste in Bezug auf den Umfang festgestellter Probleme [Köh14b], eine möglichst geringe Anzahl falsch festgestellter Probleme und einer hohen Varianz der ermittelten Probleme heraus. Die Methode *Expert Review* zeigt sich als ähnlich effektiv, jedoch werden mit der Methode *Remote* mit blinden Nutzenden entscheidend weniger Probleme erkannt. Aufgrund dieses Ergebnisses beschränkt sich die folgende Evaluation auf die Untersuchung mit Screenreadern und Monitor durch einen sehenden Experten und verzichtet auf eine zusätzliche Untersuchung mit blinden Nutzenden [Köh14b].

Während der Tests wurde die Methode des *Lauten Denkens* in der Variation *Synchronized Concurrent Thinking-Aloud* nach Strain et al. [SSB07] angewandt. Hierbei wurde während der Durchführung der Tests laut gedacht, jedoch hatte der Proband die Möglichkeit die Screenreader-Ausgabe und somit seine Interaktion zu unterbrechen, um Überschneidungen von seinen Äußerungen und der Audio-Ausgabe zu vermeiden.

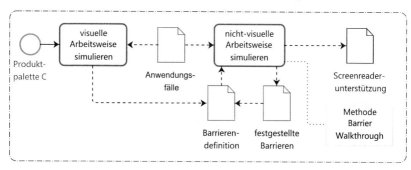

Abbildung 7.4.: Ablauf der Analyse von *Produktpalette C* mit nicht-visueller Arbeitstechnik

Die Überprüfung der Anwendungsfälle erfolgte in Anlehnung an den *Barrier Walkthrough* nach Brajnik [Bra08b], indem die einzelnen Arbeitsschritte nach Möglichkeit durchgeführt und die definierten Barrieren überprüft wurden (vgl. Abbildung 7.4). Der Evaluierende überprüfte Anwendungsfälle nach vordefinierten Hürden für die Zielgruppe – welche von Zugänglichkeitsgrundsätzen abgeleitet waren – und bewertete die Schwere der Hürde. Dabei ist zu beachten, dass nur Anwendungsfälle aus dem Funktionsumfang des jeweiligen virtuellen Klassenzimmers durchführbar waren. Nutzerprofile wurden z. B. nur von *Blackboard Collaborate* und *Talking Commuities* unterstützt (vgl. Tabelle 7.1).

7.4.2. Versuchsaufbau

Für die Tests wurden zwei Computer mit dem Betriebssystem *Windows 7*, ein externes Audio-Aufzeichnungsgerät, Browser, der Screenreader *Jaws*, einer Protokollierungs-Anwendung für die Tastaturaktivität sowie die virtuellen Klassenzimmer von *Produktpalette C* verwendet[77].

Der Versuchsaufbau bestand aus Rechner (A) und (B), welche über Kamera, Mikrofon, Lautsprecher und einen Internet-Anschluss verfügten (siehe Abbildung 7.5). Auf dem Computer (A) wurde die Sitzung des virtuellen Klassenzimmers mit Moderatorrechten gestartet. Auf Rechner (B) nahm ein Teilnehmender an der Sitzung über einen Hyperlink teil[78]. Bei Durchführung des Tests mit nicht-visueller Arbeitsweise wurde auf Rechner (B) der Screenreader *Jaws* in Kombination mit der Tastatur verwendet. Die Aktionen auf Rechner (B) wurden mit einer Protokollierungs-Anwendung[79] in Textform und mittels Bildschirmfotos protokolliert. Die plattforminterne Aufzeichnungsfunktion wurde ebenfalls verwendet. Die Audio-Ausgaben und Äußerungen des durchführenden Experten wurden mit einem externen Aufnahmegerät aufgezeichnet. Dem Experten standen weiterhin eine Liste mit abzuarbeitenden Szenarien, Listen mit Tastaturkürzeln der Plattformen und Papier für ein Beobachtungsprotokoll zur Verfügung.

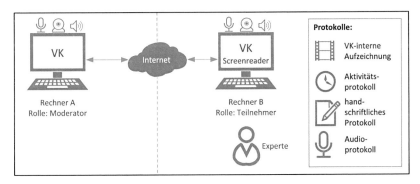

Abbildung 7.5.: Versuchsaufbau der Simulation nicht-visueller Arbeitstechniken

Um eine gleiche Ausgangssituation zu schaffen, wurden alle virtuellen Klassenzimmer mit denselben Materialien vorbereitet: einer Chat-Historie, einer geöffneten *Power-Point*-Präsentation, gezeichneten Elementen auf dem Whiteboard und einer Datei zum Download (vgl. Anhang A.5.4). Dem Experten stand weiterhin ein PDF-Dokument zum Hochladen zur Verfügung.

---

[77]Verwendete Anwendungen: *Jaws* v.14 und v.15 [18]; *Mozilla Firefox* v.27.0.1 [119], alternativ *Microsoft Internet Explorer* v.11.0.3 [120]; *Shadow Keylogger* v.2.0 [121]; *Blackboard Collaborate* v.12.5.4.7164 [78]; *Cisco WebEx* v.29.2.0.23 [79]; *Talking Communities* v.8.43 [111]; *BigBlueButton* v.0.9.0 [113]; *OpenMeetings* v.2.2.0 [97].

[78]Eine Ausnahme bildete hier *BigBlueButton*, da die Untersuchung über eine von *BigBlueButton* zur Verfügung gestellte Demo-Version erfolgte, welche diese Unterteilung nicht erlaubte.

[79]Verwendet wurde die Anwendung *Shadow Keylogger* [121].

7.4.3. Zugänglichkeits-Barrieren

Eine Zugänglichkeits-Barriere kann nach Brajnik [Bra06] als ein Zustand beschrieben werden, welcher es Menschen mit Beeinträchtigungen erschwert ein Ziel, bspw. bei der Verwendung einer Webseite, unter Einsatz ihrer technischen Hilfsmittel zu erreichen.

Die Überprüfung der Anwendungsfälle erfolgte in Anlehnung an den *Barrier Walkthrough* [Bra08b], indem die einzelnen Arbeitsschritte nach Möglichkeit durchgeführt und die definierten Barrieren überprüft wurden.

Bei der Methode *Barrier Walkthrough* [Bra08b] überprüft der Tester eine vorbestimmte Anzahl an Barrieren (engl. *accessibility barrier*) welche Interpretationen und Erweiterungen von anerkannten Zugänglichkeitsprinzipien sind:

> An accessibility barrier is any condition that makes it difficult for people to achieve a goal when using the web site through specified assistive technology [...]. A barrier is a failure mode of the web site, described in terms of (i) the user category involved, (ii) the type of assistive technology being used, (iii) the goal that is being hindered, (iv) the features of the pages that raise the barrier, and (v) further effects of the barrier. [Bra08b, S. 114]

Die aufgestellten Barrieren und deren Auswirkungen wurden wie folgt analysiert: Beschreibung der Barriere (engl. *barrier*), Beschreibung des Mangels der analysierten Software (engl. *defect*), Nennung der betroffenen Nutzenden (engl. *users affected*), der verwendeten Hilfsmittel und den daraus resultierenden Konsequenzen (engl. *consequences*).

Eine Einordnung nach der Schwere der Barriere erfolgte in Anlehnung an Brajniks *1-2-3-Skala* (gering, hoch, kritisch) [Bra08b], indem die Nutzbarkeit der Szenarien mit *nutzbar*, *eingeschränkt nutzbar* und *nicht nutzbar* bewertet wurde, wobei bei allen Bewertungsstufen Barrieren auftreten können. Der Grad der Beeinträchtigung und die Häufigkeit einer Barriere auf dem Weg zum Ziel wurden nicht betrachtet, da die Lösungen für vollständig blinde Personen verwendbar sein sollen und der Detailgrad der gewählten Anwendungsfälle recht hoch war.

Im Fall des hier durchgeführten *Barrier Walkthrough* wurde von blinden und sehbeeinträchtigten Nutzenden ausgegangen (i)[80], welche einen Screenreader mit Audio-Ausgabe und Braille-Zeile als Hilfsmittel verwendeten (ii). Die beschriebene Untersuchung verwendete den Screenreader *Jaws* [18] in den Versionen 14 und 15, da *Jaws* die am meisten genutzte Screenreader-Software ist (siehe Tabelle A.33 auf S. xxiv und [122]).

Die nachfolgend beschriebenen zu erwartenden Barrieren (Tabelle 7.5) wurden aufgestellt, indem die definierten Anwendungsfälle zunächst mit visuellen Arbeitstechniken – also unter Verwendung der Maus, der Tastatur und dem Monitor – durchgeführt wurden. Dabei wurden Arbeitsschritte und durchgeführte Interaktionen dokumentiert und erwartete Barrieren abgeleitet.

Der Szenario-Test mit visuellen Arbeitstechniken zeigte, dass die Maus das primäre Eingabegerät war, da es einen schnellen Fokuswechsel und einfache Interaktion ermöglichte. Viele der grafischen Funktionen, wie bspw. das Whiteboard, waren nur mit der Maus bedienbar. Die Tastatur wurde nur selten genutzt, könnte aber für erfahrene Nutzende an Bedeutung gewinnen.

---

[80]Nummerierung (i) und (ii) nach Brajnik [Bra08b, S. 114].

Tabelle 7.5.: Definition Barrieren mit Hinweis auf zugrunde liegende Richtlinien: *WCAG 2.0, UAAG 2.0, IMS Section 7* [Köh14b]

Nr.	Typ	Beschreibung	WCAG	UAAG	IMS
	Zielgruppe	Blinde und Menschen mit Sehbeeinträchtigung			
	Hilfsmittel	Tastatur und Screenreader, Monitor als Kontrolle			
1	Barriere:	Grafische Darstellung (Inhalt) kann nicht erkannt werden	1.1.1		7.3.P1
	Defekt:	Fehlende alternative Beschreibung			7.4.P1
	Konsequenz:	Information kann nicht erfasst werden			
2	Barriere:	Bedienelemente können nicht erkannt werden	1.1.1		7.4.P1
	Defekt:	Fehlende Screenreader-kompatible Label			
	Konsequenz:	Funktion der Bedienelemente unbekannt			
3	Barriere:	Bedienelemente können nicht mit der Tastatur fokussiert werden	2.1	2.1	7.0.P1
	Defekt:	Fehlende Tastaturunterstützung			
	Konsequenz:	Funktion nicht verwendbar			
4	Barriere:	Nutzender nimmt Veränderungen nicht wahr (neue Inhalte, TN usw.)			7.1.P2
	Defekt:	Fehlende Benachrichtigung			
	Konsequenz:	Verpassen von Informationen, Verlust des Anschlusses und der Beteiligungsmöglichkeit			
5	Barriere:	Keine Rückmeldung über erfolgreiche Ausführung eines Befehls			
	Defekt:	Fehlende Rückmeldung für Befehlsausführung			
	Konsequenz:	Mögliche Wiederholung des Befehls; Unsicherheit des Nutzenden			
6	Barriere:	Visuelle Rückmeldungen sind nicht fokussierbar	2.1	2.1	7.0.P1
	Defekt:	Fehlende alternative Benachrichtigung			
	Konsequenz:	Veränderungen/Hinweise werden nicht wahrgenommen			
7	Barriere:	Nutzender erkennt Fokusposition/fokussiertes Fenster nicht	2.4	1.8.1	
	Defekt:	Fehlende Hervorhebung des Fokus/aktiven Fensters		2.1.2	
	Konsequenz:	Fehlende Orientierung/Orientierungslosigkeit			
8	Barriere:	Nutzender erkennt Zusammenhänge von Inhalten nicht (bspw. Chat-Beitrag zu Whiteboard)	1.3.1		7.1.P2
	Defekt:	Fehlende Verknüpfung und zeitliche Ablaufdokumentation	1.3.2		7.0.P2
	Konsequenz:	Verpassen von Informationen, Verlust des Anschlusses und der Beteiligungsmöglichkeit, Zeitverlust durch Suchen der Verbindungen			
9	Barriere:	Kontrolle über eigene übertragene Bild- und Toninhalte	2.4	1.5	7.0.P1
	Defekt:	Fehlende Rückmeldung über übertragene Inhalte		2.11	
	Konsequenz:	Übertragung von zu viel oder zu wenig Informationen			

Fortsetzung auf der nächsten Seite

Tabelle 7.5.: *Fortsetzung:　Definition　Barrieren　mit　Hinweis　auf　zugrunde　liegende Richtlinien*

Nr.	Typ	Beschreibung	WCAG	UAAG	IMS
10	Barriere:	Kontrolle der eigenen Video-Übertragung	3.3.3	2.11	
	Defekt:	Fehlende Hilfestellung bei der Einstellung der Kamera			
	Konsequenz:	Keine Übertragung oder Übertragung von unpassendem Bildausschnitt			
11	Barriere:	Fenster-/Fokuswechsel sehr zeitaufwendig		2.3	
	Defekt:	Keine Unterstützung von Suchfunktion oder Tastaturkürzeln		2.5	
	Konsequenz:	Zeitverlust durch komplizierte Bedienung			
12	Barriere:	Fehlende Übersicht über vorhandene Materialien	2.4	2.5	7.1.P2
	Defekt:	Fehlender zentraler Hinweis			
	Konsequenz:	Übersehen von Material			
13	Barriere:	Tastaturbefehle sind nicht eindeutig	2.1	2.1	7.1.P1
	Defekt:	Doppelte Belegung der Tastaturkürzel durch Screenreader, Anwendung, Betriebssystem			
	Konsequenz:	Funktionen ggf. nicht nutzbar, ggf. unerwünschte Aktionen werden ausgeführt			
14	Barriere:	Status der Teilnehmenden nicht erkennbar	2.1	2.1	
	Defekt:	Fehlende Möglichkeit der Status-Abfrage, textuelle Information			
	Konsequenz:	Fehlende soziale Präsenz, Beeinträchtigung der Kommunikation			
15	Barriere:	Nutzender kann Ziel und Eigenschaften eines selbst gezeichneten Objekts nicht erkennen		1.10	7.4.P2
	Defekt:	Fehlende Rückmeldung über Position, Größe, Form des gezeichneten Elements			
	Konsequenz:	Funktion kann nicht verwendet werden			
16	Barriere:	Materialien können nicht heruntergeladen werden			
	Defekt:	Fehlendes Angebot			
	Konsequenz:	Vor- und Nachbearbeitung nur eingeschränkt möglich			
17	Barriere:	Betriebssystem-Warnmeldungen erscheinen			
	Defekt:	Fehlende vorherige Konfiguration oder Information für den Nutzenden			
	Konsequenz:	Meldungen schrecken ab und führen zu Abbruch des Prozesses			
18	Barriere:	Versehentliches Verlassen des Raumes		3.2	
	Defekt:	Fehlende Warnmeldung vorm Schließen			
	Konsequenz:	Neuanmeldung erforderlich und Verpassen von Inhalten			
19	Barriere:	Zeitbasierte Medien können nicht wahrgenommen werden	1.2.4		7.0.P2
	Defekt:	Fehlendes Angebot an Transformationen oder Untertiteln	1.2.9		7.4.P1
	Konsequenz:	Information kann nicht erfasst werden			

Die visuelle Arbeitstechnik ermöglichte einen generellen Überblick über alle existierenden Materialien sowie aktuelle Ereignisse und Änderungen. Die meisten Bedienelemente ohne Beschriftungen waren aufgrund ihrer Icons selbsterklärend. Visuelle Indikatoren – wie z. B. ein Punkt neben einem Teilnehmenden zur Anzeige, dass dieser gerade spricht – die mit der Maus oder der Tastatur nicht fokussiert werden können, halfen dem sehenden Nutzenden einen Überblick über den aktuellen Sprecher und dessen Teilnehmerstatus zu behalten.

Nachfolgend sind die zu erwartenden Barrieren bei einer nicht-visuellen Nutzung von virtuellen Klassenzimmern aufgeführt (vgl. [Köh14b]). Aufgrund der sich wiederholenden betroffenen Zielgruppe blinder Nutzender und der verwendeten Hilfsmittel, Tastatur und Screenreader, werden diese in den folgenden Barriere-Beschreibungen nicht genannt.

7.4.4. Datenerhebung

Die Überprüfung der Bedienbarkeit der Szenarien mit nicht-visuellen Arbeitstechniken und der Zuordnung von vorab definierten Barrieren wurde mit *Produktpalette C*, den virtuellen Klassenzimmern *Blackboard Collaborate*, *Cisco WebEx*, *Talking Communities* und *OpenMeetings*, durchgeführt (siehe Tabelle 7.6).

Die Barrieren eins bis elf (vgl. Kapitel 7.4.3) traten während der Evaluation mit nicht-visuellen Arbeitstechniken auf. Dies bedeutet nicht, dass die anderen Barrieren in anderen Anwendungsfällen bzw. mit anderen Lösungen nicht doch hätten auftreten können. Da es sich bei der durchgeführten Evaluation um eine Funktionsprüfung handelte und keine echte Kommunikationssituation, wäre das Prüfen des Wahrnehmens von Ereignissen nicht repräsentativ gewesen, daher wurde Anwendungsfall elf (vgl. Kapitel 7.3.3) nicht betrachtet.

Alle virtuellen Klassenzimmer boten einen ähnlichen Umfang an grundlegenden Funktionen an, u. a. Chat, Audio- und Video-Konferenz, Teilnehmerlisten, Whiteboard und Shared Desktop. In Bezug auf Barrierefreiheit boten die kommerziellen Lösungen zusätzliche Funktionen wie bspw. Untertitel, Aktivitätsprotokolle, konfigurierbare Benutzungsoberflächen und Audio-Benachrichtigungen.

Die nicht-visuelle Arbeitstechnik umfasste die Nutzung der Tastatur, des Screenreaders *Jaws* und einer optionalen Braille-Zeile. Grafische Inhalte und visuelle Hinweise konnten nicht wahrgenommen werden und die Navigation konnte nur über die Tastatur erfolgen. Der Einbezug des Monitors diente als visuelles Kontrollmedium, um feststellen zu können, welche Bedienelemente nicht erreicht und welche Ereignisse mit nicht-visuellen Arbeitstechniken nicht registriert werden konnten.

In Tabelle 7.6 sind die Barrieren, welche während der nicht-visuellen Bearbeitung auftraten, für das entsprechende virtuelle Klassenzimmer und den Anwendungsfall aufgeführt (vgl. [Köh16]). Die Spalte V (Verwendbarkeit) beschreibt entsprechend der Skala *kritisch – hoch – gering* nach Brajnik [Bra08b], ob der Anwendungsfall ausführbar war. Die Summe der unterstützten Einzelschritte der Anwendungsfälle eins bis zehn beschreibt die verfügbare Funktionalität je Klassenzimmer; die maximale Anzahl an Einzelschritten beläuft sich auf 42.

Tabelle 7.6.: Festgestellte Barrieren während des Tests der Anwendungsfälle mit virtuellen Klassenzimmern (vgl. [Köh16]). Spalte Verwendbarkeit (V): uneingeschränkt nutzbar: ✓; nicht nutzbar: ×; Einzelschritte zum Teil nutzbar: ZT; Funktion wird nicht unterstützt/ist nicht verfügbar: NU; Spalte Barriere (B): keine Barriere: –; Barrierennummer: 1,2,3. Anwendungsfallbeschreibungen teilweise gekürzt

		Blackboard Collaborate		Talking Communities		WebEx		BigBlueButton		OpenMeetings	
Nr.	**Anwendungsfall**	V	B	V	B	V	B	V	B	V	B
1	*Anmeldung/Abmeldung*										
1.1	Anmelden im Raum	✓	–	✓	–	✓	–	✓	4	✓	–
1.2	Technikprüfung	✓	–	✓	–	ZT	1,3	×	1,2,3,4	×	1,3
1.3	Raum verlassen	✓	–	✓	–	✓	–	✓	–	ZT	2
2	*Profil*										
2.1	Profil anpassen	✓	–	NU	–	NU	–	NU	–	NU	–
2.2	Konfiguration	✓	–	✓	–	✓	–	✓	–	ZT	3
3	*Überblick*										
3.1	Inhalte erkennen	✓	1	✓	–	×	1,2,4,6	×	1,3	×	1,3
3.2	Navigieren zu allen Elementen	ZT	6	✓	–	ZT	3	ZT	2,3,11	ZT	3,7
3.3	Springen zw. Fenstern	✓	1	✓	–	✓	–	✓	11	NU	–
4	*Status*										
4.1	Teilnehmerstatus ansehen	✓	–	ZT	3,6	×	2,4,6	ZT	4,6	×	3,4,6
4.2	Teilnehmerrolle erkennen	✓	–	✓	–	×	2	ZT	4,6	×	1,3
4.3	Meldefunktion verwenden	✓	–	×	3,4,6	NU	–	✓	5,6	NU	–
4.4	Meldung anderer TN erkennen	✓	6	×	3,4,6	NU	–	×	6	NU	–
4.5	Sprachrecht erkennen	✓	–	✓	6	ZT	4,11	✓	6	×	1,3,6
5	*Dateien*										
5.1	Dateien herunterladen	ZT	3	✓	–	NU	–	NU	–	×	2
5.2	Datei hochladen	ZT	3	✓	–	×	3,5	×	2,3,5,6	×	3
6	*Inhalt*										
6.1	Erfassen vorhandener Inhalten	ZT	1	✓	–	×	3	×	1,2,3	×	1,3
6.2	Bemerken von neuen Inhalten	✓	–	×	4,8	ZT	4,8	×	2,5,6	×	4
6.3	Alt. Beschreibungen abrufen	ZT	1	✓	–	×	1,3	NU	–	NU	–
6.4	Alt. Beschreibungen anfordern	ZT	8	ZT	8	ZT	8	NU	–	×	1,8
7	*Chat*										
7.1	Chat-Beiträge/-Historie lesen	✓	–	✓	11	✓	8	✓	–	×	3
7.2	Öffentlichen Beitrag verfassen	✓	–	✓	–	✓	–	✓	–	×	2
7.3	Privaten Beitrag verfassen	×	3	×	3	✓	–	ZT	2,4	×	3

Fortsetzung auf der nächsten Seite

Tabelle 7.6.: *Fortsetzung: Festgestellte Barrieren während des Tests der Anwendungsfälle mit virtuellen Klassenzimmern*

Nr. Anwendungsfall	BC		TC		WE		BBB		OM	
	V	B	V	B	V	B	V	B	V	B
8 Audio- und Video-Konferenz										
8.1 Sprecher identifizieren	NU	–	✓	–	×	1,2,6	×	1,6	×	1,6
8.2 Mikrofon steuern	✓	–	✓	–	ZT	2,7	✓	–	×	1,3,9
8.3 Audiobeitrag leisten	✓	–	✓	–	✓	–	✓	–	ZT	9
8.4 Videobild übertragen	✓	10	ZT	1,9	×	2,7	ZT	2,3,5 9,10	ZT	9,10
8.5 Person identifizieren	×	1,3	×	1,3	×	3,6	×	1,3	×	1,3
9 Whiteboard										
9.1 Präsentation verfolgen	ZT	1	✓	–	×	1,3	×	1,3,4,6	×	1,3
9.2 Desktop verfolgen	×	1,3,4	×	1	×	1,3	×	1,3	×	1,3
9.3 Whiteboard verfolgen	×	3,4	×	1	×	1,3,4	×	1,3,4,6	×	1,4
9.4 WB[81]-Einträge TN zuordnen	NU	–	×	1	×	1,3,4	NU	–	NU	–
9.5 Präsentationsfolien steuern	✓	–	✓	–	ZT	1,3,7	✓	5,6	ZT	1,2,4
9.6 Eigenen Desktop freigeben	×	3	z. T	5,7	✓	–	×	3	×	3
9.7 Whiteboard bedienen	×	3	×	3	×	2,4,7	×	3	×	1,2,4
10 Nachbearbeitung										
10.1 Aufzeichnung ansehen	✓	1	✓	–	ZT	1,2	✓	–	×	1,3
10.2 In Aufzeichnung suchen	ZT	3	×	2,7	×	1,2	ZT	3	×	3
10.3 Veränderung erkennen	ZT	4,8	ZT	4,8	×	1,4	ZT	1,4	×	1,4
10.4 Aufzeichnungsinhalte erfassen	✓	1	✓	1	×	1,3	✓	–	×	1,3
10.5 Marker setzen	NU	–	NU	–	NU	–	NU	–	NU	–
10.6 Zeitstempel erkennen	ZT	3	×	2	×	3	✓	–	×	3
10.7 Aufzeichnung kommentieren	NU	–	NU	–	NU	–	NU	–	NU	–
10.8 Abgespeichertes WB ansehen	✓	–	NU	–	ZT	1	NU	–	×	1
Summe unterstützter Einzelschritte:	38/42		38/42		36/42		34/42		34/42	
davon Summe/Prozent ✓:	22	58 %	22	58 %	9	25 %	13	38 %	1	3 %
davon Summe/Prozent ZT:	10	26 %	5	13 %	9	25 %	8	24 %	6	18 %
davon Summe/Prozent ×:	6	16 %	11	29 %	18	50 %	13	38 %	27	79 %
Gesamt NU:	4		4		6		8		8	

Die häufigsten festgestellten Barrieren waren nicht zugängliche grafische Inhalte ohne Alternativbeschreibungen (Barriere 1), fokussierbare Bedienelemente, dessen Beschreibungen jedoch nicht auslesbar waren (Barriere 2) und mit der Tastatur nichtfokussierbare Bedienelemente (Barriere 3) [Köh16].

7.4.5. Auswertung

Nachfolgend werden die aufgetretenen Barrieren anhand der Anwendungsfälle (AF) diskutiert. Die Diskussion ist zu großen Teilen [Köh16] entnommen.

---

[81] WB ist die Abkürzung für Whiteboard.

AF1 Anmelden/Abmelden

Das An- und Abmelden am virtuellen Klassenzimmer war in den meisten Fällen zugänglich (Anwendungsfälle 1.1 und 1.3), jedoch traten bei Audio- und Mikrofon-Konfiguration (AF 1.2) Barrieren aufgrund von nicht-zugänglichen Dialogen (B3) und ausschließlich grafischen Rückmeldungen für Audio-Regler (Barriere B1, B2 und B6) auf.

AF2 Profil

Ein wichtiges Zugänglichkeitskriterium ist die Konfigurationsmöglichkeit des virtuellen Klassenzimmers entsprechend der individuellen Anforderungen der Nutzenden. Alle Lösungen boten einige Konfigurationsmöglichkeiten an, wobei *Blackboard Collaborate* und *Talking Communities* umfassende Möglichkeiten bezüglich Audiobenachrichtigungen, Untertiteln, Farbgebung und Kontrast der Benutzungsoberfläche bereitstellten.

AF3 Überblick

Da blinde Nutzende vom Detail auf das Gesamtbild schließen, ist das Erlangen eines Überblicks über bestehende Inhalte für das Verständnis elementar (AF 3.1). Bei den meisten virtuellen Klassenzimmern trat Barriere B1 auf, da bspw. der Inhalt der Präsentationsfolien während des Imports in das virtuellen Klassenzimmer in eine Pixelgrafik umgewandelt wurde und somit für Screenreader nicht mehr lesbar war. In *OpenMeetings* konnte der Bereich für die Inhaltspräsentation mit der Tastatur nicht fokussiert werden (B3). In *Cisco WebEx* und *BigBlueButton* war dies möglich, aber es waren keine Beschreibungen für den fokussierten Bereich verfügbar (B2). Auch wenn der Bereich von *Blackboard Collaborate* nicht fokussiert werden konnte, wurde der textuelle Inhalt der angezeigten Präsentationsfolie im Aktivitätsfenster wiedergegeben, jedoch ohne alternative Beschreibungen für Grafiken [Köh16].

Nur *Talking Communities* unterstützte die Navigation zu allen Bedienelementen (AF 3.2). Das Verwenden der Tabulator-Taste zum Wechseln zwischen allen Fenstern bzw. Bereichen – bspw. Chat, Teilnehmerliste und Whiteboard – kann eine zeitaufwendige Navigation durch viele Elemente erfordern, bis das gewünschte Fenster erreicht ist. Hier erleichtern und beschleunigen Tastaturkürzel zum direkten Ansteuern die Bedienung (AF 3.3). Bis auf *OpenMeetings* boten alle Lösungen Tastaturkürzel an – mit einigen Einschränkungen bezüglich nicht-fokussierbarer visueller Hinweise z. B. der Verwendung eines farbigen Punktes zur Markierung des derzeit sprechenden Teilnehmenden. *BigBlueButton* bot zwar umfassende Tastaturkürzel- und Tabulator-Unterstützung an, jedoch funktionierten diese im Rahmen der Untersuchung nur eingeschränkt und teilweise war das Verhalten inkonsistent, z. B. sprang der Befehl [Shift]+[Tab] nicht immer zum vorherigen Tabulator-Element.

AF4 Status

Statusinformationen in Anwendungsfällen mit kollaborativem Charakter sind besonders wichtig für die soziale Präsenz und das Verfolgen paralleler Aktionen. Diese umfassen bspw. Teilnehmerstatus (AF 4.1), -rolle (AF 4.2), Meldefunktion (AF 4.3 und 4.4) und Vergabe von Sprachrechten (AF 4.5). Die vorherrschenden festgestellten Barrieren umfassten nicht wahrgenommene Änderungen (B4) und nicht fokussierbare visuelle Rückmeldungen (B6) [Köh16].

AF5 Dateien

Die Möglichkeit des Herunterladens der Materialen (AF 5.1) ist für die Vorbereitung und Nachbearbeitung einer Veranstaltung wichtig. In *Blackboard Collaborate* erschien ein Pop-Up-Dialog zum Speichern der im virtuellen Klassenzimmer verfügbaren Dateien. Falls dieser Dialog jedoch abgelehnt wurde, war das alternative Dateiübertragungsfenster, welches für diese Zwecke aufgerufen werden konnte, nicht mit der Tastatur fokussierbar. In *OpenMeetings* und *Cisco WebEx* war kein Datei-Download möglich (B16) und von *BigBlueButton* wurde eine Dateiaustauschfunktion nicht unterstützt.

AF6 Inhalt

Das Lesen aller Inhalte unter Verwendung eines Screenreaders war nur mit *Talking Communities* möglich. Mit *Blackboard Collaborate* waren außer alternativen Beschreibungen für Bilder ebenfalls alle Inhalte lesbar (AF 6.1).

In synchronen kollaborativen Situationen war das Erkennen von Änderungen wichtig für das Verfolgen des Informationsflusses und zum Wahrnehmen von inhaltlichen Zusammenhängen, bspw. zwischen einer Frage im Chat und dem entsprechenden Element auf dem Whiteboard (AF 6.2). Nur *Blackboard Collaborate* unterstützte diesen Anwendungsfall durch die Verwendung konfigurierbarer auditiver Benachrichtigungen vollständig. Alternative Beschreibungen grafischer Inhalte können durch Untertitel erstellt werden (AF 6.3). Zusätzliche Informationen könnten i. d. R. mittels Anfragen an andere Teilnehmende erfolgen (AF 6.4), aber es bestand keine Verbindung zwischen den Beschreibungen und den entsprechenden Inhalten (B8) [Köh16].

AF7 Chat

Aufgrund seines textuellen Charakters ist der Chat in den meisten virtuellen Klassenzimmern zugänglich. Nur in *Cisco WebEx* war es möglich einen privaten Chat mittels Tastatur zu initialisieren, da die entsprechenden Bedienelemente der anderen Lösungen nicht fokussierbar waren (B3). Bei *BigBlueButton* war eine Initiierung technisch möglich, jedoch war der Name des ausgewählten Chat-Partners nur visuell erfassbar. Eine Teilnahme an einem privaten Chat entsprach bei allen Lösungen der Bedienung eines öffentlichen Chats.

AF8 Audio- und Video-Konferenz

Bei der Teilnahme an Audio-Konferenzen sind keine blockierenden Barrieren für blinde Teilnehmende zu erwarten. Jedoch könnte eine eingeschränkte Mikrofonkontrolle zu ungewollten Audio-Beiträgen führen. Da Video-Übertragungen pixelbasiert sind, können diese nicht wahrgenommen werden. Da der Gegenüber bei Präsenzsituationen von Blinden ebenfalls nicht wahrgenommen wird, ist die Unterstützung dieser Funktion nicht zwingend erforderlich. Dennoch sollte die Information, welcher Teilnehmende ein Video überträgt (AF 8.6) oder die Möglichkeit die eigene Übertragung zu kontrollieren (AF 8.5) verfügbar sein, jedoch wurde dies nur selten unterstützt.

AF9 Whiteboard

Die beim Durchführen von Anwendungsfall 9 aufgetretenen Barrieren bestätigen, „dass Shared-Desktop-Funktionalität, Präsentationen und Whiteboard-Inhalte entscheidende Barrierefreiheits-Einschränkungen aufweisen. Keine der untersuchten Lösungen [. . .] [unterstützte] die Wahrnehmung von Aktionen auf dem Whiteboard (AF 9.3) oder alternative Arbeitstechniken zur Bedienung des Whiteboards (AF 9.4). [. . .][*Cisco WebEx* war das einzige Klassenzimmer, welches] blinden Teilnehmenden ermöglicht, ihren Desktop zu freizugeben (AF 9.6). Wenn ein Teilnehmender mit dem" [Köh16] Inhalt seiner Präsentationsfolien vertraut war, ermöglichten zugängliche Kontrollelemente in *Blackboard Collaborate*, *Talking Communities* und *BigBlueButton* diese zu steuern (AF 9.5) [Köh16].

AF10 Nachbearbeitung

Zur Nachbearbeitung oder zum Nachholen von Veranstaltungen sind Aufnahmen des virtuellen Klassenzimmers hilfreich. Nur mit *Talking Communities*, *Blackboard Collaborate* und *BigBlueButton* konnte eine Aufzeichnung mit wenigen Einschränkungen, u. a. in Bezug auf pixelbasierte Inhalte, mit Hilfe eines Screenreaders betrachtet werden (AF 10.1). Die Zeitleiste und Abspielkontrollelemente (AF 10.2 und 10.6) – abgesehen von Abspielen (engl. *Play*) und Pause – waren aufgrund von nicht-zugänglichen Bedienelementen nur selten verwendbar. Dank der Rückmeldungen im Aktivitätsfenster und Audio-Benachrichtigungen von *Blackboard Collaborate* konnten Änderungen wahrgenommen werden (AF 10.3). Dennoch wurden Änderungen des Whiteboards nicht dokumentiert. In *BigBlueButton* wurden die textuellen Folieninhalte ausgegeben. Außerdem war ein Spulen per Tastatur mit Ansage des Zeitstempels in *BigBlueButton* möglich. In *Blackboard Collaborate* konnte das Whiteboard im *XML*-Format (AF 10.8) gespeichert werden und hätte daher für alternative Darstellungen, bspw. auf einem zweidimensionalen taktilen Flächendisplay genutzt werden können. Es war in keinem der Klassenzimmer möglich Marker zu setzen oder die Aufzeichnung zu kommentieren.

Gegenüberstellung

Die meisten virtuellen Klassenzimmer basieren auf *Java* mit einer *Flash*-Oberfläche, welche über einen Browser gestartet wird (vgl. Kapitel 10.1.3). Die meisten Bedienelemente waren über die Tastatur erreichbar. In manchen Kombinationen von Browsern, *Jaws* und Open-Source-Klassenzimmern traten lange Reaktionszeiten beim Ausführen von Befehlen auf, so dass eine für synchrone Kommunikationssituationen inakzeptable Latenz entstand. Bspw. reagierte die Benutzungsoberfläche von *OpenMeetings* in Kombination mit dem Browser *Mozilla Firefox* [119] auf einen Tabulator-Befehl erst nach maximal 30 Sekunden. Bei der Bedienung von *BigBlueButton* mit *Firefox* war in den meisten Fällen gar keine Rückmeldung erkennbar, die Bedienung mit dem *Microsoft Internet Explorer* [120] war jedoch möglich.

Insgesamt boten *Blackboard Collaborate* und *Talking Communities* die beste Screen-reader-Unterstützung, umfassende Tastaturkürzel und zusätzliche Barrierefreiheitsfunktionen, wie bspw. Aktivitätsfenster und Untertitel, an. Die größten Barrieren von *Cisco WebEx* waren fehlende Statusinformationen sowie die Unzugänglichkeit von Inhalten, Whiteboard und Einstellungen. Die größte Einschränkung von *BigBlueButton* war, dass die Tabulator-Reihenfolge und Tastaturkürzel nicht zuverlässig funktionierten. Die Grundlage für das nicht-visuelle Erfassen von Präsentationsinhalten war gegeben, da die Inhalte der Aufzeichnung mit einem Screenreader erfassbar waren, jedoch traf dies nicht für die Live-Sitzung zu. *OpenMeetings* war mit nicht-visuellen Arbeitstechniken nicht verwendbar, da 79 % der Anwendungsfälle nicht durchführbar waren.

Da *Talking Communities* sich primär auf Barrierefreiheit konzentriert, waren grafische Funktionalitäten, wie bspw. Video-Konferenz, Shared Desktop und Whiteboard, nicht so ausgereift wie bei anderen Lösungen. Daher bot *Blackboard Collaborate* von den untersuchten virtuellen Klassenzimmern die beste Balance zwischen der Unterstützung von nicht-visueller Bedienung und allgemeiner Bedienfreundlichkeit.

7.4.6. Zusammenfassung

Das Ergebnis der Untersuchung der nicht-visuellen Bedienung virtueller Klassenzimmer unter Verwendung eines Screenreaders ist eine Übersicht der aufgetretenen Barrieren je virtuellem Klassenzimmer (vgl. Tabelle 7.6). Die Ergebnisse der vorangegangenen Analysen (Kapitel 7.1 und 7.2) wurden darin bestätigt, dass keine der untersuchten Anwendungen barrierefrei ist.

Insgesamt zeigt die Untersuchung, dass die überprüften kommerziellen Lösungen eine höhere Kompatibilität mit dem Screenreader *Jaws* aufweisen als Open-Source-Lösungen. In Bezug auf Zugänglichkeit verfügen die kommerziellen Lösungen über zusätzliche Funktionen wie bspw. Untertitel, Aktivitätsprotokolle, konfigurierbare Benutzungsoberflächen und Audiobenachrichtigungen.

> Die am häufigsten aufgetretenen Barrieren [...][waren] grafische Inhalte ohne alternative Beschreibungen (B1), Bedienelemente welche zwar fokussiert aber nicht auslesbar [...][waren] (B2) und Bedienelemente welche nicht mit der Tastatur fokussiert werden [...][konnten] (B3). Von allen untersuchten virtuellen Klassenzimmern [...][boten *Blackboard Collaborate*] und [...][*Talking Communities*] die beste Screenreader-Unterstützung, umfassende Tastaturkürzel und zusätzliche Barrierefreiheitsfunktionen, bspw. Aktivitätsfenster und Untertitel, an. Bei den meisten Lösungen [...][waren] blinde Lernende in der Lage die verschiedenen [...][Funktionsbereiche], bspw. für Chat und Whiteboard, mit der Tastatur anzusteuern. Jedoch [...][waren] im Einzelnen nicht alle Bedienelemente ansteuerbar oder der Screenreader [...][konnte] keine hilfreichen Eigenschaften zu diesen ausgeben. [...] Des Weiteren [...][fehlten] auditive Benachrichtigen bezüglich Ereignissen oder Änderungen, so dass ein blinder Lernender oftmals auf die Audiokonferenz und mühsames Ansteuern aller Elemente mittels Tastatur zurückgreifen [...][musste], um an Informationen zu gelangen. [Köh16]

Teilnehmende der in Kapitel 6.1.5 beschriebenen Umfrage nannten einen erschwerten Informationszugang, eine mangelnde Strukturierung von Inhalten sowie einen hohen Anteil an grafischen Inhalten als größte Barrieren bei dem Einsatz von Kollaboration und E-Learning. Obwohl diese Einschätzungen allgemeiner gefasst sind als die hier definierten Barrieren, ist dennoch eine Übereinstimmung vorhanden, da diese von Nutzenden genannten Aspekte durch die Barrieren eins bis acht abgedeckt werden.

Santarosa et al. [SCM14] haben synchrone Autorensysteme (vgl. Kapitel 6.4.6) auf ihre Zugänglichkeit analysiert. Die Untersuchung ergibt unter anderem, dass bei keinem der Autorensysteme der Inhaltsbereich für Präsentationen oder Whiteboard zugänglich ist. Das von diesen Autoren erzielte Ergebnis deckt sich mit den Ergebnissen der hier beschriebenen Untersuchung der Bedienbarkeit unter Verwendung eines Screenreaders, obwohl die analysierten Autorensysteme abweichen: Die Inhalte des Whiteboard-Bereichs sind selten und nur zum Teil zugänglich; zumeist aufgrund von nicht durchführbarer Fokussierung und pixelbasierten Inhalten.

Die festgestellten Barrieren zeigen, dass die Information in virtuellen Klassenzimmern „demnach für den blinden Lernenden nur partiell und zum Teil zusammenhangslos vorhanden ist, wie bei einem unvollständigen Puzzle. Die durch das zeitintensive Zusammensetzen von Details zusätzlich verlagsamte Informationsaufnahme verschärft das Problem der gleichberechtigten Teilhabe an einer synchronen Kommunikations- und Kollaborationssituation" [Köh16].

Die Barrieren eins bis elf traten während der Evaluation mit nicht-visuellen Arbeitstechniken auf. Dies schließt das Auftreten weiterer Barrieren in anderen Anwendungsfällen bzw. mit anderen virtuellen Klassenzimmern nicht aus. Bei der Anpassung oder Neuentwicklung von virtuellen Klassenzimmern ist es daher wichtig, auch diese Barrieren in eine Prüfung miteinzubeziehen und bspw. eine Betriebssystem-Warnmeldung (Barriere 17) zu forcieren, um etwaige Konsequenzen ableiten zu können.

Da es sich bei der durchgeführten Evaluation um eine Funktionsprüfung handelt und keine echte Kommunikationssituation, wurde vom Prüfen des Wahrnehmens von Ereignissen (AF 11) wegen mangelnder Repräsentativität sowie Funktionalität existierenden Lösungen, die über Audio-Benachrichtigungen hinausgehen, abgesehen. Da gerade dieser Anwendungsfall entscheidet, ob eine Veranstaltung in Echtzeit nachvollzogen und neuer Inhalt wahrgenommen werden kann, muss dieser jedoch bei zukünftigen Anpassungen geprüft werden. Die Analyse dieses Anwendungsfalls unter der beschriebenen Anwendung nicht-visueller Arbeitstechniken hätte eine Simulation einer Veranstaltung in einem virtuellen Klassenzimmer mit mehr als zwei Teilnehmenden erfordert. Dabei hätten möglichst alle denkbaren Ereignisse für verschiedene Funktionen (Whiteboard-Aktionen, Veränderung des Teilnehmenden-Status usw.) geprüft werden müssen. Der Umfang einer solchen Ausweitung der Analyse hätte schätzungsweise nochmal einen ähnlichen Zeitaufwand wie bei den geprüften Anwendungsfällen sowie den zusätzlichen Einbezug von zwei weiteren Teilnehmenden erfordert. Daher ist die Prüfung des Anwendungsfalls 11 *Ereignisse* im Einzelfall wichtig, jedoch im Rahmen dieser Analyse nicht verhältnismäßig.

Die untersuchten virtuellen Klassenzimmer unterstützten ähnlich viele Anwendungsfälle und sind somit vergleichbar (siehe Tabelle 7.6). Die Bewertung der Zugänglichkeit wird auf Grundlage der unterstützten Einzelschritte prozentual berechnet. *Blackboard Collaborate* und *Talking Communities* unterstützten mit 58 % die meisten uneingeschränkt nutzbaren Einzelschritte (✓). Darauf folgte *BigBlueButton* mit 38 %, welches als Open-Source-Lösung dabei noch besser als die proprietäre Lösung *Cisco WebEx* (25 %) abschnitt. *OpenMeetings* war mit nicht-visueller Arbeitsweise nicht verwendbar, da nur einer (3 %) von 34 unterstützten Einzelschritten uneingeschränkt durchführbar waren. Für *Produktpalette D* und die nachfolgende Untersuchung der Programmierschnittstellen wird demnach *OpenMeetings* ausgeschlossen.

7.5. Untersuchung der Programmierschnittstellen

Virtuelle Klassenzimmer sind eigenständige Anwendungen oder häufiger Web-Anwendungen im Browser basierend auf *Java* und *Adobe Flash*. Um die softwareseitige Verfügbarkeit der virtuellen Klassenzimmer untersuchen zu können, werden Informationen über die Accessibility-APIs von *Microsoft Windows* und *Java* (vgl. Kapitel 7.5.1) benötigt. Eine Zusammenfassung der nachfolgend vorgestellten Ergebnisse wurde in [Sch14, SK15] veröffentlicht.

„Aufbauend auf der Analyse nicht-visueller Arbeitstechniken wurde eine Analyse der softwareseitigen Zugänglichkeit von [. . .][*Produktpalette D* (*Blackboard Collaborate*[82], *WebEx Meetings*[83], *Talking Communities*[84] und *BigBlueButton*[85])] entsprechend des Prinzips 4.1 der *UAAG 2.0*: ‚Facilitate programmatic access to assistive technology' [51] durchgeführt" [Köh14b, S. 8] (siehe Tabelle 7.6) und vgl. [Sch14]). „Unter Verwendung von Analysewerkzeugen wie bspw. *Microsoft Inspect* [9] und *Java Ferret* [10] [bzw. *Java Monkey* [11]] wurde untersucht, in welchem Umfang und in welcher Qualität" [Köh14b, S. 8] Informationen über ihre Bedienelemente und Ereignisse über Programmierschnittstellen auslesbar waren.

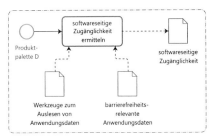

Abbildung 7.6.: Ablauf der Analyse der softwareseitigen Zugänglichkeit

Das Ziel war die Identifizierung fehlender Informationen in den Accessibility-APIs der virtuellen Klassenzimmer für die Bedienelemente und die Bewertung der softwareseitigen Verfügbarkeit der Anwendungen für technische Hilfsmittel, wie bspw. Screenreader, sowie die Einschätzung der Erweiterungsmöglichkeiten zur Implementierung alternativer Konzepte. Ergebnis der Analyse ist ein Katalog der in den Programmierschnittstellen hinterlegten Informationen und Eigenschaften der Bedienelemente.

Um Informationen aus Anwendungen mit Hilfe von technischen Hilfsmitteln erfassen zu können, ist eine softwareseitige Zugänglichkeit der Bedienelementeigenschaften essentiell. Wenn keine umfassenden und sinnvollen Informationen über die Bedienelemente in den Programmierschnittstellen hinterlegt sind, kann ein blinder Lernender

---

[82]*Blackboard Collaborate* v. 12.6.2.7629, [78].
[83]*Cisco WebEx Meetings* v. WBS29, [79].
[84]*Talking Communities* v. 8.46, [111].
[85]*BigBlueButton* v. 0.81, [113].

nicht von der Screenreader-Ausgabe profitieren und somit wird die Informationsreduktion noch verstärkt. Wenn die Benutzungsoberfläche für Screenreader unzugänglich ist, können auch weiterführende alternative Konzepte nicht greifen. Daher ist die Screenreader-Unterstützung, also die softwareseitige Zugänglichkeit über Accessibility-APIs, eine wichtige Grundlage für alle Maßnahmen zur Verbesserung der Zugänglichkeit.

Folgende Barrieren können im Falle fehlender Barrierefreiheitsinformationen für eine Bedienelement auftreten:

kein Name: Der Zweck des Bedienelements kann nicht erfasst werden.

keine Rolle: Der Typ des Bedienelements ist unklar.

kein Status: Es ist unklar, ob ein Bedienelement ausgewählt oder fokussiert ist (z. B. ob eine Checkbox aktiviert ist).

keine Position oder Hierarchie-Einordnung: Räumliche Zusammenhänge und die hierarchischen Abhängigkeiten (Vorfahren und Nachfahren) in der Bedienoberflächen-Struktur sind unklar, und daher können zusammenhängende Elemente ggf. nicht erkannt werden.

kein Tastaturkürzel/keine sinnvolle Tabulator-Reihenfolge: Das Bedienelement kann mittels Tastatur nicht angesteuert werden oder benötigt zeitintensive Navigation durch alle Bedienelemente mittels der Tabulator-Taste.

keine Beschreibung: Nicht-textueller Inhalt kann nicht wahrgenommen werden.

keine Fokus-Position: Ohne Kenntnis des Fokus sind Interaktion und Orientierung nicht möglich.

7.5.1. Auslesen von Anwendungsdaten

Nachfolgend werden für das Auslesen von Anwendungsdaten erforderliche Schnittstellen und Werkzeuge sowie die Arbeitsweise von Screenreadern vorgestellt. Die nachfolgenden Ausführungen dieses Kapitels wurden zum Teil bereits in [KZ11] veröffentlicht. Aufgrund der in dieser Arbeit analysierten *Java*-basierten virtuellen Klassenzimmer und dem verwendeten *Windows*-Betriebssystem, werden nachfolgend nur die Accessibility-APIs von *Microsoft* und *Java* beschrieben.

Microsoft Accessibility-APIs

Die *Windows Automation API*, implementiert für die Betriebssysteme *Windows Vista* und höher, vereint die Accessibility-APIs *MSAA* und *UIA*.

Die Schnittstelle *Microsoft Active Accessibility (MSAA)* [123] – eingeführt mit dem Betriebssystem *Windows 95* – vereinfacht und ermöglicht den Zugriff assistierender Software auf andere Anwendungen. Dabei werden einzelne Bedienelemente als „accessible objects" [124] repräsentiert. *MSAA* wird für viele Anwendungen von *Microsoft* genutzt. Informationen zu der Anwendung und den Elementen der Benutzungsoberfläche sind über eine *Component-Objekt-Model (COM)*-Schnittstelle mit einem festen Katalog an Eigenschaften abfragbar [124].

Die darauf folgend entwickelte Technologie *User Interface Automation (UIA)* [125] hat ein umfangreicheres Objektmodell, das nicht nur die *COM*-basierte *WIN32*-Umgebung unterstützt, sondern auch für *Microsoft .NET* [126] ausgelegt wurde. *UIA* bietet im Vergleich zu *MSAA* einen umfassenderen Katalog an Eigenschaften [124]. *UIA* unterstützt den programmseitigen Zugriff auf die meisten Bedienelemente des Desktops und von Anwendungen und ermöglicht assistiven Technologien den Zugriff auf Informationen der grafischen Benutzungsoberfläche. Einzelne Bedienelemente werden bei *UIA* als „automation elements" [124] repräsentiert.

Java Accessibility API

Die *Java Accessibility API (JAAPI)* ermöglicht assistiven Technologien den Zugriff auf Bedienelement-Eigenschaften von *Java*-Anwendungen [127]. Diese Prgrammierschnittstelle ist Teil der *Java Foundation Classes*, einer Bibliothek von Benutzungsoberflächenkomponenten.

Die Grundlage für eine zugängliche Java-Anwendung ist die Verwendung der `javax.accessibility.Accessible`-Schnittstelle, die Informationen über die Benutzungsoberfläche assistiven Technologien, wie bspw. Screenreadern, zur Verfügung stellt. Die *Java Access Bridge* [128] ermöglicht es dabei *Java*-Applikationen, die die *JAAPI* implementieren, für assistive Technologien sichtbar zu sein.

Arbeitsweise von Screenreadern

Alle Elemente der Anwendung werden von Screenreadern nach den Möglichkeiten, welche die Programmierschnittstelle (API) bietet, für die Ausgabe an den Nutzenden ausgelesen. Bei einer webbasierten Plattform geschieht dies über die *Windows*-spezifische Accessibility-API (*UIA, MSAA*) und das *Document-Object-Model (DOM)* [73] des Browsers. Bei einer Software, welche nicht browserbasiert arbeitet, erfolgt der Zugriff über ihre eigene Schnittstelle, das *Document-Object-Model*, und die Möglichkeiten der API des Betriebssystems. Neben den *Microsoft*-Schnittstellen *MSAA* und *UIA*, stellt die *JAAPI* [128] eine Schnittstelle für den Zugriff assistiver Technologien auf *Java*-Anwendungen bereit.

Zugriffsmöglichkeiten zum Auslesen von Anwendungsdaten bei *Microsoft* über einen Screenreader werden in Abbildung 7.7 dargestellt. Um auf eine Anwendung zuzugreifen, wandelt ein Screenreader die Information am Bildschirm (Bedienelemente und deren Eigenschaften, Position der Einfügemarke und des aktuellen Fokus) in ein *Off-Screen-Model (OSM)*[86] um. Die Filterung (automatische Übersetzung in ein *OSM*) konzentriert sich auf den Erhalt der für die Bedienung semantisch und inhaltlich relevanten Information. Nach der Filterung, wird die erhaltene Information je nach Ausgabemedium weitergegeben. Hier sind Anpassungen in dem Screenreader denkbar, welche konfigurierbar und abhängig von den ermittelten Anforderungen sind. Diese Möglichkeit kann auch als skriptbasierte Erweiterung erfolgen[87]: Ein Nutzender mit Sehbeeinträchtigung möchte bspw. bei Hyperlink-Elementen, sobald sie in einem Browser gefiltert wurden,

---

[86]Ein Off-Screen-Model ist eine Datenbank, in der alle textuellen Informationen zu Bedienelementen gespeichert werden [AL09].

[87]Derart umgesetzt ist dies bei dem Screenreader *Jaws* und dem Prototyp des *HyperBraille*-Projekts [SKW10].

nur den Alternativtext ohne die Adresse erfassen. Bei der Nutzung einer Textverar-
beitung hingegen soll die Adresse jedoch mit ausgegeben werden.

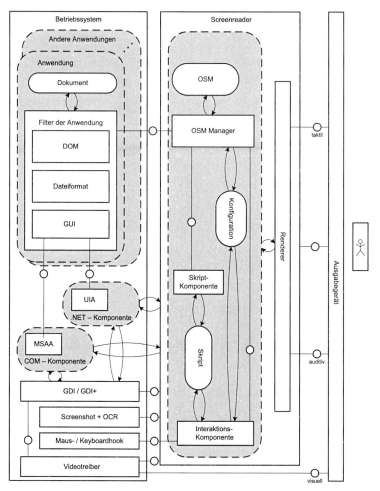

Abbildung 7.7.: Abstrakte Architektur eines Screenreaders mit unterschiedlichen Arten
               der Filterung[88] [KZ11]

Elemente werden für die Bildschirmausgabe in Betriebssystemen von *Microsoft* meist
mit dem *Graphical Device Interface (GDI und GDI+)* [130] gerendert. Auch diese
Schnittstelle wird von einigen Bildschirmleseprogrammen genutzt. Mit ihr lassen sich
textuelle Informationen direkt vor der Übergabe an die Grafikkarte abfangen und
umwandeln. Noch näher an der Hardwareschnittstelle wäre die Evaluierung der Daten,
welche der Videotreiber direkt vor der Weitergabe an die Grafikkarte erhält.

---

[88]Die Darstellung erfolgt mit Hilfe der Methode *Fundamental Modeling Concepts* (FMC) [129].

Alternativ kann die grafische Auswertung eines Bildschirmfotos mit einer *Optical-Character-Recognition*-Anwendung (OCR) erfolgen. Hier kann Text aber nicht immer ausreichend vor jeglichem Hintergrund erkannt und die Grafik-Elemente können nicht immer klar unterschieden werden. Eine weitere Möglichkeit der dokumentbezogenen Filterung der Anwendung ist das Parsen und die Umwandlung des genutzten Dateiformates in Daten für den Screenreader.

Inspektions-Werkzeuge

Nachfolgend werden Inspektions-Werkzeuge zum Auslesen von Anwendungsdaten beschrieben. Sie dienen zur Gewinnung eines Überblicks, welche Eigenschaften der Bedienelemente über die Schnittstellen auslesbar sind.

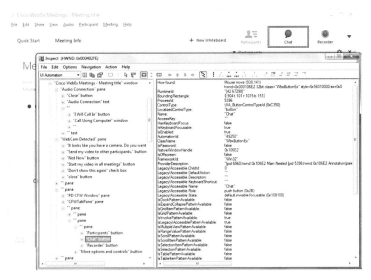

Abbildung 7.8.: Analyse des Bedienelements „Chat" von *Cisco WebEx* mit dem Werkzeug *Inspect*

Das Werkzeug *Microsoft Inspect* [9] erhält die Anwendungsdaten von der *Windows-Automation-API*. In *Inspect* ist es möglich, ein Bedienelement zu fokussieren und dessen Eigenschaften auszulesen (siehe Abbildung 7.8). Sowohl *MSAA-* als auch *UIA-*Eigenschaften können dabei ausgelesen werden. Die Informationen werden in einer hierarchischen Baumstruktur dargestellt, wobei das Anwendungsfenster den Elternknoten darstellt [SK15].

Zum Auslesen der *Java*-Schnittstelle *Java Accessibility API* können die Werkzeuge *Java Ferret* [10] und *Monkey* [11] verwendet werden. Sie sind Teil der *Java Accessibility Bridge*. *Ferret* extrahiert Informationen über die Bedienelemente einer *Java*-Anwendung und stellt diese dar, indem der Mausfokus oder die Einfügemarke verfolgt wird. *Monkey* erstellt eine Liste aller Bedienelemente in einer Baumstruktur. Um die Eigenschaften eines Bedienelements zu erhalten, muss das Element in der Baumstruktur fokussiert werden. *Ferret* und *Monkey* unterscheiden sich in der Art der Auswahl der Bedienelemente, liefern jedoch dieselben Daten [SK15].

7.5.2. Analysekatalog

Der verwendete Analysekatalog (Tabelle A.58 auf S. xlvi) basiert auf Anforderungen für *Off-Screen-Modelle* [Koc94b] und den genannten Eigenschaften des *Prinzips 4* der *UAAG 2.0* [51] (siehe Kapitel 3.3.2). Diese zusammengefügten Eigenschaften bilden die Kriterien für die Analyse.

Anforderungen an Off-Screen-Modelle

Kochanek [Koc94b] beschreibt die Information – „resources" genannt – die jeder Knoten eines *Off-Screen-Modells* beinhalten sollte. Sie bilden daher den minimalen Umfang an Eigenschaften, welche für eine adäquate Erfassung eines Bedienelements mittels technischer Hilfsmittel erforderlich sind. Diese Eigenschaften können in drei Gruppen unterteilt werden: organisatorisch (engl. *organisatorial*), allgemein (engl. *common*) und individuell (engl. *individual*).

User Agent Accessibility Guidelines

Die einzige Richtlinie 4.1 des Prinzips 4 *Facilitate programmatic access* der *UAAG 2.0* 3.3.2 lautet „Facilitate programmatic access to assistive technology" :

> The user agent supports platform accessibility services [...] that are quick and responsive [...], including providing information about all controls and operation [...], access to DOMs [...]. Controls can be adjusted programmatically [...]. Where something can't be made accessible, provide an accessible alternative version, such as a standard window in place of a customized window [...]. [51]

Die Richtlinie 4.1 besteht aus sechs Erfolgskriterien, wovon das erste „4.1.1 Support Platform Accessibility Services", zweite „4.1.2 Expose Basic Properties" und sechste „4.1.6 Expose Additional Properties" für diese Analyse relevant sind.

Erfolgskriterium 4.1.1 fordert die Unterstützung aller relevanten Barrierefreiheitsdienste der Plattform, welche die Programmschnittstelle zur Verbesserung der Kommunikation zwischen der Anwendung und den technischen Hilfsmitteln beschreiben [51]. Übertragen auf die Zugänglichkeitsanalyse virtueller Klassenzimmer muss getestet werden, ob Elemente der Benutzungsoberfläche, wie bspw. eine Werkzeugleiste, identifiziert und angesteuert werden können.

Erfolgskriterium 4.1.2 definiert Basis-Eigenschaften, welche ein *User Agent* für Bedienelemente und Inhalte zur Verfügung stellen sollte:

- `name` beinhaltet den Namen des Bedienelements,
- `role` beschreibt die Rolle/den Zweck des Bedienelements, bspw. Schaltfläche oder Kontrollkästchen,
- `state` beschreibt den aktuellen Zustand eines Elements, wie bspw. deaktiviert oder versteckt

- `value` beinhaltet den Wert/Inhalt eines Bedienelements, bspw. den Inhalt eines Textfeldes oder die Position eines Schiebereglers,
- `selection` definiert, ob ein Element auswählbar ist und in welchem Zustand es sich gerade befindet und
- `focus` definiert, ob ein Element fokussierbar ist und in welchem Zustand es sich gerade befindet [51].

Zusätzlich zu diesen Basis-Eigenschaften fordert Erfolgskriterium 4.1.6 die Unterstützung weiterer Eigenschaften von Bedienelementen. Dazu zählen u. a. Schriftart- und -größe, Vordergrund- und Hintergrundfarbe und Tastaturbefehle.

Eigenschaften des Analysekatalogs

Der Umfang und die Qualität der für die Bedienelemente verfügbaren Information hat einen großen Anteil an der Zugänglichkeit. So kann die Information über den Status einer Schaltfläche für die Kontrolle des Mikrofons entscheidend sein und Tastaturkürzel zum direkten Ansteuern von Bedienelementen können die Bedienung erleichtern. Vorfahren und Nachkommen können das Verständnis der Benutzungsoberflächenstruktur erleichtern, bspw. um Elemente einem Bereich zuordnen zu können.

> Assistive technologies need all possible information. Applications such as user agents and assistive technologies use a combination of DOMs, accessibility Application Programming Interfaces (API), native platform APIs, and hard-coded heuristics to provide an accessible user interface and accessible content. It is the user agent's responsibility to expose the DOM to assistive technology which in many cases is the richest source of information on web content. [51]

Für den Analysekatalog (Tabelle 7.7) wurden Eigenschaften von Kochanek [Koc94b] und den *UAAG*-Erfolgskriterien 4.1.2 und 4.1.6 [51] kombiniert[89]:

Kochaneks „pointers to 'close' relatives":

- *Vorfahre* (engl. *ancestor*)
- *Nachkomme* (engl. *descendant*)
- *Erstes Kind* (engl. *first child*)
- *Letztes Kind* (engl. *last child*)
- *Nächster Tab* (engl. *next tab*)
- *Vorheriges Tab* (engl. *previous tab*)

Basis-Eigenschaften des *UAAG*-Erfolgskriteriums 4.1.2:

- *Name* (engl. *name*)
- *Rolle* (engl. *role*)
- *Zustand* (engl. *state*)
- *Beschreibung* (engl. *description*)

---

[89]Die neuere *UAAG*-Arbeitsversion vom 15.09.2015 [131] fasst die Eigenschaften unter Erfolgskriterium 4.1.2 zusammen. Dazu zählen „name, role, state, value, selection, focus, bounding dimensions and coordinates, font family of text, foreground and background color for text, highlighting, keyboard commands, caret position, explicitly defined relationships".

Eigenschaften des *UAAG*-Erfolgskriteriums 4.1.6:

- *Abmaße* (engl. *bounding dimensions*)
- *Koordinaten* (engl. *coordinates*)
- *Tastaturbefehle* (engl. *keyboard commands*)

Tabelle 7.7.: Analyseergebnis der Verfügbarkeit der Elementeigenschaften in Prozent und Punkten, bewertet über das Scoring-Modell; sortiert nach dem verwendeten Analysewerkzeug (JF/JM = Java Ferret/Monkey)

Eigenschaft	Gewichtung	Gesamt	Inspect UIA			JF/JM
			Cisco WebEx	Talking Communities	BigBlueButton	Blackboard Collaborate
Verfügbarkeit	0.2500	Pkte.	9	10	8	10
		%	85.37	98.92	82.93	98.96
Prozess-ID	0.0300	Pkte.	10	10	10	0
		%	100.00	100.00	100.00	0.00
Vorfahre	0.0450	Pkte.	4	0	10	10
		%	35.34	0.00	100.00	100.00
Nachfahre	0.0150	Pkte.	10	10	10	10
		%	100.00	100.00	100.00	100.00
Erstes Kind	0.0150	Pkte.	10	10	10	10
		%	100.00	100.00	100.00	100.00
Letztes Kind	0.0150	Pkte.	10	10	10	10
		%	100.00	100.00	100.00	100.00
Nächster Tab	0.0225	Pkte.	10	10	10	0
		%	100.00	100.00	100.00	0.00
Vorheriger Tab	0.0225	Pkte.	10	10	10	0
		%	100.00	100.00	100.00	0.00
Position	0.0750	Pkte.	10	10	10	10
		%	100.00	100.00	100.00	100.00
Name	0.0750	Pkte.	9	8	10	10
		%	93.98	81.52	100.00	99.46
Rolle	0.0750	Pkte.	10	10	10	10
		%	100.00	100.00	100.00	100.00
Zustand	0.0450	Pkte.	10	10	10	10
		%	100.00	100.00	100.00	100.00
Wert	0.0450	Pkte.	0	0	1	9
		%	0.75	4.35	11.76	94.18
Fokussierbar	0.0450	Pkte.	10	10	10	10
		%	100.00	100.00	100.00	100.00
Ist fokussiert	0.0450	Pkte.	10	10	10	10
		%	100.00	100.00	100.00	100.00
Auswählbar	0.0450	Pkte.	0	1	1	6
		%	1.50	5.43	14.71	63.49
Ist ausgewählt	0.0450	Pkte.	0	1	1	1
		%	1.50	5.43	14.71	4.23
Beschreibung	0.0450	Pkte.	0	0	1	3
		%	0.00	0.00	8.82	34.39
Tastaturbefehl	0.0450	Pkte.	6	7	0	6
		%	64.66	73.91	0.00	58.73
Gesamtpunktzahl	10	Pkte.	6.675	6.805	6.68	7.33

Für die Analyse wurden die Analysewerkzeuge *Inspect* (Microsoft) und *Ferret* und *Monkey* (*Java*) verwendet. Es ist dabei nicht möglich, alle Eigenschaften des einen Werkzeugs auf das andere abzubilden, da diese die Information in verschiedenen Eigenschaften speichern. *Ferret* und *Monkey* verwenden die Eigenschaft *Status*, um die Eigenschaften *fokussierbar* (engl. *focusable*), *ist fokussiert* (engl. *is focused*), *auswählbar* (engl. *selectable*) sowie *ist ausgewählt* (engl. *is selected*) zusammenzufassen, wohingegen *Inspect* diese Eigenschaften eigenständig aufführt. Eine Gegenüberstellung der Eigenschaften erfolgt im Anhang in Tabelle A.58 auf Seite xlvi.

Wichtig war, die Informations-Erreichbarkeit der verschiedenen Accessibility-APIs (*JAAPI* und *UIA*) für jedes einzelne virtuelle Klassenzimmer zu betrachten. Bevor mit der Analyse begonnen werden konnte, war es sinnvoll festzustellen, über welche *Application Program Interface (API)* – bzw. Analysewerkzeug – der größte Umfang an Informationen über die Bedienelemente erreichbar waren. Die gleiche Information konnte dabei in unterschiedlichen Eigenschaften der verschiedenen APIs gespeichert sein. Beim Vergleich der programmtechnischen Erreichbarkeit virtueller Klassenzimmer mussten daher die verwendeten Analysewerkzeuge berücksichtigt werden.

7.5.3. Methode

Zur Durchführung der Analyse wurde eine Sitzung in dem zu analysierenden virtuellen Klassenzimmer betreten. Die Analyse wurde in der Rolle eines Teilnehmenden durchgeführt, da dies die Rolle ist, welche ein blinder Lernender am wahrscheinlichsten bekleiden würde. Nacheinander wurden *Inspect* und *Ferret*/*Monkey* geöffnet, um festzustellen, welches der Analysewerkzeuge für welches Klassenzimmer die besten Ergebnisse lieferte. Das jeweils besser geeignete Werkzeug wurde für die Analyse verwendet. Theoretisch wäre eine gleichwertige Eignung der Werkzeuge möglich gewesen, traf aber für die untersuchten virtuellen Klassenzimmer nicht zu.

Für jedes Bedienelement wurde geprüft, ob es über die Accessibility-API zugänglich ist. Die Ergebnisse wurden anschließend mit Hilfe eines Scoring Modells (vgl. Kapitel 7.5.5) gewichtet.

7.5.4. Datenerhebung

Als ersten Schritt der Datenerhebung wurde überprüft, ob jedes Bedienelement über die Accessibility-API zugänglich war. Wenn diese allgemeine Erreichbarkeit (engl. *availabilty*) gegeben war, wurden die Eigenschaften des Analysekatalogs (siehe Tabelle A.58 auf S. xlvi) auf ihre Verfügbarkeit unter Verwendung des ausgewählten Werkzeugs überprüft (z. B. wie in Abbildung 7.8). Die Bewertungen *erreichbar* (engl. *available*) und *nicht erreichbar* (engl. *not available*) fassten dabei detailliertere Bewertungen zusammen, um durch diese Vereinfachung eine besserer Vergleichbarkeit zu gewährleisten. Jedoch trafen nicht alle detaillierten Bewertungen auf alle Elemente zu[90]. Die Eigenschaft *erreichbar* wurde unterteilt in:

- erreichbar;
- erreichbar, aber nicht mit dem Auslesewerkzeug fokussierbar;

---

[90]Für eine genaue Aufschlüsselung der Bewertungen je Eigenschaft siehe [Sch14].

- erreichbar, wenn Vorbedingung erfüllt ist (bspw. ein Whiteboard muss erstellt werden, bevor es gelöscht werden kann);
- nicht erreichbar für die Teilnehmer-Rolle;
- erreichbar, aber die Information ist in einer anderen Eigenschaft (bspw. in *Status*) gespeichert.

*Nicht erreichbar*e Eigenschaften können unterteilt werden in:

- nicht erreichbar;
- nicht erreichbar und nicht mit dem Analysewerkzeug fokussierbar;
- nicht erreichbar, da die Eigenschaft nicht von dem Analysewerkzeug angefragt wird;
- nicht erreichbar, da die hinterlegte Information falsch ist;
- erreichbar, aber ohne Wert/Inhalt.

Die Bewertungen *erreichbar* und *nicht erreichbar* waren auf *Rolle* und *Status* nicht anwendbar. Für diese Eigenschaften wurde die hinterlegte Information dokumentiert, da diese entscheidend für die Identifikation der Bedienelemente war. Für die Eigenschaft *Rolle* konnte die hinterlegte Information bspw. *Schaltfläche*, *Gruppe*, *Liste*, *Menüelement* oder *Fenster* sein; für *Status* umfassten diese bspw. *fokussierbar*, *fokussiert*, *gedrückt*, *auswählbar* oder *ausgewählt*. Die Erreichbarkeit der Eigenschaften jedes Bedienelements wurde für jedes virtuelle Klassenzimmer dokumentiert (vgl. [Sch14]).

Die virtuellen Klassenzimmer *Cisco WebEx*, *Talking Communities* und *BigBlue-Button* wurden mit dem Analysewerkzeug *Inspect* und *Blackboard Collaborate* mit Java *Ferret/Monkey* untersucht, da die jeweiligen anderen Analysewerkzeuge die Eigenschaften der Bedienelemente des jeweiligen virtuellen Klassenzimmers nicht auslesen konnten.

7.5.5. Auswertung

Die Ergebnisse der Analyse wurden anhand eines Scoring-Modells für jede Eigenschaft, abhängig von der Wichtigkeit der jeweiligen Eigenschaft, gewichtet (Tabelle 7.7) [Sch14]. Alle Gewichtungen ergaben 100 %. Das entsprach einer Skala von null bis zehn Punkten (0 % – 100 %, siehe Abbildung 7.9). Die Standardgewichtung wurde auf 0,045 festgelegt und jeder Eigenschaft zugewiesen, die entweder von [Koc94b] oder den [51] genannt wurde. Für Eigenschaften, die in beiden Quellen vorhanden sind, wurde die Gewichtung auf 0,075 festgelegt. Eigenschaften welche voneinander abhängen oder sich überschneiden, wurden als Gruppe betrachtet und erhielten eine gemeinsame Gewichtung. Das Kriterium *Erreichbarkeit* erhielt die höchste Gewichtung von 0,25, da die Erreichbarkeit eines Elements die Voraussetzung für den Zugang zu weiteren Eigenschaften darstellt.

Blackboard Collaborate

Die Analyse zeigte, dass 98,96 % der Bedienelemente von *Blackboard Collaborate* erreichbar waren. Die *Prozess-ID* war in den Analysewerkzeugen *Ferret/Monkey* nicht vorhanden und war auch nicht in anderen Eigenschaften enthalten. Für alle Elemente war ein *Vorfahre* hinterlegt. *Nächster Tab* und *vorheriger Tab* waren nicht dokumentiert, aber für 100 % der Bedienelemente von *Cisco WebEx*, *Talking Communities* und *BigBlueButton*. Die Eigenschaft *Wert* existierte für 94,18 % der Elemente und zeigte an, ob ein Element markiert war. Mit dem Analysewerkzeug *Inspect* war diese Information in der Eigenschaft *Status* hinterlegt. Die Information, ob ein Element *auswählbar* war, war in 63,49 % der Fälle erreichbar und wurde in der Eigenschaft *Status* hinterlegt. Nur 17,99 % der Bedienelemente hatten eine hilfreiche Beschreibung; Tastaturkürzel waren erreichbar für 58,73 %.

WebEx

85,37 % der Bedienelemente von *Cisco WebEx* waren erreichbar. *Fokussierbar* und *fokussiert* waren vollständig erreichbar für alle virtuellen Klassenzimmer. Diese Eigenschaften existierten nur für UIA – *Ferret/Monkey* verwendeten die Eigenschaft *Status* für dieselbe Information. *Vorfahren* waren nur für 35,34 % der Elemente dokumentiert. Die Eigenschaften *erstes Kind* und *letztes Kind* hängen von der Eigenschaft *Nachkomme* ab. Da die Eigenschaft *Nachkomme* nur für 0.75 % aller Bedienelemente erreichbar war, galt dies ebenso für die Eigenschaften *erstes Kind* und *letztes Kind*. Keines der Bedienelemente verfügte über eine Beschreibung und nur 64,55 % waren über Tastaturbefehle erreichbar.

Talking Communities

In *Talking Communities* waren 93 der 94 Bedienelemente (98,92 %) erreichbar. Die Ausnahme bildeten Emoticons. Diese umfassende *Erreichbarkeit* ist eine wichtige Grundlage für die allgemeine programmatische Zugänglichkeit. Alle virtuellen Klassenzimmer vergaben einen *Namen*, aber dieser wurde oft leer gelassen. In *Talking Communities* war nur für 81,52 % der Elemente die Eigenschaft *Name* vergeben. *Talking Communities* stellte außerdem kaum Beschreibungen zur Verfügung und bot für 73,91 % der Bedienelemente *Tastaturbefehle* an.

BigBlueButton

In der Eigenschaft Tastaturbefehle war in *BigBlueButton* nichts vermerkt. Obwohl umfassende Tastaturbefehle von der Anwendung unterstützt wurden, waren diese somit nicht softwareseitig zugänglich. *BigBlueButton* hatte für alle *Vorfahren* und *Namen* Informationen hinterlegt, aber nur 5,88 % der Elemente wiesen eine *Beschreibung* auf.

7.5.6. Zusammenfassung

Die Auswertung unter Verwendung eines Scoring-Modells hat gezeigt, dass *Blackboard Collaborate* das zugänglichste unter den untersuchten vier virtuellen Klassenzimmern in Bezug auf softwareseitige Zugänglichkeit war. Das Ergebnis des Scoring-Modells für *Blackboard Collaborate* belief sich auf 7,33 von 10 Punkten (Tabelle 7.7 und Abbildung 7.9). An zweiter Position stand *Talking Communities* mit 6,805 Punkten, gefolgt von *BigBlueButton* mit 6,68 und *Cisco WebEx* mit 6,675 Punkten.

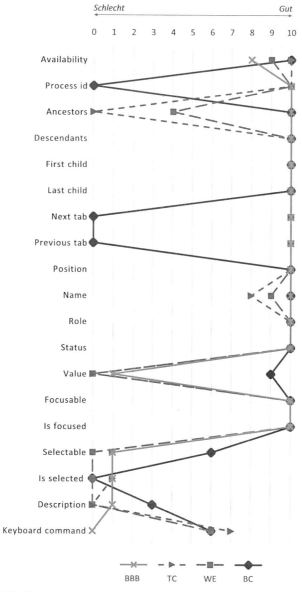

Abbildung 7.9.: Erreichte Punkte jedes virtuellen Klassenzimmers entsprechend dem Scoring-Modell für jede Eigenschaft des Analysekatalogs

Betrachtet man das am höchsten gewichtete Kriterium – die allgemeine *Erreichbarkeit* – erzielte *BigBlueButton* nur acht von zehn Punkten, *Cisco WebEx* neun von zehn. Alle Bedienelemente von *Talking Communities* und *Blackboard Collaborate* waren über die Accessibility-APIs erreichbar, weshalb sie die volle Punktzahl erhielten. Da die *Prozess-ID* von *Ferret* und *Monkey* nicht erfasst wurden, erhielt *Blackboard Collaborate* für diese Eigenschaft null Punkte. Vorfahren waren für *Talking Communities* nicht dokumentiert und *Cisco WebEx* erreichte nur vier Punkte. *Nachkommen* und *Position* waren in allen betrachteten virtuellen Klassenzimmern vorhanden und wurden daher mit zehn Punkten bewertet. *Nächster Tab* und *vorheriger Tab* konnten von *Inspect* ausgelesen werden. Die Eigenschaft *Name* ist wichtig, da es Aufschluss über die Art des Bedienelements geben kann. *Talking Communities* erreichte hier nur acht und *Cisco WebEx* nur neun Punkte. Alle Klassenzimmer erhielten zehn Punkte für *Rolle*, *Status*, *fokussierbar* und *ist fokussiert*. Für die Eigenschaft *Wert* erhielt *Blackboard Collaborate* neun von zehn Punkten, wohingegen *BigBlueButton* nur einen und *Cisco WebEx* und *Talking Communities* keinen Punkt erhielten. *Blackboard Collaborate* erreichte sechs Punkte für die Eigenschaft *auswählbar*, aber *Talking Communities* und *BigBlueButton* erzielten nur einen und *Cisco WebEx* keinen Punkt. Dieses Ergebnis zeigt, dass die Unterstützung dieser Eigenschaft in der Accessibility-API verbessert werden sollte. *Ist ausgewählt* konnte nicht geprüft werden, da die Analysewerkzeuge diese Eigenschaft nur für bestimmte Bedienelementtypen überprüfen. Die Eigenschaft *Beschreibung* wurde in keinem der untersuchten Klassenzimmer ausreichend unterstützt. *Blackboard Collaborate* und *Cisco WebEx* erreichten bei der Eigenschaft *Tastaturbefehle* sechs Punkte und *Talking Communities* sieben. Die Tastaturbefehle von *BigBlueButton* waren nicht erfasst, obwohl sie implementiert waren.

Das Ergebnis der vorliegenden Analyse lässt sich wie folgt zusammenfassen:

- Keines der analysierten virtuellen Klassenzimmer war vollständig programmatisch verfügbar und erfüllte das *Prinzip 4* der *UAAG 2.0* [51].
- Alle Bedienelemente von *Blackboard Collaborate* und *Talking Communities* waren über ihre Accessibility-APIs erreichbar. Jedoch waren nicht für alle Elemente die relevanten Eigenschaften hinterlegt.
- Obwohl *Blackboard Collaborate* die höchste Bewertung erzielte, fehlten in vielen Fällen *Beschreibungen* und *Tastaturbefehle*.
- Die Eigenschaften *Nachkomme*, *erstes Kind*, *letztes Kind*, *Position*, *Rolle*, *Status*, *fokussierbar* und *ist fokussiert* waren vollständig erreichbar für alle Bedienelemente aller virtuellen Klassenzimmer.
- Die Eigenschaften *auswählbar*, *ist ausgewählt* und *Beschreibung* waren selten hinterlegt.
- Im Vergleich zu dem Gesamtergebnis der Produktanalyse (vgl. Kapitel 7.2 und 7.4) wurde das bisherige Ergebnis, dass *Blackboard Collaborate* und *Talking Communities* die zugänglichsten virtuellen Klassenzimmer sind, bestätigt – gefolgt von *BigBlueButton* und *Cisco WebEx*.

Das zur Analyse verwendete Scoring-Modell dient dem Vergleich verschiedener Elemente aufgrund von selbstdefinierten Gewichtungskriterien. Da die Gewichtung selbstdefiniert ist, kann das Ergebnis zu einem gewissen Grad beeinflusst werden. Beispielsweise führt eine Erhöhung der Gewichtung des Kriteriums *Erreichbarkeit* auf 0,5 zum Ausbau der Führung von *Blackboard Collaborate* und *Talking Communities*. Dennoch hätte eine Anpassung der Gewichtung der Kriterien in angemessenem Rahmen das Gesamtresultat nicht verändert.

Der letzte Analyseschritt der Produktanalyse virtueller Klassenzimmer hat gezeigt, dass *Blackboard Collaborate* mit 7,33 von 10 Punkten die größte softwareseitige Zugänglichkeit bereit stellte. Die Punktzahlen der anderen analysierten Lösungen unterschieden sich nur wenig voneinander. Da Open-Source-Lösungen eine einfachere Anpassung aufgrund des verfügbaren Quellcodes ermöglichen, werden in *Produktpalette E* demnach *Blackboard Collaborate* und *BigBlueButton* aufgenommen.

7.6. Ergebnis der Produktanalyse

Die vorliegende Produktanalyse zur Identifikation des für eine Anpassung und Erweiterung am besten geeignetsten virtuellen Klassenzimmers setzt sich aus fünf verschiedenen Untersuchungen zusammen: Funktionsanalyse, Analyse der Richtlinienkonformität zu *WCAG 2.0* und *IMS*-Richtlinien, Analyse von nicht-visuellen Arbeitstechniken sowie Analyse der Programmierschnittstellen.

Die Analyseschritte weisen eine beabsichtigte Redundanz auf. Bspw. wurde die Zugänglichkeit der virtuellen Klassenzimmer aus Anwendersicht mit einem Screenreader (Kapitel 7.4) sowie softwareseitig über Programmierschnittstellen (Kapitel 7.5) betrachtet. Die dabei entscheidenden Informationen waren die in den Schnittstellen hinterlegten Anwendungsdaten. Durch die Varianz in den Testmethoden könnten jedoch unterschiedliche Aspekte und Barrieren festgestellt (vgl. [MFT05]) und somit die Redundanz der Analyseschritte gerechtfertigt werden. Im gegebenen Fall konnte bspw. ein Bedienelement – für welches umfassende Informationen in den Schnittstellen hinterlegt waren – eventuell nicht durch einen Screenreader-Nutzenden erreicht werden, da dieses Element nicht mit der Tastatur ansteuerbar war.

Keines der untersuchten virtuellen Klassenzimmer erfüllte annähernd alle Anforderungen, jedoch konnte die Produktpalette aus den ursprünglich 16 Lösungen im Laufe der Untersuchungen reduziert werden. Tabelle 7.8 fasst die Ergebnisse der Einzeluntersuchungen der Produktanalyse ungewichtet zusammen. Wie in jeder der Einzeluntersuchungen auch, erfüllte *Blackboard Collaborate* mit durchschnittlich 55 % am ehesten die gestellten Anforderungen.

Als Grundlage für eine zugängliche Anpassung eines virtuellen Klassenzimmers wäre eine höhere durchschnittliche Bewertung als 55 % wünschenswert. Eine zugängliche Eigenentwicklung eines virtuellen Klassenzimmers ist jedoch aufgrund der Komplexität von Konferenzsystemen (Client- und Serverseite, Kommunikationskomponenten, Kollisionsverwaltung bei kollaborativer Inhaltserstellung usw.) keine Option. Demnach müssen zugängliche Anpassungen an einer bestehenden Lösung vorgenommen werden.

Eine Anschaffung des Siegers der Produktanalyse *Blackboard Collaborate* ist wegen der hohen Kosten nicht möglich, und auch die Manipulationsmöglichkeiten des Quellcodes aufgrund der proprietären Lizenz können als sehr eingeschränkt eingeschätzt werden. Vielmehr kann aus dem Funktionsumfang dieses virtuellen Klassenzimmers für zugängliche Anpassungen gelernt werden.

Tabelle 7.8.: Gegenüberstellung der Ergebnisse der Einzeluntersuchungen im Rahmen der Produktanalyse

		Proprietär					Frei/OS		
Kap.	Analyse und jeweiliges Gesamtergebnis	Adobe Connect	Avilano	Blackboard Collaborate	Talking Communities	Cisco WebEx	BigBlueButton	OpenMeetings	Yugma Free
7.1	Funktionsumfang (unterstützte Funktionen (%))	62	48	74	50	52	34	54	44
7.2.2	Richtlinienkonformität *WCAG* (Konformität mit *WCAG 2.0* (%))	16	14	18	19	19	13	12	12
7.2.3	Richtlinienkonformität *IMS* (Konformität mit *IMS* (%))	50	15	50	50	50	30	30	20
7.4	Nicht-visuelle Arbeitsweise (uneingeschränkt nutzbare Einzelschritte (%))	–	–	58	58	25	38	3	–
7.5	Programmierschnittstellen (erreichter Anteil der Gesamtpunktzahl (%))	–	–	73	68	67	67	–	–
	Durchschnitt (%)	–	–	55	49	43	36	–	–

In vielen der Analyseschritte erreichte die Open-Source-Lösung *BigBlueButton* im Vergleich zu proprietären Lösungen eine konkurrenzfähige Bewertung. Aufgrund des Vorteils des verfügbaren Quellcodes wird daher als Ergebnis dieser Produktanalyse das virtuelle Klassenzimmer *BigBlueButton* für zugängliche Anpassungen ausgewählt (vgl. Kapitel 10)[91].

---

[91] Eine Weiterentwicklung an einem bestehenden Forschungsstand wie bspw. [SCM14] wäre denkbar gewesen, war jedoch aufgrund einer fehlenden Rückmeldung auf eine versuchte Kontaktaufnahme mit der Forschergruppe sowie aufgrund der Überschneidung der Veröffentlichung und der Planung der barrierefreien Anpassung eines virtuellen Klassenzimmers nicht möglich.

8. Gestaltungsrichtlinien für zugängliche virtuelle Klassenzimmer

Die vorliegenden Analysen haben gezeigt, dass kein virtuelles Klassenzimmer ausreichend für die gleichberechtigte Teilhabe blinder Lernender zugänglich ist und dass existierende Richtlinien nur teilweise anwendbar bzw. deren Erfüllung für eine zugängliche Anpassung nicht ausreicht (vgl. Kapitel 3.3 und 7.2).

Entsprechend der Forderung „Standardization processes should take into account the requirements of people with disabilities, and these users should be more involved in standardization work" [Bra96] zitiert in [Eng09, S. 55-2], werden daher nachfolgend Gestaltungsrichtlinien für zugängliche virtuelle Klassenzimmer für blinde Nutzende definiert. Diese basieren auf existierenden Richtlinien (Kapitel 3.3), Nutzeranforderungen (Kapitel 6.1), den Ergebnissen der Produktanalyse (Kapitel 7), dem Forschungsstand (Kapitel 6) und Gestaltungsempfehlungen externer Quellen (s. u.). Unter Gestaltungsrichtlinien werden hier nach Sarodnick & Brau [SB10] Prinzipien verstanden, welche bei Befolgung zu einem gebrauchstauglichen System führen sollen.

8.1. Datenbasis

Die Ergebnisse der Produktanalyse – Nutzeranforderungen, Funktions- und Konformitätskatalog, Screenreader-Unterstützung und softwareseitige Zugänglichkeit – bilden einen Kriterienkatalog als Grundlage für die Aufstellung von Gestaltungsrichtlinien (vgl. Abbildung 8.1). Für die Datenerhebung wurden verschiedene Methoden angewandt, um möglichst viele Zugänglichkeitsprobleme zu ermitteln (vgl. [MFT05]) und mögliche Limitierungen von Konformitätsanalysen (vgl. [AFGM10]) auszugleichen.

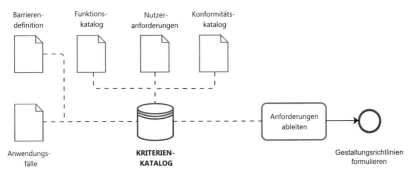

Abbildung 8.1.: Kriterienkatalog zur Definition von Gestaltungsrichtlinien

Weiterhin waren für die Aufstellung der Gestaltungsrichtlinien Empfehlungen anderer Forschungsprojekte interessant:

Sallnäs et al. [SME07] formulieren Gestaltungsempfehlungen für kollaborative Lernwerkzeuge im Allgemeinen, abgeleitet von Nutzerstudien mit dem *PHANToM* (vgl. Abschnitt 2.4.2). Im Folgenden wird eine Auswahl vorgestellt:

- Ein gemeinsamer Arbeitsbereich sollte für sehende und blinde Lernende das gleiche *Look-And-Feel* aufweisen.
- Feste Positionierungen von Objekten erlauben es blinden und sehenden Lernenden ein gemeinsames mentales Modell von der Umgebung aufzubauen.
- Rückmeldungen über Änderungen, die durch eine andere Person verursacht wurden, unterstützen das Bewusstsein gegenüber anderen Teilnehmenden [SME07].

Obwohl diese Empfehlungen auf Benutzertests in einem dreidimensionalen Raum beruhen, sind sie weitestgehend auf zweidimensionale technische Hilfsmittel übertragbar und sollten bei der Gestaltung von Benutzungsoberflächen für blinde Personen berücksichtigt werden. So betont auch Mynatt [Myn97], dass das Ermöglichen einer Kommunikation zwischen Sehenden und Blinden über die Verwendung einer Anwendungsoberfläche unabdingbar sei. Ähnlich zu visuellen Fokussen können taktile oder akustische Hinweise durch eine Benutzungsoberfläche führen [KL15]. Auditive Rückmeldungen unterstützen den Nutzenden dabei, Änderungen – verursacht durch ihre eigenen Eingaben – oder andere Ereignisse zu erkennen. Um die Orientierung zu erleichtern, sollten bestimmte Informationsarten immer in den gleichen Regionen dargestellt werden [KL15]. Dabei unterstützten kurze Distanzen zwischen verwandten Informationen das zielorientierte Arbeiten [SCM14]. Die Möglichkeit zu unterbrechen, Tastaturkürzel für die Navigation und Vorschaufunktionen verringerten außerdem die Gefahr der Ermüdung beim Erkunden umfassender Strukturen [Myn97].

Auf der Basis von Untersuchungen der Barrierefreiheit von *Google Docs* [MBB+11] (vgl. Kapitel 6.4.2), stellen Buzzi et al. [BBL+14] Richtlinien für eine verbesserte Bedienerfahrung blinder Nutzender in kollaborativen Umgebungen auf:

Bearbeiten: Alle Editierfunktionen müssen mittels Tastatur bedienbar sein, dabei muss eine buchstaben-, wort- sowie zeilenweise Navigation möglich sein. Der Fokus muss leicht zwischen Elementen springen können.

Statusinformationen: Informationen über anwesende Nutzende in Bezug auf Status und Aktivität müssen verfügbar sein.

Änderungserkennung: Beim kollaborativen Bearbeiten eines Dokuments bzw. Inhalts muss für einen blinden Nutzenden sofort erkennbar sein, welche Teile verändert wurden.

Rückmeldungen: Durch Nutzeraktionen ausgelöste Rückmeldungen müssen einfach wahrnehmbar und leicht verständlich sein. Weitere kurze Audiosignale kennzeichnen bspw. Erfolg, Fehlermeldungen und Statusänderungen.

8.2. Gestaltungsrichtlinien

Anforderungen, die bspw. Tastaturunterstützung und Alternativen für Nicht-Text-Objekte betreffen, sind in jeder der Autorin bekannten Richtlinien für zugängliche Lernanwendungen definiert. Kriterien, welche sich auf semantische Zusammenhänge oder soziale Präsenz beziehen, sind jedoch nicht so verbreitet. Weiterhin besteht der Bedarf nach Mechanismen zur gleichberechtigten Teilhabe und Kollaboration [Myn97] von Teilnehmenden mit und ohne Beeinträchtigung.

Die folgende Definition von Gestaltungsrichtlinien soll daher bestehende Richtlinien nicht ersetzen, sondern vielmehr ergänzen und spezielle Zugänglichkeitsanforderungen für virtuelle Klassenzimmer zusammenfassen. Nachfolgend werden die Gestaltungsrichtlinien, welche bereits in [Köh14b, S. 8 f.] veröffentlicht wurden, beschrieben:

1 Wahrnehmung

1.1 Gestalten Sie Benutzungsoberfläche und Inhalt wahrnehmbar und vorhersehbar für alle Nutzenden (konsistente Gestaltung und Ereignisse).

1.2 Bieten Sie Alternativen oder Beschreibungsmechanismen für alle Nicht-Text-Objekte und zeitbasierten Medien an (z. B. Echtzeit-Transkription und -Untertitel).

1.3 Verwenden Sie vektor- statt pixelbasierte Inhalte (z. B. für Whiteboard-Elemente).

1.4 Bieten Sie Mechanismen zur Wahrnehmung von Änderungen an (z. B. in Bezug auf Benutzungsoberfläche, neue Inhalte oder Ereignisse).

2 Navigation

2.1 Sorgen Sie dafür, dass alle Mausaktionen auch mit der Tastatur ausführbar sind.

2.2 Stellen Sie Tastaturbefehle zum Wechsel zwischen und zum Aktivieren von wichtigen Elementen und Fenstern zur Verfügung.

2.3 Bieten Sie Mechanismen an, welche die Identifikation und den einfachen Wechsel der Fokusposition erlauben.

2.4 Ermöglichen Sie die Navigation in zeitbasierten Medien anhand der Zeitleiste.

3 Orientierung

3.1 Sorgen Sie für eine klare Struktur der Benutzungsoberfläche.

3.2 Bieten Sie Orientierungshilfen an (z. B. Tastaturfokus, aktuelle Aktivitäten, Strukturinformationen und Textsuche).

3.3 Bieten Sie Mechanismen zum Erkennen von Beziehungen/Abhängigkeiten zwischen Inhaltselementen an (z. B. Hyperlinks zu den entsprechenden Inhalten im Aktivitätsprotokoll); vgl. auch Richtlinie 5.1.

3.4 Ermöglichen Sie einen manuellen Fokuswechsel oder eine manuelle Anzeigenaktualisierung und vermeiden Sie Automatismen.

4 Interaktion

4.1 Befähigen Sie alle Nutzenden gleichberechtigt teilzunehmen (z. B. vollständige Tastaturunterstützung für das Whiteboard einschließlich Elementerstellung und -bearbeitung).

4.2 Sorgen Sie für eine (Eingabe-)Unterstützung mittels kontextsensitiver Anleitungen und Rückmeldungen (z. B. über erfolgreich ausgeführte Befehle oder Informationen zu Ereignissen).

4.3 Unterscheiden Sie zwischen den Modi der (aktiven) Erstellung und Wahrnehmung.

5 Semantik

5.1 Stellen Sie Mechanismen zur Verfügung, welche das Erkennen von Abhängigkeiten und Verbindungen zwischen Inhaltselementen ermöglichen (z. B. Aktivitätsprotokoll mit Tags, Zeitstempel und Hyperlinks zu den entsprechenden Inhalten); vgl. auch Richtlinie 3.3.

5.2 Ermöglichen Sie die Identifikation der Autoren von (textuellen, auditiven, visuellen) Beiträgen.

5.3 Ermöglichen Sie die Navigation in zeitbasierten Medien über Semantik (z. B. über Kapitel oder Szenen).

5.4 Präsentieren Sie Inhalte in angemessener Weise für verschiedene Nutzergruppen, ohne Bedeutung und Informationsgehalt zu verändern.

6 Geschwindigkeit

6.1 Befähigen Sie Teilnehmende die Veranstaltung und Inhalte in ihrer eigenen Geschwindigkeit und eigenen technischen Hilfsmitteln zu wiederholen (z. B. durch Veranstaltungsaufzeichnungen, gespeicherte Whiteboard-Ansichten, Bildschirmfotos der Benutzungsoberfläche, Indexierungen und Referenzelemente mittel Identifikationsnummern).

6.2 Geben Sie den Teilnehmenden ausreichend Zeit, Informationen wahrzunehmen und zu verwenden (z. B. Aktivitätsprotokoll welches alle Inhalte enthält).

6.3 Ermöglichen Sie eine schnelle Navigation für verschiedenen Eingabemodalitäten und bieten Sie Orientierungshilfen.

6.4 Ermöglichen Sie die individuelle Kontrolle von zeitbasierten Medien.

6.5 Ermöglichen Sie zeit-unabhängige Interaktion (z. B. durch Zuweisen von Tags zur Auffindbarkeit von Beiträgen).

7 Soziale Präsenz

7.1 Bieten Sie Unterstützung bei der Verwendung von zeitbasierten Medien an (z. B. Assistenz zur Einstellung korrekter Video-Bildausschnitte).

7.2 Stellen Sie Mechanismen zum Erkennen des Teilnehmerstatus zur Verfügung (z. B. zugängliche Statusmeldungen).

7.3 Fördern Sie das Bewusstsein der Moderierenden und Teilnehmenden für die besonderen Anforderungen von Teilnehmenden mit Beeinträchtigungen.

8 Konfiguration

8.1 Unterstützen Sie profilbasierte Anpassungen der Benutzungsoberfläche, Inhaltspräsentation, Interaktionsmodalitäten und Benachrichtigungsmechanismen (z. B. Konfiguration von Auflösung, Text, Whiteboard, Lautstärke, synthetischer Sprache, Anzeige von grafischen Bedienelementen und Fenstern).

8.2 Bieten Sie standardisierte Einstellungen für mögliche Nutzergruppen an.

9 Hilfestellung

9.1 Unterstützen Sie die Teilnehmenden bei Eingaben und Orientierung (z. B. über Statusinformation während des Desktop-Sharings, Rückmeldungen über erfolgreich ausgeführte Befehle, Unterstützung bei der Konfiguration von zeitbasierten Medien).

9.2 Dokumentieren Sie die Benutzungsoberfläche inklusive der barrierefreiheitsunterstützenden Funktionen.

9.3 Befähigen Sie alle Teilnehmende anderen Hilfestellung zu leisten und Inhalte anderer zu kontrollieren (z. B. durch elementbezogene alternative Beschreibungen).

10 Hilfsmittel

10.1 Sorgen Sie für eine größtmögliche Kompatibilität mit aktuellen und zukünftigen *User Agents* und erleichtern Sie den programmseitigen Zugriff technischer Hilfsmittel.

10.2 Bieten Sie Konfigurationsmöglichkeiten für die Aufrechterhaltung der Kompatibilität mit technischen Hilfsmitteln an (z. B. Audioausgabe oder Tastaturkürzel).

8.3. Vergleich mit bestehenden Richtlinien

Wie bereits erwähnt, stellen die Gestaltungsrichtlinien eine Ergänzung zu bestehenden Richtlinien dar. Zur Verdeutlichung, welche der hier definierten Gestaltungsrichtlinien auf welchen offiziellen Richtlinien basieren oder diese erweitern, erfolgt eine Zusammenfassung in Tabelle 8.1.

Die Tabelle 8.1 liefert einen Überblick über definierte Anforderungen und die dafür relevanten Kriterien aus den verschiedenen Richtlinien: *IMS*-Richtlinien[92] [47], *WCAG 2.0* [8], *UAAG 2.0* [51], *DIN EN ISO 9241-110*[93] [Deu06] und *Universal-Design-For-Learning*-Richtlinien [6]. Weiterhin werden von den Gestaltungsempfehlungen behobene Barrieren (vgl. Tabelle 7.5 auf S. 149) benannt.

---

[92]Die *IMS*-Richtlinien [47] sind wie folgt nummeriert: 7.1 Synchroner Text-Chat, 7.2 Audio-Konferenz usw., wovon jede Richtlinie bewährte Methoden beschreibt. Die Nummerierung in 7.3 basiert auf der zweiten Ziffer und der Nummer der bewährten Methode: bspw. 1.1 für die erste bewährte Methode von 7.1.

[93]Die sieben Prinzipien der *Deutsches Institut für Normung/Norm des DIN (DIN) EN ISO 9241-110* sind wie folgt nummeriert: 4.3 Aufgabenangemessenheit, 4.4 Selbstbeschreibungsfähigkeit, 4.5 Erwartungskonformität, 4.6 Lernförderlichkeit, 4.7 Steuerbarkeit, 4.8 Fehlertoleranz und 4.9 Individualisierbarkeit. Die Nummerierung in Tabelle 8.1 erfasst nur die zweite Zahl und die Nummer der Empfehlung (angefangen mit 4.3): 5.1 für die erste Empfehlung des Prinzips 3 (Original 4.5.1).

Tabelle 8.1.: Anforderungskatalog für zugängliche virtuelle Klassenzimmer für blinde Nutzende mit relevanten Kriterien: barrierefreiheitsrelevante Funktionen, *IMS*-Richtlinien [47], *WCAG 2.0* [8], *UAAG 2.0* [51], *DIN EN ISO 9241-110* [Deu06], UDL [6] und festgestellte Barrieren (nach [Köh14b, S. 9])

| Nr. | Anforderung | Funktionen | Relevante Kriterien | | | | | Barrieren |
			IMS	WCAG	UAAG	DIN	UDL	
1	*Wahrnehmung*	BF5, BF6, BF8	2.1/3.2, 2.2/3.4, 3.1, 4.1, 4.3	1.1, 1.2, 1.4	1.1, 1.10, 3.4	4.3, 4.5	1.3	B1, B2, B4
2	*Navigation*	BF2	1.3/2.3/3.5/4.2	2.1, 2.4	2.1, 2.3, 2.4, 2.5, 2.11.6	7.6	4.1	B2, B3, B7, B11
3	*Orientierung*	BF2, BF3	1.2, 1.5, 1.6	2.4	1.3, 1.8, 2.4, 2.5	4.1	–	B7, B8, B11
4	*Interaktion*	–	1.4, 1.7/2.4/3.6	3.3	–	3.7, 4.2, 4.5, 5.2, 6.5, 9.7	4.1	B2, B3, B4, B5, B10
5	*Semantik*	BF4, BF7	2.1/3.2, 4.1	3.1, 3.2	2.11.7	7.3	3.2, 5.1	B4, B5, B8
6	*Geschwindigkeit*	BF7	1.7/2.4/3.6	2.2	2.9, 2.11	7.1, 7.3, 9.5	–	B8, B11
7	*Soziale Präsenz*	BF4, BF5	–	–	–	8.1, 8.2	–	B6, B9, B10
8	*Konfiguration*	BF1, BF3, BF4, BF8, BF10	–	1.4	1.4, 1.5, 1.6, 1.7, 1.9, 2.7, 2.8	3.2, 5.6, 7.7, 9.1, 9.2, 9.8, 9.9, 9.10	–	–
9	*Hilfestellung*	BF5, BF6, BF7	1.2, 1.4, 2.1/3.2, 2.2/3.4	3.3	1.8, 2.4, 3.1, 3.2, 3.3	3.1, 6.3, 6.4	–	B5, B10
10	*Hilfsmittel*	BF9, BF10	–	4.1	2.6, 2.12, 4.1	9.1, 9.7	–	–

Es ist möglich, dass dasselbe Kriterium einer Richtlinie für mehrere Gestaltungsempfehlungen anwendbar ist. Die *ATAG 2.0* [52] wurden nicht berücksichtigt, da der Fokus dieser Richtlinien mehr auf den inhaltserstellenden Autoren als auf Teilnehmenden mit Behinderungen liegt.

Eine Grundvoraussetzung zur Teilhabe an virtuellen Klassenzimmern ist die Möglichkeit der Wahrnehmung aller vorhandenen Inhalte. Daher müssen Alternativen und Beschreibungsmechanismen für alle Nicht-Text-Objekte angeboten werden. Aufgrund des synchronen und dynamischen Charakters virtueller Klassenzimmer müssen außerdem Änderungen wahrgenommen werden können und Kollisionen gleichzeitig erstellter bzw. präsentierter Inhalte, wie bspw. durch verschiedene Audio-Ausgaben, müssen vermieden werden. Es muss eine vollständige Tastaturunterstützung [...] gewährleistet werden, um alle Elemente ansteuern zu können. [Jedoch ist dabei auch entscheidend, dass die Navigationsreihenfolge (bspw. durch die Tabulator-Taste) sinnvoll ist und Tastaturkürzel für direktes Ansteuern der wichtigsten Elemente unterstützt werden.] Beide Anforderungen – *Wahrnehmung* und *Navigation* – werden von allen betrachteten Richtlinien beschrieben. [Köh14b, S. 10]

Anforderungen „zur Unterstützung der *Orientierung*, wie bspw. die Hervorhebung der aktuellen Auswahl und des Tastaturfokus, das Angebot von Orientierungshilfen und einer textuellen Suche, werden umfassend von den *UAAG* beschrieben. Jedoch ist die Anforderung 3.3 nach Mechanismen zum Erkennen von Abhängigkeiten zwischen Inhaltselementen in den untersuchten Richtlinien nicht erfasst. Diese Funktionalität ist wichtig, um die Kommunikationsabläufe verfolgen zu können" [Köh14b, S. 10], insbesondere wenn durch eine verlangsamte Informationsaufnahme an einer Stelle verweilt wird und dann zu einem späteren Punkt wieder die Echtzeit-Aktivitäten verfolgt werden. Diese Problematik ist nicht nur relevant für Teilnehmende mit Beeinträchtigungen, da auch Ablenkungen zu einem solchen Orientierungsverlust führen können, jedoch ist wahrscheinlich, dass nichtbeeinträchtigte Teilnehmende schnell wieder in die Situation zurück finden können.

Eine gleichberechtigte *Interaktion* schließt auch die grafische Inhaltserstellung bspw. auf dem dynamischen Whiteboard mit ein. Die *DIN*-Norm fordert die Unterstützung alternativer Eingabe- und Ausgabemöglichkeiten entsprechend der Bedarfe der Nutzenden. Entsprechend der Richtlinie „[...] 3.7 The channels for inputs and outputs offered by the dialogue system should be appropriate to the task." [Deu06] könnten alternative Eingabemethoden, wie bspw. Spracheingabe dafür sorgen, dass die Fingerposition auf einem taktilen Ausgabegerät für eine Aktion nicht verändert werden muss. Wichtig ist außerdem die (Eingabe-)Unterstützung mittels kontextsensitiver Anleitungen und Rückmeldungen [...](Richtlinie 4.2). Um bspw. direkt auf einen bestimmten Chat-Beitrag reagieren zu können, wäre ein Hyperlink zum entsprechenden Eingabefeld mit Verweis auf den betreffenden Eintrag denkbar.] [Köh14b, S. 10]

In den betrachteten Richtlinien [...][werden die beschriebenen Anforderungen] zur *Semantik* nur zum Teil behandelt. Ein Lösungsansatz zum Erkennen von Abhängigkeiten und Verbindungen zwischen Inhaltselementen ist die in den *IMS* vorgeschlagene Verknüpfung eines Text-Chats mit Whiteboard-Elementen zur Erstellung alternativer Beschreibungen [(*IMS* 4.1)]. Die Ermöglichung der Navigation in zeitbasierten Medien über Semantik [...](vgl. Richtlinie 5.3)] ist [ebenfalls] in den *UAAG* definiert. Die *DIN* fordert das Speichern der letzten Leseposition[: „[...] 7.3 If the dialogue has been interrupted, the user should have the ability to determine the point of restart [...]" [Deu06]]. Die Anforderung, die Information in angemessener Weise für verschiedene Nutzergruppen ohne Bedeutungsverlust darzustellen [...][(vgl. Richtlinie 5.4)], ist auch in den *IMS* und *WCAG* im weitesten Sinne wiederzufinden. [Köh14b, S. 10]

Die Anforderung *Geschwindigkeit* fasst Forderungen existierender Richtlinien zusammen. Dahingegen werden Anforderungen zu *sozialer Präsenz* nur teilweise von keiner anderen Richtlinie als der *DIN* abgedeckt. „Unterstützung bei der Verwendung zeitbasierter Medien [. . .][(vgl. Richtlinie 7.1)], bspw. zum korrekten Einstellen des Bildausschnitts bei Videokonferenzen als Unterstützung für blinde Teilnehmende, wird von der *DIN* in den Punkten" [Köh14b, S. 10] „[. . .] 8.1 The interactive system should assist the user in detecting and avoiding errors in input." und „[. . .] 8.2 The interactive system should prevent any user action from causing undefined interactive system states or interactive system failures." [Deu06] beschrieben. Jedoch stellen die „Anforderungen nach Mechanismen zum Erkennen des Teilnehmerstatus [. . .][(vgl. Richtlinie 7.2)] und des Förderns des Bewusstseins anderer Teilnehmender [und Moderierender] für die Bedürfnisse von Teilnehmenden mit [. . .][Beeinträchtigung (vgl. Richtlinie 7.3)] eine Ergänzung der existierenden Richtlinien dar, obwohl ersteres bereits in vielen virtuellen Klassenzimmern, z. B. durch Statusanzeigen, unterstützt wird" [Köh14b, S. 10].

> Anforderungen bezüglich der *Hilfestellung* bei der Eingabe und Orientierung [. . .][(vgl. Richtlinie 9.1)] existieren in jeder der untersuchten Richtlinien. Eine Unterstützungsmöglichkeit durch nicht beeinträchtigte Teilnehmende [. . .][vgl. Richtlinie 9.3)], bspw. durch das Erstellen von alternativen Beschreibungen, und somit der Förderung des kollaborativen Charakters des virtuellen Klassezimmers, ist jedoch darin nicht enthalten und wird durch die hier beschriebenen Anforderungen ergänzt. [Köh14b, S. 10]

> Möglichkeiten zur *Konfiguration* der virtuellen Klassenzimmer werden primär in den *UAAG* und in der *DIN* beschrieben. Die Unterstützung der technischen Hilfsmittel durch die Anwendungen ist in den *WCAG*, *UAAG* und der *DIN* definiert. Sie bildet die Grundlage für barrierefreie virtuelle Klassenzimmer, denn nur wenn die gängigen Hilfsmittel, bspw. für Blinde, unterstützt werden, können weitere Maßnahmen zur Verbesserung der Zugänglichkeit greifen. [Köh14b, S. 10]

8.4. Übertragbarkeit auf andere Anwendungen

Power & Jürgensen [PJ10] beschreiben Werkzeuge und Techniken für eine zugängliche Inhaltspräsentation für Menschen mit Sehbeeinträchtigungen und formulieren allgemeine Aussagen für zukünftige zugängliche Technologien: Die Aussage „Interface requirements need to be abstracted away from specific applications" [PPSS10, S. 112] fordert eine Abstraktion und Verallgemeinerung von Anforderungen an zugängliche Benutzungsoberflächen, damit diese bei der Entwicklung zukünftiger Anwendungen berücksichtigt werden können.

Die hier entwickelten Gestaltungsrichtlinien (Kapitel 8.2) beziehen sich auf den konkreten Anwendungstyp virtueller Klassenzimmer und folgen somit vermeintlich nicht der empfohlenen Verallgemeinerung von Power & Jürgensen [PJ10]. Trotz des direkten Bezugs auf einen Anwendungstyp sind die Gestaltungsrichtlinien jedoch allgemein formuliert und erlauben somit eine Übertragung auf Anwendungen mit ähnlichen Eigenschaften. Der interaktive Charakter und der Funktionsumfang virtueller Klassenzimmer kombinieren unterschiedliche Funktionen, die auch – in Teilen oder mit leichten Adaptionen – in anderen Anwendungen integriert sind. Dazu zählen u. a.:

Chat-Anwendungen enthalten die Kommunikationsfunktionen Chat, Audio- und Video-Konferenz (bspw. *Skype* [105]), welche auch in virtuellen Klassenzimmern vorhanden sind.

Kollaborative Dokumentbearbeitungsanwendungen ermöglichen die gemeinsame Erstellung von Dokumenten (bspw. *Google Docs* [132]), welche auch über ein Whiteboard eines virtuellen Klassenzimmers mit entsprechenden Erweiterungen denkbar ist.

Komplexe Anwendungen des Web 2.0 mit der Kombination verschiedener Inhaltstypen auf einer Webseite (bspw. *Facebook* [133]), erfordern die Verdeutlichung semantischer Zusammenhänge und Techniken zur Orientierung.

Anwendungen mit grafischen oder dynamischen Inhalten müssen auch die Bedarfe von langsamer kommunizierenden Nutzenden sowie solchen mit Wahrnehmungseinschränkungen berücksichtigen.

Die Beispiele zeigen, dass eine Abstraktion der vorliegenden Gestaltungsrichtlinien für webbasierte kollaborative Lösungen möglich ist und somit nicht nur für einen einzelnen Anwendungstyp, sondern vielmehr für eine Anwendungsfamilie passend ist.

9. Alternative Benutzungskonzepte

Ziel der nachfolgend beschriebenen Konzeption ist die Verbesserung der Zugänglichkeit von virtuellen Klassenzimmern für blinde Teilnehmende, indem festgestellte Barrieren (vgl. Kapitel 7.4.3) unter Berücksichtigung der aufgestellten Gestaltungsrichtlinien (vgl. Kapitel 8) behoben werden. Dabei wird angestrebt, alle relevanten Elemente möglichst gleichwertig für alle Nutzenden abzubilden (vgl. [KZSJ10]).

In diesem Kapitel wird zuerst die Datenbasis beschrieben und diskutiert. Nachfolgend werden alternative Konzepte entwickelt. Zur Validierung der Konzepte dient die Überprüfung der Durchführbarkeit der Anwendungsfälle mit Hilfe von Benutzertests unter Verwendung von *taktilem Paper-Prototyping*. Anschließend werden die Konzepte anhand der Evaluationsergebnisse überarbeitet.

Bei der Entwicklung alternativer Konzepte müssen die verwendeten Hilfsmittel bzw. Ausgabegeräte berücksichtigt werden, da diese den Umfang und die Art des gleichzeitig darstellbaren Inhalts maßgeblich bestimmen. Als Hilfsmittel sind nachfolgend Screenreader-Anwendungen, Braille-Zeile und zweidimensionale multimodale Ausgabegeräte (*BrailleDis*) wahrscheinlich und können in drei Detailstufen unterteilt werden:

Screenreader: sequentielle Audioausgabe von textueller Information

Screenreader mit Braille-Zeile: sequentielle Audio- und/oder Braille-Ausgabe von textueller Information

Screenreader mit zweidimensionalem multimodalem Ausgabegerät: parallele Ausgabe von Audio- und/oder zweidimensionaler Punktausgabe von textueller und grafischer Information und räumlichen Zusammenhängen.

Die ausschließliche Verwendung eines Screenreaders ist in einem synchronen Szenario mit Audio-Konferenz nicht empfehlenswert, da Audio-Kollisionen verstärkt auftreten. Die zusätzliche Verwendung einer Braille-Zeile kann diese Problematik entschärfen, da ein Teil der Information taktil erfasst werden kann. Dennoch ist das Wahrnehmen u. a. von räumlichen Zusammenhängen, synchronen Ereignissen und grafischen Informationen, wie bspw. auf dem Whiteboard, schwer möglich.

Um die Zusammenarbeit zwischen blinden und sehenden Lernenden zu ermöglichen, sollte eine Kommunikation über die Verwendung der Benutzungsoberfläche möglich sein [MW94]. Daher ist es wichtig, die nicht-visuelle Benutzungsoberfläche intuitiv und benutzerfreundlich zu gestalten und ähnliche Konzepte wie bei der visuellen Benutzungsoberfläche zu verwenden [BP14], denn laut Petrie et al. [PMW95] kann die Kenntnis von blinden Lernenden über räumliche Zusammenhänge eine erfolgreiche Kollaboration ermöglichen.

Um das Wahrnehmen von visuellen, synchronen Inhalten zu erleichtern, die Zusammenarbeit und Kommunikation zu fördern sowie die Strukturierung mehrerer Ansichten zu ermöglichen, ist ein zweidimensionales taktiles Display zum derzeitigen Stand der

Technik geeigneter als eine Braille-Zeile. Da der Autorin dieser Arbeit mehrere zweidimensionale Braille-Displays, *BrailleDis 7200* (vgl. Kapitel 2.4.1), zur Verfügung stehen und bereits verschiedene durch Benutzertests bestätigte Konzepte für die Darstellung von Benutzungsoberflächen vorliegen, wird die Darstellung der Benutzungsoberfläche für eine Darstellung auf dem *BrailleDis* konzipiert. Eine Übertragung auf ähnliche taktile zweidimensionale Geräte ist denkbar.

Die Übertragung des Bildschirminhalts auf eine Stiftplatte erfordert eine starke Informationsreduktion. Aufgrund des zweidimensionalen Charakters ist der erforderliche Abstraktionsgrad jedoch geringer als bei der Verwendung von Screenreader und Braille-Zeile. Das *BrailleDis* bietet die Möglichkeit der Darstellung von zweidimensionalem Inhalt, zusätzlicher (Detail-)Information und der Verdeutlichung von Zusammenhängen. Hier ist eine Darstellung der Screenreader-Ausgabe und die Darstellung (dauerhafter) Information, Fensterstruktur usw. möglich.

Die erforderliche Reduktion gleichzeitig dargestellter Information für das *BrailleDis* ist mit mobilen Versionen virtueller Klassenzimmer vergleichbar (vgl. Kapitel 5.1.3), obgleich diese eine höhere Auflösung aufweisen. Bei der Übertragung von E-Learning-Werkzeugen auf mobile Endgeräte können somit Anpassungen in Bezug auf Layout und Interaktion erforderlich werden [LS12], wobei manche Plattformen „nicht ohne Weiteres an bestimmte Geräte anpassbar" sind [LS12, S. 27]. Durch die berührungsempfindliche Oberfläche des *BrailleDis* können ähnliche Aktionen wie auf einem mobilen Endgerät durchgeführt werden.

Die Herausforderungen an die Anpassung von Lehr- und Lernanwendungen für mobile Technologien [LS12] weisen Parallelen zu erforderlichen Anpassungen für die technischen Hilfsmittel von Blinden auf. Folgende Punkte nach Lucke & Specht für mobile Plattformen, können auf technische Hilfsmittel für Blinde übertragen werden:

• Anpassung von Bildungsangeboten an mobile Geräte,

• Zugänglichmachung fehlender Applikationen für mobile Plattformen,

• Entwicklung geeigneter Interaktionsformen und

• Anpassung von Interaktionsmechanismen an kognitive und motorische Bedarfe [LS12].

Aufgrund der bisherigen geringen Verbreitung von zweidimensionalen taktilen Geräten, würde eine ausschließliche Konzentration auf eine entsprechende Darstellung viele Nutzende ausschließen. Daher ist das Ziel der folgenden Konzeption nicht nur eine barrierefreie Bedienung virtueller Klassenzimmer mit Hilfe eines taktilen Flächendisplays, sondern auch, soweit wie möglich, unter Verwendung von Screenreader und Braille-Zeile zu verbessern (vgl. Kapitel 9.3).

9.1. Konzepte für taktile Benutzungsoberflächen

Shneidermans [Shn96] *Information Seeking Mantra* – „Overview first, zoom and filter, then details-on-demand" [Shn96, S. 337] – geht der Frage nach, wie man einen Überblick über eine visuelle Benutzungsoberfläche erlangen kann und wie Vergrößerung bzw. Verkleinerung und Filterfunktionen sowie Details auf Anfrage aufgerufen werden können. Nach Schiewe et al. [SKNW09] müssen für taktile Entwürfe ähnliche Fragen beantwortet werden, insbesondere da der hochauflösende visuelle Sinn durch den taktilen ersetzt wird. Die Auflösung des *BrailleDis* ist mit 120×60 Punkten im Vergleich zu herkömmlichen Monitoren sehr gering, wenn auch entscheidend größer als die von Braille-Zeilen. Zur Orientierung auf einer für blinde Nutzende ungewohnt großen Auflösung können taktile oder akustische Hinweise die Orientierung erleichtern und häufig benötigte Informationen sollten in festen Regionen dauerhaft verfügbar sein [SKNW09].

Schiewe et al. [SKNW09] argumentieren weiterhin, dass ein zweidimensionales taktiles Ausgabegerät für eine beidhändige Bedienung ausgelegt ist, jedoch muss aufgrund der mangelnden Erfahrung mit dem Verarbeiten paralleler Informationen vieler blinder Nutzender auch die einhändige Bedienung beachtet werden. Somit muss eine Balance zwischen der Menge der gleichzeitig dargestellten Information und dem nicht verwendetem Platz gefunden werden, um eine Informationsüberlastung zu vermeiden. Um ein zielgerichtetes und effektives Arbeiten zu ermöglichen, sollte auf kurze Wege zwischen verwandten Informationen geachtet werden. Durch den Wechsel zwischen *BrailleDis* und Tastatur muss sich der Nutzende immer wieder neu orientieren. Hierfür sollten Orientierungshilfen angeboten werden und die Eingabemöglichkeiten durch Gesten auf dem Gerät genutzt werden, um die Bedienung ergonomischer zu gestalten [SKNW09].

Ein Ansatz zu dualen Benutzungsoberflächen von Savidis & Stephanidis [SS98, S. 176], welcher verschiedene Inhaltspräsentationen und Bedienmodalitäten für visuelle und nicht-visuelle Benutzungsoberflächen anbietet, entfernt sich von der Forderung nach einer möglichst originalgetreuen Transformation [TR06]. Aussagen von blinden Probanden bestätigen jedoch den Wunsch nach einer möglichst gleichwertigen Präsentation, um die Kommunikation mit sehenden Nutzenden zu erleichtern (vgl. Kapitel 9.5.6).

Die Entwicklung der alternativen Konzepte für virtuelle Klassenzimmer basiert auf den Ergebnissen der vorangegangenen Produktanalyse (vgl. Kapitel 7) und insbesondere auf den festgestellten Barrieren (vgl. Kapitel 6.1) sowie dem Gestaltungskatalog (vgl. Kapitel 8). Als weitere Grundlage werden nachfolgend existierende Ansätze zur Darstellung und Interaktion von Inhalten, u. a. auf taktilen Flächendisplays, anderer Autoren und Projekte beschrieben.

9.1.1. Adaption von Inhalt und Benutzungsoberfläche

Green [Gre11] unterscheidet drei Formen der Adaption: Ergänzung (engl. *augmentation*), Substitution und Transformation. Bei der Ergänzung wird einem existierenden Inhalt ein weiterer hinzugefügt. Dazu zählt das Hinzufügen oder Ersetzen einer oder mehrerer Modalitäten der Original-Ressource, bspw. das Hinzufügen von Untertiteln zu einem Video. Bei einer Substitution wird die primäre Ressource vollständig durch eine oder mehrere Alternativen ersetzt. Hierzu zählt z. B. die Ersetzung eines Videos durch eine Audiobeschreibung für Blinde.

Bei der Transformation werden existierende Komponenten durch einen automatisierten Prozess ersetzt oder ergänzt. Das entspricht bspw. der Übersetzung eines Screenreaders von Text zu Audio oder Text bzw. visuellen Inhalten zu taktilen Inhalten. Brajnik [Bra08a] unterteilt die Adaption mittels Transformation weitergehend in inter-mediale (z. B. Text-zu-Sprache), intra-mediale (z. B. Veränderung der Größe durch Zoomen oder Anpassung der Schriftgröße) und temporale Transformation durch eine neue Synchronisation von Ereignissen (z. B. Audio-Benachrichtigungen) oder Verlangsamung einer Wiedergabe. Weiterhin kann eine Transformation eine Dekontextualisierung auslösen, wenn bspw. ein Screenreader Links oder Überschriften in einer neuen Form – einer Liste – zusammenstellt [Bra08a].

Bei der Transformation von grafischen Benutzungsoberflächen (*Graphical User Interface (GUI)*) in nicht-visuelle Benutzungsoberflächen (*Non-Visual User Interface (NUI)*), muss zu Beginn ermittelt werden, welche Inhalte transformiert werden müssen [Myn97]. Nach Mynatt [Myn97] bestehen GUIs aus Gruppen von Bedienelementen, welche auf einem zweidimensionalen Wiedergabegerät dargestellt werden. Dabei werden diese Objekte durch verschiedene Attribute charakterisiert, welche auf ihre Funktionalität schließen lassen. Die Inhalte der zu transformierenden grafischen Benutzungsoberflächen bestehen aus Objekten der GUI, den Attributen dieser Objekte und deren Beziehungen untereinander [Myn97].

Als nächsten Schritt sollte ein hierarchisches Modell für die Transformation so entworfen werden, dass es alle entscheidenden Eigenschaften der Benutzungsoberfläche erfasst und eine Grundlage für eine intuitive nicht-visuellen Benutzungsoberfläche bildet [Myn97]. Hierfür werden gezielt Fragen zur Ermittlung wichtiger der Charakteristika und Komponenten einer Benutzungsoberfläche gestellt [Myn97]:

Welche Elemente/Objekte existieren in der GUI? Nutzende interagieren in einer Benutzungsoberfläche direkt mit „Dingen". Diese Objekte umfassen bspw. Fenster, Kontrollkästchen, Schaltflächen, Texteingabefelder und nicht-editierbare Texte wie Mitteilungsleisten (engl. *message bars*).

Welche Attribute haben diese Objekte? Viele Bedienelemente werden durch visuelle Attribute gekennzeichnet, um ihren Zweck zu verdeutlichen, wie bspw. eine Hervorhebung oder ein Ausgrauen. Weiterhin zählen dazu Gruppierungen, Verteilung oder auch Größe von Objekten, bspw. von Texten, welche Aufschluss über deren Typ geben kann.

Was ist der Angebotscharakter[94]? Objekte in grafischen Bedienoberflächen vermitteln den Nutzenden durch ihre Funktionalität und Gestaltung ein Verständnis über die Gebrauchseigenschaften, d. h. ein Schalter kann umgelegt werden oder ein Text kann bearbeitet, markiert oder kopiert werden.

Was sind die Beziehungen zwischen Objekten? Beziehungen zwischen Objekten werden oft mittels Gruppierungen gekennzeichnet und informieren die Nutzenden über die Struktur der Anwendungsoberfläche. Neben Fenstern, Rahmen und Leerräumen, geben auch Ursache und Wirkung Aufschluss über Beziehungen zwischen Objekten. bspw. öffnet eine „Antworten"-Schaltfläche in einer E-Mail-Anwendung i. d. R. eine neue E-Mail.

Was sind die Namen der Objekte? Um eine Kommunikation zwischen sehenden und blinden Nutzenden zu ermöglichen, müssen die Bezeichnungen für Bedienelemente, bspw. Fenster, Schaltfläche oder Schieberegler bzw. die gängigeren englischen Begriffe, beibehalten werden.

Ist das Modell der Benutzungsoberfläche vollständig? Bei der Umwandlung der grafischen Benutzungsoberfläche in eine nicht-visuelle kann ein Eindruck der Un-

---

[94]Angebotscharakter ist die Übersetzung des englischen Begriffs *affordance*.

vollständigkeit entstehen. Zum Beispiel könnte ein Objekt nicht an den gleichen x- und y-Koordinaten angezeigt werden, jedoch können diese Positionsangaben zu der Bestimmung der Reihenfolge von Objekte beitragen. Weiterhin könnte die Information über sich überlappende Fenster zurückgehalten, jedoch die Fokusposition kommuniziert werden [Myn97, S. 16ff].

Auf der Basis des hierarchischen Modells wird dann die nicht-visuelle Benutzungsoberfläche entwickelt. Dabei sollen insbesondere der Informationstransport, die Unterstützung von Navigation und die Möglichkeit der Interaktion und Manipulation der GUI berücksichtigt werden [Myn97].

Die Ziele für eine screenreaderkompatible Benutzungsoberflächengestaltung basieren dabei auf den Vorzügen grafischer Benutzungsoberflächen [Myn97, S. 13]:

Zugang zu Funktionalität: Ein Nutzender muss mindestens in der Lage sein, die bereitgestellten Funktionen einer grafischen Benutzungsoberfläche zu nutzen. Dabei ist es nicht ausreichend die gleiche Funktionalität anzubieten, sondern Ziel sollte es sein, die Kollaboration zwischen blinden und sehenden Nutzenden durch ähnliche Oberflächen zu ermöglichen.

Darstellung der Bedienelemente in Form von Icons: Grafische Icons unterstützen den Nutzenden beim Erkennen der Funktion eines Bedienelements. Weitere visuelle Attribute, wie bspw. Größe und Hervorhebungen, vermitteln ebenfalls Informationen an den Nutzenden.

Direkte Manipulation: Die direkte Interaktion mit Objekten von Interesse und eine entsprechende Rückmeldung über diese Objekte erleichtern die Bedienung.

Räumliche Anordnung: Grafische Benutzungsoberflächen basieren auf einer 2 1/2-dimensionalen Darstellung, durch die Möglichkeit der Überlagerung von Programmfenstern. Die Informationspräsentation durch einen Screenreader hingegen ist als Objekt- und Kategorien-Listen vorstellbar. Ein weiterer Vorteil räumlicher Anordnung ist der Bezug zur physikalischen Welt, welcher bspw. durch die Unterstützung des Verschiebens von Ausschnitten eines Dokuments mittels Schieberegler verdeutlicht wird.

Konsistente Präsentation: Eine gleichbleibende Anordnung von Bedienelementen wirkt als ein stellvertretendes Kurzzeitgedächtnis zum Erinnern der Inhalte einer Benutzungsoberfläche.

Um diese Vorzüge aufrechterhalten zu können, bietet das *BrailleDis* u. a. die Möglichkeit, Bedienelemente taktil unter Erhalt der räumlichen Zusammenhänge abzubilden und über die berührempfindliche Oberfläche direkte Manipulationen an den Elementen vorzunehmen.

Ergänzend bilden nach Trevianus et al. [TR06] fünf Design-Prinzipien die Voraussetzung für Inhalts- und Benutzungsoberflächen-Transformationen:

Trennung der Inhalts- von Strukturinformation von der Präsentation: Die Trennung des Inhalts von der Präsentation oder Formatierung ermöglicht eine Anpassung dessen Anzeige entsprechend einer benutzerspezifischen Konfigurationen. Das umfasst bspw. Farb- oder Kontrasteinstellungen oder das Ausblenden der für den Nutzenden uninteressanten Informationen.

Trennung der Funktionen von Kontrollmechanismen: Die Unabhängigkeit der Funktionen von den Kontrollmechanismen erlaubt das Ausführen von Aktionen auf verschiedene Weise, bspw. über das Klicken einer Schaltfläche, einer Tastatur- oder Spracheingabe.

Alternativen in anderen Modi: Da manche Information aufgrund ihrer engen Verbindung mit dem Präsentationsmedium nicht umgewandelt werden kann, müssen gleichwertige Alternativen in verschiedenen Modalitäten angeboten werden. Auditive Beschreibungen, Text-Labels und Alternativtexte können als Ersatz für visuelle Informationen eines Videos oder Grafiken dienen.

Strukturierung des Inhalts: Beim ersten Betrachten eines Inhalts wird neben dem Text zunächst die (visuelle) Struktur erfasst. Dazu zählen bspw. das Thema, das Format, die vorhandenen Medien, besondere Formatierungen, Formulare und Links. Während des Lesens entsteht somit ein Gesamteindruck des Inhalts, der Intention des Autors mittels Formatierung und Layout. Solch ein Überblick kann bei Verwendung der ausschließlichen Textausgabe von Screenreadern nicht erlangt werden. Durch klare Strukturierungen, bspw. mit Hilfe von Überschriften und Links, kann das Erfassen des Inhalts für die nicht-visuelle Nutzung erleichtert werden.

Beschreibung von Ressourcen: Um Lernende mit den für sie passenden Lernmaterialien zu versorgen, ist ein umfassender Ressourcenpool hilfreich. Dieser kann aber nur effektiv durchsucht und genutzt werden, wenn für diese Ressourcen korrekte und vollständige Metadaten vorhanden sind. Zu diesen Metadaten zählen der erforderliche Modus zur Wahrnehmung der Ressource, die Möglichkeit zur Anpassung, die Lernziele und weitere beschreibende, möglichst maschinenlesbare Informationen.

Die Anwendung von Transformationen kann entweder über standardisierte Benutzungsprofile für unterschiedliche Beeinträchtigungen erfolgen oder individuell über Profileinstellungen. Da auch innerhalb von Beeinträchtigungskategorien sehr heterogene Bedarfe existieren, scheint ein individualisiertes Benutzungsprofil – z. T. mit Hilfe Dritter eingerichtet (vgl. [LSS+13]) – angemessen. Dennoch sollte ein standardisiertes Benutzungsprofil zur Verfügung stehen, um als Grundlage für weitere Anpassungen zu dienen sowie eine Benutzung ohne weitere Einstellungen zu ermöglichen. Um mögliche Bedarfe in speziellen Bedienkontexten abzubilden, kann weiterhin eine automatische Adaption des Systems hilfreich sein [LSS+13]. Loitsch et al. [LSS+13] beschreiben Systeme, welche personalisierte Transformationen vornehmen, wie bspw. durch alternative Aufbereitung von Inhalten, adaptierbare Ansichten und Navigationshilfen. Das Projekt *Cloud4all* verfolgt einen ‚Matchmaking'-Ansatz, welcher Bedarfe und Vorlieben von Nutzenden auf Anwendungseinstellungen für bestimmte Benutzungskontexte überträgt [LSS+13]. Damit werden bspw. bestehende Vorlieben auf neue Geräte übertragen. Ein weiteres Beispiel für Verwendung von Benutzungsprofilen zur Berücksichtigung von persönlichen Bedarfen und Präferenzen ist die Erweiterung von dem Lernmanagementsystem *ATutor* [134] durch Gay et al. [GMRS09] anhand der ISO/IEC 24751 [ISO08d] u. a. in Bezug auf Layout, Inhaltsformen und Navigation.

Neben der Benutzungsoberfläche haben auch die enthaltenen Medien einen entscheidenden Einfluss auf die Zugänglichkeit einer Anwendung. Green [Gre11] beschreibt häufige Medienkombinationen und mögliche Alternativen (vgl. Tabelle 9.1) in Bezug auf

Tabelle 9.1.: Häufige Medienkombinationen und Alternativen für blinde Lernende in virtuellen Klassenzimmern (auf Basis einer allgemeinen Tabelle zu Medienkombinationen und Alternativen von [Gre11, S. 219]); Alternativen, welche durch eine zweidimensionale taktile Ausgabe ermöglicht werden, sind mit eckigen Klammern gekennzeichnet

Medien	Auditiv	Visuell	Textuell	Haptisch/taktil	Beispiele
Primäre Modalitäten:					
Auditiv	✓				Töne, Musik, Sprache, Podcasts
Visuell		✓			Grafiken, Animationen, Symbole, Bedienelemente
Textuell			✓		Beschreibungen Klartext, Bedienelemente
Taktil				✓	Haptische Rückmeldungen, Braille, taktile Ausgabe
Audio-visuell	✓	✓			Videosequenzen, Vodcasts
Hyper-textuell		✓	✓		*(X)HTML* mit Bildern, Texten, Links
Audio-textuell	✓		✓		Text mit Audiokommentar, Screenreader-Ausgabe
Multimedial	✓	✓	✓		Präsentationen, Animationen
Alternativen:					
Alternativtext		×	✓	[✓]	Alternativtext Grafiken/Abbildungen
Braille			×	✓	Braille-Darstellung für Text
Taktile Darstellung		×		✓	Diagramm, grafische Darstellungen, Strukturen
Alt. Beschreibung	×	×	✓		Videos
Audio-Transkription	✓	×	×		Beschreibung von Whiteboard/Video
Symbol		×	✓	[✓]	Textuelle und taktile Äquivalente für Symbole

die Funktionalität eines virtuellen Klassenzimmers. Zu den verschiedenen Modi zählen u. a. auditiv, visuell, textuell und taktil/haptisch. Mögliche Alternativen für Medien nach Green [Gre11] umfassen:

- textuelle Alternativen, wie bspw. Untertitel für audiovisuelle Medien, alternative Beschreibungen für visuelle Darstellungen,
- auditive Beschreibungen für visuelle Inhalte sowie Text und
- taktile Ausgabe von Braille für Schwarzschrift.

Außerdem können Benachrichtigungen über Ereignisse auditiv erfolgen. Zur Unterstützung der Wahrnehmung von strukturellen Informationen (bspw. Bereiche, Rahmen, Icons, Whiteboard-Elemente) sowie einfachen grafischen Zusammenhängen kann eine taktile Ausgabe erfolgen.

9.1.2. Gesteneingabe

Gesteneingabe auf einem taktilen Gerät erlaubt eine direkte Interaktion mit Bedienelementen, wie sie auf Touchscreens von mobilen Geräten und zunehmend auch auf Computermonitoren eingesetzt wird. Weiterhin muss die Hand nicht von der Darstellungsfläche entfernt werden, um Eingaben über die Tastatur zu tätigen, was zu einem

Fokusverlust auf dem Display führen würde. Außerdem kann so der Fokus direkt auf taktil erfasste Element gesetzt werden [SSKJ09].

Im Zusammenhang mit Interaktionstechniken für mobile, berührempfindliche Geräte beschreiben Kane et al. [KBW08] und McGookin et al. [MBJ08] Gestaltungsrichtlinien:

- Zur Unterstützung einfacher Erlernbarkeit von Benutzungsoberflächen und Interaktionen sollten Layout, Kommandos und Gesten zur Eingabe über verschiedene Geräte und Anwendungen konsistent gestaltet werden [KBW08].

- Der *Midas-Touch-Effekt* (vgl. [Jac91]) muss vermieden werden, d. h. ein Nutzender muss eine Benutzungsoberfläche taktil erkunden können ohne Gefahr zu laufen, versehentlich eine Aktion durchzuführen [KBW08].

- Um taktile Auswahlaktionen, wie bspw. ein Tippen mit einem Finger, zu ermöglichen, sollte die Auflösung an die Fingergröße angepasst werden [KBW08]. In diesem Zusammenhang sehen [MBJ08] kleine, punktuelle Gesten als problematisch an, da diese versehentlich beim Ausführen einer anderen Geste erzeugt werden könnten.

- Da das genaue Wiederfinden eines Objektes nach Anheben eines Fingers ohne visuelle Kontrolle schwierig ist, muss eine Auswahl-Geste – bspw. durch ein Tippen – überall auf dem Touch-Screen unabhängig von der Position des Zielobjekts ausgeführt werden können [KBW08, MBJ08].

- Zu allen Aktionen sollten Rückmeldungen bspw. in Form von Audio-Signalen oder implizit durch eine erkennbare Veränderung (Erhöhen/Reduzieren der Lautstärke) vorhanden sein [MBJ08].

- Bei taktilen Kontroll-Panels sollte eine Taste durch eine taktile Markierung auffindbar sein, um eine generelle Orientierung erlangen zu können (wie [F] und [J] auf der Tastatur) [MBJ08].

- Bei physikalischen Schaltflächen ist eine Unterscheidung durch verschiedene Formen hilfreich [MBJ08].

Sturm et al. [SSKJ09] unterscheiden verschiedene Gestenformen. Nachfolgend werden die für diese Arbeit wichtigsten betrachtet[95]:

- Ein-Finger-Gesten: Mit einem Finger wird ein Tippen ähnlich einer Klick-Operation einer Maus durchgeführt.

- Mehr-Finger-Gesten: Eine Kombination von Tippen oder Bewegen mehrerer Finger auf einem Display, bspw. für Zoom-Operationen.

- Mehr-Personen-Gesten: Mehrere Personen können auf einem Display gleichzeitig Eingaben tätigen.

- Tippen: Tippen kann mit oder ohne einen Rhythmus erfolgen und kann mit einem Finger oder mehreren Fingern oder sogar anderen Teilen der Hand erfolgen.

- Zeichnen einer Form: Den Formen einer Zeichnung auf einem Display, bspw. eines Häkchens, Kreises oder einer Unterstreichung, können bestimmte Bedeutungen zugewiesen werden.

---

[95]Weitere Gestenformen umfassen Akkorde, Anheben eines Fingers, Gesten in festen Regionen oder frei platziert sowie Gesten, welche weitere Teile der Hand involvieren.

Tabelle 9.2.: Gegenüberstellung der Basis-Gesten der Screenreader *VoiceOver*, *Talkback*
und der Sprachausgabe für *Windows Phone*

Aktion	VoiceOver	Windows Phone	Talkback
Information über dargestellten Inhalt	Tippen oder Wischen über den Bildschirm		Wischen über den Bildschirm
Aktivieren eines Elements		Doppeltes Tippen	
Wechsel zu nächstem Element	Wischen nach rechts		Wischen nach rechts oder unten
Wechsel zu vorherigem Element	Wischen nach links		Wischen nach links oder oben

Der *iOS*-Screenreader *VoiceOver* [25], der *Android*-Screenreader *TalkBack* [37] und
die Sprachausgabe für *Windows Phone* [38] erlauben ähnliche Gesten zur grundlegenden
Bedienung von Touchscreens (vgl. Tabelle 9.2). *TalkBack* [37] erlaubt neben Basis-
Gesten auch Vor-Und-Zurück-, L-Form-, Zwei-Finger- und personalisierte Gesten bspw.
zur Navigation, für Verschiebeoperationen oder App-interne Aktionen.

Arroba et al. [AVA⁺11] beschreiben weiterführende Bediengesten für mobile Plattformen, welche weitestgehend eine Kombination der Gesten von *TalkBack*, *VoiceOver*
und *Windows Phone* darstellen. Dabei wird zwischen Ein- und Zwei-Finger-Gesten
unterschieden [AVA⁺11, S. 212] (siehe Abbildung 9.1):

- Ein-Finger-Gesten:
  - Über den Bildschirm wischen („drag"): Fokussieren eines jeden Elements,
    auditive Ausgabe des zuletzt fokussierten Elements.
  - Tippen: Fokussieren des Elements
  - „Fling"-Geste: links: Fokus des nächsten Elements; rechts: des vorheriges
    Element; runter: des unteren Elements; hoch: des oberen Elements
  - Doppel-Tippen (ortsunabhängig): Aktivieren des fokussierten Elements
- Zwei-Finger-Gesten:
  - Zwei-Finger-Tippen: Stoppen der aktuellen auditiven Ausgabe
  - Zwei-Finger-Doppel-Tippen: Ansage der Anzahl der vorhandenen Elemente
  - Zwei-Finger-„Fling"-Geste runter: Beschreibung aller Elemente des Fokus
  - Zwei-Finger-„Fling"-Geste hoch: Beschreibung allee dargestellten Elemente
  - Tippen und wischen rechts/links: horizontales Scrollen
  - Tippen und wischen runter/hoch: vertikales Scrollen

Bei der grundlegenden Bedienung von Touchscreens mittels Gesten unterscheiden
sich die Benutzungskonzepte der beschriebenen Anbieter nur wenig (vgl. Tabelle 9.2).
Lediglich bei spezielleren Aktionen, wie bspw. dem Stoppen der Audioausgabe oder
Bedienung der *Android*-eigenen Tasten („Home" und „Back"), unterscheiden sich die
Konzepte. Insgesamt scheinen die Basis-Gesten – ggf. erweitert durch einige Gesten
für die Navigation – für eine grundlegende Bedienung ausreichend und erfüllen die
Forderung nach Intuitivität und Erlernbarkeit nach Schmidt & Weber [SW09].

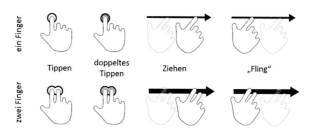

Abbildung 9.1.: Einfache Gesten mit einem Finger oder zwei Fingern [AVA$^+$11, S. 211] (übersetzt)

Bei einer Umfrage mit Blinden zu der Bedienbarkeit des *iOS*-Screenreaders [LBB12] bewerten 49 % der Befragten die Gestensteuerung als „sehr funktional/leicht", 41 % die auditive Ausgabe als „sehr nützlich" sowie 62 % die Erlernbarkeit der Interaktion als „einfach". Diese Untersuchung bestätigt die Bedienbarkeit von Touchscreens mit Hilfe eines Screenreaders und der eingesetzten Gesten. Buzzi et al. [BBLT15] stellen fest, dass Gesten auf Smartphones bestehend aus einfachen Wischbewegungen, einzelnen Striche sowie einer Richtung von Probanden mit Sehbeeinträchtigung als am einfachsten empfunden werden, wohingegen Richtungswechsel und Kreisbewegungen sich als schwierig herausstellen. Weiterhin sind komplexe Gesten laut Schmidt & Weber [SW09] nicht ohne angeleitete Übung erlernbar. Daraus lässt sich schließen, dass Gesten möglichst einfach gestaltet und nicht in zu großer Vielfalt eingesetzt werden sollten.

Aufgrund der Nutzung eines taktilen Flächendisplays als Ausgabe- und Eingabegerät in nachfolgender Konzeption, muss zwischen Berührungen mit dem Ziel der Erkundung der Benutzungsoberfläche und mit dem Ziel der Eingabe unterschieden werden [SSKJ09]. Bei den beschriebenen Gesten für Touchscreens wird dies durch ein einfaches Berührungen zum Erkunden und ein doppeltes Tippen zur Auswahl erreicht. Da auf einem taktilen Flächendisplay im Gegensatz zu einem herkömmlichen Touchscreen die Information durch einen blinden Nutzenden auch stumm erfasst werden kann und somit nicht immer eine Audioausgabe erforderlich ist, muss das Abrufen von auditiven Ausgaben gesondert gesteuert werden. Dafür muss ein Mechanismus zum Einleiten und Beenden einer Eingabegeste (bspw. durch Spracheingabe, Initialgesten oder Tastatureingaben) zur Verfügung stehen [SSKJ09]. Weiterhin ist eine (akustische oder haptische) Bestätigung über eine erfolgreich ausgeführte Geste erforderlich.

Aufgrund des Wunsches blinder Lernender, die visuelle Bedienung möglichst äquivalent abzubilden (vgl. Kapitel 9.5.6), um die Kommunikation mit sehenden Lernenden zu erleichtern, sollte auch die Gestensteuerung der visuellen Bedienung mit der Maus ähnlich sein. Daher scheint die Abbildung einfacher Mausgesten, wie bspw. Einfach- und Doppelklick sowie Drag-And-Drop, auf taktile Gesteneingabe unter Berücksichtigung unterstützter Gesten durch das *BrailleDis* (vgl. Kapitel 9.1.3) sinnvoll.

9.1.3. Funktionen und Konzepte für das BrailleDis

Bei der Darstellung von zweidimensionalen Inhalten auf einem Gerät wie dem *Braille-Dis* muss beachtet werden, dass die Auflösung entsprechend der des Tastsinns gering ist, so dass eine Anpassung der Darstellung und des Inhalts erforderlich wird. Zudem unterscheidet sich das mentale Modell von Blinden im Vergleich zu Sehenden in Bezug auf räumliche Zusammenhänge abhängig vom Zeitpunkt des Eintritts der Sehschädigung, der Restsehkraft und dem persönlichen Vorstellungsvermögen. Die Orientierung und das Verständnis von strukturellen Zusammenhängen nehmen somit mehr Zeit als bei einer visuellen Arbeitsweise ein. Die Screenreader bieten deshalb Hilfestellungen, u. a. in Form von Sprungmarken und Elementlisten, die bspw. alle Überschriften auflisten [KZ11].

Nachfolgend werden die relevanten Konzepte und Funktionen beschrieben, welche für das *BrailleDis* entwickelt wurden. Diese basieren auf Konzepten, welche im Rahmen des Projekts *HyperBraille* entwickelt wurden und hier durch neuere Konzepte des *BrailleIO*-Frameworks ergänzt werden.

Benutzungskonzept

Ein erster Screenreader für zweidimensionale Flächendisplays war *TAWIS* [Web10]. Er wurde von Lüthi für das erste Modell des *BrailleDis*, das *DMD 120060*, entwickelt [Web89] und unterstützt ein Fenstersystem sowie Bildverarbeitungsfunktionen zum Erkennen von Umrissen und zum Filtern von Farben [Web10].

Das im Rahmen des Projekts *HyperBraille* für die Nachfolgemodelle des *Braille-Dis* (Modelle 9000 und 7200) entwickelte Fenstersystem[96] verwaltet die Ausgabe von Braille-Fenstern in verschiedenen Regionen, Ansichten und Ansichtstypen auf dem *BrailleDis* [PWS10, SKNW09]. Dabei wird jedes Fenster der Benutzungsoberfläche als ein Braille-Fenster dargestellt.

Ziele der Benutzungsoberfläche des *HyperReaders*[97] sind:

[...] (1) to improve the efficiency of blind users' information retrieval on two-dimensional low-resolution space, (2) to improve effectiveness by avoiding mistakes that frequently occur with conventional assistive technologies caused by the absence of spatial and overview information, and (3) to ensure the users' satisfaction with the adapted visual representation. [SKNW09, S. 567]

Im Rahmen der Entwicklung des Benutzungskonzepts für die *HyperReader*-Software zur Darstellung von Anwendungen auf dem *BrailleDis* wurden auf Basis einer Evaluation Nutzeranforderungen an eine zweidimensionale taktile Ausgabe definiert:

These include
- the need to orient the palm and finger position in respect to the context provided within a region,
- to locate the focused user interface element by a finger,
- to support navigation and exploration on the visual screen, and
- to support re-establishing the context when the user returns his or her hand after typing on a keyboard (referred to as homing).

[PWS10, S. 92]

---

[96]Im Projekt *HyperBraille* wurden in Zusammenarbeit mit anderen Projektpartnern Konzepte für die Darstellung auf und Interaktion mit dem *BrailleDis* in einem Benutzungskonzept (vgl. [BSN10]) dokumentiert.

[97]Vgl. Kapitel 2.4.1.

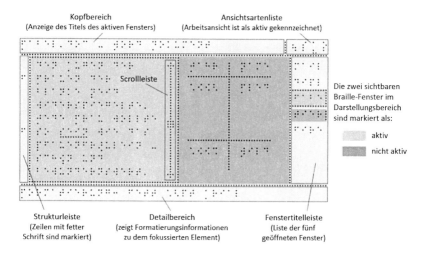

Abbildung 9.2.: Taktile Repräsentation des Braille-Fenster-Systems [PWS10] (übersetzt)

Zur Erleichterung der Orientierung und zum Erfassen von komplexer Information wird die Darstellungsfläche auf dem *BrailleDis* in Regionen aufgeteilt. Im Rahmen des Benutzungskonzepts des *HyperBraille*-Projekts werden sechs Regionen definiert (siehe Abbildung 9.2):

Kopfbereich: Im *Kopfbereich* (engl. *header region*) wird der Titel des aktiven Fensters angezeigt.

Ansichtsartenbereich: Der *Ansichtsartenbereich* (engl. *view type region*) zeigt, welche Ansichtseinstellung für den *Darstellungsbereich* gerade getroffen ist (Erläuterung s. u.).

Strukturbereich: Der *Strukturbereich* (engl. *structure region*) kennzeichnet bestimmte Zeilen zur besseren Orientierung, bspw. das Vorkommen von Überschriften oder Links.

Darstellungsbereich: Im *Darstellungsbereich* (engl. *body region*) erfolgt die Anzeige des Inhalts des Braille-Fensters mit der Möglichkeit der Aufteilung in zwei Bereiche.

Fenstertitelbereich: Der *Fenstertitelbereich* (engl. *window type region*) dient der Darstellung der derzeit geöffneten Fenster und wird nur bei Bedarf eingeblendet.

Detailbereich: Im Detailbereich (engl. *detail region*) werden Detailinformationen zum fokussierten Element und/oder die Screenreader-Ausgabe angezeigt.

Wenn der Inhalt die Regionen übersteigt, werden Scroll-Leisten – in kleinen Regionen zur Platzersparnis nur Pfeile – angezeigt. Alle Bereiche außer dem *Darstellungsbereich* können ausgeblendet werden [SKNW09]. Die Anzeige der Information des *Darstellungsbereichs* kann durch vier verschiedene Ansichtsarten erfolgen [SKNW09]:

Originalansicht: Die *Originalansicht* (engl. *layout view*) erhält die Pixelinformation und bildet den Inhalt bitonal (schwarz ≙ gesetztem Pin; weiß ≙ gesenktem Pin) auf dem Display ab. Text erscheint demnach nicht in Braille sondern in taktiler Schwarzschrift. Diese Darstellung erlaubt bspw. die Kontrolle des Layouts eines Dokuments oder das Erkunden einer Grafik.

Überblicksansicht: Die *Überblicksansicht* (engl. *outline view*) stellt eine abstrakte Darstellung der in der Anwendung vorhandenen Objekte in Form von Umrissen – Linien und Rechtecken – ohne Details oder Schrift dar. Diese Ansicht bietet die Möglichkeit, einen Überblick über die Struktur einer Anwendung zu erlangen.

Symbolansicht: Die *Symbolansicht* (engl. *symbol view*) erhält die räumlichen Verhältnisse wie bei der *Originalansicht*, jedoch erscheint Text in Braille und Grafiken werden semi-grafisch durch vordefinierte Formen oder Symbole dargestellt.

Arbeitsansicht: Die *Arbeitsansicht* (engl. *operating view*) ist für einen schnellen Arbeitsablauf optimiert und ähnelt dem Strukturmodus von Screenreadern (siehe Kapitel 2.4.1). Grafische Information und räumliche Anordnung werden zugunsten einer logisch strukturierten rein textuellen Darstellung aufgegeben.

Das Konzept der *Minimap* stammt aus dem *HyperBraille*-Projekt und zeigt ein kleines Fenster an, welches den derzeit auf dem *BrailleDis* dargestellten Ausschnitt der Monitordarstellung zur Unterstützung der Orientierung kennzeichnet [PWS10]. Damit sollt das „Desert-Fog"-Problem [JF98] vermieden werden, welches die fehlende Möglichkeit zur Verknüpfung des aktuell dargestellten Ausschnitts zum Gesamtkontext beschreibt.

Interaktion

Die Interaktion auf dem *BrailleDis* erfolgt multimodal, das heißt die Bedienung kann – wie von Treviranus & Roberts [TR06] gefordert (vgl. Kapitel 9.1.1) – auf drei verschiedene Arten erfolgen, und zwar über

- Tastaturbefehle,
- Hardwaretasten auf dem Gerät (vgl. Abbildung 9.8) sowie
- Gesteneingabe auf der berührungsempfindlichen Oberfläche des Geräts [PWS10].

Die Hardwaretasten am *BrailleDis* sind um die Darstellungsfläche angeordnet und erlauben verschiedene Belegungen (vgl. Abbildung 9.8). Über der Darstellungsfläche sind Braille-Tasten, bspw. zur Eingabe von Braille-Schrift, angeordnet. Unter der Darstellungsfläche befindet sich eine Scroll-Leiste wie bei Braille-Zeilen. Rechts und links sind weitere Tasten angeordnet, die bspw. mit Verschiebe- und Zoom-Operationen belegt werden können.

Bei taktiler Interaktion werden die Hände zum Lesen bzw. Erkunden und auch zur Eingabe verwendet. Im Gegensatz zu einem Smartphone-Touchscreen, der zurzeit nicht-visuell mit nur einem Finger erkundet werden kann, ist dies bei einer Darstellung auf dem *BrailleDis* mit beiden Händen gleichzeitig möglich. Dabei muss eine Unterscheidung zwischen Eingabe- und Leseoperation erfolgen, um einen *Midas-Touch-Effekt* [Jac91] zu vermeiden. Auf einem taktilen Flächendisplay z. B., sollten Lese- bzw. Erkundungsoperationen dabei die Standard-Einstellung sein (vgl. [TR03]) und Interaktionen – i. d. R. Gesteneingaben – mit Hilfe einer Tastatureingabe oder Hardwaretaste initiiert werden.

Im Konzept von Bornschein & Prescher [BP14] (vgl. Kapitel 9.1.4) werden zwei verschiedene Arten von Gesten unterstützt: Erkundungs- und Auswahl-Gesten. Da das *BrailleDis* nicht zwischen Erkundungsoperationen und einer Gesteneingabe unterscheiden kann [SKW10], wird das Ausführen einer entsprechenden Geste durch eine Hardwaretaste (`[EG]` oder `[AG]` auf Abbildung 9.8) am Gerät ausgelöst. Eine Ein-Finger-Erkundungs-Geste dient dem Abruf von Informationen zu dargestellten Elementen und eine Auswahl-Geste entspricht einem Maus-Klick auf ein Element.

Die wichtigsten Gesten auf dem *BrailleDis* sind einfaches und doppeltes Tippen entsprechend einem einfachen und doppelten Computermausklick. Weitere Gesten dienen bspw. der Aufteilung des *Darstellungsbereichs* in zwei Bereiche (engl. *Pinch-to-Zoom*), bei der zwei Finger gedrückt gehalten werden und zusammen oder auseinander gezogen werden [PWS10] (vgl. Kapitel 9.1.2). Vergrößern bzw. Verkleinern der Darstellung wird durch Kreisgesten im und gegen den Uhrzeigersinn erreicht [BPSW13]. Ein Verschieben des Bildausschnitts erfolgt über eine Drei-Finger-Geste: das Ziehen von drei parallelen Fingern über das Display in gewünschter Richtung [BPSW13]. Das Zoomen und Verschieben der Darstellung ist weiterhin auch über die Hardwaretasten möglich [PWS10].

Zusammenfassung

Das *HyperBraille*-Benutzungskonzept [BSN10] nimmt eine Aufteilung der Darstellungsfläche des *BrailleDis* in Regionen vor. Diese Aufteilung erlaubt eine Strukturierung und Trennung verschiedenartiger Inhalte. Weiterhin unterstützt sie die Orientierung auf der zweidimensionalen Darstellungsfläche durch gleichbleibende Positionen von bestimmten Inhalten.

Die wichtigsten Gesten auf dem *BrailleDis* sind Mausklicks nachempfunden. Einfach- und Doppel-Klicks der Maus werden in einfaches und doppeltes Tippen übersetzt, um eine Auswahl der Bedienelemente zu ermöglichen. Dabei sollte die Größe der Zielbereiche nach Kane et al. [KBW08] die Größe der Fingerspitze nicht unterschreiten.

9.1.4. Dynamische taktile Darstellungen

Jürgensen & Power [JP05] betonen in Bezug auf zweidimensionale Darstellungen, dass relevante Informationen im Fokus stehen sollten und weitere vereinfacht werden müssen. Zudem muss auf eine konsistente Beschriftung und ausreichende Abstände zwischen Elementen geachtet werden. Bei der Interaktion auf interaktiven Flächendisplays muss gewährleistet werden, dass der Fokus bei Interaktionen nicht verloren geht, sprich mindestens eine Hand ihre Position nicht verlassen muss [JP05].

Prescher et al. [PBW14] beschreiben eine Untersuchung zu Vorlieben blinder Nutzender in Bezug auf taktile Darstellungen. Die meisten Befragten geben an, dass taktile Grafiken mit einer Beschreibung – speziell Karten und Diagramme – versehen werden sollten. Werkzeuge zur Erstellung taktiler Grafiken sollten daher eine Verbindung zwischen Grafik und Beschreibung herstellen. Weiterhin muss eine Wiederverwendbarkeit der Grafiken für andere Ausgabeformate mittels eines Vektorformats gewährleistet werden [PBW14].

Das Einsatzgebiet von taktilen Grafiken kann verschiedenen Zwecken dienen. Dazu zählen z. B. die Identifikation von Objekten, das Erfassen von Lerninhalten und komplexen Zusammenhängen [TRSE10] sowie der Repräsentation von Bedienelementen.

Taktile Icons, auch Taktons (engl. *tactons*) [BB04] genannt, sind taktile Repräsentationen von Bedienelementen oder „structured, abstract messages that can be used to communicate messages non-visually" [BB04, S. 15]. Taktons stellen das Äquivalent zu visuellen Icons und auditiven Earcons (vgl. Kapitel 2.3.2) dar und können Informationen schneller übermitteln als mit Hilfe von Braille-Schrift [BB04]. Pietrzak et. al. [PCB⁺09] unterscheiden weiterhin zwischen dynamischen Taktons – einer Animation aus mehreren Bildern – und statischen Taktons – einem Muster.

Prescher et al. [PWS10] diskutieren bspw. verschiedene Darstellungsmöglichkeiten von taktilen Scroll-Leisten – variierend in Breite und Linienart zwischen den Pfeilen sowie mit gefülltem oder nicht gefülltem Balken – beschreiben aber kein Ergebnis in Bezug auf die Favorisierung der Probanden. Bei zwei gleichzeitig darstellbaren Zeilen oder weniger, empfehlen Prescher et al. [PWS10] die Reduktion auf Pfeile.

Ein von Pölzer & Miesenberger [PM15] beschriebener Ansatz der Darstellung einer Mindmap auf dem *BrailleDis* unter Verwendung des *BrailleIO*-Frameworks nimmt eine Unterteilung der Darstellungsfläche in drei Bereiche vor, geht aber nicht auf die taktile Darstellung der Mindmap-Elemente ein (vgl. Kapitel 6.4). Nachfolgend werden weitere Konzepte für taktile Darstellungen vorgestellt.

SVGPlott

Das Programm *SVGPlott* [BPW14] ermöglicht sehenden und blinden Nutzenden mathematische Kurven zu zeichnen und diese audio-taktil, bspw. auf einem *Tiger*-Ausdruck (vgl. Kapitel 2.4.2) oder dem *BrailleDis*, zu erkunden. Die Evaluation von *SVGPlott* ergab, dass durchgehende Linien im Vergleich zu gestrichelten besser lesbar sind und somit für die wichtigsten Informationen reserviert werden sollten. Zur besseren Erkennbarkeit von Punkten auf dem Graphen wurde um diese herum etwas Freiraum gelassen. Als am besten zu lesende Punktdarstellungen zeigen sich Quadrat und Plus-Symbol (alternativ ein X-Symbol). Auf dem *BrailleDis* wird dabei aufgrund der geringen Auflösung – und der somit schlechteren Lesbarkeit als auf einem *Tiger*-Ausdruck – auf die Darstellung mehrerer Graphen in einem Koordinatensystem verzichtet und auf mehrere Ebenen gesetzt, die bei Bedarf eingeblendet werden können. Die Evaluation zeigt zudem, dass eine Kombination aus textueller Beschreibung und taktiler Darstellung das größte Verständnis erzielt (siehe auch [PBW14]) [BPW14].

Screen-Explorer für UML

Loitsch & Weber [LW12] beschreiben eine Untersuchung von taktilen Repräsentationen und Interaktionen, um blinde Menschen zur Verwendung der *Unified Modeling Language (UML)* [135] zu befähigen.

```
1 010   111
2 111   101
3 010   111
```

Quellcode 9.1: Pindarstellung des Plus-Symbols (links) und quadratischen
Rahmens (rechts), 0 $\hat{=}$ nicht gesetzte Pins, 1 gesetzte Pins

In der taktilen Repräsentation werden textuelle Label und Methodennamen in Braille
dargestellt. Lange Beschriftungen werden abgekürzt und auf den weiteren Inhalt durch
ein Plus-Symbol hingewiesen (siehe Quellcode 9.1). Beim Klicken auf den Text wird
dieser vorgelesen. Verbindungspunkte zwischen Linien werden als quadratischer Rahmen mit einem nicht gesetzten Punkt in der Mitte dargestellt. Die Evaluation zeigt,
dass aufgrund des hohen Scroll-Aufwands eine Überblicksgrafik von den Probanden als
hilfreich erachtet wird.

Tangram-Arbeitsstation

Die auf *OpenOffice Draw* [136] basierende *Tangram*-Arbeitsstation dient der kollaborativen Erstellung von taktilen Grafiken [BP14]. Dabei verwendet ein sehender Nutzender die Software wie gewohnt und ein blinder Nutzender bearbeitet die Grafik simultan mit dem *BrailleDis 7200*. Die unterschiedlichen Input- und Output-Geräte
der Nutzenden werden synchronisiert. Über das *Document-Object-Model* ist die reale
Repräsentation des Objekts hinterlegt, wodurch eine direkte Manipulation ermöglicht
wird. Basis für die taktile Darstellung der *Tangram*-Arbeitsstation bildet das *BrailleIO*-
Framework[98] [BP14].

Die taktile Benutzungsoberfläche basiert auf drei Regionen: Kopf- (engl. *header region*), Darstellungs- (engl. *body region*) und Detailbereich (engl. *detail region*). Die
Kopfregion zeigt den Titel der Grafik an. Im *Darstellungsbereich* wird die Grafik
entweder als pixelbasiertes bitonales Bildschirmfoto oder als Beschreibung in Braille
angezeigt. Im *Detailbereich* werden Informationen über das fokussierte Element, das
aktuelle Kontextmenü der *Tangram*-Arbeitsstation oder temporäre Statusmeldungen
angezeigt. Der Aufbau der Benutzungsoberfläche und der Belegung der Hardwaretasten des *BrailleDis* ist am *HyperBraille*-Benutzungskonzept angelehnt. [BP14]

Aufgrund der gemeinsamen Bedienung von *OpenOffice Draw* an einem Rechner kann
für Zeichenoperationen die Tastatur nicht genutzt werden. Daher müssen alle Opera-
tionen mit den Hardwaretasten des *BrailleDis* erfolgen. Die wichtigsten derzeit konzipierten Funktionen der *Tangram*-Arbeitsstation umfassen:

1. manipulation operations
    a select object
    b edit object (move, scale, rotate, remove)
    c edit filling pattern and line style
2. annotation and document operations
    a add Braille label[99]
    b edit title and description of objects
    c edit metadata of graphic file
    d open, save, export graphic

---

[98]Siehe in diesem Zusammenhang auch [Bor14] und Kapitel 10.2.1.
[99]Ein *Braille-Label* ist hier eine textuelle Beschriftung eines Elements.

  3. auxiliary operations
     a set threshold
     b invert image
     c show/hide grid or reference lines[100]
  [BP14, S. 45]

Zum Bearbeiten der Grafikobjekte über die Hardwaretasten stehen dem blinden Nutzenden drei Modi zur Verfügung: Bewegen, Drehen und Skalieren (engl. *move, rotate* und *scale*) [BP14]. Weiterhin sind Veränderungen der Füllfarbe und des Rahmens möglich. Die Modi werden auf dem Mittelpunkt der Pfeiltasten umgeschaltet und die Richtungen entsprechend des Modus mit Funktionen belegt:

Bewegen: hoch, rechts, runter, links (im Uhrzeigersinn oben beginnend)

Drehen: 1 Grad im Uhrzeigersinn, 15 Grad im Uhrzeigersinn, 1 Grad gegen Uhrzeigersinn, 15 Grad gegen Uhrzeigersinn

Skalieren: Höhe vergrößern, Breite vergrößern, Höhe verringern, Breite verringern

Um unabhängiges Arbeiten von blindem und sehendem Nutzenden zu ermöglichen, existieren verschiedene Fokus: Der normale System-Fokus und ein *Braille-Fokus*, der nur in der *Tangram*-Anwendung existiert. Der *Braille-Fokus* zeigt auf ein Element des *DOM* der aktuellen Zeichnung und wird durch einen durchgängigen, blinkenden Rahmen auf dem *BrailleDis* gekennzeichnet. Beide Beteiligten können den Fokus des anderen wahrnehmen. Das fokussierte Element des Partners wird auf der grafischen Benutzungsoberfläche als rote, blinkende Überlagerung und auf der taktilen Darstellung als gestrichelte, blinkende Umrandung dargestellt [BPW15].

Die Evaluation der *Tangram*-Arbeitsstation mit Teams aus einem blinden und einem sehenden Nutzenden besteht aus einem kollaborativen Transkriptionsprozess digitaler taktiler Grafiken. Die Editiermöglichkeiten von Objekten über die Hardwaretasten sowie die Erkundungsgeste für Elemente werden positiv bewertet. Das Fokuskonzept wird von den meisten blinden Probanden als sehr verständlich eingeschätzt [BPW15].

Visualisierung von Wegeplänen

Ivanchev et al. [IZL14] beschreiben ein audio-taktiles System zur Visualisierung von Routen auf dem *BrailleDis*. Straßen werden dabei als eine Reihe von Pins (Linien) dargestellt. Gebäude wurden durch ein Quadrat mit Spitze dargestellt (siehe Abbildung 9.3).

Abbildung 9.3.: Gebäudedarstellung auf einem taktilen Stadtplan [IZL14]

Beschriftungen in Braille auf der Karte werden umrandet, um sie besser von dem Rest der Karte unterscheiden zu können. Durch Klicken auf die Karte wird zu dem

---

[100]Unter einem *grid* wird ein Raster verstanden, welches den Vergleich von grafischen Elementen ermöglicht.

jeweiligen Punkt auditiv eine Information zur Straße oder dem Gebäude ausgegeben. Die vorgeschlagene Route wird durch blinkende Pins dargestellt. Die Evaluation belegt deren leichte Identifizierbarkeit; sowohl aufgrund der taktilen Veränderung als auch aufgrund des Geräuschs beim Heben und Senken der Pins.

Projekt LEARNSTEM

Das Projekt LEARNSTEM [Nam15] hat zum Ziel MINT-Fächer (Mathematik, Informatik, Naturwissenschaft und Technik) für Lernende mit Sehbeeinträchtigung zugänglich zu gestalten. Dafür wird ein kleines Exemplar des *BrailleDis* mit 360 Pins (15 × 24) verwendet. Das taktile Gerät wird auf einem zweidimensionalen Gerüst installiert. Durch manuelles Verschieben des verwendeten *BrailleDis* in X- und Y-Ausrichtung kann der Bildschirm erkundet werden, wobei die Position des Geräts an den Computer gesendet wird. Damit erhöht sich die virtuelle Auflösung auf 200 × 200 Pins. Vergrößerung und Verkleinerung der Darstellung wird über einen Fingerring mit Bewegungssensor erreicht, welcher an der nicht-dominanten Hand getragen wird. Durch Anheben der Hand erfolgt ein Vergrößern und durch Absenken ein Verkleinern [Nam15].

Das Display wird zur Darstellung von geometrischen Figuren über einen „SVG Latex Editor" verwendet, welcher *Latex* und *SVG*-Darstellungen automatisch in Braille umwandelt. In diesem Editor können auch alternative Texte für Elemente der Darstellung für die spätere auditive Ausgabe hinterlegt werden. Die Interaktion mit dem Display erfolgt über einfache und doppelte Tipp-Gesten, ähnlich einem Einfach- und Doppel-Klick der Computermaus. Diese werden zur auditiven Ausgabe von Informationen für den berührten Bereich verwendet.

Der Lösungsansatz der Verwendung einer kleinen Ausführung des *BrailleDis* ist aus Kostengründen interessant, jedoch ist der vorgestellte Ansatz noch nicht ausreichend beschrieben und evaluiert. Weiterhin werden wichtige verwandte Forschungsergebnisse aus dem Projekt *HyperBraille* [28] (bspw. [BPSW13, PWS10, SKNW09]) nicht in die Konzeption einbezogen. Insbesondere Aspekte der ergonomischen Anordnung des großen Gestells mit einer Tastatur am Arbeitsplatz sowie die Problematik des *Midas-Touch-Effekts* [Jac91] aufgrund einer fehlenden Unterscheidung von Touch- und Erkundungs-Gesten werden nicht betrachtet.

Zeichenwerkzeug AHEAD

Das von Rassmus-Gröhn et al. [RGME07] beschriebene Zeichenwerkzeug AHEAD ähnelt in seiner Funktionalität einem digitalen, dynamischen Whiteboard. Mit Hilfe des *PHANToM*[101] können blinde Nutzende Relief-Zeichnungen auf einem virtuellen Blatt Papier erstellen und erkunden. Gezeichnete Linien können mit Beschreibungen versehen werden. Bei der kollaborativen Verwendung mit einem sehenden Nutzenden, kann die Computermaus den *PHANToM*-Stift zu bestimmten Positionen auf dem Papier leiten und umgekehrt. Ein Abspeichern der erstellten Grafiken ist möglich.

---

[101]Vgl. Kapitel 2.4.2.

Access Overlays – Bedientechniken für Touchscreens

Kane et al. [KMP$^+$11] entwickelten so genannte *Access Overlays* – zugängliche Interaktionstechniken zur nicht-visuellen Bedienung von interaktiven Tabletops unter Erhaltung der räumlichen Anordnung der Objekte. Diese *Access Overlays* sind semitransparente Fenster über der Standard-Anwendung, welche Informationen über Position und Inhalt aller dargestellten Elemente abrufen und Zugang zu diesen Elementen mittels sprachlichen und auditiven Rückmeldungen ermöglichen. Kane et al. [KMP$^+$11] beschreiben die Funktion und Evaluation von drei verschiedenen *Access Overlays*:

Edge projection: Eine bestimmte Menge an Zielobjekten wird in eine lineare Liste umgewandelt. An den Rändern des Displays wird ein Menü angezeigt. Jedes Menüelement entspricht einem Zielobjekt auf der Darstellung und ist in entsprechender Höhe sowohl in x- als auch y-Richtung des Elements positioniert, so dass eine Ortsbestimmung ähnlich wie bei einem Punkt in einem Koordinatensystem möglich wird. Bei der Berührung eines Zielobjekts wird dessen Name auditiv ausgegeben.

Neighborhood browsing: Das Auffinden von Zielobjekten auf dem Bildschirm wird bei nicht-visueller Bedienung durch Leerräume behindert, da nicht erkennbar ist, ob diese Flächen leer sind oder die Berührung vom System nicht korrekt verarbeitet wurde. Um das Problem zu verringern, werden Leerräume durch die Vergrößerung der Zielobjekte verringert bzw. entfernt.

Touch-and-speak: Zur Beschleunigung der Navigation bspw. durch Menüs wird eine Kombination von Touch-Interaktion und Sprachbefehlen eingesetzt. Diese ermöglichen bspw. das Ausgeben aller Zielobjekte oder der Zielobjekte in unmittelbarer Nähe.

Ein Vergleich der *Access Overlays* mit einer Bedienung mit dem Screenreader *VoiceOver* [25] zeigt, dass die *Access Overlays* zu einem besseren räumlichen Verständnis des Bildschirmaufbaus und zumeist schnelleren Bedienabläufen führen [KMP$^+$11].

Die von Kane et al. [KMP$^+$11] beschriebenen *Access Overlays* konzentrieren sich hauptsächlich auf das Auffinden und Identifizieren von Zielobjekten. Aufgrund der taktilen Oberfläche des *BrailleDis* ist die Problematik des Auffindens von Objekten nicht so kritisch wie bei einem Touchscreen. Jedoch sind die Grundideen zur Verbesserung der Zugänglichkeit übertragbar: Durch eine Linearisierung von wichtigen Elementen einer zweidimensionalen Darstellung mit Hilfestellung zum Auffinden der Objekte können komplexe Darstellungen erfassbar und eine Kommunikation mit Sehenden durch den Erhalt der räumlichen Zusammenhänge ermöglicht werden. Leerräume auf der Darstellung können auf einem taktilen Flächendisplay leicht erkannt werden, jedoch sind aufgrund der geringen Darstellungsfläche oft nur Ausschnitte darstellbar. Hier kann dazu das Konzept der *Minimap* (vgl. Kapitel 9.1.3), welches auch von Kane et al. [KMP$^+$11] als „world-in-miniature overlay" [KMP$^+$11, S. 276] in Betracht gezogen wird, Unterstützung bei der Orientierung leisten. Die Verwendung von Sprachbefehlen scheint zum Einsatz in virtuellen Klassenzimmern aufgrund der bestehenden Gefahr von Audio-Kollisionen nicht geeignet.

Eine weitere Möglichkeit der Rückmeldung auf berührempfindlichen Bildschirmen sind Rückmeldungen mittels Elektrovibration wie bspw. bei *TeslaTouch* [BPIH10]. Diese ist jedoch als Anreicherung von visuellen Darstellungen und nicht als Ersatz konzipiert und somit für Blinde nicht direkt nutzbar. Das Konzept von Vibrationen als Rückmeldung für den Nutzenden zu verwenden, kann jedoch auch auf einem taktilen Flächendisplay Anwendung finden (vgl. Kapitel 9.1.4).

Evaluationsergebnisse taktiler dynamischer Darstellungen

Die Evaluationen der oben beschriebenen taktilen dynamischen Umsetzungen von grafischen Inhalten geben Hinweise in Bezug auf deren benutzerfreundliche Gestaltung. Nachfolgend werden die wichtigsten Gestaltungshinweise zusammengefasst:

- Linien:
  - Durchgehende Linien sind im Vergleich zu gestrichelten besser lesbar (*SVG-Plott* [BPW14]).
  - Verbindungspunkte zwischen Linien können als Quadrate mit einem nicht gesetzten Punkt in der Mitte dargestellt werden (*UML* [LW12]).
- Punkte:
  - Punkte (auf Graphen) sind durch einen Freiraum um den Punkt herum besser erkennbar (*SVG-Plott* [BPW14]).
  - Punktdarstellungen (auf Graphen) lassen sich am besten in Form von Quadraten und Plus-Symbolen lesen; alternativ ist auch ein X-Symbol möglich (*SVG-Plott* [BPW14]).
- Beschreibungen:
  - Kombinationen aus textueller Beschreibung und taktiler Darstellung erzielen das größte Verständnis (*SVG-Plott* [BPW14]; [PBW14]).
  - Abkürzungen von langen Beschriftungen und Verweise auf weiteren Inhalt können durch ein Plus-Symbol gekennzeichnet werden (*UML* [LW12]).
  - Auswahlgesten auf Text sollten diesen auditiv ausgeben (*UML* [LW12]).
- Sonstige:
  - Überblicksgrafiken unterstützen die Orientierung bei hohem Scroll-Aufwand (siehe Konzept *Minimap* [PWS10]; *UML* [LW12]).
  - Blinkende Pins sind auf dem *BrailleDis* leicht zu identifizieren und zu lokalisieren (Routen [IZL14]).
  - Die Verwendung eines Vektorformats für taktile Grafien ist für die spätere Anpassbarkeit wichtig [PBW14].
  - Für verwandte Informationen unterstützen kurze Navigationswege und räumliche Nähe die Bedienung [SKNW09].

Diese Gestaltungshinweise liefern eine gute Grundlage für die Entwicklung taktiler Oberflächen, geben jedoch noch keine Hinweise auf Interaktionstechniken, welche jedoch im Rahmen des *HyperBraille*-Projekts [28] bereits eingehend erprobt wurden.

9.1.5. Unterstützung für den Kameraeinsatz

Die Applikation *EasySnap* [JJWB11] für *iOS* unterstützt blinde Personen beim Aufnehmen von Fotos. Dabei unterscheidet die Anwendung zwischen drei Modi: *Freestyle*, *People* und *Objects*. *Freestyle* erlaubt das Fotografieren ohne Feedback, bei *Objects* wird das Aufnehmen eines Objekts unterstützt. Um Personen aufzunehmen, wird im Modus *People* eine Gesichtserkennung durchgeführt und informiert den Nutzenden über Position und Größe sowie über Helligkeit und Schärfegrad. Im Rahmen einer Evaluation mit sechs Probanden wird die Anwendung als hilfreich und leicht zu verwenden bewertet.

Eine Weiterentwicklung von *EasySnap*, *PortraitFramer* erlaubt es, Gruppen von Personen aufzunehmen [JJWB11]. Im Kontext der Videoübertragung in virtuellen Klassenzimmern ist dies jedoch nicht relevant, da in der Regel eine Person pro Kamera aufgenommen wird.

9.1.6. Zusammenfassung

Das Kapitel 9.1 „Konzepte für taktile Benutzungsoberflächen" fasst Konzepte und Untersuchungen zusammen, welche für die Anpassung eines virtuellen Klassenzimmers für Blinde relevant sind. Dabei zeigt sich, dass das *Information Seeking Mantra* nach Shneiderman [Shn96] durch das Darstellungskonzept des *HyperBraille*-Projekts[102] erfüllt wird: Die Aufteilung der Informationen in Regionen und die verschiedenen Ansichten erlauben das Erlangen eines Überblicks und die Möglichkeit Details nach Bedarf abzufragen. Die Regionen tragen weiterhin dazu bei, die Information zu strukturieren, um eine Informationsüberlastung auf einer für Blinde ungewohnt großen Darstellungsfläche zu vermeiden. Das in Evaluationen bewährte Regionen-Konzept für das *Braille-Dis* (vgl. [PWS10, SKNW09]) soll auch im nachfolgenden Konzept Anwendung finden, da die modular aufgebaute Struktur von virtuellen Klassenzimmern auf dieses gut abgebildet werden kann.

Um das Verständnis taktiler Darstellungen zu erhöhen, betonen [BPW14, LW12, PBW14] die Wichtigkeit von Beschreibungen und deren Verknüpfung zu den jeweiligen taktilen Darstellungen. Aufgrund der semantischen Beziehungen zwischen verschiedenen Inhaltstypen im virtuellen Klassenzimmer, müssen entsprechende Verknüpfungsmechanismen auch hier vorhanden sein.

Die Verwendung von Gesten und Hardwaretasten am Gerät verringert den Bedarf des Wechsels zur Tastatur und somit eine erforderliche Neuorientierung auf dem *Braille-Dis*. Die Erkenntnisse aus Untersuchungen zur Umsetzung taktiler Darstellungen (vgl. Kapitel 9.1.4) sollen ebenfalls im nachfolgenden Konzept berücksichtigt werden. Für die Durchführung von Video-Konferenzen kann die Gesichtserkennung und Überprüfung der Helligkeit von Jayant et al. [JJWB11] zur Unterstützung bei der Einstellung der Video-Übertragung eingesetzt werden.

Die beschriebenen Beispiele zeigen, dass i. d. R. eine Mischung verschiedener medialer Alternativen angestrebt wird, wie es auch von Green [Gre11] empfohlen wird. Für virtuelle Klassenzimmer bedeutet dies eine Umsetzung von Texten in Braille-Schrift und die Möglichkeit alternative Beschreibungen für visuelle Darstellungen hinzuzufügen.

---

[102]Vgl. Kapitel 2.4.1.

Weiterhin sollten auditive Ausgaben für alle Bedienelemente, Texte und Beschreibungen unterstützt werden. Weiterhin kann auf Ereignisse durch Auditory Icons oder Earcons hingewiesen werden.

Bei der Entwicklung von alternativen Konzepten für die Umsetzung virtueller Klassenzimmer auf dem *BrailleDis* werden einfache Transformationen (vgl. [Gre11]) für textuelle Inhalte sowie einfache Strukturen erforderlich. Bei der Umsetzung von Schwarzschrift in Braille oder Sprache sowie visuelle grafische Inhalte in taktile Darstellungen erfolgen inter-mediale Transformationen nach Brajnik [Bra08a]. Intra-mediale Transformationen finden durch veränderte Zeilenumbrüche und der verschiedenen Anordnung der Module des virtuellen Klassenzimmers in den Bereichen auf dem *BrailleDis* statt. Durch auditive Benachrichtigungen und Möglichkeiten die Inhalte in seiner eigenen Geschwindigkeit zu erfassen, erfolgt eine temporale Transformation.

Die Untersuchung von Zugänglichkeitsfunktionen von verschiedenen virtuellen Klassenzimmern (vgl. Tabelle 6.1 auf S. 108) zeigt, dass keine Anwendung alle vorhandenen Zugänglichkeitsfunktionen unterstützt. Doch selbst wenn dies der Fall wäre, blieben Barrieren, wie bspw. die der sozialen Präsenz oder dem Erkennen von semantischen Zusammenhängen, bestehen. Forschungsergebnisse zur Reduktion von Barrieren (siehe Kapitel 6.4) beziehen oft weitere Personen zur Unterstützung mit ein – z. B. als Übersetzer oder mittels Beschreibungen, die kollaborativ von allen Lernenden erstellt werden.

Um Barrieren, wie bspw. die der sozialen Präsenz oder des Erkennens von semantischen Zusammenhängen, zu verringern, ist eine Ergänzung der bestehenden Anwendung von Nöten, u. a. unter Berücksichtigung der Barrierefreiheitsfunktionen verschiedener virtueller Klassenzimmer (vgl. Kapitel 6.4.6). Durch die Möglichkeit, einfache grafische Zusammenhänge auf dem *BrailleDis* darzustellen, wird eine Substitution von Ressourcen selten erforderlich sein. Da diese primär für Inhalte nötig werden könnte, welche durch Teilnehmende zur Verfügung gestellt werden, wird die Substitution von Ressourcen nachfolgend nicht betrachtet.

9.2. Benutzungskonzept für das BrailleDis

Dieses Kapitel beschreibt eine nicht-visuelle Benutzungsoberfläche (engl. *non-visual user interface* nach Mynatt [Myn97]) für die Darstellung und Bedienung eines virtuellen Klassenzimmers am Beispiel von *BigBlueButton* auf einem taktilen zweidimensionalen Flächendisplay, dem *BrailleDis 7200*. Die Benutzungsoberfläche ist durchgängig in Englisch verfasst, um eine größere Zielgruppe erreichen zu können. Einige der nachfolgenden Konzepte wurden bereits in [KL15] veröffentlicht.

Mit Hilfe dieses Benutzungskonzepts sollen blinde Lernende in die Lage versetzt werden, möglichst gleichberechtigt an Sitzungen in virtuellen Klassenzimmern aktiv teilzunehmen. Dazu ist es erforderlich die bestehenden Barrieren (vgl. Kapitel 2.3.3, 6.2, 6.5 sowie 6.1) abzubauen bzw. alternative Konzepte zum Ausgleich zu entwickeln.

Um dieses Ziel zu erreichen, werden die auf Grundlage der Produktanalyse entwickelten Gestaltungsrichtlinien (Kapitel 8) berücksichtigt, vorhandene Konzepte für zugängliche virtuelle kollaborative Lernumgebungen (Kapitel 6) einbezogen sowie bestehende Konzepte zur Darstellung auf taktilen Flächendisplays (Kapitel 9.1) als Grundlage herangezogen.

Das vorliegende Konzept deckt nicht die komplette Funktionalität eines virtuellen Klassenzimmers[103] ab, da das Ziel die Zugänglichmachung grundlegender und alternativer Konzepte darstellt, aber nicht die Umsetzung eines marktreifen Produkts. Die Beschreibung zeigt den Stand der Benutzungsoberfläche und dessen Visualisierung vor der Überarbeitung aufgrund der Evaluationsergebnisse des durchgeführten *taktilen Paper-Prototypings*. Vorgenommene Änderungen am Konzept aufgrund der Evaluationsergebnisse werden im Kapitel 9.5 erläutert und bei der Implementierung in Kapitel 10 berücksichtigt.

9.2.1. Schrift

Auf dem *BrailleDis* wird Computerbraille (Kapitel 2.2.2) verwendet: Ein Buchstabe wird durch 2×4 Punkte repräsentiert (vgl. Abbildung 2.1 auf S. 13). Da das *BrailleDis* aus äquidistanten Punkten aufgebaut ist, wird zur Unterscheidung der Buchstaben eine Punktreihe Abstand zwischen den Buchstaben gelassen. Damit ist ein Zeichen zwei plus eine Punktreihe als Abstand breit[104]. Die Punkte eines Zeichens werden in westlicher Leserichtung durchnummeriert (vgl. Abbildung 9.4).

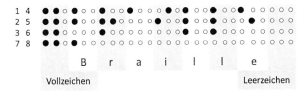

Abbildung 9.4.: Nummerierung eines Computer-Braille-Zeichens (links), Darstellung der Zeichenabstände und eines Vollzeichens, des Wortes „Braille" und eines Leerzeichens

In Bedienelementen wird aus Platzgründen auf Großschreibung verzichtet, so dass ein Buchstabe 2×3 Punkte (entspricht Punkten $1 - 6$) in Anspruch nimmt. Aufgrund der geringen Zahl an Bedienelementen stellt dieser geringere Umfang der verfügbaren Zeichen keine Einschränkung dar. Sind Umbrüche bei der Darstellung von Texten erforderlich, werden die umgebrochenen Zeilen um ein Zeichen eingerückt.

9.2.2. Bedienelemente

Die in dieser Konzeption genutzten *Bedienelemente*, bzw. *Steuerelemente* oder *Widgets*, sind aus studentischen Arbeiten [Alb08, Haa09], aus dem Benutzungskonzept [BSN10] des Projekts *HyperBraille* [28] und aus Taras et al. [TRSE10] übernommen oder basieren darauf. Da diese Bedienelemente bereits mit blinden Nutzenden evaluiert wurden, kann von einer hohen Bedienfreundlichkeit ausgegangen werden. Die Bedienelemente sind in

---

[103]Funktionen, wie bspw. private Chat-Räume, Aufzeichnungen oder Shared Desktop, werden nicht vollständig betrachtet.

[104]Auch Leerzeichen umfassen drei Punktreihen. Je nach voranstehenden Buchstaben, kann der Abstand zwischen zwei Wörtern bis zu fünf nicht-gesetzte Punkte umfassen: bspw. wenn auf ein „a" (Punkt 1 gesetzt) ein Leerzeichen folgt.

Tabelle 9.3 beschrieben und abgebildet. Die Beschriftung der Bedienelemente erfolgt in Kleinbuchstaben, um Platz zu sparen.

Tabelle 9.3.: Mock-ups für taktile Bedienelemente

Bedienelement	Beschreibung	Mock-up
Schaltfläche (engl. *Button*)	Nicht aktiv/ausgewählt (links), aktiv/ausgewählt (rechts)	
Takton	Taktiles Icon: nicht ausgewählt (links), ausgewählt (rechts)	
Eingabefeld	Eingabefeld mit blinkender Einfügemarke/Caret (Punkte 7 und 8)	
Checkbox	Nicht ausgewählt (links), ausgewählt (rechts)	
Radiobutton	Nicht ausgewählt (links), ausgewählt (rechts)	
Toggle-Button	Schaltfläche mit ausklappbarem Menü und Auswahlmöglichkeit: nicht ausgewählt (links), ausgewählt mit ausgeklapptem Menü („Item 1", „Item 2")	
Reiter	Vertikal angeordnete Reiter; das jeweils nach rechts offene Element ist aktiviert und auf der Darstellungsfläche wird der entsprechende Inhalt angezeigt	
Scroll-Leiste	Zeigt an, wenn mehr Inhalt vorhanden ist, als auf der Ansicht dargestellt werden kann und ermöglicht das Verschieben der Ansicht	

Fortsetzung auf der nächsten Seite

Tabelle 9.3.: *Fortsetzung: Taktile Bedienelemente*

Bedienelement	Beschreibung	Mock-up
Gruppierung	Rahmen um Elemente (mit und auch ohne Beschriftung/Gruppenname) zur Verdeutlichung der Zusammengehörigkeit mehrerer Elemente	
Linien	Zum Trennen von Regionen und Inhalten	
Klammern	Trennung von Textzeile und Kontextinformationen, hier ‚[DnLn' ([Description no, Link no)	

Im *HyperBraille*-Projekt werden als Taktons leicht wiedererkennbare rechteckige Grafiken aus gesetzten und abgesenkten Pins verstanden [Haa09], die nicht skalierbar sind [TRSE10]. Eine Aktion auf ein Takton wird zu der Original-Anwendung weitergeleitet [TRSE10]. Im nachfolgenden Konzept finden Taktons im erweiterten Sinne Anwendung: In der Funktion von Auswahlkästen sowie taktilen Icons. Letztere dienen primär der Anzeige und dem Wechsel von Status, enthalten jedoch neben grafischen Elementen auch Braille-Schriftzeichen.

Scroll-Leisten werden in Bereichen angezeigt, in welchen nicht der gesamte Inhalt auf einer Ansicht abgebildet werden kann. Die Scroll-Leiste erscheint am rechten Rand des Bereichs für vertikales oder am unteren Rand für horizontales Verschieben. Da bei Texten automatische Zeilenumbrüche erfolgen, sind bei diesen nur vertikale Scroll-Leisten möglich. Der Balken in der Scroll-Leiste hat eine gleichbleibende Höhe und zeigt somit die Position des dargestellten Ausschnitts in Bezug zum Gesamtinhalt dar, aber nicht den Umfang des Inhalts.

Statusinformationen und Hinweise auf vorhandene zusätzliche Informationen werden am Ende einer Zeile (rechtsbündig) durch eine geöffnete eckige Klammer ‚[·[105] abgetrennt angezeigt. Dabei werden die Informationen durch einen Buchstaben gekennzeichnet, gefolgt von ‚y' für ja oder ‚n' für nein. Die Klammern werden in folgenden Ansichten eingesetzt:

- Teilnehmeransicht: Status-Informationen zu Mikrofon, Video und Melden (ja/nein)
- Aktivitätsfenster: Information zu der Verfügbarkeit von alternativen Beschreibungen und Link (ja/nein)
- Lesezeichen: Information zu der Verfügbarkeit von Titel und Beschreibungen der Lesezeichen (ja/nein)

---

[105]Das entsprechende Braille-Zeichen besteht aus Punkten 1, 2, 3, 5, 6 und 7 (vgl. Abbildung A.1 im Anhang).

9.2.3. Grundlayout

Das Grundlayout für die Darstellung virtueller Klassenzimmer auf dem *BrailleDis* (siehe Abbildung 9.5) orientiert sich am Aufbau einer visuellen Benutzungsoberfläche virtueller Klassenzimmer, an der Benutzungsoberfläche des *HyperReaders* aus dem Projekt *HyperBraille* [PWS10] und der Benutzungsoberfläche von *Adobe Connect Mobile* (vgl. Abbildung 6.13 auf S. 111).

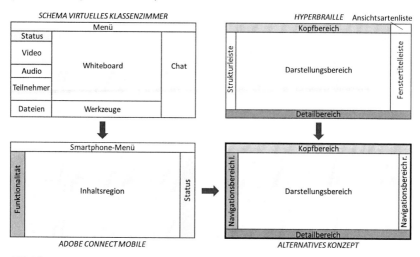

Abbildung 9.5.: Layout-Schemata des Grundlayouts, abgeleitet vom Schema virtueller Klassenzimmer, *Adobe Connect Mobile* und dem *HyperBraille*-Konzept nach Köhlmann & Lucke [KL15]

Die Grundaufteilung der Benutzungsoberfläche erfolgt anhand des *HyperBraille*-Konzepts in Regionen (vgl. Abbildung 9.6). Diese unterstützen eine konsistente Platzierung und Strukturierung der Bedien- und Inhaltselemente. Oben befindet sich ein *Kopfbereich* und unten ein *Detailbereich* für die Screenreader-Ausgabe. Der Bereich zur Anzeige von Inhalt befindet sich zwischen *Kopf-* und *Detailbereich* und nimmt den Großteil der Anzeigefläche ein. Beim *HyperBraille*-Konzept entspricht dieser Bereich dem *Darstellungsbereich*, bei virtuellen Klassenzimmern fasst dieser Bereich alle inhaltlichen Elemente (Whiteboard, Chat, Video usw.) zusammen. Der Aufbau des *Darstellungsbereichs* des hier vorgestellten Konzepts orientiert sich am Aufbau von *Adobe Connect Mobile* (vgl. Abbildung 6.13 auf S. 111). Auf der linken Seite befinden sich Reiter für Funktionen/Module. Je nach Auswahl eines Reiters wird der entsprechende Inhalt im *Darstellungsbereich* angezeigt. Hiermit erfolgt eine Datenreduktion im Gegensatz zu herkömmlichen Oberfläche virtueller Klassenzimmer, welche alle Funktionen (Chat, Teilnehmerliste, Whiteboard usw.) und Inhalte gleichzeitig in verschiedenen Bereichen darstellen, da zurzeit immer nur eine Funktion dargestellt werden kann. Die Anzeige von Statusinformationen (Mikrofon, Video, Meldefunktion (de-)aktiviert) erfolgt in *Adobe Connect Mobile* auf der rechten Seite des *Darstellungsbereichs* und wurde für das vorliegende Konzept um weitere Funktionen – Folgen, Links, Beschreibungen und Lesezeichen – ergänzt.

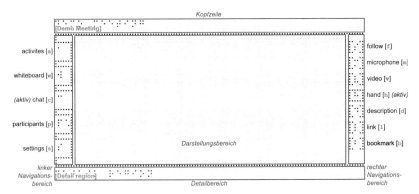

Abbildung 9.6.: Grundlayout für die Darstellung auf dem BrailleDis. Gelbe Hervorhebung: ausgewählte Bereiche; grüne Schrift: Übersetzung der Braille-Schrift; blaue und schwarze Schrift: Element-Erläuterungen

Die *Fenstertitelleiste* und der *Ansichtsartenbereich* des *HyperBraille*-Benutzungskonzepts (vgl. [PWS10]) finden in diesem Konzept für virtuelle Klassenzimmer keine Anwendung, da die Komplexität der Anwendung keine parallele Verwendung von weiteren Programmen oder den Wechsel zwischen verschiedenen Ansichten zulässt. Die Darstellung der Inhalte im *Darstellungsbereich* erfolgt ähnlich zur *Symbolansicht* des *HyperBraille*-Konzepts (vgl. Kapitel 9.1.3) als eine Kombination aus semi-grafischen Symbolen und Texten in Braille.

Kopfbereich

Der *Kopfbereich* (engl. *header region*) befindet sich am oberen Rand der Anzeige. Er besteht aus einer Zeile Braille-Schrift. Hier werden Programmtitel und aktuelle Ansicht angezeigt, bspw. „Virtual Classroom - Chat".

Darstellungsbereich

Der *Darstellungsbereich* (engl. *content region*) nimmt den größten Teil der Anzeige ein und dient der Anzeige von Inhalt. Die Art des hier dargestellten Inhalts ist von den ausgewählten Reitern des *linken Navigationsbereichs* und den Bedienelementen des *rechten Navigationsbereichs* abhängig. Der Inhalt umfasst bspw. den Chatverlauf, das Whiteboard, die Teilnehmerliste und die Lesezeichen. Im Vergleich zu der grafischen Benutzungsoberfläche, auf der alle Informationen parallel angezeigt werden, wird auf dem *BrailleDis* immer nur eine Informationsart bzw. ein Modul zurzeit dargestellt, ähnlich wie bei *Adobe Connect Mobile* (vgl. Abbildungen 6.13 auf S. 111 und 9.5).

Detailbereich

Im *Detailbereich* (engl. *detail region*) erfolgt die Ausgabe des Screenreaders; analog zu der herkömmlichen Braille-Zeilen-Verwendung. Weiterhin werden im *Detailbereich*

Detail-Informationen zu fokussierten Elementen ausgegeben. Für Whiteboard-Elemente umfasst das bspw. Position, Form, Farbe, Größe und alternative Beschreibung.

Linker Navigationsbereich

Im *linken Navigationsbereich* (engl. *panel region*) befinden sich Reiter oder Tabs zur Darstellung einzelner Module des virtuellen Klassenzimmers. Das nach rechts offene Element ist ausgewählt. Je nach ausgewähltem Reiter wird entsprechender Inhalt im *Darstellungsbereich* angezeigt. Hier sind folgende Ansichten auswählbar:

[a] (engl. *activities*): Im Aktivitätsfenster wird ein Protokoll aller auftretender Aktionen erstellt. Es wird also aufgelistet, wann und wer einen Chat-Beitrag geschrieben hat, wann ein neues Element auf dem Whiteboard gezeichnet wurde usw.

[w] (engl. *whiteboard*): Der Whiteboard-Bereich ist eine Zeichentafel, wo gezeichnet werden kann. Es können aber auch PowerPoint-Präsentationen gezeigt werden.

[c] (engl. *chat*): Hier wird der Chat-Verlauf angezeigt und eigene Beiträge können verfasst werden.

[p] (engl. *participants*): Eine Liste der Moderatoren und Teilnehmer zeigt die teilnehmenden Personen an und ob deren Mikrofon oder Kamera aktiviert ist.

[s] (engl. *settings*): Hier kann eingestellt werden, für welche Ereignisse ein Tonsignal erklingen soll oder wie die Anordnung der Bedienelemente aussehen soll.

Neben Chat [c], Whiteboard [w] und Teilnehmer [p] können noch Zahlen stehen. Diese zeigen an, wie viele neue Chatbeiträge oder Veränderungen bei den Teilnehmenden eingetreten sind, seit diese Ansicht das letzte Mal betrachtet wurde.

Rechter Navigationsbereich

Im *rechten Navigationsbereich* (engl. *status region*) wird der Status des Teilnehmenden (Mikrofon an/aus, Video an/aus usw.) angezeigt und auch, welche Informationen für ein Element hinterlegt sind (z. B. Beschreibung, Link, Lesezeichen). Durch ein Klicken auf das Element kann die Funktion aktiviert (Rahmen geschlossen) oder deaktiviert (Rahmen oben und unten offen) werden.

[f] (engl. *follow*) zeigt an, ob die Ansicht mit dem des Lehrenden synchronisiert ist/man ihm folgt.

[m] (engl. *microphone*) ausgewählt heißt, dass das eigene Mikrofon aktiviert ist.

[v] (engl. *video*) ausgewählt heißt, dass das eigene Video aktiviert ist.

[h] (engl. *hand*) ausgewählt heißt, dass man sich meldet.

[d] (engl. *description*) steht für Beschreibung: Es ist möglich für jedes Element eine alternative Beschreibung anzulegen. Hier können alle Teilnehmenden des Klassenzimmers zusammenarbeiten und gemeinschaftlich eine Beschreibung erstellen. Ist das [d] ausgewählt, existiert für das fokussierte Element eine Beschreibung. Mit Doppelklick auf das Element kann man die Beschreibung bearbeiten.

[l] (engl. *link*) steht für Link: Es ist möglich Elemente, die etwas miteinander zu tun haben zu verlinken: bspw. eine Frage im Chat zu einer Zeichnung auf dem Whiteboard. Ist das [l] ausgewählt, existiert für das fokussierte Element ein Link zu einem anderen Element. Mit Doppelklick auf das Element kann man den Link ansehen und bearbeiten.

[b] (engl. *bookmark*) steht für Lesezeichen. Es wird nicht immer möglich sein, alle Inhalte sofort zu erfassen. Daher soll es möglich sein, sich Stellen zu merken. Die Veranstaltung im virtuellen Klassenzimmer wird aufgezeichnet, so dass man diese in eigenem Tempo wiederholen kann. Die Lesezeichen helfen, Stellen wiederzufinden. Ein Klicken auf das Lesezeichen-Takton setzt ein Lesezeichen, ein Doppelklick ruft die Lesezeichenansicht auf.

Nachfolgend werden zunächst Audio-Ausgabe und Interaktionsmöglichkeiten erläutert. Anschließend werden die Funktionen und alternativen Konzepte entsprechend der Anordnung im Grundlayout beschrieben: Zunächst die Reiter des *linken Navigationsbereichs* von oben nach unten, dann die Taktons des *rechten Navigationsbereichs*.

9.2.4. Audio-Ausgabe

Audio-Ausgaben zu wichtigen Ereignissen während einer Sitzung im virtuellen Klassenzimmer unterstützen die Wahrnehmung paralleler Ereignisse und die soziale Präsenz. Viele virtuelle Klassenzimmer enthalten verschiedene Audio-Benachrichtigungen. Zu wichtigen Ereignissen zählen bspw. das Betreten und Verlassen des virtuellen Klassenzimmers, das Hand heben bzw. senken, das (De-)Aktivieren des Mikrofons oder Videos sowie die Benachrichtigungen zu neuen Beiträgen im Chat oder auf dem Whiteboard.

Wichtig bei der Integration von Audio-Signalen ist eine gute Unterscheidbarkeit untereinander und von den anderen Audio-Quellen der Sitzung: Audio-Konferenz und Screenreader. Es bieten sich dafür auditive Icons, Earcons sowie kurze sprachliche Nachrichten an (vgl. Kapitel 2.3.2). Spearcons werden als ungeeignet betrachtet, da eine beschleunigte Ausgabe von Sprache leicht mit den anderen Audio-Quellen verwechselt werden könnte und eine hohe Konzentration bei der Interpretation erfordert. Um eine Informationsüberlastung des auditiven Kanals zu vermeiden, müssen die Art der Signale und die auslösenden Ereignisse je nach Nutzendenpräferenz oder Informationskomplexität konfigurierbar sein.

Die Audio-Ausgabe kann durch die Hardwaretaste [F1] unterbrochen werden. Einmaliges Betätigen bricht die aktuelle Ausgabe ab; analog zu der [Strg]-Taste beim Screenreader *Jaws*. Ein schnell aufeinanderfolgendes doppeltes Betätigen deaktiviert die Sprachausgabe dauerhaft. Ein Reaktivieren ist ebenfalls über ein doppeltes Betätigen möglich. Die Aktion wird durch eine auditive Rückmeldung bestätigt.

9.2.5. System-Fokus und Einfügemarke

Die fokussierte Zeile im *Darstellungsbereich* wird als vertikale blinkende Linie aus vier Punkten (Form eines großen Braille-L) zu Beginn der Zeile angezeigt (Abbildung 9.7). Die Einfügemarke wird in Eingabefeldern und bei Texten im *Darstellungs-* oder *Detailbereich* als blinkende Punkte 7 und 8 – ähnlich einer Unterstreichung – angezeigt (vgl. [BSN10]).

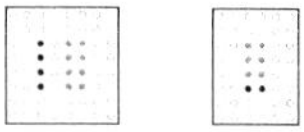

(a)   (b)

Abbildung 9.7.: System-Fokus (a) und Einfügemarke (b) mit in grau angedeuteten
                möglichen nachfolgenden Zeichen

Der Fokus kann mittels Tabulator-Tasten der Tastatur bewegt werden oder durch
eine Auswahlgeste auf ein Bedienelement gesetzt werden. Fokussierbar sind alle Bedienelemente, Whiteboard-Elemente sowie Einträge des Chats, des Aktivitätsprotokolls und
Einträge weiterer Listen. Bei Listeneinträgen wird der Fokus an den Anfang der Zeile
gesetzt und erlaubt bspw. den Abruf von Detailinformationen.

Die Einfügemarke erscheint zur Kennzeichnung der buchstabengenauen Position in
editierbarem Text, i. d. R. in einem Texteingabefeld. Sie erscheint beim Aktivieren des
Eingabefelds unter dem letzten Buchstaben.

Um den Ausführungen des Vortragenden besser folgen zu können, steht für die visuelle Benutzungsoberfläche ein Zeigepfeil zur Verfügung. Für die taktile Darstellung
ist dieser jedoch zu klein. Daher wird der Zeigepfeil zu einem 4 × 4 Pins messenden
Quadrat vergrößert, welches blinkend im *Darstellungsbereich* angezeigt wird. Befindet
sich der Zeiger über einem Whiteboard-Element, wird dieses blinkend anstelle des
Quadrats hervorgehoben. Falls der taktile Zeiger beim Erfassen der Darstellung stören
sollte, kann die Anzeige über einen Befehl ausgeschaltet werden.

Um einer synchronen Veranstaltung folgen zu können, ist es entscheidend, Änderungen sofort wahrzunehmen. Bei einer visuellen Benutzungsoberfläche ist eine automatische Aktualisierungen der Anzeige in der Regel nicht störend. Selbst das automatische Verschieben eines Chat-Protokolls zu der zuletzt verfassten Nachricht oder der
Wechsel einer Präsentationsfolie unterstützt in der Regel das Verfolgen einer Echtzeit-
Kollaboration. Bei der nicht-visuellen Bedienung kann eine automatische Aktualisierung jedoch zu einem Fokusverlust führen und somit eine vollständige Neuorientierung
erfordern. Daher sollte standardmäßig auf einen automatischen Fokuswechsel verzichtet
eine entsprechende Konfigurationsmöglichkeit angeboten werden.

9.2.6. Interaktion

Zur Interaktion stehen dem blinden Nutzenden verschiedene Aus- und Eingabegeräte
zur Verfügung. Zur Eingabe können Tastatur und *BrailleDis* mit den Möglichkeiten der
Gesteneingabe und Hardwaretasten verwendet werden. Die Ausgabe erfolgt taktil über
das *BrailleDis* und auditiv die über Sprachausgabe. Es wird angestrebt, die wichtigsten
Eingabe-Funktionen redundant abzubilden, um möglichst viele Arbeitstechniken und
-vorlieben, bspw. bevorzugte Arbeit an der Tastatur oder Vermeiden des Entfernens
der Hände vom *BrailleDis*, zu unterstützen. In Hinblick auf Geräteunabhängigkeit soll
nicht nur eine Modalität unterstützt werden, um eine möglichst große Kompatibilität
herzustellen. Würde bspw. der Wechsel der Reiter nur über die Hardwaretasten des
BrailleDis möglich sein und nicht mittels Gesteneingabe, könnte diese Aktion ohne
Anpassung auf einem Tablet nicht durchgeführt werden.

Tastatur

Blinde nutzen i. d. R. Zehn-Finger-Schreiben auf der Tastatur zur Eingabe von Text. Obwohl eine Texteingabe auch über Hardwaretasten am *BrailleDis* möglich sein soll, wird die Eingabe über Tastatur als primäre Eingabetechnik beibehalten. Bei der Arbeit mit Screenreadern erfolgt die Navigation auch über die Tastatur. Im vorliegenden Konzept können Navigationsaktionen zusätzlich über Gesten und Hardwaretasten am *BrailleDis* ausgeführt werden und vermeiden somit den Verlust des Fokus auf der Darstellungsfläche durch einen Wechsel zur Tastatur.

Trotz der direkten Interaktionsmöglichkeit auf dem *BrailleDis*, können alle Bedien- und Inhaltselemente mit der Tabulator-Taste in einer logischen Reihenfolge angesteuert werden. Dazu zählt auch die Möglichkeit, alle Whiteboard-Elemente ansteuern und fokussieren zu können. Für alle wichtigen Funktionen sind Tastaturkürzel verfügbar. Das gilt insbesondere für den Wechsel zwischen Modulen wie bspw. Chat, Whiteboard und Teilnehmerliste sowie der direkten Steuerung einzelner Funktionen, wie bspw. *Mikrofon an/aus* oder *Hand heben/senken*. Bei der Definition der Tastaturkürzel müssen bereits vorhandene Befehle der anderen involvierten Anwendungen – Hilfsanwendungen (z. B. Screenreader) und *User Agents* (i. d. R. Browser) – berücksichtigt werden, um Kollisionen zu vermeiden. Aufgrund unterschiedlicher Tastaturbefehle verschiedener Anwendungen, können Kollisionen nicht ausgeschlossen werden. Daher ist eine Möglichkeit zur Personalisierung unerlässlich.

Gesteneingabe

Für die Gesteneingabe zur Interaktion mit dem virtuellen Klassenzimmer stehen einfache und doppelte Ein-Finger-Tipp-Gesten zur Verfügung. Aufgrund der komplexen taktilen Benutzungsoberfläche wird von weiteren Gesten zum derzeitigen Entwicklungsstand Abstand genommen, um den Nutzenden nicht unnötig zu überfordern. Zum Ausführen einer Geste muss eine Gestentaste am *BrailleDis* gedrückt und mit einem Finger auf die Darstellungsfläche getippt werden. Es wird zwischen Erkundungs- und Auswahlgesten wie im *Tangram*-Projekt (siehe Kapitel 9.1.4) unterschieden:

- Erkundungsgesten liefern Informationen zu den Eigenschaften und dem Inhalt eines ausgewählten Elements.
- Auswahlgesten führen eine Klickoperation auf ein Element durch.

Zur Initiierung von Erkundungsgesten wird die Hardwaretaste [EG] links neben dem *Darstellungsbereich* und zur Durchführung von Auswahlgesten die Taste [AG] auf der rechten Seite gedrückt (vgl. Abbildung 9.8).

Für die Ausführung der meisten Aktionen werden Ein-Finger-Tipp-Gesten eingesetzt. Können über ein Takton mehrere Ansichten aufgerufen werden, wird auch eine Ein-Finger-Doppel-Tipp-Geste eingesetzt:

- Aufruf des Video-Übertragungs-Tests (Takton [v], Kapitel 9.2.14)
- Aufruf der Beschreibung des fokussierten Elements (Takton [d], Kapitel 9.2.15)
- Aufruf der Linkübersicht (Takton [l], Kapitel 9.2.16)
- Aufruf der Lesezeichenansicht (Takton [b], Kapitel 9.2.17)

Hardwaretasten

Die Hardwaretasten des *BrailleDis* (Abbildung 9.8) erlauben eine schnelle Möglichkeit
der Steuerung der Darstellung ohne die Hände weit von der Darstellung entfernen zu
müssen. Die Zuweisung von Funktionen zu den Hardwaretasten erfolgt in Anlehnung
an die im *Tangram*-Projekt (siehe Kapitel 9.1.4) definierten Belegungen (siehe Tabelle
A.59 auf S. xlvii), da sich Funktionen z. T. überschneiden oder ähnliche Belegungen
sinnvoll sind. Die über die Hardwaretasten ausführbaren Befehle für virtuelle Klassenzimmer bilden grundlegende Navigationsoperationen (Verschieben, Zoomen usw.),
Gestensteuerung, Statusänderungen, Ansteuern der wichtigsten Module der Anwendung und Editieroperationen von Whiteboard-Elementen ab.

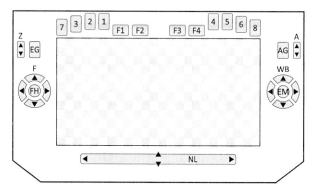

Abbildung 9.8.: Schematische Darstellung des *BrailleDis 7200* mit Hardwaretasten
(siehe Tabelle A.59 auf S. xlvii); Grafik angelehnt an [BP14]

9.2.7. Aktivitätsprotokoll

Das Konzept des Aktivitätsfensters von *Blackboard Collaborate* (vgl. Abbildung 6.12
auf S. 109) wurde für die taktile Benutzungsoberfläche angepasst. Pro Zeile wird je
ein Ereignis oder eine Aktivität (wie bspw. eine neue Chat-Nachricht, Veränderung
des Teilnehmenden-Status und neuer Inhalt) inklusive Zeitstempel, Inhaltstyp (Chat-
Beitrag, Whiteboard-Element, Teilnehmeraktion usw.), Inhalt sowie ggf. Links und
Autor aufgelistet. Ein Teilnehmender hat die Möglichkeit, die anzuzeigenden Ereignisse mittels eines Filters einzuschränken und somit die Anzeige auf seine Bedürfnisse
zuzuschneiden. Im Unterschied zu *Blackboard Collaborate* kann mittels Verlinkungen
direkt von diesem Aktivitätsprotokoll zu den entsprechenden Elementen gesprungen
werden. So wird zum Beispiel bei einer Benachrichtigung über einen neuen Whiteboard-
Eintrag ein Link angezeigt, welcher den Fokus auf das entsprechende Element setzt und
in den Reiter [w] wechselt. Eine einfache Ein-Finger-Tipp-Geste setzt den Fokus auf
die entsprechende Zeile im Protokoll, eine doppelte Ein-Finger-Tipp-Geste aktiviert
den Link und wechselt demensprechend die Ansicht.

Ist in dem *linken Navigationsbereich* der Reiter [a] aktiviert, wird das Aktivitätsprotokoll angezeigt (Abbildung 9.9). Pro Zeile wird ein Protokolleintrag angezeigt.
Passt der Eintrag nicht auf die Zeile, werden am Ende zwei Auslassungspunkte einge-

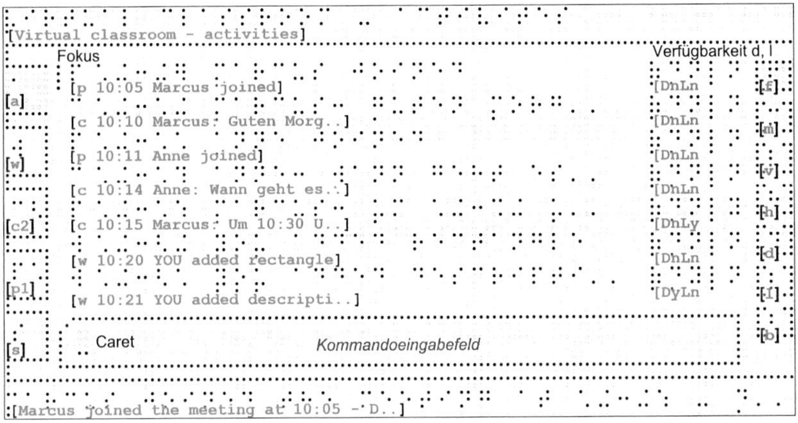

Abbildung 9.9.: Reiter Aktivitätsprotokoll. Gelbe Hervorhebung: ausgewählte Bereiche; grüne Schrift: Übersetzung der Braille-Schrift; blaue Schrift: Element-Erläuterungen; schwarze Schrift: Fokus und Einfügemarke

fügt. Eine Zeile ist wie folgt aufgebaut: Typ der Aktivität, Uhrzeit und Beschreibung je nach Aktivität (Teilnehmer, Aktivitätsbeschreibung oder Chatbeitrag). In jeder Zeile wird rechtsbündig, abgetrennt durch eine eckige Klammer, angezeigt, ob die Aktivität eine Beschreibung oder einen Link enthält (Tabelle 9.4).

Über die Einstellungen [s] können Filter für die verschiedenen Ereignistypen eingerichtet werden. Sind also für einen Teilnehmenden Statusmeldungen anderer Teilnehmender uninteressant, können diese ausgeblendet werden. Weiterhin wäre denkbar, nur Whiteboard-Ereignisse anzeigen zu lassen, um nachvollziehen zu können, welche Whiteboard-Elemente von wem und in welcher Reihenfolge erstellt worden sind.

Tabelle 9.4.: Legende für Statusinformationen in Deutsch und Englisch: (n) nein, (j) ja

Anzeige		Bedeutung englisch		Bedeutung deutsch	
n	j	n	j	n	j
		Statusinformationen Beschreibung/Links			
dn	dy	*Description no*	*Description yes*	Beschreibung nein	Beschreibung ja
ln	ly	*Link no*	*Link yes*	Link nein	Link ja
		Statusinformationen für Teilnehmer-Ansicht			
mn	my	*Microphone no*	*Microphone yes*	Mikrofon deaktiviert	Mikrofon aktiviert
vn	vy	*Video no*	*Video yes*	Video deaktiviert	Video aktiviert
hn	hy	*Hand no/lowered*	*Hand yes/raised*	Kein Handzeichen	Handzeichen

Unter dem Protokoll befindet sich ein Eingabefeld. Hier kann man wie bei einer Kommandozeile, ähnlich wie bei *Blackboard Collaborate* (vgl. Kapitel 6), Befehle eingeben: bspw. kann ein Chatbeitrag durch einen Befehl direkt erstellt werden (siehe Quellcode 9.2). Die Kommandozeile kann in der Konfiguration ausgeblendet werden.

```
1 /chat <Chat-Beitrag>
```

Quellcode 9.2: Kommandozeilen-Befehl zur Erstellung eines Chat-Beitrags

9.2.8. Inhaltspräsentation

Der *Darstellungsbereich* bildet den zentralen Bereich der Benutzungsoberfläche zur Darstellung aller zu präsentierenden Inhalte. Dies umfasst (*PowerPoint-*)Präsentationen [63], Dokumente, Shared-Desktop-Übertragungen und das dynamische Whiteboard. Whiteboard-Elemente können mittels der Werkzeugleiste zu allen Inhalten hinzugefügt werden. Soweit möglich und vorhanden bleiben vektorbasierte Inhalte (Folieninhalte, alternative Bildbeschreibungen) erhalten, um die Elementinformationen für Screenreader auslesbar zu machen. Im *Kopfbereich* wird hinter der Information zum Programm und der Ansicht auch die aktuell angezeigte Seite vermerkt.

Whiteboard

Grafische Whiteboard-Elemente sind z. T. mit taktilen Grafiken substituierbar. Textuelle Eingaben von Koordinaten und Abmaßen sowie die Steuerung mit der Tastatur können zum gewissen Grad das Zeichnen von Elementen mit der Maus und visueller Kontrolle ersetzen [Gre11].

Zur Bedienung des dynamischen Whiteboards und zur Verwendung von Zeige- und Zeichenwerkzeugen auf Präsentationen oder Dokumenten, wird eine Werkzeugpalette am rechten Rand des *Darstellungsbereichs* angeboten (Abbildung 9.10). Die Werkzeuge umfassen eine Gruppe bestehend aus Zeichen- und Zeigewerkzeugen und einer Gruppe zum Steuern der vorhandenen Seiten bzw. Präsentationsfolien. Der Werkzeugkatalog ist bewusst auf Grundformen beschränkt, um eine ausreichende Flexibilität für kollaboratives Arbeiten zu bieten, ohne jedoch die Teilnehmenden mit Beeinträchtigungen zu überfordern. Die Werkzeuge umfassen:

Zeichen- und Zeigewerkzeuge: Zeigepfeil, Verschieben, Rechteck, Kreis, Linie, Text, Löschen, Zoom (von links nach rechts, oben nach unten)

Steuerungswerkzeuge: Neue Seite, Seite löschen, Seite vor, Seite zurück (von links nach rechts, oben nach unten)

Alle über die Werkzeugleiste gezeichneten Elemente sind Vektoren. Pixelbasierte Darstellungen, wie bspw. Bitmaps, können ebenfalls dargestellt werden, führen jedoch zu einem Hinweis an den Autoren/Übertragenden, dass diese Inhalte nicht barrierefrei sind und somit vorzugsweise ersetzt oder mit alternativen Beschreibungen versehen werden sollten.

Der visuelle Zeiger wird taktil durch einen blinkenden Punkt auf dem Whiteboard gekennzeichnet. Die Größe und Form ist konfigurierbar.

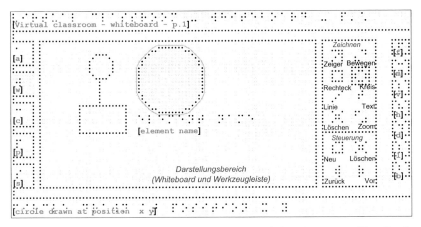

Abbildung 9.10.: Reiter Whiteboard. Gelbe Hervorhebung: ausgewählte Bereiche; grüne Schrift: Übersetzung der Braille-Schrift; blaue Schrift: Element-Erläuterungen; schwarze Schrift: Fokus, Einfügemarke und Element-Erläuterungen

Abbildung 9.10 zeigt einen Kreis (gelbe Hervorhebung[106]), der über das Kreiswerkzeug der Werkzeugleiste gezeichnet wurde. Wenn der Kreis fokussiert ist, wird er blinkend dargestellt. Detailinformationen zu Elementen (Form/Elementtyp, Position, Formatierung, Autor, Zeitstempel, räumliche Nachbarn, Beschreibungen, Links usw.) – sofern verfügbar – werden über den *Detailbereich* und über die Sprachausgabe ausgegeben.

Um ein Element zu zeichnen, wird zunächst das Werkzeug (Kreis, Rechteck, Linie) durch eine Tipp-Geste auf die Werkzeugleiste oder einen Tastaturbefehl ausgewählt (siehe Abbildung A.8 auf S. liii). Zum Erstellen des Elements können drei Ansätze verfolgt werden:

1. Ein Doppel-Tippen auf die gewünschte Position auf dem Whiteboard erstellt das entsprechende Element, welches dann über die Editierfunktion der Hardwaretasten angepasst werden kann.

2. Für das zu zeichnende Element werden Start- und Endpunkt auf dem *BrailleDis* durch Ein-Finger-Tipp-Gesten gesetzt (Abbildungen A.9 und A.10 auf S. liii f.). Daraufhin wird das Element gezeichnet (Abbildung 9.10).

3. Über ein Einstellungsfenster kann ein Element über Tastatureingaben zu Form, Formatierung, Position und Größe erstellt werden.

Die Eigenschaften des Elements werden über den Screenreader ausgegeben und im *Detailbereich* dargestellt.

---

[106]Der gelbe Kreis ist durch einen Schatten abgehoben, da dieser bei der Evaluation mittels taktilem Paper-Prototyping als eigenes Mock-up-Element eingesetzt wird, um das Zeichnen des Kreises zu simulieren.

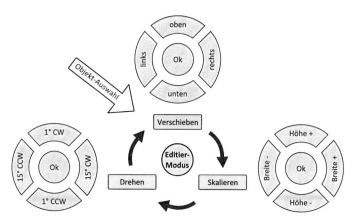

Abbildung 9.11.: Editiermöglichkeiten von Whiteboard-Elementen über das Hardwaretasten-Steuerkreuz [WB] des *BrailleDis* in drei Modi: Verschieben, Skalieren und Drehen (CW (*clockwise*): im Uhrzeigersinn, CCW (*counterclockwise*): gegen den Uhrzeigersinn), nach Bornschein und Prescher [BP14] (übersetzt und angepasst)

Um ein Whiteboard-Element zu bearbeiten, wird es mit Hilfe einer Auswahlgeste ausgewählt. Anschließend kann ein Werkzeug zum Editieren (*Verschieben* oder *Zoom*)[107] über die Werkzeugleiste mittels Ein-Finger-Geste ausgewählt werden. Alternativ kann über das rechte Hardwaretasten-Steuerkreuz [WB] (vgl. Abbildung 9.8) der Editier-Modus ausgewählt: *Verschieben*, *Skalieren* oder *Drehen* (siehe Abbildung 9.11). Einmaliges Drücken der mittleren Taste [EM] (*edit mode*) wechselt in den *Verschieben-*, zweimaliges in den *Skalieren* und dreimaliges in den *Drehen*-Modus. In einem über die Werkzeugleiste oder die Hardwaretaste ausgewählten Modus kann das selektierte Objekt entsprechend der Aktionen in Tabelle 9.5 bearbeitet werden. Zum Abschließen der Bearbeitung wird erneut die Taste [EM] betätigt. Doppeltes, schnell aufeinanderfolgendes Betätigen der Taste bricht den Editiervorgang ab. Die Modusauswahl kann danach von neuem beginnen. Der ausgewählte Modus sowie die durchgeführten Aktionen werden auditiv ausgegeben und im *Detailbereich* angezeigt.

Tabelle 9.5.: Funktionen der drei Editiermöglichkeiten des Hardwaretasten-Steuerkreuzes [WB]

Aktion	Taste hoch	Taste rechts	Taste runter	Taste links
Verschieben	Nach oben verschieben	Nach rechts verschieben	Nach unten verschieben	Nach links verschieben
Skalieren	Höhe erhöhen	Breite erhöhen	Höhe verringern	Breite verringern
Drehen	1° im Uhrzeigersinn drehen	15° im Uhrzeigersinn drehen	1° gegen Uhrzeigersinn drehen	15° gegen Uhrzeigersinn drehen

---

[107]Die Editierfunktion *Drehen* ist in der Werkzeugleiste aus Platzgründen zunächst nicht vorgesehen.

Das Whiteboard wird bei bestimmten Ereignissen (Folienwechsel, Änderungen) und in einem konfigurierbaren Zeitintervall automatisch als Vektorgrafik gespeichert. Der Dateiname setzt sich aus einem Zeitstempel und ggf. dem Folientitel zusammen.

Shared Desktop

Shared-Desktop-Übertragungen erfolgen pixelbasiert und sind somit nur als Bildschirmfoto im *Darstellungsbereich* abbildbar. Das Erkennen der Strukturen und Texte als Pixelgrafik und das Verfolgen der sich verändernden Darstellung in Echtzeit ist für einen blinden Teilnehmenden nicht möglich. In diesem Konzept wird von der Abbildung einer pixelbasierten Darstellung ausgegangen, die vom Teilnehmenden nach Belieben vergrößert und verkleinert werden kann. Der Mauszeiger des Übertragenden wird taktil durch Blinken hervorgehoben. Weiterhin werden Standbilder bei jedem Ansichts- bzw. Fensterwechsel angefertigt, um ein nachträgliches Nachvollziehen der Übertagung in eigener Geschwindigkeit zu ermöglichen.

Zur Zugänglichmachung von Shared-Desktop-Übertragungen wären weitere Ansätze denkbar, die jedoch über den Umfang dieser Arbeit hinausgehen: Zum Erfassen der Schwarzschrift wäre die Verwendung einer Texterkennungssoftware denkbar. Die erkannten Bereiche würden bspw. durch Rahmen gekennzeichnet, deren Auswahl dann zu einer auditiven Ausgabe des Inhalts führen würde. Ein weiterer Ansatz wäre das Auslesen der Anwendungsdaten auf der Seite des Übertragenden und die Übermittlung der verfügbaren Informationen an die Teilnehmenden und client-seitiger Rekonstruktion der Anzeige. Bei beiden Ansätzen entstehen Probleme in Bezug auf Performanz und sie lösen weiterhin nicht die Einschränkung bei der synchronen Inhaltserfassung.

9.2.9. Chat

In der Chat-Ansicht (siehe Abbildung 9.12) werden die Chat-Beiträge im *Darstellungsbereich* vollständig angezeigt, d. h. ein Beitrag kann über mehrere Zeilen angezeigt werden. Eine umgebrochene Zeile wird um ein Braille-Zeichen eingerückt. Ein Chat-Beitrag ist wie folgt aufgebaut: Uhrzeit, Teilnehmer, Chatbeitrag.

Im unteren Bereich des *Darstellungsbereichs* befindet sich ein Eingabefeld mit Einfügemarke. Hier kann ein eigener Chat-Beitrag mit der Tastatur verfasst und mittels Betätigen der [Enter]-Taste abgeschickt werden. Alternativ kann auch Text über die Hardwaretasten eingegeben werden. Das Betätigen aller Tasten ([1] bis [8]) gleichzeitig bestätigt die Eingabe. Somit kann auf eine Bestätigen-Schaltfläche verzichtet werden. Der ausgewählte Chat-Beitrag wird durch die Fokusmarkierung hervorgehoben. Im *Detailbereich* wird der ausgewählte Chat-Beitrag mit seinen Eigenschaften (Links, Beschreibung usw.) genannt.

Oben rechts im *Darstellungsbereich* befindet sich ein Toggle-Button (vgl. Tabelle 9.3), welcher der Auswahl des Chat-Raums dient. Die Beschriftung des Buttons besteht aus den drei ersten Buchstaben des Chat-Raum-Namens. Der Standard-Chat-Raum ist *public*, private Räume werden mit *private* und dem Namen des Chat-Partners bzw. bei mehr als zwei Teilnehmenden dem Hinweis *group* mit laufender Nummer gekennzeichnet. Weiterhin können Chats mit allen anderen Teilnehmenden erstellt werden.

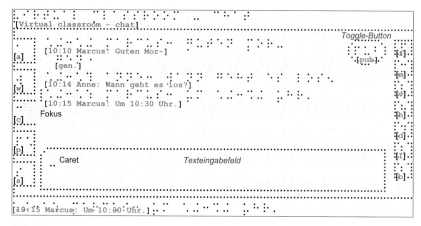

Abbildung 9.12.: Reiter Chat. Gelbe Hervorhebung: ausgewählte Bereiche; grüne
Schrift: Übersetzung der Braille-Schrift; blaue Schrift: Element-
Erläuterungen; schwarze Schrift: Fokus, Einfügemarke und Element-
Erläuterungen

Um einen Chat-Beitrag zu verfassen, wird das Texteingabefeld durch eine Ein-Finger-
Tipp-Geste aktiviert. Die Eingabe erfolgt über die Tastatur und wird mit der [Enter]-
Taste abgeschickt. Der Beitrag erscheint daraufhin im Verlauf.

Zur Erleichterung der Strukturierung des Chats können Themen für Chat-Abschnitte
durch den Moderierenden erstellt werden. Dazu wird im Eingabefeld der Befehl /topic
und das Thema eingegeben[108] (siehe Quellcode 9.3). Themen im Chat werden durch
Großbuchstaben hervorgehoben.

```
1  /topic <Chat-Thema>
```

Quellcode 9.3: Kommandozeilen-Befehl zur Themenfestlegung im Chat

Weiterhin kann in den Einstellungen festgelegt werden, dass die Moderatorenbeiträge
durch ein Vollzeichen vor der Beitragszeile gekennzeichnet werden (vgl. [Kie09]). Eine
Unterstützung bei der Verwendung von Emoticons erfolgt mittels Umschreibungen der
auszudrückenden Emotionen. Diese können auch durch entsprechende Zeichenkombinationen im Eingabefeld erzeugt werden[109]: :) für Lächeln, :(für Traurigsein, (blush)
für Erröten usw.

9.2.10. Teilnehmende

Bei Auswahl des Reiters [p] (engl. *participant*) werden im *Darstellungsbereich* die Teilnehmenden angezeigt. Diese sind in mehrere Gruppen entsprechend der verschiedenen
Rollen aufgeteilt. Da die meisten virtuellen Klassenzimmer über die Rollen *Moderieren-*

---

[108]Vergleiche Kommandofunktion von Skype [137].

[109]Vergleiche bspw. Zeichenkombinationen für die Erzeugung von Skype-Emoticons [138].

der und *Teilnehmender* verfügen, beschränkt sich das Konzept exemplarisch auf die Anzeige einer Liste für Moderierende und einer für Teilnehmende. Hinter den Titeln der Gruppen steht die Anzahl der in der Gruppe vorhandenen Personen. Innerhalb des Gruppenrahmens sind die Personen namentlich aufgelistet. Rechts neben den Personennamen stehen, abgetrennt durch eine eckige Klammer, Statusinformationen zu den jeweiligen Personen (Tabelle 9.4).

In Abbildung 9.13 ist Moderator „Markus" fokussiert. In der gleichen Zeile rechts stehen, abgetrennt durch eine eckige Klammer Statusinformationen zu dem Teilnehmer: my (Mikrofon an), vy (Video an), hn (kein Handzeichen). Im *Detailbereich* werden ausführliche Informationen zu der fokussierten Person gegeben: „Marcus: role moderator, mic on, video on, hand lowered."

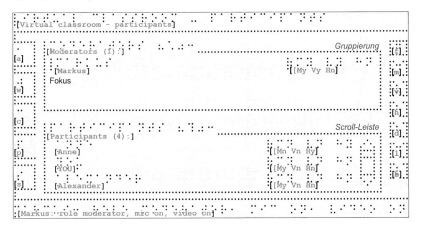

Abbildung 9.13.: Reiter Teilnehmer. Gelbe Hervorhebung: ausgewählte Bereiche; grüne Schrift: Übersetzung der Braille-Schrift; blaue Schrift: Element-Erläuterungen; schwarze Schrift: Fokus, Einfügemarke und Element-Erläuterungen

9.2.11. Einstellungen

Benutzerspezifische Einstellungen für alle Module können über den Reiter [s] (*settings*) des *linken Navigationsbereichs* vorgenommen werden. Die nachfolgende Beschreibung des Mock-ups (Abbildung 9.14) ist zwecks der Übersichtlichkeit auf drei Einstellungskategorien beschränkt, kann aber beliebig erweitert werden.

Die Benutzungsoberfläche besteht aus verschiedenen Reitern zu Einstellungskategorien: Audio ([sounds]), Tastaturkürzel ([shortcuts]), Darstellung ([layout]). Der Reiter [sounds] enthält Einstellungen zu Audio-Signalen bei Ereignissen, bspw. einen Klang, wenn das Mikrofon ausgeschaltet oder eine Chat-Nachricht gesendet wird. Diese können über eine Checkbox an- oder ausgestellt werden. Die Bedienung der Checkboxen und Reiter kann über Ein-Finger-Tipp-Gesten oder über die Tastatur erfolgen. Eine Option zum Zuweisen eigener oder vorhandener Klänge zu Ereignissen ist denkbar – dabei sollte immer zu einer Standardkonfiguration zurückgekehrt werden

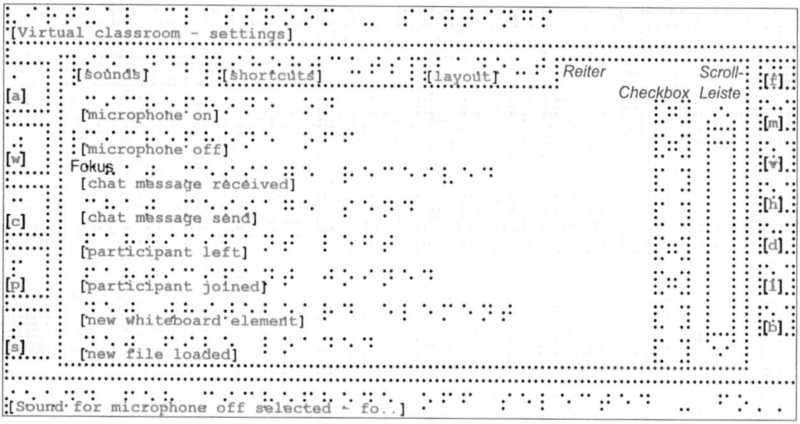

```
[Virtual classroom - settings]

[a]    [sounds]      [shortcuts]       [layout]      Reiter        Scroll-  [+]
       [microphone on]                              Checkbox Leiste        [m]
       [microphone off]
[w]    Fokus
       [chat message received]                                             [v]
[c]    [chat message send]                                                 [h]
       [participant left]                                                  [d]
[p]    [participant joined]                                                [l]
       [new whiteboard element]                                            [b]
[s]    [new file loaded]

[Sound for microphone off selected - fo..]
```

Abbildung 9.14.: Reiter Einstellungen. Gelbe Hervorhebung: ausgewählte Bereiche; grüne Schrift: Übersetzung der Braille-Schrift; blaue Schrift: Element-Erläuterungen; schwarze Schrift: Fokus, Einfügemarke und Element-Erläuterungen

können. Im *Detailbereich* wird die fokussierte Einstellung genauer beschrieben „sound for microphone off selected - for deselect click on checkbox".

Hoggan et al. [HCBK09] beschreiben einen Modalitätswechsel für Rückmeldungen einer Anwendung abhängig von Umgebungsparametern, bspw. den Ersatz von auditiven durch textuelle Rückmeldungen in lauten Umgebungen, um die Bedienfreundlichkeit zu verbessern, eine sozial angemessene Interaktion zu erreichen sowie weniger redundante Rückmeldungen zu erzeugen. Ein ähnlicher Modalitätswechsel ist für die Bedienung eines virtuellen Klassenzimmers denkbar: Abhängig von Umgebung, verwendeten Hilfsmitteln sowie Lernsituation, sollte zwischen auditiven, taktilen Rückmeldungen oder beiden gewählt werden können. Bei der Verwendung des *BrailleDis* mit der Möglichkeit von vergleichsweise umfangreichen taktilen Informationen könnte bspw. auf manche auditive Screenreader-Ausgabe verzichtet werden, um Kollisionen mit der Audio-Konferenz zu vermeiden. Dabei ist hier eine adaptive Lernumgebung nicht zwingend das Ziel, jedoch aber eine flexible und benutzerspezifische Konfigurierbarkeit (vgl. [PE02]) entsprechend der Bedarfe der Teilnehmenden.

Um eine möglichst hohe Flexibilität zu ermöglichen, sind daher u. a. folgende weitere Einstellungsmöglichkeiten sinnvoll[110]:

- Filtereinstellungen für das Aktivitätsprotokoll,
- Definitionen von Intervallen zum automatischen Speichern von Whiteboard, Chat-Protokoll, Aktivitätsprotokoll usw.,
- Einstellungen zu automatischer oder manueller Aktualisierungen bei Ereignissen (bspw. neue Elemente, Statusänderungen),

---

[110]Weitere Einstellungsmöglichkeiten sind der Einfachheit halber nicht im Mock-up abgebildet.

- Darstellungseinstellungen zur Größe und Form des visuellen Zeigers auf dem Whiteboard, Anzeige/Verstecken von Modulen usw.,
- Einstellungsmöglichkeit des Detailgrads der kontextsensitiven Hilfen zur Bedienung,
- automatische Anpassung der Tabulator-Reihenfolge des Whiteboards anhand der Elementpositionen sowie manuell konfigurierbare Tabulator-Reihenfolge,
- Konfigurierbarkeit von Tastaturkürzeln zum Vermeiden von Kollisionen mit *User Agents* und technischen Hilfsmitteln sowie
- Definition der Belegung der Hardwaretasten.

Da dieser Umfang an Konfigurationsmöglichkeiten nicht nur eine große Freiheit, sondern auch eine Herausforderung darstellt, sind vordefinierte Profile entsprechend besonderer Bedarfe sinnvoll. Bspw. könnten Profile je nach Einsatzszenario und den dafür benötigten Funktionen, verwendetem Endgerät und technischen Hilfsmitteln, Umgebungsparametern (z. B. Umgebungsgeräusche) oder adaptierten Ausgaben entsprechend der Art der Beeinträchtigung definiert werden. Ausgehend von diesen Profilen können weiterhin Personalisierungen vorgenommen werden.

9.2.12. Folgen

Die Folgen-Funktion ermöglicht es den Teilnehmenden den Echtzeit-Ereignissen im virtuellen Klassenzimmer zu folgen. Das bedeutet, dass alle Änderungen im Klassenzimmers live angezeigt werden, also sich die Ansicht automatisch aktualisiert, wenn [f] im linken Navigationsbereich aktiviert ist (Standardeinstellung). Das kann bspw. zu einer Positionsverschiebung im Chat-Protokoll beim Eingang von neuen Chat-Nachrichten oder einem Ansichtswechsel im *Darstellungsbereich* führen und somit die Orientierung erschweren. Wenn diese Option ausgeschaltet wird, ist es so, als wenn man „Pause" machen bzw. die Sitzung einfrieren würde. Die Ansicht wird nicht mehr aktualisiert, so dass man in seinem eigenen Tempo die Inhalte erfassen kann. Der Unterricht jedoch geht trotzdem weiter, so dass man, wenn man das Folgen wieder anschaltet, einen Teil versäumt hat – so als wenn man kurz den Klassenraum verließe.

Zum (De-)Aktivieren der Folgen-Funktion kann das Takton [f] mit einer Klick-Geste ausgewählt werden oder die Hardwaretaste [F2] betätigt werden. Der neue Status der Funktion wird auditiv und im *Detailbereich* taktil ausgegeben.

Um ein Nachholen verpasster Abschnitte zur erleichtern, werden Aus- und Wiedereinstiegspunkt (Folgen [f] deaktivieren und wieder aktivieren) automatisch mit Lesezeichen versehen und im Aktivitätsprotokoll erfasst. Zum Zurückkehren in die Echtzeit-Veranstaltung kann entweder direkt eingestiegen werden oder man kann sich die verpasste Zeitspanne in erhöhter Geschwindigkeit bis zur Live-Sitzung abspielen lassen (vgl. [LKB14]). Technisch würde das erfordern, dass eine Aufzeichnung zu jedem Zeitpunkt verfügbar ist und eine parallele Instanz der Veranstaltung für jeden Teilnehmenden erstellt wird bzw. der Teilnehmende die bisherige Aufzeichnung ansehen kann.

In einem pausierten Klassenzimmer erhält der Teilnehmende Rechte, das Whiteboard zu bedienen, um Inhalte in eigenem Tempo anzusehen. Diese Funktion könne in Inaktivitätsphasen hilfreich sein, um verpasste Inhalte nachzuholen.

9.2.13. Audio-Konferenz

Zur Teilnahme an der Audio-Konferenz sind keine Anpassungen nötig. Es muss allerdings sichergestellt werden, dass die zugehörigen Funktionen bedienbar sind. Dazu gehört die Möglichkeit, das eigene Mikrofon mit Hilfe der Tastatur und Hardwaretasten (de-)aktivieren, die Lautstärke regulieren sowie den aktuellen Status des Mikrofons abfragen zu können. Weiterhin ist es wichtig, zugängliche Mikrofon- und Lautsprecher-Funktionstest anzubieten. Auf der grafischen Oberfläche wird ein stummgeschaltetes Mikrofon durch ein Icon gekennzeichnet. Um ein versehentliches Beitragen mit deaktiviertem Mikrofon durch einen blinden Teilnehmenden zu vermeiden, soll die Anwendung automatisch erkennen, wenn trotz des im virtuellen Klassenzimmer stummgeschalteten Mikrofons ein Signal empfangen wird, und daraufhin den Teilnehmenden mit Hilfe eines Audio-Signals benachrichtigen.

9.2.14. Video-Konferenz

Die Übertragung der Videos der Teilnehmenden ist aufgrund des Mediums pixelbasiert. Standardmäßig wird eine Liste der videoübertragenden Teilnehmenden angezeigt. Shared Desktop und Video sind nach Green [Gre11] nicht substituierbar. Daher stellt sich die Frage, ob dennoch Bestrebungen zur Zugänglichkeit von Videos für blinde Lernende berechtigt sind. Da Videos die soziale Präsenz fördern und im Sinne der gleichberechtigten Handhabung keine Funktionsreduktion stattfinden soll (vgl. [TR06] und Kapitel 9.5.6), ist in diesem Konzept dennoch eine Video-Konferenzfunktion vorgesehen.

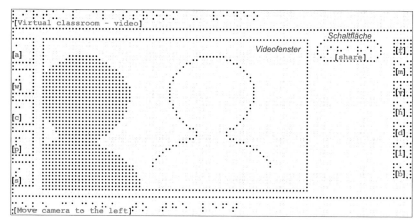

Abbildung 9.15.: Video-Ansicht: Unterstützung bei der Bildausschnittwahl. Gelbe Hervorhebung: ausgewählte Bereiche; grüne Schrift: Übersetzung der Braille-Schrift; blaue Schrift: Element-Erläuterungen; schwarze Schrift: Fokus und Einfügemarke

Da Video-Übertragungen anderer Teilnehmender von einem blinden Lernenden nicht wahrgenommen werden können – so wie auch in einer Präsenzsituation – konzentriert sich dieses Konzept auf die Übertragung des Videos des blinden Teilnehmenden.

Die eigene Video-Übertragung kann über das Takton [v] im Statusbereich oder die Hardwaretaste [F4] (de-)aktiviert werden. Mit einem Doppel-Klick auf das Takton kann die Übertragung getestet werden (siehe Abbildung 9.15). Der Teilnehmende erhält dabei auditive Anweisungen zum Einstellen des korrekten Bildausschnitts der Kamera, bis der Kopf des Lernenden zentriert im Bild ist. Auf dem *BrailleDis* kann der Lernende auch taktil den Bildausschnitt überprüfen: Die Aufnahme des Lernenden wird durch einen Schatten, also gesetzte Pins, dargestellt und eine Silhouette zeigt die gewünschte Position im Bild an. Durch Ausrichten der Kamera (bzw. der eigenen Sitzposition) richtet der Lernende sich so aus, dass Schatten und Silhouette deckungsgleich sind. Anweisungen zur Ausrichtung erfolgen auditiv und im *Detailbereich*. Dabei sind die Anweisungen auf die Kameraposition bezogen, da davon ausgegangen wird, dass die Sitzposition aufgrund der Arbeitsplatzergonomie nicht verändert werden sollte. Weiterhin kann ein Teilnehmender mittels Tastaturkürzel den Status seiner Kamera (aktiviert/deaktiviert) abfragen.

Das Video-Takton [v] im rechten Navigationsbereich unterstützt folgende Funktionalität:

- Takton nicht ausgewählt: Video-Übertragung deaktiviert,
- Takton ausgewählt: Video-Übertragung aktiviert,
- Ein-Finger-Tipp-Geste auf Takton: Aktivieren/Deaktivieren der Video-Übertragung und
- Ein-Finger-Doppel-Tipp-Geste auf Takton: Aufruf des Video-Übertragungs-Tests.

9.2.15. Beschreibung

Alternative Beschreibungen für Inhaltselemente können von jedem Teilnehmenden angelegt werden (Abbildung 9.16). Diese Funktion ähnelt der Untertitel-Funktion existierender virtueller Klassenzimmer (vgl. Kapitel 6.4.6), jedoch ist diese für die Untertitelung aller auditiven Inhalte für Gehörlose konzipiert. Die in diesem Konzept editierbaren Beschreibungen dienen jedoch vielmehr als Alternativen für Nicht-Text-Elemente oder als weiterführende Erläuterungen. Diese Funktion kann auch für Teilnehmende ohne Beeinträchtigung, bspw. für kollaborative Notizen oder Annotationen, vorteilhaft sein. Existiert zu einem fokussierten Element eine alternative Beschreibung, wird das Takton als ausgewählt dargestellt. Um eine Beschreibung für das fokussierte Element zu erstellen oder zu bearbeiten, wird auf das Takton Beschreibung [d] (engl. *description*) eine Ein-Finger-Tipp-Geste ausgeführt. Es wird daraufhin eine Ansicht zur Eingabe der Beschreibung im *Darstellungsbereich* angezeigt. Im *Darstellungsbereich* wird in der ersten Zeile das ausgewählte Element benannt: Typ und Name. Darunter können der Titel und eine Beschreibung eingegeben werden. Die Einfügemarke (Punkte 7 und 8) blinken. Über die Schaltfläche [change] kann das Element geändert werden. Ist die Beschreibungsansicht nicht aktiv, kann die Beschreibung eines fokussierten Elements durch eine Doppel-Tipp-Geste aufgerufen und geändert werden.

Alternative Beschreibungen werden im Aktivitätsprotokoll angezeigt und erlauben somit das Erkennen neu hinzugefügter Beschreibungen. Eine Filtermöglichkeit nach einem bestimmten Inhaltselement erlaubt es, die Historie des Hinzufügens und Änderns der Beschreibungen nachzuvollziehen. Ein Moderator einer Sitzung hat die Möglichkeit, die Beschreibung eines Elements zu sperren, um weitere Änderungen zu verhindern.

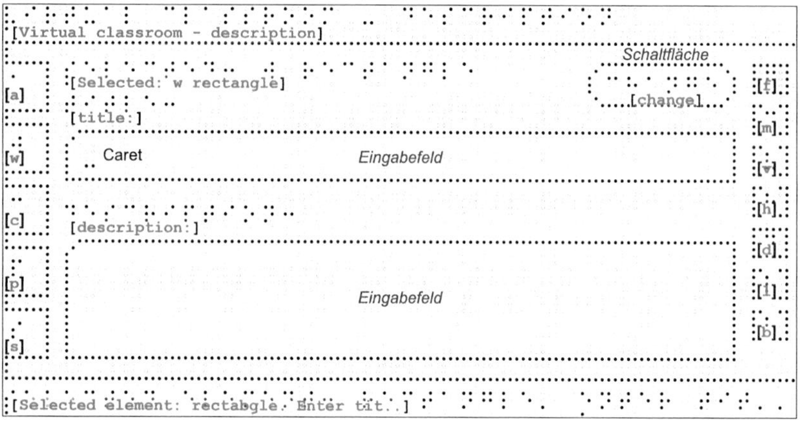

Abbildung 9.16.: Beschreibungs-Ansicht: Beschreibung für Whiteboard-Element er-
stellen.   Gelbe Hervorhebung: ausgewählte Bereiche;   grüne
Schrift: Übersetzung der Braille-Schrift;   blaue Schrift: Element-
Erläuterungen; schwarze Schrift: Fokus, Einfügemarke und Element-
Erläuterungen

Das Beschreibungs-Takton [d] im rechten Navigationsbereich unterstützt folgende
Funktionalität:

- Takton nicht ausgewählt: Keine alternative Beschreibung für fokussiertes Element
  vorhanden,
- Takton ausgewählt: Alternative Beschreibung zu fokussiertem Element vorhanden und
- Ein-Finger-Tipp-Geste auf Takton: Beschreibung für fokussiertes Element erstellen bzw. bearbeiten.

9.2.16. Links

Theofanos & Redish [TR03] zeigen, dass Anker in Webseiten von sehenden und blinden Nutzenden als hilfreich bewertet werden. Zum einen stellt dies eine Navigations-
und Orientierungsunterstützung dar, zum anderen unterstützt diese Verknüpfung beim
Herstellen semantischer Zusammenhänge. Weiterhin wird in den *Universal Design
for Learning* [6] die Hervorhebung von Beziehungen unter Schlüsselelementen (Texte,
Grafiken, Diagramme usw.) als unterstützende Maßnahme benannt. Ähnlich zu der
Idee der Anker in Webseiten ist im vorliegenden Konzept möglich, Elemente, die
direkt etwas miteinander zu tun haben, zu verlinken. Somit wird bspw. ein Chat-
Beitrag direkt mit einem Whiteboard-Element verbunden und Zusammenhänge können leichter nachvollzogen werden. Existiert zu einem fokussierten Element ein Link
zu einem anderen Element, wird das Takton als ausgewählt dargestellt. Um Elemente
zu verknüpfen oder einen bestehenden Link zu bearbeiten wird ein Element fokussiert
und eine Ein-Finger-Tipp-Geste auf die Takton-Schaltfläche [l] ausgeführt. Die Link-

Ansicht erscheint im *Darstellungsbereich*. Hier ist der Name des ausgewählten Elements angegeben und über Reiter kann man den zu verlinkenden Elementtyp auswählen: Chat, Whiteboard, Teilnehmer. Aus einer Liste kann dann das zu verlinkende Element ausgewählt werden. Der Fokus wird auf dieses Element gesetzt, vorherig ausgewählte Elemente werden überschrieben. Bestätigt wird mit [Ok]. Der *Detailbereich* zeigt Informationen über die Verlinkung an, bspw.: „Link. rectangle - chat 10:15 Marcus: Um 10:30 Uhr."

Abbildung 9.17.: Link-Ansicht: Link zwischen Whiteboard-Element und Chat-Eintrag. Gelbe Hervorhebung: ausgewählte Bereiche; grüne Schrift: Übersetzung der Braille-Schrift; blaue Schrift: Element-Erläuterungen; schwarze Schrift: Fokus und Einfügemarke

Die Link-Übersicht stellt alle vorhanden Verknüpfungen als Liste dar. Diese kann über eine Ein-Finger-Doppel-Tipp-Geste auf das Takton [1] aufgerufen werden. In der Liste werden alle Verknüpfungen mit dem jeweiligen Typ und Elementnamen bzw. Zeitstempel angegeben. Bspw. könnte eine Verknüpfung zwischen der Frage im Chat nach dem Thema der Sitzung (vgl. Abbildung 9.17) mit der ersten Folie der Präsentation verknüpft werden (Quellcode 9.4):

```
1 <Typ> <Teilnehmender> <Zeit>    —— <Typ>      <Elementname> <(Zeit)>
2 Chat   YOU            10:17     —— Slide 1    Topic          9:55
```

Quellcode 9.4: Beispiel für einen Eintrag der Link-Übersicht

Die Liste der Einträge kann zur besseren Lesbarkeit u. a. nach Typ, Teilnehmenden, Zeitstempel sortiert und gefiltert werden. Weiterhin muss eine Such-Funktion verfügbar sein. Fokussierte Einträge der Listen-Übersicht können über eine Schaltfläche gelöscht oder bearbeitet werden. Im Falle einer Bearbeitung wird in die Link-Ansicht (Abbildung 9.17) gewechselt.

Das Link-Takton [l] im rechten Navigationsbereich unterstützt folgende Funktionalität:

- Takton nicht ausgewählt: Kein Link zu fokussiertes Element vorhanden,
- Takton ausgewählt: Link zu fokussiertem Element vorhanden,
- Ein-Finger-Tipp-Geste auf Takton: Link erstellen oder bearbeiten und
- Ein-Finger-Doppel-Tipp-Geste auf Takton: Linkübersicht aufrufen.

9.2.17. Lesezeichen

Lesezeichen unterstützen Lernende und Lehrende sich wichtige Stellen in einer Veranstaltung zu merken und dorthin beim Betrachten einer Aufzeichnung zurückzukehren. Ein Klicken auf das Lesezeichen-Takton [b] (*bookmark*) setzt ein Lesezeichen, ein Doppelklick ruft die Lesezeichenansicht auf (siehe Abbildung 9.18). Entweder erhalten die Lesezeichen einen automatischen Titel oder dieser wird vom Teilnehmenden festgelegt. Für Schlüsselereignisse, wie z. B. einen Folienwechsel, werden automatisch Lesezeichen angelegt. Die Lesezeichen dienen als Sprungmarken zu bestimmten Zeitpunkten und Elementen in der Aufzeichnung und werden in dem Aktivitätsprotokoll erfasst.

In der Lesezeichenansicht werden die vorhandenen Lesezeichen aufgelistet. Im *Detailbereich* werden für fokussierte Lesezeichen Zeitstempel und Autor des Lesezeichens angezeigt. Dazu zählen für alle Teilnehmenden sichtbare Lesezeichen erzeugt vom System (bspw. Folienwechsel) oder einem Moderierenden sowie vom jeweiligen Teilnehmenden privat erzeugte Lesezeichen. Am Ende der Zeile wird angegeben, ob die Lesezeichen angepasste Titel und Beschreibungen haben: ty/tn (*title yes/no*), dy/dn (*description yes/no*) (vgl. Tabelle 9.4). Über die Schaltflächen [title] und [desc] können Titel und Beschreibung für selbst angelegte Lesezeichen eingegeben werden. Je nach Auswahl der Schaltfläche kann im Eingabefeld der Titel oder die Beschreibung verändert werden. Der veränderte Titel erscheint dann in der Liste.

Das Lesezeichen-Takton [b] im rechten Navigationsbereich unterstützt folgende Funktionalität:

- Takton nicht ausgewählt: Kein Lesezeichen auf fokussiertes Element vorhanden,
- Takton ausgewählt: Lesezeichen zu fokussiertem Element vorhanden,
- Ein-Finger-Tipp-Geste auf Takton: Lesezeichen setzen und
- Ein-Finger-Doppel-Tipp-Geste auf Takton: Lesezeichenansicht aufrufen.

Ein Bearbeiten oder Löschen eines Lesezeichens über die Anpassung des Titels und der Beschreibung hinaus ist nicht vorgesehen, da die Kontrolle des festgehaltenen Zeitpunkts der Veranstaltung ein Spulen in der laufenden Veranstaltung erfordern würde. Eine Bearbeitung und ein Löschen der Lesezeichen ist in der Aufzeichnung möglich.

9.2.18. Aufzeichnungen

Um eine Veranstaltung in seiner eigenen Geschwindigkeit zu wiederholen, ist in fast jedem virtuellen Klassenzimmer eine Aufzeichnung möglich. Jedoch ist der aufgezeichnete Inhalt oft nur in einem pixelbasierten Format verfügbar. Um Screenreadern den

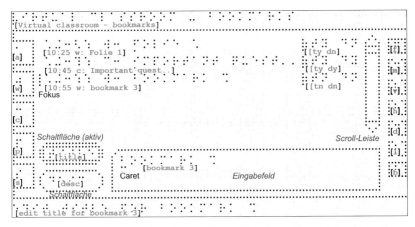

Abbildung 9.18.: Lesezeichen-Ansicht: Titel zu vorhandenem Lesezeichen hinzufügen.
Gelbe Hervorhebung: ausgewählte Bereiche; grüne Schrift: Übersetzung der Braille-Schrift; blaue Schrift: Element-Erläuterungen;
schwarze Schrift: Fokus und Einfügemarke

Zugriff auf die Information zu ermöglichen, müssen textuelle und vektorbasierte Informationen erhalten und Bedienmöglichkeiten per Tastatur für die Abspielkontrolle
vorhanden sein.

Die Verfügbarkeit von Aktivitätsprotokoll, Lesezeichen, Beschreibungen und Links
erhöht außerdem den Mehrwert solcher Aufzeichnungen für blinde aber auch für sehende Lernende. Eine Navigation durch die Aufzeichnung über die Lesezeichen muss
gewährleistet werden. Außerdem kann weiterhin die Filterfunktion des Aktivitätsprotokolls verwendet werden.

Die Aufzeichnung des virtuellen Klassenzimmers basiert auf derselben Benutzungs-
oberfläche wie die Echtzeitanwendung. Zusätzlich sind Abspielkontrollen verfügbar.
Lesezeichen, Beschreibungen und Links bleiben bearbeitbar, so dass eine nachträgliche
Verbesserung der Barrierefreiheit ermöglicht wird. Die Mikrofon-Funktion dient dem
An- und Abschalten des Abspielens der Audio-Konferenz, falls ein Nutzender nur die
Ausgabe des Screenreaders zum Erfassen der Inhalte verwenden möchte.

Die Folgen-Funktion, die Whiteboard-Werkzeuge und das Chat-Eingabefenster sind
in der Aufzeichnung ohne Funktion und werden nicht dargestellt. Kommandozeilenbe-
fehle des Aktivitätsprotokolls, welche kein aktives Beitragen beinhalten, bleiben erhalten; dazu zählt bspw. das Filtern der anzuzeigenden Inhalte im Protokoll.

9.2.19. Sonstige Funktionen

Nachfolgend werden weitere Funktionen erläutert.

Kontextsensitive Hilfe

Um den Nutzenden bei den z. T. komplexen Bedienabläufen zu unterstützen, werden kontextsensitive Hilfen im *Detailbereich* angezeigt. Dies erfolgt bspw. für das Zeichnen auf dem Whiteboard (siehe Abbildung A.8 auf S. liii: „Circle tool selected: click start point"), dem Reiter Einstellungen (siehe Abbildung 9.14: „Sound for microphone off selected - for deselect click on checkbox") oder beim Hinzufügen von Beschreibung (siehe Abbildung 9.16, „Selected element: rectangle, enter title ...")[111]. Weiterhin werden beim Aufruf der Hilfe über die Tastatur relevante Themen für das aktuell fokussierte Element angezeigt.

Kennzeichnung neuer Inhalte

Die Wahrnehmung von Änderungen und des Fokus ist eine der Hürden bei der nicht-visuellen Bedienung virtueller Klassenzimmer. Ein Lernender muss über neue Inhalte oder Ereignisse in Kenntnis gesetzt werden, um der Veranstaltung folgen zu können. Diese Benachrichtigung erfolgt zum einen über Audio-Signale, taktile Hinweise im *Detailbereich* oder als Zahl im entsprechenden Reiter der *linken Navigationsleiste*, welche die Anzahl der neuen Elemente bzw. Veränderungen im Chat, bei den Teilnehmenden oder dem Whiteboard anzeigt. Durch Eingabe eines Tastaturbefehls blinken die neuen Elemente für ein definierbares Zeitintervall, um dessen Auffinden zu erleichtern.

Um die Kommunikation bezüglich bestimmter Inhaltselemente zu erleichtern, können diese zur besseren Auffindbarkeit für andere Teilnehmende hervorgehoben werden. Dazu wird das entsprechende Inhaltselement fokussiert und mit Hilfe eines Tastaturbefehls wird darauf im Chat gezeigt: bspw. „Participant x pointed to whiteboard element 3 on slide 4". Das entsprechende Inhaltselement erhält einen Link, welcher den Fokus des Adressaten auf das Element setzt. Diese Methode kann auch vom Präsentierenden zur Lenkung der Aufmerksamkeit der Teilnehmenden verwendet werden.

Blinkende Pins werden zur Hervorhebung der Fokus- und der Einfügemarkenposition eingesetzt. Befindet sich weiterhin der Fokus nicht auf dem Aktivitätsprotokoll, werden beim Wechsel zu dieser Ansicht alle seit dem letzten Aufruf des Protokolls erfolgten Aktivitäten am Anfang der Zeile mit einem Vollzeichen als ungelesen gekennzeichnet.

Speichern von Inhalten

Zur Wiederholung der Veranstaltungsinhalte in eigener Geschwindigkeit, muss nicht nur die Veranstaltung aufgezeichnet werden, es muss weiterhin die Möglichkeit bestehen, bestimmte Zwischenstände zu speichern. Dazu wird eine zentrale Funktion benötigt, die alle Protokolle und Inhalte (Aktivitätsprotokoll, Notizen, alternative Beschreibungen, Whiteboard-Ansichten) automatisch zwischenspeichert und bei Bedarf lokal verfügbar

---

[111]In der Evaluation der *Tangram*-Arbeitsstation von Bornschein et al. [BPW15] werden ebenfalls kontextsensitive Hilfen für die Editierfunktionen von zwei blinden Probanden angeregt.

macht. Das Abspeichern grafischer Inhalte sollte dabei in einem Vektorformat erfolgen, welches auch die semantischen Verknüpfungen wie Links erhält.

9.3. Kompatibilität mit anderen technischen Hilfsmitteln

Die Verwendung eines berührempfindlichen zweidimensionalen taktilen Flächendisplays bietet den Vorteil der Darstellungsmöglichkeit räumlicher Zusammenhänge, hoher Informationsdichte sowie der direkten Interaktion mittels Gesten und Hardwaretasten. Aufgrund der Unterstützung verschiedener Eingabemodalitäten (Tastatur, Hardwaretasten und Gesten) ist eine Übertragung auf andere technische Hilfsmittel denkbar.

Überträgt man das vorliegende Konzept auf die herkömmlichen Hilfsmittel Screenreader und Braille-Zeile, fällt die Möglichkeit der zweidimensionalen Abbildung und der direkten Interaktion weg. Die Interaktion mit der Benutzungsoberfläche erfolgt in diesem Fall nur über die Tastatur. Die textuelle Ausgabe tätigt der Screenreader auditiv und erfolgt außerdem auf der Braille-Zeile. Das Zeichnen von Elementen auf dem Whiteboard ist mit diesen Hilfsmitteln nicht abbildbar, jedoch sollten textbasierte Funktionen, wie das Aktivitätsprotokoll, der Chat, die Teilnehmerliste, Lesezeichen usw., keine Probleme darstellen. Die Übertragung weitergehender alternativer Konzepte auf eine linearisierte Ausgabe wird an folgenden Beispielen verdeutlicht:

- Elemente auf dem Whiteboard können mit Hilfe der Tabulator-Tasten angesteuert werden und die alternativen Beschreibungen über den Screenreader ausgegeben werden.

- Die durch Verlinkungen entstehenden semantischen Zusammenhänge könnten linearisiert, ähnlich dem Mindmapping-Ansatz von Pölzer & Miesenberger [PM15] (siehe Kapitel 6.4.7), abgebildet werden.

- Der Assistent für die Video-Übertragung kann mit Hilfe der Sprachanweisungen genutzt werden. Weiterhin könnte die Position der Person im Kameraausschnitt auf der Braille-Zeile durch gesetzte Pins verdeutlicht werden – bspw. würde sich ein fünf-Pin-hoher Ausschnitt der vollen Darstellungsbreite aus der zweidimensionalen Darstellung des Videos auf Höhe des Kopfes anbieten.

Bei der Übertragung der alternativen Konzepte auf mobile Geräte müsste die Gestensteuerung erweitert werden, so dass alle Elemente nicht nur mit Gesten auswählbar, sondern alle Tastaturbefehle auch mit Hilfe von Gesten durchführbar würden. Bspw. müsste die Manipulation von Inhalten, wie bspw. das Verschieben von Whiteboard-Elementen, möglich sein[112]. Problematisch wird bei mobilen Anwendungen, dass Ausgaben ausschließlich über Audio erfolgen – also keine Ausweichmöglichkeiten auf taktile Ausgaben bestehen – und somit mit einer Audio-Konferenz kollidieren.

---

[112]Die nicht-visuelle Eingabe von Text über die Bildschirmtastatur eines mobilen Geräts kann unterschiedlich erfolgen: (a) Über ein Zweifinger-System in dem ein Finger sich über die Tastatur bewegt und die Buchstaben angesagt werden. Durch die Berührung des Bildschirms mit einem zweiten Finger an einer anderen Stelle, wird der Buchstabe ausgewählt. (b) Buchstaben unter der Fingerposition werden angesagt und das Anheben des Fingers wählt den Buchstaben aus.

9.4. Bewertung und Diskussion

Die beschriebenen Konzepte erfüllen die Gestaltungsrichtlinien für virtuelle Klassenzimmer (siehe Kapitel 8). Eine detaillierte Gegenüberstellung erfolgt in Tabelle A.103
auf S. lxxxix des Anhangs. Die persönlichen Bedarfe und Vorzüge von Lernenden können in drei Kategorien unterteilt werden: Darstellung, Kontrolle und Inhalt [ISO08b].
Die vorgestellten alternativen Konzepte schlagen Anpassungen in allen drei Kategorien
vor: Die Darstellung und Struktur der Information wurde für das *BrailleDis* angepasst;
die Kontrolle entspricht den Bedarfen und Vorlieben des Nutzenden, da es die Verwendung technischer Hilfsmittel unterstützt und persönliche Einstellungen erlaubt, bspw.
für Audio-Benachrichtigungen oder Darstellung. Zur Unterstützung des Verständnisses
des Inhalts werden zusätzlichen Informationen, wie bspw. Beschreibungen und Links,
vorgeschlagen [KL15]. Die Verantwortung im Bereitstellen von alternativen Aufbereitungen für visuelle Medien liegt bei den Inhaltserstellern und ist somit nicht Teil der
entwickelten Konzepte.

Das Modell WYSIWIS (What You See Is What I See) beschreibt einen Gestal-
tungsgrundsatz für Mehrbenutzer-Systeme, in welchem die visuelle Wahrnehmung der
Arbeitsumgebung für alle Nutzenden gleich ist. WYSIWIS unterstützt Lernende somit
dabei, eine gemeinsame Vorstellung von einem Sachverhalt oder Gegenstand zu entwickeln [KW99]. Stefik et al. [SBF⁺87] argumentieren, dass dieses Modell im Zusammenhang von kollaborativen Konferenzsystemen in Bezug auf Ausgabegeräte, Syn-
chronisierungszeitpunkt, Nutzergruppen sowie Übereinstimmung der Ansicht, gelockert
werden muss, um allen Nutzergruppen und deren Bedarfen gerecht werden zu können.
Im Kontext zu dem Wunsch blinder Probanden, eine der visuellen Darstellungen möglichst ähnliche Ausgabe zur Erleichterung der Kommunikation zu erhalten (vgl. Kapitel
9.5.6), muss ein alternatives Benutzungskonzept die besonderen Bedarfe der Zielgruppe
mit einer möglichst gleichwertigen Darstellung vereinen (vgl. dazu auch [SME07] in
Kapitel 8).

Das Modell WYSIWYG (What You See Is What You Get)[113], welches häufig in
Text-Editoren von Internet-Anwendungen eingesetzt wird, wird durch Schiewe et al.
[SKNW09] auf eine taktile Flächendarstellung übertragen und auf WYFIWYG (What
You Feel Is What You Get) angepasst. Die möglichst gleichberechtigte Zusammenarbeit in Bezug auf eine gemeinsame Wahrnehmung von sehenden und blinden Nutzenden
könnte als ein WYSIWIF-Modell (What You See Is What I Feel) aus Sicht des blinden Nutzenden bezeichnet werden, in dem visuelle Inhalte in eine taktile Darstellung
umgewandelt werden.

Die entwickelte nicht-visuelle Benutzungsoberfläche erfüllt die Ziele für eine screenreaderkompatible Benutzungsoberflächengestaltung nach Mynatt [Myn97, S. 13] (vgl.
Kapitel 9.1.1):

Zugang zu Funktionalität: Die Funktionalität der grafischen Benutzungsoberfläche
      wird auf die taktile Darstellung abgebildet. Dabei bleibt die organisatorische
      Struktur der Module je Funktion (Chat, Whiteboard usw.) erhalten.

---

[113]Das Prinzip WYSIWYG in Texteditoren beschreibt die Vorschau der Formatierung im Editor, wie
   sie später auch im Internetdokument zu sehen sein wird.

Darstellung der Bedienelemente in Form von Icons: Die Bedienelemente werden taktil umgesetzt und sind durch ihre Form eindeutig unterscheidbar.

Direkte Manipulation: Eine direkte Interaktion mit Objekten wird über Gesten gewährleistet, eine Manipulation von Objekten erfolgt in Kombination von Gesten und Hardwaretasten.

Räumliche Anordnung: Eine Überlagerung des virtuellen Klassenzimmers mit anderen Anwendungen und der Module untereinander ist in der grafischen Oberfläche möglich, wird jedoch in der nicht-visuellen Oberfläche durch feste räumliche Anordnungen und Fensterwechseln bei Bedarf vermieden. Die räumliche Anordnung der Whiteboard-Elemente wird darstellungsgetreu auf die taktile Anzeige übertragen.

Konsistente Präsentation: Die Aufteilung der Darstellungsfläche ist für jede Ansicht gleichbleibend (*Kopf-*, *Darstellungs-* und *Detailbereich* sowie Navigationsleisten) und die *rechte* und *linke Navigationsleiste* werden, außer beim Vollbildmodus, permanent angezeigt.

Weiterhin wurden die Design-Prinzipien für Inhalts- und Bedienoberflächen-Transformationen nach Treviranus & Roberts [TR06] eingehalten:

Trennung der Inhalts- und Strukturinformation von der Präsentation: Die Anzeige des Inhalts – primär anwendbar auf das Whiteboard – kann vergrößert und im Kontrast angepasst werden. Die Einstellungen ermöglichen das Ein- und Ausblenden von *Kopf-* und *Detailbereich* sowie eine Anpassung der Ausgabe.

Trennung der Funktionen von Kontrollmechanismen: Aktionen können auf verschiedene Arten durchgeführt werden. Die wichtigsten Funktionen können durch Gesten, Hardwaretasten, Tastatur sowie Maus abgebildet werden.

Alternativen in anderen Modi: Whiteboard-Darstellungen enthalten oft grafische, pixelbasierte Informationen, die nur als taktile bitonale Darstellung (Pins gesetzt/gesenkt) ausgegeben werden können. Durch eine Beschreibungsmöglichkeit können textuelle Alternativen angelegt werden.

Strukturierung des Inhalts: Über Strukturinformationen, bspw. zu vorhandenen Beschreibungen oder Verlinkungen (rechts neben den Zeilen im Präsentationsbereich, abgetrennt durch eine eckige Klammer), kann ein Gesamteindruck des Inhalts erlangt werden. Vorhandene Einträge (Chat, Aktivitätsprotokoll usw.) werden weiterhin in Listenform mit Zeitstempel ausgegeben.

Beschreibung von Ressourcen: Eine Beschreibung der Lerninhalte, bspw. Präsentationsfolien, mit Hilfe von Metadaten liegt i. d. R. bei der bereitstellenden Person. Im virtuellen Klassenzimmer besteht die Möglichkeit, Whiteboard-Elemente mit Beschreibungen zu versehen oder die Notizen anderer zu verwenden.

Nicht alle Inhalte eines virtuellen Klassenzimmers können in zugängliche Präsentationsformen automatisch transformiert werden. Besonders grafische Inhalte bedürfen alternativer Beschreibungen als Ergänzung, die jedoch bei dynamischen Inhalten wie bspw. Video-Konferenz-Übertragungen nicht einsetzbar sind. Die beschriebenen Konzepte unterstützen verschiedene Transformationen nach Brajnik [Bra08a]. Nachfolgend werden einige Beispiele genannt:

Inter-mediale Transformation: Umwandlung von Text in Sprache durch die Sprachausgabe; textuelle und auditive Ausgabe von Detailinformationen visueller Whiteboard-Elemente.

Intra-mediale Transformation: Vergrößerungsmöglichkeit der Whiteboard-Darstellung.

Temporale Transformation: Audiobenachrichtigungen zu neuen Ereignissen; Verlangsamung bzw. Beschleunigung einer Wiedergabe; Pausieren einer Echtzeit-Veranstaltung.

Die Konzepte des Aktivitätsprotokolls sowie der alternativen Beschreibungen sind im Kontext virtueller Klassenzimmer keine neuen Ansätze. Das laut der Analyse zugänglichste virtuelle Klassenzimmer *Blackboard Collaborate* unterstützt bereits ein Aktivitätsfenster und eine Untertitelfunktion[114]. Jedoch erfasst *Blackboard Collaborate* im Aktivitätsprotokoll nicht, wenn auf dem Whiteboard Texte verfasst oder Elemente gezeichnet und verändert werden. Ein weiterer Unterschied stellt die Integration von Links dar, welche es ermöglichen, von Einträgen im Aktivitätsprotokoll direkt zu dem entsprechenden Elementen springen zu können. Weiterhin können die Untertitel nur für die gesamte Veranstaltung erfasst werden, jedoch nicht für einzelne Inhaltselemente. Weiterhin können sich zwar alle Teilnehmenden die Untertitel anzeigen lassen, editieren können jedoch nur berechtigte Teilnehmende[115].

Aufgrund der Abbildung einer einzigen Funktion auf dem gesamten *Darstellungsbereich* sind neue Ereignisse bzw. Inhalte auch für sehende Nutzende nicht sofort erfassbar. Somit kann die Darstellung auf einem taktilen Flächendisplay oder mobilen Endgerät die parallele Anzeige aller Funktionen nicht leisten. *Adobe Connect Mobile* (vgl. Abbildung 6.13 auf S. 111) zeigt in den Reitern zum Wechseln zwischen den Ansichten die Anzahl der Neuerungen an. Diese Benachrichtigungsfunktion wurde in das vorliegende alternative Benutzungskonzept integriert.

Das Editieren von Objekten auf dem Whiteboard ist an die Bedientechniken der *Tangram*-Arbeitsstation angelehnt, da diese Editiermöglichkeit in der Evaluation positiv bewertet wurde (vgl. [BP14, BPW15]). Der Prozess des Zeichnens über die Gesteneingabe auf der taktilen Oberfläche ist hingegen noch nicht im *Tangram*-Projekt beschrieben.

Eine Möglichkeit, dem Fokus des Kollaborationspartners durch farbig oder taktile Kennzeichnung zu folgen, wird ebenfalls in Bornschein et al. [BPW15] beschrieben. Eine Hervorhebung des Fokus des Vortagenden ist im vorliegenden Konzept ebenfalls möglich. Weiterhin unterstützen die Kennzeichnung von Moderierenden-Beiträgen (vgl. [Kie09]) und die Eingabe von Themenblöcken im Chat das Verfolgen der Veranstaltung. Die Folgen-Funktion, welche über das Takton [f] deaktiviert werden kann, ähnelt eher der Funktion für Hörgeschädigte von Lasecki et al. [LKB14], welche erlaubt die synchrone Veranstaltung zu verlassen, um Inhalte in der eigenen Geschwindigkeit erfassen zu können.

Abhängig von der Vorerfahrung und den Vorlieben der Nutzenden könnte eine rein textuelle Ansicht ohne semi-grafische Darstellungen von Bedienelementen bevorzugt

---

[114]Auch das virtuelle Klassenzimmer von Santarosa et. al. [SCM14] unterstützt ein Aktivitätsprotokoll.

[115]Die Funktionalität des Aktivitätsprotokolls und der Untertitel wurden mit *Blackboard Collaborate*, Version 12.6.6.7847, getestet.

werden. Eine entsprechende Umsetzung würde eine Überarbeitung der Benutzungsoberflächen erfordern und zu einem Wegfall des Aufbaus der visuellen Benutzungsoberfläche führen. Weiterhin wären grafische Inhalte nicht abbildbar. Für Nutzende, die
eine rein textuelle Ansicht bevorzugen, ist eine ausschließliche Verwendung des Aktivitätsprotokolls denkbar.

Im Gegensatz zu Freire et. al. [FLB+10] kommt das vorliegende Konzept ohne zusätzliche Person als Übersetzer aus. Jedoch kann die Zugänglichkeit zu visuellen Inhalten
nur durch die Unterstützung der anderen Teilnehmenden und des Moderierenden über
die Bereitstellung vektorbasierter Inhalte und alternativer Beschreibungen ermöglicht
werden.

Das von Santarosa et. al. [SCM14] entwickelte virtuelle Klassenzimmer erlaubt es
verschiedenen Nutzergruppen an einer Veranstaltung teilzuhaben. Durch die daraus
entstehenden heterogenen Anforderungen, kann nicht detailliert auf einzelne Bedarfe
eingegangen werden. Somit unterstützt die Anwendung blinde Teilnehmende bei der
Wahrnehmung der Inhalte durch ein screenreaderkompatibles Chat-Werkzeug, auditive
Benachrichtigung über neue Chat- und Whiteboard-Aktivitäten, alternative Beschreibungsmöglichkeiten für Nicht-Text-Elemente sowie eine logische Tabulator-Reihenfolge
für Whiteboard-Elemente. Jedoch wird die Möglichkeit der Inhaltserstellung und Kollaboration weitestgehend außer Acht gelassen, wodurch eine gleichberechtigte Teilhabe
nicht ermöglicht werden kann.

9.5. Evaluation alternativer Benutzungskonzepte

Eine erste Evaluation der Bedienbarkeit der entwickelten alternativen Benutzungskonzepte für grafische taktile Braille-Displays für virtuelle Klassenzimmer erfolgt mit
Hilfe von *taktilem Paper-Prototyping* (vgl. [MKSW09]) [KL15]. Dazu wurden taktile
Braille-Drucke (Mock-ups) mit einem Braille-Drucker erstellt und blinden Probanden
vorgelegt.

Für die erste Evaluation der alternativen Konzepte wurde *Paper-Prototyping* gewählt,
um in einem frühen Entwicklungsstadium mögliche Einschränkungen in der Gestaltung
feststellen zu können. Weiterhin ermöglicht die Methode nach Miao et al. [MPFW14]
im Vergleich zu computerbasierten Prototypen einen besseren Gesamtüberblick über
die Anwendung.

9.5.1. Methode

Zur qualitativen Evaluation der Konzepte findet *taktiles Paper-Prototyping* [MKSW09]
Anwendung, eine Adaption des herkömmlichen Paper-Prototypings. Statt Entwürfe
durch Probanden oder Entwickler auf Papier herzustellen zu lassen, werden beim
taktilen Paper-Prototyping vorgefertigte taktile Benutzungsoberflächenansichten und
-elemente in Form von Braille-Ausdrucken verwendet.

Für die Untersuchung wird die Inspektionsmethode *Cognitive Walkthrough* [SB10]
angewandt, um Handlungsabfolgen überprüfen zu können. Die Bedienabläufe werden

zusätzlich mit Hilfe der *Wizard-Of-Oz-Methode*[116] [DJA93] simuliert, indem bei der Untersuchung zum passenden Zeitpunkt, bspw. beim Auslösen eines Ereignisses, dem Probanden durch den Testleiter, den *Wizard*, neue Ansichten vorgelegt oder Mock-ups einzelner Bedienelemente auf die entsprechende Ansicht und Position gelegt werden, ähnlich einer weiteren Ebene (wie bspw. in Abbildung 9.10). Während des Prototypings werden nur Gesten zur Bedienung simuliert. Hardwaretasten und Tastatureingaben werden zur Vereinfachung der Simulation nicht eingesetzt, um die Konzentration auf den Aufbau der Benutzungsoberfläche nicht zu beeinträchtigen. Die Probanden wurden aufgefordert, während des Tests die Methode des *Lauten Denkens* [RC02] anzuwenden.

9.5.2. Testmaterial

Für die Erstellung der taktilen Darstellung der Benutzungsoberfläche mit 120×60 äquidistanten Punkten wurden Grafiken mit dem Programm *HBGraphicsExchangeNew* des *HyperBraille*-Projektes erstellt. Eine Grafik entspricht einer Bitmap-Datei mit 120×60 Pixeln in schwarz (Pins gesetzt) und weiß mit schwarzem Rand (Pins nicht gesetzt). Mit Hilfe der Software *TactileView v. 2.137* wurden die Darstellungen auf einem Braille-Drucker, dem *Index Basic V4*, gedruckt. Da die Breite von 120 Punkten nicht auf eine Druckseite passt, wurden für eine Bedienansicht zwei Seiten zusammengeklebt und passend zugeschnitten.

Es wurden Ansichten zum Grundlayout, Aktivitätsprotokoll, Whiteboard, Chat, Teilnehmer-Modul, Einstellungen, Video-, Beschreibungs-, Link- und Lesezeichen-Modul sowie zu Takton-Darstellungen erstellt. Um Bedienabläufe zu simulieren, wurden entweder mehrere Ansichten einer Darstellung erstellt oder einzelne Bedienelemente entsprechend ihrer Form ausgeschnitten[117]. Tabelle A.61 im Anhang auf S. li führt alle erstellten Mock-ups auf.

9.5.3. Stichprobe

Die Evaluation wurde an der *Carl-Strehl-Schule* für Blinde und Menschen mit Sehbeeinträchtigung in Marburg (Lahn) mit sechs Schülerinnen und Schülern (fünf davon blind und einer sehbehindert (P1[118])) der gymnasialen Oberstufe durchgeführt.

Auswahlkriterien für die Zusammensetzung der Stichprobe umfassen (vgl. Auswahlkriterien nach Brajnik [Bra08a])

- Blindheit oder schwere Sehbeeinträchtigung,
- Übung im Umgang mit Screenreader und Braille-Zeile sowie
- Erfahrungen mit taktilen Grafiken.

Mit diesen Auswahlkriterien konnte sichergestellt werden, dass alle Probanden eine ähnliche Erfahrungsgrundlagen mitbrachten.

---

[116]Bei der *Wizard-Of-Oz-Methode* werden Interaktionen, welche eine fertige Anwendung unterstützen würde, durch einen Testleiter, den *Wizard*, simuliert.

[117]Insgesamt wurden 15 Vollansichten und über 20 Ausschnitte erstellt.

[118]Im weiteren Text werden die Probanden durch die Kürzel P1 – P6 beschrieben.

9.5.4. Versuchsaufbau und -ablauf

Der Benutzertest bestand aus einem eingehendem und abschließendem Fragebogen und *taktilem Paper-Prototyping*[119]. Der Hauptteil der Untersuchung konzentrierte sich auf die Präsentation und das Erkunden der verschiedenen taktilen Bedienoberflächen-Ansichten und der Simulation typischer Arbeitsabläufe, bspw. das Verfassen einer Chat-Nachricht oder das Zeichnen eines Elements auf dem Whiteboard. Die Probanden wurden während der Untersuchung aufgefordert die vorgelegten Mock-ups zu kommentieren und mögliche Änderungen vorzuschlagen. Ein Benutzertest dauerte jeweils 90 Minuten und war wie folgt strukturiert (vgl. Abbildung 9.19):

1. Begrüßung und Einverständniserklärung

2. Fragebogen zu persönlichen Einschränkungen, Computernutzung, Erfahrung mit E-Learning und Kollaborationswerkzeugen.

3. Einführung in virtuelle Klassenzimmer, taktile Darstellung und Untersuchungsmethode

4. *Taktiles Paper-Prototyping*

    a) Erläuterung der Bedienelemente (Widgets)

    b) Grundlayout-Puzzle: freie Anordnung der Bedienelemente des Grundlayouts auf Darstellungsfläche dem *BrailleDis* durch Probanden

    c) Vorlage vorgefertigter taktiler Ansichten und Simulation von Anwendungsfällen

5. Abschließender Fragebogen zu den evaluierten Konzepten

6. Verabschiedung

Die Untersuchung wurde mit jeweils einem Probanden und einem Testleiter durchgeführt (Abbildung 9.20). Der Testleiter übernahm die Aufgabe der Erläuterung und die Simulation der Anwendung (Wechsel der Ansichten, Screenreader-Ausgabe usw.). Zur Dokumentation des *taktilen Prototypings* wurden Audio-Aufnahmen und Videos der Hände angefertigt. Die Fragebögen wurden vom Testleiter vorgelesen und Antworten handschriftlich erfasst. Während des *Paper-Prototypings* wurde außerdem ein Beobachtungsprotokoll durch den Testleiter angefertigt.

9.5.5. Durchführung

Insgesamt wurden ca. 15 taktile Mock-ups in Originalauflösung des *BrailleDis* und zusätzliche Einzelelemente verwendet. Aufgrund ähnlicher Ansichten und Benutzungskonzepte und um den Zeitaufwand gering zu halten, wurden den Probanden jeweils nur eine Auswahl an Ansichten vorgelegt. Alle Probanden evaluierten das Grundlayout und das Aktivitätsprotokoll. Eine Interaktion mit der Benutzungsoberfläche wurde entweder mit dem Chat oder dem Whiteboard simuliert. Daraufhin wurden entweder Mock-ups zur Beschreibung oder zu Links vorgelegt (siehe Abbildung 9.19).

---

[119]Der vollständige Ablauf inklusive aller Texte, Fragen und Aufgaben ist im Anhang unter Kapitel A.9.3 auf S. lv dokumentiert.

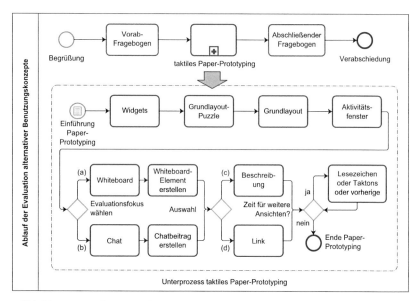

Abbildung 9.19.: Standard-Ablauf der Evaluation alternativer Benutzungskonzepte

Wenn nach Betrachtung der Hauptansichten noch Zeit blieb oder spezielles Interesse des Probanden vorhanden war, konnte auch die Oberflächen für Lesezeichen und Taktons, aber auch die vom Chat oder Whiteboard vorgelegt werden, sofern diese von dem jeweiligen Probanden noch nicht untersucht worden waren (siehe Tabelle 9.6).

Die Ansichten für Whiteboard und Chat bestanden aus mehreren Mock-ups, welche entweder bei Veränderungen der Benutzungsoberfläche komplett, oder mit Einzelelement-Mock-ups (bspw. einem Kreis auf dem Whiteboard) ersetzt wurden. Dabei konn-

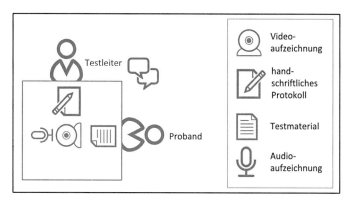

Abbildung 9.20.: Versuchsaufbau *taktiles Paper-Prototyping*

Tabelle 9.6.: Behandelte taktile Ansichten je Proband, A: Nur ansehen, B: Editieren

	1 Grundlayout-Puzzle	2 Grundlayout	3 Aktivitätsprotokoll	4 Whiteboard		5 Chat		9 Beschreibung	10 Link	11 Lesezeichen	12 Takton
Ansicht/ Proband				A	B	A	B				
1	x	x	x			x	x		x	x	
2	x	x	x	x	x						
3	x	x	x	x	x			x			
4	x	x	x	x		x	x		x		x
5	x	x	x	x	x	x	x	x		x	
6	x	x	x	x	x	x		x	x	x	x
Gesamt	6	6	6	5	4	4	3	3	3	3	2

ten die Ansichten Whiteboard und Chat entweder nur als Benutzungsoberfläche an sich betrachtet werden (Tabelle 9.6, Spalte A) oder auch Interaktion simuliert werden (Tabelle 9.6, Spalte B).

Teilnehmer- und Konfigurationsansicht wurden nicht untersucht, da diese keine entscheidenden konzeptionellen Neuerungen oder komplexen Bedienelemente enthalten. Die Mock-ups wurden dennoch erstellt, um bei einer eventuellen Anfrage des Probanden vorgelegt werden zu können.

9.5.6. Auswertung

Nachfolgend werden die während der Untersuchung protokollierten Kommentare der Probanden und die Daten aus dem abschließenden Fragebogen zusammengefasst. Im abschließenden Fragebogen sollten die Probanden bewerten, wie hilfreich sie die Funktionen empfanden und wie ihnen der Aufbau der Benutzungsoberfläche und die Bedienelemente gefallen haben.

Grundlayout-Puzzle

Die Probanden wurden aufgefordert Bedienelemente (*Kopfbereich*, *Darstellungsbereich*, Reiter-Menü (*linker Navigationsbereich*), Takton-Leiste (*rechter Navigationsbereich*), Scroll-Leiste, *Detailbereich* und zwei Trennlinien) für das Grundlayout (siehe Abbildung A.13 im Anhang auf S. lvi), in einem Rahmen welcher der Größe des *BrailleDis* entspricht, so anzuordnen, wie sie ihnen am sinnvollsten erschien (siehe Abbildung A.15, Teil (g), im Anhang auf S. lxxxv). Die Ergebnisse sind zur besseren Lesbarkeit in Abbildung A.15 auf S. lxxxv schematisch nachgestellt.

Keiner der Probanden verwendete Trennlinien. Dies kann darin begründet sein, dass die Kanten der Elemente an sich eventuell schon ausreichend zur Unterscheidung verschiedener Elemente beitrugen bzw. der Rahmen um den *Darstellungsbereich* – auf dem vorgegebenen Grundlayout (vgl. 9.6) nicht vorhanden – ausreichend war.

Detail- und *Kopfbereich* wurden selten verwendet. Der *Kopfbereich* wurde nur von drei Probanden (P3, P5, P6) verwendet und zwei Probanden (P1, P5) empfanden eine Screenreader-Ausgabe, also den *Detailbereich*, als überflüssig. Es wurde angemerkt, dass auf dem Rahmen weniger Platz zur Verfügung stand, als auf dem später vorgelegten Grundlayout. Da die Größe des Rahmens jedoch genau den Abmaßen der anderen taktilen Darstellungen entsprach, mag dies dem geschuldet sein, dass die Elemente an sich einen Rand aufwiesen, der diese größer erscheinen ließ.

Der *Darstellungsbereich* wurde in der Regel mittig angeordnet, wobei die Probanden P4 und P6 eine linksbündige Anordnung einer horizontal zentrierten vorzogen. Die Anordnung von Reiter und Takton-Leiste erfolgte meist neben dem *Darstellungsbereich*. Die Scroll-Leiste wurde ausschließlich rechts und vertikal angeordnet, was darauf schließen lässt, dass die Existenz von mehr Zeilen als gleichzeitig darstellbar sind für die Probanden vorstellbar ist, jedoch die Breite der Darstellung als fest angenommen wurde. Die Reiter und die Taktons wurden durch Probanden P2 und P4 nebeneinander horizontal angeordnet. Die Taktons wurden fünf mal horizontal angeordnet, wobei sich diese in zwei Fällen unter dem *Darstellungsbereich* befanden.

Die Entwürfe der Probanden folgen wie das vorgegebene Grundlayout dem Konzept, alle Elemente um den *Darstellungsbereich* herum anzuordnen. Der *Kopfbereich*, sofern verwendet, wurde immer oben und der *Detailbereich* immer unten angeordnet. Die Position der Scroll-Leiste stimmt auch mit dem Grundlayout überein. Allein in der Position der Reiter und Taktons unterscheiden sich die Entwürfe der Probanden untereinander und auch zum Grundlayout entscheidend. Die Probanden P2 und P4 ordneten die Reiter horizontal und Proband P6 ordnete den Reiter vertikal auf der rechten Seite an. Die Reiterpositionierungen von Probanden P1, P3 und P5 stimmen mit Grundlayout überein. Da nur Proband P1 die Taktons vertikal anordnete, stellt diese Positionierung den einzigen entscheidenden Unterschied zum entwickelten Grundlayout der Konzeption dar. Insgesamt wurde das Grundlayout demnach bestätigt, jedoch ist eine horizontale Positionierung der Taktons zu erwägen. Ggf. ließe sich so auch ein größerer Abstand zwischen Buchstabe und Rahmen der Taktons erzielen.

Grundlayout

Das Grundlayout wurde insgesamt als gut bis sehr gut bewertet (vgl. Abbildung 9.21). In der Begründung zu ihren Einschätzungen nannten die Probanden eine gute Struktur (P1) sowie Übersichtlichkeit und Nachvollziehbarkeit (P6). Durch die Anlehnung an die visuelle grafische Oberfläche würden Erfahrungen in Bezug auf den Aufbau von Benutzungsoberflächen unterstützt (P5). Weiterhin seien keine unnötigen Bilder vorhanden. Die Navigation über Reiter wurde weiterhin positiv bewertet, da ein zeitaufwendiges Navigieren durch Linklisten obsolet würde und sich damit auf das Wesentlichste konzentriert werden könne (P5).

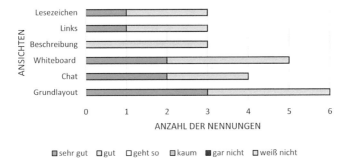

Abbildung 9.21.: Mock-up-Abschluss-Fragebogen Frage A2: Wie hat Ihnen der Aufbau der Benutzungsoberfläche gefallen? Y-Achse: bewertete Ansichten; X-Achse: Anzahl der Nennungen

Bedienelemente

Die verschiedenen Bedienelemente konnten gut unterschieden und identifiziert werden (siehe Abbildung 9.22). Der Abstand der Elemente zueinander wurde als passend empfunden (P1). Im Konzept wird zwischen Fokus und Einfügemarke unterschieden (vgl. Abschnitt 9.2.5). Ein Proband empfand den Fokus (vertikale Linie über vier Punkte) vor einer Zeile als verwirrend, da diese als ‚L'gelesen werden könnte (P6).

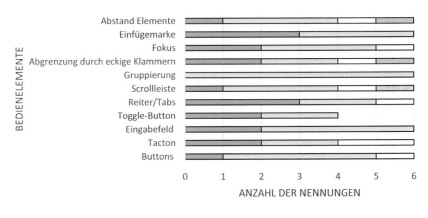

Abbildung 9.22.: Mock-up-Abschluss-Fragebogen Frage A3: Wie haben Ihnen die Bedienelemente gefallen? Y-Achse: bewertete Elemente; X-Achse: Anzahl der Nennungen

Das Eingabefeld des Chats wurde in den Entwürfen einzeilig angezeigt. Eine Anmerkung des Probanden P2 war die Erfordernis einer Scroll-Leiste für längere Einträge. Gruppierungen (vgl. Tabelle 9.3) wurden als wichtig bewertet, um zusammengehörige

Elemente identifizieren zu können (P2), jedoch wurde auch angemerkt, dass ein Zusammenkommen zu vieler Linien unübersichtlich werden könne (P3).

Ein Kritikpunkt während der Evaluation war mangelnder Abstand zwischen den Rändern der Taktons und ihren Beschriftungen (P4, P5), insbesondere bei Elementen des rechten Navigationsbereichs, da hierdurch die Lesbarkeit der Buchstaben beeinträchtigt wurde. Einige Probanden wünschten sich unterschiedliche Umrandungen, um ein ausgewähltes Element zu kennzeichnen. Dies zeigt den Bedarf einer Überarbeitung der Bedienelemente im *Darstellungsbereich*, regulären Schaltflächen und dem rechten Navigationsbereich. Bei der Whiteboard-Ansicht betrifft dies bspw. die Werkzeugleiste und den *rechten Navigationsbereich* (vgl. Abbildung 9.10).

Die Einträge der Liste des ausgeklappten Toggle-Buttons für die Auswahl von Chat-Räumen werden mit gestrichelten Linien abgegrenzt, um eine Unterscheidung zur Umrandung des Bedienelements zu ermöglichen. Diese gestrichelten Linien erschwerten jedoch das Lesen der Listeneinträge und bestätigen somit die Erkenntnisse von Bornschein et al. [BPW14].

Weiterhin war die Abgrenzung der Hinweise auf vorhandene Beschreibungen, Links und Statusinformationen durch Klammern ungewohnt und wurde auch in dem abschließenden Fragebogen kritisch bewertet. Ein Proband (P5) empfand die Klammern neben den Taktons als zu eng beieinander und Proband P3 wünschte sich anstatt der Klammern eine Linie, welche den Eintrag mit den Hinweisen verbindet. Dies steht jedoch im Widerspruch zu anderen Äußerungen, Linien möglichst zu reduzieren. Weiterhin wurde der Wunsch nach direkten Links auf den Hinweisen geäußert, um direkt zu den entsprechenden Beschreibungen oder Links springen zu können (P2).

Funktionalität

Die Möglichkeit die Benutzungsoberfläche zur gleichen Zeit wie Sehende wahrnehmen zu können wurde als positiv herausgestellt (P1). Durch das *BrailleDis* wurde die Bedienung der komplexen Benutzungsoberfläche als einfacher als bei der Verwendung herkömmlicher Hilfsmittel empfunden (P2). Das Aktivitätsprotokoll wurde als hilfreich bewertet, da es gut geordnet und strukturiert sei und Neuerungen unten erschienen (P6). Diese Aussagen spiegeln sich auch in der Bewertung der Funktionen wieder, die insgesamt als sehr hilfreich bis hilfreich bewertet wurden (vgl. Abbildung 9.23).

Ein Proband stellte eine Verbindung der Sitzung im virtuellen Klassenzimmer zu einer mobilen Instant-Messaging-Applikation (*WhatsApp* [139]) her (P5). Diese App empfände der Proband oftmals als unübersichtlich und befürchte, dass die Kombination einer Audio-Sitzung parallel zu einem Chat in einem virtuellen Klassenzimmer störend sein könnte.

Erweiterungsvorschläge

Im Fragebogen wurde nach gewünschten Erweiterungen und zusätzlichen Funktionen gefragt. Auffallend war, dass sich fast alle Probanden mehr Unterstützung auf dem Whiteboard in Bezug auf Mathematik wünschten. Um Mathematikaufgaben abbilden zu können, wurden eine Zirkelfunktion, ein Koordinatensystem und ein intelligentes Lineal gewünscht, welches fehlerhaftes Einzeichnen darüber unterbindet (P2). Diese

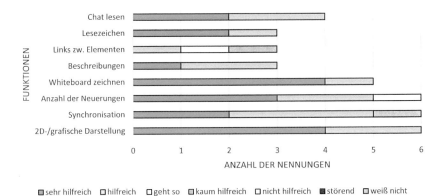

Abbildung 9.23.: Mock-up-Abschluss-Fragebogen Frage A1: Wie hilfreich empfanden Sie die neuen Funktionen? Y-Achse: bewertete Funktionen; X-Achse: Anzahl der Nennungen

Aussagen lassen darauf schließen, dass gerade die grafische Mathematikaufgaben blinden Lernenden Probleme bereiten. Die Entwicklung von Mathematik-Anwendungen für eine nicht-visuelle Bedienung steht jedoch nicht im Fokus dieser Entwicklung, da dieses komplexe Themengebiet von anderen Forschergruppen betrachtet wird (bspw. *SVGPlot* [BPW14] und Mathematik-Projekt *Geogebra* [Bau15]).

Zusammenfassung

Die Evaluation mittels *taktilem Paper-Prototyping* bestätigt die allgemeine Benutzerfreundlichkeit und Bedienbarkeit der Konzepte. Insgesamt wurden die vorgestellten Konzepte, deren taktile Repräsentationen und deren simulierte Funktionalität als sinnvoll und hilfreich erachtet. Die Interaktionstechniken zum Zeichnen auf dem Whiteboard oder zum Verfassen einer Chat-Nachricht wurden als logisch und einfach zu verwenden empfunden, obwohl eine eingehende Schulung zur Bedienung der Benutzungsoberfläche erforderlich wäre.

Grundsätzlich ist die Mehrzahl der Probanden interessiert, die Nutzung eines implementierten virtuellen Klassenzimmers für das *BrailleDis* zu testen, obwohl Bedenken in Bezug auf die kognitive Belastung geäußert wurden. Insgesamt würden alle Probanden das *BrailleDis* zum Darstellen von grafischen Zusammenhängen in asynchronen Lernszenarien nutzen wollen.

Die Ergebnisse der Untersuchung könnten aufgrund der Unerfahrenheit der Probanden in Bezug auf virtuelle Klassenzimmer und zweidimensionale taktile Ausgabegeräte zu euphemistisch bewertet worden sein. Mangelnde Vorkenntnisse mit einer derartigen Darstellung sind jedoch auch vorteilhaft, da die Probanden damit unvoreingenommen bewerten und ungewohnte Bedientechniken leichter erkannt werden können, als bei einem mit dem *BrailleDis* geübten Probanden, welcher ggf. über manche umständliche Bedienung hinwegsieht.

9.6. Überarbeitung der Konzepte

Aufgrund der Evaluationsergebnisse (siehe Kapitel 9.5) wurde das Benutzungskonzept
überarbeitet. Die vorgenommenen Anpassungen werden nachfolgend beschrieben.

9.6.1. Überarbeiteter System-Fokus

Da die ursprünglich verwendete Fokusmarkierung in Form eines ‚L‘ in Braille-Schrift für
die Probanden verwirrend war, wurde eine vorgeschlagene Alternative des Unterstrichs
‚_‘ umgesetzt (siehe Abbildung 9.24).

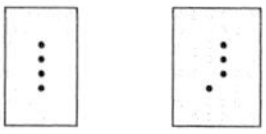

(a)   (b)

Abbildung 9.24.: Gegenüberstellung von ursprünglichem ((a) ‚L‘) und überarbeitetem
System-Fokus ((b) ‚_‘)

9.6.2. Überarbeitete Taktons

In der Evaluation wurde angemerkt, dass die Takton-Rahmen nicht ausreichend Abstand zu den die Funktionen charakterisierenden Buchstaben hätten, und diese damit
schwer lesbar seien. Die Überarbeitung ist an einem Vorschlag eines Probanden angelehnt (siehe Abbildung 9.25). Weitere Takton-Entwürfe sind im Anhang in Abbildung
A.12 auf S. liv dargestellt.

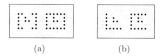

(a)   (b)

Abbildung 9.25.: Gegenüberstellung von ursprünglichem Takton (a) und überarbeitetem Takton (b), beispielhaft am Buchstaben [h] des Taktons für
das Handheben

9.6.3. Überarbeiteter Toggle-Button

Die gepunkteten Trennlinien zwischen Einträgen des Ausklappmenüs wurden als störend
empfunden. Um dem Wunsch nach einer möglichen Reduktion von Linien nachzukom-
men, wird in der Überarbeitung auf Trennlinien verzichtet. Diese Umgestaltung ist
auch daher vorteilhaft, da für jede entfernte Trennlinie eine Zeile zwischen den Einträgen gespart wird (Abbildung 9.26).

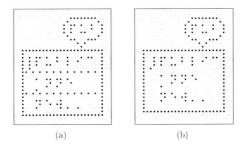

(a)   (b)

Abbildung 9.26.: Gegenüberstellung von ursprünglichem (a) und überarbeitetem Toggle-Button (b), ohne Trennlinien und mit überarbeitetem System-Fokus (vgl. Abbildung 9.24)

9.6.4. Überarbeitetes Grundlayout

Im ursprünglichen Grundlayout war noch kein Notiz-Modul [n] und kein Aufnahme-Takton [r] vorgesehen. Daher wurde das Grundlayout angepasst, um auch diesen Widgets Platz zu geben (siehe Abbildung 9.27). Das Bedienelement für das Beschreibungs-Modul wurde von dem rechten zum linken Navigationsbereich verschoben, um ihm eine höhere Wichtigkeit zukommen zu lassen (vgl. Tabelle 10.3 auf S. 266).

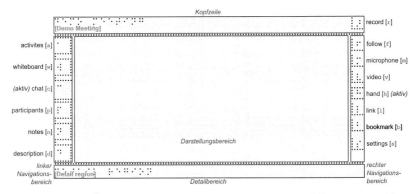

Abbildung 9.27.: Überarbeitetes Grundlayout mit gelber Hervorhebung ausgewählter Bereiche

9.6.5. Notiz-Modul

Das Anfertigen von Notizen während einer Veranstaltung unterstützt Lernende u. a. bei der Konzentration, stellt blinde Lernende jedoch vor Barrieren: die Wahrnehmung der präsentierten Inhalte ist eingeschränkt und ein Wechsel zwischen Notizen und Informationsdarstellung ist ständig erforderlich [HZAB10]. Um einen Fensterwechsel zum Anfertigen von Notizen zu vermeiden, wird ein Notiz-Modul integriert (siehe Abbil-

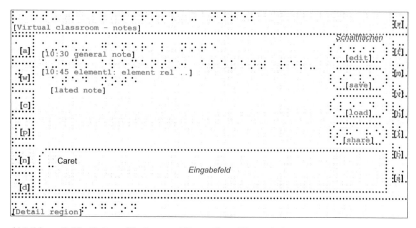

Abbildung 9.28.: Reiter Notizen: Mit gelber Hervorhebung ausgewählter Berei-
che; grüne Schrift: Übersetzung der Braille-Schrift; blaue Schrift:
Element-Erläuterungen; schwarze Schrift: Fokus, Einfügemarke und
Element-Erläuterungen

dung 9.28). Dieses ermöglicht es einem Teilnehmenden, private Notizen anzulegen.
Beim Notieren wird bei jedem Zeilenumbruch, ähnlich einem Protokoll, ein neuer Notizeintrag mit Zeitstempel zu den Notizen hinzugefügt. Damit wird gewährleistet, dass
ein Bezug zum Zeitpunkt der Notiz bei späterer Wiederholung möglich ist. Wird ein
Notizeintrag im Nachhinein – während der Sitzung oder in der Aufzeichnung – bearbeitet, bleibt der ursprüngliche Zeitstempel erhalten.

Eine Notiz zu einem fokussierten Inhaltselement kann mittels eines Tastaturbefehls
erstellt werden. Im Notiz-Protokoll erscheint neben dem Zeitstempel dann auch der
Name des Inhaltselements.

Der Teilnehmende kann seine Notizen als Textdokument mit Sitzungs-Nummer und
-Datum für später speichern und auch mit anderen Teilnehmenden teilen. Eine Integration der Notizen in das Aktivitätsprotokoll ist über die Filtereinstellungen möglich.

Es ist weiterhin möglich eine Audio-Notiz anzufertigen, um den Fokus der Hände auf
Inhaltselemente nicht zu verlieren. Dabei kann in den Einstellungen definiert werden,
ob diese als Audio-Dateien abgespeichert oder per Spracherkennung in Text umgewandelt werden soll.

Die Integration eines kollaborativen Notizmoduls (vgl. [SDD04]) wird hier nicht verfolgt, da das kollaborative Anfertigen von Notizen eine zusätzliche Informationsquelle
zu dem ohnehin hohen Informationsumfang bedeuten würde. Außerdem ist denkbar,
dass sich Form, Detailgrad und Fokus der Notizen von Blinden und Sehenden aufgrund
verschiedener mentaler Modelle und Bedürfnisse unterscheiden. Um eine Veranstaltung
wiederholen zu können, erscheint der Austausch von Mitschriften allerdings sinnvoll.

9.6.6. Weitere Überarbeitungen

Von einigen Probanden wurde angemerkt, dass der *Detailbereich* nicht benötigt würde. Das lässt darauf schließen, dass alle zusätzlichen Informationen auditiv gewünscht sind. Demnach ist es sinnvoll, den *Detailbereich* bei Bedarf über die Einstellungen ausblenden zu können. Es ist denkbar, dass der *Detailbereich* in einer realistischen Kollaborationssituation mit einer lebhaften Audio-Konferenz wieder an Bedeutung gewinnt und auditive Benachrichtigungen eher auf das Nötigste reduziert werden.

Das Aktivitätsprotokoll kann zur späteren Weiterverwendung gespeichert werden. Neben einer automatischen Speicherung in definierbaren Intervallen sollte auch ein manuelles Speichern möglich sein. In den Konzepten ist jedoch bisher keine Speichern-Schaltfläche im Aktivitätsprotokoll und auch nicht in anderen Ansichten (Whiteboard, Chat, Beschreibungen usw.) vorgesehen. Da diese Funktion in mehreren Ansichten, u. a. Aktivitätsprotokoll, Whiteboard, Chat-Protokoll und Notizen, erforderlich ist, scheint die Integration eines Befehls, der je nach Ansicht die Inhalte und Protokolle speichert, als sinnvoll.

Die Abgrenzung der Hinweise auf vorhandene Beschreibungen, Links und Statusinformationen durch Klammern wird im Konzept beibehalten. Es ist anzunehmen, dass die Kritik der Probanden auf die ungewohnte Bedienung zurückzuführen ist. Die Anregung der Verlinkung der Statusinformationen bspw. zu der Link- oder Beschreibungsansicht mit Fokus auf dem entsprechenden Element wird als sinnvoll erachtet und daher übernommen.

10. Implementierung für taktile Flächendisplays

Um die entwickelten alternativen Konzepte (Kapitel 9) überprüfen zu können, wurden zusätzliche Funktionen prototypisch für das im Rahmen der Produktanalyse ausgewählte virtuelle Klassenzimmer *BigBlueButton* (Kapitel 7) umgesetzt und dessen Zugänglichkeit verbessert. Anschließend wurden die alternativen Konzepte für die Darstellung des angepassten virtuellen Klassenzimmers auf dem *BrailleDis* implementiert.

Im Rahmen der prototypischen Implementierung wurden die wichtigsten Funktionen des virtuellen Klassenzimmers sowie ein Großteil des entwickelten alternativen Benutzungskonzepts umgesetzt. Dabei wurden alle für eine Partizipation aller Teilnehmenden an einer Sitzung erforderlichen funktionalen Anforderungen (siehe Anhang A.8, S. xlix) erfüllt.

10.1. Barrierefreie Anpassung von BigBlueButton

BigBlueButton [113] ist ein virtuelles Klassenzimmer unter der Lizenz *GNU Lesser General Public License* (LGPL) [140]. Es unterstützt die Funktionen Chat, Audio- und Video-Konferenz, Whiteboard, Desktop-Sharing, Teilnehmendenliste und Aufzeichnungen (vgl. Kapitel 7.1). Die vorangegangene Produktanalyse (vgl. Kapitel 7) hat gezeigt, dass *BigBlueButton* das zugänglichste Open-Source-Klassenzimmer unter den untersuchten Lösungen ist. Um die Implementierung der entwickelten alternativen Konzepte zur Verbesserung der Barrierefreiheit und die Ausgabe für verschiedene Ausgabegeräte zu ermöglichen, wurde eine Open-Source-Lösung gewählt, da fast alle untersuchten proprietären Lösungen zwar zugänglicher aber nicht erweiterbar sind.

Ziel der hier beschriebenen prototypischen Weiterentwicklung einer etablierten Lösung ist die Verbesserung der allgemeinen Zugänglichkeit. Weiterhin bildet sie die Grundlage für die taktile Umsetzung der Benutzungsoberfläche auf das Flächendisplay *BrailleDis*. Nachfolgende Ausführungen sind weitestgehend der bereits erschienenen Veröffentlichung entnommen [KDW15].

10.1.1. Barrierefreiheit von BigBlueButton

Laut der Anleitung von *BigBlueButton* [...][[85]] sind Barrierefreiheitsfunktionen für das Chat-Modul (Tastaturnavigation, Eingabefeldfokussierung, Screenreader-Kompatibilität und Audiobenachrichtigungen), die Aufzeichnung und Wiedergabe (Zugang zu Texten von Präsentationen und des Chats) und allgemeine Anpassungsmöglichkeiten (skalierbare Fenster, Fenster mit Befehlsliste der Tastaturkürzel sowie Tastaturbefehle für Lokalisierung) vorhanden [(siehe Tabelle 6.1 auf S. 108]. Weiterhin existieren Richtlinien für Entwickelnde, die bei der Erweiterung von *BigBlueButton* beachtet werden müssen [141]: logische Tabulator-Reihenfolge, Tastaturkürzel und Screenreader-

Kompatibilität (*Jaws* und *NVDA*) über das Setzen eines `accessibilityName` im *ActionScript* [[142]]. [KDW15, S. 1328 f.]

„*BigBlueButton* wurde in der Version 0.9.0-beta [statt der im Rahmen der Produktanalyse untersuchten, mittlerweile veralteten Version 0.81] verwendet, da diese Version ein aktuelles Betriebssystem unterstützt" [KDW15, S. 1329] und laut Herstellerangabe zum Zeitpunkt der Entwicklung am Anfang des Jahres 2015 die Veröffentlichung einer stabilen Version 0.9.0 angestrebt wurde[120]. Die stabile Version wurde im April 2015 nach Abschluss der nachfolgend beschriebenen Implementierungen veröffentlicht. „Praktische Tests mit der Version 0.9.0-beta zeigten, dass eine Bedienung per Screenreader – entgegen der Herstellerangaben – [zum Zeitpunkt der Erweiterung von *BigBlueButton*[121]] nur eingeschränkt möglich war, da die Tabulator-Reihenfolge nicht immer konsistent und nicht alle Tastaturkürzel funktional waren [. . .][[SK15]]. Ein Auslesen der textuellen Folieninhalte [. . .][war] in Version 0.9.0-beta nicht möglich und das Zeichnen auf dem Whiteboard [. . .][konnte] von Nutzenden nicht wahrgenommen werden. Weiterhin führt[e] der erforderliche Fensterwechsel zum Erfassen paralleler Aktionen zu einem Zeitverlust bei ohnehin verlangsamter Informationsaufnahme" [KDW15, S. 1329]. Trotz dieser Einschränkungen wurde an der Erweiterung von *BigBlueButton* festgehalten, da die inkonsistente Tabulator-Reihenfolge und fehlenden Tastaturkürzel mit geringem Aufwand korrigiert werden konnten. Die weiteren Einschränkungen wurden untersucht und im Rahmen der Umsetzung z. T. behoben.

10.1.2. Benutzungsoberfläche BigBlueButton

BigBlueButton unterstützt verschiedene Layouts zur Darstellung der Benutzungsoberfläche. Nachfolgend wird die Standard-Anordnung beschrieben (siehe [. . .][Abbildung 10.1; auf einzelne Details (gekennzeichnet durch Nummern wie in der Abbildung) wird im Folgenden hingewiesen]). Im Zentrum der [. . .][Benutzungsoberfläche] von *BigBlueButton* steht das Whiteboard (4) u. a. zum Anzeigen von Präsentationsfolien und Erstellen von Zeichnungen und Anmerkungen. Im Falle von Präsentatoren-Rechten werden zur Steuerung der Folien darunter Schaltflächen zur Navigation angezeigt und bei Mausbewegungen auf dem Whiteboard wird eine Werkzeugleiste (5) eingeblendet. Auf der linken Seite werden die Liste aller Teilnehmenden (2) und darunter vorhandene Videoübertragungen (3) angezeigt. Auf der rechten Seite ist das Chat-Fenster (6) angeordnet. Über allen Bereichen ist eine Leiste mit Schaltflächen (1) zum (De-)Aktivieren von Shared-Desktop-Übertragungen, dem Mikrofon, der Kamera und der Aufzeichnung sowie der Titel der Veranstaltung und rechts Schaltflächen zu einer Tastaturkürzelübersicht, zur Hilfe und zum Verlassen der Sitzung angeordnet. Unten neben den Urheberrechtsinformationen (7) können Sprach- und Layout-Einstellungen vorgenommen werden. [KDW15, S. 1329 f.]

10.1.3. Erweiterungen des virtuellen Klassenzimmers BigBlueButton

Vanderheiden [Van00] beschreibt drei Stufen zur Priorisierung der Unterstützung von Funktionen in Bezug auf die Barrierefreiheit und Gebrauchstauglichkeit eines Produkts:

- Stufe 1: Funktionen, ohne die das Produkts nicht verwendbar ist.

---

[120]*BigBlueButton* in der Version 0.9.0-beta setzt das Betriebssystem *Ubuntu 14.04 64-bit* [143] voraus.
[121]Die Erweiterung erfolgte im Wintersemester 2014/2015.

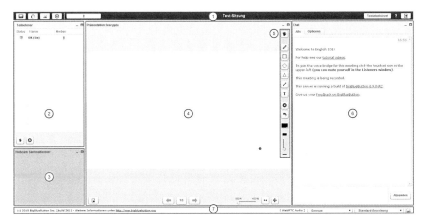

Abbildung 10.1.: Benutzungsoberfläche *BigBlueButton* v. 0.9.0, Präsentatoren-Ansicht. (1) Titelleiste, (2) Teilnehmendenliste, (3) Video, (4) Präsentationsbereich, (5) Werkzeugleiste, (6) Chat, (7) Einstellungen [KDW15]

- Stufe 2: Funktionen, die ohne ihre Zugänglichkeit das Produkt schwer verwendbar machen.
- Stufe 3: Funktionen, welche die Verwendung des Produkts vereinfachen, jedoch keinen Einfluss auf die Bedienbarkeit haben [Van00].

Die nachfolgend beschriebene Auswahl der bearbeiteten und implementierten Funktionen für die Erweiterung des virtuellen Klassenzimmers *BigBlueButton* auf Basis der alternativen Benutzungskonzepte konzentrierten sich vornehmlich auf Stufe 1, um das virtuelle Klassenzimmer grundlegend bedienbar zu gestalten. Für die Bedienung mit der Tastatur stellt *BigBlueButton* bereits selbst Befehle zur Verfügung. Des Weiteren verbessern die Erweiterung der auditiven Ausgaben für Ereignisse und die Beschreibungsmöglichkeit von Whiteboard-Objekten die Wahrnehmbarkeit von Inhalten. *BigBlueButton* wurde außerdem um Funktionen wie bspw. das Aktivitätsprotokoll und die Aufzeichnungswiedergabe ergänzt, welche die Bedienung erleichtern (Stufe 2). Die Notizfunktion stellt eine Erweiterung dar, welche die Verwendung vereinfacht (Stufe 3). Zudem erleichtern die in dem Benutzungskonzept vorgesehenen Link-, Lesezeichen- und Whiteboard-Editier-Funktionalitäten die Bedienung für blinde Nutzende, sind jedoch für die Verwendbarkeit nicht erforderlich, und wurden bei der Erweiterung von *BigBlueButton* aufgrund des zu erwartenden Implementierungsaufwands nicht berücksichtigt.

Für die Anpassungen wurde aufgrund der Verbreitung und um eine Weiterentwicklung zu ermöglichen, Englisch als Sprache gewählt. Unterstützte Browser sind *Mozilla Firefox* und *Google Chrome*. Da der *Internet Explorer* die im *.ogg*-Format gespeicherten Audioaufnahmen der Aufzeichnung nicht unterstützt[122], wurde dieser für die Erweiterung von *BigBlueButton* nicht weiter betrachtet.

---

[122]Es wurden Tests mit *Google Chrome* v. 41, *Mozilla Firefox* v. 31.3 und *Internet Explorer* v. 11 durchgeführt.

Systemarchitektur

Die Architektur von *BigBlueButton* [(vgl. [113])] besteht aus mehreren gekapselten Komponenten. Im Folgenden sind die Hauptkomponenten des Systems kurz beschrieben:

- *bigbluebutton-apps*: serverseitige *[R]ed5*- und [W]eb-[A]pps (*Java/Scala*)[123]
- *bigbluebutton-client*: Flash-/Flex-Client (*MXML/ActionScript*)[124]
- *bigbluebutton-client*: Flash-/Flex-Client (*MXML/ActionScript*)
- *bigbluebutton-web*: *Grails*-App[125] für Konferenzfunktionen und Logging (*Java*)
- *deskshare-app*: serverseitiges Desktop-Sharing (*Red5*-Web-App) (*Java*)
- *deskshare-applet*: Applet zum clientseitigen Screencapturing (*Java*)

[KDW15, S. 1330]

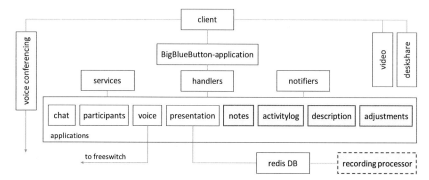

Abbildung 10.2.: Ausschnitt der Gesamt-Architektur nach [113]: *BigBlueButton*-Applikationen mit neuen Modulen (blau schattiert) und angepasster Komponente für die Aufzeichnung (gestrichelt) [KDW15]

In Abbildung [...][10.2] ist die Verbindung zwischen Client und den *BigBlueButton*-Applikationen erkennbar. Alle dargestellten Applikationen sind serverseitige Module, die mit den jeweilig korrespondierenden Client-Modulen kommunizieren. Die Client-Module sind in dieser Abbildung jedoch nicht explizit abgebildet, sondern im Knoten *client* zusammengefasst. Zur Anpassung und Erweiterung von *BigBlueButton* wurden neue Module hinzugefügt und auf Serverkomponenten (Client-Knoten) zugegriffen. Die Kommunikation für das Aktivitätsprotokoll erfolgt über die *services*, die Konfiguration greift auf die *notifiers* zu. Anpassungen zur Verbesserung der Screenreader-Kompatibilität erfolgen in den einzelnen Modulen. [KDW15, S. 1330 f.]

Tastaturkürzel

BigBlueButton bietet Tastaturkürzel zur Navigation an. Eine Liste der verfügbaren Befehle kann in einem zusätzlichen Fenster eingeblendet werden. Tests ergaben jedoch, dass die Tastaturkürzel in der verwendeten Version nur teilweise funktionstüchtig waren und nicht alle Elemente mittels der Tabulator-Taste angesteuert werden [...][konnten]. In der verwendeten Beta-Version musste [daher] zunächst die Unterstützung der vorhandenen Tastaturkürzel wiederhergestellt werden. Bei der Wahl von Tastaturkürzeln ist bei [...][browserbasierten] Anwendungen darauf zu achten, dass keine Konflikte mit

---

[123]Für mehr Informationen zu *Red5* siehe [144] und zu *Scala* siehe [145].
[124]Für mehr Informationen zu der Verwendung von *Flex* und *MXML* siehe [146].
[125]Für mehr Informationen zu der Verwendung von *Grails* siehe [147].

den Tastaturkürzeln des Browsers auftreten und somit Befehle an das virtuelle Klassenzimmer nicht weitergegeben werden. Da die Erstellung [...][browserübergreifender] Tastaturkürzel bei Weiterentwicklungen der Browser eine kontinuierliche Anpassung erfordern würde, wurde stattdessen eine benutzerspezifische Konfiguration angestrebt. Da *BigBlueButton* keine Nutzerprofile vorsieht, musste die Konfiguration auf Seiten des Clients erfolgen. Daher wurde eine Benutzungsoberfläche mittels *JavaScript* und *HTML* erstellt, welche die Möglichkeit bietet bestehende Tastaturkombinationen mit eigenen zu ersetzen. [KDW15, S. 1331 f.]

Tabulator-Reihenfolge

Die Tabulator-Reihenfolge wurde überarbeitet. Dafür [...][wurde] zunächst die Reihenfolge der Module definiert, um einen Wechsel zwischen den Modulen zu ermöglichen. Innerhalb der Module [...][wurde] eine eigene Reihenfolge definiert. Die Teilnehmenden sind damit in der Lage mittels der Tabulator-Taste durch alle Module zu navigieren [...][(vgl. Abbildung 10.3)]. [KDW15, S. 1332]

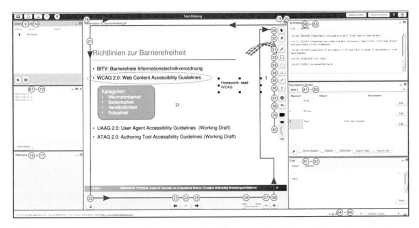

Abbildung 10.3.: Erweiterte Benutzungsoberfläche von *BigBlueButton* mit Tabulator-Reihenfolge (blau); detaillierte Darstellung für Präsentationsbereich in rot

Alternative Beschreibungen für Bedienelemente

In *ActionScript* können über die Eigenschaft `accessibilityName` Beschreibungen für Bedienelemente angelegt werden. Für jedes Bedienelement in *BigBlueButton* wurde im Rahmen der Anpassung ein `accessibilityName` hinzugefügt. Die Unterstützung verschiedener Sprachen ist dabei über Lokalisierungsdateien möglich. [Tabelle 10.1][...] zeigt für eine Auswahl von Bedienelementen des Chat-Moduls den `accessibilityName` und die entsprechende Screenreader-Ausgabe. Bei dem hier dargestellten Beispiel *Jaws* erfolgt zunächst die Ansage des hinterlegten `accessibilityName` und dann die Bezeichnung des Bedienelements. [KDW15, S. 1332]

Benachrichtigungen über Ereignisse in *BigBlueButton* können über Audio-Signale erfolgen. In *BigBlueButton* [...][waren] bereits einige Audio-Signale integriert, wie bspw.

für das Ereignis *Mikrofon aktivieren* („You are now unmuted.") und *Mikrofon deaktivieren* („You are now muted."). Über die Konfiguration können weitere Audio-Signale [...][(Töne und Sprachaufnahmen)] benutzerspezifisch für folgende Ereignisse eingestellt werden. Dazu zählen u. a. neue öffentliche oder private Chat-Nachrichten, ein Wechsel der Präsentationsfolie, Starten und Beenden der eigenen Video-Übertragung sowie das Betreten und Verlassen der Sitzung durch einen Teilnehmenden. [KDW15, S. 1332]

Aktivitätsprotokoll

Ähnlich dem Aktivitätsfenster von *Blackboard Collaborate* wurde ein Aktivitätsprotokoll-Modul (Modul *activitylog*) für *BigBlueButton* implementiert. In diesem Modul werden alle relevanten Aktivitäten (Betreten und Verlassen der Sitzung, Handmeldungen, Chat-Nachrichten, Folienwechsel der Präsentation, Whiteboard-Aktivitäten usw.) chronologisch mit einem Zeitstempel aufgelistet. Da nicht alle Informationen für alle Teilnehmenden interessant sind bzw. ein großer Umfang an Einträgen nicht ausreichend schnell erfasst werden kann, ist es möglich, die anzuzeigenden Ereignisse durch Filter auf den persönlichen Bedarf anzupassen. Um eine direkte Teilnahme an der Veranstaltung ohne einen Fokuswechsel auf andere Bereiche der virtuellen Klassenzimmers zu ermöglichen, können Befehle direkt über eine unter dem Protokoll angeordnete Kommandozeile im Modul gegeben werden [...][(vgl. Tabelle 10.2)]. Diese umfassen [...][verschiedene] Befehle, u. a. Abfragen zu Teilnehmenden und Befehle zum Erstellen von Chat-Nachrichten. [KDW15, S. 1332 f.]

[...][Abbildung 10.4] zeigt das Ausgabefenster des Aktivitätsprotokolls, in dem beispielhaft ein paar Aktivitäten und Kommandozeilenabfragen protokolliert wurden, und einen Ausschnitt des Optionen-Reiters, welcher Einstellungen zur Schriftgröße, Filtereinstellungen und Speichermöglichkeit anbietet. Im ersten Eintrag des Protokolls findet ein USER-Event statt, welches besagt, dass der Nutzer *Bob* die Konferenz betreten hat. Der zweite Eintrag entsteht durch die Abfrage whoisuser Bob auf der Kommandozeile. Es folgen eine Handmeldung sowie ein Seitenwechsel. Die textuellen Inhalte der Folie („slide 1") werden durch die Eingabe des Kommandos read als QUERY-Eintrag angezeigt. Die Formatierung der Folieninhalte bleibt dabei soweit wie möglich erhalten. [KDW15, S. 1333]

Notizen

Das Notizmodul (Modul *notes*) ermöglicht es allen Teilnehmenden von *BigBlueButton*, private Notizen bzw. Mitschriften der Veranstaltung anzufertigen, ohne dafür zu einer weiteren Anwendung wechseln zu müssen und somit den Anschluss in einer Echtzeit-Sitzung zu verpassen. Bei der Darstellung soll eine Listenansicht für einzelne Notizen die Navigierbarkeit verbessern und einen Überblick erleichtern. Für eine bessere Auffindbarkeit der Notizeinträge [...][wurden Ansätze] zur Titelgenerierung entwickelt. [Diese umfassen neben der Erfassung des Datums und des Namens des Autors entweder die ersten Wörter der Notiz oder Schlüsselwörter, welche über einen Algorithmus ermittelt

Tabelle 10.1.: Auswahl von Chat-Bedienelementen mit accessibilityName und *Jaws*-Ausgabe

Bedienelement	accessibilityName	Jaws-Ausgabe
Minimize	Minimize the chat window	„Minimize the chat window Button"
Chat input	Chat message editing field	„Chat message editing field Type a Text"
Send message	Send chat message	„Send chat message Button"

Tabelle 10.2.: Auszug verfügbarer Kommandos im Aktivitätsprotokoll

Kommando	Aktion	Ausgabe
filter <tags>	Filtert die Ausgabe	Anzeige aller Nachrichten mit den als Argument übergebenen Tags
list users	–	„All available Users: <namelist>"
mute me	Schaltet Mikrofon stumm	„You are muted now."

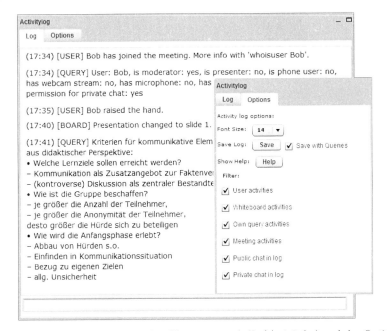

Abbildung 10.4.: Bildschirmfoto des Aktivitätsprotokolls (*Activitylog*) und der Optionen für Filter- und Anzeigeeinstellungen [KDW15]

werden könnten.] Weiterhin soll das Erstellen von Notizen mittels Spracheingabe – sei es als Audiodatei oder Texterfassung per Spracherkennung – ermöglicht werden, um die Eingabe zu erleichtern. Das Abspeichern erfolgt lokal über eine Schaltfläche oder nach einer ersten manuellen Speicherung automatisch. Die derzeitige prototypische Umsetzung erlaubt das Verfassen von Notizen und das Abspeichern dieser. [KDW15, S. 1333]

Beschreibungsfunktion für Whiteboard-Elemente

Das Benutzungskonzept sieht eine Beschreibungs-Ansicht vor (vgl. Kapitel 9.2.15), welche die Eingabe eines Titels und einer Beschreibung für das fokussierte Inhaltselement erlaubt (vgl. Abbildung 9.16 auf S. 228). Das Anlegen einer Beschreibung erfolgt über ein Beschreibungs-Takton. Die Ansicht beinhaltet dabei keine Liste aller verfügbaren Beschreibungen oder Objekte.

Das implementierte Beschreibungsmodul unterscheidet sich von dem Benutzungskonzept in Bezug auf seine Darstellung, nicht aber bezüglich der Grundfunktionalität.

Das Beschreibungsmodul für Whiteboard-Elemente (Modul *description*) listet alle gezeichneten Elemente einer Folie auf und erlaubt das kollaborative Hinzufügen einer Beschreibung für jedes Element. Dafür wird ein Element aus der Liste des Beschreibungsmoduls ausgewählt und auf dem Whiteboard mittels Rahmen gekennzeichnet. Über eine[...] [Edit]-[...][Schaltfläche] im Modul kann eine Beschreibung für das selektierte Element hinzugefügt werden. Solange ein Nutzender ein Element editiert, ist es für die anderen Teilnehmenden gesperrt. Es ist weiterhin möglich zu jedem Element Eigenschaften (bspw. Farbe und Position) und auch gelöschte Elemente in der Liste anzeigen zu lassen. [KDW15, S. 1334]

Aufzeichnung

Aufzeichnungen von Veranstaltungen in virtuellen Klassenzimmern ermöglichen es Teilnehmenden, die Veranstaltung in ihrer eigenen Geschwindigkeit und mit ihren eigenen Hilfsmitteln zu wiederholen. Somit ist auch die Barrierefreiheit der Aufzeichnung von großer Bedeutung. [KDW15, S. 1334 f.]

Die Aufzeichnungen von *BigBlueButton* basieren auf *HTML5*, *JavaScript* und dem *Mozilla Popcorn Framework*[126] [148]] und unterscheiden sich somit von dem Echtzeit-Klassenzimmer in Bezug auf die Implementierung, [...][Benutzungsoberfläche] und Zugänglichkeit. Die Daten einer Veranstaltung in *BigBlueButton* werden in einer Datenbank gespeichert und mittels *Popcorn* geladen. Zur Verbesserung der Zugänglichkeit werden *ARIA*-Informationen[127] hinterlegt. [KDW15, S. 1334 f.]

Im Gegensatz zu dem Echtzeit-Klassenzimmer sind in der Aufzeichnung die Navigationsleiste und Folieninhalte mit einem Screenreader auslesbar. Die Benutzungsoberfläche der Veranstaltungs-Aufzeichnung von *BigBlueButton* besteht aus fünf Bereichen [...][(vgl. Abbildung 10.5)]: Überblick über alle Folien (1), [Präsentationsbereich mit] aktuelle[r] Folie (2), Reiter mit [...][Chat, Notizen, Aktivitätsfenster und Einstellungen] (3) und Abspielkontrolle (4) sowie – falls vorhanden – Video-Übertragung. [KDW15, S. 1334 f.]

Zur Verbesserung der Barrierefreiheit wurden das Aktivitätsprotokoll und das Notiz-Modul in die Aufzeichnung integriert. Dazu erfolgte eine Anpassung der [...][Benutzungsoberfläche]: Das Chat-Fenster wurde dazu um die Reiter *Notes*, *Activitylog* und *Settings* ergänzt [...][(vgl. Abbildung 10.5)]. Im Aktivitätsprotokoll werden nur die in der Aufzeichnung dargestellten Inhalte dokumentiert. Dazu zählen öffentliche Chat-Nachrichten, Zeichnungen auf einer Folie, Texte auf der Folie, Folienwechsel, Wechsel des Vortragenden und Desktop-Sharing. Da *BigBlueButton* keine Nutzerauthentifizierung vorsieht, müssen private Notizen manuell geladen werden. Dafür ist vorgesehen, dass der Teilnehmende seine Nutzer-Identifikationsnummer der entsprechenden Veranstaltung angibt, damit die Notizen von Server geladen werden können. [KDW15, S. 1335]

10.1.4. Richtlinienkonformität der Erweiterungen

Während der Erweiterung von *BigBlueButton* wurden regelmäßig Tests mit dem Screenreader *Jaws* durchgeführt, um dessen Unterstützung zu gewährleisten. Die implementierten Erweiterungen erhöhen die Zugänglichkeit von *BigBlueButton*, indem [...][die

---

[126]Das *Mozilla Popcorn Framework* ist ein *JavaScript*-basiertes *HTML5*-Medien-Framework zur Einbindung von interaktiven Medien in Webseiten.
[127]Vgl. Kapitel 3.3.2 auf S. 44.

Abbildung 10.5.: Aufzeichnung einer Veranstaltung mit Aktivitätsprotokoll; rote Hervorhebungen: Kennzeichnung der Bereiche: 1 Folienübersicht, 2 Präsentationsbereich, 3 Reiter mit Chat, Notizen, Aktivitätsfenster und Einstellungen, 4 Abspielkontrolle [KDW15]

definierten Gestaltungsrichtlinien] zur barrierefreien Gestaltung virtueller Klassenzimmer [(siehe Kapitel 8)] beachtet werden. [KDW15, S. 1335]

Durch die Verbesserung der Screenreader-Kompatibilität in Bezug auf Tastaturunterstützung, Tabulator-Reihenfolge und Beschreibungen für Bedienelemente wird der Umfang wahrnehmbarer Inhalte erhöht [. . .][(Gestaltungsrichtlinie 1: Wahrnehmung)] und die Navigation mittels Tastatur gewährleistet (Richtlinie 2[: Navigation]). Die Konfigurationsmöglichkeit von Audio-Signalen, Layout und Tastaturkürzeln sowie von der Darstellung des Aktivitätsprotokolls ermöglicht eine Anpassung an persönliche Bedürfnisse (Richtlinie 8[: Konfiguration]). [KDW15, S. 1335]

Das Aktivitätsprotokoll erfasst alle Ereignisse und textuellen Informationen und erlaubt die Veränderung der Schriftgröße für Teilnehmende mit Sehbeeinträchtigung und die Einschränkung des Informationsumfangs über Filter. Damit erleichtert es die Wahrnehmung der Informationen. Durch die Auflistung der Ereignisse in chronologischer Reihenfolge mit Zeitstempel wird die Orientierung (Richtlinie 3[: Orientierung]) unterstützt. Durch die Kommandozeile wird eine aktive Teilhabe an der Veranstaltung ermöglicht (Richtlinie 4[: Interaktion]) und die soziale Präsenz gefördert (Richtlinie 7[: Soziale Präsenz]), da u. a. Chat-Nachrichten verfasst, Audio- und Videoübertragung gesteuert und der Teilnehmenden-Status verändert bzw. abgefragt werden [. . .][können]. Das Aktivitätsprotokoll und die Aufzeichnung unterstützen weiterhin das Verfolgen der Veranstaltung in eigener Geschwindigkeit (Richtlinie 6[: Geschwindigkeit]), da im Protokoll verpasste Inhalte nachvollzogen und bei dem Abspielen der Aufzeichnung bei Bedarf Pausen gemacht werden können. [KDW15, S. 1336]

Die kollaborative Beschreibungsmöglichkeit von Elementen verbessert die Wahrnehmbarkeit der präsentierten Objekte auf dem Whiteboard (Richtlinie 1[: Wahrnehmung]). Da alle Teilnehmenden in der Lage sind, Beschreibungen hinzuzufügen und die von anderen zu bearbeiten, können Teilnehmende ohne Beeinträchtigung blinden Teilnehmenden Hilfestellung (Richtlinie 9[: Hilfestellung]) leisten, die Bedeutung gezeichneter Inhalte zu erfassen. [KDW15, S. 1336]

Durch das Notiz-Modul wird die Notwendigkeit eines Anwendungswechsels zum Notizenmachen verringert. Zukünftig soll es die Möglichkeit bieten, über den Zeitstempel, eine

Verbindung zwischen der Notiz und einem Veranstaltungsinhalt herzustellen (Richtlinie 5[: Semantik]). Das Laden von Notizen anderer Teilnehmende[r] in eine [...] Aufzeichnung (Richtlinie 9[: Hilfestellung]) kann das Verständnis der Veranstaltung fördern, wenn ein Teilnehmender selbst nicht in der Lage war, eine eigene Mitschrift anzufertigen. [KDW15, S. 1336]

10.2. Prototypische Implementierung für das BrailleDis

Ziel der Darstellung des virtuellen Klassenzimmers *BigBlueButton* auf dem *BrailleDis* ist, im Rahmen einer Evaluation zu zeigen, ob die entwickelten alternativen Konzepte in einer synchronen Kollaborationssituation unter Einbezug eines taktilen Flächendisplays die Zugänglichkeit virtueller Klassenzimmer verbessern können.

Dazu erfolgte die prototypische Umsetzung ausgewählter Funktionen der barrierefreien Anpassung von *BigBlueButton* entsprechend der alternativen Konzepte (Kapitel 9) durch Karlapp [Kar15].

10.2.1. Lösungsansätze

Zur Darstellung von Anwendungsdaten auf dem *BrailleDis* müssen diese aus der zu filternden Anwendung ausgelesen und für die Darstellung aufbereitet werden – ähnlich der Arbeitsweise eines Screenreaders (vgl. Kapitel 7.5.1). Quellen für diese Anwendungsdaten sind nach Spindler et al. [SKW10]:

- Windows-Schnittstellen *User Interface Automation (UIA)* und *Microsoft Active Accessibility (MSAA)*,
- das *Document-Object-Model (DOM)* der Anwendungen,
- das direkte Ansprechen der Windows-API sowie
- die Verwendung der Daten des Video-Treibers.

Nachfolgend werden verschiedene Ansätze zum Auslesen und Darstellen der Anwendungsdaten unter *Microsoft Windows* vorgestellt.

Direktes Ansteuern des *BrailleDis*

Zur Darstellung von statischen Inhalten auf dem *BrailleDis* können bitonale Pixelgrafiken mit den Abmaßen der Darstellungsfläche (120×60 Pixel) verwendet werden. Dabei entspricht jeder schwarze Pixel einem gesetzten Pin. Der Treiber des *BrailleDis* stellt die bitonale Matrix dar und gibt Rückmeldungen über ausgeführte Berührungen und Hardwaretasteneingaben auf dem *BrailleDis*.

Ivanchev et al. [IZL14] nutzen diese Darstellungsmöglichkeit von Pixelgrafiken zur Abbildung von *OpenStreetMap*-Routenplänen [149] auf dem *BrailleDis*. In der Anwendung werden Maus- und Tastatureingaben verarbeitet und veränderte Darstellungen an das *BrailleDis* weitergegeben. Ein-Finger-Gesteneingaben auf Bereiche der Darstellung werden in Mausklicks umgewandelt und darüber können u. a. Detailinformationen (bspw. zu Gebäuden oder Straßen) abgefragt werden. Als Erweiterung zu der bitonalen

Matrix wird eine weitere Pixel-Farbe eingeführt; die entsprechenden Pins werden auf dem *BrailleDis* blinkend dargestellt.

HyperBraille

Im Rahmen des *HyperBraille*-Projekts wurde ein audio-taktiler Screenreader, *Hyper-Reader* genannt, für das berührempfindliche *BrailleDis* entwickelt [SKW10]. Die verfügbaren Anwendungsdaten werden in einem *Off-Screen-Model (OSM)* – einem *XML*-basierten Datenformat – gespeichert [KVW08]. Dabei werden sämtliche Elemente mit ihren Attributen der verschiedenen Anwendungen eindeutig entsprechenden Datentypen zugewiesen.

Damit die Umwandlung von visuellen Bedienelementen in taktile Entsprechungen erfolgen kann, wird die Add-In-Technologie von *Microsoft.NET* verwendet. Zur angepassten Filterungen einzelner Anwendungen werden *HyperReader*-Add-Ins erstellt und die DLLs der Anwendungen zur Laufzeit eingebunden. Das Rendering auf dem *BrailleDis* wird standardmäßig für die verschiedenen Elementtypen ausgeführt. Der *HyperReader* stellt weiterhin standardmäßig Funktionen wie bspw. zum Scrollen, Fensterverwaltung und Ansichten und Regionen zur Inhaltsanordnung (vgl. Kapitel 9.1.3) zur Verfügung [SKW10].

Abbildung 10.6 bildet die wichtigsten Komponenten des *HyperReaders* ab. Die Daten einer Anwendung werden dabei u. a. über die Filteranwendung und Schnittstellen ausgelesen und in einem OSM gespeichert. Die Daten des *OSMs* werden vom *Window Manager* und *Interaction Manager* weiterverarbeitet und vom *Renderer* für die Darstellung auf der Platte vorbereitet. Der *Interaction Manager* erfasst außerdem die Mausereignisse und ist für die Verarbeitung der auf dem *BrailleDis* ausgeführten Gesten zuständig. Add-Ins für einzelne Anwendungen greifen dabei auf alle vier Komponenten des *HyperReaders* zu.

BrailleIO

Da der *HyperReader* proprietär und aufgrund seines Umfangs sehr komplex ist, wurde das *BrailleIO*-Framework[128] [30] von der *TU Dresden* [151] entwickelt. Das *BrailleIO*-Framework basiert auf *Microsoft.NET 4* und kann verschiedene taktile Displays als Ausgabegerät ansprechen. Ziel des Frameworks ist die Bereitstellung grundlegender Funktionen für die Umsetzung einer taktilen Anwendung. Dabei werden u. a. Funktionen für Bedienelemente, Gestenerkennung und Navigation bereitgestellt [Bor14].

In Abbildung 10.7 ist die *BrailleIO*-Struktur abgebildet: Das Framework verwaltet zum einen einfache grafische Elemente und erzeugt Ausgaben, zum anderen verwaltet und implementiert es das verwendete taktile Display. Der *BrailleIOMediator* übernimmt dabei die Aufgabe, beide Teile zu verbinden, indem die Sichtbarkeit gesteuert und das Rendering der taktilen Benutzungsoberfläche erfolgt [Bor14].

Taktile Benutzungsoberflächen werden als so genannte „Screens" entwickelt, von denen der *BrailleIOMediator* unbegrenzt viele vorhalten kann; so kann zwischen verschiedenen Anwendungen gewechselt werden. Die „Screens" können wiederum in ver-

---

[128]Das *BrailleIO*-Framework ist unter der *BSD 2-Clause License* [150] veröffentlicht.

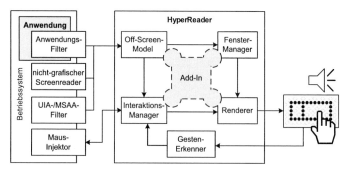

Abbildung 10.6.: Komponenten des *HyperReaders* nach Spindler et al. [SKW10, S. 475] (übersetzt)

schiedene Inhaltsregionen unterteilt werden, die unabhängig mit Inhalt gefüllt werden können [Bor14].

Das Framework stellt grundlegende Interaktionen bereit. Die Zuordnung von Interaktionen zu Hardwaretasten sowie die Erkennung eines Basissets an Gesten – Zeige-, Wisch-, Zwick- und Kreisgesten – ist möglich [Bor14].

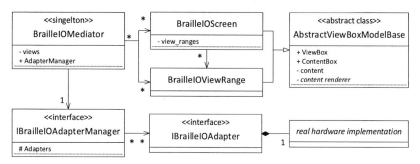

Abbildung 10.7.: Grundstruktur von *BrailleIO* nach Bornschein [Bor14, S. 37][129]

Vergleich der Ansätze

Die Möglichkeit des direkten Ansteuerns des *BrailleDis* erfordert die eigenständige Implementierung einer Filterung der Anwendungsdaten, eines Renderings und der Interaktionsverwaltung. Aufgrund der fehlenden Grundfunktionalität entsteht ein hoher Implementierungsaufwand, der unter Verwendung bestehender Frameworks vermieden werden kann.

Mit Hilfe des *HyperReaders* wurden im *HyperBraille*-Projekt bereits Filter für verschiedene Anwendungen erstellt. Die Erfahrungen aus dem Projekt zeigen, dass die Filterung und Transformation von Datenelementen und Ereignissen (engl. *events*) über *UIA* und *MSAA* zeitaufwendig sind. Allein das Registrieren eines Ereignisses kann

---

[129]Die Darstellung erfolgt als *UML*-Diagramm.

schätzungsweise fünf Sekunden in Anspruch nehmen. Zusammen mit der Zeit für Filterung und Transformation bzw. Darstellung kann durch die Zeitverzögerung der angepassten Inhalte nicht mehr von synchroner Kommunikation gesprochen werden.

Das *BrailleIO*-Framework birgt im Vergleich zum *HyperReader* den Vorteil, dass es unter einer Open-Source-Lizenz veröffentlicht ist und von der *TU Dresden* fortlaufend weiterentwickelt wird. Weiterhin ermöglicht die schlankere Architektur ein schnelleres Filtern der Inhalte, bei dem zwar immer noch Verzögerungen in der Darstellung auftreten, diese jedoch in den meisten Fällen für eine synchrone Kollaborationssituation tolerierbar sind. Zudem kann durch die Möglichkeit verschiedene taktile Displays anzusprechen, eine Hardwareunabhängigkeit erreicht werden. Die Bereitstellung grundlegender Interaktionen und das „Screen"-Konzept erlauben außerdem eine vereinfachte Umsetzung taktiler Benutzungsoberflächen.

Aufgrund der schlanken Architektur und der Open-Source-Lizenz erfolgt die prototypische Umsetzung unter Verwendung des *BrailleIO*-Frameworks unter Verwendung einer Anpassung für das *BrailleDis* der *TU Dresden*.

10.2.2. Implementierung

Für die prototypische Implementierung der Darstellung des erweiterten virtuellen Klassenzimmer *BigBlueButton* wurde die Filteranwendung *TactileBBB* entwickelt. Die Darstellung auf dem *BrailleDis* erfolgt entsprechend dem alternativen Benutzungskonzept (vgl. Kapitel 9.2). Die nachfolgenden Ausführungen basieren auf der Arbeit von Karlapp [Kar15].

TactileBBB wurde in *C#* programmiert und verwendet das *BrailleIO*-Framework sowie eine Anpassung für das *BrailleDis* der *TU Dresden*[130]. Aufgrund der Verwendung des Frameworks *.NET 4* ist die Anwendung primär auf *Windows*-Betriebssystemen lauffähig. Weiterhin wurde die prototypische Filterung für den *Internet Explorer*[131] umgesetzt, da Vorabtests mit Inspektionswerkzeugen zeigten, dass mit diesem Browser der größte Umfang an Anwendungsdaten auslesbar ist.

TactileBBB liest die Anwendungsdaten über *UI Automation* aus und schickt diese über das Framework an das *BrailleDis* (vgl. Abbildung 10.8). Für die Darstellung des pixelbasierten Whiteboards wird ein Bildschirmfoto auf eine bitonale Darstellung reduziert und auf dem *BrailleDis* dargestellt. Abhängig von den Ausgangsdaten (vornehmlich Kontrast und Linienstärke) kann die Umwandlung hierbei zu unvollständigen bzw. nicht mehr erkennbaren Ergebnissen führen. Daher sollte die Reduktion bei der Erstellung von Darstellungen berücksichtigt werden. Weiterhin ist eine automatische Bildbearbeitung vor der Reduktion denkbar, welche den Kontrast erhöht sowie Kanten findet und verstärkt.

Gesteneingaben und Hardwaretasten werden von *BrailleIO* erkannt und von *TactileBBB* abgegriffen. Diese Eingaben sowie Tastatureingaben werden über *TactileBBB* an *BigBlueButton* weitergegeben.

---

[130]Die *BrailleIO*-Anpassung für die Treiber des *BrailleDis* wurde von der *TU Dresden* freundlicherweise zur Verfügung gestellt, da diese nicht im *BrailleIO*-Framework selbst enthalten ist.

[131]Da bei *TactileBBB* die Aufzeichnungen, welche von diesem Browser nicht unterstützt werden, nicht im Fokus stehen, ist die Verwendung aufgrund der Auslesbarkeit der Anwendungsdaten vertretbar.

Die gefilterte *BigBlueButton*-Benutzungsoberfläche sowie die auditiven Ausgaben können auf Englisch und Deutsch erfolgen. Das System ermöglicht die Integration und Konfiguration weiterer Sprachen. Eine Grundlage für die Übersetzung ist durch die englische Fassung gegeben.

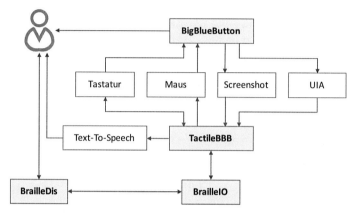

Abbildung 10.8.: Architektur *TactileBBB* nach Karlapp [Kar15, S. 46] (übersetzt)

Auslesen der Anwendungsdaten

Zum Auslesen der Anwendungsdaten musste zunächst das Handle des Browsers und des Tabs ermittelt werden, in dem die Login-Seite des virtuellen Klassenzimmers geöffnet ist. Daraufhin konnten mit Hilfe des Tab-Handles die Elementdaten über *UIA* abgefragt werden (vgl. Quellcode A.3 auf S. xlviii). Die Suche nach bestimmten Inhaltselementen erfolgt über die Eigenschaft *Typ* sowie den Elementnamen (vgl. Kapitel 7.5). Nach Auffinden eines Inhaltselements werden dessen Eigenschaften ausgelesen und für die Darstellung auf dem *BrailleDis* aufbereitet.

10.2.3. Unterstützte Funktionalität

Für die prototypische Implementierung von *TactileBBB* zur Darstellung von *BigBlue-Button* auf dem *BrailleDis* wurde der in der Konzeption vorgesehene Funktionsumfang aufgrund noch nicht erfolgter Umsetzung in der barrierefreien Anpassung nur eingeschränkt umgesetzt. Nachfolgend werden die reduzierte Benutzungsoberfläche sowie Interaktionsmodi beschrieben. Trotz der reduzierten Funktionen ermöglicht die Implementierung eine grundlegende Bedienbarkeit von *BigBlueButton* durch Blinde.

Weiterhin werden die verfügbaren Funktionen der verschiedenen *BigBlueButton*-Umsetzungen – unterteilt in die Module – verglichen: Die verfügbaren Funktionen der Original-Version von *BigBlueButton* für Blinde (vgl. Kapitel 7.6), der erweiterten Version für Sehende und Blinde sowie der prototypischen Implementierung *Tactile-BBB* [Kar15]. Die Funktionen werden dabei fortlaufend nummeriert.

Benutzungsoberfläche

Die Benutzungsoberfläche wurde entsprechend des alternativen Konzepts umgesetzt (vgl. Kapitel 9.2). Aufgrund der reduzierten Funktionalität der prototypischen Implementierung, wurden nicht-funktionale Bedienelemente jedoch weggelassen (vgl. Abbildung 10.9). Tabelle 10.3 vergleicht die Navigationsleisten – und somit die Hauptfunktionalität – der ursprünglichen Konzeption, der Überarbeitung im Anschluss an dessen Evaluation und der prototypischen Implementierung. In der prototypischen Implementierung sind die Notiz-, Link-, Lesezeichen- sowie Folgen-Funktion noch nicht enthalten. Weiterhin wurde auf die Video-Anzeige und die Einstellungen verzichtet.

Die Benutzungsoberfläche besteht aus festen Bereichen und permanent sichtbaren Bedienelementen des rechten und linken Navigationsbereichs. Für jedes Bedienelement wird dabei ein „View" angelegt und dem „Screen" hinzugefügt[132] (vgl. Kapitel 10.2.1). Dabei wird der zuletzt angelegte „View" im Vordergrund angezeigt und andere „Views" werden ggf. überdeckt.

Module in *BigBlueButton* entsprechen Ansichten in *TactileBBB*. Um zu einem Modul zu wechseln, muss zunächst eine entsprechende Aktion (Hardwaretaste oder Geste) ausgeführt werden. Das entsprechende Modul wird daraufhin in der *Flash*-Anwendung fokussiert.

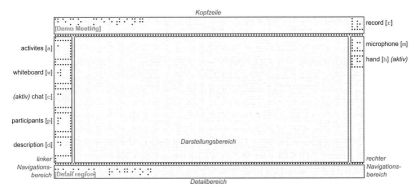

Abbildung 10.9.: Für die prototypische Implementierung reduziertes Grundlayout mit gelber Hervorhebung ausgewählter Bereiche

---

[132]Eine beispielhafte Definition des Reiters für das Aktivitätsprotokoll ist in Quellcode A.2 auf S. xlviii dokumentiert.

Tabelle 10.3.: Vergleich der Navigationsleisten des ursprünglichen, überarbeiteten und implementierten Grundlayouts

Position	Ursprünglich	Überarbeitet	Implementiert
Linker Navigationsbereich			
1	[a] Activities	[a] Activities	[a] Activities
2	[w] Whiteboard	[w] Whiteboard	[w] Whiteboard
3	[c] Chat	[c] Chat	[c] Chat
4	[p] Participants	[p] Participants	[p] Participants
5	[s] Settings	[n] Notes	[d] Description
6	–	[d] Description	–
Rechter Navigationsbereich			
0	–	[r] Record	[r] Record
1	[f] Follow	[f] Follow	[m] Microphone
2	[m] Microphone	[m] Microphone	[h] Hand
3	[v] Video	[v] Video	–
4	[h] Hand	[h] Hand	–
5	[d] Description	[l] Links	–
6	[l] Links	[b] Bookmarks	–
6	[b] Bookmarks	[s] Settings	–

Interaktion

In der Konzeption ist vorgesehen, dass *BigBlueButton* mit verschiedenen Interaktionsmodi – Hardwaretasten, Gesten und Tastatur – bedienbar ist (vgl. Kapitel 9.2.6 auf S. 214). Der aktuelle Stand in *TactileBBB* umfasst die Interaktion mit Hilfe von Hardwaretasten (vgl. Tabelle A.59 auf S. xlvii) und Gesten am *BrailleDis* sowie textuelle Eingaben über die Tastatur. Nutzer-Interaktionen können sich dabei auf das virtuelle Klassenzimmer selbst oder auf die taktile Darstellung beziehen. Um eine möglichst ergonomische Bedienung – je nach Aktivität (beitragen oder erfassen) – zu ermöglichen, ist eine Bedienung über alle drei Modi erforderlich. Weiterhin sollte die Eingabemöglichkeit über die Braille-Tastatur auf dem *BrailleDis* verfügbar sein.

Die Funktionen zum Zoomen, Scrollen und Kontrastverändern werden von *BrailleIO* bereitgestellt und sind nur beim Whiteboard anwendbar. Kontraständerungen erfolgen über Hardwaretasten (vgl. Kapitel 9.2.6), Zoomen über die Hardwaretasten sowie über Halbkreis-Gesten. Verschiebeoperationen (Scrollen) erfolgen über die Navigationsleiste des *BrailleDis* oder über Ein-Finger-Tipp-Gesten auf taktile Scroll-Leisten. Zeilenweises Scrollen führt zu einer Verschiebung der Darstellung um fünf Pins (vier Pins für den Buchstaben plus eine Freizeile); für das seitenweise Scrollen muss die Höhe der Ansicht ermittelt werden.

Bei einer Gesteneingabe wird dessen Position ermittelt und bestimmt, welches Bedienelement ausgewählt wurde. Das entsprechende Element wird daraufhin zur Verarbeitung weitergegeben. In *TactileBBB* können Bedienelemente fokussiert werden (bspw. Eingabefelder oder Schaltflächen) sowie die Fokusposition auf Einträge in Listendarstellungen wie bspw. das Aktivitätsprotokoll gesetzt werden. Die Einfügemarke in Eingabefeldern und die Fokusmarkierung werden blinkend dargestellt.

In *BigBlueButton* erfordern manche Aktionen einen Mausklick auf einen bestimmten Bereich. Dafür wird der Mausklick programmseitig durchgeführt, indem der Mauszeiger zum entsprechenden Position bewegt und eine Klickaktion ausgeführt wird. Weiterhin können nicht alle Elemente in *BigBlueButton* fokussiert werden. Um diese Elemente dennoch ansteuern zu können, wird das übergeordnete fokussierbare Element – bspw. einzelne Module sowie Teilnehmende in der Teilnehmerliste – ausgewählt und mit Hilfe simulierter Pfeiltasten-Eingaben zu dem gewünschten Element navigiert[133].

Audio-Ausgaben

Bei der Implementierung von *TactileBBB* wurde auf die Unterstützung eines externen Screenreaders verzichtet, da die umfassenden Audio-Ausgaben zu Kollisionen mit den anwendungseigenen Ausgaben sowie der Audio-Konferenz geführt hätten. Vielmehr wurden erforderliche auditive Ausgaben über die *Microsoft Speech API 5.4* [152] umgesetzt. Diese Audio-Ausgaben (*Text-To-Speech*) erfolgen bei bestimmten Interaktionen wie bspw. dem Aktivieren von Ansichten und ergänzen die Signale, die in *BigBlueButton* bereits verfügbar sind.

Ausgaben erfolgen beim Ausführen von Erkundungsgesten und Auswahlgesten (bspw. „Tab activity activated"), bei Texteingabe sowie bei Anfragen über die Kommandoeingabe des Aktivitätsprotokolls[134].

Aktivitätsprotokoll-Modul

Das Aktivitätsprotokoll wurde im Rahmen der barrierefreien Anpassung hinzugefügt (vgl. Tabelle 10.4). Mit Hilfe des Screenreaders *Jaws* sind die Aktivitätsprotokoll-Einträge jedoch nicht erfassbar, wodurch diese Funktion nicht verwendbar wird [Kar15]. Mit *TactileBBB* kann das Aktivitätsprotokoll jedoch auf dem BrailleDis dargestellt und somit erfasst werden.

Tabelle 10.4.: Vergleich der zugänglichen Funktionen des Aktivitätsprotokolls verschiedener Versionen von *BigBlueButton* für Sehende und Blinde (Zugänglichkeit Original-Version vgl. Kapitel 7.6, weitere Daten entnommen aus [Kar15, S. 66]); uneingeschränkt nutzbar: ✓; nicht nutzbar: ×; Funktion wird nicht unterstützt/ist nicht verfügbar: NU

| Nr. Funktion | | BigBlueButton | | |
	original	erweitert (Sehende)	erweitert (Screenreader)	Tactile-BBB
1 Modul aufrufen	NU	✓	✓	✓
2 Aktivitätsverlauf sehen	NU	✓	×	✓
3 Abfragen schreiben/Filter setzen	NU	✓	✓	✓

---

[133]Diese umständliche Auswahl von Bedienelementen trägt zu einer Verlangsamung der Filterung bei (vgl. Kapitel 11.8).

[134]Für eine vollständige Auflistung aller implementierten auditiven Sprachausgaben siehe [Kar15, S. vii ff.].

Tabelle 10.5.: Vergleich der zugänglichen Funktionen des Whiteboard-Moduls verschiedener Versionen von *BigBlueButton* für Sehende und Blinde (Zugänglichkeit Original-Version vgl. Kapitel 7.6, weitere Daten entnommen
aus [Kar15, S. 64]); uneingeschränkt nutzbar: ✓; nicht nutzbar: ×; zum
Teil nutzbar: ZT; Bewertung nur eingeschränkt gültig, da eine dafür
erforderliche vorherige Aktion nicht ausführbar ist: (); nur mit Präsentatorenrechten verfügbar:

Nr.	Funktion	original	BigBlueButton erweitert (Sehende)	erweitert (Screenreader)	Tactile-BBB
4	Modul aufrufen	✓	✓	✓	✓
5	Folieninhalte erfassen	×	✓	(ZT)	✓
6	Ergänzungen auf den Folien machen	×	✓	×	×
7	Ergänzungen auf den Folien wahrnehmen	×	✓	✓	✓
8	Folien umschalten	✓	✓	✓	✓
9	Folien hochladen	✓	✓	✓	✓
10	Zeigewerkzeug erfassen	×	✓	×	×
11	Vergrößern/Verkleinern	✓	✓	✓	✓

Whiteboard-Modul

Tabelle 10.5 fasst die Funktionen des Whiteboard-Moduls zusammen. Mit Stern mar-
kierte Funktionen sind nur mit Präsentationsrechten verfügbar. Mit *TactileBBB* sind,
bis auf die Möglichkeit, das Zeigewerkzeug wahrzunehmen und eigene Objekte zu ergänzen[135], alle Funktionen bedienbar [Kar15].

Aufgrund der mangelnden Zugänglichkeit des Aktivitätsprotokolls (vgl. Tabelle 10.4),
können textuelle Folieninhalte unter Verwendung eines Screenreaders nicht wahrgenommen werden, obwohl diese im Protokoll erfasst werden.

Chat-Modul

Tabelle 10.6 zeigt, dass das Verfassen von öffentlichen Chat-Nachrichten zugänglich
umgesetzt ist. Die Einschränkung bei dem Starten eines privaten Chats besteht darin,
dass mit technischen Hilfsmitteln die Namen möglicher Chat-Partner nicht auslesbar
sind. Damit sind blinde Nutzende auf das Eröffnen eines privaten Chats durch einen
sehenden Nutzenden angewiesen. Für die prototypische Umsetzung von *TactileBBB*
wurde der private Chat noch nicht umgesetzt, da dieser keine neuen Konzepte beinhaltet.

---

[135]Das Erstellen von Objekten auf dem Whiteboard ist in dem Benutzungskonzept vorgesehen (vgl.
Kapitel 9.2.8).

Tabelle 10.6.: Vergleich der zugänglichen Funktionen des Chat-Moduls verschiedener Versionen von *BigBlueButton* für Sehende und Blinde (Zugänglichkeit Original-Version vgl. Kapitel 7.6, weitere Daten entnommen aus [Kar15, S. 65]); uneingeschränkt nutzbar: ✓; nicht nutzbar: ×; zum Teil nutzbar: ZT

Nr.	Funktion	original	BigBlueButton erweitert (Sehende)	erweitert (Screenreader)	Tactile-BBB
12	Modul aufrufen	✓	✓	✓	✓
13	Öffentlichen Chat-Verlauf lesen	✓	✓	✓	✓
14	Nachricht im öffentlichen Chat schreiben	✓	✓	✓	✓
15	privaten Chat starten	ZT	✓	ZT	×
16	privaten Chat-Verlauf lesen	✓	✓	✓	×
17	Nachricht im privaten Chat schreiben	✓	✓	✓	×

Teilnehmer-Modul

Unter Verwendung eines Screenreaders ist das Erkennen des Teilnehmer-Status des Mikrofons und des Videos nur eingeschränkt möglich, da die Information ausgegeben wird, wenn mindestens eines der Medien aktiv ist (vgl. Tabelle 10.7). Weiterhin kann der Status der eigenen Hand erkannt werden, jedoch können die Handzeichen anderer nur von Teilnehmenden mit Moderations- oder Präsentationsrechten wahrgenommen werden [Kar15].

Mit Hilfe von *TactileBBB* ist das Erfassen des Status von Mikrofon, Video, Präsentationsrecht sowie der Rolle in der Teilnehmer-Ansicht erkennbar und der eigene Status ist permanent über die Taktons ersichtlich.

Beschreibungs-Modul

Die Umsetzung des Beschreibungs-Moduls erfolgt anhand der erweiterten *BigBlue-Button*-Version (vgl. Kapitel 10.1.3) und nicht anhand des ursprünglichen Bedienkonzepts (vgl. Kapitel 9.2.15): Anstelle der Möglichkeit, eine Beschreibung für das jeweilig fokussierte Element anlegen zu können, wurde der Ansatz einer Übersicht über alle Beschreibungen einer Folie in einer Ansicht verfolgt (siehe Abbildung 10.10). Daher wurde der ursprünglich vorgesehene Aufruf über ein Takton durch eine vollwertige Ansicht, erreichbar über den Reiter [d], ersetzt.

In Tabelle 10.8 erfolgt der Vergleich der Funktionen des Beschreibungs-Moduls. Das Modul ist Erweiterung von *BigBlueButton* und somit in der Original-Version nicht verfügbar. Die wichtigsten Funktionen des Beschreibungs-Moduls wurden in der *TactileBBB*-Anwendung umgesetzt. Es fehlen noch Auswahlmöglichkeiten und Hervorhebungen der Elemente über die *Minimap* sowie der Wechsel der Folien.

---

[136]Laut [Kar15] ist das Erkennen des eigenen Eintrags in der Teilnehmer-Liste nicht möglich. Jedoch kennzeichnet *BigBlueButton* diesen Eintrag mit „(YOU)" wodurch eine Identifikation möglich ist.

Tabelle 10.7.: Vergleich der zugänglichen Funktionen des Teilnehmer-Moduls verschiedener Versionen von *BigBlueButton* für Sehende und Blinde (Zugänglichkeit Original-Version vgl. Kapitel 7.6, weitere Daten entnommen aus [Kar15, S. 63]); uneingeschränkt nutzbar: ✓ ; nicht nutzbar: ×; zum Teil nutzbar: ZT; nur mit Präsentatorenrechten verfügbar:

Nr.	Funktion	original	BigBlueButton erweitert (Sehende)	erweitert (Screenreader)	Tactile-BBB
18	Modul aufrufen	✓	✓	✓	✓
19	Liste aller Teilnehmenden erfassen	ZT	✓	✓	✓
20	Sich selbst identifizieren	✓	✓	✓ [136]	✓
21	Präsentator erkennen	ZT	✓	✓	✓
22	Moderatoren erkennen	ZT	✓	✓	✓
23	Medium Mikrofon zuordnen	ZT	✓	ZT	✓
24	Medium Video zuordnen	ZT	✓	ZT	✓
25	Handzeichen erkennen	ZT	✓	ZT	ZT
26	Handzeichen geben	✓	✓	✓	✓
27	Einstellungen vornehmen	×	✓	×	×

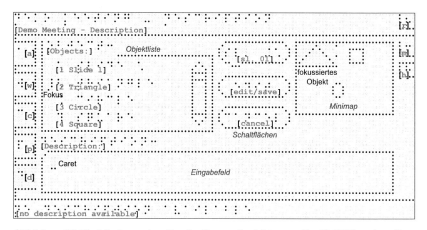

Abbildung 10.10.: Mock-up der Beschreibungs-Ansicht von *TactileBBB*; mit gelber Hervorhebung ausgewählter Bereiche; grüne Schrift: Übersetzung der Braille-Schrift; blaue Schrift: Element-Erläuterungen; schwarze Schrift: Fokus und Einfügemarke

Tabelle 10.8.: Vergleich der zugänglichen Funktionen des Beschreibungs-Moduls verschiedener Versionen von *BigBlueButton* für Sehende und Blinde (Zugänglichkeit Original-Version vgl. Kapitel 7.6, weitere Daten entnommen aus [Kar15, S. 66]); uneingeschränkt nutzbar: ✓; nicht nutzbar: ×; Funktion wird nicht unterstützt/ist nicht verfügbar: NU

Nr. Funktion		original	BigBlueButton		Tactile-BBB
			erweitert (Sehende)	erweitert (Screenreader)	
28	Modul aufrufen	NU	✓	✓	✓
29	Objektnamen erfassen	NU	✓	✓	✓
30	Beschreibungen erfassen	NU	✓	✓	✓
31	Beschreibungen ergänzen	NU	✓	×	✓
32	Zuordnung Beschreibung zu Objekt	NU	✓	×	×
33	Erweiterte Ansicht anzeigen	NU	✓	✓	×
34	Seite selbst wählen	NU	✓	✓	×
35	gelöschte Elemente anzeigen	NU	✓	✓	×
36	Objekt auf dem Whiteboard auswählen	NU	✓	×	✓
37	Ansicht entkoppeln	NU	✓	✓	×

Sonstige Funktionen

Tabelle 10.9 fasst weitere Funktionen von *BigBlueButton* zusammen. In der prototypischen Implementierung erfolgte eine Fokussierung auf die Grundfunktionalität und weniger auf Einstellungsmöglichkeiten und Hilfsfunktionen. Daher werden von *TactileBBB* fast die Hälfte der Funktionen unterstützt. Die Abmelden-Funktion ist im Benutzungskonzept noch nicht vorgesehen und somit auch nicht in der prototypischen Umsetzung verfügbar.

10.3. Zusammenfassung

Die prototypische Erweiterung des virtuellen Klassenzimmers *BigBlueButton* umfasst die Neuentwicklung des [. . .]

- [Notiz-Moduls,
- Aktivitätsprotokoll-Moduls,
- Beschreibungs-Moduls,
- die Verbesserung der Screenreader-Kompatibilität und
- Erweiterung der Funktionalität der Aufzeichnung.]

Durch diese Erweiterungen wurde die Zugänglichkeit für blinde, aber auch sehende, Teilnehmende, entschieden erhöht. Während der Entwicklung wurden kontinuierliche Tests bezüglich der Funktionalität und mit dem Screenreader *Jaws* durchgeführt. [KDW15, S. 1337]

---

[137] Bei [Kar15] wird diese Funktion trotz nicht aktivierbarer Flash-Zugriffsrechte als nutzbar bewertet.
[138] Diese Funktion ist nicht in [Kar15] enthalten.

Tabelle 10.9.: Vergleich der zugänglichen Funktionen sonstiger Funktionen verschiedener Versionen von *BigBlueButton* für Sehende und Blinde (Zugänglichkeit Original-Version vgl. Kapitel 7.6, weitere Daten entnommen aus [Kar15, S. 67]); uneingeschränkt nutzbar: ✓; nicht nutzbar: ×; nur mit Präsentatorenrechten verfügbar:

| Nr. | Funktion | BigBlueButton | | | |
		original	erweitert (Sehende)	erweitert (Screenreader)	Tactile-BBB
38	Anmelden	✓	✓	✓	✓
39	Mikrofonwahl	×	✓	×[137]	✓
40	Status des Mikrofons ändern	✓	✓	✓	✓
41	Titel der Veranstaltung erkennen	✓	✓	✓	✓
42	Aufzeichnungsstatus erkennen	ZT	✓	ZT	✓
43	Webcam-Übertragungen erkennen	×	✓	×	×
44	Einstellungsmöglichkeiten	ZT	✓	ZT	×
45	Shortcuts ansehen	✓	✓	✓	×
46	Webcam an-/ausschalten	✓	✓	✓	×
47	Aufzeichnung an-/ausschalten	✓	✓	✓	×
48	Abmelden[138]	✓	✓	✓	×

Neben der Erweiterung von *BigBlueButton* um weitere alternative Konzepte [...][(vgl. Kapitel 9)] sind folgende Verbesserungen der neuen Funktionen wünschenswert:

- Erfassen von Alternativtexten von Folien-Abbildungen im Aktivitätsprotokoll[,]
- Erweiterung des Notiz-Moduls um Zeitstempel, Listenansicht, Titelgenerierung und automatische Speicherfunktion[,]
- Integration der Notizen in das Aktivitätsprotokoll, so dass Notizen über die Kommandozeile erstellt und angezeigt werden können[,]
- Verbesserung der Sicherheit beim Notizen-Zugriff, da die Nutzer-Identifikationsnummern leicht erraten werden können[,]
- Lokalisierung der Beschreibungen für Bedienelemente und Audio-Signale für weitere Sprachen, um die Verständlichkeit des Screenreaders zu verbessern[,]
- Erweiterung der verfügbaren Audio-Signale für Ereignisse [und]
- Erweiterung der Aufzeichnung um das Beschreibungsmodul[.]

[KDW15, S. 1337]

Aufgrund einer guten Dokumentation des Open-Source-Projekts lag zu Beginn die Schlussfolgerung einfacher Anpassungsmöglichkeiten nahe. Installation und Kompilation der Entwicklungsumgebung von *BigBlueButton* stellten sich jedoch als zeitaufwendig und fehleranfällig heraus, sodass manche Funktionalität [...][zum jetzigen Zeitpunkt] noch nicht vollständig umgesetzt werden konnte. [KDW15, S. 1337]

Die prototypische Implementierung der Anwendung *TactileBBB* ermöglicht jedoch die Darstellung des erweiterten virtuellen Klassenzimmers *BigBlueButton* auf dem *BrailleDis*. Dabei werden die wichtigsten Funktionen unterstützt:

- Zugänglichkeit aller Bedienelemente,
- Interaktion mittels Gesten und Hardwaretasten,
- Wahrnehmung und Anpassung von Status-Informationen,
- Verwendung des Whiteboards,
- Verwendung des öffentlichen Chats,
- Verwendung des Aktivitätsprotokolls,
- Verwendung des Beschreibungs-Moduls sowie
- Verwendung des Teilnehmer-Moduls.

Folgende Funktionen des erweiterten virtuellen Klassenzimmers sind in *TactileBBB* noch nicht umgesetzt:

- Video-Übertragung,
- Erstellen von Objekten auf dem Whiteboard,
- Folienwechsel in der Beschreibungs-Ansicht,
- Verknüpfungen der Whiteboard-Elemente mit der Objektliste,
- private Chats,
- Verlassen des virtuellen Klassenzimmers,
- Einstellungen,
- Anzeige der Tastaturkürzelhilfe sowie
- Navigation mittels Tastatur.

Für einen Vergleich der textuellen und semi-grafischen Darstellung der im Folgenden beschriebenen Evaluation synchroner Kollaboration wurde eine weitere Anwendung erstellt, die nur die Aktivitätsprotokoll-Ansicht ohne *Kopf-* und *Detailbereich* oder *linke* und *rechte Navigationsbereiche* anzeigt. Dabei wurde die Aktivitätsprotokoll-Ansicht auf die gesamte Darstellungsfläche vergrößert.

11. Evaluation synchroner Kollaboration

Der nachfolgend beschriebene Benutzertest wurde mit der prototypischen Umsetzung des virtuellen Klassenzimmers *BigBlueButton* auf einem taktilen Flächendisplay mit 60×120 Punkten – dem *BrailleDis 7200* – durchgeführt (vgl. Kapitel 10.2). Für den Benutzertest wurde eine Sitzung in einem virtuellen Klassenzimmer simuliert. Dabei nahm der Proband die Rolle eines Teilnehmenden ein, der einer moderierten Sitzung folgte und eigene Interaktionen durchführen konnte.

Ziel der Untersuchung war zum einen die Bestätigung der Benutzbarkeit der entwickelten alternativen Konzepte (vgl. Kapitel 9) in einer realistischen, synchronen Sitzung in einem virtuellen Klassenzimmer mit Hilfe einer prototypischen Implementierung, zum anderen die Beantwortung der zentralen Frage, inwieweit die entwickelten Konzepte eine gleichberechtigte Teilhabe von blinden Lernenden an einer Sitzung in einem virtuellen Klassenzimmer verbessern können.

Dazu wurden folgende Forschungsfragen untersucht:

1. Kann die Teilhabe an Sitzungen in virtuellen Klassenzimmern durch die alternativen Konzepte und die Verwendung eines taktilen Flächendisplays im Vergleich zu existierenden Lösungen und der Verwendung von gängigen Hilfsmitteln verbessert werden?

2. Unterstützen die entwickelten Konzepte die Wahrnehmung von Benutzungsoberfläche und Interaktion?

3. Welche Barrieren können mit der getesteten Anwendung abgebaut werden?

11.1. Methode

Der Benutzertest wurde mit einer prototypischen Umsetzung des Anwendungsfilters *TactileBBB* mit einem Teil der geplanten Funktionalität, entsprechend einem „working partial system" nach Rosson & Carroll [RC02, S. 199], durchgeführt. Als virtuelles Klassenzimmer wurde die erweiterte Version von *BigBlueButton* (vgl. Kapitel 10.1) verwendet.

Insgesamt handelt es sich um eine qualitative Untersuchung, die in Bezug auf die Überprüfung der alternativen Konzepte als summativ und in Bezug auf die Implementierung als formativ betrachtet werden kann. Die Einführung in die Bedienung der taktilen Oberfläche wurde mit der Methode *Cognitive Walkthrough* (vgl. [SB10]) durchgeführt. Der erste vergleichende Teil der Evaluation simulierte ähnliche Unterrichtssituationen und wies Parallelen zu deduktiven Tests auf, also dem Vergleich mehrerer alternativer Systeme, wobei die Interaktionstechniken sich nicht unterschieden, da beide Testabschnitte mit dem *BrailleDis* auf Basis des Benutzungskonzepts durchgeführt wurden.

Aufgrund des prototypischen Charakters der Umsetzung fehlten vereinzelt Ausgaben, oder Interaktionen durch Gesten waren aufgrund von fehlerhaften Touch-Informationen des Geräts nicht möglich. In diesen Fällen erfolgte eine simulierte Ausgabe oder ein Eingriff in die Bedienung durch den Testleiter vor Ort entsprechend der *Wizard-Of-Oz*-Methode [DJA93].

Zur Protokollierung der Eindrücke der Probanden wurde die Methode des *Lauten Denkens* (vgl. [SSB07]) angewandt. Um die Probanden jedoch nicht vom Verfolgen der synchronen Veranstaltung abzulenken, wurden diese nicht explizit vom Testleiter dazu aufgefordert. Die Dokumentation der Daten erfolgte demnach durch einen Audio-Mitschnitt, Video-Aufzeichnungen der Hände auf dem *BrailleDis* sowie einem Beobachtungsprotokoll.

11.2. Testmaterial

Zur Erhebung der Vorerfahrung der Probanden wurde eine gekürzte Fassung des Vorab-Fragebogens der bereits durchgeführten Untersuchung der alternativen Bedienkonzepte (vgl. Anhang A.9.3 auf S. lix) verwendet. Der abschließende Fragebogen wies ebenfalls Überschneidungen mit dem dort verwendeten Fragebogen in Bezug auf die Bewertung von Benutzungsoberfläche und -elementen auf.

Zur Erläuterung der Benutzungsoberfläche und Interaktionsmöglichkeiten dienten taktile Braille-Drucke mit 120×60 äquidistanten Punkten[139]. Es wurden Ansichten zum Grundlayout, Bedienelementen (Widgets), Hardwaretastenbelegungen erstellt (siehe Anhang Abbildungen A.21, A.22 und A.23 auf S. xcvii f.). Weiterhin wurden Braille-Drucke mit den verfügbaren Kommandoeingaben sowie einer Ausfertigung der Einverständniserklärung angefertigt.

Für den Benutzertest selbst wurden zwei Anwendungen vorbereitet: Die prototypische Implementierung *TactileBBB* zur Darstellung des virtuellen Klassenzimmers *BigBlueButton* auf dem *BrailleDis* (vgl. Abbildung 11.1 (a)) und eine auf das Aktivitätsprotokoll reduzierte, vorwiegend textbasierte Ansicht (vgl. Abbildung 11.1 (b)). Diese bildete die Aktivitätsprotokoll-Ansicht der *TactileBBB*-Anwendung auf der gesamten Darstellungsfläche ohne weitere Bedienelemente ab und diente als Kontrollanwendung zum Vergleich von einer textuellen und einer semi-grafischen Benutzungsoberfläche.

Die prototypische Implementierung erfolgte zunächst auf Englisch, da sie somit später für andere Sprachen leichter lokalisiert werden kann. Um eine verständliche Sprachausgabe mit nur einer Sprache zu erhalten, wurden die textuellen Inhalte der simulierten Sitzung ebenfalls auf Englisch verfasst. Um zu vermeiden, dass durch Sprachbarrieren das Untersuchungsergebnis verfälscht werden könnte, wurde die Audio-Konferenz auf Deutsch abgehalten und der Testleiter unterstützte jederzeit beim Verständnis von Begriffen.

---

[139]Details zur Erstellung der Braille-Drucke sind in Kapitel 9.5.2 zu finden.

(a)   (b)

Abbildung 11.1.: Bildschirmfotos des gefilterten virtuellen Klassenzimmers mit *Tactile-BBB*-Anwendung (a) und Aktivitätsprotokoll-Anwendung (b)

11.3. Stichprobe

An der Untersuchung nahmen insgesamt elf Probanden an der *TU Dresden* [151] und der *Carl-Strehl-Schule* [153] in Marburg teil. Davon waren neun geburtsblind und zwei im Kleinkindalter erblindet. Vier der Probanden waren im Umgang mit dem *Braille-Dis* und taktilen Benutzungsoberflächen erfahren[140] – nachfolgend *Experten* genannt – und sieben der Probanden waren Schülerinnen und Schüler der gymnasialen Oberstufe in Marburg, zumeist unerfahren mit dem *BrailleDis* sowie computergestützter Kollaboration – nachfolgend *Nutzende* genannt. Vier dieser Nutzenden (P2, P3, P4 und P6[141]) hatten ebenfalls an der Untersuchung der alternativen Konzepte (vgl. Kapitel 9.5) teilgenommen und waren somit bereits mit dem Aufbau und dem zugrundeliegenden Konzept der Benutzungsoberfläche vertraut (vgl. Tabelle A.60 auf S.1). Die Altersstruktur der Experten reichte von 27 bis 53, die Nutzenden waren 17 bis 19 Jahre alt. Von den Probanden waren vier Frauen und sieben Männer.

Auswahlkriterien für die Zusammensetzung der Stichprobe umfassten (vgl. Auswahlkriterien nach Brajnik [Bra08a]):

- Blindheit,
- Übung im Umgang mit Screenreader und Braille-Zeile sowie
- Erfahrungen mit taktilen Grafiken.

Obwohl die Stichprobe elf Probanden umfasste, werden nachfolgend nur die Untersuchungen von zehn Probanden ausgewertet. Während des Benutzertests zeigte Proband P9 eine geringe Kooperationsbereitschaft und bewertete im abschließenden Fragebogen detailarm und indifferenziert. Daher ist eine aussagekräftige Auswertung dieses Benutzertests nicht möglich und wird nicht weiter betrachtet.

---

[140]Geteste Anwendungen auf dem *BrailleDis* umfassen bspw. Landkarten, *HyperBraille* (vgl. Kapitel 9.1.3), *Tangram* (vgl. Kapitel 9.1.4).
[141]Im weiteren Text werden die Probanden durch die Kürzel P2 – P13 (ohne P1, P5 und P9) entsprechend der Nummerierung in Kapitel 9.5.3 beschrieben.

11.4. Versuchsaufbau und -ablauf

Die Evaluation mit Hilfe von computerbasierten Prototypen bietet nach Miao et al. [MPFW14] eine intuitivere Interaktion als papierbasierende Prototypen. Weiterhin bevorzugen Probanden Evaluationen vor Ort statt über das Internet [MPFW14]. Aufgrund dieses Ergebnisses und der geringen Verfügbarkeit eines *BrailleDis* wurden die Evaluationen nicht über das Internet durchgeführt, sondern bei den Probanden vor Ort. Daraus resultierte jedoch auch eine geringere Probandenzahl als über das Internet verfügbar gewesen wäre.

Der Benutzertest bestand aus einem eingehenden und abschließenden Fragebogen sowie der Überprüfung der Benutzerfreundlichkeit der prototypischen Implementierung[142]. Aufgrund des hohen Umfangs der zu testenden Funktionen wurde der eingehende Fragebogen den Probanden vorab per E-Mail im Textformat zugesandt und nach Möglichkeit vor dem Benutzertest ausgefüllt von den Probanden zurückgesandt.

Der Hauptteil der Untersuchung konzentrierte sich auf die Wahrnehmung und aktive Teilnahme an einer Sitzung in einem virtuellen Klassenzimmer. Die Probanden wurden während der Untersuchung aufgefordert, dem Veranstaltungsverlauf nach Möglichkeit zu folgen und anschließend inhaltliche Fragen zu beantworten sowie die Umsetzung zu kommentieren und mögliche Änderungen vorzuschlagen.

Tabelle 11.1.: Evaluierte Abschnitte des Benutzertests je Proband[143]

Ansicht/ Proband	Teil 1a	Teil 1b	Teil 2a	Teil 2b	Teil 2c
2	x	x	x	x	
3	x	x		x	x
4	x	x	x		
6	x	x	x	x	
7	x	x	x	x	
8	x	x	x	x	x
10	x	x	x	x	x
11	x	x	x	x	x
12	x	x	x	x	x
13	x	x	x	x	x
Gesamt	10	10	9	9	6

Die Dauer und somit der Umfang des Benutzertests variierte je nach Probandengruppe. Der Benutzertest mit den Experten dauerte 2,5 Stunden, wohingegen der Benutzertest mit den Schülerinnen und Schülern auf eine Doppelstunde – also 95 Minuten – gekürzt wurde. Zur Verringerung der Benutzertestdauer wurden die Verständnisfragen von Teil 1a und 1b gekürzt sowie nur eine (wechselnde) Interaktion aus Teil 2 des Tests durchgeführt (vgl. Tabelle 11.1). Aufgrund der weniger differenzierten Rückmeldungen der unerfahrenen Nutzenden im Vergleich zu den Experten reduzierte sich

---

[142]Der vollständige Ablauf inklusive aller Texte, Fragen und Aufgaben ist im Anhang unter Kapitel A.10.2 auf S. cii dokumentiert.

[143]Der neunte Proband (P9) wird nicht in die Auswertung eingeschlossen und daher auch hier nicht aufgeführt (vgl. Kapitel 11.6).

weiterhin die Testdauer. Nachfolgend ist der vollständige Ablauf des Benutzertests abgebildet; die bei den Benutzertests mit unerfahreneren Nutzenden gekürzten Abschnitte sind mit einem Stern gekennzeichnet[144]:

1. Fragebogen zu persönlichen Einschränkungen, Computernutzung, Erfahrung mit E-Learning und Kollaborationswerkzeugen (vorab per E-Mail, siehe Tabelle A.104 im Anhang auf S. cii)

2. Begrüßung und Einverständniserklärung (siehe Anhang A.9.3 auf S. lviii)

3. Einführung in virtuelle Klassenzimmer, taktile Darstellung und Untersuchungsmethode

4. Benutzertest Teil 1: Vergleichstest

   a) Teil 1a: Textuelle Benutzungsoberfläche
      - Erläuterung zum Aufbau des Aktivitätsprotokolls
      - Simulation einer Echtzeit-Veranstaltung
      - Fragen zum Verständnis *

   b) Teil 1b: Semi-grafische Benutzungsoberfläche
      - Erläuterung zum Aufbau des Bedienelemente (Widgets), Benutzungsoberfläche und Interaktionsmöglichkeiten
      - Simulation einer Echtzeit-Veranstaltung
      - Fragen zum Verständnis *

   c) Vergleichende Fragen zu textueller und semi-grafischer Benutzungsoberfläche

5. Benutzertest Teil 2: Interaktion

   a) Teil 2a: Chat-Beitrag leisten *

   b) Teil 2b: Melden und Audio-Beitrag leisten *

   c) Teil 2c: Beschreibung zu einem Whiteboard-Element hinzufügen *

6. Abschließender Fragebogen zu evaluierten Funktionen (siehe Tabelle A.105 im Anhang auf S. cxiv)

7. Verabschiedung

Der Benutzertest wurde mit einer Installation der erweiterten *BigBlueButton*-Version durchgeführt (vgl. Kapitel 10.1). Dazu befand sich ein Testleiter zur Anleitung und Dokumentation zusammen mit dem Probanden an den Testorten Dresden oder Marburg, während ein weiterer Testleiter die Rolle des Moderierenden der Sitzung und des weiteren Teilnehmenden in Potsdam einnahm, sodass eine realistische entfernte Kollaborationssituation erreicht wurde (vgl. Abbildung 11.2). Der Proband nahm an der Sitzung unter Verwendung des *BrailleDis* und der entwickelten Filteranwendung teil. Zur Interaktion wurden Gesten und Hardwaretasten verwendet. Die Tastatur wurde nur zur Eingabe von Text und nicht zur Navigation verwendet, um die Merkfähigkeit der Probanden nicht zu überlasten. Weiterhin war eine Texteingabe über die Braille-Tastatur des *BrailleDis* nicht vorgesehen. Es wurde kein externer Screenreader

---

[144]Das Testleiterskript mit Aktionen und Aufgaben ist im Anhang A.10.1 auf S. cviiff. dokumentiert.

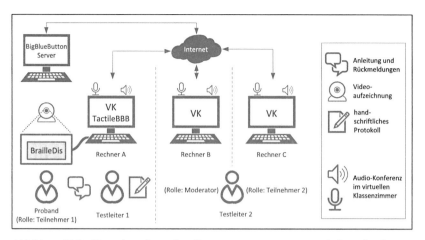

Abbildung 11.2.: Versuchsaufbau des Benutzertests zur prototypischen Implementierung eines virtuellen Klassenzimmers auf dem *BrailleDis*

verwendet, um weitere auditive Quellen neben der Audio-Konferenz und den Signal-
Tönen der Anwendung (Alarme und Sprachausgaben bei Ereignissen) zu vermeiden.
Zum besseren Verständnis wurden zusätzliche Sprachausgaben in der Filteranwendung
integriert. Rückmeldungen erfolgten über Audioausgaben oder taktil über die Darstellungsfläche. Verfügbare Gesten waren Ein-Finger-Tipp-Gesten.

   Die Dokumentation des Benutzertests erfolgte über Audio-Aufzeichnungen, Video-
Aufzeichnungen der Hände, Aufnahmen der Sitzung mit der internen Aufzeichnungs-
funktion des virtuellen Klassenzimmers, Speicherung des Aktivitätsprotokolls sowie
Notizen des Testleiters vor Ort. Die Kommunikation unter den Testleitern erfolgte
mit Hilfe der Audio-Konferenz des virtuellen Klassenzimmers sowie über eine externe
Chat-Anwendung.

11.5. Durchführung

Für den Benutzertest wurde ein Ausschnitt einer Unterrichtsstunde in einem virtuellen
Klassenzimmer simuliert. Dazu erklärte ein Lehrender – in diesem Fall der Moderierende mit Präsentationsrechten der Sitzung – über die Audio-Konferenz, Zeichnungen
auf dem Whiteboard[145] sowie Chat den Unterrichtsstoff. Jeweils ein Proband nahm die
Rolle eines Teilnehmenden ein, der versuchte der Sitzung in Teil 1 der Evaluation zu
folgen und in Teil 2 aktiv teilzunehmen. Weiterhin nahm ein weiterer Teilnehmender
an der Sitzung teil.

   Zur Beantwortung der Forschungsfragen wäre der Einbezug einer Kontrollgruppe
hilfreich gewesen, welche das virtuelle Klassenzimmer mit herkömmlichen Hilfsmitteln – Braille-Zeile und Screenreader – bedient hätte. Da jedoch die Screenreader-

---

[145]Damit die taktilen Darstellungen der Zeichnungen auf dem Whiteboard ohne Vergrößerung gut
erkennbar sind, werden diese mit einer dicken Strichstärke erstellt.

Unterstützung von *BigBlueButton* nicht ausreichend für eine vollständig barrierefreie Bedienung war und auch die Zahl der Probanden, welche die prototypische Umsetzung evaluierten, durch eine Kontrollgruppe reduziert worden wäre, wurde ein Vergleichstest mit allen Probanden durchgeführt. Da die Bedienung mit herkömmlichen Inhalten textbasiert erfolgt wäre, wurde im Benutzertest Teil 1 ein textbasiertes Aktivitätsprotokoll verwendet, das einen Vergleich einer textuellen mit einer semi-grafischen Ausgabe erlaubte. Für diesen Kontrolltest wurde die Unterrichtsstunde mit leicht angepasstem Lerninhalt in einer semi-grafischen Ansicht entsprechend des alternativen Konzepts (Teil 1b) sowie reduziert auf ein vorwiegend textuelles Aktivitätsprotokoll (Teil 1a) durchgeführt. Der Lerninhalt umfasste bei Teil 1a die Erläuterung einer Klassenstruktur von Tieren und bei Teil 1b von Bäumen. Dafür wurde auf dem Whiteboard eine Baumstruktur bestehend aus Rechtecken und Verbindungslinien gezeichnet. Die Beschriftung der Rechtecke erfolgte über die Beschreibungsansicht. Über die Audio-Konferenz wurde das Vorgehen erläutert und im Chat wurde eine Frage gestellt, die von Teilnehmer 2 beantwortet wurde.

Im Anschluss an Test 1a und 1b wurden jeweils dieselben Verständnisfragen gestellt, um feststellen zu können, zu welchem Grad die Veranstaltung verfolgt werden konnte. Im Anschluss wurden vergleichende Fragen zu der textuellen und semi-grafischen Darstellungsweise gestellt.

Im zweiten Teil des Tests wurde die aktive Teilnahme anhand verschiedener Aktionen – Melden, Chat-Beitrag erstellen, Beschreibung hinzufügen – unter Einbezug verschiedener Interaktionsmodalitäten (Hardwaretasten, Gesten und Tastatur) untersucht.

11.6. Auswertung

In der nachfolgenden Auswertung werden die Ergebnisse aus Fragebögen, Aussagen der Probanden und den Beobachtungsprotokollen zusammengefasst.

11.6.1. Vorkenntnisse der Probanden

Alle Probanden waren im Umgang mit taktilen Grafiken und im Lesen von Braille geübt. Fünf von zehn Probanden hatten bereits E-Learning-Angebote genutzt, u. a. über Lernplattformen, kollaborative Plattformen, Online-Lernmaterial oder aufgezeichnete Vorträge (siehe Abbildung 11.3). Vorwiegende Probleme waren dabei die Zugänglichkeit (P10, P6) und automatische Aktualisierungen die zu einem Fokusverlust führen (P12).

Fünf Probanden kollaborierten mit Sehenden oder Blinden bereits vor dieser Untersuchung, wobei vier Probanden dies über das Internet taten. Genannte Kollaborationsanwendungen umfassten webbasierte Editoren, Chat- und Internettelefonie-Anwendungen und Spiele. Keiner der Probanden konnte Erfahrungen mit virtuellen Klassenzimmern vorweisen. Zweck der Kollaboration waren vorwiegend berufliche, aber z. T. auch private Besprechungen und das kollaborative Arbeiten an Dokumenten, bspw. für Referate (siehe Abbildung 11.4).

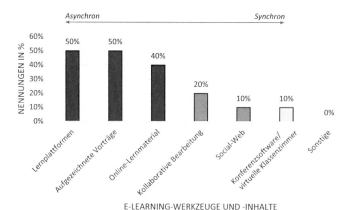

Abbildung 11.3.: *TactileBBB*-Vorab-Fragenbogen Frage E2:   Welche E-Learning-
Werkzeuge haben Sie bereits verwendet?

Abbildung 11.4.: *TactileBBB*-Vorab-Fragenbogen Frage K9: Zu welchem Zweck nutzen
Sie computergestützte Kooperation?

11.6.2. Ergebnisse in Bezug auf die prototypische Umsetzung

Funktionslimitierungen der prototypischen Umsetzung sowie Einschränkungen der Gestenerkennung des *BrailleDis* wirkten verwirrend auf die Probanden, da die Konzentration, der Lesefluss und die Interaktionsmöglichkeiten gestört werden. Nachfolgend
werden die Einschränkungen beschrieben:

- Die Darstellung des *BrailleDis* wurde regelmäßig aktualisiert, um neue Inhalte
  anzuzeigen. Jedoch traten diese Aktualisierung nicht nur für neue Inhalte sondern
  in unterschiedlichen Intervallen und Bereichen auf. Die Aktualisierungen wurden
  von den Probanden als Blinken wahrgenommen, welches das Lesen erschwerte.

- Die Verwendung von Gesten war aufgrund der fehlerhaften Touch-Erkennung des *BrailleDis* trotz manueller Kalibrierung nur eingeschränkt möglich und musste häufig vom Testleiter simuliert werden.
- Mehrere Probanden wünschten sich höhere Pins auf dem *BrailleDis*, um besser lesen zu können. Eine mögliche Ursache für diesen Eindruck könnten die teilweise etwas hochstehenden Deckplatten am Gerät sein.
- Gelegentliche Abstürze der Filter-Anwendung oder das Aussetzen der Verbindung zum *BigBlueButton*-Server störten den Eindruck einer zusammenhängenden Veranstaltung.
- Verbindungsunterbrechungen zum *BigBlueButton*-Server führten in Einzelfällen zu Inkonsistenzen bei der visuellen und taktilen Darstellung der Inhalte im virtuellen Klassenzimmer.
- Die Aktualisierung der Darstellung auf dem *BrailleDis* wies aufgrund der erforderlichen Filterdauer eine merkbare Verzögerung im Vergleich zu der visuellen Darstellung auf. Insbesondere in Bezug auf die Filterung von Beschreibungen sowie die Ausgabe von Audio-Signalen und den dazugehörigen Einträgen im Aktivitätsprotokoll war dies zu merken.

Obwohl die Gesteneingabe teilweise nicht zuverlässig funktionierte, wurde sie dennoch von sechs Probanden mit „gut" bewertet (vgl. Abbildung 11.5). Das Blinken der Darstellung störte nachhaltig den Lesefluss und war somit einer der Hauptkritikpunkte an der Anwendung.

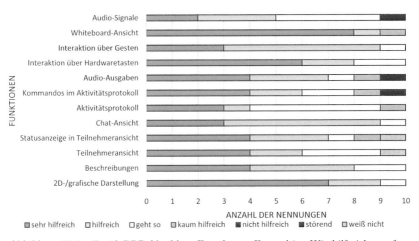

Abbildung 11.5.: *TactileBBB*-Abschluss-Fragebogen Frage A1a: Wie hilfreich empfanden Sie die Funktionen?

11.6.3. Beobachtungen zur Simulation einer Veranstaltung

Bei der Simulation eines Ausschnitts einer synchronen Veranstaltung wurden bei Test 1a Tierklassen und bei Test 1b Baumklassen besprochen. Vielen der Probanden der *Carl-*

Strehl-Schule waren zum Zeitpunkt des Benutzertests scheinbar noch nicht mit hierarchischen Darstellungen und Diagrammen vertraut. Daher führte das Thema der Baumklassen zu einem Begriffsproblem: Der Moderierende und der Testleiter sprachen von einer *Baumstruktur* im Sinne einer hierarchischen Anordnung. Die Schülerinnen und Schüler verstanden unter einer Baumstruktur jedoch den tatsächlichen Umriss eines Baumes.

Es ist denkbar, dass durch den Einsatz ähnlicher Versuche in Teil 1a und 1b der Evaluation ein Übungseffekt entstand und somit das Ergebnis für Teil 1b positiv verfälscht wurde. Betrachtet man das Verständnis der Nutzenden anhand der korrekt beantworteten Inhaltsfragen (vgl. Tabelle 11.2), ist klar zu erkennen, dass eine bessere Erkennungsrate der grafischen Inhalte über die semi-grafische Anwendung *TactileBBB* erzielt wurde. Dabei kann aus dem Beobachtungsprotokoll abgeleitet werden, dass diese bessere Erkennung nicht dem Verständnis der Aufgabe, sondern vielmehr dem tatsächlichen Ertasten der Darstellung zuzuschreiben ist.

Weiterhin erfolgte das Zeichnen der Linien nach dem Erstellen der Rechtecke (vgl. Abbildungen A.24 und A.25 auf S. ci). Da diese Reihenfolge nicht die Struktur der Darstellung wiederspiegelte, war der Zusammenhang der Elemente zueinander für die Probanden unter Verwendung der Aktivitätsprotokoll-Anwendung schwer vorstellbar.

11.6.4. Beobachtungen zu Audio-Signalen

Die untersuchten Anwendungen benachrichtigten mittels Audio-Signalen über Ereignisse. Der Alarm-Ton („Pling") als generischer Hinweis auf ein Ereignis war in der prototypischen Umsetzung lauter als die Audio-Konferenz. Dieser Alarm wurde von den Probanden als zu laut eingeschätzt; alle Audio-Signale sollten leiser als die Audio-Konferenz abgespielt werden.

Nach den Probanden sollten für unterschiedliche Ereignisse zur Unterscheidbarkeit unterschiedliche Klänge eingesetzt werden. Weiterhin wurde eine Konfigurierbarkeit gewünscht, die eine flexible Anpassung in Bezug auf Klänge, Ereignisse und Lautstärke, ähnlich der Einstellungen der Anwendung *Skype* [105], erlaubt.

Im Konzept waren bereits unterschiedliche Signale vorgesehen, und die erweiterte Version von *BigBlueButton* unterstützte bereits die Konfigurierbarkeit der Klänge. Lediglich in der prototypischen Implementierung waren diese noch nicht umgesetzt. Die Äußerungen der Probanden zeigten, dass die Integration dieser Funktion eine hohe Priorität erhalten sollte.

Die Sprachausgaben zur Benachrichtigung über Ereignisse wurden von 70 % der Probanden als „sehr hilfreich" oder „hilfreich" eingestuft, wohingegen der Signalton bei neuen Ereignissen nur von 50 % in gleicher Weise bewertet wurde (vgl. Abbildung 11.5 Funktionen *Audio-Ausgaben* und *Audio-Signale*).

11.6.5. Beobachtungen zum Einsatz von Eingabemodi

In der durchgeführten Untersuchung kamen Gesteneingaben und Hardwaretasten zum Einsatz. Weiterhin war die Bedienung mittels Tastaturbefehlen konzipiert. Aufgrund der nicht verwendeten Tastaturbefehle konnten manche Aktionen nur mittels Gesten

Abbildung 11.6.: *TactileBBB*-Vorab-Fragenbogen Frage 8: Von Probanden bevorzugte Kombinationen der Bedienmodi

ausgeführt werden. Jedoch waren fast alle Befehle der Hardwaretasten, bis auf „Sprachausgabe stoppen"(Taste [F1]) und Kontraständerung (Taste [A]), auch über Gesten ausführbar.

Während der Benutzertests wurde viel Gebrauch vom Ansichtswechsel über die Hardwaretasten gemacht. Die geringe Verwendung der Gesten kann auf die ungewohnte Bedientechnik und auch auf die eingeschränkte Erkennung durch das *BrailleDis* zurückgeführt werden. Präferenzen bei der Art der Bedienung waren nur bei drei Probanden erkennbar: P10 verwendete fast ausschließlich die Gestentasten, da P10 nach eigenen Angaben die Möglichkeit der Verwendung der Hardwaretasten vergessen hatte. P2 und P12 verwendeten, sofern verfügbar, die Hardwaretasten, um eine (nach ihren Aussagen) umständliche Aktivierung des Gestenmodus zu umgehen (P12). Mehrere Probanden äußerten den Wunsch, Eingaben über die Braille-Tastatur – also die Hardwaretasten [1] bis [8] – zu tätigen. Der Schreibmodus könnte über das gleichzeitige Drücken aller acht Tasten oder bei Fokussierung eines Eingabefeldes aktiviert werden.

Die Möglichkeit der Ausgabe von Detailinformationen über die Erkundungsgeste wurde nur wenig verwendet. Aufgrund des hohen Interesses der Probanden an weiteren Detailinformationen ist dies wahrscheinlich der mangelnden Übung und der u. a. daraus resultierenden Informationsüberlastung zuzuschreiben.

Im abschließenden Fragebogen wurde von sechs der Probanden angegeben, dass eine Kombination aus Gesteneingabe, Hardwaretasten und Tastaturbefehlen gewünscht wird. Nur ein Proband bevorzugte eine reine Bedienung über die Hardwaretasten, was jedoch aufgrund der eingeschränkten Kombinationsmöglichkeiten im Verhältnis zu benötigten Befehlen nicht umsetzbar ist (vgl. Abbildung 11.6).

11.6.6. Ergebnisse Teil 1: Vergleichstest

Im Anschluss an die jeweilige Durchführung der Tests mit der Aktivitätsprotokoll-Anwendung (Teil 1a, textuelle Ansicht) und der *TactileBBB*-Anwendung (Teil 1b, semigrafische Ansicht) wurden Fragen zum Verständnis des präsentierten Inhaltes gestellt. Diese dienten der Überprüfung, inwieweit eine Echtzeit-Inhaltspräsentation über die verwendeten Anwendungen verfolgt werden konnte.

Tabelle 11.2.: *TactileBBB*-Vergleichstest: Inhaltserfassung je Proband in der textuellen (t) und semi-grafischen (sm) Vergleichsanwendung; ✓ korrekte Anwort: × falsche Antwort; leere Zellen: nicht gestellte Frage

	Probanden	(a) Welcher Teilnehmer hat seine Kamera aktiviert?		(b) Welche Elemente wurden auf dem Whiteboard gezeichnet?		(c) Um wie viel Uhr hat der Moderator eine Frage im Chat gestellt?		(d) Auf welches Whiteboard-Element bezieht sich die Frage im Chat?		(e) Beschreiben Sie die gezeichnete Darstellung.		(f) Wie viele Ebenen hat die Darstellung?	
		t	sm	t	sm	t	sm	t	sm	t	sm	t	sm
Experten:	P10	✓	✓	×	✓	✓	✓	×	×	×	✓	×	✓
	P11	✓	✓	×	✓	✓	✓	×	×	×	✓	×	✓
	P12	✓	✓	✓	✓	✓	✓	×	×	✓	✓	✓	✓
	P13	✓	✓	✓	✓	✓	✓	✓	✓	✓	✓	✓	✓
	Summe	4	4	2	4	4	4	1	1	2	4	2	4
Nutzende:	P2			✓	✓			×	×	×	✓	×	✓
	P3			×	✓			✓	✓	✓	✓	×	✓
	P4			✓	✓			✓	✓	×	×	×	×
	P6			×	×			×	×	×	✓	×	✓
	P7			×	✓			×	✓	×	✓	×	✓
	P8			✓	✓			×	✓	✓	✓	✓	✓
	Summe			3	5			2	3	2	5	1	5
	Gesamt	4	4	5	9	4	4	3	4	4	9	3	9

Tabelle 11.2 zeigt, dass die Experten-Gruppe aufgrund der Übung im Umgang mit dem Gerät und zweidimensionalen Bildschirminhalten die inhaltlichen Fragen besser beantworten konnte als die unerfahrene Nutzenden-Gruppe. Der auf dem Whiteboard gezeichnete Inhalt wurde in der semi-grafischen Ansicht klar besser erkannt, als über die textuelle Ansicht, in der die Struktur aus Elementbeschreibungen erschlossen werden musste.

Alle Experten waren über beide Anwendungen (Kommandoeingabe im Aktivitäts-protokoll und Statuskontrolle in der Teilnehmeransicht) in der Lage, den Status der Kamera der Teilnehmenden abzufragen (Frage (a)). Weiterhin konnten alle vier Experten die im Chat gestellte Frage über das Aktivitätsprotokoll oder die Chat-Ansicht finden und somit Frage (c) beantworten.

Bei der textuellen Anwendung konnten nur fünf der Probanden die gezeichneten Elemente benennen (Frage (b)), obwohl diese im Protokoll explizit genannt wurden; die korrekte Lösung wäre „Rechtecke und Linien" gewesen. Diese Erkennungsrate von nur 50 % ist wahrscheinlich auf die Geschwindigkeit des Veranstaltungsablaufs im Verhältnis zu dem Lesetempo zurückzuführen. Bei der semi-grafischen Anwendung waren neun Probanden zur Identifikation der Elemente in der Lage.

Die Verbindung zwischen der im Chat gestellten Frage „Who can tell me another species?" und dem gemeinten Whiteboard-Element (Frage (d)) war sowohl in der textuellen als auch semi-grafischen Anwendung schwer herstellbar: In beiden Anwendungen gelang dies nur zwei Probanden, über die textuelle Anwendung einem weiteren und über die semi-grafische Anwendung zwei weiteren Probanden. Über die semi-grafische Ansicht entwickelten bis auf einen alle Probanden eine Vorstellung der Darstellung auf dem Whiteboard (Fragen (e) und (f)). Mit der textuellen Anwendung gelang dies nur vier Probanden.

Die im Anschluss an die simulierten Veranstaltungsabläufe mit der Aktivitätsprotokoll- und der *TactileBBB*-Anwendung gestellten vergleichenden Fragen werden nachfolgend beschrieben.

Auf die Frage, mit welcher Ansicht die Probanden dem Ablauf der simulierten Veranstaltung besser folgen konnten, wurde die semi-grafische Ansicht von acht Probanden und die textuelle Ansicht von einem Probanden genannt. Ein weiterer Proband (P8) bevorzugte eine Kombination aus beiden Ansichten. Da das Aktivitätsprotokoll auch in der semi-grafischen Ansicht verfügbar war, kann P8 zu der Gruppe der semi-grafischen Ansicht dazugerechnet werden. Begründungen der Probanden für diese klare Präferenz umfassten:

- Die grafische Ansicht auf dem Whiteboard
    - erleichtert die Vorstellung der Zeichnung (P10) und
    - ermöglicht ein Verfolgen der Aktionen (P13).
- Bei der Teilnehmer-Ansicht ist das Erkennen des Status schneller als über einen Filterbefehl im Aktivitätsprotokoll (P8).
- Audio-Signale benachrichtigen über Ereignisse (P11, P12).
- Zu den entsprechenden Ansichten kann gewechselt werden, wenn Zeit ist (P12).
- Das gleichzeitige Hören und Lesen ist im Aktivitätsprotokoll schwierig, hier ist das Erkennen über Hören und Grafikerfassen schneller (P3).
- Das Aktivitätsprotokoll
    - kann nur schwer verfolgt werden aufgrund des Scrollens (P2, P3, P8),
    - erfordert mehr Aufmerksamkeit aufgrund des Abstraktionsgrads der Einträge (P8),
    - erschwert die Trennung von wichtigen und unwichtigen Informationen (P2) und
    - liefert nicht die räumlichen Zusammenhänge der Elemente (P3).

Kritikpunkte an der semi-grafischen Ansicht waren der Mangel an Beschreibungen bzw. Beschriftungen in der Whiteboard-Ansicht (P4, P11) und der erforderliche Wechsel in andere Ansichten, um weitere Informationen zu erfassen. P8 beschrieb als präferierte Nutzung das Verfolgen der Sitzung im Whiteboard und den Wechsel ins Protokoll zur Kontrolle. Als Vorteil des Aktivitätsprotokolls wurde der hohe Detailreichtum genannt.

Die Frage, welche Ansichten die Probanden in einem realen Anwendungsfall bevorzugt nutzen würden, bewerteten sie in drei Stufen (1 = höchste, 2 = mittlere und 3 = geringste Wichtigkeit). Manche Ansichten blieben von einigen Probanden unbewertet – diesen

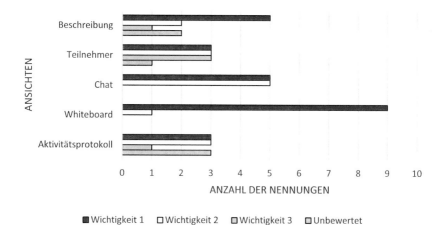

Abbildung 11.7.: Vergleichstest: Gewichtete Darstellung präferierter Ansichten bewertet nach Wichtigkeit (1 wichtigste Ansicht, 3 eher unwichtig)

kann eine noch geringere Wichtigkeit als Stufe 3 zugeordnet werden (vgl. Abbildung 11.7). Neun von zehn Probanden nannten die Whiteboard-Ansicht an erster Stelle (Wichtigkeit 1). Darauf folgten die Chat- und Beschreibungs-Ansicht mit jeweils fünf Nennungen der Wichtigkeit 1. Insgesamt ergibt sich daraus eine Bewertungsreihenfolge[146] (absteigende Wichtigkeit) von: Whiteboard-, Chat-, Beschreibungs-, Teilnehmer- und Aktivitätsprotokoll-Ansicht.

Die Beschreibungsansicht wurde als wichtig bewertet, da die *Minimap* die Verknüpfung zwischen Whiteboard-Elementen und Beschreibungen ermöglicht (P10). Die Teilnehmer-Ansicht ist wichtig für das Erfassen der Statusinformationen anderer (P10), jedoch wurde sie insgesamt eher als unwichtig bewertet, da diese im durchgeführten Szenario aufgrund der kleinen Teilnehmendenzahl geringe Bedeutung hatte. P7 hob hervor, dass der Teilnehmenden-Status in einer Veranstaltung im Klassenverband weniger interessant sei als bei einer Veranstaltung mit oft wechselnden Teilnehmenden. In der Chat-Ansicht konnte dem Verlauf laut P10 leichter gefolgt werden als im Aktivitätsprotokoll, in dem noch weitere Ereignisse mit aufgelistet worden waren.

11.6.7. Ergebnisse Teil 2: Interaktion

Teil 2 des Benutzertests untersuchte die Interaktion im virtuellen Klassenzimmer anhand von drei Anwendungsfällen: Melde-Aktion ausführen (Teil 2a), Chat-Beitrag leisten (Teil 2b), Beschreibung bearbeiten (Teil 2c). Die drei Teile von Test 2 wurden von allen Experten durchgeführt. Von den Nutzenden wurden diese drei Teile abhängig von der verfügbaren Zeit durchgeführt: jeweils fünf Nutzende untersuchten davon die Chat- und Melden- und zwei Nutzende die Beschreibungs-Interaktion (vgl. Tabelle 11.1).

---

[146]Die Gewichtung der Anzahl der jeweiligen Nennungen der Wichtigkeit erfolgt mit einem Vielfachen von zwei. Dabei wird Stufe 1 mit 6/12, Stufe 2 mit 4/12 und Stufe 3 mit 2/12 gewichtet: $(NW1 * \frac{6}{12}) + (NW2 * \frac{4}{12}) + (NW3 * \frac{2}{12})$ (wobei bspw. NW1 „Nennungen Wichtigkeit Stufe 1" entspricht).

Der Bedienablauf zum Erstellen eines Chat-Beitrags (Teil 2b) wurde als intuitiv bewertet. Ein Proband wünschte sich eine automatische Fokussierung des Eingabefeldes, um den Bedienschritt des Aktivierens mittels einer Auswahlgeste zu vermeiden.

Die Melde-Funktion wurde ebenfalls positiv bewertet. Es trat lediglich Verwirrung auf, dass die Melde-Funktion nach dem Aufruf durch den Moderierenden manuell wieder deaktiviert werden musste. Diese Aktion ist zum einen an eine realistische Unterrichtssituation angelehnt zum anderen vom virtuellen Klassenzimmer so vorgegeben.

Das Editieren oder Hinzufügen einer Beschreibung wurde insgesamt als gut bewertet (vgl. Abbildung 11.5). Eine detaillierte Beschreibung dieser und weiterer Anmerkungen erfolgt in Kapitel 11.6.8.

11.6.8. Ergebnisse in Bezug auf die Benutzungsoberfläche

Insgesamt wurde die Benutzungsoberfläche als positiv bewertet (vgl. Abbildung 11.8). Besonders die Möglichkeit der Abbildung grafischer Inhalte wurde als größte Verbesserung zu der bisherigen Arbeitsweise der Probanden hervorgehoben – sechs Probanden bewerteten die untersuchte Anwendung als eine Verbesserung und drei sahen keine Verbesserung der bisherigen Arbeitsweise (vgl. Tabelle A.129 im Anhang auf S. cxxv).

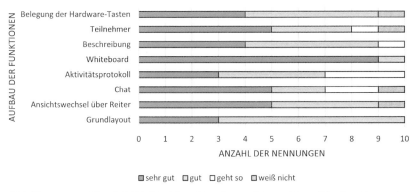

Abbildung 11.8.: *TactileBBB*-Abschluss-Fragebogen Frage A2a: Wie hat Ihnen der Aufbau der Benutzungsoberfläche gefallen?

Auch die Bedienabläufe selbst wurden insgesamt als gut bewertet und nicht kritisiert. Insgesamt zeigten sich unterschiedliche Präferenzen, was die Heterogenität der Zielgruppe verdeutlicht. So waren die Einschätzungen in Bezug auf die Verwendung des Aktivitätsprotokolls (vgl. Abbildung 11.5) oder die Verwendung der Eingabemodalitäten (vgl. Tabelle A.134 auf S. cxxxi) sehr unterschiedlich. Weiterhin wurde die Umrandung der Schaltflächen in der Beschreibungs-Ansicht von P4 als unnötig und zu visuell bewertet (vgl. Abschluss-Fragebogen Frage A3b im Anhang A.10.3, S. cxxiii). Andere Probanden schätzten hingegen die an eine visuelle Benutzungsoberfläche angelehnte Oberfläche. Daher ist eine möglichst flexible Konfigurierbarkeit der Oberfläche, der Bedienelementedarstellung, ihrer Funktionen sowie Aus- und Eingabefunktionen essentiell.

Bedienelemente

Die Reiter zum Ansichtswechsel wurden von allen Probanden positiv bewertet (vgl. Abbildung 11.9). Lediglich eine Inkonsistenz in der Darstellung von aktivierten Taktons und Reitern kann zu Irritationen der Nutzenden führen: Ein aktiviertes Takton erhält eine zusätzliche Hervorhebung durch eine weitere horizontale Linie wohingegen bei einem aktivierten Reiter die vertikale Linie zum Darstellungsbereich entfernt wird. Dieses Konzept basiert auf der visuellen Darstellung von Reitern, wie bspw. Browser-Tabs, die in den Vordergrund treten, und Hervorhebungen von Schaltflächen, bspw. durch Farbwechsel oder Rahmen. Da dieses Konzept den Probanden nicht bekannt war, muss die taktile Darstellung diesbezüglich überdacht werden.

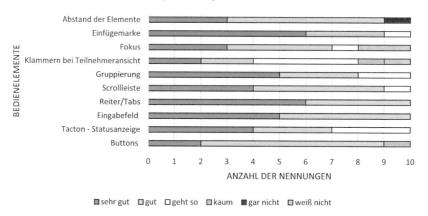

Abbildung 11.9.: *TactileBBB*-Abschluss-Fragebogen Frage A3a: Wie haben Ihnen die Bedienelemente gefallen?

Nach der Evaluation der alternativen Konzepte mit Hilfe von *Paper-Prototyping*, wurde die Takton-Darstellung überarbeitet (vgl. Kapitel 9.6.2). Jedoch konnte mit der Anpassung der Rahmen das Problem der eingeschränkten Lesbarkeit nicht behoben werden. Die Probanden stuften die Taktons weiterhin als schwer lesbar – wenn auch erlernbar – ein, da die umgebenden Linien direkt an den beschriftenden Buchstaben angrenzen.

Hauptgrund für die kompakte Darstellung der Taktons ist die hohe Anzahl der Taktons im vollständigen Grundlayout (vgl. Abbildung 9.27 auf S. 247) untereinander anordnen zu können sowie für diese permanent sichtbaren Elemente möglichst wenig Platz zu verwenden. In Bezug auf eine gewünschte Darstellungsweise waren die Probanden sich uneinig: Ein Proband schlug vor, die Taktons in der Kopfleiste nebeneinander anzuordnen und bei Auswahl zu unterstreichen, ein anderer Proband betonte den Vorteil der gleichbleibenden Form durch Rahmen um die Beschriftung. Demnach sind hier weitere Untersuchungen erforderlich.

Die eckige Klammer zur Kennzeichnung der Statusmeldungen in der Teilnehmer-Ansicht wirkte auf einen Probanden verwirrend, da keine schließende Klammer vorhanden war, und mehrere Probanden erachteten die Klammer als unnötig, da die bereits vorhandene räumliche Trennung von den Namen der Teilnehmenden ausreichend wäre.

Weiterhin merkte P10 an, dass sich die Braille-Buchstaben der englischen Abkürzungen für *no* und *yes* (n und y) nur durch einen Punkt unterschieden und es somit leicht zu einer Verwechslung kommen könnte, wenn bspw. ein Pin auf der Platte defekt sei. Hier wurde die Verwendung von + und − vorgeschlagen.

Aktivitätsprotokoll- und Chat-Ansicht

Auflistungen von Ereignissen oder Beiträgen erfolgten in der Aktivitätsprotokoll- und Chat-Ansicht. Dabei wurde ein Eintrag, der nicht auf eine Zeile passte umgebrochen. Der Umbruch erfolgte in der prototypischen Umsetzung durch das Einfügen eines =-Zeichens vor den umgebrochenen Zeilen. Diese Darstellung wurde von den Probanden als verwirrend eingestuft, da sie eine Markierung neuer Einträge erwarteten. Konzeptionell ist angedacht, dass umgebrochene Zeilen eingerückt werden und somit die ersten Zeilen von Einträgen leicht erkennbar sind (vgl. Kapitel 9.2.1). Die Einrückung wurde auch von Probanden als Lösung benannt und sollte die Lesbarkeit verbessern.

Der Wunsch eines Probanden war weiterhin, dass die Anzeige-Reihenfolge von Zeitstempel und Autor eines Chat-Beitrags einstellbar sein sollten, da im Chat-Kontext der Name wichtiger als die Zeit sei. Weiterhin wurden die Einträge im Aktivitätsprotokoll als zu technisch und lang eingeschätzt – sie müssten demnach allgemeinverständlicher verfasst werden und die gewünschte Information sowie der Detailgrad der Anzeige (ausgeschrieben oder abgekürzt abhängig von der Übung der Nutzenden) über die bereits vorhandene Filterfunktion hinaus anpassbar sein.

Das Verschieben der Ansicht nach oben oder unten über die Navigationsleiste oder Scroll-Leiste war verwirrend für die Probanden, da beim seitenweisen Scrollen nicht genau eine Ansicht geblättert wird. Damit ging der Anschluss und die Orientierung verloren. Ursache für die fehlerhafte Umsetzung war u. a. die mangelnde Berücksichtigung des Einflusses der Eingabefelder auf die darstellbaren Zeilen.

Außerdem wurde bei neuen Einträgen im Aktivitätsprotokoll und dem Chat die Ansicht automatisch nach unten verschoben, so dass der letzte Eintrag angezeigt wurde. Dadurch ging den Probanden der Fokus und der Überblick über den Ablauf verloren. Im Benutzertest führte dies in manchen Fällen zum Verpassen einiger Einträge und zur Verlangsamung der Wahrnehmung, da das Protokoll mehrmals gelesen werden musste.

Um ein möglichst synchrones Verfolgen von Aktivitätsprotokoll und Chat-Verlauf zu ermöglichen, ist es demnach zwingend erforderlich ein intuitives und vorhersehbares Verschieben umzusetzen sowie einen automatischen Fokuswechsel zu vermeiden (vgl. Gestaltungsrichtlinie 3.4 in Kapitel 8.2). Zur Erleichterung der Navigation wurde von den Probanden weiterhin eine Funktion zum Springen an den Anfang und das Ende des Protokolls gewünscht. Für das Erreichen des Endes oder des Anfangs der Darstellung wurden Signaltöne ähnlich denen eines *Windows*-Betriebssystems gewünscht.

Beschreibungs-Ansicht

Der Aufbau der implementierten Beschreibungs-Ansicht unterscheidet sich von der ursprünglichen Konzeption dahin, dass die Ansicht entsprechend der visuellen Umsetzung erweitert und um eine verkleinerte Darstellung des Whiteboards, eine *Minimap*, ergänzt wurde.

Aufgrund der verschiedenen Elemente stellte die Beschreibungs-Ansicht die komplexeste der Ansichten dar (vgl. Abbildungen 11.10 und 10.10 auf S. 270). Mit der prototypischen Implementierung war die Verwendung der Ansicht nur eingeschränkt möglich, da die Filterung der Beschreibungen je Whiteboard-Element zeitaufwendig war. Weiterhin wurde aufgrund des eingeschränkten Zeitfensters je Benutzertest und dem Grad der Implementierung nur die grundlegende Funktion des Beschreibungen-Erfassens und -Anlegens untersucht.

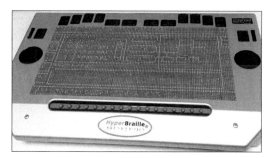

Abbildung 11.10.: *TactileBBB*-Beschreibungs-Ansicht auf dem *BrailleDis*

Der Bedienablauf zum Editieren einer Beschreibung umfasst die Fokussierung eines Elements aus der Objektliste, das Betätigen der [Edit]-Schaltfläche, die Eingabe der Beschreibung sowie das Bestätigen mit [Enter] oder der [save]-Schaltfläche. Dieser Bedienablauf wurde von Probanden als umständlich angesehen; hier könnte ggf. auf die Schaltflächen verzichtet werden und bei Auswahl eines Elements sofort die Bearbeitung ermöglicht werden.

Probanden wünschten sich weiterhin die Hervorhebung der ausgewählten Objekte bzw. die Fokussierung von Objekten über Auswahlgesten auf der *Minimap*-Darstellung. Diese direkte Verknüpfung der *Minimap*-Ansicht und der Objektliste ist bereits konzeptionell vorgesehen. Weiterhin wurde die Anzeige der Objektnummern neben den Objekten gewünscht, wie es bereits in der visuellen Darstellung erfolgt.

Detailinformationen zu den Objekten konnten beim Benutzertest mit Hilfe der Erkundungsgeste auf ein Element der Liste und in der Whiteboard-Ansicht abgerufen werden. Es wurde eine Erweiterung dieser Funktion auf die *Minimap* gewünscht (P10), um das Potential des *BrailleDis* auszuschöpfen. Weiterhin sollte der Informationsumfang, bspw. um Positionsangaben und Elementeigenschaften, erweitert werden (P11).

Um in der Objektliste über die Navigationsleiste scrollen zu können, muss zunächst die Liste fokussiert werden. Dieser Interaktionsschritt ist nicht intuitiv, da die Probanden die Möglichkeit zu Scrollen voraussetzten. Beim Aufruf der Ansicht sollte demnach die Objektliste fokussiert und somit scrollbar sein.

Die Positionierung der Schaltflächen wurde unterschiedlich bewertet. Einige Probanden empfanden die Schaltflächen zwischen der Objekt-Liste und der *Minimap* als gute Trennelemente, andere würden diese gerne horizontal darüber anordnen.

Einschränkungen bei der Umsetzung der Konzeption

Die in den alternativen Konzepten entwickelten Ansichten werden in der prototypischen Implementierung weitestgehend übernommen. Eine Ausnahme bildet die Beschreibungsansicht (vgl. Kapitel 11.6.8). Nachfolgend werden einige Einschränkungen bei der Umsetzung beschrieben:

- In Benutzungsoberfläche sind einige Darstellungsfehler vorhanden (bspw. fehlerhafte Beschriftungen)
- Bei den Gruppierungen sollte die Linie näher an die Schrift des Gruppen-Titels heranreichen, damit eine Verbindung hergestellt werden kann.
- Audio-Ausgaben, bspw. zu Verschiebeaktionen oder Reiterwechsel, werden zu häufig ausgegeben.

Diese Einschränkungen führten zum Teil zu Verwirrung bei den Probanden, konnten jedoch durch das Eingreifen des Testleiters aufgeklärt werden und haben somit keinen signifikanten Einfluss auf das Evaluationsergebnis.

11.6.9. Beobachtungen zur Synchronizität

Bei Benutzertest Teil 1a zeigte sich, dass die Lesegeschwindigkeit selbst bei den Experten langsamer ist als die Vortragsgeschwindigkeit. Somit war ein synchrones Erfassen aller Inhalte nur annähernd gegeben. Es ist zu erwarten, dass sich die Lesegeschwindigkeit der blinden Nutzenden erhöht, wenn diese geübt im Umgang mit der Anwendung sind, technische und benutzerfreundlichkeitsbezogene Einschränkungen – u. a. Blinken, Scrollen und automatische Aktualisierungen s. o. – behoben sowie der Detailgrad des Aktivitätsprotokolls entsprechend der Präferenzen der Nutzenden angepasst wird. Weiterhin erforderte das Verfolgen der Veranstaltung hohe Konzentration auf die Inhalte, was bei manchen Probanden zu einer verringerten Wahrnehmung der Audio-Signale des Systems führte.

Bei der Verwendung der semi-grafischen Anwendung *TactileBBB* verfolgten die Probanden die Veranstaltung vorwiegend auf der Whiteboard-Ansicht und schalteten bei Bedarf auf die Chat-Ansicht oder das Aktivitätsprotokoll um. Das Verfolgen der Elementerstellung auf dem Whiteboard geschieht ohne Scrollen und umfangreiche Textausgaben, wodurch sich der Proband stärker auf die gezeichneten Inhalte und die auditiven Erklärungen konzentrieren kann. Insgesamt zeigt der Benutzertest, dass einer synchronen Veranstaltung unter Verwendung der semi-grafischen Ansicht besser gefolgt werden konnte als einer rein textuellen Darstellung. Jedoch ist hervorzuheben, dass die Probanden mit dem Verfolgen des Aktivitätsprotokolls mehr Detailinformationen und zeitliche Abfolgen erfassen konnten; in der semi-grafischen Ansicht muss dagegen bspw. ein Ansichtswechsel und somit eine Neuorientierung erfolgen, um einen Chat-Beitrag lesen zu können.

Die Probanden hatten im Rahmen der Benutzertest die Möglichkeit, im Anschluss an die Veranstaltungssimulation die Inhalte nochmals zu lesen bevor die Verständnisfragen gestellt wurden. In einer realen Veranstaltung sind diese Wiederholungsmöglichkeiten nicht gegeben, wodurch eine Nacharbeitung mittels einer Aufzeichnung sowie die Folgen-Funktion an Bedeutung gewinnen (vgl. Kapitel 9.2). Bei der textuellen Anwendung wurde diese Möglichkeit stärker in Anspruch genommen als bei der semi-grafischen Anwendung. Dies lässt darauf schließen, dass die Veranstaltung über die semi-grafische Ansicht besser verfolgt werden konnte.

Das Verfolgen der Veranstaltung wurde z. T. durch eine Verzögerung der Inhaltsdarstellung durch den ressourcenintensiven Filterprozess beeinträchtigt. Damit wird das Gefühl der Synchronizität wie durch eine Latenz bei einem Telefongespräch gestört.

11.6.10. Zusammenfassung

Der geplante Ablauf der Benutzertests konnte während der Untersuchung bis auf wenige Anpassungen aufgrund des individuellen Vorwissens der Probanden eingehalten werden. Die Dauer der Tests – 2,5 und 1,5 Stunden – war angemessen. Es bestand bei keinem Probanden Zeitdruck und alle Testabschnitte konnten bearbeitet werden.

Der Aufbau der Benutzungsoberfläche und der Bedienelemente wurde weitestgehend als gut bewertet. Die Übertragung des visuellen Konzepts der Reiter auf taktile Bedienelemente wurde gut angenommen. Die Kritikpunkte an den Bedienelementen in Bezug auf die Abstände bei den Taktons und Rahmen um die Schaltflächen sowie die Anordnung mancher Bedienelemente werden im Kapitel 11.8 näher thematisiert.

Insgesamt verdeutlich die Evaluation, dass das Whiteboard nicht nur in der visuellen Benutzungsoberfläche, sondern auch bei der taktilen Umsetzung das zentrale Element darstellt. Dies zeigen die hohe Akzeptanz der semi-grafischen Darstellung (vgl. Kapitel 11.6.6) sowie die Einstufung der Wichtigkeit der Ansichten (vgl. Abbildung 11.7). Die Teilnehmer-Ansicht wurde eher als unwichtig bewertet, da sie in dem untersuchten Szenario mit drei Teilnehmenden kaum erforderlich war. Probanden merkten jedoch an, dass sie sich bei einer größeren, eher unbekannten Teilnehmendenzahl eine verstärkte Nutzung vorstellen könnten.

Um einen häufigen Wechsel zu anderen Ansichten zu vermeiden, sollten sich die Audio-Signale entsprechend der Ereignisse unterscheiden. Ob bspw. Chat-Beiträge vollständig auditiv ausgegeben werden, sollte konfigurierbar sein. Obwohl die Wichtigkeit des Aktivitätsprotokolls eher als gering bewertet wird, hat seine Anwesenheit Berechtigung zum Nachvollziehen des zeitlichen Ablaufs in der Echtzeit-Sitzung sowie bei einer Wiederholung über die Aufzeichnung.

Die Bevorzugung der semi-grafischen Anwendung könnte auf mangelnde Übung sowie die Einschränkung der Scroll-Funktionen und das Springen der Ansicht bei automatischen Aktualisierungen zurückzuführen sein. Nach Behebung dieser Mängel und der Integration eines intuitiven Fokuskonzeptes zum Auffinden aktueller Ereignisse im Aktivitätsprotokoll, ist eine kombinierte Nutzung von Whiteboard- und Aktivitäts-Ansicht als vorherrschende Bedientechnik denkbar.

Ein großer Störfaktor bei der Durchführung des Benutzertests ist die unzuverlässige Anzeige auf dem *BrailleDis* (Blinken) sowie die fehlerhafte Gestenerkennung, welche die Probanden irritierten und das Verfolgend des Veranstaltungsverlaufs beeinträchtigten. Letzteres ist auf Erkennungseinschränkungen des *BrailleDis* zurückzuführen. Weiterhin ist die Verzögerung der Anzeige auf dem *BrailleDis* bedingt durch die Filterung störend, da die auditive Benachrichtigung bereits wenige Sekunden früher erfolgte.

Die Frage, ob die *TactileBBB*-Anwendung eine Verbesserung zu der bisherigen Arbeitsweise der Probanden darstellt (Abschluss-Fragebogen Frage A8, Tabelle A.129 auf S. cxxv), kann nur von Probanden beantwortet werden, die bereits mit ähnlichen kollaborativen Anwendungen gearbeitet haben. Probanden ohne Vorerfahrung äußern dazu Vermutungen. Die positiven Antworten von sechs Probanden (vgl. Tabelle A.129 auf S. cxxv) lassen darauf schließen, dass nach einer Behebung der technischen Probleme eine Verbesserung für die meisten der Probanden vorstellbar ist. Eine weitere Verbesserung könnte eine didaktische Einbindung eines Moduswechsels, bspw. durch Einzelarbeitsphasen oder Pausen, um die Phasen, welche eine hohe Konzentration von blinden Lernenden erfordern, zu verkürzen. Wichtig ist hier auch die Unterscheidung zwischen der Darstellung von grafischen und textuellen Inhalten: Bei textuellen Inhalten wünschten sich viele Probanden weiterhin ihre herkömmlichen Hilfsmittel, wobei für grafische Inhalte das *BrailleDis* bevorzugt wurde. Dieses Ergebnis zeigt, dass die Unterstützung verschiedener Ein- und Ausgabegeräte gewährleitstet werden muss und dass die Benutzungskonzepte entsprechende Flexibilität aufweisen müssen.

11.7. Diskussion

Im Vergleich zu dem alternativen Benutzungskonzept wurde in der Erweiterung von *BigBlueButton* sowie *TactileBBB* zunächst ein Teil der Funktionalität umgesetzt. Die wichtigen Funktionen Links, Lesezeichen, Notizen, Video-Unterstützung, Zeichnen auf dem Whiteboard, Folgen-Funktion, Aufzeichnungen und andere sind dabei noch nicht berücksichtigt. Von dem Benutzertest mit taktilen Papier-Prototypen (siehe Kapitel 9.5) kann jedoch auf einen positiven Effekt bezüglich ihrer Zugänglichkeit geschlossen werden.

Durch das Einbinden der Notizfunktion soll die Notwendigkeit eines Wechsels zu anderen Anwendungen verringert werden. Dennoch ist eine solche Funktion erforderlich, jedoch schließt die vorliegende Konzeption noch kein Fensterkonzept zum Wechsel zwischen Anwendungen ein, da der Fokus dieser Arbeit auf der Zugänglichmachung der Hauptfunktionalitäten virtueller Klassenzimmer liegt. Denkbar ist eine zukünftige Integration des Fensterkonzepts des *HyperReaders* [BPSW13].

Die Bedienung über Gesten erlaubt das Aufrechterhalten der Fokusposition und Orientierung, einen schnellen Abruf von Information sowie eine intuitive Bedienung. Aufgrund fehlerhafter Interpretation der Touch-Eingabe des *BrailleDis* ist die Verwendung leider nicht zuverlässig möglich. Daher ist eine redundante Integration aller Befehle in den verschiedenen Eingabemodi erforderlich. Geht man von einer Verbesserung der Gestenerkennung in naher Zukunft auf dem *BrailleDis* oder einem vergleichbaren Gerät aus, sollten auch weitere Bedienkonzepte in Betracht gezogen werden. Ein Proband äußerte, im Zusammenhang der Zuverlässigkeit der Gesten und auch aufgrund der umständlichen Verwendung von Hardwaretasten zum Aktivieren eines Gestenmodus, den Wunsch nach einer Umsetzung des Bedienkonzepts von Smartphones: Unterscheidung von Erkundungsgesten und Auswahlgesten durch Einfach- und Doppeltippen.

Weiterhin zeigt der Benutzertest, dass die Probanden auf ihren Screenreader ungern verzichten möchten. Für die taktile Ausgabe steht der Detailbereich zur Verfügung.

Eine parallele Bedienung erfordert jedoch weitergehende Untersuchungen zur Screen-reader-Unterstützung und Vermeidung von Audio-Kollisionen[147].

Kozar definiert drei Fragen, um zu bewerten, ob eine Aufgabe kollaborativ ist:

- Were the students negotiating and accommodating one another's perspectives?
- Was everybody contributing equally?
- Have different perspectives been included in the final product?

[Koz10, S. 17]

Der durchgeführte Benutzertest kann diese Fragen nur bedingt beantworten, da die simulierte Veranstaltung einen Vortragscharakter hatte. Da nur drei Personen an der Sitzung teilnahmen und keine kollaborative Aufgabe bearbeitet wurde, fand keine Diskussion statt – somit kann keine Aussage zu der Ermöglichung eines tat-sächlichen Kollaborationsprozesses getroffen werden. Die Evaluation umfasst die In-teraktion über Chat, Audio-Konferenz und kollaborativ angefertigten Beschreibungen, jedoch ist die im Bedienkonzept vorgesehene Whiteboard-Interaktion noch nicht im-plementiert. Demnach kann die Frage nach einer möglichst gleichberechtigten Teil-habe nur eingeschränkt bestätigt werden. Die dritte Frage von Kozar [Koz10] kann auf die Unterstützung verschiedener Nutzergruppen bezogen werden. Die konzipierten alternativen Konzepte, wie bspw. Protokollierung, Links, Lesezeichen und Notizen, un-terstützen alle Nutzenden einer Veranstaltung in einem virtuellen Klassenzimmer zu folgen. In Bezug auf andere Einschränkungen neben der visuellen, sind weitere Unter-suchungen erforderlich und Anpassungen zu erwarten. Dem aus der Berücksichtigung verschiedener Bedarfe resultierenden potentiellen Konflikt (vgl. [BVO+10]) kann durch eine individuelle Konfigurationsmöglichkeit entgegen gewirkt werden.

11.7.1. Beantwortung der Forschungsfragen

Nachfolgend werden die durch den Benutzertest zu ermittelnden Forschungsfragen beantwortet.

Kann die Teilhabe an Sitzungen in virtuellen Klassenzimmern durch die alternativen Konzepte und die Verwendung eines taktilen Flächendisplays im Vergleich zu existierenden Lösungen und der Verwendung von gängigen Hilfsmitteln verbessert werden?

Virtuelle Klassenzimmer sind für Blinde aufgrund der in dieser Arbeit festgestellten Barrieren (vgl. Kapitel 7.4) mit gängigen Hilfsmitteln nur eingeschränkt nutzbar. Um diese Barrieren zu beheben wurden alternative Konzepte entwickelt (vgl. Kapitel 9.2) und als Erweiterung des virtuellen Klassenzimmers *BigBlueButton* umgesetzt. Diese Erweiterung verbessert die Zugänglichkeit in Bezug auf Wahrnehmbarkeit und Navigier-barkeit (vgl. Kapitel 10.1). Durch die prototypische Implementierung eines Filters zur Darstellung des erweiterten virtuellen Klassenzimmers auf dem *BrailleDis* (vgl. Kapi-tel 10.2), können Blinde diese Erweiterungen auch taktil auf einer zweidimensionalen, multimodalen Fläche erfassen.

---

[147]Hinweise auf mögliche Kombinationen verschiedener Audio-Signale unter Erhalt der Verständlichkeit liefern Guerreiro & Gonçalves [GG15].

Mit den vorliegenden Benutzertests konnte gezeigt werden, dass (grafische) Inhalte im virtuellen Klassenzimmer durch eine semi-grafische Ausgabe im Vergleich zu einer textuellen Ausgabe besser erfasst werden können. Insbesondere wurde von den Probanden die Whiteboard-Ansicht als wichtige Ansicht hervorgehoben. Die soziale Präsenz kann mit Hilfe von Statusinformationen anderer Teilnehmender im Aktivitätsprotokoll und der Teilnehmer-Ansicht gestärkt werden. Die eigenen Statusinformationen sind immer in der rechten Navigationsleiste präsent.

Die Benutzertests zur Überprüfung der Bedienbarkeit der alternativen Konzepte (vgl. Kapitel 9.5) liefern positive Ergebnisse bspw. in Bezug auf Benutzungsoberflächenstruktur, Funktionen zur Unterstützung der Wahrnehmung und Interaktionsabläufe. Da die noch nicht implementierten Konzepte, wie bspw. Lesezeichen- und Link-Funktionalität, in ihrer Bedienstruktur den bereits implementierten Konzepten ähneln, kann vermutet werden, dass diese ebenfalls einen positiven Effekt auf die Zugänglichkeit hätten.

Obwohl die prototypische Umsetzung noch Einschränkungen in Bezug auf die technische Umsetzung und den Umfang der implementierten alternativen Konzepte aufweist und diese für einen Praxiseinsatz noch behoben werden müssten, kann die Forschungsfrage dennoch aufgrund der Ergebnisse des Benutzertests positiv beantwortet werden.

Unterstützen die entwickelten Konzepte die Wahrnehmung von Benutzungsoberfläche und Interaktion?

Die Benutzungsoberfläche ist durch die Einführung des Reiter-Konzepts laut Probandenaussagen gut strukturiert und erlaubt das schnelle Auffinden von Informationen. Damit wird das Verfolgen einer synchronen Lehrveranstaltung ermöglicht. Durch die Darstellung gezeichneter Whiteboard-Inhalte auf dem *BrailleDis* mit nur geringer Verzögerung, kann die Inhaltsentwicklung gut verfolgt werden. Weiterhin unterstützen auditive Signale bei der Wahrnehmung von Ereignissen, müssen jedoch noch differenzierter erfolgen, um eine Unterscheidung je Ereignistyp zu ermöglichen.

Das Beitragen eigener textueller Inhalte, bspw. Chat-Beiträge und Beschreibungen, ist bereits mit geringem Schulungsaufwand möglich. In den alternativen Benutzungskonzepten ist weiterhin die Erstellung und Bearbeitung von Whiteboard-Elementen in Anlehnung an das *Tangram*-Benutzungskonzept [BP14] vorgesehen. Das *taktile Paper-Prototyping* der alternativen Konzepte zeigt, dass diese Bedienung ebenfalls mit etwas Übung möglich sein sollte.

Bornschein et. al. [BPW15] beschreiben drei Arten von blinden Nutzenden im Umgang mit taktilen Grafiken:

1. Passive observer: blind user is strongly guided by the sighted user and only gives some hints when he is asked for in most cases.
2. Active consultant: blind user gives instructions to the sighted partner, but does not provide any modifications by himself.
3. Active graphics editor: blind user not only gives some instructions, but also actively provides modifications and annotates some elements with title and description while the sighted user creates or modifies other parts of the graphic.

[BPW15, S. 122]

Die Einschränkung dieser Definition auf taktile Grafiken wird im Rahmen dieser Auswertung auf den Umgang mit der Gesamtanwendung *TactileBBB* übertragen. Im

Rahmen der Benutzertests nimmt der Proband in Teil 1 die Rolle eines Beobachtenden (*„passive observer"*) ein, wobei dafür jedoch keine Anleitung durch einen sehenden Nutzenden erforderlich ist. Im Teil 2 des Benutzertests nimmt der Proband eine aktive Rolle (*„active graphics editor"*) beim Verfassen von Chat-Beiträgen und Editieren von Beschreibungen ein. Eine Einschränkung der aktiven Bearbeitenden-Rolle stellt das selbstständige Zeichnen auf dem Whiteboard dar, welches jedoch in Form von Mock-ups bereits evaluiert ist. Die Berater-Rolle (*„active consultant"*) findet im Benutzertest keine Anwendung, ist jedoch in anderen Szenarien denkbar und technisch möglich.

Damit ermöglicht *TactileBBB* einem blinden Nutzenden die Verkörperung aller drei Rollen. Es kann demnach bestätigt werden, dass die entwickelten Konzepte die Wahrnehmung von Benutzungsoberfläche und Interaktion unterstützen.

Welche Barrieren können mit der getesteten Anwendung abgebaut werden?

Tabelle 11.3 beschreibt Lösungen für die in Tabelle 7.5 (S. 149) definierten Barrieren, welche entweder konzeptionell vorgesehen oder bereits in *TactileBBB* umgesetzt sind.

Die Anwendung *TactileBBB* ermöglicht das Wahrnehmen aller Bildschirminhalte durch dessen taktile Umsetzung (vgl. die Beschreibung der implementierten Funktionalität in Kapitel 10.2.3). Weiterhin ist die Bedienung aller Elemente über verschiedene Eingabemodi möglich. Eine Unterstützung bei der Wahrnehmung von Änderungen erfolgt über auditive Signale und taktile Hinweise. Die Wahrnehmung von Teilnehmenden-Status sowie Fokuspositionen ist ebenfalls gewährleistet.

Noch werden nicht alle Barrieren von der prototypischen Umsetzung behoben, sind jedoch zumeist in der Konzeption bereits berücksichtigt. Semantische Zusammenhänge (Tabelle 11.3, Nr. B8) werden bereits über das Aktivitätsprotokoll deutlich, in der Konzeption sind dafür darüber hinaus Verlinkungen verwandter Elemente vorgesehen. Das Herunterladen von Materialien oder das Übertragen von zeitbasierten Medien ist in dem virtuellen Klassenzimmer nur bedingt möglich. Daher werden diese Barrieren und Funktionen in der vorliegenden Implementierung nicht näher betrachtet, dürfen jedoch für eine Gesamtlösung nicht außer Acht gelassen werden.

11.7.2. Repräsentativität der Evaluation

Die Stichprobe des beschriebenen Benutzertests beläuft sich auf zehn Probanden. Im Vergleich zu anderen Untersuchungen mit blinden Probanden, die durchschnittlich mit sechs blinden Probanden durchgeführt werden (vgl. Tabelle A.136 im Anhang auf S. cxxxiii), kann diese Zahl als repräsentativ betrachtet werden.

Durch die unterschiedlichen Vorkenntnisse der Probanden (Experten und unerfahrene Nutzende) besteht die Stichprobe aus einer heterogenen Gruppe. Diese Vorerfahrung mit dem *BrailleDis* und taktilen Benutzungsoberflächen sowie der Braille-Lesefähigkeit wirken nach Brock et al. [BVO+10] als Einflussfaktoren auf die Untersuchung. Trotz der Heterogenität der Stichprobe erlaubt der Vergleich der Einzelergebnisse eine Gesamtaussage: Ein virtuelles Klassenzimmer mit den untersuchten Implementierungen kann eine Teilhabe in einem realen Anwendungsfall ermöglichen. Weitere Einflüsse wie bspw. Grad der Einschränkung, geburtsblind oder spätererblindet sowie Mobilität weisen bei den Probanden nur geringe Unterschiede auf und sind somit nicht relevant.

Tabelle 11.3.: Barrieren virtueller Klassenzimmer (vgl. Tabelle 7.5, S. 149) und Lösungen aus Benutzungskonzept (Kapitel 9.2) und Implementierung (Kapitel 10); die Nennung *TactileBBB* in der Spalte „Umsetzung" impliziert auch das Vorhandensein im Benutzungskonzept

Nr.	Barriere	Lösung	Umsetzung
B1	Grafische Darstellung (Inhalt) kann nicht erkannt werden	Taktile Darstellung, Beschreibungen	*TactileBBB*
B2	Bedienelemente können nicht erkannt werden	Taktile Darstellung	*TactileBBB*
B3	Bedienelemente können nicht mit der Tastatur fokussiert werden	Fokussierbarkeit aller Elemente	Alt. Konzept
B4	Nutzender nimmt Veränderungen nicht wahr	Audio-Signale, Anzeige der Anzahl neuer Beiträge	*TactileBBB* Alt. Konzept
B5	Keine Rückmeldung über erfolgreiche Ausführung eines Befehls	Sprachausgabe	*TactileBBB*
B6	Visuelle Rückmeldungen sind nicht fokussierbar	Taktile Darstellung	*TactileBBB*
B7	Nutzender erkennt Fokusposition/-fokussiertes Fenster nicht	Taktile Fokusmarke	*TactileBBB*
B8	Nutzender erkennt Zusammenhänge von Inhalten nicht	Aktivitätsprotokoll, Links	*TactileBBB* Alt. Konzept
B9	Kontrolle über eigene übertragene Bild- und Toninhalte	Statusinformation, Video-Assistenz	*TactileBBB* Alt. Konzept
B10	Kontrolle der eigenen Video-Übertragung	Statusinformation, Video-Assistenz	*TactileBBB* Alt. Konzept
B11	Fenster-/Fokuswechsel sehr zeitaufwendig	Wechsel über Reiter und Hardwaretasten	*TactileBBB*
B12	Fehlende Übersicht über vorhandene Materialien	Übersichtliche Struktur über Reiter	*TactileBBB*
B13	Tastaturbefehle sind nicht eindeutig	Logische Tab-Reihenfolge	erweitertes BBB
B14	Status der Teilnehmer nicht erkennbar	Teilnehmer-Ansicht, Aktivitätsprotokoll	*TactileBBB*
B15	Nicht erkennbare Eigenschaften eines selbst gezeichneten Objekts	Abfrage über Geste, Beschreibungsansicht	*TactileBBB*
B16	Materialien können nicht heruntergeladen werden	*Funktion nicht in BBB*	–
B17	Betriebssystem-Warnmeldungen erscheinen	Programmseitig Verarbeitung von Flash-Warnmeldungen	*TactileBBB*
B18	Versehentliches Verlassen des Raumes	*Nicht implementiert*	–
B19	Zeitbasierte Medien können nicht wahrgenommen werden	Alternativen anbieten	Moderator

11.8. Überarbeitungsvorschläge

Anhand der Äußerungen und Vorschläge der Probanden werden nachfolgend Überarbeitungsvorschläge in Bezug auf Benutzungskonzept und technische Umsetzung beschrieben. Dabei ist keine Überarbeitung des Gesamtkonzepts erforderlich, sondern vorwiegend von Einzelelementen. Lediglich die Inkonsistenz in der Darstellung von Taktons und Reitern beeinflusst die Gesamtdarstellung. Diese könnte durch die Umkehrung der Reiterdarstellung behoben werden, jedoch würde dies den durchgängigen Rahmen um die Elemente unterbrechen. Da dieser Widerspruch nur für wenige Probanden verwirrend war und die Darstellung an visuelle Benutzungsoberflächen angelehnt ist, wird die Beibehaltung des bestehenden Konzepts bevorzugt.

Kritikpunkt der Bedienelemente war die zu enge Anordnung zueinander, der mangelnde Abstand des Buchstabens zum Rand bei den Taktons, unnötige Verwendung einer Klammer als Abgrenzung zwischen den Teilnehmenden und deren Status sowie eine zu visuell angelegte Gestaltung der Schaltflächen (abgerundetes Rechteck mit Beschriftung). Ein Vorschlag für die Gestaltung und Anordnung der Schaltflächen und Taktons war die Ersetzung der Rahmen durch Unterstreichungen und die Anordnung im *Kopfbereich*, um im *Darstellungsbereich* Platz zu sparen. Andere Probanden wiederum begrüßten die an visuelle Konzepte angelehnte Darstellung (vgl. auch [KZ11]). Aufgrund der unterschiedlichen und gleichermaßen berechtigten Wünsche, ist eine konfigurierbare Darstellung anzustreben. Diese umfasst u. a. Einstellungen

- zum Wechseln zwischen textueller und semi-grafischer Repräsentation von Bedienelementen (vgl. Ansichtenkonzept des *HyperBraille*-Projekts [PWS10]),

- zur Platzierung der Taktons in der Kopfleiste oder am rechten Rand,

- zur Anordnung der Bedienelemente integriert in die jeweilige Ansicht oder in Menüs,

- zur Definition eines Trennungssymbols zwischen Teilnehmendem-Name und Statusanzeige,

- zur Sortierung der Informationen in Listeneinträgen (Name, Zeitstempel, Art des Ereignisses) und

- zur Kennzeichnung von Zeilenanfängen in Listdarstellungen (Sonderzeichen, Einrückungen usw.).

Zur Steigerung der Effizienz der Bedienung müssen Bedienabläufe flüssiger gestaltet werden. Dazu ist ein automatisches Fokussieren des Eingabefeldes in der Chat-Ansicht hilfreich, um bei Bedarf sofort Einträge verfassen zu können. Bei Ansichten mit mehreren scrollbaren Bereichen muss erst der Fokus in einen Bereich gesetzt werden, um scrollen zu können. Hier sollte bei der vorwiegend genutzten Funktion beim Ansichts-Wechsel das Scrollen aktiviert sein. Weiterhin muss in der Beschreibungs-Ansicht eine Verknüpfung zwischen Objektliste und *Minimap* erfolgen, um die Identifikation und Auswahl der Elemente zu erleichtern. Dabei muss das Konzept des Hinzufügens einer Beschreibung über ein Takton berücksichtigt werden (vgl. Kapitel 9.2.15). Im Kontext der konzipierten Möglichkeit der Erstellung von Whiteboard-Objekten müssen umfassendere Details zu den Objekteigenschaften verfügbar sein. Daraus ergeben sich weitere Anforderungen an die Konfiguration:

- Der Detailgrad der Beschreibung bei der Auswahl eines Objekts sollte konfigurierbar sein.

- Zur besseren Unterscheidung der Ereignisse, müssen verschiedene Audio-Signale verwendet werden und konfigurierbar sein.

- Der Detailgrad der Aktivitätsprotokoll-Einträge soll in Bezug auf Informationsart und Darstellungsweise (Volltext oder Abkürzungen) über die vorhandenen Filter hinaus einstellbar sein.

Weiterhin erfordert die Navigation in den Listendarstellungen des Aktivitätsprotokolls und Chats eine Überarbeitung. Das seitenweise Blättern muss dabei auf genau eine Seite angepasst werden bzw. so, dass die letzte Zeile als erste erhalten bleibt. Zur Beschleunigung der Interaktion müssen Sprungbefehle (Anfang, Ende) integriert werden. Weiterhin darf in diesen Ansichten ein neuer Eintrag nicht zu einer Aktualisierung der Darstellung führen, um den aktuellen Lesefokus zu erhalten. Vielmehr ist eine auditive Benachrichtigung und Kennzeichnung des neuen Eintrags, bspw. durch ein Zeichen vor der Zeile, anzustreben.

Aus technischer Sicht muss das Aktualisieren der Darstellung – von Probanden als Blinken wahrgenommen – auf tatsächlich neue Bereiche begrenzt werden. Weiterhin ist die Filterzeit, insbesondere bei den Beschreibungen, zu optimieren. Es ist wahrscheinlich, dass das Einbinden einer Schnittstelle beim *BigBlueButton*-Server eine effizientere Filterung durch einen direkten Zugriff auf die Elementinformationen erlaubt. Die unzuverlässige Gestenerkennung ist nur durch eine Überarbeitung des *BrailleDis* oder den Einsatz alternativer Geräte zu erreichen.

12. Fazit

Die vorliegende Arbeit untersucht die Zugänglichkeit virtueller Klassenzimmer für blinde Teilnehmende, um eine möglichst gleichberechtigte Teilhabe an synchronen, kollaborativen Lernszenarien zu ermöglichen.

Das Ergebnis dieser Arbeit umfasst neue Konzepte für synchrone computergestützte kollaborative Lernszenarien, die Definition von Gestaltungsrichtlinien für die Erstellung zugänglicher virtueller Klassenzimmer sowie eine Übersicht von Zugänglichkeitseinschränkungen existierender Lösungen. Die prototypische Erweiterung eines bestehenden virtuellen Klassenzimmers erlaubt eine Evaluation der entwickelten alternativen Konzepte mit blinden Probanden und ermöglicht somit Rückschlüsse auf eine verbesserte Zugänglichkeit und gleichberechtigte Teilhabe.

Das Fazit fasst zunächst die Ergebnisse dieser Arbeit anhand der eingangs gestellten Forschungsfragen zusammen. Daraufhin folgen die Diskussion und die Beschreibung der Wiederverwendbarkeit der Ergebnisse. Abschließend erfolgt ein Ausblick für zukünftige Entwicklungen.

12.1. Beantwortung der Forschungsfragen

Nachfolgend wird die vorliegende Arbeit anhand der in der Einleitung formulierten Forschungsfragen zusammengefasst.

12.1.1. Welche konkreten Barrieren treten bei der aktiven Teilnahme von blinden Lernenden an synchronem kollaborativem Lernen auf?

Untersuchungen zu kollaborativen Lernumgebungen (Kapitel 6.2) konzentrieren sich zumeist auf asynchrone Lernsituationen oder beschränken sich auf die Untersuchung der Wahrnehmbarkeit von synchronen Anwendungsfällen. Erkenntnisse zu einer aktiven gleichberechtigten Teilhabe an synchronen kollaborativen Lernsituationen, u. a. inklusive der Bearbeitung von grafischen Whiteboard-Elementen, fehlen.

Die Auswertungen des Forschungsstands (Kapitel 6.2), der Umfrage mit blinden Nutzenden (Kapitel 6.1) sowie der Produktanalyse (Kapitel 7) geben Aufschluss über bestehende Barrieren bei der Verwendung von E-Learning und Kollaboration: Die schwerwiegendsten Barrieren sind grafische Inhalte ohne alternative Beschreibungen, nicht-zugängliche Bedienelemente, inkonsistente Navigation sowie fehlende auditive Benachrichtigungen bezüglich Ereignissen oder Änderungen. Weitere Barrieren entstehen durch die Komplexität virtueller Klassenzimmer in Bezug auf Funktionsumfang sowie deren synchronen und kollaborativen Charakter. Insbesondere stellen hier das Erkennen der grafischen Benutzungsoberfläche, der räumlichen Zusammenhänge und von

semantischen Zusammenhängen, das Überangebot an Information sowie die Synchronizität der Inhaltserstellung und Kommunikation weitere Hürden dar.

Bereits das Auftreten einer wahrnehmungs- oder navigationsbezogenen Barriere kann
zum vollständigen Ausschluss blinder Nutzender führen. Weiterhin reicht die reine
Bedienbarkeit von virtuellen Klassenzimmern mit technischen Hilfsmitteln nicht aus,
um einer Sitzung auch inhaltlich folgen zu können, sondern ermöglicht lediglich eine
Bedienung der Benutzungsoberfläche.

12.1.2. Wie zugänglich sind die derzeit auf dem Markt verfügbaren proprietären und frei verfügbaren virtuellen Klassenzimmer für blinde Nutzende?

Die umfassende Produktanalyse proprietärer und frei verfügbarer virtueller Klassenzimmer (Kapitel 7.6) unter der Berücksichtigung von Bedarfen blinder Lernender zeigt,
dass keine der analysierten Lösungen barrierefrei nutzbar ist. *Blackboard Collaborate*
erwies sich als insgesamt zugänglichste und *BigBlueButton* als zugänglichste Open-
Source-Lösung der acht analysierten virtuellen Klassenzimmer. Bei der Zusammenfassung aller Untersuchungsschritte der Produktanalyse erreichte *Blackboard Collaborate*
jedoch auch nur eine Zugänglichkeit von 55 %, wobei 100 % eine vollständig zugängliche
Lösung bedeuten würden.

Blackboard Collaborate erlaubt zwar eine grundlegende Bedienbarkeit und bietet die
Möglichkeit der Verfolgung einer Veranstaltung über ein Aktivitätsprotokoll, schließt
jedoch blinde Nutzende von einer Interaktion über textuelle und auditive Beiträge
hinaus aus. Damit sind derzeit auf dem Markt verfügbare virtuelle Klassenzimmer mit
herkömmlichen technischen Hilfsmitteln für blinde Lernende nur eingeschränkt nutzbar.
Eine gleichberechtigte Teilhabe ist damit nicht möglich.

12.1.3. Welche Voraussetzungen muss ein virtuelles Klassenzimmer erfüllen, um eine gleichberechtigte Teilnahme von blinden und sehenden Lernenden zu ermöglichen?

Die Erfüllung bestehender Barrierefreiheitsrichtlinien (Kapitel 3.3) reicht nicht aus, um
eine vollständige Zugänglichkeit virtueller Klassenzimmer zu erreichen. Daher wurden
im Rahmen dieser Arbeit Gestaltungsrichtlinien (Kapitel 8) für virtuelle Klassenzimmer
für Blinde entwickelt. Diese stellen eine Kombination und Erweiterung von bestehenden Barrierefreiheits-Richtlinien dar, die speziell auf die Funktionen und Anwendungsfälle in virtuellen Klassenzimmern zugeschnitten ist. Im Unterschied zu existierenden
Richtlinien werden zusätzlich Aspekte in Bezug auf soziale Präsenz, synchrone Informationsvermittlung und -wahrnehmung sowie Interaktion detailliert betrachtet.

Die entwickelten Gestaltungsrichtlinien schließen die Lücken bestehender Richtlinien
und liefern somit eine solide Grundlage für die Entwicklung zugänglicher virtueller
Klassenzimmer für Blinde.

12.1.4. Welche Maßnahmen und alternativen Konzepte sind nötig, um bestehende Anwendungen virtueller Klassenzimmer entsprechend den Anforderungen barrierefrei anzupassen?

Voraussetzungen für ein zugängliches virtuelles Klassenzimmer sind das Beheben bestehender Barrieren sowie die Sensibilisierung der anderen Teilnehmenden. Für die Darstellung der grafischen Benutzungsoberfläche und Inhalte wurde ein Benutzungskonzept für das taktile Flächendisplay *BrailleDis* entwickelt. Folgende neue Konzepte wurden entwickelt:

- Konzept zur taktilen Darstellung der Benutzungsoberfläche
- Erfassungsmöglichkeit des Sitzungsverlaufs über eine semi-grafische oder rein textuelle Ausgabe (Aktivitätsprotokoll)
- multimodale Interaktionsmöglichkeiten über Gesteneingabe und Hardwaretasten
- nicht-visuelle Möglichkeit zur Erstellung und Bearbeitung von Whiteboard-Elementen
- Änderungsverfolgung über Aktivitätsprotokoll und Statusmeldungen
- kollaborativ editierbare alternative Beschreibungen für Whiteboard-Inhalte
- Links zur Verknüpfung von Inhalten mit semantischen Bezügen
- Folgen-Modus zum Verfolgen einer Veranstaltung in Echtzeit oder Entkoppeln von der synchronen Sitzung zum Erfassen der Information in eigener Geschwindigkeit
- Unterstützung bei der Einstellung des Bildausschnitts bei der Video-Übertragung
- Notizfunktion zum Austausch von Mitschriften und Vermeiden eines Anwendungswechsels
- automatische und manuelle Lesezeichen zur Strukturierung einer Veranstaltung
- Wiederholungsmöglichkeit über Aufzeichnung, gespeicherte Inhalte (Whiteboard, Notizen, Aktivitätsprotokoll) sowie Lesezeichen

Die alternativen Konzepte erfüllen die entwickelten Gestaltungsrichtlinien und beheben die identifizierten Barrieren bei der Teilnahme an Veranstaltungen in virtuellen Klassenzimmern für blinde Lernende.

12.1.5. Kann ein zweidimensionales taktiles Flächendisplay die Beseitigung bestehender Barrieren unterstützen?

Die Evaluation der Konzepte und der prototypischen Implementierung (Kapitel 9.5 und 11) zeigen, dass durch die zweidimensionale taktile Darstellung eine Verbesserung der Zugänglichkeit virtueller Klassenzimmer für blinde Lernende erreicht wird[148]. Insbesondere ermöglicht die taktile Darstellung die Wahrnehmung aller Informationen, die direkte Interaktion mit Bedienelementen über Gesten sowie die Manipulation von grafischen Inhalten.

Durch den der grafischen Ansichten ähnlichen Bedienoberflächenaufbau und die an eine Mausbedienung angelehnten Interaktionskonzepte wird die Kommunikation mit

---

[148]Eine detaillierte Gegenüberstellung von Barrieren und Funktionalität ist in Tabelle 11.3 auf S. 299 zusammengefasst.

anderen Teilnehmenden erleichtert und somit eine erfolgreiche Kollaboration unterstützt. Probanden, die in Vorabbefragungen angaben, komplexe Anwendungen wie virtuelle Klassenzimmer generell zu meiden, konnten sich nach der Erprobung der prototypischen Implementierung eine Bedienung unter Verwendung eines taktilen Flächendisplays und des alternativen Benutzungskonzepts vorstellen.

12.1.6. Zusammenfassung

Alle in der Einleitung formulierten Forschungsfragen können positiv beantwortet werden. In der vorliegenden Arbeit wurden Forschungslücken identifiziert, existierende Lösungen für bestehende Barrieren untersucht sowie ein alternatives Benutzungskonzept entwickelt, umgesetzt und durch Evaluationen bestätigt. Aufgrund der langsameren Informationsaufnahme und dem erhöhten kognitiven Aufwand blinder Nutzender im Vergleich zu sehenden Nutzenden bei der Teilnahme an Veranstaltungen in virtuellen Klassenzimmern ist eine vollständige Behebung aller Barrieren nicht möglich. Dennoch verbessert das entwickelte alternative Benutzungskonzept die Zugänglichkeit maßgeblich, sodass blinde Lernende zu einer nahezu gleichberechtigten Teilhabe an Sitzungen in virtuellen Klassenzimmern unter Verwendung eines taktilen Flächendisplays befähigt werden.

12.2. Diskussion

Die durchgeführten Untersuchungen lassen sich zu großen Teilen auf die acht Schritte des von Miao & Weber [MW13] beschriebenen *„blind user-centered analysis approach"* in leicht geänderter Durchführungsreihenfolge abbilden (siehe Tabelle 12.1). Die formalen Untersuchungen zu Funktionsumfang und Programmierschnittstellen (Kapitel 7.1 und 7.5) erweitern diesen Ansatz, da sie für die durchgeführte Produktanalyse (vgl. Abbildung 7.1 auf S. 126) und die daraus resultierende prototypische Implementierung (Kapitel 10) eine wichtige Grundlage bilden.

Die Zugänglichkeitseinschränkungen kollaborativen Lernens werden in dieser Arbeit in einen technischen, sozialen und informationsbezogenen Kontext unterteilt (Kapitel 6.2). Anhand dieser Kontexte wird nachfolgend die Beseitigung dieser Barrieren erläutert.

Der technische Kontext umfasst u. a. Barrieren in Bezug auf Benutzungsoberfläche, Navigation sowie Interaktion. Die Benutzungsoberfläche inklusive aller Bedienelemente und der vieler Inhalte wird durch die Darstellung auf dem zweidimensionalen taktilen *BrailleDis* zugänglich. Die Übertragung der grafischen Benutzungsoberfläche auf den kleineren Darstellungsbereich des *BrailleDis* erfolgt mit Hilfe der Aufteilung der Module bzw. Funktionen auf verschiedene Ansichten, welche über Reiter aufgerufen werden. Mit der vorliegenden Lösung ist eine Behebung der Pixel- und Grafik-Barriere möglich, jedoch bleiben Einschränkungen in Bezug auf die Multimedia-Barriere. Komplexe grafische Darstellungen, Video-Übertragungen oder Animationen sind auch mit den entwickelten Konzepten für blinde Lernende aufgrund des fehlenden visuellen Sinns nicht wahrnehmbar und können auch mit anderen technischen Hilfsmitteln nicht kompensiert werden. Bei diesen Inhalten wird eine alternative Aufbereitung durch Sehende erforderlich. Die Maus-Barriere wird durch die Möglichkeit der Navigation zu allen

Tabelle 12.1.: Einordnung der durchgeführten Untersuchungen in den „*blind user-centered analysis approach*" nach Miao & Weber [MW13]

Nr.	Analyseschritt	Durchgeführte Analyse(n)	Kapitel
1	Analyse der Nutzenden (Zielgruppe, deren Fähigkeiten usw.)	Umfrage	6.1
2	Analyse der Nutzungsumgebung (Hilfsmittel, soziales Umfeld usw.)	Umfrage	6.1
3	Analyse bestehender Richtlinien	Richtlinienkonformität	7.2
4	Erfassen mentaler Modelle	Umfrage	6.1
5	Anforderungen der Nutzenden	Umfrage	6.1
6	Unbewusste und abgeleitete Anforderungen	Forschungsstand	6.4
		Zugänglichkeitsproblemanalyse	6.2
		Gestaltungsrichtlinien	8
7	Gestaltung von Ein- und Ausgabemodalitäten	Entwicklung alternativer Konzepte	9
8	Überprüfen der Anforderungen (technische Umsetzung und Nutzerbefragung)	*Taktiles Paper-Prototyping*	9.5
		Evaluation der prototypischen Implementierung	11

Bedienelementen sowie durch gleichberechtigte Interaktionsmöglichkeiten – inklusive Editieren auf dem Whiteboard – abgebaut. Damit werden auch die sechs Stufen der *Taxonomie der Interaktivität* nach Naps et al. [NRA+02] (vgl. Kapitel 5.1.3) vollständig erfüllt.

Die Anzeige des Status aller Teilnehmenden, auditive Benachrichtigungen über dessen Veränderung sowie die Unterstützung bei der Übertragung des eigenen Videos unterstützen die Wahrnehmung der sozialen Präsenz in einem höheren Maße als dies bisher möglich war.

Barrieren in Bezug auf den Informationskontext umfassen bspw. ein Überangebot an Information. Durch die neuartige Strukturierung der Information über taktile Reiter, die Zusammenfassung aller Ereignisse über ein Aktivitätsprotokoll, Lesezeichen sowie die zugängliche Aufzeichnung können Informationen leicht aufgefunden und in eigenem Tempo erfasst werden. Weiterhin können semantische Zusammenhänge über das Aktivitätsprotokoll sowie die Link-Funktion erstmals wahrgenommen werden. Das Erfassen von inhaltlichen Änderungen erfolgt über Audio-Signale, Aktivitätsprotokoll sowie über die Anzeige der Anzahl von neuen Einträgen in den jeweiligen Ansichten neben den Reiter-Beschriftungen in dem linken Navigationsbereich. Die Synchronizität der Veranstaltung stellt aufgrund der langsameren Informationsaufnahme blinder Lernender weiterhin eine Barriere dar. Jedoch hat der Benutzertest der prototypischen Implementierung gezeigt, dass die Bedienung der Anwendung *TactileBBB* mit weiterer Übung möglich sein sollte und somit die Verzögerungen bei der Wahrnehmung im Vergleich zu herkömmlichen Hilfsmitteln verringert werden kann. Durch die auditive Benachrichtigung über Ereignisse wird die Selbstständigkeit des Lernenden gestärkt, da er selbst entscheiden kann, ob bestimmten Ereignissen Aufmerksamkeit geschenkt werden soll. Weiterhin ermöglicht die Folgen-Funktion die individuelle Kontrolle über die Inhalte sowie das Erfassen der Veranstaltung in eigener Geschwindigkeit.

Die Ergebnisse der Evaluation der prototypischen Implementierung zeigen, dass eine Annäherung an eine gleichberechtigte Teilhabe blinder Lernender an Veranstaltungen in virtuellen Klassenzimmern, dank des in dieser Arbeit entwickelten alternativen Benutzungskonzepts, erstmalig erreicht werden kann. Voraussetzung hierfür ist aber auch die Unterstützung durch das Verhalten aller Beteiligten und die zugängliche Aufbereitung von Materialien. Die verwendete zweidimensionale Benutzungsoberfläche wurde dabei als der größte Vorteil gegenüber herkömmlichen technischen Hilfsmitteln und verfügbaren Anwendungen genannt. Das Prinzip des WYSIWIF-Modells (What You See Is What I Feel) kann somit durch die Anlehnung der taktilen an die visuelle Benutzungsoberfläche die Verständigung zwischen sehenden und blinden Teilnehmenden nachweislich verbessern.

Blinde Nutzende sind mit der vorliegenden Lösung in der Lage, nicht nur textuellen Inhalten einer Veranstaltung in einem virtuellen Klassenzimmer zu folgen, sondern diese eigenständig und aktiv mitzugestalten sowie mit anderen Teilnehmenden zu kollaborieren. In bisherigen innovativen Konzepten, wie denen von Freire et al. [FLB+10] und Santarosa et al. [SCM14], war eine selbstständige Inhaltserstellung bisher nicht möglich. Weiterhin können durch die Ortsunabhängigkeit einer E-Learning-Anwendung auch Lernende mit Mobilitätseinschränkungen teilnehmen. Damit leistet diese Arbeit einen wichtigen Beitrag zur Inklusion, Gleichberechtigung und Selbstständigkeit blinder Lernender. Die wenigen noch bestehenden Zugänglichkeitseinschränkungen können durch die Implementierung der ausstehenden Funktionen des alternativen Benutzungskonzepts abgebaut werden.

12.3. Wiederverwendbarkeit und Bewertung

Die vorliegende prototypische Implementierung der entwickelten alternativen Konzepte kann mit wenigen weiteren Anpassungen und Erweiterungen praktisch eingesetzt werden. Es sollte geprüft werden, inwiefern eine Weiterentwicklung auf Basis von *Adobe Flash* sinnvoll ist, da die *BigBlueButton*-Entwicklergemeinschaft zum Zeitpunkt des Abschlusses dieser Arbeit an einem *HTML5*-Client [154] arbeitete, welcher eine bessere Zugänglichkeit verspricht. Wäre zu Beginn der Anpassung von *BigBlueButton* bereits ein funktionsfähiger *HTML5*-Client [154] verfügbar gewesen, wäre die Integration von Barrierefreiheitsdaten über semantische Informationen und dynamische *HTML5*-Elemente einfacher gewesen. Um Text-Elemente im Whiteboard auf der *Flash*-Basis auslesen zu können, müsste die Darstellungsweise von *BigBlueButton* 0.9.0 überarbeitet werden. Mit der neuen *HTML5*-Lösung könnte das Auslesen von Präsentationsinhalten und ggf. sogar in Form von Vektoren möglich sein. Weiterhin müssen – aufgrund der Kosten und technischen Einschränkungen des verwendeten taktilen Flächendisplays – für einen praktischen Einsatz vergleichbare, alternative, in der Entwicklung befindliche Ausgabegeräte in Betracht gezogen werden, die ggf. erst in den nächsten Jahren für eine größere Nutzerzahl zur Verfügung stehen werden.

Um eine Verwendung mit verbreiteten Hilfsmitteln (Screenreader und Braille-Zeile), alternativen Ausgabegeräten (bspw. mobilen Endgeräten) sowie zukünftigen, innovativen (taktilen) Ausgabegeräten zu ermöglichen und die Verwendung in unterschiedlichen Umgebungen mit etwaigen Störquellen zu ermöglichen, müssten die Konzepte als auch die Implementierung entsprechend erweitert werden. Dazu können die grundlegenden Konzepte erhalten bleiben; es müsste lediglich eine Anpassung auf die jeweiligen Interaktions- und Ausgabemöglichkeiten erfolgen. Diese können von einer rein auditiven oder textuellen Ausgabe mit eingeschränkten Interaktionsmöglichkeiten hin zu einer zweidimensionalen berührempfindlichen Darstellung reichen.

Anpassungen an bestehenden Softwaresystemen sind immer reaktiver Natur (vgl. [SS01]), d. h. bei Neuerungen der Systeme müssen auch die Anpassungen überarbeitet werden. Derzeit ist dieses bei allen Hilfsanwendungen bzw. Screenreadern der Fall. Schnittstellen helfen jedoch diese Anpassungen zu verringern. Das Konzept dualer Benutzungsoberflächen (engl. *dual user interfaces*) [SS95] könnte hier eine Lösung darstellen. Da aber eine möglichst gleichberechtigte Teilhabe und vor allem synchrone Kommunikation – also Interaktion beider Benutzungsoberflächen – erforderlich ist, scheint dies kein erstrebenswerter Lösungsweg zu sein.

Die in dieser Arbeit entwickelten alternativen Konzepte und Gestaltungsrichtlinien bilden eine wichtige Basis zur Weiterentwicklung taktiler Benutzungsoberflächen sowie Interaktion in synchronen kollaborativen Lernumgebungen für taktile Flächendisplays und auch berührempfindliche mobile Endgeräte. Ein Nachweis der Verbesserung der Zugänglichkeit am Beispiel des virtuellen Klassenzimmers *BigBlueButton* wäre ohne eine prototypische Implementierung nicht möglich gewesen. Weiterhin ermöglicht die Verwendung des *BrailleIO*-Frameworks eine zukünftige Adaption der prototypischen Implementierung für verschiedene Ausgabegeräte und somit eine potentielle Hardware-unabhängigkeit, sodass blinde Lernende mit ihren gewohnten oder zukünftigen Hilfs-mitteln arbeiten können.

12.4. Ausblick

Für eine Weiterarbeit, ausgehend von dem in dieser Arbeit beschriebenen Entwick-lungsstand, müsste in Bezug auf die Implementierung zunächst entschieden werden, ob die bestehende Architektur weiter genutzt werden sollte oder eine Anpassung unter Verwendung des *HTML5*-Clients erfolgen soll. Im Falle der Weiterverwendung der bestehenden Architektur müsste die prototypische Implementierung entsprechend der Evaluationsergebnisse überarbeitet und *BigBlueButton* sowie *TactileBBB* um die weni-gen noch ausstehenden alternativen Konzepte ergänzt werden.

Der Durchführungsbeginn der Produktanalyse liegt bei Abschluss dieser Arbeit drei Jahre zurück. Daher sollte vor einer Überarbeitung und Erweiterung der erfolgten Im-plementierung für *BigBlueButton* eine weitere Produktanalyse mit aktuellen Versionen virtueller Klassenzimmer in Betracht gezogen werden.

Für die Weiterentwicklung ist es außerdem erforderlich, Aktualisierungen der beste-henden Richtlinien zu prüfen und zu berücksichtigen, da diese, aufgrund des tech-nischen Fortschritts, einer ständigen Anpassung unterliegen. Bspw. wurden die *User Agent Accessibility Guidelines (UAAG)* in der Arbeitsversion vom 15.09.2015 [131] um Beziehungen zwischen Elementen erweitert.

Eine zukünftige Evaluation einer überarbeiteten Implementierung sollte über die Be-dienbarkeit hinaus auch didaktische Aspekte betrachten. Dazu zählen insbesondere die Ermöglichung von Kollaborationsprozessen und die Beteiligung durch blinde Lernende. Außerdem wäre eine weiterführende Untersuchung der auditiven Ausgaben und der daraus resultierenden möglichen Kollisionen wünschenswert.

Betrachtet man das Benutzungskonzept als Behälter für verschiedene kollaborative Anwendungsfälle, ist eine Erweiterung oder auch Ersetzung verschiedener Grundfunktionalitäten denkbar. Damit bliebe die grundlegende Bedienung dieselbe und müsste nicht für jede Anwendung neu erlernt werden. Ein Import externer Anwendungen oder eine Erweiterung des Whiteboards um verschiedene Darstellungsformen – wie auch in der Evaluation der prototypischen Implementierung durch die Probanden gewünscht – könnte die möglichen Anwendungsfälle der Anwendung erweitern und somit den Mehrwert nicht nur für blinde Nutzende steigern. Denkbar wären dabei Funktionen wie bspw. kollaborative Dokumentbearbeitung, Mindmaps, Mathematikdarstellungen, Diagramme oder Tabellen; also verschiedenste Lernanwendungen und -inhalte.

Weiterhin könnte ein solches Gerüst auf Basis des Benutzungskonzepts sogar zu einer Darstellungsmöglichkeit für eine persönliche Lernumgebung weiterentwickelt werden, indem bspw. die Reiter der *linken Navigationsleiste* mit verschiedenen Anwendungen und Funktionen entsprechend der individuellen Vorlieben des Lernenden belegt würden.

Zur Inklusion blinder Lernender in Regelschulen könnte die Whiteboard-Darstellung verwendet werden, um Tafelbilder, die über ein digitales Whiteboard erstellt werden, zu erfassen. Weiterhin könnte ein blinder Lernender somit selbst einen Tafelanschrieb vornehmen. Seitens einer blinden Lehrkraft könnte das Benutzungskonzept nicht nur in Bezug auf Tafelanschriebe, sondern auch bezüglich einer Benachrichtigung über Handmeldungen interessant sein, um die Schüler-Lehrer-Interaktion fördern. Bspw. könnte durch das Hochheben eines besonderen Gegenstandes wie einem Stift durch die Lernenden eine Handmeldung über einen Sensor registriert und an die Anwendung übermittelt werden.

Die entwickelten Konzepte verbessern neben der Zugänglichkeit auch die Benutzerfreundlichkeit kollaborativer Lernumgebungen. Damit wird nicht nur die Bedienung für Lernende mit Beeinträchtigungen erleichtert, sondern vielmehr das Prinzip des *Design for All* verfolgt. Insbesondere die Möglichkeiten geteilter Notizen, der Verlinkungen von verwandten Inhalten sowie das Setzen von Lesezeichen unterstützt die allgemeine Strukturierung und erleichtert die Wiederholung wie auch Festigung des Lerninhalts.

Über Konzepte für E-Learning-Anwendungen für blinde Lernende hinaus ist die Übertragung der nicht-visuellen Bedienung auf Situationen im Alltag denkbar, in denen eine visuelle Kontrolle der Eingaben nicht möglich ist. Denkbar wären hier Navigations- und Unterhaltungssysteme für Kraftfahrzeuge oder Bedienoberflächen in der industriellen Fertigung mit einer taktilen und auditiven Steuerung.

A. Anhang

A.1. Braille

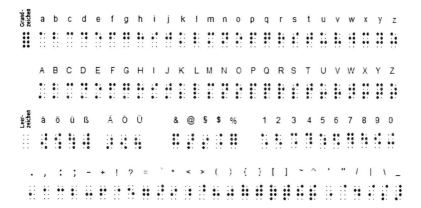

Abbildung A.1.: Computerbraille-Alphabet nach [15]

A.2. Flächendisplays

Tabelle A.1.: Auswahl taktiler Flächendisplays

Nr.	Name	Hersteller	Technologie	Größe	Hardwaretasten	Touchsensitivität	Sonstiges
1	BrailleDis (Modell 9000/7200)	metec AG [29]	Piezobieger	120 × 60	ja	ja	–
2	Dot View Series Tactile Graphics Display (Modell Dv-1/Dv-2) [155]	KGS [156]	Piezobieger	32 × 48	ja	nein	–
3	Graphic Window Professional (GWP) [157]	Handy Tech Elektronik GmbH [158]	Piezobieger	24 × 16	ja	nein	–
4	Tactisplay Walk	Tactisplay Corp. [159]	EA electronic actuator	64 × 48	ja	nein	Akku, Kameraanschluss
5	NIST Tactile Visual Display	NIST [160]	Piezobieger	3.600 Pins	nein	nein	–
6	MIMIZU [KW06]	–	Piezobieger	48 × 32 (1.536 Pins)	nein	nein	Eingabe mit Ultraschall- und Infrarot-gesteuertem Stift
7	Blitab	GreenVISION BLITAB Technology Ltd. [161]	Flüssigkeitsblasen	–	ja	–	Tablet zur Darstellung von Text, Bluetooth-, NFC-, WLAN- und GPS-Fähigkeit, USB-Anschluss
8	ITACTI display	Smart Technologies Ltd. [162]	electro-rheological (ER) fluid	128 × 64	ja	ja	–
9	Anagraphs [163]	Pera Technology [164]	Wachs-Aktuation (thermo-hydraulic micro-actuation)	90 × 68 (6.000 Pins)	–	–	–

A.3. Beschulungsformen

Schindele [Sch85b] unterscheidet drei Organisationsformen des Blinden- und Sehbehindertenunterrichts: segregierte Beschulungsformen, kooperativ-additive und integrative Betreuungsformen. Im Folgenden werden diese nach Schindele beschrieben und deren Vor- und Nachteile erörtert.

A.3.1. Segregierte Beschulungsformen

Zu segregierten Beschulungsformen gehören die Tagessonderschule, Ganztagssonderschule und Heimsonderschule. Der Unterricht an diesen Schulen ist in Bezug auf Medien, Methoden, Klassengröße etc. speziell an Bedürfnisse von Schülern und Schülerinnen mit Sehbeeinträchtigung angepasst.

Der Vorteil der Sonderschule ist die Möglichkeit der vollständigen Berücksichtigung der speziellen Bedürfnisse von Schülern und Schülerinnen mit Sehbeeinträchtigung. Nachteilig ist der fehlende Kontakt zu anderen normalsichtigen Kindern. Dadurch wird der Erfahrungs- und Lernbereich eingeschränkt und die Entwicklung ausreichender Sozialkompetenz durch mangelnde Integration behindert. Für sehende Kinder und Jugendliche werden Schüler und Schülerinnen mit Sehbeeinträchtigung als fremd angesehen, welches die Integration und Akzeptanz des Weiteren erschwert.

A.3.2. Kooperative und additive Betreuungsformen

Die kooperative und additive Betreuungsform verbindet möglichst umfassende Integration unter Beibehaltung der segregierten Betreuungsform. Diese Betreuungsformen erfordern eine besondere Abstimmung der Sonder- mit den Regelschulpädagogen und die Aufklärung der normalsichtigen Schülerinnen und Schüler. Außerdem ist eine Vorbereitung der Schüler und Schülerinnen mit Sehbeeinträchtigung auf den Regelunterricht und die Förderung von Interaktion zwischen Schülern und Schülerinnen mit und ohne Sehbeeinträchtigung nötig. Ein Problem bei der Teilnahme am Regelunterricht besteht in dem unterschiedlichen Wissens- und Erfahrungsschatz (vgl. Kapitel 2.2.3), da die Interaktion zwischen sehgeschädigten und normalsichtigen Schülerinnen und Schülern nur zeitlich begrenzt stattfindet.

A.3.3. Integrierte Betreuungsform

Die integrierte Betreuungsform bindet Schüler und Schülerinnen mit Sehbeeinträchtigung als vollwertige Mitglieder in normalsichtige Klassen einer Regelschule ein. Dabei wird Integration inhaltlich als „allseitige Förderung [...] aller Kinder [...] durch gemeinsame Lernsituationen" [Ant06, S. 99] definiert.

Das Ziel der integrierten Betreuungsform ist die bestmögliche Förderung der Schülerinnen und Schüler ohne Abgrenzung von Familie und Mitschülerinnen und Mitschülern. Zur Verwirklichung wird eine Unterstützung und Schulung der Lehrenden, Mitschülerinnen und Mitschülern und Betroffenen benötigt. Lehrende sind angehalten, den Unterricht möglichst den Bedürfnissen anzupassen und Hilfsmaterial bereitzustellen. Das didaktische Hauptproblem dieser Betreuungsform besteht in der zum größten

Teil parallelen Umsetzung allgemeiner und behindertenspezifischer Maßnahmen, ohne dass inhaltliche Redundanz, Zeitverlust oder eine Störung des Unterrichtsablaufs entstehen.

Vorteil dieses Modells ist die Ermöglichung von Interaktion mit Familie, Nachbarn sowie Mitschülerinnen und Mitschülern, wie sie auch bei normalsichtigen Schülerinnen und Schülern stattfindet. Voraussetzungen dafür sind der reibungslose, verzögerungsfreie Unterrichtsablauf, die Ausbildung der Sozialkompetenz und das Verhindern einer Außenseiterposition der Schülerin oder des Schülers mit Sehschädigung.

A.4. Umfrage

Die Umfrage umfasst neben Begrüßung und Verabschiedung sechs Abschnitte: allgemeine Angaben, Braille-Kenntnisse, Computerkenntnisse, E-Learning, Kollaboration und abschließende Fragen. Abhängig von den Antworten der Teilnehmer werden Abschnitte der Umfrage übersprungen (vgl. Abbildung A.2). Bspw. werden keine weiteren Fragen zu Braille-Kenntnissen gestellt und es wird direkt zum Abschnitt Computernutzung gesprungen, wenn der Teilnehmer angibt über keine Braille-Kenntnisse zu verfügen. Die Umfrage wurde internetbasiert durchgeführt. Die Bekanntmachung wurde per E-Mail verschickt. Die Umfrage wurde mit dem Online-Softwarepaket oFb [62] erstellt und durchgeführt.

A.4.1. Barrierefreiheit

Die Plattform Soscisurvey.de [62] wurde gewählt, da die Fragebögen weitgehend barrierefrei gestaltet werden können. Durch die Option „Im Modus für ScreenReader starten" wird die Darstellung des Fragebogens für Screenreader optimiert – bspw. werden Skalen, die normalerweise in tabellarischer Form dargestellt werden, als Ausklapplisten (engl. *Drop-Down*) umgesetzt. Problematisch ist lediglich, dass den Antwortoptionen keine Label zugeordnet werden können, welche es dem Teilnehmenden erleichtern würden den Zusammenhang zwischen Frage und Antwortoptionen herzustellen. So muss der Nutzer erst den Formularmodus seines Screenreaders verlassen, um die Frage lesen zu können.

A.4.2. Datenerhebung und Stichprobe

Nachfolgend werden einige Daten der deutschsprachigen Befragung aufgeführt:

- Erhebungszeitraum: 16.08.2011 bis 1.12.2011
- Seitenaufrufe: 222
- Abbruch auf Startseite: 97
- Frühzeitige Beendigung: 83
- Stichprobe: 42
- Bearbeitungszeit (Durchschnitt): 40 Minuten
- Telefonische Durchführung: 2

A.4.3. Ablauf

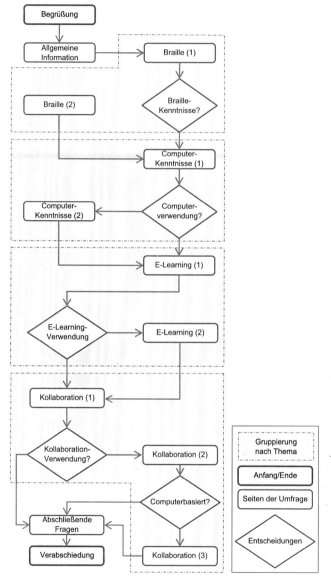

Abbildung A.2.: Ablauf der Umfrage nach Köhlmann [Köh12] (übersetzt)

A.4.4. Vorgenommene Anpassungen

Während der Laufzeit der Umfrage wurden einige technische Änderungen an der Umfrage, basierend auf Anmerkungen von Teilnehmern, vorgenommen.

1. Frage 17 zur Verwendung von taktilen Grafiken vom Typ „Mehrfachauswahl mit Freitext" war für einen Nutzenden nicht bedienbar und blockierte somit das Fortsetzen des Fragebogens. Die Teilnehmerin erhielt auf eigenen Wunsch eine *Microsoft Word*-Version des Fragebogens und, um weitere Probleme zu vermeiden, wurde Frage 17 in eine nicht-verpflichtende Frage geändert.

2. Ein Teilnehmender verwendete keinen Screenreader und konnte somit die Frage 24 „Wie nutzen Sie Ihren Screenreader?" zunächst nicht beantworten. Daher wurde eine weitere Antwortoption „Sonstiges, und zwar _ " eingefügt.

A.4.5. Fragebogen

Begrüßung

Liebe Umfrageteilnehmerin/lieber Umfrageteilnehmer,
computergestützte Teamarbeit und Kooperation gewinnt im Bildungsumfeld und beruflichen Alltag an Bedeutung. Als blinde oder sehbeeinträchtigte Nutzende eines Computers sind Sie auf den Einsatz einer Sprachausgabesoftware meist in Kombination mit einer Braille-Zeile angewiesen. Diese Hilfsmittel erlauben die Nutzung von herkömmlichen Programmen, jedoch wird der Zugang zu visuellen Materialien und Medien sowie die Nutzung von Lern- und Konferenzsoftware noch nicht ausreichend unterstützt.
An der Universität Potsdam wird daher ein Forschungsprojekt durchgeführt, das sich mit der Ermöglichung von Kooperation und kooperativem Lernen für Blinde und Menschen mit Sehbeeinträchtigung unter Verwendung von neuer Technologie beschäftigt.
Ziel dieser Umfrage ist, aufgrund von Problemen, Anforderungen, Erfahrungen und Wünschen von Blinden und Menschen mit Sehbeeinträchtigung, die Problemstellung besser einschätzen zu können und die Anforderungen in unsere Forschung einfließen zu lassen.
Diese Umfrage erfolgt anonym. Persönliche Informationen, die ggf. eine Nachvollziehbarkeit Ihrer Person ermöglichen (Alter, Geschlecht, Grad der Sehbeeinträchtigung usw.), dienen dazu, Ihre Antworten in Bezug zu Ihrem Hintergrund korrekt auswerten zu können und falsche Schlüsse zu vermeiden. Wir bitten Sie daher, diese Fragen vollständig zu beantworten.
Wir freuen uns über Ihre Bereitschaft, sich an den Tests zu beteiligen.
Diese Umfrage ist in fünf Teile gegliedert: Im ersten Teil befragen wir Sie zu Ihrer Person, der zweite Abschnitt beschäftigt sich mit Ihren Braille-Kenntnissen, der dritte mit dem Umfang der Computernutzung. Im vierten Teil geht es um E-Learning und im fünften Teil um Kollaboration.
Das Ausfüllen des gesamten Fragebogens nimmt ca. 20 – 25 Min. in Anspruch.
Aufgrund der Konstruktion dieser Umfragewebseite ist es empfehlenswert, nach dem Ausfüllen einer Frage den Formularmodus kurz zu verlassen, um die nächste Frage mit den darunter stehenden Formularelementen zunächst zu lesen und in Verbindung bringen zu können.

Allgemeine Angaben

Der folgende Abschnitt umfasst allgemeine Fragen zu Ihrer Person.

Tabelle A.2.: Umfrage: Fragen zum Thema „Allgemeine Angaben"

Nr.	Frage	Aufgabenart	Antwortmöglichkeiten	Pflicht
A1	Wie alt sind Sie?	Freitext	Alter: __ Jahre	Ja
A2	Welches Geschlecht haben Sie?	Auswahl	weiblich/männlich	Ja
A3	Welche Sehschädigung liegt bei Ihnen vor?	Freitext	Sehschädigung: __	Ja
A4	Verfügen Sie über einen verwertbaren Sehrest?	Auswahl mit Freitext	Nein/Ja, mein Sehrest beträgt __	Ja
A5	Besteht die Sehschädigung seit Geburt an?	Auswahl mit Freitext	Ja/Nein, sie begann im Alter von __ Jahren	Ja
A6	Haben Sie zusätzlich zu Ihrer Sehschädigung noch andere Behinderungen?	Auswahl mit Freitext	Nein/Ja, und zwar __	Ja
A7	Was ist Ihr höchster beruflicher Abschluss?	Freitext	Höchster Abschluss: __; angestrebter Abschluss: __	Ja/Nein
A8	Welche Tätigkeit üben Sie zurzeit aus?	Mehrfachauswahl	Schule; Studium; Ausbildung; Berufstätig; Hausfrau/Hausmann; Arbeitslos; In Rente; Sonstiges, und zwar __	Ja

Braille-Kenntnisse

Der folgende Abschnitt umfasst Fragen zu Ihren Braille-Kenntnissen.

Tabelle A.3.: Umfrage: Fragen zum Thema „Braille-Kenntnisse"

Nr.	Frage	Aufgabenart	Antwortmöglichkeiten	Pflicht
B1	Haben Sie die Braille-Schrift erlernt?	Auswahl mit Freitext	Ja, im Alter von __/Nein	Ja
B2	Welche Braille-Schriften verwenden Sie?	Mehrfachauswahl mit Freitext	Basisbraille; Vollschrift; Kurzschrift; Computerbraille; weitere Braille-Schriften, und zwar __	Ja
B3	Besitzen Sie eine Braille-Zeile?	Auswahl	Ja/Nein	Ja
B4	Wenn ja, wie groß ist/sind Ihre Braille-Zeilen?	Auswahl mit Freitext	40-er-Zeile; 80-er-Zeile; Andere Größe, und zwar __	Nein
B5	Wenden Sie die Braille-Schrift regelmäßig an?	Auswahl	Sehr häufig/Häufig/Geht So/Selten/Nie	Ja
B6	In welcher Form lesen Sie Braille-Schrift? (Bitte beantworten Sie alle drei Ausklapplisten.)	Ausklapplisten	Nur auf Papier; Nur auf der Braille-Zeile; Sowohl auf Papier als auch auf der Braillezeile: Einhändig/Beidhändig/Situationsbedingt ein- oder beidhändig/Nicht zutreffend	Ja
B7	Wie würden Sie sich selbst einschätzen?	Auswahl	Als Braille-Schrift-Anfänger/Als durchschnittlicher Anwender der Braille-Schrift/Als guter Anwender der Braille-Schrift	Ja
B8	Haben Sie Erfahrungen mit taktilen Abbildungen oder Grafiken?	Auswahl	Ja/Nein	Ja
B9	Welche Arten von Grafiken haben Sie bereits genutzt?	Mehrfachauswahl mit Freitext	Keine; Landkarten; Stadtpläne; Taktile Darstellungen von Diagrammen; Abbildungen von komplexen Strukturen; Taktile Darstellungen von Bildern; Abbildungen von Bildschirminhalten; Sonstige Grafiken, und zwar __	Nein

Computernutzung

Der folgende Abschnitt umfasst Fragen zur Computernutzung und der Verwendung von Hilfsmitteln.

Tabelle A.4.: Umfrage: Fragen zum Thema „Computernutzung"

Nr.	Frage	Aufgabenart	Antwortmöglichkeiten	Pflicht
C1	Wie häufig nutzen Sie einen Computer?	Auswahl	Täglich mehrere Stunden/Täglich/Mehrmals pro Woche/Einmal pro Woche/Einmal pro Monat/Selten/Nie	Ja
C2	Mit welchen Anwendungen arbeiten Sie?	Ausklapplisten	Textverarbeitung (bspw. Word); Tabellenkalkulation (bspw. Excel); Präsentationssoftware (bspw. PowerPoint); Datenbankanwendungen (bspw. Access); Internet Explorer; Mozilla Firefox; E-Mail-Programm; Chat-Programm; Lernplattform: Sehr häufig/Häufig/Geht so/Selten/Nie	Ja
C3	Welche weiteren Anwendungen verwenden Sie wie häufig?	Freitext		Nein
C4	Welchen Screenreader nutzen Sie?	Freitext, Mehrfachnennungen möglich	Screenreader: —	Ja
C5	Welche Hilfsmittel verwenden Sie zur Arbeit an Computern?	Mehrfachauswahl mit Freitext	Screenreader; Braille-Zeile; Spracherkennungssoftware: Andere, und zwar —	Ja
C6	Wie nutzen Sie Ihren Screenreader?	Auswahl mit Freitext	Nur über die Sprachausgabe/Vorwiegend über die Sprachausgabe/Parallel über Sprachausgabe und Braillezeile/Vorwiegend über die Braillezeile/Nur über die Braillezeile/Sonstiges, und zwar —	Ja
C7	Wie tätigen Sie Eingaben an Ihrem Computer?	Mehrfachauswahl	Über die Tastatur; Mit der Maus; Unter Verwendung der Braille-Tastatur; Spracheingabe; Sonstiges, und zwar —	Ja

E-Learning

Der folgende Abschnitt umfasst Fragen zu Lehre und E-Learning (elektronisch unterstütztem Lernen). Aufgrund dessen, dass lebenslanges Lernen immer wichtiger wird, möchten wir mit diesem Abschnitt auch Umfrageteilnehmer ansprechen, die sich nicht mehr in der Ausbildung befinden.

Zur besseren Lesbarkeit beziehen sich die meisten Fragen auf Studium und Ausbildung und nicht auf andere Bereiche wie bspw. berufsbegleitende Fortbildung. Entsprechend Ihres Einsatzes von E-Learning, bitten wir Sie, die Fragen für sich in Gedanken entsprechend zu ergänzen und in der folgenden Frage Ihre Situation kurz zu erläutern.

Tabelle A.5.: Umfrage: Fragen zum Thema „E-Learning"

Nr.	Frage	Aufgabenart	Antwortmöglichkeiten	Pflicht
E1	Falls zum besseren Verständnis eine weitere Erklärung Ihrer Situation (berufliche Situation, Sehschädigung, spezielle Hilfsmittel usw.) nötig ist, erläutern Sie diese bitte hier:	Freitext	—	Nein
E2	Welche Hilfestellungen stehen Ihnen bei Ihrer Ausbildung/Ihrem Studium zur Verfügung?	Mehrfachauswahl mit Freitext	Studienassistenz; Digitalisierung von Materialien; Mitschriften von Kommilitonen; Sonstiges, und zwar _ ; Keine	Ja
E3	Wie schätzen Sie die Hürde in Bezug auf genannte Aspekte in Ihrem Studium/Ihrer Ausbildung ein?	Ausklapplisten	Lehr- und Lernmaterial; Orientierung auf dem Gelände; Prüfungen; Veranstaltungen (bspw. in Bezug auf Tafelbild, Geschwindigkeit usw.); Kommunikation mit Lehrenden und Lernenden: Nicht vorhanden/Sehr klein/Klein/Mittel/Groß/Sehr groß	Ja
E4	Welche weiteren Hürden treten auf und wie schätzen Sie diese nach der obigen Skala ein (nicht vorhanden, sehr klein, klein, mittel, groß, sehr groß)?	Freitext	—	Nein
E5	Findet in Ihrer Ausbildung/Ihrem Studium/Ihrer Weiterbildung E-Learning Anwendung? Unter E-Learning wird hier elektronisch gestützte Lehre verstanden, also die Verwendung von Online-Materialen, Foren, Chats, Animationen usw.	Auswahl	Ja/Nein	Ja

Fortsetzung auf der nächsten Seite

Tabelle A.5.: *Fortsetzung: Umfrage: Fragen zum Thema „E-Learning"*

Nr.	Frage	Aufgabenart	Antwortmöglichkeiten	Pflicht
E6	Welche E-Learning-Werkzeuge haben Sie bereits verwendet?	Mehrfachauswahl mit Freitext	Lernplattform; Konferenzsoftware/Virtuelles Klassenzimmer; Online-Lernmaterial; Aufgezeichnete Vorträge/Veranstaltungen; Sonstiges, und zwar _; Falls genannt, welche Softwarelösungen haben Sie verwendet (bspw. Lernplattformen wie Blackboard, Moodle)?: _; Keine	Ja
E7	Welche Funktionalität nutzen Sie von diesen E-Learning-Werkzeugen und wie häufig?	Ausklapplisten	Online-Lernmaterialien; Dateiupload/-übertragung; Foren; Wikis; Kalender; E-Mail-Funktion; Chat; Telefonie; Video; Whiteboard; Shared Desktop; Live-Präsentationen/-Vorlesungen: Sehr häufig/Häufig/Geht so/Selten/Nie	Ja
E8	Welche weiteren Funktionen nutzen Sie und wie schätzen Sie diese nach der obigen Skala ein (sehr häufig, häufig, geht so, selten, nie)?	Freitext	—	Nein
E9	Welche Probleme treten bei der Verwendung von E-Learning auf?	Freitext	—	Nein

Kollaboration

Teamfähigkeit ist eine Schlüsselqualifikation, die in den meisten Stellenausschreibungen vorausgesetzt wird. Auch in der Lehre gewinnt kooperatives Lernen, also Lernen in Form von Gruppenarbeit, an Bedeutung. Umso wichtiger ist es, diese Anwendungen trotz ihrer Multimedialität barrierefrei zu gestalten. Mit Ihren Antworten auf die folgenden Fragen sollen Probleme aufgezeigt werden, auf dessen Lösung sich unsere weitere Forschung konzentrieren wird.

Gemeint ist hier insbesondere synchrone Kommunikation und Kollaboration, also die direkte Zusammenarbeit der Kommunikations-Partner zur selben Zeit (im Studium, im Beruf oder privat).

Tabelle A.6.: Umfrage: Fragen zum Thema „Kollaboration"

Nr.	Frage	Aufgabenart	Antwortmöglichkeiten	Pflicht
K1	Findet eine Zusammenarbeit mit Kommilitonen, Kollegen oder Freunden statt?	Auswahl	Ja/Nein	Ja
K2	Wie häufig und mit wem findet die Zusammenarbeit statt?	Ausklapplisten	Mit Blinden; Mit Sehenden; Mit Blinden und Sehenden gemeinsam: Nie/Selten/Geht so/Häufig/Sehr häufig	Ja
K3	In welchem Umfeld nutzen Sie Kollaboration/Gruppenarbeit?	Mehrfachauswahl mit Freitext	Privat; Beruflich; Für Schule/Studium/Ausbildung; Sonstiges: —	Ja
K4	Wie viele Personen nehmen in der Regel an dieser Zusammenarbeit teil?	Freitext	—	Ja
K5	Beschreiben Sie bitte eine oder mehrere typische Kollaborationssituationen (Teilnehmer, verwendete Hilfsmittel, Umfeld, Häufigkeit, usw.).	Freitext	—	Nein
K6	Haben Sie bereits an computergestützten Kollaborationssituationen, also bspw. online-geführten Konferenzen mit Chat, Dateiaustausch u. ä., teilgenommen?	Auswahl	Ja/Nein	Ja
K7	Ausgehend von 10 Situationen, in denen Zusammenarbeit stattfindet, wie viele davon finden ohne Computer und wie viele mit Computer statt?	Zahleneingabe und Freitext	Ohne Computer: —; Mit Computer: —; Sonstige Hilfsmittel, und zwar: —	Nein
K8	Wie viele Computer/Hilfsmittel sind in der Regel bei der computergestützten Zusammenarbeit im Einsatz?	Auswahl mit Freitext	Ein Computer/Hilfsmittel pro Kooperationspartner/Ein gemeinsamer Computer/Hilfsmittel für alle Kollaborationspartner/Sonstiges und zwar —	Ja
K9	Zu welchem Zweck nutzen Sie computergestützte Kollaboration?	Mehrfachauswahl mit Freitext	Durchführen von Lehrveranstaltungen; Gemeinsame Arbeit an Dokumenten/Inhalten; Technischer Support; Besprechungen/Meetings; Spielen; Sonstiges und zwar —	Ja
K10	Findet die computergestützte Zusammenarbeit an einem Ort oder ortsungebunden über das Internet statt?	Auswahl	Ortsgebunden/Ortsungebunden über das Internet/Sowohl als auch	Ja

Fortsetzung auf der nächsten Seite

Tabelle A.6.: *Fortsetzung: Umfrage: Fragen zum Thema „Kollaboration"*

Nr.	Frage	Aufgabenart	Antwortmöglichkeiten	Pflicht
K11	Verwenden Sie neben Screenreadern spezielle Software zur Zusammmenarbeit am Computer?	Auswahl mit Freitext	Nein/Ja, und zwar __	Ja

Abschließende Fragen

Tabelle A.7.: *Umfrage: Fragen zum Thema „Abschließende Fragen"*

Nr.	Frage	Aufgabenart	Antwortmöglichkeiten	Pflicht
S1	Falls zutreffend: Welche Probleme treten bei der Zusammenarbeit mit anderen auf? Bitte beschreiben Sie hier bitte auch die Anzahl und den Grad der Sehschädigung der beteiligten Personen, die Situation/den Zweck der Zusammenarbeit und die verwendeten Hilfsmittel.	Freitext	—	Nein
S2	Welche Vorschläge haben Sie bzw. welche Verbesserungen/zusätzlichen Hilfsmittel und Funktionalitäten wünschen Sie sich in Bezug auf Kollaboration und E-Learning?	Freitext	—	Nein
S3	Welche E-Learning- und Kollaborationsanwendungen sollten Ihrer Meinung nach unbedingt mit Screenreadern verwendbar sein? Welche Einschränkungen treten mit diesen Anwendungen momentan auf?	Freitext	—	Nein
S4	Haben Sie sonstige weitere Anmerkungen für Lern- und Kollaborationsumgebungen für Blinde und Menschen mit Sehbeeinträchtigung?	Freitext	—	Nein

Danke für Ihre Teilnahme!

Wir möchten uns ganz herzlich für Ihre Mithilfe bedanken.

A.4.6. Auswertung

Tabelle A.8.: Durchschnittliche Verweildauer je Seite in Minuten (ohne Seite 12 Verabschiedung); Seiten (vgl. Abbildung A.2): 1 Begrüßung, 2 – 3 Braille-Kenntnisse, 4 – 5 Computerkenntnisse, 6 – 7 E-Learning, 8 – 10 Kollaboration, 11 Abschließende Fragen

	1	2	*3*	4	5	6	7	8	9	10	11
Minimum	0,05	0,67	0,12	0,20	0,08	1,27	1,43	0,10	0,17	1,05	0,33
Maximum	22,93	24,27	9,35	30,03	2,15	16,27	61,72	17,47	1,95	56,68	46,90
Durchschnitt	2,38	4,64	0,89	4,65	0,61	5,38	8,25	2,56	0,88	5,24	4,88
Gesamt	39,68										

Allgemeine Fragen

Tabelle A.9.: Umfrage Frage A1: Wie alt sind Sie?

	19 – 20	21 – 30	31 – 40	41 – 50	51 – 60	61 – 70	61 – 75
Männlich	4	4	2	2	5	2	0
Weiblich	1	8	6	5	1	1	1
Gesamt (Anzahl)	5	12	8	7	6	3	1
Gesamt (%)	12	29	19	17	14	7	2

Tabelle A.10.: Umfrage Frage A2: Welches Geschlecht haben Sie?

	Anzahl	Prozent
Männlich	19	45
Weiblich	23	55
Gesamt	42	100

Tabelle A.11.: Umfrage Frage A3: Welche Sehschädigung liegt bei Ihnen vor? (Sehbehinderung: Visus max. 0,3, Hochgradige Sehbehinderung: Visus max. 0,05, Blindheit: Visus max. 0,02 auf besserem Auge)

	Sehbehinderung	Hochgradige Sehbehinderung	Blindheit	Retinitis Pigmentosa	Hornhaut- und Linsentrübung	Retinoblastom	Amozio	Glaukom	Nystagmus	Netzhautablösung	Makuldegeneration	Hornhautverkrümmung	Sehminderung durch Trauma	Medizinisch unklar
Männlich	1	1	4	2	0	2	1	1	3	1	1	1	0	1
Weiblich	0	0	12	2	1	0	0	1	0	2	4	0	1	0
Gesamt	1	1	16	4	1	2	1	2	3	3	5	1	1	1

Tabelle A.12.: Umfrage Frage A4a: Verfügen Sie über einen verwertbaren Sehrest?

	Ja	Nein
Männlich	11	8
Weiblich	10	13
Gesamt	21	21

Tabelle A.13.: Umfrage Frage A4b: Mein Sehrest beträgt ... (Prozent). Sonstiges: Lichtwahrnehmung

	Unter 5	5 - 10	11 - 20	21 - 30	31 - 40	61 - 70	Sonstiges
Männlich	4	2	2	2	0	0	1
Weiblich	1	3	1	1	1	1	2
Gesamt	5	5	3	3	1	1	3

Tabelle A.14.: Umfrage Frage A5a: Besteht die Sehschädigung seit Geburt an?

	Ja	Nein
Männlich	15	4
Weiblich	13	10
Gesamt	28	14

Tabelle A.15.: Umfrage Frage A5b: Sie begann im Alter von ... Jahren.

	2 – 10	11 – 20	21 – 30	41 – 50	51 – 60	K. A.
Männlich	2	1	0	0	1	0
Weiblich	2	3	2	2	0	1
Gesamt	4	4	2	2	0	1

Tabelle A.16.: Umfrage Frage A6: Haben Sie zusätzlich zu Ihrer Sehschädigung noch andere Behinderungen?

	Ja	Nein
Männlich	17	2
Weiblich	20	3
Gesamt	37	5

Art der Behinderungen:
- Frühkindliche Hirnschädigung, Hydrocephalus, Balkenagenesie, Hirnatrophie
- Nierentransplantation, Diabetes
- Fehlbildung an Händen und Füßen
- Augenprothese
- Gehbeeinträchtigung

Tabelle A.17.: Umfrage Frage A7a: Was ist Ihr höchster beruflicher Abschluss?

	Volksschule	Hauptschule	Realschule	Abitur	Ausbildung	Hochschule
Männlich	1	3	1	2	6	6
Weiblich	0	0	2	2	12	7
Gesamt	1	3	3	4	18	13

Tabelle A.18.: Umfrage Frage A7b: Was ist Ihr angestrebter beruflicher Abschluss?

	Abitur	Ausbildung	Hochschule
Männlich	0	4	2
Weiblich	1	1	3
Gesamt	1	5	5

Tabelle A.19.: Umfrage Frage A8: Welche Tätigkeit üben Sie zurzeit aus? (Mehrfach-nennungen möglich)

	Schule	Studium	Ausbildung	Berufstätig	Hausfrau/-mann	Arbeitslos	In Rente	Berufsunfähig	Sonstiges
Männlich	1	2	2	10	1	1	2	0	1
Weiblich	1	4	0	12	2	2	2	1	1
Gesamt	2	6	2	22	3	3	4	1	2

Braille-Kenntnisse

Tabelle A.20.: Umfrage Frage B1a: Haben Sie die Braille-Schrift erlernt?

	Nein	Ja
Männlich	4	15
Weiblich	4	19
Gesamt	8	34

Tabelle A.21.: Umfrage Frage B1b: Haben Sie die Braille-Schrift erlernt?: Ja, im Alter von ... Jahren.

	5 – 10	11 – 20	21 – 30	31 – 40	41 – 50
Männlich	8	6	1	0	0
Weiblich	10	4	3	0	2
Gesamt	18	10	4	0	2

Tabelle A.22.: Umfrage Frage B2: Welche Braille-Schriften verwenden Sie? (Mehrfach-nennungen möglich)

	Basisbraille	Vollschrift	Kurzschrift	Computerbraille	Sonstige
Männlich	7	12	12	9	5
Weiblich	6	10	18	15	1
Gesamt	13	22	30	24	6

Tabelle A.23.: Umfrage Frage B3: Besitzen Sie eine Braille-Zeile?

	Ja	Nein
Männlich	10	5
Weiblich	14	5
Gesamt	24	10

Tabelle A.24.: Umfrage Frage B4: Wenn ja, wie groß ist/sind Ihre Braille-Zeilen?

	12er	18er	40er	80er
Männlich	1	1	7	7
Weiblich	0	0	11	8
Gesamt	1	1	18	15

Tabelle A.25.: Umfrage Frage B5: Wenden Sie die Braille-Schrift regelmäßig an?

	Sehr häufig	Häufig	Bei Bedarf	Selten	Nie
Männlich	5	4	2	2	2
Weiblich	11	2	3	2	1
Gesamt	16	6	5	4	3

Tabelle A.26.: Umfrage Frage B6: In welcher Form lesen Sie Braille-Schrift?

	Einhändig	Beidhändig	Situationsbedingt	Nicht zutreffend
Nur auf Papier				
Männlich	4	3	4	4
Weiblich	4	6	6	2
Gesamt	8	9	11	6
Nur auf der Braille-Zeile				
Männlich	3	1	5	6
Weiblich	5	4	4	6
Gesamt	8	5	9	12
Sowohl auf Papier als auch auf der Braille-Zeile				
Männlich	4	1	6	4
Weiblich	6	4	5	4
Gesamt	10	5	11	8

Tabelle A.27.: Umfrage Frage B7: Wie würden Sie sich selbst einschätzen?

	Als Braille-Schrift-Anfänger	Als durchschnittlicher Anwender der Braille-Schrift	Als guter Anwender der Braille-Schrift
Männlich	3	7	5
Weiblich	4	7	8
Gesamt	7	14	13

Tabelle A.28.: Umfrage Frage B8: Haben Sie Erfahrungen mit taktilen Abbildungen oder Grafiken?

	Ja	Nein
Männlich	12	3
Weiblich	15	4
Gesamt	27	7

Tabelle A.29.: Umfrage Frage B9: Welche Arten von Grafiken haben Sie bereits
genutzt? (Mehrfachnennungen möglich)

	Keine	Landkarten	Stadtpläne	Taktile Darstellungen von Diagrammen	Abbildungen von komplexen Strukturen	Taktile Darstellungen von Bildern	Abbildungen von Bildschirminhalten	Sonstige Grafiken
Männlich	3	11	12	9	9	7	4	2
Weiblich	2	16	14	10	6	11	3	3
Gesamt	5	27	26	19	15	18	7	5

Computernutzung

Tabelle A.30.: Umfrage Frage C1: Wie häufig nutzen Sie einen Computer?

	Täglich mehrere Stunden	Täglich	Mehrmals pro Woche	Einmal pro Woche	Einmal pro Monat	Selten	Nie
Männlich	17	1	1	0	0	0	0
Weiblich	18	2	3	0	0	0	0
Gesamt	35	3	4	0	0	0	0

Tabelle A.31.: Umfrage Frage C2: Mit welchen Anwendungen arbeiten Sie wie häufig?

	Sehr häufig	Häufig	Geht so	Selten	Nie
Textverarbeitung (bspw. *Word*)					
Männlich	13	4	2	0	0
Weiblich	12	8	2	0	1
Gesamt	25	12	4	0	1
Tabellenkalkulation (bspw. *Excel*)					
Männlich	3	4	7	3	2
Weiblich	2	5	9	4	3
Gesamt	5	9	16	7	5
Präsentationssoftware (bspw. *PowerPoint*)					
Männlich	1	1	4	5	8
Weiblich	0	0	5	6	12
Gesamt	1	1	9	11	20
				Fortsetzung auf der nächsten Seite	

Tabelle A.31.: *Fortsetzung: Frage C2: Mit welchen Anwendungen arbeiten Sie wie häufig?*

	Sehr häufig	Häufig	Geht so	Selten	Nie
Datenbankanwendungen (bspw. *Access*)					
Männlich	3	2	1	6	7
Weiblich	2	0	2	5	14
Gesamt	5	2	3	11	21
Internet Explorer					
Männlich	11	3	1	2	2
Weiblich	15	5	0	2	1
Gesamt	26	8	1	4	3
Mozilla Firefox					
Männlich	9	4	0	4	2
Weiblich	7	1	4	2	9
Gesamt	16	5	4	6	11
E-Mail-Programm					
Männlich	16	3	0	0	0
Weiblich	19	3	0	1	0
Gesamt	35	6	0	1	0
Chat-Programm					
Männlich	3	2	1	3	10
Weiblich	5	2	3	3	10
Gesamt	8	4	4	6	20
Lernplattform					
Männlich	0	2	1	5	11
Weiblich	1	1	0	5	16
Gesamt	1	3	1	10	27

Tabelle A.32.: Umfrage Frage C3: Welche weiteren Anwendungen verwenden Sie wie häufig?

	Sehr häufig	Häufig	Geht so	Selten	Nie	Keine Angabe
Audio-Bearbeitung						
Männlich	0	0	0	0	0	1
Weiblich	0	0	0	0	0	1
Gesamt	0	0	0	0	0	2
Bildbearbeitung						
Männlich	0	0	0	0	0	1
Weiblich	0	0	0	0	0	1
Gesamt	0	0	0	0	0	2
Brennprogramme						
Männlich	0	0	0	0	0	0
Weiblich	0	0	0	0	0	2
Gesamt	0	0	0	0	0	2
DAISY						
Männlich	0	0	0	0	0	1
Weiblich	0	0	0	0	0	0
Gesamt	0	0	0	0	0	1
Entwicklungsumgebungen						
Männlich	0	0	0	0	0	0
Weiblich	0	0	0	0	0	1

Fortsetzung auf der nächsten Seite

Tabelle A.32.: *Fortsetzung: Frage C3: Welche weiteren Anwendungen verwenden Sie wie häufig?*

	Sehr häufig	Häufig	Geht so	Selten	Nie	Keine Angabe
Gesamt	0	0	0	0	0	1
Klango						
Männlich	1	0	0	0	0	0
Weiblich	0	0	0	0	0	0
Gesamt	1	0	0	0	0	0
Lexika						
Männlich	0	0	0	0	0	0
Weiblich	1	1	0	0	0	0
Gesamt	1	1	0	0	0	0
Musikabspielprogramme						
Männlich	0	0	1	0	0	2
Weiblich	1	1	0	0	0	3
Gesamt	1	1	1	0	0	5
Nachrichten						
Männlich	0	0	0	0	0	0
Weiblich	1	1	0	0	0	0
Gesamt	1	1	0	0	0	0
PDF-Betrachtung						
Männlich	0	1	0	0	0	0
Weiblich	0	0	0	0	0	0
Gesamt	0	1	0	0	0	0
Skype						
Männlich	0	0	0	0	0	1
Weiblich	0	0	1	0	0	0
Gesamt	0	0	1	0	0	1
Spiele						
Männlich	0	0	0	1	0	0
Weiblich	0	0	0	0	0	2
Gesamt	0	0	0	1	0	2
Texterkennung (*OCR*)						
Männlich	0	1	0	0	0	2
Weiblich	0	0	0	0	0	0
Gesamt	0	1	0	0	0	2
Videobearbeitung						
Männlich	0	0	0	0	0	1
Weiblich	0	0	0	0	0	0
Gesamt	0	0	0	0	0	1

Tabelle A.33.: Umfrage Frage C4: Welchen Screenreader nutzen Sie? (Screenreader, Vergrößerungssoftware) (Mehrfachnennungen möglich)

	Adriane	*Blindows*	*Cobra*	*Jaws*	*MyStick*	*NVDA*	*Supernova*	*Talks*	*Window-Eyes*	*Lunar Plus*	*iZoom USB*	*Zooms*	*Zoomtext*
Männlich	1	1	3	12	0	6	1	0	1	0	1	0	2
Weiblich	0	2	2	16	1	1	0	1	1	1	0	1	1
Gesamt	1	3	5	28	1	7	1	1	2	1	1	1	3

Tabelle A.34.: Umfrage Frage C5: Welche Hilfsmittel verwenden Sie zur Arbeit an Computern?

	Screenreader	Braille-Zeile	Spracherkennungssoftware	Vergrößerungssoftware	Texterkennungssoftware (*OCR*)	Sonstige
Männlich	14	10	4	6	1	1
Weiblich	20	14	4	1	0	2
Gesamt	34	24	8	7	1	3

Tabelle A.35.: Umfrage Frage C6: Wie nutzen Sie Ihren Screenreader?

	Nur über die Sprachausgabe	Vorwiegend über die Sprachausgabe	Parallel über Sprachausgabe und Braille-Zeile	Vorwiegend über die Braille-Zeile	Nur über die Braille-Zeile	Sonstiges
Männlich	2	3	8	0	0	6
Weiblich	6	2	8	3	2	2
Gesamt	8	5	16	3	2	8

Tabelle A.36.: Umfrage Frage C7: Wie tätigen Sie Eingaben an Ihrem Computer?

	Über die Tastatur	Mit der Maus	Unter Verwendung der Braille-Tastatur	Spracheingabe	Maussimulation des Screenreaders
Männlich	18	8	5	0	0
Weiblich	23	6	9	0	1
Gesamt	41	14	14	0	1

E-Learning

Umfrage Frage E1: Falls zum besseren Verständnis eine weitere Erklärung Ihrer Situation (berufliche Situation, Sehschädigung, spezielle Hilfsmittel usw.) nötig ist, erläutern Sie diese bitte hier!

Tabelle A.37.: Umfrage Frage E2: Welche Hilfestellungen stehen Ihnen bei Ihrer Ausbildung/Ihrem Studium zur Verfügung?

	Studienassistenz	Digitalisierung von Materialien	Mitschriften von Kommilitonen	Keine	Sonstiges
Männlich	6	10	1	6	2
Weiblich	5	11	4	5	5
Gesamt	11	21	5	11	7

Tabelle A.38.: Umfrage Frage E3: Wie schätzen Sie die Hürde in Bezug auf genannte Aspekte in Ihrem Studium/Ihrer Ausbildung ein?

	Nicht vorhanden	Sehr klein	Klein	Mittel	Groß	Sehr groß
Kommunikation mit Lehrenden und Lernenden						
Männlich	4	4	4	3	3	1
Weiblich	5	5	5	3	4	1
Gesamt	9	9	9	6	7	2
Lehr- und Lernmaterial						
Männlich	5	2	2	5	4	1
Weiblich	4	3	3	9	3	1
Gesamt	9	5	5	14	7	2
Orientierung auf dem Gelände						
Männlich	5	1	6	2	1	4
Weiblich	2	6	5	7	3	0

Fortsetzung auf der nächsten Seite

Tabelle A.38.: *Fortsetzung: Frage E3: Wie schätzen Sie die Hürde in Bezug auf ge-*
nannte Aspekte in Ihrem Studium/Ihrer Ausbildung ein?

	Nicht vorhanden	Sehr klein	Klein	Mittel	Groß	Sehr groß
Gesamt	7	7	11	9	4	4
Prüfungen						
Männlich	7	3	2	2	3	2
Weiblich	9	0	6	3	5	0
Gesamt	16	3	8	5	8	2
Veranstaltungen (bspw. in Bezug auf Tafelbild, Geschwindigkeit usw.)						
Männlich	5	3	2	5	3	1
Weiblich	6	1	5	8	2	1
Gesamt	11	4	7	13	5	2

Tabelle A.39.: Umfrage Frage E4: Welche weiteren Hürden treten auf und wie schätzen
Sie diese nach der Skala ein (nicht vorhanden, sehr klein, klein, mittel,
groß, sehr groß)?

	Nicht vorhanden	Sehr klein	Klein	Mittel	Groß	Sehr groß	K. A.
Teilnahme an Exkursionen	0	0	0	1	0	0	0
Bibliotheksnutzung	0	0	0	1	0	0	0
Visueller Anteil an Lehrmaterialien	0	0	0	0	0	0	1
Höherer Zeitbedarf für Erholung	0	0	0	1	0	0	0
Mitarbeit der öffentlichen Stellen	0	0	0	0	0	1	0
Mangelnde Hilfsbereitschaft der Mitmenschen	0	0	0	1	0	1	0
Anpassung von Software	0	0	0	0	0	0	1
Unbekanntes Umfeld	0	0	0	0	1	0	0

Tabelle A.40.: Umfrage Frage E5: Findet in Ihrer Ausbildung/Ihrem Studium/Ihrer
Weiterbildung E-Learning Anwendung? Unter E-Learning wird hier
elektronisch gestützte Lehre verstanden, also die Verwendung von
Online-Materialen, Foren, Chats, Animationen usw.

	Ja	Nein
Männlich	6	13
Weiblich	10	13
Gesamt	16	26

Tabelle A.41.: Umfrage Frage E6a: Welche E-Learning-Werkzeuge haben Sie bereits verwendet?

	Lernplattform	Konferenzsoftware/ Virtuelles Klassenzimmer	Online-Lernmaterial	Aufgezeichnete Vorträge/ Veranstaltungen	Sonstiges
Männlich	3	1	5	3	1
Weiblich	3	1	8	3	2
Gesamt	6	2	13	6	3

Tabelle A.42.: Umfrage Frage E6b: Falls genannt, welche Softwarelösungen haben Sie verwendet (bspw. Lernplattformen wie Blackboard, Moodle)?

	Moodle	Blackboard	Ilias	Private Webseiten	Keine
Männlich	2	1	1	1	1
Weiblich	0	0	0	0	2
Gesamt	2	1	1	1	3

Tabelle A.43.: Umfrage Frage E7: Welche Funktionalität nutzen Sie von diesen E-Learning-Werkzeugen und wie häufig?

	Sehr häufig	Häufig	Geht so	Selten	Nie
Chat					
Männlich	0	1	1	0	4
Weiblich	1	1	1	0	7
Gesamt	1	2	2	0	11
Dateiupload/-übertragung					
Männlich	2	2	0	0	2
Weiblich	0	3	2	3	2
Gesamt	2	5	2	3	4
E-Mail-Funktion					
Männlich	2	3	1	0	0
Weiblich	5	3	1	0	1
Gesamt	7	6	2	0	1
Foren					
Männlich	1	1	1	0	3
Weiblich	1	1	5	0	3
Gesamt	2	2	6	0	6

Fortsetzung auf der nächsten Seite

Tabelle A.43.: *Fortsetzung: Frage E7: Welche Funktionalität nutzen Sie von diesen E-Learning-Werkzeugen und wie häufig?*

	Sehr häufig	Häufig	Geht so	Selten	Nie
Kalender					
Männlich	1	2	1	2	0
Weiblich	0	3	1	3	3
Gesamt	1	5	2	5	3
Live-Präsentationen/-Vorlesungen					
Männlich	0	0	1	2	3
Weiblich	0	1	0	1	8
Gesamt	0	1	1	3	11
Online-Lernmaterialien					
Männlich	0	3	1	2	0
Weiblich	3	2	2	1	2
Gesamt	3	5	3	3	2
Shared Desktop					
Männlich	0	0	1	2	3
Weiblich	0	0	0	1	9
Gesamt	0	0	1	3	12
Telefonie					
Männlich	1	0	1	2	2
Weiblich	0	3	1	2	4
Gesamt	1	3	2	4	6
Video					
Männlich	1	1	2	1	1
Weiblich	0	1	1	3	5
Gesamt	1	2	3	4	6
Whiteboard					
Männlich	1	0	1	1	3
Weiblich	0	0	0	0	10
Gesamt	1	0	1	1	13
Wikis					
Männlich	1	1	1	2	1
Weiblich	1	2	3	0	4
Gesamt	2	3	4	2	5

Tabelle A.44.: Umfrage Frage E8: Welche weiteren Funktionen nutzen Sie und wie schätzen Sie diese nach der obigen Skala ein?

	Sehr häufig	Häufig	Geht so	Selten	Nie
Download					
Männlich	0	0	0	0	0
Weiblich	0	0	0	0	0
Gesamt	1	0	0	0	0

Umfrage Frage E9: Welche Probleme treten bei der Verwendung von E-Learning auf? (Wörtliche Wiedergabe der Antworten)

- Grafiken; nicht barrierefreie Funktionen; komplexe Strukturen; langsames Zurechtfinden

- Ist meistens nicht barrierefrei und somit einfach nicht zugänglich
- Bisher keine, allerdings ist das sehr softwareabhängig, weniger Probleme treten auf, wenn die Plattform in Form einer Internetseite gestaltet ist. Bei Software gibt es mehr Probleme mit dem Screenreader
- Werbung auf Internetseiten
- Materialien sind zum Teil nicht gut zugänglich.
- Noch fehlende Kenntnisse im Umgang mit den entsprechenden Hilfsmitteln.
- Vergrößerungssoftware arbeitet nicht stabil.
- Nicht alles, was digitalisiert ist, ist auch barrierefrei zugänglich. Menschen scannen Texte als Bild ein.
- Teilweise unübersichtlich
- Dass man zum Wiederholen von Lerninhalten wenig Zeit hat und sich vieles einprägen muss.
- Bei Spanischkurs waren viele Aufgaben auf Grafiken aufgebaut (Auswahl/Beschreiben einer Grafik als Antwort)

Kollaboration

Tabelle A.45.: Umfrage Frage K1: Findet eine Zusammenarbeit mit Kommilitonen, Kollegen oder Freunden statt?

	Ja	Nein
Männlich	17	2
Weiblich	23	0
Gesamt	40	2

Tabelle A.46.: Umfrage Frage K2: Wie häufig und mit wem findet die Zusammenarbeit statt?

	Sehr häufig	Häufig	Geht so	Selten	Nie
Mit Blinden					
Männlich	3	5	1	6	2
Weiblich	2	5	7	4	5
Gesamt	5	10	8	10	7
Mit Sehenden					
Männlich	8	7	1	1	0
Weiblich	16	1	3	2	1
Gesamt	24	8	4	3	1
Mit Blinden und Sehenden gemeinsam					
Männlich	2	4	3	6	2
Weiblich	1	5	2	10	5
Gesamt	3	9	5	16	7

Tabelle A.47.: Umfrage Frage K3: In welchem Umfeld nutzen Sie Kollaboration/Gruppenarbeit? (Mehrfachnennungen möglich)

	Privat	Beruflich	Für Schule/ Studium/ Ausbildung	Sonstiges
Männlich	11	12	7	0
Weiblich	17	14	10	1
Gesamt	28	26	17	1

Tabelle A.48.: Umfrage Frage K4: Wie viele Personen nehmen in der Regel an dieser Zusammenarbeit teil?

	1–2	2	2–3	3	3–4	4	4–5	5	5–6
Männlich	1	3	1	2	0	2	0	1	1
Weiblich	1	1	0	2	2	0	1	0	0
Gesamt	2	4	1	4	2	2	1	1	1

	6	4/2	5/2	6/2	10/2	5/3	6/3	Über 10	Unterschiedlich
Männlich	0	1	0	0	0	1	1	0	1
Weiblich	1	6	1	1	1	1	0	4	1
Gesamt	1	7	1	1	1	2	1	4	2

Umfrage Frage K5: Beschreiben Sie bitte eine oder mehrere typische Kollaborationssituationen (Teilnehmer, verwendete Hilfsmittel, Umfeld, Häufigkeit, usw.).

- Lernen (Studien-/Lerngruppen): Nennungen 5
- Besprechungen (mit Kollegen): Nennungen 10
- Inhaltserstellung: Nennungen 16
- Informationszugang: Nennungen 11

Tabelle A.49.: Umfrage Frage K6: Haben Sie bereits an computergestützten Kollaborationssituationen, also bspw. online-geführten Konferenzen mit Chat, Dateiaustausch u. ä., teilgenommen?

	Ja	Nein
Männlich	6	11
Weiblich	3	20
Gesamt	9	31

Tabelle A.50.: Umfrage Frage K7: Ausgehend von 10 Situationen, in denen Zusammenarbeit stattfindet, wie viele davon finden ohne Computer und wie viele mit Computer statt?

	1	2	3	4	5	6	7	8	9	10
Ohne Computer										
Männlich	0	1	1	2	1	0	1	0	0	0
Weiblich	0	1	0	1	0	0	0	0	1	0
Gesamt	0	2	1	3	1	0	1	0	1	0
Mit Computer										
Männlich	0	0	1	0	1	2	0	1	0	1
Weiblich	1	0	0	0	0	1	0	1	0	0
Gesamt	1	0	1	0	1	3	0	2	0	1

Sonstige Hilfsmittel: Braille-Notizgerät, Mobiltelefon, Beamer, Kopierer

Tabelle A.51.: Umfrage Frage K8: Wie viele Computer/Hilfsmittel sind in der Regel bei der computergestützten Zusammenarbeit im Einsatz?

	Ein Computer/ Hilfsmittel pro Kollaborationspartner	Ein gemeinsamer Computer/ Hilfsmittel für alle Kollaborationspartner	Sonstiges: Stift und Zettel
Männlich	4	1	1
Weiblich	1	2	0
Gesamt	5	3	1

Tabelle A.52.: Umfrage Frage K9: Zu welchem Zweck nutzen Sie computergestützte Kollaboration?

	Durchführen von Lehrveranstaltungen	Gemeinsame Arbeit an	Dokumenten/Inhalten	Technischer Support	Besprechungen/ Meetings	Spielen	Sonstiges
Männlich	3	4	5	4	0	0
Weiblich	1	3	2	2	1	1
Gesamt	4	7	7	6	1	1

Tabelle A.53.: Umfrage Frage K10: Findet die computergestützte Zusammenarbeit an einem Ort oder ortsungebunden über das Internet statt?

	Ortsgebunden	Ortsungebunden über das Internet	Sowohl als auch
Männlich	3	0	3
Weiblich	0	0	3
Gesamt	3	0	6

Tabelle A.54.: Umfrage Frage K11: Verwenden Sie neben Screenreadern spezielle Software zur Zusammenarbeit am Computer?

	Nein	Ja	Sonstige:	und zwar:
Männlich	4	2	2	*Dropbox, Teamviewer*
Weiblich	3	0	0	
Gesamt	7	2	2	

Abschließende Fragen

Umfrage Frage S1: **Falls zutreffend: Welche Probleme treten bei der Zusammenarbeit mit anderen auf? Bitte beschreiben Sie hier bitte auch die Anzahl und den Grad der Sehschädigung der beteiligten Personen, die Situation/den Zweck der Zusammenarbeit und die verwendeten Hilfsmittel.** (Zumeist wörtliche Wiedergabe der Antworten)

- Arbeitsgeschwindigkeit: längere Vorbereitungszeiten; Materialien müssen in Braille umgesetzt werden.
- Bei der Gruppenarbeit in der Schule, da die anderen kein Verständnis für meine Sehbehinderung haben oder sie nicht beachten.
- Der Grad der Sehschädigung variiert mit jeder Gruppenarbeit (von sehbehindert bis blind).
- Normalsehende sind häufig verunsichert im Umgang mit mir als Sehbehinderter. Entweder sind sie zu vorsichtig und trauen einem nichts zu oder sie sind gedankenlos und vergessen, dass man nicht so sieht wie sie.
- Menschen, die technisch nicht so interessiert sind haben oft Probleme mit Computern. Sehbehinderte und Blinde haben es verständlicherweise noch schwerer, diese Probleme zu überwinden.
- Speisekarten im Restaurant. Mit Vollblinden und stark Sehbehinderten ist die Kommunikation kein Problem. Sehende haben oft keine große Lust, längere Zeit vorzulesen – Lesegerät oder Verzicht – oder in ihrer Schnelligkeit beeinträchtigt zu werden.
- Kleinere Schrift auf den anderen Monitoren, keine anderen sehbeeinträchtigten Personen, Hilfsmittel wie vorstehend in den Fragen genannt.
- Blinde Menschen in Beratungssituationen erwarten, dass ich zu Ihnen komme (Probleme: Zeit und Finanzierung des Taxis); Der Anfragesteller hat die gleichen Zugangsbeschränkungen wie ich als Beratende, daher Tätigkeit zu 75 % am Telefon.
- Der Wissensstand der Personen ist oft unterschiedlich. Daher wird auf Seminaren für Blinde und Sehbehinderte häufig mit Tonaufzeichnungen von Vorträgen gearbeitet.
- Manchmal mit sehenden Personen im Internet, da der Screenreader manches anders bezeichnet, als es auf dem Bildschirm angezeigt wird.
- Dateien waren nicht lesbar (schlechte PDFs oder Grafiken).

Umfrage Frage S2: Welche Vorschläge haben Sie bzw. welche Verbesserungen/zusätzlichen Hilfsmittel und Funktionalitäten wünschen Sie sich in Bezug auf Kollaboration und E-Learning? (Zumeist wörtliche Wiedergabe der Antworten)

- Lernplattformen müssen barrierefrei gestaltet werden. Netzwerkadministratoren haben in der Regel keine Ahnung davon, wie ein Screenreader überhaupt funktioniert. Anwendungsskripte werden in der Regel von Hilfsmittelfirmen geschrieben und diese lassen sich ihre Arbeit unverhältnismäßig teuer bezahlen, weil sie davon ausgehen, dass die Versorgungsämter die Kosten übernehmen. Vorhandene Skripte werden nicht unentgeltlich zur Verfügung gestellt. Jede Einbindung in ein Netzwerk wird von den Hilfsmittelfirmen individuell vorgenommen. Es gibt kaum allgemein anwendbare Lösungen. Auch die Zusammenarbeit der Hilfsmittelfirmen lässt viel zu wünschen übrig.

- Oft ist das Ganze einfach viel zu grafisch und unstrukturiert aufgebaut. Vernünftige Überschriften würden oft schon helfen.

- Die Studienmaterialien sollten komplett barrierefrei sein. Auch die Vorlesungen sollten so gestaltet sein, dass man sie als Blinder nachvollziehen kann.

- Ich wünsche mir einen offeneren Umgang untereinander und weniger gedankenlosen Aktionismus Sehender, die häufig mit guten Absichten handeln und dabei gravierende Fehler machen.

- Die Vergrößerungssoftware mit Sprachausgabe (z. B. *ZoomText*, *SuperNova* und *Magic*) hat viele schöne Funktionalitäten und Features für meine speziellen Bedürfnisse. Die Programme können aber im Hinblick auf Robustheit und Benutzerfreundlichkeit meiner Meinung nach noch verbessert werden.

- Größere Schriften im täglichen und öffentlichen Leben – Busanzeigen, Anzeigen in öffentlichen Einrichtungen. Mehr Blindenampeln. Da ich am Computer nicht arbeite kann ich zum E-Learning nichts sagen.

- Übersichtlichere Gestaltung der Programme.

- Einfacherer Zugang zu aktueller Fachliteratur z. B. über E-Book.

- Die Whiteboards und das direkte Zusammenarbeiten in Onlinedokumenten müssten wesentlich barrierefreier gestaltbar sein. Wünschenswert wäre der Einsatz von so barrierefreien Kommunikationswerkzeugen wie dem Web-Conferencing-Tool der US-amerikanischen Organisation *Talking Communities*.

- Für das Zusammenkommen für Kollaborationssituationen müssen die Gegebenheiten in Bezug auf Orientierung und eigenständige Fortbewegung verbessert werden. Der Blindenstock bietet nur von Hüfte abwärts Sicherheit.

- E-Learning und Fragebögen müssten noch einfacher zu handhaben sein. Bei Auswahlfeldern mit vorgegebenen Antworten, wo nur ein Haken zu setzen ist, lässt sich derzeit durch die Braille-Zeile und den Screenreader leider kaum feststellen, ob die gewünschte Antwort ausgewählt wurde.

- Mehr Erläuterungen von bildhaften Darstellungen (Grafiken).

Umfrage Frage S3: Welche E-Learning- und Kollaborationsanwendungen sollten Ihrer Meinung nach unbedingt mit Screenreadern verwendbar sein? Welche Einschränkungen treten mit diesen Anwendungen momentan auf? (Zumeist wörtliche Wiedergabe der Antworten)

- Notenverwaltungsprogramme; an Schulen genutzte Lernplattformen wie Moodle. Für das Notenverwaltungsprogramm *Prime Line Notebook* gibt es keine Skripte und nicht alle Funktionen sind tastaturgestützt.

- Probleme treten häufig bei der Nutzung *Internet Explorer, Mozilla Firefox, Thunderbird* bei Sprachausgabe auf, diese liegen zumeist in der Art der Quelltextprogrammierung *HTML, PHP*.

- Fernstudien- und Fortbildungsangebote – sowohl generell als auch unternehmensbezogen.

- Screenreader arbeiten nicht auf allen Programmen, nicht mit allen *Windows*-Versionen etc. Nicht alle Webseiten können mit dem Vorleser vorgelesen werden. Kurztasten überlagern manchmal Kurztasten in anderen Anwendungsprogrammen. Insgesamt fehlt es an Robustheit der Software. Für Menschen, die fast nichts mehr sehen wird die Anwendung damit zur Qual.

- *Access*: Die Maske ist nicht mit Tastaturbefehlen navigierbar. *Word*: Auf Formularen (als geschütztes Dokument) springt der vergrößerte Bildausschnitt willkürlich und bleibt nicht beim Cursor.

- In den Studiengängen und Berufen, die für Blinde erschlossen werden können, sollten barrierefreie Lernprogramme angeboten werden.

- Sprachen: Vokabeltrainer müssen gut benutzbar/barrierefrei sein; Texte: Bilder auch für Blinde beschriften – Lösungen müssen einfach einzureichen sein; Zugänglichkeit von Formularen; die Zusammenarbeit von Schülern und Dozenten muss besser werden.

Umfrage Frage S4: Haben Sie sonstige weitere Anmerkungen für Lern- und Kollaborationsumgebungen für Blinde und Sehbehinderte? (Zumeist wörtliche Wiedergabe der Antworten)

- Wenn *PowerPoint*-Präsentation im Unterricht verwendet wird, formuliert der Dozent oft frei, was auf der Leinwand zu lesen ist. Das ist für mich oberstressig. Entweder er soll vorlesen, was da steht oder frei reden und vorher den Inhalt als Skript verteilen und die Seitenzahlen der Seiten angeben über die er gerade referiert.

- Ein großes Problem stellen für mich Service-Leistungen mit Touchscreen dar. Bsp. Paketstationen der Post – sind bei Sonneneinstrahlung selbst für Normalsichtige kaum erkennbar.

- Braille-Displays wie *HyperBraille* werden hoffentlich immer besser und preisgünstiger, so dass sie finanzierbar werden und möglichst große Verbreitung finden.

- Ihr Projekt ist sehr wichtig! Solche Angebote müssen dringend bekannter und barrierefreier werden, damit sie häufiger und intensiver genutzt werden können.

- Die Hilfsmittel sind oft hoffnungslos veraltet und gleichzeitig überteuert.

- Ich bin weder E-Learning- noch Programmier-Experte, aber ich denke, dass alle Programme spezifisch bearbeitet und nach den bereits fürs Internet gegebenen Standards geprüft werden müssten. Bei allem, was im Wesentlichen die Informationen auf visuellem Wege verbreitet, stoßen wir zwangsläufig an unsere Grenzen. E-Learning wird die menschliche Hilfe und Erklärungsweise niemals ersetzen können, deshalb bin ich mir nicht im Klaren darüber, ob ich den Trend nur positiv betrachten kann.

- Es müsste mehr auf Barrierefreiheit bei Seiten von Anbietern (Handel) eingewirkt werden.
- Klarere und einfachere Darstellung von Inhalten. Vereinfachung von Beschreibung der Inhalte – z. B. bedienerfreundlichere Hinweise.
- Bei Vorträgen immer die Verschriftlichung auf USB haben, dann ist es schnell auf Subnotebook sichtbar. PowerPoint-Präsentationen vorlesen, auch wenn alle lesen können.
- Habe in diesem Bereich noch wenig Erfahrung, habe erst 2009 angefangen, die Computerbedienung zu lernen. Momentan Konzentration auf das Erlernen der Spracheingabe
- Bisher habe ich mit Lernprogrammen kaum Erfahrungen sammeln können, weder beruflich noch privat. Daher habe ich im Augenblick keine Verbesserungsvorschläge.
- Mehr Geduld von beiden Seiten, also den Behinderten und Nichtbehinderten.
- Reibungslose Funktion des Datenaustauschs: Material muss für alle verwertbar sein.

Tabelle A.55.: Vergleich deutsch- und englischsprachige Stichprobe der Umfrage

Frage zu	Deutsch	Englisch
Besitz einer Braille-Zeile	70 %	100 %
Verwendung einer Braille-Zeile	65 %	50 %
Verwendung von E-Learning	40 %	50 %
Davon E-Learning-Werkzeuge: Aufzeichnungen	50 %	50 %
Davon E-Learning-Werkzeuge: Lernamaterial	50 %	50 %
Davon E-Learning-Werkzeuge: Lernplattformen	50 %	0 %
Verwendung von Kollaboration	95 %	75 %
Davon Kollaborationseinsatz: Dokumentbearbeitung	78 %	100 %
Davon Kollaborationseinsatz: Besprechungen	67 %	100 %
Davon Kollaborationseinsatz: Technischer Support	78 %	33 %
Davon Kollaborationseinsatz: Lehrveranstaltungen	44 %	33 %

A.5. Produktanalyse

A.5.1. Funktionsvergleich mobiler Versionen virtueller Klassenzimmer

Tabelle A.56.: Funktionsvergleich mobiler Versionen von virtuellen Klassenzimmern: Funktion vorhanden: +; Funktion nicht vorhanden: –; nicht ermittelbar: ?; getestete Anwendungen: Adobe Connect Mobile, Blackboard Collaborate, WebEx und BigBlueButton (App-Name Mconf-mobile) Testgerät: Samsung GT-I9195 Samsung S4 mini, Betriebssystem: Android 4.4.2.

Nr.	Funktion	Adobe Connect Mobile	Blackboard Collaborate	WebEx	BigBlueButton
	Version	02.02.2002	1.0.1 (153)	05.01.2001	k. A.
Kommunikation					
1	Internes Nachrichtensystem (E-Mail)	?	?	?	?
2	Privater Chat	+	–	+	+
3	Öffentlicher Chat	+	+	+	+
4	Foren	?	?	?	?
5	Live-Konferenz Audio	+	+	+	+
6	Live-Konferenz Video[149]	+	–	+	(+)
7	Audio-Ausgabe von Inhalten	?	?	?	?
Koordination					
8	Verschiedene Rollen	+	–	+	+
9	Rollen-/Rechteverwaltung	–	–	–	–
10	Nutzerverwaltung	?	?	?	?
11	Selbstständiger Wechsel Whiteboard, Application, Sharing und WebTour durch TN	–	–	–	?
12	Selbstständiger Raumwechsel durch TN	?	?	?	?
13	Passwortschutz virtuelle Räume	?	?	?	?
14	Gruppenraum	?	?	?	?
15	Separate Konferenzräume	?	?	?	?
16	Aufgaben/Tests	–	–	–	–

Fortsetzung auf der nächsten Seite

[149] *BigBlueButton*: keine Übertragung vom mobilen Gerät.

Tabelle A.56.: Fortsetzung: Funktionsvergleich mobiler Versionen VK

Nr.	Funktion	Adobe Connect Mobile	Blackboard Collaborate	WebEx	BigBlueButton
17	Abstimmungen	+	+	−	−
18	Meldefunktion	+	+	−	−
19	TN-Statistik	?	?	?	?
20	Statusmeldungen TN	−	+	−	+
21	Timer-Funktion	−	−	−	−
22	Terminplaner/Notizfunktion	?	?	?	?
23	Adressbuch	?	?	?	?
Kollaboration					
24	Integriertes CMS	?	?	?	?
25	Dateiimport	−	−	−	−
26	Dateiexport	−	−	−	−
27	Dateiaustausch	−	−	−	−
28	Dateien wiedergeben	−	−	−	−
29	Online-Recherche	?	?	?	?
30	Shared Application/Desktop	−	−	−	−
31	Web-Tour	−	−	−	−
32	Whiteboard	+	+	+	−
33	Whiteboard bedienen (Moderatorrole)[150]	−	−	−	−
34	Whiteboard kommentieren	−	−	−	−
35	Weitere Whiteboard-Funktionen	−	−	−	−
36	Whiteboard speichern	?	?	?	?
37	Protokollfunktion im Whiteboard	?	?	?	?
38	Sitzungs-Aufzeichnungen	?	?	?	?
39	Indexierung von Aufzeichnungen	?	?	?	?
40	Social-Network-Anbindung	?	?	?	?
Konfiguration					
41	Skalierung Bildschirmanzeige	?	?	?	?

Fortsetzung auf der nächsten Seite

[150]Whiteboard bedienen in der Moderatorrolle, *Adobe Connect Mobile*: Auf einem Tablet möglich.

Tabelle A.56.: Fortsetzung: Funktionsvergleich mobiler Versionen VK

Nr.	Funktion	Adobe Connect Mobile	Blackboard Collaborate	WebEx	BigBlueButton
42	Konfiguration Design/Layout	–	–	–	–
43	Konfiguration Audio-Einstellungen	+	–	–	–
44	Mikrofon steuern	+	+	+	–
45	Konfiguration Video-Einstellungen	–	–	–	–
46	Tastaturkürzel	–	–	–	–
47	Mehrsprachenunterstützung	?	?	?	?
48	Nutzerprofile	?	?	?	?
	Sonstige Funktionalität				
49	Integrierbar in externe Anwendungen	?	?	?	?
50	Persönlicher Speicherplatz für TN	?	?	?	?
51	Login erforderlich	+	+	+	+
52	Grafischer Taschenrechner	?	?	?	?
	Sonstige Funktionalität				
53	Automatische Bildschirmausrichtung	–	+	+	–
54	Querformat	+	+	+	+
55	Hochformat[151]	–	+	+	–
56	Überblick	+	+	+	+
57	Vollbildschirm der Einzelfunktionen[152]	+	+	(+)	+
58	Menü immer sichtbar[153]	+	(–)	(–)	+
59	Moderatorrolle möglich?	+	+	–	+
60	Kennzeichnung Teilnahme über mobiles Gerät?	+	+	+	–
61	Hilfe (URL)	+	+	–	–
62	Abmelden	+	+	+	–
63	Audio-Benachrichtigungen	?	+	–	–

Fortsetzung auf der nächsten Seite

[151] *Blackboard Collaborate* und *WebEx*: Im Hochformat stehen in diesen Versionen mehr Funktionen zur Verfügung als im Querformat.
[152] *WebEx*: Vollbild nur für eine Kombination von Chat, Video und Präsentation.
[153] *Blackboard Collaborate* und *WebEx*: Trifft nur im Hochformat zu.

Tabelle A.56.: *Fortsetzung: Funktionsvergleich mobiler Versionen VK*

Nr.	Funktion	Adobe Connect Mobile	Blackboard Collaborate	WebEx	BigBlueButton
64	Visuelle Benachrichtigung[154]	–	–	+	–
65	Einstellungen	–	+	–	–
66	Emoticons	–	+	–	–
67	Abwesenheitskennzeichnung	–	+	–	–

[154] *WebEx*: Neue Chatnachricht wird angezeigt.

A.5.2. Anforderungen abgeleitet aus IMS-Richtlinien

Um die Ergebnisse mit denen der *WCAG*-Analyse (vgl. Kapitel 7.2.2) vergleichbar zu machen, wurden die *IMS Guidelines for Developing Accessible Learning Applications (Version 1.0 white paper, Section 7)* [47] in Anforderungen umformuliert und werden nachfolgend wiedergegeben.

1.2.1 Chat

Umsetzung des synchronen schriftlichen Chats durch:

1.2.1.1 Die Nutzerschnittstelle sollte vereinfacht werden. Dabei müssen entsprechende Richtlinien (für plattformspezifische Nutzerschnittstellen) beachtet werden.

1.2.1.2 Es müssen Hilfefunktionen und verfügbare Orientierungshilfen für die Nutzerschnittstelle und deren Funktionalität bereitgestellt werden.

1.2.1.3 Alle Funktionen die mit der Maus anwählbar sind, müssen auch durch die Tastatur bzw. Tastaturkürzel erreichbar sein.

1.2.1.4 Es muss ein Mechanismus verfügbar sein, der einen schnellen Wechsel zwischen den Modi „Nachricht erstellen" und „Überblick aller Chat-Nachrichten" ermöglicht.

1.2.1.5 Bieten Sie die Option an, nicht automatisch neu eintreffende Nachrichten anzuzeigen. Das heißt der Fokus soll nicht automatisch bei Eintreffen einer neuen Nachricht zu Dieser wechseln.

1.2.1.6 Bieten Sie die Option an, die Übersicht aller Nachrichten manuell zu aktualisieren.

1.2.1.7 Bieten Sie einen Mechanismus an, der auch langsamen Nutzern ermöglicht, effektiv an der Konferenz teilzunehmen (z. B. durch Zuweisung von Rederechten).

1.2.2. Audio-Konferenzen

Umsetzung der Audio-Konferenz durch:

1.2.2.1 Es muss ein schriftliches Echtzeit-Konferenz-Skript bereitgestellt werden, dass für die Teilnehmenden durch verschiedene Methoden verfügbar ist (z. B. erzeugt durch Protokollführung, durch den Telecom-Relay-Service oder durch verlässliche Spracherkennung in lauter Umgebung durch spezielle Audio-Filter)

1.2.2.2 Stellen Sie eine Möglichkeit bereit, den Text in Echtzeit vorlesen zu lassen entweder durch den Telecom-Relay-Service oder automatische Software

1.2.2.3 Alle Funktionen die mit der Maus anwählbar sind, müssen auch durch die Tastatur bzw. Tastaturkürzel erreichbar sein.

1.2.2.4 Bieten Sie einen Mechanismus an, der auch langsamen Nutzern ermöglicht, effektiv an der Konferenz teilzunehmen (z. B. durch Zuweisung von Rederechten).

1.2.3. Video-Konferenzen

1.2.3.1 „Provide a mechanism for describing visual support elements and encourage the use of this function." Es muss ein Mechanismus bereitgestellt werden, der unterstützende visuelle Funktionen und Elemente des Programms und deren Nutzung beschreibt. Das heißt, in der Video-Konferenz vorkommende grafische Elemente müssen in Text- oder Audioform extra erläutert werden. Da dies von den hochgeladenen Dokumenten durch den Präsentierenden und dem individuellen Ablauf der Präsentation/Video-Konferenz selbst abhängt, ist dieser Punkt nicht ermittelbar.

1.2.3.2 Es wird ein Echtzeit-Konferenz-Skript bereitgestellt, welches durch Spracherkennung, Protokollführung oder *Telekom-Relay-Service* erzeugt wird. Sobald das Skript einmal erzeugt wurde, ist die Darstellung auch durch einen computergenerierten Zeichensprache-Zeichner möglich. Das Echtzeit-Konferenz-Skript kann ortsunabhängig abgerufen werden.

1.2.3.3 Ermögliche das Hinzufügen von externen/nicht-programmeigenen Zeichensprachen- und Übersetzungs-Diensten.

1.2.3.4 Es muss möglich sein, dem Teilnehmer Text in Echtzeit vorlesen zu lassen entweder durch den Telecom-Relay-Service oder durch eine automatische Software.

1.2.3.5 Es sollten Video-Enkodierungs-Standards eingebunden werden, die eine Umwandlung in Zeichensprache ermöglichen, wie *MPEG-4*.

1.2.3.6 Stellen Sie sicher, dass alle über die Maus anwählbaren Funktionen auch über die Tastatur anwählbar sind.

1.2.3.7 Bieten Sie einen Mechanismus an, der auch langsamen Nutzern ermöglicht, effektiv an der Konferenz teilzunehmen (z. B. durch Zuweisung von Rederechten).

1.2.4. Whiteboard

1.2.4.1 In das Whiteboard muss ein synchroner schriftlicher Chat integriert werden, um den Nutzern die Beschreibung ihrer Grafiken zu ermöglichen.

1.2.4.2 Stellen Sie sicher, dass alle über die Maus anwählbaren Funktionen auch über die Tastatur anwählbar sind.

1.2.4.3 In den Arbeitsbereich des Whiteboards müssen Vektor-Grafiken (*Scalable Vector Graphics (SVG)*) integriert werden, um Verbesserungen im System zu ermöglichen.

A.5.3. Softwareanalyse

Tabelle A.57.: Auf Gesamtfunktionskatalog analysierte Softwarelösungen (vgl. Abbildung 7.1 auf S. 126, *Produktpalette A*); Versionsangaben nur für *Produktpalette B*

	Name	Version	Hersteller	Produktpalette				
				A	B	C	D	E
Proprietär	**Adobe Connect**	8	*Adobe* [77]	✓				
	Avilano	4181	*Avilano* [106]	✓	✓			
	Blackboard Collaborate	11	*Blackboard* [78]	✓	✓	✓		✓
	Saba Centra	–	*Saba* [107]	✓				
	Elluminate Live!	–	*Blackboard*[155]	✓				
	GoToMeeting	–	*Citrix* [108]	✓				
	netucate iLink	–	*Netucate Systems* [109]	✓				
	Wimba Classroom	–	*Blackboard* [156]	✓				
	SkillSoft Dialogue	–	*SkillSoft* [110]	✓				
	Talking Communities	8.4	*Talking Communities* [111]	✓	✓	✓	✓	
	WebEx	WBS28	*Cisco* [79]	✓	✓	✓	✓	
	WizIQ	–	*WizIQ* [112]	✓				
Frei/OS	**BigBlueButton**	0.8 Beta 2	*BigBlueButton* [113]	✓	✓	✓	✓	✓
	moodle	–	*Moodle* [114]	✓	✓	✓	✓	
	OpenMeetings	1.9.0	*Apache* [97]	✓	✓	✓		
	Yugma Free	4.1.5.1	*YSL Holdings* [115]	✓	✓			

A.5.4. Testmaterial für die Simulation nicht-visueller Arbeitstechniken

Die im Rahmen der Simulation nicht-visueller Arbeitstechniken untersuchten virtuellen Klassenzimmer werden mit Chat- und Whiteboard-Inhalten vorbereitet, welche nachfolgend beschrieben werden.

PowerPoint-Präsentation

Als Whiteboard-Inhalt für die virtuellen Klassenzimmer wird eine *PowerPoint*-Präsentation bestehend aus zwei Folien verwendet: Abbildungen A.3 und A.4.

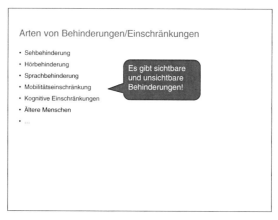

Abbildung A.3.: *PowerPoint*-Präsentationsfolie 1 für die Untersuchung nicht-visueller Arbeitstechniken

Abbildung A.4.: *PowerPoint*-Präsentationsfolie 2 für die Untersuchung nicht-visueller Arbeitstechniken

Chat-Protokoll

Der Chat wird mit zwei Beiträgen des Moderators vorbereitet (siehe A.1):

```
1 Moderator: Herzlich Willkommen zu dieser Online-
   Lehrveranstaltung.
2 Moderator: Bitte überprüfen Sie Ihre Mikrofoneinstellungen.
```

Quellcode A.1: Chat-Protokoll für den Screenreader-Test

Whiteboard-Inhalt

Neben der PowerPoint-Präsentation wird weiterhin eine Zeichnung auf dem Whiteboard erstellt (Abbildung A.5).

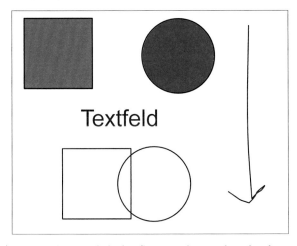

Abbildung A.5.: Whiteboard-Inhalt für Screenreadertest, bestehend aus einem blau gefülltem Rechteck, einem rot gefüllten Kreis, einer Überschneidung eines Rechtecks und eines Kreises, einem Textfeld und einem mit Freihandwerkzeug gezeichneten Pfeil

A.5.5. Analysekatalog für die softwareseitige Zugänglichkeit

Tabelle A.58.: Vergleich der Eigenschaften des Analysekatalogs mit denen der Werkzeuge Inspect und Ferret/Monkey; *ND*: nicht definiert

	Eigenschaften	*Inspect* (UIA)	*Ferret/Monkey* (Java)
Organisatorisch	Process ID	Process ID	Process ID
	Vorfahre	Ancestor	Top-level window name
	Nachkomme	Children	Visible descendants count
	Erstes Kind	FirstChild	ND
	Letztes Kind	LastChild	ND
	Nächster Tab	Next	ND
	Vorheriger Tab	Previous	ND
Allgemein	Position	BoundingRectangle	BoundingRectangle
	Name	LegacyIAccessible.Name	Name
	Rolle	LegacyIAccessible.Role	Role
Individuell	State	LegacyIAccessible.State	States
	Wert	LegacyIAccessible.Value	Accessible Value information
	Fokussierbar	IsKeyboardFocusable	ND
	Ist fokussiert	HasKeyboardFocus	ND
	Auswählbar	ND	ND
	Ist ausgewählt	SelectionItem.IsSelected	ND
	Beschreibung	LegacyIAccessible.Description	Description
	Tastaturbefehle	LegacyIAccessible.KeyboardShortcut	AccessibleKeyBinding info

A.6. Hardwaretasten des alternativen Benutzungskonzepts

Tabelle A.59.: Gegenüberstellung der Belegung der Hardwaretasten des *BrailleDis* für das *Tangram*-Projekt [BP14] und angepasst auf virtuelle Klassenzimmer

Taste	*Tangram*-Projekt	Virtuelles Klassenzimmer
FH	Fokus-Folgen-Modus	Folgen-Funktion
F	*Zu Rändern springen*	*Folien-Steuerung*
F (hoch)	Zum oberen Rand springen	Erste Folie
F (runter)	Zum unteren Rand springen	Letzte Folie
F (links)	Zum linken Rand springen	Vorherige Folie
F (rechts)	Zum rechten Rand springen	Nächste Folie
Z (hoch)		Vergrößern
Z (runter)		Verkleinern
EG		Erkundungs-Geste
7	Zoomstufe bei der ein Pin einem Pixel entspricht	Beschreibungs-Modul anzeigen
3	Einpassen in Darstellungsbereich	Chat-Modul anzeigen
2	*Minimap* an/aus	Whiteboard-Modul anzeigen
1	Zoomstufe entsprechend der Monitor-darstellung	Aktivitätsprotokoll-Modul anzeigen
F1		Sprachausgabe stoppen
F2	Bild invertieren	Folgen-Modus an/aus
F3	Schwellwert –	Mikrofon an/aus
F4	Schwellwert +	Video an/aus
4	Raster (gride) anzeigen/verbergen	Teilnehmer-Modul anzeigen
5	Braille-Label hinzufügen	Notiz-Modul anzeigen
6	Titel und Beschreibung hinzufügen	Video-Modul anzeigen
8	Meta-Daten-Information	Einstellungs-Modul anzeigen
AG		Auswahl-Geste
A (hoch)	Vergrößern	Vollbild des Darstellungsbereichs
A (runter)	Verkleinern	Anzeige aller Bereiche
WB	*Objekt-Editier-Tasten*	*Whiteboard-Editier-Tasten*
EM	Objekt-Editier-Modus	Whiteboard-Editier-Modus
NL		Verschiebe-Operationen

A.7. Quellcodebeispiele der Implementierung

Der Quellcode A.2 zeigt exemplarisch die Definition des Reiters „a" für das Aktivitätsprotokoll als Schaltfläche über das *BrailleIO*-Framework. Zu definierende Parameter für eine Schaltfläche[157] umfassen Randeinstellungen (x-Offset und y-Offset), Breite und Höhe. Dem erstellten Objekt wird ein Inhalt (Text, Bild oder Matrix) zugewiesen.

---

[157]Siehe Quellcode A.2, Zeile 3: `BrailleIOViewRange (0, 8, 7, 8)`.

Quellcode A.2: Erstellen des Reiters „Activity" in *TactileBBB* [Kar15]

```
 1  private void activityButton (BrailleIOScreen screen)
 2  {
 3    BrailleIOViewRange activityButton = new BrailleIOViewRange(0,
         8, 7, 8);
 4    bool[,] matrix = new bool[,]{
 5      {true, true, true, true, true, true},
 6      {false, false, false, false, false, false, true},
 7      {false, true, false, false, false, false, true},
 8      {false, false, false, false, false, false, true},
 9      {false, false, false, false, false, false, true},
10      {false, false, false, false, false, false, true},
11      {false, false, false, false, false, false, true},
12      {true, true, true, true, true, true}};
13    activityButton.SetMatrix(matrix);
14    screen.AddViewRange("Activity", activityButton);
15  }
```

Nachfolgendes Codebeispiel A.3 zeigt die Methode zum Auslesen der Teilnehmerliste in *TactileBBB*.

Quellcode A.3: Methode zum Auslesen der Teilnehmerliste in *TactileBBB* [Kar15]

```
 1  public List <ParticipantOrderRole> getNewParticipantList()
 2  {
 3    List <ParticipantOrderRole> pList = new List <
         ParticipantOrderRole >();
 4    IntPtr handle = getMainWindowHandle();
 5    if (handle == IntPtr.Zero){return pList;}
 6    AutomationElement au = AutomationElement.FromHandle(handle);
 7    Condition pNameCond = new PropertyCondition(AutomationElement.
         NameProperty, participant_userList);
 8    Condition listCond = new PropertyCondition(AutomationElement.
         ControlTypeProperty, ControlType.List);
 9    AndCondition partCond = new AndCondition(listCond, pNameCond);
10    AutomationElement partElem = au.FindFirst(TreeScope.
         Descendants, partCond);
11    if (partElem == null){return pList;}
12    AutomationElementCollection partNumber = partElem.FindAll(
         TreeScope.Children, Condition.TrueCondition);
13    foreach(AutomationElement part in partNumber)
14    {
15      pList = parsePartipantStatus(part, pList);
16    }
17    return pList;
18  }
```

A.8. Funktionale Anwendungsfälle

Nachfolgend werden die minimalen funktionalen Anforderungen zur Teilnahme an einer Veranstaltung für die Implementierung eines virtuellen Klassenzimmers für taktile Flächendisplays zusammengefasst.

1. Betreten des **virtuellen Klassenzimmers**
   - Anmelden im Raum
   - Audio-Aktivieren und testen
   - Raum verlassen

2. Teilnahme an der **Audio-Konferenz**
   - Audio-Konferenz beitreten
   - Audio-Konferenz zuhören
   - zu Audio-Konferenz beitragen (Mirko anschalten und stummschalten)

3. **Teilnehmer-Status** erkennen und eigenen Status steuern
   - Teilnehmer-Status abfragen/erkennen
   - eigenen Status ändern (bspw. Hand heben)

4. An einem **Chat** teilnehmen
   - Chatverlauf lesen
   - Chatbeitrag verfassen

5. Inhaltspräsentationen auf dem **Whiteboard** folgen
   - Whiteboard-Inhalt erfassen
   - Folien umschalten

6. Beteiligung an **Video-Konferenzen** erkennen und eigene Übertragung steuern
   - Erkennen, welcher Teilnehmender Video überträgt
   - Aktivieren/deaktivieren der eigenen Übertragung

7. Dem Verlauf der Sitzung folgen (**Aktivitätsprotokoll**)
   - Sitzungsverlauf verfolgen mittels Aktivitätsprotokoll
   - Filter der anzuzeigenden Aktivitäten setzen
   - Kommando eingeben in Aktivitätsfenster
   - Bestimmte Information im Aktivitätsprotokoll finden

8. Gezeichnete Inhalte auf dem Whiteboard erfassen (**Beschreibung**)
   - Element des Whiteboards auswählen
   - Beschreibung von ausgewähltem Element lesen
   - Eigene Beschreibung zu einem Element eingeben
   - Beschriebenes Element auf dem Whiteboard finden und erkunden

9. An Sitzungen aktiv teilnehmen (**Interaktion**)
   - Bedienung mit Tastatur

- Bedienung mit Hardwaretasten
- Gesteneingabe zum Fokussetzen verwenden
- Position von Fokus und Einfügemarke erkennen

Die beschriebenen Anwendungsfälle umfassen noch keine Interaktion mit grafischen Inhalten zu, wie bspw. eine Manipulation auf dem Whiteboard, stellen jedoch weitestgehend sicher, dass der Ablauf der Veranstaltung verfolgt und Inhalte erfasst werden können.

A.9. Evaluation Alternativer Benutzungskonzepte

A.9.1. Probandennummerierung

An den Benutzertests zu den alternativen Benutzungskonzepten und der Implementierung für taktile Flächendisplays (*TactileBBB*) nahmen zum Teil dieselben Probanden teil. Um nachvollziehbar zu gestalten, welche Probanden an beiden Evaluationen beteiligt waren, erhalten diese in der vorliegenden Arbeit für beide Untersuchungen die selbe Probandennummer Pn (siehe Tabelle A.60).

Dieses Kapitel umfasst Testmaterialien, Durchführungsbeschreibung und Evaluationsauswertung der Evaluation alternativer Benutzungskonzepte (vgl. Kapitel 9.5).

Tabelle A.60.: Probandenbeteiligung an den Evaluationen zu den alternativen Benutzungskonzepten (vgl. Kapitel 9.5) und der Implementierung für taktile Flächendisplays (*TactileBBB*) (vgl. Kapitel 11)

Proband	Alternative Bedienkonzepte	TactileBBB
P1	✓	–
P2	✓	✓
P3	✓	✓
P4	✓	✓
P5	✓	–
P6	✓	✓
P7	–	✓
P8	–	✓
P9	–	✓
P10	–	✓
P11	–	✓
P12	–	✓
P13	–	✓
Gesamt	6	11

A.9.2. Testmaterial

Nachfolgend werden taktile Ansichten der Evaluation des alternativen Benutzungskonzepts aufgeführt, welche bisher nicht in der Arbeit abgebildet wurden (vgl. Tabelle A.61).

Tabelle A.61.: Mock-ups für *taktiles Paper-Prototyping*; Spalte *V/A*: Vollbild oder Ausschnitt

Ansicht	Mock-up	V/A	Eigenschaften	Abb.
0 Einführung	0.1 Widgets	A	Widgets und Braille	A.14
1 Grundlayout-Puzzle	1.1 Titelzeile	A	Braille	A.13 (a)
	1.2 Screenreaderausgabe	A	Braille	A.13 (c)
	1.3 Darstellungsbereich	A	Punktrahmen	A.13 (b)
	1.4 Reiter-Leiste horizontal	A	Widgets und Braille	A.13 (e)
	1.5 Reiter-Leiste vertikal	A	Widgets und Braille	A.13 (f)
	1.6 Takton-Leiste	A	Widgets und Braille	A.13 (g)
	1.7 Trennlinie 1	A	Punktlinie	A.13 (d)
	1.8 Trennlinie 2	A	Punktlinie	A.13 (d)
	1.9 Scroll-Leiste	A	Widget	Tab. 9.3
2 Grundlayout	2.1 Grundlayout	V	Widgets und Braille	9.6
3 Aktivitätsfenster	3.1 Aktivitätsfenster	V	Widgets und Braille	9.9
4 Whiteboard	4.1 Reiter Whiteboard aktiviert, Textwerkzeug ausgewählt	V	Widgets und Braille	–
	4.2 Reiter Whiteboard aktiviert, Kreiswerkzeug ausgewählt	V	Widgets und Braille	A.8
	4.3 Startpunkt	A	Punktdarstellung	A.11
	4.4 Reiter Whiteboard aktiviert, Kreis-Startpunkt gesetzt	V	Widgets und Braille	A.9
	4.5 Endpunkt	A	Punktdarstellung	A.11, A.10
	4.6 Kreis klein	A	Punktdarstellung	A.11
	4.7 Kreis mittel	A	Punktdarstellung	A.11
	4.8 Kreis groß	A	Punktdarstellung	A.11
	4.9 Reiter Whiteboard aktiviert, Kreis gezeichnet	V	Widgets und Braille	9.10
5 Chat	5.1 Reiter Chat aktiviert	V	Widgets und Braille	–
	5.2 Reiter Chat aktiviert, Eingabefeld aktiviert	V	Widgets und Braille	9.12
	5.3 Reiter Chat aktiviert, neuer Chatbeitrag	V	Widgets und Braille	A.6, A.7
	5.3 Chat-Toggle-Button ausgeklappt	A	Widgets und Braille	9.26
6 Teilnehmende	6.1 Reiter Teilnehmende aktiviert	V	Widgets und Braille	9.13
	6.2 Teilnehmendenbereich Scroll-Leiste unten	A	Widgets und Braille	9.13
7 Einstellungen	7.1 Reiter Einstellungen aktiviert	V	Widgets und Braille	9.14
	7.2 – 7.6 Checkbox ausgewählt	A	Punktdarstellung	9.14
	7.7 – 7.11 Checkbox nicht ausgewählt	A	Punktdarstellung	9.14
8 Video	8.1 Ansicht Video aktiviert	V	Widgets und Braille	9.15
9 Beschreibung	9.1 Ansicht Beschreibung aktiviert	V	Widgets und Braille	9.16
10 Links	10.1 Ansicht Links aktiviert	V	Widgets und Braille	9.17
11 Lesezeichen	11.1 Ansicht Lesezeichen aktiviert	V	Widgets und Braille	9.18
12 Taktons	12.1 Verschiedene Takton-Entwürfe	A	Taktons und Braille	A.12

Taktile Ansichten

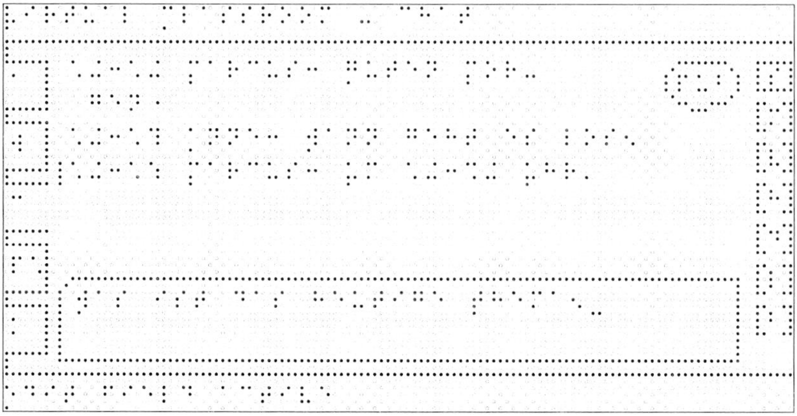

Abbildung A.6.: Reiter Chat mit Beitrag im Eingabefeld

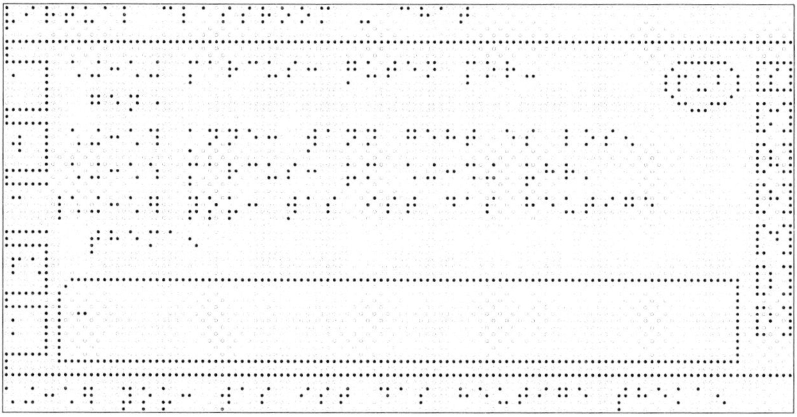

Abbildung A.7.: Reiter Chat mit neuem Beitrag

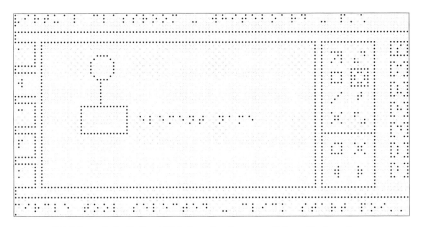

Abbildung A.8.: Reiter Whiteboard mit ausgewähltem Kreiswerkzeug

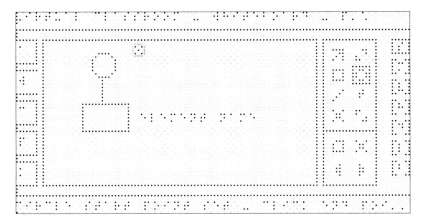

Abbildung A.9.: Reiter Whiteboard mit Startpunkt

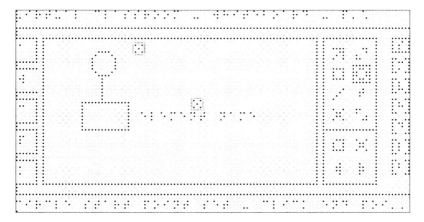

Abbildung A.10.: Reiter Whiteboard mit Start- und Endpunkt

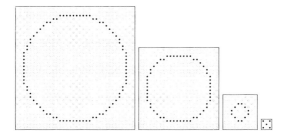

Abbildung A.11.: Whiteboard-Elemente: Kreise und Punkte

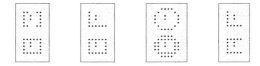

Abbildung A.12.: Vier Varianten zur Darstellung von Taktons; oben: nicht ausgewählt,
unten ausgewählt, Beschriftung: Buchstabe b

A.9.3. Durchführung

Einführungsskript

Nachfolgend wird die vom Testleiter gegebene Einführung in Vorgehen, verwendetes technisches Hilfsmittel, die Methode sowie virtuelle Klassenzimmer wiedergegeben.

Begrüßung und Vorgehensbeschreibung

Schön, dass Sie da sind.

Ich bin Wiebke Köhlmann. Ich schreibe meine Doktorarbeit an der Universität Potsdam und bin heute der Testleiter. Wenn Sie Fragen haben, bitte zögern Sie nicht diese zu stellen.

Welche Anrede bevorzugen Sie? Du oder Sie?

Bereit oder nochmal auf die Toilette oder ähnliches?

Wenn Sie zwischendurch eine Pause brauchen oder den Test abbrechen möchten, ist das kein Problem. Bitte sagen Sie einfach Bescheid.

Im Rahmen meiner Doktorarbeit an der Universität Potsdam untersuche ich, welche Barrieren bei der Teilnahme an Veranstaltungen in virtuellen Klassenzimmern für Blinde und Menschen mit Sehbeeinträchtigung auftreten und entwickele Konzepte, wie diese Barrieren abgebaut werden können.

Ziel des heutigen Benutzertests ist herauszufinden, ob meine Ideen zur Verbesserung der Barrierefreiheit von virtuellen Klassenzimmern sinnvoll sind.

Virtuelle Klassenzimmer, wie bspw. *Adobe Connect* oder *Blackboard Collaborate*, bieten die Möglichkeit den Unterricht online durchzuführen. Diese Klassenzimmer umfassen Funktionen wie z. B. Chat, Audio- und Video-Konferenz und die Möglichkeit Präsentationsfolien zu teilen und auf einem Whiteboard – einer digitalen Tafel – zu zeichnen. Sie sind also ähnlich wie Skype, aber teilweise aus zu *Facebook*.

Ich finde es wichtig, dass Blinde und Sehende möglichst gleichberechtigt an so einer Online-Unterrichtsstunde teilnehmen können. Probleme hierbei sind z. B. der Umfang an Informationen, der Live-Charakter (mehrere Aktionen laufen synchron) und grafische Inhalte.

Gegenstand dieses Benutzertests ist, die Bedienbarkeit von neu entwickelten Konzepten für die Verwendung virtueller Klassenzimmer zu untersuchen. Als Ausgabegerät soll zukünftig ein zweidimensionales Braille-Display mit 60×120 Punkten verwendet werden. Zur Simulation der Anwendungen werden heute taktile Ausdrucke verwendet. Der Benutzertest wird ca. 2 Schulstunden dauern und ist wie folgt aufgebaut:

1. Begrüßung
2. Beantwortung eines eingehenden Fragebogens zur Person, den Computerkenntnissen und Vorkenntnissen in Bezug auf E-Learning.
3. Erläuterung der Benutzertests mit taktilen Ausdrucken
4. Durchführung des Benutzertests mit taktilen Ausdrucken
5. Abschließender Fragebogen
6. Verabschiedung

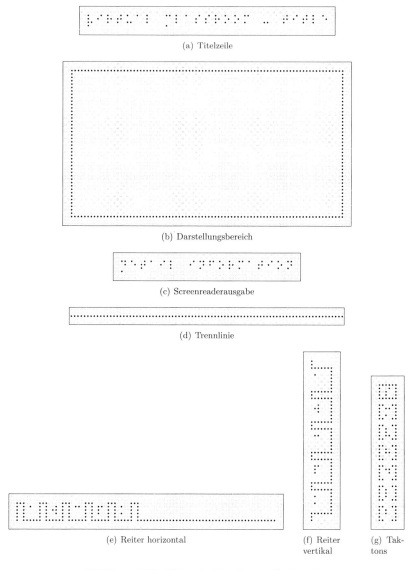

(a) Titelzeile

(b) Darstellungsbereich

(c) Screenreaderausgabe

(d) Trennlinie

(e) Reiter horizontal   (f) Reiter   (g) Tak-
                                         vertikal   tons

Abbildung A.13.: Elemente Grundlayout-Prototyping

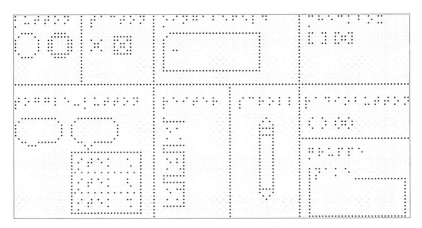

Abbildung A.14.: Mock-up Widget-Übersicht

Ich möchte währen des Tests gerne Tonaufnahmen machen, damit ich nicht alles mitschreiben muss. Ich würde außerdem gerne Videoaufnahme Ihrer Hände machen, damit mir später die Auswertung leichter fällt. Die aufgenommenen Daten werden anonymisiert und nicht veröffentlicht!

Damit ich diese Aufnahmen machen darf, benötige ich Ihr Einverständnis. Bitte lesen Sie die Erklärung und Unterschreiben Sie diese.

Aktion: Unterschrift Einverständnis
Aktion: Ausfüllen des Vorab-Fragebogens

Einführung *BrailleDis*

Die Darstellung der Benutzungsoberfläche erfolgt auf einer Fläche von 60 × 120 Punkten. Das entspricht der Größe des Braile-Displays, welches von der metec AG entwickelt wurde. Darauf ist die Darstellung mehrerer Zeilen Braille-Schrift, aber auch die Darstellung einfacher taktiler Grafiken möglich.

Einführung *Paper-Prototyping*

Ich werde dir gleich taktile Ausdrucke zeigen, die die Benutzungsoberfläche abbilden und zu den Ansichten etwas erklären. Dann werde ich Fragen stellen, z. B. Wie dir etwas gefällt oder was du anders erwartet hättest.

Bitte versuche während des Tests laut zu denken: Das heißt, wenn ich dir eine Aufgabe stelle, liest du laut und sprichst aus, was du denkst: „Was ist denn das? Was steht hier?" usw. Ich übernehme die Rolle des Screenreaders, wenn nötig.

Wir werden verschiedene Ansichten erkunden und einige Aktionen durchspielen: Bspw. das Klicken auf ein Bedienelement. Wenn sich die Benutzungsoberfläche verändert, dann werde ich dir eine weitere Ansicht geben oder ein kleines Bildelement ersetzen.

Klick-Aktionen können wir einfach durch die Ansage „Klick" oder „Doppelklick" simulieren. Hier werde ich dann entweder die Benutzungsoberfläche ändern oder kommentieren, was nun passieren würde.

Die Sprache der Benutzungsoberfläche ist Englisch. Einige Elemente, wie bspw. der Chat, sind auf Deutsch. Wenn du hier etwas nicht verstehst – bitte einfach fragen. An manchen Stellen der Ausdrucke können sich Fehler eingeschlichen haben. Wenn dir etwas komisch vorkommt, dass frage bitte einfach.

Einführung Virtuelles Klassenzimmer

Für den Test stellen wir uns vor, dass eine Unterrichtsstunde in einem virtuellen Klassenzimmer abgehalten wird. Der Lehrer erklärt über Internettelefonie den Unterrichtsstoff und verwendet dazu parallel ein Whiteboard, also eine digitale Tafel, um den Lehrstoff besser zu verdeutlichen. Vor Unterrichtsbeginn melden sich die Schüler nach und nach im Klassenzimmer an und können sich zunächst über den Chat austauschen. Hier können im Verlauf der Stunde auch Fragen gestellt werden. Jeder Schüler hat ein Mikrophon, über das er sich an der Audio-Konferenz mündlich beteiligen kann. Es gibt auch eine Möglichkeit ein Handzeichen, wie das einer Handmeldung zu geben.

Einverständniserklärung

Die nachfolgende Einverständniserklärung wurde den Probanden in Braille-Schrift vorgelegt und vorgelesen. Die Unterschrift erfolgte auf einem Exemplar in Schwarzschrift.

Einverständniserklärung für die Teilnahme an der Untersuchung „Alternative Benutzungskonzepte für virtuelle Klassenzimmer"

Ich habe die Erläuterungen der Untersuchung zur Kenntnis genommen und erkläre mich bereit, an der Untersuchung teilzunehmen.

Ich bin damit einverstanden, dass Tonaufnahmen und Videoaufnahmen der Hände zu Dokumentationszwecken angefertigt und anonym gespeichert werden.

Ich habe jederzeit das Recht, ohne weitere Angabe von Gründen, die Untersuchung abzubrechen, ohne dass mir daraus irgendwelche Nachteile entstehen.

Ich erkläre mich damit einverstanden, dass, soweit es sich um personenbezogene Daten handelt, Beauftragte der Untersuchungsleiter der Studie oder Mitarbeiter der Professur Komplexe Multimediale Anwendungsarchitekturen der Universität Potsdam diese Daten einsehen.

Ort und Datum: _____

Name in Druckbuchstaben: _____

Unterschrift des Probanden (ggf. des Erziehungsberechtigten): _____

Vorab-Fragebogen

Tabelle A.62.: Benutzertest Alternative Benutzungskonzepte: Vorab-Fragebogen

Nr.	Frage	Aufgabenart	Antwortmöglichkeiten	Pflicht
Allgemeine Angaben				
A1	Wie alt sind Sie?	Freitext	Alter: __ Jahre	Ja
A2	Welches Geschlecht haben Sie?	Auswahl	weiblich; männlich	Ja
A3	Welche Sehschädigung liegt bei Ihnen vor?	Freitext	Sehschädigung: __	Ja
A4	Verfügen Sie über einen verwertbaren Sehrest?	Auswahl mit Freitext	Nein; Ja, mein Sehrest beträgt __	Ja
A5	Besteht die Sehschädigung seit Geburt an?	Auswahl mit Freitext	Ja; Nein, sie begann im Alter von __ Jahren	Ja
A6	Haben Sie zusätzlich zu Ihrer Sehschädigung noch andere Behinderungen?	Auswahl mit Freitext	Nein; Ja, und zwar __	Ja
A7	Welchen Abschluss streben Sie an?	Freitext	Angestrebter Abschluss: __	Ja
Braille-Kenntnisse				
B1	Haben Sie die Braille-Schrift erlernt?	Auswahl mit Freitext	Ja, im Alter von __; Nein (weiter mit Abschnitt *Computernutzung*)	Ja
B2	Welche Braille-Schriften verwenden Sie?	Mehrfachauswahl mit Freitext	Basisbraille; Vollschrift; Kurzschrift; Computerbraille; weitere Braille-Schriften, und zwar __	Ja
B3	Besitzen Sie eine Braille-Zeile?	Auswahl	Ja; Nein	Ja
B4	Wenn ja, wie groß ist/sind Ihre Braille-Zeilen?	Mehrfachauswahl mit Freitext	40-er-Zeile; 80-er-Zeile; Andere Größe, und zwar __	Nein
B5	Wenden Sie die Braille-Schrift regelmäßig an?	Auswahl	Sehr Häufig; Häufig; Bei Bedarf; Selten; Nie	Ja
B6	Wie würden Sie sich selbst einschätzen?	Auswahl	Als Braille-Schrift-Anfänger; Als durchschnittlicher Anwender der Braille-Schrift; Als guter Anwender der Braille-Schrift	Ja
B7	Haben Sie Erfahrungen mit taktilen Abbildungen oder Grafiken?	Auswahl	Ja; Nein	Ja

Fortsetzung auf der nächsten Seite

Tabelle A.62.: Fortsetzung: Benutzertest Alternative Benutzungskonzepte: Vorab-Fragebogen

Nr.	Frage	Aufgabenart	Antwortmöglichkeiten	Pflicht
B8	Welche Arten von Grafiken haben Sie bereits genutzt?	Mehrfachauswahl und Freitext	Keine; Landkarten; Stadtpläne; Taktile Darstellungen von Diagrammen; Abbildungen von komplexen Strukturen; Taktile Darstellungen von Bildern; Abbildungen von Bildschirminhalten; Sonstige Grafiken, und zwar	Ja
B9	Besitzen Sie ein Smartphone?	Auswahl und Freitext	Ja, welches __; Nein	Ja
Computernutzung				
C1	Wie häufig nutzen Sie einen Computer?	Auswahl	Täglich mehrere Stunden; Täglich; Mehrmals pro Woche; Einmal pro Woche; Einmal pro Monat; Selten; Nie (Weiter mit *E-Learning*)	Ja
C2	Mit welchen Anwendungen arbeiten Sie?	Tabelle	Zeilen: Textverarbeitung (bspw. Word); Tabellenkalkulation (bspw. Excel); Präsentationssoftware (bspw. PowerPoint); Datenbankanwendungen (bspw. Access); Internet Explorer; Mozilla Firefox; E-Mail-Programm; Chat-Programm; Lernplattform; Virtuelles Klassenzimmer. Spalten: Sehr häufig; Häufig; Geht so; Selten; Nie	Ja
C3	Welche weiteren Anwendungen verwenden Sie wie häufig?	Freitext	—	Nein
C4	Welchen Screenreader nutzen Sie?	Freitext, Mehrfachnennungen möglich	Screenreader: —	Ja
C5	Welche Hilfsmittel verwenden Sie zur Arbeit an Computern?	Mehrfachauswahl mit Freitext	Screenreader; Braille-Zeile; Spracherkennungssoftware; Andere, und zwar __	Ja

Fortsetzung auf der nächsten Seite

Tabelle A.62.: Fortsetzung: Benutzertest Alternative Benutzungskonzepte: Vorab-Fragebogen

Nr.	Frage	Aufgabenart	Antwortmöglichkeiten	Pflicht
C6	Wie nutzen Sie Ihren Screenreader?	Auswahl mit Freitext	Nur über die Sprachausgabe; Vorwiegend über die Sprachausgabe; Parallel über Sprachausgabe; Vorwiegend über die Braille-Zeile; Nur über die Braille-Zeile; Sonstiges, und zwar _	Ja
C7	Wie tätigen Sie Eingaben an Ihrem Computer?	Mehrfachauswahl	Über die Tastatur; Mit der Maus; Unter Verwendung der Braille-Tastatur; Spracheingabe; Sonstiges, und zwar _	Ja
E-Learning				
E1	Findet in Ihrer Ausbildung E-Learning Anwendung?	Auswahl	Ja; Nein (Weiter mit Kollaboration)	Ja
E2	Welche E-Learning-Werkzeuge haben Sie bereits verwendet?	Mehrfachauswahl mit Freitext	Lernplattform; Konferenzsoftware/Virtuelles Klassenzimmer; Online-Lernmaterial; Aufgezeichnete Vorträge/Veranstaltungen; Social Web (Facebook, Twitter usw.) Sonstiges, und zwar _; Falls genannt, welche Softwarelösungen haben Sie verwendet (bspw. Lernplattformen wie Blackboard, Moodle)? _; Keine	Ja
E3	Welche Funktionalität nutzen Sie von diesen E-Learning-Werkzeugen und wie häufig?	Tabelle	Zeilen: Online-Lernmaterialien; Dateiupload/-übertragung; Foren; Wikis; Kalender; E-Mail-Funktion; Chat; Telefonie; Video; Whiteboard; Shared Desktop; Live-Präsentationen. Spalten: Sehr häufig/Häufig/Geht so/Selten/Nie	Ja
E4	Welche Probleme treten bei der Verwendung von E-Learning auf?	Freitext	—	Nein
Kollaboration				
K1	Findet eine Zusammenarbeit mit Kommilitonen, Kollegen oder Freunden statt?	Auswahl	Ja; Nein (Ende des Fragebogens)	Ja

Fortsetzung auf der nächsten Seite

Tabelle A.62.: *Fortsetzung: Benutzertest Alternative Benutzungskonzepte: Vorab-Fragebogen*

Nr.	Frage	Aufgabenart	Antwortmöglichkeiten	Pflicht
K2	Wie häufig und mit wem findet die Zusammenarbeit statt?	Tabelle	Zeilen: Mit Blinden; Mit Sehenden; Mit Blinden und Sehenden gemeinsam. Spalten: Sehr häufig/Häufig/Geht so/Selten/Nie	Ja
K3	In welchem Umfeld nutzen Sie Kollaboration/Gruppenarbeit?	Mehrfachauswahl mit Freitext	Privat; Für Schule; Ausbildung; Sonstiges: —	Ja
K4	Wie viele Personen nehmen in der Regel an dieser Zusammenarbeit teil?	Freitext	—	Ja
K5	Beschreiben Sie bitte eine oder mehrere typische Kollaborationssituationen (Teilnehmer, verwendete Hilfsmittel, Umfeld, Häufigkeit, usw.).	Freitext	—	Nein
K6	Haben Sie bereits an computergestützten Kollaborationssituationen, also bspw. online-geführten Konferenzen mit Chat, Dateiaustausch u. ä., teilgenommen?	Auswahl	Ja; Nein (*Ende des Fragebogens*)	Ja
K7	Wie viele Computer/Hilfsmittel sind in der Regel bei der computergestützten Zusammenarbeit im Einsatz?	Auswahl mit Freitext	Ein Computer bzw. Hilfsmittel pro Kooperationspartner; Ein gemeinsamer Computer bzw. Hilfsmittel für alle Kooperationspartner; Sonstiges und zwar —	Ja
K8	Zu welchem Zweck nutzen Sie computergestützte Kollaboration?	Auswahl mit Freitext	Teilnahme an Lehrveranstaltungen; Gemeinsame Arbeit an Dokumenten bzw. Inhalten; Technischer Support; Besprechungen bzw. Meetings; Spielen; Sonstiges und zwar —	Ja
K9	Findet die computergestützte Zusammenarbeit an einem Ort oder ortsungebunden über das Internet statt?	Auswahl	Ortsgebunden; Ortsungebunden über das Internet; Sowohl als auch	Ja
K10	Verwenden Sie neben Screenreadern spezielle Software zur Zusammenarbeit am Computer?	Auswahl mit Freitext	Nein; Ja und zwar —	Ja

Testablauf

Widgets

Zuerst möchte ich dir Bedienelemente zeigen und erklären, damit du dich auf den Ausdrucken später zurechtfindest.

Ist es in Ordnung, wenn ich deine Hände führe?

Wie auf einem Monitor, werden Bedienelemente auf den folgenden Ansichten taktil dargestellt. Wir werden uns nun die wichtigsten Widgets für diesen Test ansehen:

- Button (nicht ausgewählt und ausgewählt)
- Takton – Taktiles Icon (nicht ausgewählt und ausgewählt)
- Eingabefeld mit blinkender Einfügemarke/Caret
- Checkbox (nicht ausgewählt und ausgewählt)
- Toggle-Button – Button mit ausklappbarem Menü und Auswahlmöglichkeit (geschlossen und ausgeklappt)
- Reiter/Tabs – vertikal angeordnete Reiter. Das jeweils nach rechts offene Element ist aktiviert und auf der Ansicht wird der entsprechende Inhalt groß angezeigt.
- Scroll-Leiste – Zeigt an, wenn mehr Inhalt vorhanden ist, als auf der Ansicht dargestellt werden kann und ermöglicht das Verschieben der Ansicht
- Radiobutton: Auswahlfeld mit entweder/oder (nicht ausgewählt und ausgewählt)
- Gruppierung: Ein Rahmen um Elemente (mit und auch ohne Beschriftung/Gruppenname) zur Verdeutlichung der Zusammengehörigkeit mehrerer Elemente

Aufgabe 1: Erkunde die Widgets und stelle bei Bedarf Fragen.

Grundlayout

Testmaterial: Rahmen und Elemente zur Anordnung vorlegen

Ich habe hier einige Bedienelemente:

- Eine Überschrift
- Trennlinien
- einen Reiter zum Umschalten von einer Aktivitätsübersicht, dem Whiteboard, Chat, Teilnehmerliste und Konfiguration/Einstellungen
- Scroll-Leiste
- Taktons/Buttons, welche folgende Eigenschaften anzeigen:
  - Synchronisiert
  - Eigenes Mikrofon an/aus
  - Eigenes Video an/aus
  - Hand oben/unten
  - Beschreibung für ausgewähltes Element vorhanden
  - Link mit anderen Elementen vorhanden
  - Lesezeichen/Marker setzen
- Ausgabe des Screenreaders
- Bereich, in dem die Inhalte (Whiteboard, Chat usw.) angezeigt werden.

Aufgabe 1: Bitte ordne die Elemente so an, wie du es für sinnvoll hältst.

Testmaterial: Braille-Druck Grundlayout

Hier ist nun ein Entwurf für die Benutzungsoberfläche, die wir in diesem Test verwenden werden. Die Braille-Drucke sind an der rechten Kante zusammengeklebt, da nicht alles auf eine Seite passte. Dadurch entsteht eine Kante, die du bitte möglichst ignorierst.

Aufgabe 2: Erkunde die Darstellung und denke dabei laut.

Aufbau:

- Kopfzeile: Die Kopfzeile befindet sich ganz oben. Sie besteht aus einer Zeile Braille-Schrift. Hier werden Programmtitel und aktuelle Ansicht angezeigt. Also bspw. Virtual Classroom – Chat
- Linker Navigationsbereich: Auf der linken Seite befinden sich Reiter. Das nach rechts offene Element ist ausgewählt. Hier sind folgende Ansichten auswählbar:
  - a: Aktivitätsfenster: Hier wird ein Protokoll aller auftretender Aktionen erstellt. Es wird also aufgelistet, wann und wer einen Chat-Beitrag geschrieben hat, wann ein neues Element auf dem Whiteboard gezeichnet wurde usw.
  - w: Hier ist der Whiteboard-Bereich. Es ist eine Zeichentafel, wo gezeichnet werden kann. Es können aber auch PowerPoint-Präsentationen gezeigt werden.
  - c: Hier wird der Chatverlauf angezeigt und eigene Beiträge können verfasst werden
  - p: P wie participants – Teilnehmer: Hier wird eine Liste der Moderatoren und Teilnehmer angezeigt und auch, ob deren Mikrofon oder Kamera aktiviert ist
  - K: k steht für Konfiguration, also Einstellungen. Hier kann eingestellt werden, für welche Ereignisse ein Tonsignal erklingen soll oder wie die Anordnung der Bedienelemente aussehen soll.

Neben Chat (c), Whiteboard (w) und Teilnehmer (p) können noch Zahlen stehen. Diese zeigen an, wie viele neue Chatbeiträge oder Veränderungen bei den Teilnehmern eingetreten sind, seit diese Ansicht das letzte Mal betrachtet wurde.

- Rechter Navigationsbereich: Hier wird dein eigener Status (Mikro an/aus, Video an/aus usw.) angezeigt und auch, welche Informationen für ein Element hinterlegt sind. Durch Klicken auf das Element kann die Funktion aktiviert oder deaktiviert werden.
  - s: s zeigt an, ob die Ansicht mit dem des Lehrers synchronisiert ist. In der Regel ist dieses Takton ausgewählt: Das bedeutet, dass alle Änderungen im Klassenzimmer live angezeigt werden, also sich die Ansicht automatisch aktualisiert. Wenn diese Option ausgeschaltet wird, ist es so, als wenn man „Pause"/ein „Standbild" machen würde. Die Ansicht wird nicht mehr aktualisiert, so dass man in seinem eigenen Tempo die Inhalte erfassen kann. Der Unterricht jedoch geht trotzdem weiter, so dass man, wenn man sync wieder anschaltet, einen Teil verpasst hat – so als wenn man kurz den Klassenraum verließe.
  - m: m ausgewählt (Rahmen) heißt, das eigene Mikrofon ist aktiviert (hier teilweise Schreibfehler)
  - v: v ausgewählt heißt, das eigene Video ist aktiviert
  - h: h ausgewählt heißt, dass man sich meldet

- d: d steht für Description/Beschreibung: Es ist möglich für jedes Element eine alternative Beschreibung anzulegen. Hier können alle Teilnehmer des Klassenzimmers zusammenarbeiten und gemeinschaftlich eine Beschreibung erstellen. Ist das d ausgewählt, existiert für das fokussierte Element eine Beschreibung. Mit Doppelklick auf das Element kann man die Beschreibung bearbeiten
- l: l steht für Link: Es ist möglich Elemente, die etwas miteinander zu tun haben zu verlinken: bspw. eine Frage im Chat zu einer Zeichnung auf dem Whiteboard. Ist das l ausgewählt, existiert für das fokussierte Elemente ein Link zu einem anderen Element. Mit Doppelklick auf das Element kann man den Link ansehen und bearbeiten.
- B: b steht für Bookmark/Lesezeichen. Es wird nicht immer möglich sein, alle Inhalte sofort zu erfassen. Daher soll es möglich sein, sich Stellen zu merken. Die Stunde im virtuellen Klassenzimmer wird aufgezeichnet, so dass man diese in eigenem Tempo wiederholen kann. Die bookmarks helfen, Stellen wiederzufinden. Ein Klicken auf das Bookmark-Takton setzt ein Lesezeichen, ein Doppelklick ruft die Lesezeichenansicht auf.

- Detailbereich: Im Detailbereich erfolgt die Ausgabe des Screenreaders wie gewohnt zur Braille-Zeile.
- Darstellungsbereich: Der Darstellungsbereich ist der große Bereich in der Mitte der Benutzungsoberfläche. Hier werden die Inhalte dargestellt: Also Chatverlauf, Whiteboard usw.

Frage 1: Hast du Fragen zu den Elementen oder dem Aufbau?

Frage 2: Wie gefällt dir der Aufbau? Ist er logisch?

Frage 3: Was möchtest du gerne ändern?

Frage 4: Erscheint dir die Synchronisationsfunktion sinnvoll??

Aktivität

Testmaterial: Braille-Druck Grundlayout

Aufgabe 1: Klicke auf der Ansicht auf den Reiter für die Aktivitätsansicht!

Testmaterial: Braille-Druck Aktivität und Kommandozeile

Der Reiter Aktivität ist nun aktiviert (rechts offen) und das Aktivitätsprotokoll wird angezeigt. Die vertikalen 4 Striche (Form eines großen L) vor der ersten Zeile sind die Markierung der Fokusposition. Stelle dir vor, dass diese Markierung blinkt.

Aufgabe 2: Erkunde die Darstellung und denke dabei laut.

Frage 1: Welche Informationen sind vorhanden? Ist alles Verständlich?

Eine Zeile ist wie folgt aufgebaut: Typ der Aktivität – Uhrzeit – Teilnehmer – Aktivitätsbeschreibung oder Chatbeitrag. Rechts dient die eckige Klammer als Trennsymbol: dort steht DnLn oder DyLy. Dies bedeutet: Description no/yes und Link no/yes.

Pro Aktivität wird nur eine Zeile verwendet. Wenn die Information nicht auf die Zeile passt, zeigen zwei Punkte dies an. Bei Auswahl eines Beitrags werden die ausführlichen Informationen unten im Detailbereich angezeigt. Ein Doppelklick auf den Beitag würde die entsprechende Ansicht öffnen.

Unter dem Protokoll befindet sich ein Eingabefeld. Hier kann man wie bei einer Kommandozeile Befehle eingeben: Bspw. mit [chat] MESSAGE ... erstellt man direkt einen Chatbeitrag. Die Kommadozeile kann in der Konfiguration ausgeblendet werden.

Frage 2: Hast du Fragen zur Ansicht?

Frage 3: Ist Aufbau übersichtlich?

Frage 4: Fehlen Informationen oder Funktionen?

Frage 5: Was kann man weglassen? Welche Informationen sind für dich wichtig?

Aufgabe 3a: Doppelklicke auf den dritten Chat-Eintrag, um zur Chat-Ansicht zu wechseln.
ODER
Aufgabe 3b: Doppelklicke auf einen Whiteboard-Eintrag, um zur Whiteboard-Ansicht zu wechseln.

Chatansicht

Testmaterial: Braille-Druck Chat Ansicht A

Der Reiter Chat ist nun aktiviert (rechts offen) und der Chatverlauf wird angezeigt. Die vertikalen 4 Striche (Form eines großen L) vor der ersten Zeile sind die Markierung der Fokusposition. Stelle dir vor, dass diese Markierung blinkt.

Aufgabe 1: Erkunde die Darstellung und denke dabei laut.

Frage 1: Welche Informationen sind vorhanden? Ist alles verständlich?

In der Chatansicht werden die Chatbeiträge vollständig angezeigt, d. h. ein Beitrag kann über mehrere Zeilen angezeigt werden. Eine umgebrochene Zeile wird etwas eingerückt. Ein Chat-Beitrag ist wie folgt aufgebaut: Uhrzeit – Teilnehmer – Chatbeitrag.

Unten – über dem Detailbereich – befindet sich ein Edit-Feld. Die Eingabemarke (Striche 7 und 8 eines Braille-Zeichens) im Editfeld blinkt. Hier kann ein eigener Chat-Beitrag verfasst werden.

Im Detailbereich würde hier der ausgewählte Chat-Beitrag mit seinen Eigenschaften (Links, Beschreibung usw.) genannt. Hier nicht umgesetzt.

Frage 2: Ist Aufbau übersichtlich?

Frage 3: Welche weiteren Funktionen würdest du dir wünschen? Fehlen Informationen oder Funktionen?

Frage 4: Was kann man weglassen? Welche Informationen sind für dich wichtig?

Frage 5: Sollte die Reihenfolge der Anzeige Name-Zeit oder Zeit-Name sein?

Frage 6: Im Chat-Reiter links wurde angezeigt, dass 2 neue Chat-Nachrichten vorhanden sind. Sollten die neuen Beiträge selbst auch im Chatverlauf gekennzeichnet werden?

Chatansicht: Beitrag erstellen

Testmaterial: Braille-Druck Chat Ansicht A

Aufgabe 1: Was würdest du tun, um einen eigenen Chat-Beitrag zu erstellen?

Aktion: Klick in Edit-Feld

Testmaterial: Braille-Druck Chat Ansicht B

Im Eingabefeld erscheint nun dein Beitrag (hier vorgegeben).

Aufgabe 2: Erkunde die Ansicht. Was sind die Unterschiede zur vorherigen Ansicht?

Wir stellen uns vor, dass wir den Chatbeitrag abschicken. Dann erscheint folgende Ansicht.

Testmaterial: Braille-Druck Chat Ansicht C

Frage 1: Hast du Fragen zur Ansicht?

Frage 2: Ist der Ablauf logisch?

Frage 3: Fehlen Informationen oder Funktionen?

Whiteboard

Testmaterial: Braille-Druck Whiteboard Ansicht A

Der Reiter Whiteboard w ist nun aktiviert (rechts offen) und das Whiteboard wird angezeigt. Die Idee beim Whiteboard ist, dass alle Elemente vektorbasiert sind. Damit können die Elemente verändert und deren Eigenschaften gespeichert werden.

Aufgabe 1: Erkunde die Darstellung und denke dabei laut.

Die Anzeige besteht aus einer großen Whiteboard-Fläche mit gezeichneten Elementen und rechts daneben einem Kasten mit Werkzeugen. Im oberen Teil sind folgende Taktons vorhanden:

- Zeigepfeil, Verschieben,
- Rechteck, Kreis
- Linie, Text
- Löschen, Zoom

Im unteren:

- Neue Seite, Seite Löschen
- Seite vor, Seite zurück (Hier sollten die Icons eigentlich Punkte 2, 3, 4, 5, 6, 8 und 1, 3, 4, 5, 6, 7 sein)

Ein ausgewähltes Element würde blinken und die Informationen würden im Detailbereich erscheinen.

Frage 1: Welche Informationen sind vorhanden? Ist alles verständlich?

Frage 2: Ist Aufbau übersichtlich?

Frage 3: Welche weiteren Funktionen würdest du dir wünschen?

Frage 4: Wie würdest du ein Element auf dem Whiteboard zeichnen?

Whiteboard: Bearbeiten

Testmaterial: Braille-Druck Whiteboard Ansicht A

Aufgabe 1: Wähle das Kreis-Werkzeug aus.

Testmaterial: Braille-Druck Whiteboard Circle Selected

Im Detailbereich wird Information angezeigt: „Circle tool selected – Click start poi. . . " „point for drawing".

Aufgabe 2: Setze den Startpunkt für den Kreis.

Testmaterial: Braille-Druck Whiteboard Circle End und Element: Punktmarkierung

Startpunkt wird angezeigt. Im Detailbereich erscheint: „Cirlce start point set – click end poi. . . " „point to draw circle".

Aufgabe 3: Setze den Endpunkt für den Kreis.

Testmaterial: Braille-Druck Whiteboard Circle Drawn + Element Kreis

Aufgabe 4: Erkunde die Darstellung.

Kreis wird angezeigt zwischen Start- und Endpunkt. Im Detailbereich erscheint „Circle drawn at position x y".

Frage 1: Wie empfandest du die Bedienung des Whiteboards?

Frage 2: Was würdest du an der Bedienung ändern?

Beschreibung

Testmaterial: Braille-Druck Whiteboard

Um eine alternative Beschreibung für ein Element anzulegen, wird dieses Element ausgewählt und auf den rechten Button [d] doppelt geklickt. Das Takton Beschreibung (d) wird markiert und es wird eine Ansicht zur Eingabe der Beschreibung angezeigt.

Testmaterial: Braille-Druck Beschreibung

Aufgabe 1: Erkunde die Darstellung und denke dabei laut.

Im Darstellungsbereich wird in der ersten Zeile das ausgewählte Element benannt: Typ und Name. Darunter können der Titel und eine Beschreibung eingegeben werden. Die Einfügemarke (Punkte 7 und 8) blinken. Über den Button „change" kann das Element geändert werden.

Detailbereich: „Selected element: rectangle. Enter title and description."

Frage 1: Welche Informationen sind vorhanden? Ist alles verständlich?

Frage 2: Ist Aufbau übersichtlich?

Frage 3: Welche weiteren Funktionen würdest du dir wünschen?

Links

Es gibt weiterhin die Möglichkeit Elemente, die direkt etwas miteinander zu tun haben, zu verlinken. Somit wird bspw. ein Chatbeitrag direkt mit einem Whiteboard-Element verbunden und Zusammenhänge können leichter nachvollzogen werden.

Aufgabe 1: Erkunde die Darstellung und denke dabei laut.

Um Elemente zu verlinken wird eines ausgewählt und doppelt auf den Takton-Button „l" geklickt. Die Link-Ansicht erscheint. Hier ist der Name des ausgewählten Elements angegeben und über Reiter kann man den zu verlinkenden Elementtyp auswählen: Chat, Whiteboard, Teilnehmer. Aus einer Liste kann dann das zu verlinkende Element ausgewählt werden. Bestätigt wird mit Ok.

Wird nun später eines der Elemente angezeigt, dann ist der Link-Button markiert.

Der Detailbereich zeigt die Verlinkung an: „Link. rectangle – chat 10:15 Marcus: Um 10:30 Uhr."

Frage 1: Welche Informationen sind vorhanden? Ist alles verständlich?

Frage 2: Ist Aufbau übersichtlich?

Frage 3: Welche weiteren Funktionen würdest du dir wünschen?

Frage 4: Würdest du etwas an der Bedienung ändern und wenn ja, was?

Teilnehmer

Testmaterial: Braille-Druck Teilnehmer

Wir schauen uns jetzt den Reiter p für Participants/Teilnehmer an.

Aufgabe 1: Erkunde die Darstellung und denke dabei laut.

Der Darstellungsbereich enthält zwei Gruppen: Eine Liste für Moderatoren und eine für Teilnehmer. Hinter den Titeln der Gruppen steht die Anzahl der in der Gruppe vorhandenen Personen. Der Fokus steht auf dem Moderator Markus. In der gleichen Zeile rechts stehen, abgetrennt durch eine eckige Klammer Statusinformationen zu den Teilnehmern: my (Mikrofon an), vy (video an), hn (melden nein).

Im Detailbereich werden ausführliche Informationen zu dem fokussierten Teilnehmer gegeben. „Marcus: role moderator, mic on, video on, hand lowered."

Frage 1: Welche Informationen sind vorhanden? Ist alles verständlich?

Frage 2: Ist Aufbau übersichtlich?

In der Gruppe der Teilnehmer ist eine Scroll-Leiste vorhanden. Hier kann zu dem vierten Teilnehmer durch Klicken heruntergescrollt werden.

Aufgabe 2: Bediene die Scroll-Leiste.

Testmaterial: Braille-Element Scroll-Leiste anbringen

Aufgabe 3: Erkunde die Darstellung und denke dabei laut.

Frage 3: Welche weiteren Funktionen würdest du dir wünschen?

Frage 4: Wie empfindest du die Eckige Klammer als Trennsymbol? Was würdest du dir eher wünschen?

Video

Testmaterial: Braille-Druck Video

In der Benutzungsoberfläche ist das Anzeigen der Videoübertragungen anderer Teilnehmer nicht vorgesehen. Jedoch ist es denkbar, dass man sein eigenes Videobild übertragen möchte. Damit der Teilnehmer in der Bildmitte erscheint, gibt das Programm Hilfestellung zur Ausrichtung der Kamera.

Aufgabe 1: Erkunde die Darstellung und denke dabei laut.

Im Detailbereich werden Anweisungen zum Verschieben der Kamera gegeben und die ideale Position wird mit einem Rahmen dargestellt, wobei das eigene Bild als Fläche aus gesetzten Punkten angezeigt wird.

Wird der Button „share" gedrückt, wird er mit einem doppelten Rahmen hervorgehoben. Das eigene Videobild wird übertragen.

Frage 1: Welche Informationen sind vorhanden? Ist alles verständlich?

Frage 2: Ist Aufbau übersichtlich?

Frage 3: Welche weiteren Funktionen würdest du dir wünschen?

Einstellungen

Testmaterial: Braille-Druck Einstellungen

Der Reiter „k" für Konfiguration beinhaltet die Einstellungen für das virtuellen Klassenzimmer. Verschiedene Kategorien sind in Reiter aufgeteilt.

Aufgabe 1: Erkunde die Darstellung und denke dabei laut.

Der Reiter „Sound" enthält Einstellungen zu Audio-Signalen bei Ereignissen. Diese können hier an- oder ausgestellt werden. Bspw.
ein Sound wenn das Mikrofon ausgeschaltet wird, oder eine Chat-Nachricht gesendet wurde.

Im Detailbereich wird die fokussierte Einstellung genauer beschrieben „Sound for microphone off selected – for deselect click on Checkbox"

Frage 1: Welche Informationen sind vorhanden? Ist alles verständlich?

Frage 2: Ist Aufbau übersichtlich?

Aufgabe 2: Verändere die Einstellungen im Reiter „Sound".

Zum Verändern der Einstellungen muss auf die Checkbox geklickt werden.

Frage 3: Welche weiteren Funktionen würdest du dir wünschen?

Lesezeichen

Testmaterial: Braille-Druck Lesezeichen bearbeiten

Lesezeichen – Bookmarks – dienen zur Kennzeichnung von Stellen – ähnlich eines Zeitstempels.

Es wird nicht immer möglich sein, alle Inhalte sofort zu erfassen. Daher soll es möglich sein, sich Stellen zu merken. Die Stunde im virtuellen Klassenzimmer wird aufgezeichnet, so dass man diese in eigenem Tempo wiederholen kann. Die Bookmarks helfen, Stellen wiederzufinden. Ein Klicken auf das Bookmark-Takton setzt ein Lesezeichen, ein Doppelklick ruft die Lesezeichenansicht auf.

Aufgabe 1: Erkunde die Darstellung und denke dabei laut.

Frage 1: Welche Informationen sind vorhanden? Ist alles verständlich?

In der Ansicht werden die vorhandenen Lesezeichen aufgelistet. Am Ende der Liste wird angegeben, ob die Lesezeichen Titel und Beschreibungen haben: ty = title yes, dn = Beschreibung nein. Über die Buttons „title" und „desc" können Titel und Beschreibung des Lesezeichens eigegeben werden. Je nach Auswahl des Buttons kann im Eingabefeld der Titel oder die Beschreibung verändert werden. Der veränderte Titel erscheint dann in der Liste.

Frage 2: Ist Aufbau übersichtlich?

Frage 3: Welche weiteren Funktionen würdest du dir wünschen?

Abschluss-Fragebogen

Tabelle A.63.: Benutzertest Alternative Benutzungskonzepte: Abschluss-Fragebogen

Nr.	Frage	Aufgabenart	Antwortmöglichkeiten	Pflicht
A1a	Wie hilfreich empfanden Sie die neuen Funktionen?	Tabelle	Zeilen: 2D-/grafische Darstellung; Synchronisation; Anzahl der Neuerungen; Whiteboard zeichnen; Beschreibungen; Links zw. Elementen; Lesezeichen. Spalten: Sehr häufig; Häufig; Geht so; Selten; Nie	Ja
A1b	Warum?	Freitext	—	Nein
A2a	Wie hat Ihnen der Aufbau der Benutzungsoberfläche gefallen?	Tabelle	Zeilen: Grundlayout; Chat; Whiteboard; Beschreibung; Links; Lesezeichen; Teilnehmer; Einstellungen; Video. Spalten: Sehr gut; Gut; Geht so; Kaum; Gar nicht, Weiß nicht	abhängig von getesteten Ansichten
A2b	Warum?	Freitext	—	Nein
A3	Wie haben Ihnen die Bedienelemente gefallen?	Tabelle	Zeilen: Buttons; Takton; Eingabefeld; Checkbox; Toggle-Button; Reiter/Tabs; Scrollleiste; Gruppierung; Abgrenzung durch eckige Klammern; Fokus; Einfügemarke; Abstand Elemente. Spalten: Sehr gut; Gut; Geht so; Kaum; Gar nicht, Weiß nicht	abhängig von getesteten Ansichten
A4	Welche Funktionen haben Sie vermisst? Was würden Sie ändern?	Freitext	—	Nein
A5	Würden Sie – im Falle einer Umsetzung – so ein virtuelles Klassenzimmer nutzen wollen? Warum?	Freitext	—	Nein

A.9.4. Auswertung Evaluation alternativer Benutzungskonzepte

Nachfolgend erfolgt eine Auswertung der während der Evaluation der alternativen Benutzungskonzepte mittels *taktilem Paper-Prototyping* erhobenen Daten.

Auswertung Paper-Prototyping-Vorab-Fragebogen

Tabelle A.64.: *Paper-Prototyping*-Vorab-Fragebogen Frage A1: Wie alt sind Sie?

	16	17	18	19
Männlich	0	2	0	0
Weiblich	1	0	2	1
Gesamt (Anzahl)	1	2	2	1

Tabelle A.65.: *Paper-Prototyping*-Vorab-Fragebogen Frage A2: Welches Geschlecht haben Sie?

	Anzahl	Prozent
Männlich	2	33
Weiblich	4	67
Gesamt	6	100

Tabelle A.66.: *Paper-Prototyping*-Vorab-Fragebogen Frage A4a: Verfügen Sie über einen verwertbaren Sehrest?

	Ja	Nein
Männlich	1	1
Weiblich	3	1
Gesamt	4	2

Tabelle A.67.: *Paper-Prototyping*-Vorab-Fragebogen Frage A4b: Mein Sehrest umfasst ...

	unter 5 %	Hell/dunkel	Verschwommen
Männlich	0	1	0
Weiblich	2	0	1
Gesamt	2	1	1

Paper-Prototyping-**Vorab-Fragebogen Frage A7a**: Welchen Abschluss streben Sie an? Antwort: Abitur (6 Nennungen)

Tabelle A.68.: *Paper-Prototyping*-Vorab-Fragebogen Frage A5a: Besteht die Sehschädigung seit Geburt an?

	Ja	Nein
Männlich	2	0
Weiblich	2	2
Gesamt	4	2

Tabelle A.69.: *Paper-Prototyping*-Vorab-Fragebogen Frage A6: Haben Sie zusätzlich zu Ihrer Sehschädigung noch andere Behinderungen?

	Ja	Nein
Männlich	0	2
Weiblich	1	3
Gesamt	1	5

Art der Behinderung:
Hüft- und Knieschäden, Rheuma, Schilddrüse und Asthma

Tabelle A.70.: *Paper-Prototyping*-Vorab-Fragebogen Frage B1a: Haben Sie die Braille-Schrift erlernt?

	Nein	Ja
Männlich	0	2
Weiblich	0	4
Gesamt	0	6

Tabelle A.71.: *Paper-Prototyping*-Vorab-Fragebogen Frage B1b: Haben Sie die Braille-Schrift erlernt?: Ja, im Alter von ... Jahren.

	5	6	7	15
Männlich	0	2	0	0
Weiblich	1	1	1	1
Gesamt	1	3	1	1

Tabelle A.72.: *Paper-Prototyping*-Vorab-Fragebogen Frage B2: Welche Braille-Schriften verwenden Sie? (Mehrfachnennungen möglich)

	Basisbraille	Vollschrift	Kurzschrift	Computerbraille	Sonstige
Männlich	0	2	2	2	1
Weiblich	0	4	4	4	2
Gesamt	0	6	6	6	3

Tabelle A.73.: *Paper-Prototyping*-Vorab-Fragebogen Frage B3:   Besitzen Sie eine Braille-Zeile?

	Ja	Nein
Männlich	2	0
Weiblich	4	0
Gesamt	6	0

Tabelle A.74.: *Paper-Prototyping*-Vorab-Fragebogen Frage B4:   Wenn ja, wie groß ist/sind Ihre Braille-Zeilen?

	40er	80er
Männlich	2	0
Weiblich	4	0
Gesamt	6	0

Tabelle A.75.: *Paper-Prototyping*-Vorab-Fragebogen Frage B5: Wenden Sie die Braille-Schrift regelmäßig an?

	Sehr häufig	Häufig	Bei Bedarf	Selten	Nie
Männlich	1	1	0	0	0
Weiblich	2	2	0	0	0
Gesamt	3	3	0	0	0

Tabelle A.76.: *Paper-Prototyping*-Vorab-Fragebogen Frage B6:   Wie würden Sie sich selbst einschätzen?

	Als Braille-Schrift-Anfänger	Als durchschnittlicher Anwender der Braille-Schrift	Als guter Anwender der Braille-Schrift
Männlich	0	1	1
Weiblich	0	2	2
Gesamt	0	3	3

Tabelle A.77.: *Paper-Prototyping*-Vorab-Fragebogen Frage B7: Haben Sie Erfahrungen mit taktilen Abbildungen oder Grafiken?

	Ja	Nein
Männlich	2	0
Weiblich	4	0
Gesamt	6	0

Tabelle A.78.: *Paper-Prototyping*-Vorab-Fragebogen Frage B8: Welche Arten von Grafiken haben Sie bereits genutzt? (Mehrfachnennungen möglich)

	Keine	Landkarten	Stadtpläne	Taktile Darstellungen von Diagrammen	Abbildungen von komplexen Strukturen	Taktile Darstellungen von Bildern	Abbildungen von Bildschirminhalten	Sonstige Grafiken
Männlich	0	2	2	1	2	2	0	0
Weiblich	0	4	4	3	4	3	2	1
Gesamt	0	6	6	4	6	5	2	0

Tabelle A.79.: *Paper-Prototyping*-Vorab-Fragebogen Frage B9: Besitzen Sie ein Smartphone und wenn ja, welches?

	Ja (Android)	Ja (iPhone)	Nein
Männlich	0	2	0
Weiblich	1	3	0
Gesamt	1	4	0

Tabelle A.80.: *Paper-Prototyping*-Vorab-Fragebogen Frage C1: Wie häufig nutzen Sie einen Computer?

	Täglich mehrere Stunden	Täglich	Mehrmals pro Woche	Einmal pro Woche	Einmal pro Monat	Selten	Nie
Männlich	2	0	0	0	0	0	0
Weiblich	4	0	0	0	0	0	0
Gesamt	6	0	0	0	0	0	0

Tabelle A.81.: *Paper-Prototyping*-Vorab-Fragebogen Frage C2: Mit welchen Anwendungen arbeiten Sie wie häufig?

	Sehr häufig	Häufig	Geht so	Selten	Nie
Textverarbeitung (bspw. Word)					
Männlich	2	0	0	0	0
Weiblich	3	1	0	0	0
Gesamt	5	1	0	0	0
Tabellenkalkulation (bspw. Excel)					
Männlich	0	0	1	1	0
Weiblich	0	0	2	1	1
Gesamt	0	0	3	2	1
Präsentationssoftware (bspw. PowerPoint)					
Männlich	0	0	0	1	1
Weiblich	0	0	1	1	2
Gesamt	0	0	1	2	3
Datenbankanwendungen (bspw. Access)					
Männlich	0	0	0	1	1
Weiblich	0	0	0	0	4
Gesamt	0	0	0	1	5
Internet Explorer					
Männlich	1	0	0	1	0
Weiblich	3	1	0	0	0
Gesamt	4	1	0	1	0
Mozilla Firefox					
Männlich	2	0	0	0	0
Weiblich	0	2	1	1	0
Gesamt	2	2	1	1	0
E-Mail-Programm					
Männlich	2	0	0	0	0
Weiblich	3	0	0	0	1
Gesamt	5	0	0	0	1
Chat-Programm					
Männlich	2	0	0	0	0
Weiblich	2	0	0	1	1
Gesamt	4	0	0	1	1
Lernplattform					
Männlich	0	0	0	1	1
Weiblich	0	0	2	1	1
Gesamt	0	0	2	2	2
Virtuelles Klassenzimmer					
Männlich	0	0	0	0	1
Weiblich	0	0	0	0	4
Gesamt	0	0	0	0	6

Tabelle A.82.: *Paper-Prototyping*-Vorab-Fragebogen Frage C3: Welche weiteren Anwendungen verwenden Sie wie häufig?

	Sehr häufig	Häufig	Geht so	Selten	Nie	Keine Angabe
Facebook						
Männlich	0	0	0	0	0	0
Weiblich	0	1	0	0	0	0
Gesamt	0	1	0	0	0	0
Musikanwendungen						
Männlich	0	1	0	0	0	1
Weiblich	0	0	0	0	0	0
Gesamt	0	1	0	0	0	0
Smartphone-Apps						
Männlich	0	0	0	0	0	1
Weiblich	0	0	0	0	0	1
Gesamt	0	0	0	0	0	2
Wörterbuch						
Männlich	0	1	0	0	0	0
Weiblich	0	0	0	0	0	0
Gesamt	0	1	0	0	0	0

Tabelle A.83.: *Paper-Prototyping*-Vorab-Fragebogen Frage C4: Welchen Screenreader nutzen Sie? (Screenreader, Vergrößerungssoftware) (Mehrfachnennungen möglich)

	Jaws	NVDA
Männlich	2	2
Weiblich	4	0
Gesamt	6	2

Tabelle A.84.: *Paper-Prototyping*-Vorab-Fragebogen Frage C5: Welche Hilfsmittel verwenden Sie zur Arbeit an Computern?

	Screenreader	Braille-Zeile	Spracherkennungssoftware	Sonstige
Männlich	2	2	0	0
Weiblich	4	4	1	0
Gesamt	6	6	1	0

Tabelle A.85.: *Paper-Prototyping*-Vorab-Fragebogen Frage C6: Wie nutzen Sie Ihren Screenreader?[158]

	Nur über die Sprachausgabe	Vorwiegend über die Sprachausgabe	Parallel über Sprachausgabe und Braille-Zeile	Vorwiegend über die Braille-Zeile	Nur über die Braille-Zeile	Sonstiges
Männlich	1	0	2	0	0	0
Weiblich	1	2	3	0	0	0
Gesamt	2	2	5	0	0	0

Tabelle A.86.: *Paper-Prototyping*-Vorab-Fragebogen Frage C7: Wie tätigen Sie Eingaben an Ihrem Computer?

	Über die Tastatur	Mit der Maus	Unter Verwendung der Braille-Tastatur	Spracheingabe	Sonstiges
Männlich	2	0	1	0	0
Weiblich	4	0	1	2	0
Gesamt	6	0	2	2	0

Tabelle A.87.: *Paper-Prototyping*-Vorab-Fragebogen Frage E5: Findet in Ihrer Ausbildung E-Learning Anwendung?

	Ja	Nein
Männlich	2	0
Weiblich	2	2
Gesamt	4	2

Tabelle A.88.: *Paper-Prototyping*-Vorab-Fragebogen Frage E7: Welche Funktionalität nutzen Sie von diesen E-Learning-Werkzeugen und wie häufig?

	Sehr häufig	Häufig	Geht so	Selten	Nie
Chat					
Männlich	1	0	0	0	1
Weiblich	2	0	0	0	0
Gesamt	3	0	0	0	1
Dateiupload/-übertragung					
Männlich	1	1	0	0	0
Weiblich	0	1	0	1	0
Gesamt	1	2	0	1	0
E-Mail-Funktion					
Männlich	1	0	0	0	1
Weiblich	0	2	0	0	0
Gesamt	1	2	0	0	1
Foren					
Männlich	1	0	0	0	1
Weiblich	0	0	2	0	0
Gesamt	1	0	2	0	1
Kalender					
Männlich	0	0	1	0	1
Weiblich	0	0	0	1	1
Gesamt	0	0	1	1	2
Live-Präsentationen/-Vorlesungen					
Männlich	0	0	0	0	2
Weiblich	0	1	0	0	1
Gesamt	0	1	0	0	3
Online-Lernmaterialien					
Männlich	0	1	1	0	0
Weiblich	0	2	0	0	0
Gesamt	0	3	1	0	0
Shared Desktop					
Männlich	0	0	0	0	2
Weiblich	0	0	1	0	1
Gesamt	0	0	1	0	3
Telefonie					
Männlich	0	1	0	0	1
Weiblich	0	0	1	0	1
Gesamt	0	1	1	0	2
Video					
Männlich	0	0	1	0	1
Weiblich	0	1	0	0	1
Gesamt	0	1	1	0	2
Whiteboard					
Männlich	0	0	0	0	2
Weiblich	0	0	0	0	2
Gesamt	0	0	0	0	4
Wikis					
Männlich	1	1	0	0	0
Weiblich	1	1	0	0	0
Gesamt	2	2	0	0	0

Tabelle A.89.: *Paper-Prototyping*-Vorab-Fragebogen Frage E6a: Welche E-Learning-Werkzeuge haben Sie bereits verwendet?

	Lernplattform (Moodle)	Konferenzsoftware/ Virtuelles Klassenzimmer	Online-Lernmaterial	Aufgezeichnete Vorträge/ Veranstaltungen	Social Web	Sonstiges
Männlich	1	0	2	2	2	0
Weiblich	2	0	2	2	2	0
Gesamt	3	0	4	4	4	0

Paper-Prototyping-Vorab-Fragebogen Frage E9: Welche Probleme treten bei der Verwendung von E-Learning auf? (Wörtliche Wiedergabe der Antworten)

- Es sollte selbsterklärend sein – Barrierefreiheit ist problematisch, moodle ist nicht selbsterklärend.
- *Internet Explorer* stürzt ab (*YouTube*), *Jaws*-Kompatibilität, unübersichtliche Webseitenstruktur.
- Die *PowerPoints* über die HDMI-Schnittstellen in den Medienräumen sind nicht barrierefrei. *Lpad*: Screenreader konnte den eigegebenen Text nicht verfolgen – ist der Eingabe nicht gefolgt. Mathe und *Wikipedia*: Formeln werden grafisch dargestellt. YouTube: Tafelanschrieb nicht zugänglich.

Paper-Prototyping-Vorab-Fragebogen Frage E10: Welche technischen Hilfsmittel werden im Unterricht eingesetzt? (Wörtliche Wiedergabe der Antworten)

- Moodle-Formular (Mathe und Informatik).
- Lernplattform, Wikipedia, YouTube.
- Braillezeile und PC.
- Lpad, E-Heft-Schreiben (HDMI-Verteiler), Medienraum (Verteiler).

Tabelle A.90.: *Paper-Prototyping*-Vorab-Fragebogen Frage K1: Findet eine Zusammenarbeit mit Kommilitonen, Kollegen oder Freunden statt?

	Ja	Nein
Männlich	2	0
Weiblich	4	0
Gesamt	6	0

Tabelle A.91.: *Paper-Prototyping*-Vorab-Fragebogen Frage K2: Wie häufig und mit wem findet die Zusammenarbeit statt?

	Sehr häufig	Häufig	Geht so	Selten	Nie
Mit Blinden					
Männlich	1	0	0	1	0
Weiblich	0	4	0	0	0
Gesamt	1	4	0	1	0
Mit Sehenden					
Männlich	0	1	0	1	0
Weiblich	0	1	2	1	0
Gesamt	0	2	2	2	0
Mit Blinden und Sehenden gemeinsam					
Männlich	0	0	0	1	1
Weiblich	0	1	2	1	0
Gesamt	0	1	2	2	1

Tabelle A.92.: *Paper-Prototyping*-Vorab-Fragebogen Frage K3: In welchem Umfeld nutzen Sie Kollaboration/Gruppenarbeit? (Mehrfachnennungen möglich)

	Privat	Für Schule/ Ausbildung	Sonstiges
Männlich	1	2	0
Weiblich	3	4	0
Gesamt	4	6	0

Paper-Prototyping-Vorab-Fragebogen Frage K5: Beschreiben Sie bitte eine oder mehrere typische Kollaborationssituationen (Teilnehmer, verwendete Hilfsmittel, Umfeld, Häufigkeit, usw.; zumeist wörtliche Wiedergabe).

- Schule: jede Stunde bspw. in Mathe und Geschichte: Diskutieren und Helfen, Erklären von Abbildungen.
- Schulaufgabe: Ausarbeitung, Chemie (1-2 Pers.) Experiment (mit Sehbehinderten).
- Mathe anderen erklären: 2-3 andere.
- Biologie-Unterricht: Experimente durchführen und analysieren, mit Sehenden hilfreich.
- Im Unterricht: Mathe: gemeinschaftliches Rechnen in 2-3er Gruppen; Englisch: Texte herausarbeiten, 1 liest vor.
- 3-4 Personen arbeiten alle mit der Braille-Zeile und Screenreader in bspw. Mathe oder Naturwissenschaften.

Tabelle A.93.: *Paper-Prototyping*-Vorab-Fragebogen Frage K4: Wie viele Personen nehmen in der Regel an dieser Zusammenarbeit teil?

	2–3	3–4	2–5	2–4	3–10	2–10
Männlich	0	1	1	0	0	0
Weiblich	1	0	0	1	1	1
Gesamt	1	1	1	1	1	1

Tabelle A.94.: *Paper-Prototyping*-Vorab-Fragebogen Frage K6: Haben Sie bereits an computergestützten Kollaborationssituationen, also bspw. online-geführten Konferenzen mit Chat, Dateiaustausch u. ä., teilgenommen?

	Ja	Nein
Männlich	1	1
Weiblich	1	3
Gesamt	2	4

Tabelle A.95.: *Paper-Prototyping*-Vorab-Fragebogen Frage K8: Wie viele Computer/Hilfsmittel sind in der Regel bei der computergestützten Zusammenarbeit im Einsatz?

	Ein Computer/Hilfsmittel pro Kollaborationspartner	Ein gemeinsamer Computer/Hilfsmittel für alle Kollaborationspartner	Sowohl als auch
Männlich	1	0	0
Weiblich	0	0	1
Gesamt	1	0	1

Tabelle A.96.: *Paper-Prototyping*-Vorab-Fragebogen Frage K9: Zu welchem Zweck nutzen Sie computergestützte Kollaboration?

	Teilnahme an Lehrveranstaltungen	Gemeinsame Arbeit an Dokumenten/Inhalten	Technischer Support	Besprechungen/Meetings	Spielen	Sonstiges
Männlich	1	1	1	0	1	0
Weiblich	1	1	1	1	0	0
Gesamt	2	2	2	1	1	0

Tabelle A.97.: *Paper-Prototyping*-Vorab-Fragebogen Frage K10: Findet die computer-gestützte Zusammenarbeit an einem Ort oder ortsungebunden über das Internet statt?

	Ortsgebunden	Ortsungebunden über das Internet	Sowohl als auch
Männlich	0	0	1
Weiblich	1	0	0
Gesamt	1	0	1

Tabelle A.98.: *Paper-Prototyping*-Vorab-Fragebogen Frage K11: Verwenden Sie neben Screenreadern spezielle Software zur Zusammenarbeit am Computer?

	Nein	Ja
Männlich	0	0
Weiblich	0	0
Gesamt	0	0

Auswertung Grundlayout-Puzzle

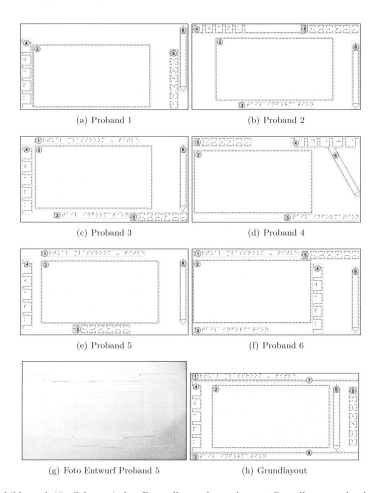

Abbildung A.15.: Schematische Darstellung der gelegten Grundlayouts durch die Probanden im Vergleich zum vorgegebenen Grundlayout (mit zusätzlichem Darstellungsbereich) und Darstellung eines Fotos des gelegten Layouts durch Proband 5; 1 Kopfzeile, 2 Darstellungsbereich, 3 Detailbereich, 4 Reiter, 5 Taktons, 6 Scroll-Leiste, 7/8 Trennlinien

Auswertung *Paper-Prototyping*-Abschluss-Fragebogen

Tabelle A.99.: *Paper-Prototyping*-Abschluss-Fragebogen Frage A1a: Wie hilfreich empfanden Sie die Funktionen?

	Sehr hilfreich	Hilfreich	Geht so	Kaum hilfreich	Nicht hilfreich	Störend	Weiß nicht
2D/grafische Darstellung	4	2	0	0	0	0	0
Synchronisation	0	3	0	0	0	0	1
Anzahl der Neuerungen	3	2	1	0	0	0	0
Whiteboard zeichnen	4	1	0	0	0	0	0
Beschreibungen	1	2	0	0	0	0	0
Links zwischen Elementen	0	1	1	0	0	0	1
Lesezeichen	1	2	0	0	0	0	0
Chat lesen	2	2	0	0	0	0	0

Paper-Prototyping-Abschluss-Fragebogen Frage A1b: Warum? (Zumeist wörtliche Wiedergabe der Antworten.)

- Gut ist die Möglichkeit, Dinge taktil wahrnehmen zu können – gleichgestellt mit Sehenden.
- Macht vieles einfacher.
- Wenn Audiogespräch vorhanden, könnte Chat störend sein. Wenn man WhatsUp schreibt mit mehreren ist das Lesen anstrengend, weil Curser verrutscht. Dann wird es unübersichtlich.
- Hilfreich weil: Gut geordnet, Neuerungen stehen unten, sehr strukturiert.

Tabelle A.100.: *Paper-Prototyping*-Abschluss-Fragebogen Frage A2a: Wie hat Ihnen der Aufbau der Benutzungsoberfläche gefallen?

	Sehr gut	Gut	Geht so	Kaum	Gar nicht	Weiß nicht
Grundlayout	3	3	0	0	0	0
Chat	2	2	0	0	0	0
Whiteboard	2	3	0	0	0	0
Beschreibung	0	3	0	0	0	0
Links	1	2	0	0	0	0
Lesezeichen	1	2	0	0	0	0

Paper-Prototyping-Abschluss-Fragebogen Frage A2b: Warum? (Zumeist wörtliche Wiedergabe der Antworten.)

- Struktur war gut.
- Fragestellung abstrakt – selbst nicht darauf gekommen – durch Unerfahrenheit schien alles gut zu sein.
- Angelehnt an visuelle grafische Oberfläche – meiste Menschen haben Erfahrung mit dem Aufbau des Interface. Keine unnötigen Bilder vorhanden. Beim Screenreader ist das Vorlesen der langen linklisten umständlich – hier kann man sich durch Reiter auf das Wesentliche konzentrieren.
- Übersichtlich und gut nachvollziehbar.

Tabelle A.101.: *Paper-Prototyping*-Abschluss-Fragebogen Frage A3a: Wie haben Ihnen die Bedienelemente gefallen?

	Sehr gut	Gut	Geht so	Kaum	Gar nicht	Weiß nicht
Buttons	1	4	1	0	0	0
Taktons – Statusanzeige	2	2	2	0	0	0
Eingabefeld	2	4	0	0	0	0
Toggle-Button	2	2	0	0	0	0
Reiter/Tabs	3	2	1	0	0	0
Scroll-Leiste	1	3	1	0	0	1
Gruppierung	0	6	0	0	0	0
Klammern bei Teilnehmeransicht	2	2	1	1	0	0
Fokus	2	3	1	0	0	0
Einfügemarke	3	3	0	0	0	0
Abstand der Elemente	1	3	1	0	0	0

Paper-Prototyping-Abschluss-Fragebogen Frage A3b: Warum? (Zumeist wörtliche Wiedergabe der Antworten.)

- Abstand der Elemente war weder zu groß noch zu klein.
- Reiter im Chat oder Whiteboard hilfreich, ansonsten eher weglassen.
- Eingabefeld: Größe muss festgestellt werden, ggf. scrollen nötig.
- Gruppierung: Wissen der Bedeutung ist wichtig.
- Klammern: Wenn direkter Link da ist, kann direkt darauf geklickt werden.
- Gruppierung: unübersichtlich bei zu vielen Linien.
- Klammern: Lieber eine Linie – mit Linie zurück auf Element für bessere Auffindbarkeit.
- Reiter: Öffnung komisch, anders als auf dem Vorzeigeblatt.
- Buttons nicht immer lesbar.
- Taktons sind ausgewählt schwer lesbar: gequetscht durch eckige Klammer und Taktons.
- Fokus ist verwirrendes Zeichen, Änderung wäre ein Braille-Unterstrich.

Tabelle A.102.: Würden Sie – im Falle einer Umsetzung – so einen virtuellen Klassenraum nutzen wollen?

	Ja	Nein
Männlich	1	1
Weiblich	4	0
Gesamt	5	1

Paper-Prototyping-Abschluss-Fragebogen Frage A4: Welche Funktionen
haben Sie vermisst? Was würden Sie gerne ändern? (Zumeist wörtliche
Wiedergabe der Antworten.)

- Zirkel fehlt – Mathematikaufgaben abbilden.
- Koordinatensystem anzeigen lassen können (optional) – Werkzeuge wie Lineal.
- Klicken auf Lineal sollte möglich sein. Weiterhin verhindern, dass etwas darüber gezeichnet wird.
- Zwischenräume größer oder effektivere Nutzung des Platzes.
- Mehr Zeichenmöglichkeiten auf dem Whiteboard für komplexere Strukturen wie bspw. Mathe.
- Zeit für Einarbeitung nötig – hier nicht so geübt.

Paper-Prototyping-Abschluss-Fragebogen Frage A12a: Warum? (Zumeist
wörtliche Wiedergabe der Antworten.)

- Ausprobieren ja, klingt nicht schlecht. Probleme mit Internet (Verbindung), ggf. Downloaddaten schwierig. Anwendungsfall: gut für asynchrones Erfassen – wie E-Learning.
- Einsatz für eine Veranstaltung denkbar, wenn aktive Beteiligung nicht erforderlich ist.
- Nein. Sozialer Kontakt ist wichtiger. Gut für Lerngruppen oder auch zu Hause. (Proband sieht keinen Anwendungsfall.)
- Ja, praktisch von der Übersicht her. Erleichtert die Bedienung. Gibt Blinden die Möglichkeit das Bildliche wahrzunehmen.
- Ja, anschauen, da die Darstellungen übersichtlich sind.

A.9.5. Erfüllung der Gestaltungsrichtlinien

Tabelle A.103.: Erfüllung der Gestaltungsrichtlinien (Kapitel 8) durch die entwickelten alternativen Konzepte (Kapitel 9.2)

Anforderung		Konzepte und Lösungen
Nr.	*Beschreibung*	
1	*Wahrnehmung*	
1.1	Wahrnehm- und Vorherse-hbarkeit	• Orientierung des Layouts an Modulen bzw. Funktionen • Taktiler Aufbau ähnlich visuellem Aufbau • Erhalt aller visuell verfügbaren Informationen
1.2	Alternativen oder Beschreibungen	• Textuelle Folieninhalte in Aktivitätsprotokoll • Beschreibungsfunktion für Whiteboard-Elemente • Information über vorhandene Video-Übertragungen
1.3	Vektorbasierte Inhalte	• Texte auf Folien • Gezeichnete Elemente auf Whiteboard
1.4	Wahrnehmung von Änderungen	• Aktivitätsprotokoll • Kennzeichnung Vorhandensein und Anzahl von Änderungen bei Teilnehmenden und Chat • Audio-Benachrichtigungen • Taktiles Feedback durch Änderungen, blinkendem Fokus
1.5	Vermeidung von Audio-Überschneidungen	• Befehl zum Unterbrechen der Audio-Ausgabe • Konfigurierbarkeit der Ausgabe • Taktile Darstellung der Audio-Ausgabe (Screenreader, Benachrichtigungen) im Detailbereich
2	*Navigation*	
2.1	Tastaturunterstützung	*Aufgabe des Screenreaders/der Accessibility API* • Logische (konfigurierbare) Tab-Reihenfolge • Alle Bedienelemente ansteuerbar
2.2	Tastaturbefehle	• Tastaturkürzel für die wichtigsten Funktionen • Konfigurierbarkeit von Tastaturkürzeln zum Vermeiden von Kollisionen bspw. mit Browser oder für pers. Präferenzen

Fortsetzung auf der nächsten Seite

Tabelle A.103.: *Fortsetzung: Erfüllung des Anforderungskatalogs durch alternative Konzepte*

Anforderung		Konzepte und Lösungen
Nr.	Beschreibung	
2.3	Fokusposition	• Kennzeichnung der Fokus-Position durch Blinken • Hinweise auf Elemente im Chat mit Verlinkung
2.4	Navigation über Zeitleiste	• Aufzeichnung: Steuerung der Abspielkontrolle mittels Tastatur • Aufzeichnung: Springen zwischen Folien und Lesezeichen
3	*Orientierung*	
3.1	Klare Struktur	• Feste Anordnung der Module/Funktionen • Immer sichtbare Navigationsleiste
3.2	Orientierungshilfen	• Blinken des Fokus und der Einfügemarke • Aktivitätsprotokoll mit Filterfunktion • Taktile Kennzeichnung ausgewählter Funktionen und der Status • Integrierte Notizfunktion zum Vermeiden eines Fensterwechsels
3.3	Abhängigkeiten zwischen Inhalten	• Link-Funktion zwischen Elementen • Aktivitätsprotokoll zum Nachvollziehen zeitlicher Abläufe • Beschreibungsfunktion für Whiteboard-Elemente
3.4	Manueller Fokuswechsel	• Folgen-Funktion erlaubt asynchrones Erkunden • Automatische/manuelle Aktualisierung des Chat- oder Aktivitätsprotokollverlaufs konfigurierbar
4	*Interaktion*	
4.1	Gleichberechtigte Teilnahme	• Weitestgehend alle Funktionen auch nicht-visuell nutzbar (bspw. Zeichnen auf Whiteboard, Einrichten des Videoausschnitts)
4.2	(Eingabe-)Unterstützung	• Auditive Anleitungen zur Verwendung der Werkzeuge auf dem Whiteboard • Unterstützung beim Einrichten des Videoausschnitts • Taktile Anzeige der Einfügemarke und des Texteingabefeldes • Auditive und taktile Rückmeldungen auf Aktionen bzw. bei Ereignissen

Fortsetzung auf der nächsten Seite

Tabelle A.103.: *Fortsetzung: Erfüllung des Anforderungskatalogs durch alternative Konzepte*

Anforderung		Konzepte und Lösungen
Nr.	*Beschreibung*	
4.3	Unterscheidung zwischen Erstellung und Wahrnehmung	• Unterscheidung zwischen Erkundungs- und Interaktionsgesten
5	*Semantik*	
5.1	Abhängigkeiten zwischen Inhalten	• Verlinken von Inhalten • Aktivitätsprotokoll mit Zeitstempel • Notizfunktion mit Zeitstempel • Lesezeichenfunktion mit Möglichkeit einer Beschreibung • Beschreibungen von Whiteboard-Elementen
5.2	Identifikation der Autoren	• Chatprotokoll und Aktivitätsprotokoll mit Autorennennung • Filterfunktion im Aktivitätsprotokoll
5.3	Navigation in zeitbasierten Medien	• Eigene und automatisch erzeugte Lesezeichen • Folienweises Navigieren in Aufzeichnung
5.4	Angemessene Präsentation	• Präsentation der Folien textuell über Aktivitätsprotokoll oder taktil über *BrailleDis*
6	*Geschwindigkeit*	
6.1	Eigene Geschwindigkeit und Hilfsmittel	• Folgen-Funktion erlaubt asynchrones Erkunden • Unterstützung externer Screenreader • Abspielkontrollen in Aufzeichnung
6.2	Ausreichend Zeit	• Aufzeichnung der Veranstaltung • Speichern von Protokollen und Whiteboard-Darstellungen • Nachvollziehbarkeit der Aktionen durch Aktivitätsprotokoll und Folgen-Funktion
6.3	Schnelle Navigation	• Tastaturkürzel zum Fokussieren der Module/Funktionen • Interaktion mittels Tastatur, Gesten, Hardwaretasten • Blinken des Fokus und der Einfügemarke als Orientierung • Filterfunktion des Aktivitätsprotokolls • Markierung des ausgewählten Moduls/der Funktionalität in den Navigationsleisten

Fortsetzung auf der nächsten Seite

Tabelle A.103.: *Fortsetzung: Erfüllung des Anforderungskatalogs durch alternative Konzepte*

Anforderung		Konzepte und Lösungen
Nr.	**Beschreibung**	
6.4	Kontrolle von zeitbasierten Medien	• Abspielkontrolle der Aufzeichnung • Springen durch Aufzeichnung mittels Lesezeichen
6.5	Zeitunabhängige Interaktion	• Folgen-Funktion erlaubt asynchrone Informationsaufnahme • Lesezeichen zum Auffinden von Inhalten • Beschreibungen für Whiteboard-Elemente für spätere Rekapitulation
7	*Soziale Präsenz*	
7.1	Unterstützung bei zeitbasierten Medien	• Assistenz beim Einrichten des Videoausschnitts • Audio-Signale beim Betreten und Verlassen des Raumes durch Teilnehmende
7.2	Erkennen des Teilnehmerstatus	• Status in Teilnehmendenliste • Kennzeichnung von Änderungen in der Navigationsleiste
7.3	Bewusstsein für besondere Anforderungen	*Aufgabe der Moderierenden*
8	*Konfiguration*	
8.1	Profilbasierte Anpassungen	• Konfigurationsmöglichkeit bspw. von Audio-Signalen, Layout, Tastaturbefehlen, Hardwaretasten, anzuzeigenden Modulen, Detailgrad der Hilfestellungen • Speichern Konfigurationseinstellungen
8.2	Standardisierte Einstellungen	• Vordefinierte Profile entsprechend besonderer Bedarfe
9	*Hilfestellung*	
9.1	Hilfe bei Eingaben und Orientierung	• Auditive Anleitung zum Verwenden der Whiteboard-Werkzeuge • Positionszuordnung von Whiteboard-Elementen per *Minimap* (vgl. Kapitel 9.6)
9.2	Dokumentation der Benutzungsoberfläche	*Abhängig von verwendeten technischen Hilfsmitteln und Ausgabegeräten*

Fortsetzung auf der nächsten Seite

Tabelle A.103.: *Fortsetzung: Erfüllung des Anforderungskatalogs durch alternative Konzepte*

Anforderung		
Nr.	*Beschreibung*	**Konzepte und Lösungen**
9.3	Gegenseitige Hilfestellung	• Beschreibungsfunktion für Whiteboard-Elemente • Austausch von Notizen mit Zeitstempel (vgl. Kapitel 9.6) • Kollaborativ erstellte Linkliste (vgl. Kapitel 9.6)
10	*Hilfsmittel*	
10.1	Kompatibilität	*Aufgabe der Implementierung* • Geplante Kompatibilität mit *BrailleDis*, Braille-Zeile und mobilem Endgerät • Unterstützung verschiedener Screenreader
10.2	Konfigurationsmöglichkeiten	• Konfigurierbare Tastaturbefehle zum Vermeiden von Kollisionen mit Browser oder Screenreader • Konfiguration von Audio-Ausgaben • Anzeigen/Ausblenden von Modulen/Funktionaltität • Nur-Text-Modus

A.10. Evaluation TactileBBB

Dieses Kapitel umfasst Testmaterialien, Durchführungsbeschreibung und Evaluationsauswertung des Benutzertests der Implementierung für taktile Flächendisplays (vgl.
Kapitel 11).

A.10.1. Testmaterial

Nachfolgend werden beispielhaft Ansichten von *TactileBBB* gezeigt. Die Ansichten sind
Bildschirmfotos aus der Anwendung *BrailleIO Show Off Adapter*. Ein schwarzer Punkt
entspricht einem gesetzten Pin auf dem *BrailleDis*.

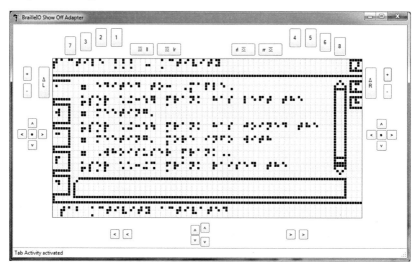

Abbildung A.16.: Ansicht *TactileBBB* im *BrailleIO Show Off Adapter*: Reiter Aktivitätsprotokoll

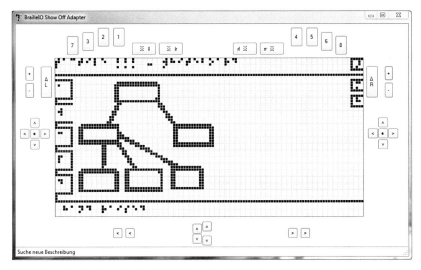

Abbildung A.17.: Ansicht *TactileBBB* im *BrailleIO Show Off Adapter*: Reiter Whiteboard

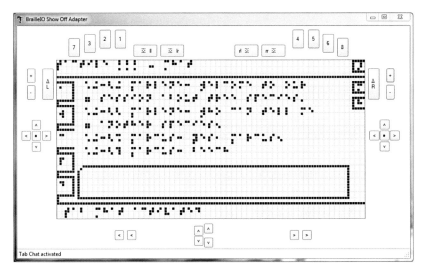

Abbildung A.18.: Ansicht *TactileBBB* im *BrailleIO Show Off Adapter*: Reiter Chat

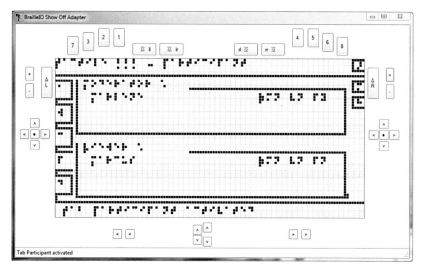

Abbildung A.19.: Ansicht *TactileBBB* im *BrailleIO Show Off Adapter*: Reiter Teilnehmer

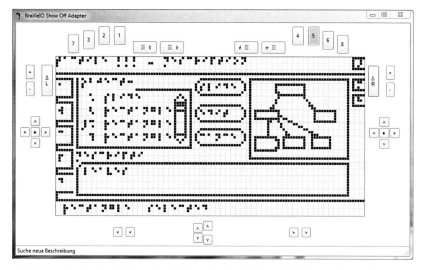

Abbildung A.20.: Ansicht *TactileBBB* im *BrailleIO Show Off Adapter*: Reiter Beschreibung

Taktile analoge Ansichten

Den Probanden werden die Einverständniserklärung, verwendete Kommandos für das
Aktivitätsprotokoll sowie taktile Ansichten der verwendeten Bedienelemente (Abbildung A.21), des reduzierten Grundlayouts (Abbildung A.22) und der Hardwaretastenbelegung (Abbildung A.23) zur Unterstützung der Einführung in die Bedienung zu
gegebener Zeit während des Benutzertests vorgelegt.

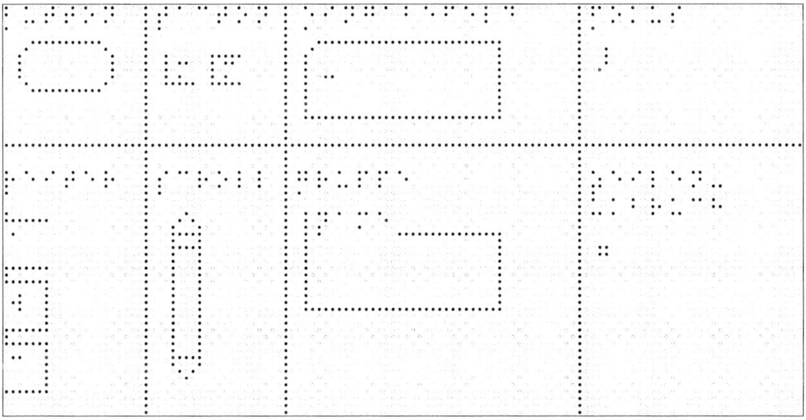

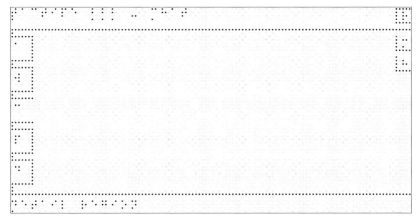

Abbildung A.21.: Braille-Druck der Bedienelemente für den Benutzertest *TactileBBB*
eingesetzten Anwendungen

Abbildung A.22.: Braille-Druck des Grundlayouts für den Benutzertest *TactileBBB*

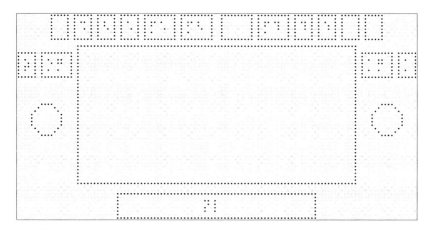

Abbildung A.23.: Braille-Druck einer schematischen Darstellung des *BrailleDis* zur Er-
läuterung der Hardwaretastenbelegung für den Benutzertest *Tac-
tileBBB*. [1] Aktivitätsprotokoll-Ansicht, [2] Whiteboard-Ansicht, [3]
Chat-Ansicht, [4] Teilnehmer-Ansicht, [5] Beschreibungs-Ansicht, [Z]
Zoom, [EG] Erkundungsgeste, [AG] Auswahlgeste, [A] Kontrast, [F1]
Sprachausgabe stoppen, [F3] Mikrofon aktivieren/deaktivieren, [F4]
Hand heben/senken

Inhalte des virtuellen Klassenzimmers

Nachfolgend werden beispielhaft die Aktivitätsprotokolle für Teil 1a und Teil 1b abgebildet. Dabei steht <Moderator>für Testleiter 2 und <Subject>für den Probanden.

```
 1 (09:55) [USER] Marcus has joined the meeting. More info with
 2 'whoisuser Marcus'.
 3 (09:55) [BOARD] Presentation changed to slide 2. Type 'read' to
     read
 4 its text.
 5 (10:05) [USER] <Subject> has joined the meeting. More info with
 6 'whoisuser <Subject>'.
 7 (10:29) [PUBCHAT] <Moderator>: Welcome to our session about
     animal
 8 species.
 9 (10:29) [BOARD] Presenter has drawn a black rectangle on the
10 whiteboard
11 (10:29) [BOARD] Presenter has drawn a black rectangle on the
12 whiteboard
13 (10:29) [BOARD] Presenter has drawn a black rectangle on the
14 whiteboard
15 (10:29) [BOARD] Presenter has drawn a black rectangle on the
16 whiteboard
17 (10:29) [BOARD] Presenter has drawn a black line on the
     whiteboard
18 (10:29) [BOARD] Presenter has drawn a black line on the
     whiteboard
19 (10:29) [BOARD] Presenter has drawn a black line on the
     whiteboard
20 (10:30) [BOARD] Description of annotation '2' of type 'Ellipse'
     on
21 page '2' was edited to: 'animals'
22 (10:30) [BOARD] Description of annotation '3' of type 'Ellipse'
     on
23 page '2' was edited to: 'Fishes'
24 (10:30) [BOARD] Description of annotation '4' of type 'Ellipse'
     on
25 page '2' was edited to: 'Fishes'
26 (10:30) [PUBCHAT] <Moderator>: Who can tell me another species?
27 (10:31) [USER] Marcus raised the hand.
28 (10:31) [PUBCHAT] <Moderator>: Yes, Marcus?
29 (10:31) [PUBCHAT] Marcus: insects
30 (10:31) [USER] Marcus lowered the hand.
31 (10:31) [PUBCHAT] <Moderator>: Super!
32 (10:32) [BOARD] Description of annotation '5' of type 'Ellipse'
     on
33 page '2' was edited to: 'insects'
```

Quellcode A.4: Beispielhaftes Aktivitätsprotokoll für Test Teil 1a

```
 1  (11:00) [USER] Marcus has joined the meeting. More info with
 2  'whoisuser Marcus'.
 3  (11:01) [BOARD] Presentation changed to slide 2. Type 'read' to
    read
 4  its text.
 5  (11:01) [USER] <Subject> has joined the meeting. More info with
 6  'whoisuser <Subject>'.
 7  (11:18) [PUBCHAT] <Moderator>: Welcome to our session about tree
 8  species.
 9  (11:18) [BOARD] Presenter has drawn a black rectangle on the
10  whiteboard
11  (11:18) [BOARD] Presenter has drawn a black rectangle on the
12  whiteboard
13  (11:18) [BOARD] Presenter has drawn a black rectangle on the
14  whiteboard
15  (11:19) [BOARD] Presenter has drawn a black rectangle on the
16  whiteboard
17  (11:19) [BOARD] Presenter has drawn a black rectangle on the
18  whiteboard
19  (11:19) [BOARD] Presenter has drawn a black rectangle on the
20  whiteboard
21  (11:20) [BOARD] Presenter has drawn a black line on the
       whiteboard
22  (11:21) [BOARD] Presenter has drawn a black line on the
       whiteboard
23  (11:21) [BOARD] Presenter has drawn a black line on the
       whiteboard
24  (11:21) [BOARD] Presenter has drawn a black line on the
       whiteboard
25  (11:21) [BOARD] Presenter has drawn a black line on the
       whiteboard
26  (11:22) [BOARD] Description of annotation '2' of type 'Rectangle'
       on
27  page '2' was edited to: 'trees'
28  (11:22) [BOARD] Description of annotation '3' of type 'Rectangle'
       on
29  page '2' was edited to: 'leaves'
30  (11:23) [BOARD] Description of annotation '4' of type 'Rectangle'
       on
31  page '2' was edited to: 'needles'
32  (11:25) [BOARD] Description of annotation '5' of type 'Rectangle'
       on
33  page '2' was edited to: 'maple'
34  (11:27) [BOARD] Description of annotation '6' of type 'Rectangle'
       on
35  page '2' was edited to: 'ginko'
36  (11:31) [PUBCHAT] <Moderator>: Who can tell me another species?
37  (11:31) [USER] Marcus raised the hand.
38  (11:31) [PUBCHAT] <Moderator>: Yes, Marcus?
39  (11:31) [USER] Marcus lowered the hand.
40  (11:31) [PUBCHAT] Marcus: beech
41  (11:32) [PUBCHAT] <Moderator>: Super!
```

Quellcode A.5: Beispielhaftes Aktivitätsprotokoll für Test Teil 1b

Die gezeichneten Abbildungen auf dem Whiteboard A.24 und A.25 entsprechen Baumstrukturen.

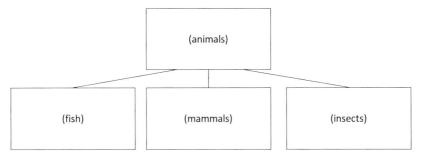

Abbildung A.24.: Beispielhafte Abbildung auf dem Whiteboard von Test 1a des Benutzertests *TactileBBB*; die Beschriftung entspricht der alternativen Beschreibung

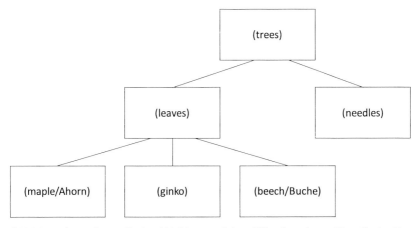

Abbildung A.25.: Beispielhafte Abbildung auf dem Whiteboard von Test 1b des Benutzertests *TactileBBB*; die Beschriftung entspricht der alternativen Beschreibung

A.10.2. Durchführung

Vorab-Fragebogen

Tabelle A.104.: Benutzertest *TactileBBB*: Vorab-Fragebogen. Nummerierung entsprechend der Fragebögen in Tabelle A.9.3 und A.4.5

Nr.	Frage	Aufgabenart	Antwortmöglichkeiten	Pflicht
Allgemeine Angaben				
A1	Wie alt sind Sie?	Freitext	Alter: __ Jahre	Ja
A2	Welches Geschlecht haben Sie?	Auswahl	weiblich; männlich	Ja
A4	Verfügen Sie über einen verwertbaren Sehrest?	Auswahl mit Freitext	Nein; Ja, mein Sehrest beträgt __	Ja
A5	Besteht die Sehschädigung seit Geburt an?	Auswahl mit Freitext	Ja: Nein, sie begann im Alter von __ Jahren	Ja
B2	Welche Braille-Schriften verwenden Sie?	Mehrfachauswahl mit Freitext	Basisbraille; Vollschrift; Kurzschrift; Computerbraille; weitere Braille-Schriften, und zwar __	Ja
B7	Haben Sie Erfahrungen mit taktilen Abbildungen oder Grafiken?	Auswahl	Ja; Nein	Ja
B8	Welche Arten von Grafiken haben Sie bereits genutzt?	Mehrfachauswahl und Freitext	Landkarten; Stadtpläne; Taktile Darstellungen von Diagrammen; Abbildungen von komplexen Strukturen; Taktile Darstellungen von Bildern; Abbildungen von Bildschirminhalten; Sonstige Grafiken, und zwar __	Ja
B10	Haben Sie bereits mit dem *BrailleDis* gearbeitet?	Auswahl mit Freitext	Nein; Ja, folgende Anwendungen habe ich darauf bereits getestet: __	Ja
B9	Besitzen Sie ein Smartphone?	Auswahl und Freitext	Ja, folgendes Modell: __; Nein	Ja

Fortsetzung auf der nächsten Seite

Tabelle A.104.: *Fortsetzung: Benutzertest TactileBBB: Vorab-Fragebogen*

Nr.	Frage	Aufgabenart	Antwortmöglichkeiten	Pflicht
C2	Mit welchen Anwendungen arbeiten Sie regelmäßig?	Tabelle	Zeilen: Textverarbeitung (bspw. Word); Tabellenkalkulation (bspw. Excel); Präsentationssoftware (bspw. PowerPoint); Datenbankanwendungen (bspw. Access); Internet Explorer; Mozilla Firefox; E-Mail-Programm; Chat-Programm; Lernplattform; Virtuelles Klassenzimmer. Spalten: Sehr häufig; Häufig; Geht so; Selten; Nie	Ja
C3	Falls Sie bereits mit Lernplattformen oder virtuellen Klassenzimmern gearbeitet haben, welche waren das?	Freitext	—	Nein
C4	Welchen Screenreader nutzen Sie?	Freitext, Mehrfachnennungen möglich	Screenreader: —	Ja
C5	Welche weiteren Hilfsmittel verwenden Sie zur Arbeit an Computern?	Freitext	—	Ja
C7	Wie tätigen Sie Eingaben an Ihrem Computer?	Mehrfachauswahl	Über die Tastatur; Mit der Maus; Unter Verwendung der Braille-Tastatur; Spracheingabe; Sonstiges, und zwar —	Ja
E1	Haben Sie schon mal E-Learning-Angebote genutzt?	Auswahl	Ja; Nein	Ja
E2	Falls ja, welche E-Learning-Werkzeuge haben Sie bereits verwendet?	Mehrfachauswahl mit Freitext	Lernplattform; Konferenzsoftware/Virtuelles Klassenzimmer; Dynamisches Whiteboard; Mindmapping, kollaborative Dokumentbearbeitung (bspw. *Google Docs*); Online-Lernmaterial; Aufgezeichnete Vorträge/Veranstaltungen; Social Web (Facebook, Twitter usw.) Sonstiges, und zwar —;	Ja
E4	Welche Probleme treten bei der Verwendung von E-Learning auf?	Freitext	—	Nein

Fortsetzung auf der nächsten Seite

Tabelle A.104.: *Fortsetzung: Benutzertest TactileBBB: Vorab-Fragebogen*

Nr.	Frage	Aufgabenart	Antwortmöglichkeiten	Pflicht
K1	Haben Sie bereits an computergestützten Kollaborationssituationen, also bspw. online-geführten Konferenzen mit Chat, Dateiaustausch und ähnlichem, teilgenommen?	Auswahl	Ja; Nein (*Ende des Fragebogens*)	Ja
K4	Falls ja, wie viele Personen nehmen in der Regel an dieser Zusammenarbeit teil?	Freitext	Teilnahme an Lehrveranstaltungen; Gemeinsame Arbeit an Dokumenten/Inhalten; Technischer Support; Besprechungen/Meetings; Spielen; Sonstiges und zwar —	Nein
K9	Findet die computergestützte Zusammenarbeit an einem Ort oder ortsungebunden über das Internet statt?	Mehrfachauswahl	Ortsgebunden; Ortsungebunden über das Internet	Nein
K5	Beschreiben Sie bitte eine oder mehrere typische Kollaborationssituationen (Teilnehmer, verwendete Hilfsmittel, Umfeld, Häufigkeit, usw.).	Freitext	—	Nein

Einführungsskript

Nachfolgend wird die vom Testleiter gegebene Einführung in Vorgehen, verwendetes technisches Hilfsmittel, die Methode sowie virtuelle Klassenzimmer wiedergegeben.

Begrüßung und Vorgehensbeschreibung

Schön, dass Sie da sind.

Ich bin Wiebke Köhlmann. Ich schreibe meine Doktorarbeit an der Universität Potsdam und bin heute der Testleiter. Wenn Sie Fragen haben, bitte zögern Sie nicht diese zu stellen.

Welche Anrede bevorzugen Sie? Du oder Sie? Bereit oder nochmal auf die Toilette oder ähnliches?

Wenn Sie zwischendurch eine Pause brauchen oder den Test abbrechen möchten, ist das kein Problem. Bitte sagen Sie einfach Bescheid.

Im Rahmen meiner Doktorarbeit an der Universität Potsdam untersuche ich, welche Barrieren bei der Teilnahme an Veranstaltungen in virtuellen Klassenzimmern für Blinde und Menschen mit Sehbeeinträchtigung auftreten und entwickele Konzepte, wie diese Barrieren abgebaut werden können. Weiterhin ist eine Studentin [im Test wurde der Name genannt] an der Durchführung des Tests beteiligt, die ihre Masterarbeit zur Umsetzung eines virtuellen Klassenzimmers auf ein taktiles Flächendisplay schreibt.

Virtuelle Klassenzimmer, wie bspw. *Adobe Connect* oder *Blackboard Collaborate*, bieten die Möglichkeit den Unterricht online durchzuführen. Diese Klassenzimmer umfassen Funktionen wie z. B. Chat, Audio- und Video-Konferenz und die Möglichkeit Präsentationsfolien zu teilen und auf einem Whiteboard – einer digitalen Tafel – zu zeichnen. Sie sind also ähnlich wie Skype, aber auch sozialen Plattformen wie bspw. *Facebook.*

Ich finde es wichtig, dass Blinde und Sehende möglichst gleichberechtigt an so einer Online-Unterrichtsstunde teilnehmen können. Probleme hierbei sind z. B. der Umfang an Informationen, der Live-Charakter (mehrere Aktionen laufen synchron) und grafische Inhalte.

Gegenstand dieses Benutzertests ist, die prototypische Umsetzung des virtuellen Klassenzimmers *BigBlueButton* auf einem taktilen Flächendisplay mit 60 × 120 Punkten – dem *BrailleDis* – zu untersuchen. Wir werden eine Sitzung in einem virtuellen Klassenzimmer simulieren. Dabei nehmen Sie die Rolle eines Teilnehmenden ein. Die Studentin ist heute in Potsdam und übernimmt die Rolle als Moderator und eines weiteren Teilnehmenden in unserer Sitzung im virtuellen Klassenzimmer.

Ziel der heutigen Untersuchung ist die Benutzbarkeit des virtuellen Klassenzimmers mit dem *BrailleDis* herauszufinden.

Der Benutzertest wird ca. 2,5 Stunden [95 Minuten] dauern und ist wie folgt aufgebaut:

1. Begrüßung
2. Erläuterung zum *BrailleDis* und virtuellen Klassenzimmer
3. Durchführung des Benutzertests
4. Abschließender Fragebogen
5. Verabschiedung

Ich möchte währen des Tests gerne Tonaufnahmen machen, damit ich nicht alles mitschreiben muss. Ich würde außerdem gerne Videoaufnahme Ihrer Hände machen, damit mir später die Auswertung leichter fällt. Die aufgenommenen Daten werden anonymisiert und nicht veröffentlicht!

Damit ich diese Aufnahmen machen darf, benötige ich Ihr Einverständnis. Bitte lesen Sie die Erklärung und Unterschreiben Sie diese.

Aktion: Unterschrift Einverständnis
Aktion (falls nicht vorab erfolgt): Ausfüllen des Vorab-Fragebogens

Einführung *BrailleDis* und virtuelle Klassenzimmer
Virtuelles Klassenzimmer

Für den Test stellen wir uns vor, dass eine Unterrichtsstunde in einem virtuellen Klassenzimmer abgehalten wird. Ein Präsentator erklärt über Internettelefonie den Unterrichtsstoff und verwendet dazu parallel ein Whiteboard, also eine digitale Tafel, um den Lehrstoff besser zu verdeutlichen. Vor Unterrichtsbeginn melden sich die Teilnehmenden nach und nach im Klassenzimmer an und können sich zunächst über den Chat austauschen. Hier können im Verlauf der Stunde auch Fragen gestellt werden. Jeder Teilnehmende hat ein Mikrofon, über das er sich an der Audio-Konferenz mündlich beteiligen kann. Es gibt auch eine Möglichkeit ein Handzeichen, wie das einer Handmeldung zu geben.

BrailleDis

Die Tests heute erfolgen mit dem *BrailleDis 7200*, einem berührempfindlichen taktilen Flächendisplay. Die Darstellung der Benutzungsoberfläche erfolgt auf einer Fläche von 120×60 Punkten. Darauf ist die Darstellung mehrerer Zeilen Braille-Schrift, aber auch die Darstellung einfacher taktiler Grafiken und Benutzungsoberflächen möglich. Die Eingabe von Daten und Navigation erfolgt mit Hilfe von Gesten, Hardwaretasten und Tastaturbefehlen.

TactileBBB

Im heutigen Benutzertest werden wir zur Interaktion Gesten und Hardwaretasten verwenden. Die Tastatur wird heute nur zur Eingabe von Text und nicht zum Navigieren verwendet. Über das *BrailleDis* können in dieser Anwendung keine Texteingaben getätigt werden. Es wird kein externer Screenreader, wie bspw. *Jaws* oder *NVDA* verwendet. Rückmeldungen erfolgen über interne Audioausgaben oder taktil über die Darstellungsfläche.

Verfügbare Gesten sind Ein-Finger-Tipp-Gesten. Zur Ausführung dieser Gesten muss zunächst eine Hardwaretaste gedrückt werden, um in den Gestenmodus zu wechseln.

Erläuterung der Hardwaretasten EG und AG

Die linke Taste dient dem Einleiten einer Erkundungsgeste. Sie liefert Informationen zu Elementen, führt aber keine Aktionen durch. Zum Ausführen einer Erkundungsgeste hält man die Taste gedrückt und tippt dann mit einem Finger auf ein Element.

Die rechte Taste dient dem Einleiten einer Auswahlgeste. Sie setzt den Fokus oder simuliert einen Mausklick auf ein Element. Zum Ausführen einer Auswahlgeste hält man die Taste gedrückt und tippt dann mit einem Finger auf ein Element.

Unter dem Darstellungsbereich befindet sich eine Scroll-Leiste ähnlich der einer Braille-Zeile. Einfaches Betätigen scrollt zeilenweise rauf oder runter, ein wenig mehr Druck entspricht einem „Bild runter/hoch".

Bitte beachten Sie, dass die heute verwendete Anwendung eine prototypische Umsetzung darstellt. Es sind noch nicht alle geplanten Funktionen umgesetzt und teilweise ist die Filterung der Daten langsam. Es kann daher nötig sein, dass ich in den Ablauf mit der Maus eingreife und einige Abläufe simuliere.

Testablauf Teil 1a: Vergleichstest mit Anwendung Aktivitätsprotokoll

Nachfolgende Aktionen werden von Testleiter 1 und 2 angeleitet (vgl. Abbildung 11.2 auf S. 280).

Vergleichstest
Aktion durch Testleiter 2: Eröffnen des Raumes, Login als Moderator und Teilnehmer Marcus

Zunächst sollen textuelle und grafische Darstellungsweisen verglichen werden. Dazu zeige ich Ihnen zunächst eine textuelle Repräsentation und dann eine semi-grafische Ansicht des virtuellen Klassenzimmers.

Teilnehmende: Marlene (Moderator), Proband (Teilnehmer 1), Marcus (Teilnehmer 2)

Benutzertest Aktivitätsprotokoll

Aktion durch Testleiter 1: Beitreten als Proband, starten der Filter- Anwendung „Nur Aktivitätsprotokoll"

Einführung

Sie sehen eine textuelle Darstellung aller Aktivitäten des virtuellen Klassenzimmers – ein sogenanntes Aktivitätsprotokoll. Die Aktivitäten werden mit Zeitstempel, Autor und Aktion chronologisch in mehreren Zeilen aufgelistet. Eine umgebrochene Zeile wird durch ein =-Zeichen gekennzeichnet (Punkte 2, 3, 5, 6).

Neben dem Text wird eine Scroll-Leiste angezeigt, wenn die Länge des Protokolls den Anzeigeplatz übersteigt. Ein kleiner Balken in der Scroll-Leiste zeigt die Position der Anzeige im Gesamt-Protokoll an.

Sie haben die Möglichkeit, im Aktivitätsprotokoll hoch- und runterzuscrollen indem Sie die Navigationsleiste des *BrailleDis* verwenden oder Tipp-Gesten mit der rechten Gesten-Taste auf die Pfeile der Scroll-Leiste ausführen.

Das Aktivitätsprotokoll dokumentiert alle Änderungen. Zum Auffinden spezieller Beiträge können im Kommandoeingabefeld Filter angewendet werden – z. B. nur Chat anzeigen. Unter dem Protokoll befindet sich ein Eingabefeld zur Eingabe der Kommandos. Dazu zählen z. B.:

- `myhand` – liefert Status der Hand (gehoben/gesenkt)
- `whoisuser <name>` – Ausgabe aller Eigenschaften des Teilnehmenden (Rolle, Mikrofon, Kamera usw.)

- `whois moderator` – Ausgabe des Moderators
- `filter <tag>` – Tags: USER, BOARD, QUERY, MEETING, PUBCHAT
- `list users` – listet alle Teilnehmer der Veranstaltung auf

Benutzertest

Anzeige des Aktivitätsprotokolls

Aktionen:
- Aktivitätsprotokoll lesen, scrollen (Geste und Hardwaretaste)
- Eintrag finden, bspw. Chat und Whiteboard
- Kommandoeingabefeld nutzen, ggf. Filter anwenden

Ablauf:

Aufgaben: Lesen und erkunden Sie das Aktivitätsprotokoll. Versuchen Sie den bisherigen Ablauf der Sitzung nachzuvollziehen.

Aktion Testleiter 1: Zeichen an Testleiter 2 zum Starten der simulierten Veranstaltung
Aktion Testleiter 2: Eröffnen der Sitzung durch Moderator und Start der simulierten Veranstaltung

Während des Tests werden die Inhalte auf der Folie gezeichnet und Beschreibungen hinzugefügt. Der Moderator erklärt nebenbei, was er zeichnet: „Heute besprechen wir die Tierklassen. Zu diesen gehören zunächst mal die Unterklasse der Fische und Säugetiere ... "

Aufgabe: Lesen und erkunden Sie das Aktivitätsprotokoll. Versuchen Sie den bisherigen Ablauf der Sitzung nachzuvollziehen. Beantworten Sie folgende Fragen:

a) Welcher Teilnehmer hat seine Kamera aktiviert? [nur bei 2,5-Stunden-Test]
b) Welche Elemente wurden auf dem Whiteboard gezeichnet?
c) Um wie viel Uhr hat der Moderator eine Frage im Chat gestellt? [nur bei 2,5-Stunden-Test]
d) Auf welches Whiteboard-Element (ggf. Nummer) bezieht sich dieser Eintrag? [nur bei 2,5-Stunden-Test]
e) Beschreiben Sie die gezeichnete Darstellung entsprechend Ihrer Vorstellung!
f) Wie viele Ebenen hat die Darstellung?

Schulung Bedienung *TactileBBB*

Widgets

Material: Taktile Ansicht Widgets

Zuerst möchte ich Ihnen Bedienelemente zeigen und erklären, damit Sie sich zurechtfinden. Ist es in Ordnung, wenn ich Ihre Hände führe?

Wie auf einem Monitor, werden Bedienelemente auf dem *BrailleDis* taktil dargestellt. Wir werden uns nun die wichtigsten Widgets für diesen Test ansehen – der Einfachheit halber als Braille-Druck.

- Fokus und Caret/Einfügemarke
- Button (nicht ausgewählt und ausgewählt)
- Takton – Taktiles Icon (nicht ausgewählt und ausgewählt)
- Eingabefeld mit blinkender Einfügemarke/Caret
- Fokusmarkierung: Blinkender Unterstrich oder Element
- Reiter/Tabs – vertikal angeordnete Reiter. Das jeweils nach rechts offene Element ist aktiviert und auf der Ansicht wird der entsprechende Inhalt groß angezeigt.
- Gruppierung: Ein Rahmen um Elementen (mit und auch ohne Beschriftung/Gruppenname) zur Verdeutlichung der Zusammengehörigkeit mehrerer Elemente

Aufgabe: Erkunden Sie die Widgets und stellen Sie bei Bedarf Fragen. ?

Benutzungsoberfläche

Material: Taktile Ansicht Benutzungsoberfläche

Ich erläutere nun den Aufbau der Benutzungsoberfläche, die wir in diesem Test verwenden werden.

Aufgabe: Erkunden Sie die Darstellung und denken Sie dabei laut.

- Kopfzeile: Die Kopfzeile befindet sich ganz oben. Sie besteht aus einer Zeile Braille-Schrift. Hier werden der Name des Klassenzimmers und aktuelle Ansicht angezeigt. Also bspw. Virtual Classroom – Chat. Rechts befindet sich ein Takton zum Aktivieren der Aufzeichnung.
- Linker Navigationsbereich: Auf der linken Seite befinden sich Reiter. Das nach rechts offene Element ist ausgewählt. Hier sind folgende Ansichten auswählbar:
  - a: Aktivitätsfenster: Hier wird ein Protokoll aller auftretender Aktionen erstellt. Es wird also aufgelistet, wann und wer einen Chat-Beitrag geschrieben hat, wann ein neues Element auf dem Whiteboard gezeichnet wurde usw.
  - w: Hier ist der Whiteboard-Bereich. Es ist eine Zeichentafel, wo gezeichnet werden kann. Es können aber auch PowerPoint-Präsentationen gezeigt werden.
  - c: Hier wird der Chatverlauf angezeigt und eigene Beiträge können verfasst werden
  - p: P wie participants – Teilnehmer: Hier wird eine Liste der Moderatoren und Teilnehmer angezeigt und auch, ob deren Mikrofon oder Kamera aktiviert ist
  - d: d steht für description – Beschreibung: Hier können alternative Beschreibungen für auf dem Whiteboard gezeichnete Elemente gelesen, verfasst und geändert werden.
- Rechter Navigationsbereich: Hier wird dein eigener Status (Mikro an/aus, Hand heben/senken) angezeigt. Durch Klicken auf das Element kann die Funktion aktiviert oder deaktiviert werden.
  - m: m ausgewählt (Rahmen) heißt, das eigene Mikrofon ist aktiviert (hier teilweise Schreibfehler)
  - h: h ausgewählt heißt, dass man sich meldet
  - Taktons für weitere Funktionen wie Einstellungen, Video, Lesezeichen und Links werden in dieser prototypischen Umsetzung nicht angezeigt.

- Detailbereich: Im Detailbereich erfolgen Ausgaben mit Detailinformationen, die über die Erkundungsgeste abgerufen werden.
- Darstellungsbereich: Der Darstellungsbereich ist der große Bereich in der Mitte der Benutzungsoberfläche. Hier werden die Inhalte dargestellt: Also Chatverlauf, Whiteboard usw.

Fragen:
a) Haben Sie Fragen zu den Elementen oder dem Aufbau?
b) Wie gefällt Ihnen der Aufbau? Ist er logisch?
c) Was würden Sie gerne ändern?

Hardwaretasten

Material: Taktile Ansicht Hardwaretasten

Die Hardwaretasten decken grundlegende Funktionen für die Bedienung ab. Sie stellen eine Alternative zu der Gesteneingabe dar.

Über dem Darstellungsbereich befindet sich die Braille-Tastatur. Sie erlauben einen Wechsel zwischen den Ansichten/Reitern:

- 1 Aktivitätsprotokoll
- 2 Whiteboard
- 3 Chat
- 4 Teilnehmer
- 5 Beschreibungen

Zwischen der Braille-Tastatur befinden sich 4 breitere Tasten:

- F1 Sprachausgabe stoppen
- F2 Mikrofon an/aus
- F3 (nicht belegt)
- F4 Hand hoch/runter

Links neben der Tastatur befinden sich zwei Tasten:

- Z Zoom (hoch: vergrößern, runter: verkleinern)
- EG Erkundungsgeste

Rechts neben der Tastatur befinden sich zwei Tasten:

- AG Auswahlgeste
- A Kontrast (hoch: erhöhen, runter: verringern)

Unter der Darstellungsfläche befindet sich eine Scroll-Leiste wie bei einer Braille-Zeile. Einfach betätigen: eine Zeile runter scrollen, zweifach betätigen: Seitenweise scrollen.

Änderungen erkennen

Zum Erkennen von Änderungen helfen verschiedene Funktionen: Signaltöne weisen auf ein Ereignis hin (bspw. Chat-Nachricht, Teilnehmer betritt/verlässt den Raum). Weiterhin erfolgen Sprachausgaben bei der Auswahl von Bedienelementen.

Testablauf Teil 1b: Vergleichstest mit Anwendung *TactileBBB*

Aktion durch Testleiter 2: Eröffnen des Raumes, Login als Moderator und Teilnehmer Marcus
Aktion durch Testleiter 1: Beitreten als Proband, starten der Filter-Anwendung Tactile-BBB

Aktionen:

- Zwischen Tabs wechseln (Geste und Hardwaretaste)
- Inhalte lesen, scrollen (Geste und Hardwaretaste)
- Eintrag finden, bspw. Chat und Whiteboard
- Inhaltliche Frage beantworten zum Zusammenhang der Inhalte

Ablauf:

Aufgabe: Lesen und erkunden Sie die Benutzungsoberfläche. Rufen Sie die verschiedenen Ansichten über die Reiter auf der linken Seite auf.
Aufgabe: Versuchen Sie den bisherigen Ablauf der Sitzung nachzuvollziehen.

Während des Tests werden die Inhalte auf der Folie gezeichnet und Beschreibungen hinzugefügt. Der Moderator erklärt nebenbei, was er zeichnet: „Heute besprechen wir die Baumarten. Zu diesen gehören zunächst mal die Unterklasse der Laubbäume und Nadelbäume ... "

Aufgabe: Versuchen Sie den bisherigen Ablauf der Sitzung nachzuvollziehen. Beantworten Sie folgende Fragen:
  a) Welcher Teilnehmer hat seine Kamera aktiviert? [nur bei 2,5-Stunden-Test]
  b) Welche Elemente wurden auf dem Whiteboard gezeichnet?
  c) Um wie viel Uhr hat der Moderator eine Frage im Chat gestellt? [nur bei 2,5-Stunden-Test]
  d) Auf welches Whiteboard-Element (ggf. Nummer) bezieht sich dieser Eintrag? [nur bei 2,5-Stunden-Test]
  e) Beschreiben Sie die gezeichnete Darstellung entsprechend Ihrer Vorstellung!
  f) Wie viele Ebenen hat die Darstellung?

Testablauf Teil 1: Vergleichende Fragen

Nach der Durchführung des Teil 1a und 1b des Vergleichstest werden abschließende Fragen gestellt, um die Unterschied zwischen der textuellen Ausgabe (Teil 1a) und semi-grafischen Ausgabe (Teil 1b) herauszufinden.

Fragen:
  a) Mit welcher Darstellungsweise konnten Sie dem Ablauf am besten folgen? Warum?
  b) Bei welcher Darstellungsweise konnten Sie die Struktur der Zeichnung auf dem Whiteboard besser nachvollziehen? Warum?
  c) Welche Informationen/Ansichten empfanden Sie als wichtig und hilfreich? Welche sind unwichtig?
  d) Welche Funktionen würden Sie in einem realen Anwendungsfall nutzen wollen?

Testablauf Teil 2a: Chat

Der Chat-Reiter bildet den öffentlichen Chat des virtuellen Klassenzimmers in chronologischer Reihenfolge ab.

Aufgabe: Wechseln Sie in den Chat-Reiter und erfassen Sie die bisherige Aktivität.
Aufgabe: Finden Sie im Chatverlauf die Frage des Moderators. („Who can tell me another species?")
Aufgabe: Erstellen Sie einen Chat-Beitrag als Antwort.

Fragen:
a) Ist die Darstellung übersichtlich?
b) Wie hat Ihnen die Bedienung und Darstellung gefallen?
c) Was hätten Sie anders erwartet bzw. was würden Sie gerne ändern?

Testablauf Teil 2b: Melden

Angenommen, Sie möchten einen Audiobeitrag leisten. In einer Präsenzsituation würden Sie sich durch ein Handzeichen melden. Dies ist auch im virtuellen Klassenzimmer möglich.

Aufgabe: Melden Sie sich und kontrollieren Sie, ob Ihr Mikrofon aktiviert ist. (Takton oder Hardwaretaste)
Aktion Testleiter 2: Moderator nimmt per Audio dran.
Aufgabe: Senken sie ihre Hand nachdem der Moderator ihnen das Wort erteilt hat und leisten sie anschließend einen Sprachbeitrag.
Fragen:
a) Ist die Darstellung übersichtlich?
b) Wie hat Ihnen die Bedienung und Darstellung gefallen?
c) Was hätten Sie anders erwartet bzw. was würden Sie gerne ändern?

Testablauf Teil 2c: Beschreibung

Aufgabe: Wechseln Sie in den Beschreibungs-Reiter

Die Beschreibungsansicht fasst alle vorhandenen Objekte und ihre Beschreibungen einer Folie auf dem Whiteboard zusammen. Für jedes Objekt kann eine Beschreibung hinzugefügt oder bearbeitet werden. Im Darstellungsbereich links oben wird eine Liste von Objekten angezeigt. Rechts daneben sind Buttons zum Folie-Wechseln, Bearbeiten, und Abbrechen angeordnet. Auf der rechten Seite befindet sich eine *Minimap* der Whiteboard-Ansicht.

Darunter befindet sich ein Eingabefeld. Wird ein Objekt aus der Liste fokussiert, kann dort die Beschreibung bearbeitet werden.

Die protypische Funktionalität umfasst derzeit die Liste der Objekte und deren Beschreibungen. Auf der *Minimap* können noch keine Elemente hervorgehoben oder fokussiert werden, die Buttons zum Folienwechsel und Abbrechen sind noch ohne Funktion.

Aufgabe: Erfassen Sie die vorhandenen Beschreibungen.
Aufgabe: Verfügen alle Objekte über eine Beschreibung? (bis auf eines – Buche – alle beschriftet)
Aufgabe: Erstellen Sie eine Beschreibung für das fehlende Objekt.

Fragen:
1. Ist die Darstellung übersichtlich?
2. Wie hat Ihnen die Bedienung und Darstellung gefallen?
3. Was hätten Sie anders erwartet bzw. was würden Sie gerne ändern?

Abschluss-Fragebogen

Tabelle A.105.: Benutzertest *TactileBBB*: Abschluss-Fragebogen. Nummerierung entsprechend des Fragebogens in Tabelle A.9.3

Nr.	Frage	Aufgabenart	Antwortmöglichkeiten	Pflicht
A6	Bitte schildern Sie Ihren Gesamteindruck der prototypischen Umsetzung.	Freitext	—	Ja
A7	Konnten Sie alle Ereignisse der Veranstaltung rechtzeitig erfassen, um dem Verlauf gut folgen zu können?	Freitext	—	Ja
A8	Gibt es eine Verbesserung im Vergleich zu Ihrer bisherigen Arbeitsweise? Nennen Sie bitte Beispiele.	Freitext	—	Ja
A9a	Angenommen Sie wollten in der Zukunft an einer Veranstaltung in einem virtuellen Klassenzimmer teilnehmen. Welche der folgenden Anwendungen würden Sie wählen:	Mehrfachauswahl	Herkömmliche Hilfsmittel: Braille-Zeile und Screenreader; Rein textuelle Ausgabe auf dem *BrailleDis*; Grafische Ausgabe auf dem *BrailleDis* (wie gesehen)	Ja
A9b	Warum?	Freitext	—	Nein
A1a	Wie hilfreich empfanden Sie die neuen Funktionen?	Tabelle	Zeilen: 2D-/grafische Darstellung; Beschreibungen; Teilnehmeransicht; Statusanzeige in Teilnehmeransicht; Chat-Ansicht; Aktivitätsprotokoll; Kommandos im Aktivitätsprotokoll; Audio-Ausgaben; Interaktion über Hardwaretasten; Interaktion über Gesten; Whiteboard-Ansicht; Audio-Signale. Spalten: Sehr häufig; Häufig; Geht so; Selten; Nie	Ja
A1b	Warum?	Freitext	—	Nein
A2a	Wie hat Ihnen der Aufbau der Benutzungsoberfläche gefallen?	Tabelle	Zeilen: Grundlayout; Ansichtswechsel über Reiter; Chat; Aktivitätsprotokoll; Whiteboard; Beschreibung; Teilnehmer; Logik der Belegung der Hardware-Tasten. Spalten: Sehr gut; Gut; Geht so; Kaum; Gar nicht, Weiß nicht	abhängig von getesteten Ansichten
A2b	Warum?	Freitext	—	Nein

Fortsetzung auf der nächsten Seite

Tabelle A.105.: Fortsetzung: Benutzertest TactileBBB: Abschluss-Fragebogen

Nr.	Frage	Aufgabenart	Antwortmöglichkeiten	Pflicht
A3a	Wie haben Ihnen die Bedienelemente gefallen?	Tabelle	Zeilen: Buttons; Takton (für Statusanzeige); Eingabefeld; Reiter/Tabs; Scroll-Leiste; Gruppierung; Klammern bei Teilnehmeransicht; Fokus; Einfügemarke; Abstand der Elemente. Spalten: Sehr gut; Gut; Geht so; Kaum; Gar nicht, Weiß nicht	abhängig von getesteten Ansichten
A3b	Warum?	Freitext	—	Nein
A10	Im Test wurden zwei Bedienungsmöglichkeiten verwendet: Hardwaretasten und Gesteneingabe. Alternativ ist die Steuerung über Tastatur möglich, die heute nicht zum Einsatz kam. Welche Bedienmöglichkeit bevorzugen Sie in Bezug auf die Bedienung virtueller Klassenzimmer?	Auswahl mit Freitext	Hardwaretasten; Gesteneingabe; Steuerung über Tastatur; Kombination aus __	Nein
A11	Haben das Aktivitätsprotokoll mit seinen Statusmeldungen und die Teilnehmerliste dazu beigetragen, Ihr Gefühl der Anwesenheit anderer Teilnehmer – für die soziale Präsenz – zu stärken? (Im Vergleich zu anderen kollaborativen Situationen über das Internet wie bspw. gemeinsame Dokumentbearbeitung?)	Freitext	—	Nein
A4	Welche Funktionen haben Sie vermisst? Was würden Sie ändern?	Freitext	—	Nein

A.10.3. Auswertung

Vorab-Fragebogen

Tabelle A.106.: *TactileBBB*-Vorab-Fragebogen Frage A1: Wie alt sind Sie?

	17 – 20	21 – 30	31 – 40	41 – 50	51 – 60
Männlich	4	1	0	1	0
Weiblich	2	0	1	0	1
Gesamt (Anzahl)	6	1	1	1	1
Gesamt (%)	60	10	10	10	10

Tabelle A.107.: *TactileBBB*-Vorab-Fragebogen Frage A2: Welches Geschlecht haben Sie?

	Anzahl	Prozent
Männlich	6	60
Weiblich	4	40
Gesamt	10	100

Tabelle A.108.: *TactileBBB*-Vorab-Fragebogen Frage A4: Verfügen Sie über einen verwertbaren Sehrest? Antwort Ja: Wahrnehmung von Licht und Dunkelheit

	Ja	Nein
Männlich	1	5
Weiblich	0	4
Gesamt	1	9

Tabelle A.109.: *TactileBBB*-Vorab-Fragebogen Frage A5a: Besteht die Sehschädigung seit Geburt an?

	Ja	Nein
Männlich	5	1
Weiblich	3	1
Gesamt	8	2

Tabelle A.110.: *TactileBBB*-Vorab-Fragebogen Frage A5b: Sie begann im Alter von ... Jahren.

	1	2	3
Männlich	1	0	0
Weiblich	0	0	1
Gesamt	1	0	1

Tabelle A.111.: *TactileBBB*-Vorab-Fragebogen Frage B2: Welche Braille-Schriften verwenden Sie? (Mehrfachnennungen möglich)

	Basisbraille	Vollschrift	Kurzschrift	Computerbraille	Sonstige
Männlich	1	3	5	5	3
Weiblich	2	3	4	3	1
Gesamt	3	6	9	8	4

Tabelle A.112.: *TactileBBB*-Vorab-Fragebogen Frage B8: Haben Sie Erfahrungen mit taktilen Abbildungen oder Grafiken?

	Ja	Nein
Männlich	6	0
Weiblich	4	0
Gesamt	10	0

Tabelle A.113.: *TactileBBB*-Vorab-Fragebogen Frage B8b: Falls ja, welche Arten von Grafiken haben Sie bereits genutzt? (Mehrfachnennungen möglich)

	Landkarten	Stadtpläne	Taktile Darstellungen von Diagrammen	Abbildungen von komplexen Strukturen	Taktile Darstellungen von Bildern	Abbildungen von Bildschirminhalten	Sonstige Grafiken
Männlich	6	5	6	6	5	5	0
Weiblich	4	4	4	4	4	3	2
Gesamt	10	9	10	10	9	8	2

Tabelle A.114.: *TactileBBB*-Vorab-Fragebogen Frage B10a: Haben Sie bereits mit dem *BrailleDis* gearbeitet?

	Ja	Nein
Männlich	2	4
Weiblich	2	2
Gesamt	4	6

Tabelle A.115.: *TactileBBB*-Vorab-Fragebogen Frage B10b: Folgende Anwendungen habe ich auf dem *BrailleDis* bereits getestet

	HyperBraille	*Tangram*	Karten	Mathematik
Männlich	2	2	1	1
Weiblich	2	2	2	1
Gesamt	4	4	3	2

Tabelle A.116.: *TactileBBB*-Vorab-Fragebogen Frage B9a: Besitzen Sie ein Smartphone?

	Ja	Nein
Männlich	6	0
Weiblich	3	1
Gesamt	9	1

Tabelle A.117.: *TactileBBB*-Vorab-Fragebogen Frage B9b: Welches Modell besitzen Sie? (Mehrfachnennungen möglich)

	Android	iPhone
Männlich	1	6
Weiblich	1	2
Gesamt	2	8

Tabelle A.118.: *TactileBBB*-Vorab-Fragebogen Frage C2: Mit welchen Anwendungen arbeiten Sie regelmäßig? Sonstige: *Google Docs*, Texteditoren, *Eclipse*, Statistiksoftware, *DAISY*-Produktionssoftware, Audiobearbeitungssoftware

	Textverarbeitung	Tabellenkalkulation	Präsentationssoftware	Datenbankanwendungen	Internet Browser	E-Mail-Programm	Chat-Programm	Lernplattform	Virtuelles Klassenzimmer	Sonstige
Männlich	6	4	1	1	6	4	5	1	0	2
Weiblich	4	2	1	0	4	4	1	2	1	1
Gesamt	10	6	2	1	10	6	3	1	3	

Tabelle A.119.: *TactileBBB*-Vorab-Fragebogen Frage C3: Falls Sie bereits mit Lern-plattformen oder virtuellen Klassenzimmern gearbeitet haben, welche waren das? (Mehrfachnennungen möglich)

	A-Tutor	BFW Würzburg	Coursera	FutureLearn	Ilias	Moodle	Opal	WebEx
Männlich	0	1	1	0	1	1	1	0
Weiblich	1	0	0	1	0	1	1	1
Gesamt	1	1	1	1	1	2	2	1

Tabelle A.120.: *TactileBBB*-Vorab-Fragebogen Frage C4: Welchen Screenreader nutzen Sie? (Screenreader, Vergrößerungssoftware) (Mehrfachnennungen möglich)

	Cobra	Jaws	NVDA	TalkBack	VoiceOver	Window-Eyes
Männlich	2	5	5	0	0	1
Weiblich	0	4	1	1	3	0
Gesamt	2	9	6	1	3	1

Tabelle A.121.: *TactileBBB*-Vorab-Fragebogen Frage C5: Welche weiteren Hilfsmittel verwenden Sie zur Arbeit an Computern?

	Braille-Zeile	Spracherken-nungssoftware	Texterkennungs-software (OCR)	Braille-Drucker	Scanner
Männlich	6	0	1	1	0
Weiblich	4	0	1	0	1
Gesamt	10	0	2	1	1

Tabelle A.122.: *TactileBBB*-Vorab-Fragebogen Frage C7: Wie tätigen Sie Eingaben an Ihrem Computer?

	Über die Tastatur	Mit der Maus	Unter Verwendung der Braille-Tastatur	Spracheingabe
Männlich	6	0	3	0
Weiblich	4	0	3	1
Gesamt	10	0	6	1

Tabelle A.123.: *TactileBBB*-Vorab-Fragebogen Frage E1: Haben Sie schon mal E-Learning-Angebote genutzt?

	Ja	Nein
Männlich	3	3
Weiblich	2	2
Gesamt	5	5

Tabelle A.124.: *TactileBBB*-Vorab-Fragebogen Frage E6a: Falls ja, welche E-Learning-Werkzeuge haben Sie bereits verwendet?

	Lernplattform	Konferenzsoftware/ Virtuelles Klassenzimmer	Kollaborative Bearbeitung	Online-Lernmaterial	Aufgezeichnete Vorträge/ Veranstaltungen	Social-Web-Anwendungen	Sonstiges
Männlich	3	0	1	3	2	3	1	0
Weiblich	2	1	1	3	2	2	0	0
Gesamt	5	1	2	6	4	5	1	0

TactileBBB-Vorab-Fragebogen Frage E9: Welche Probleme treten bei der Verwendung von E-Learning auf? (Wörtliche Wiedergabe der Antworten)

- „Zugänglichkeit – Nicht mit Screenreadern bedienbar oder grafische dargestellt."
- „dynamische Aktualisierung der Inhalte:
  - Überblick geht verloren
  - unklar, wo überall Änderungen vorgenommen wurden und werden
  - Screenreader von ständiger Aktualisierung überfordert/APIs zu langsam
  - Refresh unterbricht Lesefluss"
- „Fehlende Formatierungen werden von Tools nicht mitgeliefert und werden von Bearbeitern nicht konsequent erzeugt."
- „Fehlende Unterscheidbarkeit der Autoren (welches Äquivalent hat man für x verschiedene Farben?)"
- „PDF-Dokumente sind nicht zu öffnen."
- „Programmumschaltung zwischen Präsentation und eigenen Notizen."
- „Übertragungsprobleme aufgrund einer zu langsamen Internetverbindung."

TactileBBB-Vorab-Fragebogen Frage K4: Falls ja, wie viele Personen nehmen in der Regel an dieser Zusammenarbeit teil? Antworten: 2 – 15, 10 –30, 3 –6, 6 –10

Tabelle A.125.: *TactileBBB*-Vorab-Fragebogen Frage K6: Haben Sie bereits an computergestützten Kollaborationssituationen, also bspw. online-geführten Konferenzen mit Chat, Dateiaustausch u. ä., teilgenommen?

	Ja	Nein
Männlich	4	2
Weiblich	2	2
Gesamt	6	4

Tabelle A.126.: *TactileBBB*-Vorab-Fragebogen Frage K9: Zu welchem Zweck nutzen Sie computergestützte Kollaboration?

	Teilnahme an Lehrveranstaltungen	Gemeinsame Arbeit an Dokumenten/ Inhalten	Technischer Support	Besprechungen/ Meetings	Spielen	Sonstiges
Männlich	0	3	1	3	2	0
Weiblich	0	1	1	1	1	0
Gesamt	0	4	2	4	3	0

Tabelle A.127.: *TactileBBB*-Vorab-Fragebogen Frage K10: Findet die computergestützte Zusammenarbeit an einem Ort oder ortsungebunden über das
Internet statt?

	Ortsgebunden	Ortsungebunden über das Internet	Sowohl als auch
Männlich	1	3	0
Weiblich	0	1	1
Gesamt	1	4	1

TactileBBB-Vorab-Fragebogen Frage K5: Beschreiben Sie bitte eine oder mehrere typische Kollaborationssituationen (Teilnehmer, verwendete Hilfsmittel, Umfeld, Häufigkeit, usw.). (Wörtliche Wiedergabe der Antworten)

- „Sowohl im beruflichen als auch im privaten Kontext, Projektbesprechungen, Einführungen in IT-Anwendungen, Support, Qualifizierung, privater Austausch. Regelmäßig."

- „Hochschulgruppe arbeitet gemeinsam an Dokument oder führt das Sitzungsprotokoll in einem Pad. Anzahl Teilnehmer s. oben, Treffen etwa alle 14 Tage – ich nehme allerdings aus Zeitgründen aktuell nur selten teil. Verwendet wird meist Etherpad Lite auf öffentlichen Servern. Das Umfeld besteht aus Studenten und Wissenschaftlern und verwendet die Tools häufig, sicherer Umgang. Dadurch zwar sehr schnell in der Bedienung, aber man kann auch gut auf meine Bedürfnisse eingehen, da man nicht gleichzeitig ‚mit der Technik überfordert' ist."

- „Wir spielen zu mehreren Karten über das Internet. Drei bis Sechs Teilnehmer. Dies tue ich meistens in den Ferien, da ich dann für diese Dinge Zeit habe."

- „Online-Projektmeetings mit Dateiaustausch, Sitzungen im Rahmen der Blindenselbsthilfe"

- „Referatsvorbereitung mit 3 oder 4 Leuten, alle am PC, per Skype-Konferenz vernetzt, man kann gemeinsam arbeiten"

- „Ab und zu spiele ich ein Spiel, was über das Internet die Spieler verknüpft, wo man parallel zum Spielen chatten kann. Dazu brauche ich nur den Laptop."

Auswertung Abschluss-Fragebogen

TactileBBB-Abschluss-Fragebogen Frage A6: Bitte schildern Sie Ihren Gesamteindruck der prototypischen Umsetzung. (Sinngemäße Wiedergabe der Aussagen)

- P2: „Für Prototyp sehr positiv und besonders nach 1 Jahr gut!"[Kommentar Testleiter: Vergleich zu Konzepttests im September 2014] P6 ist beeindruckt, dass Touch da ist und bewertet EG und AG als gut gelöst. [Kommentar Testleiter: P6 Vermeidet aber die Touch-Eingabe bei Bedienung.]

- P3: „Coole Sache, aber Technik hängt noch."

- P4: „Das Gerät ist beeindruckender als das Programm. Das Programm ist nicht gut vorstellbar, da es nur ein erweiterter Messenger mit Präsentationsfläche, Emoticons und Dateiübertragung (wenn Funktion erweitert wird) darstellt. Das Gerät hat noch mehr Potential."

- P6: „Die Anwendung hat gut gefallen – es ist übersichtlich was markiert ist (Mikro oder Reiter). Im Chat ist gut zu wissen, wer schreibt"

- P7 hat sich immer schon für virtuelle Schule interessiert: „Gute Ansätze, Verbesserung beim Blinden und in Bezug auf Geschwindigkeit nötig. Konzept und Aufbau sind übersichtlich – die Bedienung macht Spaß. Auf einer Braille-Zeile wäre das unerträglich, da eine Screenreader erforderlich ist."

- P8: „Anwendung hat Spaß gemacht."P9 liest nach eigenen Angaben nicht gerne, kann aber mehreren Personen gleichzeitig zuhören. „Grafische Ansicht war gut. Eine schöne Einstellungsmöglichkeit wäre, wenn man Screenreader und Audio-Konferenz parallel verwenden könnte: Screenreader liest das Aktivitätsprotokoll, Audio-Konferenz läuft parallel und Grafik wird auf *BrailleDis* erfasst."

- P10: „Schön, dass eine solche Anwendung mit grafischer Darstellung angedacht ist. Die Grafik fehlt bei anderen Hilfsmitteln. Kritisch ist jedoch die Geschwindigkeit und der Aufbau der Protokolle. Es ist vorstellbar, diese Anwendung zu nutzen"

- P11 beschreibt Anwendung: „...Teilnahme an Wissensvermittlung, ggf. auch Bilder hochladen möglich."

- P12: „Umsetzung ist gut gelungen – zuerst war fraglich, wie die komplexe Anwendung umgesetzt werden kann. Zur Abbildung von Multimodalität und Parallelität gut getroffen.Dennoch ist es nicht vorstellbar, wie das mit 20 Leuten funktionieren kann – das ist sicherlich auch schwer für Sehende. Moderatoren müssen dafür gut ausgebildet sein und auch für Blinde vorgebildet sein in System, Didaktik und Inklusion."P3 stellt Grundsatzfrage, ob die Lehre in einem VK effizient sein kann.

- P13: „Bereits alles angemerkt."

TactileBBB-Abschluss-Fragebogen Frage A7: Konnten Sie alle Ereignisse der Veranstaltung rechtzeitig erfassen, um dem Verlauf gut folgen zu können? (Sinngemäße Wiedergabe der Aussagen) Siehe auch Tabelle A.128.

- P2: „Zum Anfang war das Erfassen holperig. Ich vermute, dass Übung das verbessert. Die Darstellung ist riesig im Vergleich zu einer Braille-Zeile – daran muss sich auch gewöhnt werden."

Tabelle A.128.: Abgeleitete Antworten auf *TactileBBB*-Abschluss-Fragebogen Frage
A7: Konnten Sie alle Ereignisse der Veranstaltung rechtzeitig erfassen,
um dem Verlauf gut folgen zu können?

| | *Textuelle Darstellung* | | | *Semi-grafische Darstellung* | | |
	Ja	Nein	Unklar	Ja	Nein	Unklar
Männlich	1	3	2	6	0	0
Weiblich	1	2	1	3	1	0
Gesamt	2	5	3	9	1	0

- P3: „Naja, mitzubekommen, dass im Chat eine Frage gestellt wird ist schwierig, weil man die andere Ansicht verlassen muss. In grafischer Ansicht war das Folgen leichter."
- P4: „Ja – wenn die Anwendung nicht abstürzt. Die Erfassung von Grafiken ist auf dem Display besser (wenn dort auch eine Beschriftung erfolgt), aber bei einer Verwendung ohne *BrailleDis* ist das Protokoll gut."
- P6: „Ja"[Kommentar Testleiter: Es konnten nicht alle Ereignisse wahrgenommen werden, hier ist die Aussage reine Selbstwahrnehmung. Der Aufbau des Whiteboards und auch der Chatverlauf wurden nicht wahrgenommen.]
- P7: „Bei dem Aktivitätsprotokoll schwierig. Ich hätte nicht erwartet, dass Chat nur als Text kommt. Bei der Grafikansicht war ein Folgen besser möglich."
- P8: „Zu Beginn nicht, aber nach dem Test mit ein bisschen Übung: Ja!"
- P10 (Antwort bezieht sich auf *TactileBBB*): „Ja, die Erklärung des Moderators war gut, so dass man es ich vorstellen konnte. Der Wechsel vom Protokoll zurück zum Whiteboard hat geholfen um die 3. Ebene der Zeichnung erkennen zu können. Die Art der Zeichnung war ebenfalls leicht zu erfassen"[Kommentar Testleiter: Hier ist der Vorteil der Grafik aber auch die Vorerfahrung von P10 entscheidend.]
- P11: „Nicht rechtzeitig – entweder Gezeichnetes und Audio-Konferenz gleichzeitig oder Verfolgen des Chats. Alles zusammen nicht möglich. Das Gleichzeitige Erfassen ist auch im Protokoll schwierig."
- P12: „Einigermaßen. Im Protokoll eher nicht/war folgen schwierig. Ich hatte das Gefühl, etwas zu verpassen. In der Grafik schon, da dieses Szenario sehr Whiteboard-zentriert war. Daher war eine Umschalten nicht oft nötig."
- P13: „Im Aktivitätsprotokoll war das Verfolgen zunächst schwer. Abgesehen davon: problemlos."

TactileBBB-Abschluss-Fragebogen Frage A8: Gibt es eine Verbesserung im Vergleich zu Ihrer bisherigen Arbeitsweise? Nennen Sie bitte Beispiele. Siehe auch Tabelle A.129

- P2: „In Chat-Clients kommt man oft nicht hinterher. Hier ist das leichter, aber mehrere Zeilen beim Scrollen sind eine Herausforderung. Wenn beim Chat das Scrollen gemeistert wird, dann ist eine Verbesserung spürbar. Jetzt ist es irritierend, da nicht genau eine Seite gescrollt wird."
- P3: „Ja, Grafik fehlt bei Braille-Zeile. Bei Text ist es besser mit Screenreader-Sprachausgabe."

Tabelle A.129.: Abgeleitete Antworten auf *TactileBBB*-Abschluss-Fragebogen Frage A8: Gibt es eine Verbesserung im Vergleich zu Ihrer bisherigen Arbeitsweise?

	Ja	Nein	Vielleicht
Männlich	2	3	1
Weiblich	4	0	0
Gesamt	6	3	1

- P4: „Ja, auch für Präsenz interessant durch das Whiteboard und die Meldefunktion."
- P6 hat bisher noch keine Erfahrung mit virtuellen Klassenzimmern und Kollaboration. P4 denkt dennoch, dass es eine Verbesserung wäre. Denkbarer Anwendungsfall: Kurszusammenarbeit im Leistungskurs und Chatroom zum Austausch.
- P7: „Fehler müssen raus, dann vielleicht."
- P8: „Eher nicht. Es könnte die Arbeitsweise verbessern aber momentan läuft die gewohnte Kommunikation über Skype auch gut."[Proband besuchte vorher Regelschule]
- P10: „Ein Melden ist möglich – diese Funktion muss im virtuellen Klassenzimmer mit assistiven Technologien erreichbar sein." P10 hat nach eigenen Angaben noch keine Erfahrung mit virtuellen Klassenzimmern (gibt aber im Fragebogen an, dass bereits WebEx verwendet wurde) und hatte vorher Angst vor mangelnder Bedienbarkeit, jetzt würde P10 es aber gerne ausprobieren. Die Verwendung des reinen Aktivitätsprotokolls ist nicht gewünscht, da das Lesen sehr lange dauert und auch uninteressante Dinge darin erfasst werden. Die Zusammenhänge bleiben dort auch unklar.
- P11: „Ohne das *BrailleDis* hätte man keine Chance, da die Grafik fehlen würde. Auf einem normalen Rechner ist die Bedienung nicht vorstellbar, selbst wenn Bildbeschreibungen vorhanden wären."
- P12 (verwendet Etherpad – Vergleich ist darauf bezogen): „Es gibt Verbesserungen, wenn man voraussetzt, dass alles funktioniert. Im Prototyp gibt es keine Verbesserung, da dieser zu langsam ist, bspw. beim Scrollen. Wenn Echtzeit gewährleistet wäre, dann auf jeden Fall. Meine Vorstellung ist: Man kann eine Vorlesung mit Folien betrachten. Wenn die Lehrkraft gut damit arbeitet und nicht zu viele Folien und Folienwechsel da sind, ist es denkbar. Hilfreich wäre eine Handschrifterkennung und Echtzeit-Umsetzung in Braille."
- P13: „Verbesserung wäre nur da, wenn Dokumentformate unterstützt werden, die auch sonst verwendet werden. Also bspw. eine Möglichkeit der gemeinsamen Bearbeitung eines Word-Dokuments wäre schön. Ansonsten ist die Frage schwer zu beurteilen."P13 hat kaum Erfahrung mit der Bedienung von kollaborativen Anwendungen. Jedoch hat P13 mehrere Dokumente zur Zugänglichkeit von *Google Docs* gelesen: „Die Bedienung scheint zu gehen, aber die Änderungen des Inhalts sind schwer zu verfolgen"P13 hat bereits Tests für Benutzer von Novel Vibe und Atlassian Confuence gemacht.

Tabelle A.130.: *TactileBBB*-Abschluss-Fragebogen Frage A9a: Angenommen Sie wollten in der Zukunft an einer Veranstaltung in einem virtuellen Klassenzimmer teilnehmen. Welche der folgenden Anwendungen würden Sie wählen?

	Herkömmliche Hilfsmittel	Textuelle Ausgabe auf *BrailleDis*	Semi-grafische Ausgabe auf *BrailleDis*	Herkömmliche Hilfsmittel und semi-grafische Ausgabe	Herkömmliche Hilfsmittel, textuelle und semi-grafische Ausgabe
Männlich	0	1	3	1	1
Weiblich	0	1	2	0	0
Gesamt	0	2	5	2	1

TactileBBB-Abschluss-Fragebogen Frage A9b: Warum?

- P2: „Kommt darauf an: Ich weiß nicht, wie man mit Grafik zurechtkommt. Zu Anfang nur Text leichter, später dann Grafik."

- P3: „Textlich besser mit Sprachausgabe, aber Grafik ist damit nicht möglich."

- P4: „Aber mit herkömmlichen Hilfsmitteln kombinieren. Situationsabhängiger Einsatz: *BrailleDis* in den Naturwissenschaften denkbar."

- P6: „Rein textuelle Ausgabe auf dem *BrailleDis*: gewohnt sind Screenreader und Braille-Zeile, zukünftig ist *BrailleDis* denkbar."

- P7 hat noch nie eine Präferenz für Kommandoeingaben gehabt. Hier ist eine höhere Gedächtnisleistung erforderlich bei Befehlen.

- P8: „Kombination aus allen Optionen"

- P10: „Hier fehlt der Screenreader um Notizen zu machen. Optimal wäre Rechner für Arbeit und Platte als Ausgabegerät – also Screenreader mit voller Funktionalität und Ausgabe über die Platte. Ein Anwendungswechsel muss möglich sein."

- P11 hätte sich in der Grafik noch mehr Information/Text gewünscht.

- P12: „*BrailleDis* für Grafische Ansicht, Tastatur, plus Braille-Zeile für Textausgabe (gewohnte Arbeit) wäre ideal."

- P13: „Das *BrailleDis* hat den Vorteil von Text und Grafik. Problem ist, wie weit man mit einer rein textuellen Ausgabe kommt? Wenn die Bedienung ohne Grafik geht, dann herkömmliche Hilfsmittel, ansonsten semi-grafische Ausgabe. textuelle Ausgabe ergibt keinen Sinn."

Tabelle A.131.: *TactileBBB*-Abschluss-Fragebogen Frage A1a: Wie hilfreich empfanden Sie die Funktionen?

	Sehr hilfreich	Hilfreich	Geht so	Kaum hilfreich	Nicht hilfreich	Störend	Weiß nicht
2D/grafische Darstellung	7	2	1	0	0	0	0
Beschreibungen	4	4	2	0	0	0	0
Teilnehmeransicht	4	2	3	0	0	0	1
Statusanzeige in Teilnehmeransicht	4	3	1	1	0	0	1
Chat-Ansicht	3	6	1	0	0	0	0
Aktivitätsprotokoll	3	1	5	1	0	0	0
Kommandos im Aktivitätsprotokoll	4	2	2	1	1	0	0
Audio-Ausgaben	4	3	1	1	0	0	0
Interaktion über Hardwaretasten	6	2	2	0	0	0	0
Interaktion über Gesten	3	6	1	0	0	0	0
Whiteboard-Ansicht	8	1	0	1	0	0	0
Audio-Signale	2	3	4	0	1	0	0

TactileBBB-Abschluss-Fragebogen Frage A1b: Warum?

- 2D-/grafische Darstellung: [Keine Anmerkungen]
- Beschreibungen: Es fehlt noch weitere Information – somit sind die Beschreibungen noch nicht aussagekräftig genug. (P11)
- Teilnehmeransicht: Ab einer großen TN-Zahl unübersichtlich. (P4)
- Statusanzeige in Teilnehmeransicht:
  - Symbole sind gewöhnungsbedürftig. Sie sind nicht klar genug differenziert. (P4)
  - Status ist wichtig, um gelegentlich nachschauen zu können (P10)
  - Schnelle auf einen Blick wahrnehmbar. (P11)
- Chat-Ansicht: Eingabefeld sorgt für Abzug, da das Fokussetzen umständlich ist. (P12)
- Aktivitätsprotokoll:
  - Ein paar Infos sind überflüssig und somit ist der Informationsumfang überfordernd. (P2)
  - Ungeordnete Information zu umfangreich. (P7)
- Kommandos im Aktivitätsprotokoll:
  - Wenn man die Kommandos kennt, dann hilfreich. (P2)
  - Menü wäre besser, Kommandos sind veraltet. (P4)
  - Filtern ist wichtig zur Informationsreduktion. Chat kann man in Chat-Ansicht ansehen. (P9)
  - Status leichter über Teilnehmer-Ansicht erfassbar; Übung der Kommandos erforderlich. (P11)

  – Kommando liefert direkte Ausgabe zur Anfrage, im Vergleich zum Aktivitätsprotokoll wo die Informationen unsortiert geliefert werden. (P13)
- Audio-Ausgaben:
  – Unnötig, zu laut, dezentere Nachrichten und anderer Signalton wären besser. (P4)
  – Audioausgaben sollten detaillierter sein: bspw. Auch sagen, wer die Chat-Nachricht verfasst hat und Nachricht ggf. gleich vorlesen. (P8)
  – Werden kaum wahrgenommen zwischen anderen Audiosignalen, daher eher störend. (P10)
  – Manchmal störend. (P12)
- Interaktion über Hardwaretasten:
  – Tastaturbefehle könnten ggf. hilfreicher sein. (P6)
  – Ansichtswechsel leichter als über Gesten und Reiter. (P7)
  – Nutzungsabhängig: Alternative zu Gesten, wenn diese nicht gehen. (P10)
- Interaktion über Gesten:
  – Funktioniert nicht so gut. (P3)
  – Voraussetzung ist hier die Funktionalität. (P7)
- Whiteboard-Ansicht: Ansichten sind undeutlich:
  – Gut, wenn man selbst zeichnet und ggf. selbst beschriften kann (P4)
  – Flackern und uneindeutige Pins. (P6)
- Audio-Signale:
  – Hilfreich, aber es sollte ein anderer Sound sein. Ggf. ähnlich dem leisen ‚Pfht'vom iPhone. (P2)
  – Aktivitätensignale sind wichtig – aber abschaltbar machen. (P10)
  – Beim Zeichnen haben die Signale gestört („zu viel Geräusch").(P11)
  – Keine Unterschiede bei Audio-Signalen vorhanden, dadurch nicht zuordnenbar. (P12)

Tabelle A.132.: *TactileBBB*-Abschluss-Fragebogen Frage A2a: Wie hat Ihnen der Aufbau der Benutzungsoberfläche gefallen?

	Sehr gut	Gut	Geht so	Kaum	Gar nicht	Weiß nicht
Grundlayout	3	7	0	0	0	0
Ansichtswechsel über Reiter	5	4	0	0	0	1
Chat	5	2	2	0	0	1
Aktivitätsprotokoll	3	4	4	0	0	0
Whiteboard	9	1	0	0	0	0
Beschreibung	4	5	1	0	0	0
Teilnehmer	5	3	1	0	0	1
Belegung der Hardware-Tasten	4	5	0	0	0	1

TactileBBB-Abschluss-Fragebogen Frage A2b: Warum?

- Grundlayout: Listenansicht verbessern: Zeilenmarkierungen, Reiterposition. Scrollen muss besser gehen, Scroll-Leiste sollte kleiner sein (dreier oder max. fünfer Matrix aber Pfeil muss erkennbar bleiben. (P10)
- Ansichtswechsel über Reiter: Lieber über Hardwaretasten. (P7)
- Chat: Listenanfänge erkennbar machen. (P10)
- Aktivitätsprotokoll: Gut gegliedert – Textfeld könnte kleiner sein. (P12)
- Beschreibung:
  - Linie, die Gruppe umschließt sollte diese auch ganz umschließen - Name der Gruppe auf der Linie oder Linie ganz an Namen heran ziehen. (P10)
  - Gewöhnung erforderlich. (P7)
- Teilnehmer:
  - Status gut, Gruppierung gut – Gruppierungen könnten ggf. deutlicher sein: n und y sind nicht gut unterscheidbar. Ggf. eher plus und minus. (P10)
  - Einfache und strukturierte Ansicht, wenn die Kürzel klar sind. (P8)
- Belegung der Hardware-Tasten:
  - Symmetrisch. (P6)
  - Logik nicht erkennbar. (P10)
  - Merken ist erforderlich. Belegung 1, 2, 3 ist intuitiv. (P11)
  - Merken ist erforderlich. Belegung 1, 2, 3 ist intuitiv. (P11)
  - Hände müssen in Braille-Position gelegt werden für effiziente Bedienung (P12)

Tabelle A.133.: *TactileBBB*-Abschluss-Fragebogen Frage A3a: Wie haben Ihnen die Bedienelemente gefallen?

	Sehr gut	Gut	Geht so	Kaum	Gar nicht	Weiß nicht
Buttons	2	7	0	1	0	0
Taktons – Statusanzeige	4	3	3	0	0	0
Eingabefeld	5	5	0	0	0	0
Reiter/Tabs	6	4	0	0	0	0
Scroll-Leiste	4	5	1	0	0	0
Gruppierung	5	3	2	0	0	0
Klammern bei Teilnehmeransicht	2	2	4	1	0	1
Fokus	3	4	1	0	0	2
Einfügemarke	6	3	1	0	0	0
Abstand der Elemente	3	6	0	0	1	0

TactileBBB-Abschluss-Fragebogen Frage A3b: Warum?

- Buttons: Rahmen ist nicht nötig, die Buttons werden dadurch zu groß. Eher eine doppelte Unterstreichung einführen. (P4)

- Taktons:
    - Rahmen zu Schrift ist zu eng – ggf. Gewöhnung möglich (P4)
    - Sehr gut weil Ansichtsübergreifend; Inkonsistenz Takton und Reiter mit Balken dazu/weg (P10)
- Eingabefeld:
    - Ist unauffällig und daher gut. (P2)
    - Caret gut sichtbar. (P6)
- Reiter:
    - Einzelne Darstellung und Abgrenzung ist wichtiges Element. (P10)
    - Buchstaben besser lesbar als bei Taktons. (P12)
    - Reiter sind übersichtlich. (P13)
- Scroll-Leiste:
    - Funktionalität noch mangelhaft. (P3)
    - Kaum verwendet – unnötig. (P12)
- Gruppierung: Bei Objekten praktisch. (P7)
- Klammern:
    - Klammer unnötig. Weglassen, da räumliche Trennung vorhanden. (P3)
    - Bessere Wege der Umsetzung denkbar. (P4)
    - Wenn Nutzer nicht spricht, dann ist klar dass Nutzer nicht beitragen will. Daher ist Statusansicht überflüssig. (P6) [Anmerkung Testleiter: Die generelle Funktion wird angezweifelt.]
    - Runde Klammern oder gar nichts auch ok. (P8)
    - Es wurde eine schließende Klammer erwartet. (P10)
    - Anstelle der Klammer einfach zwei Leerzeichen einfügen. (P10)
    - Gut, dass diese die Existenz von weiterer Information anzeigen. Ohne Klammer würde die Information verloren wirken. (P11)
    - Statusinfo so weit rechts, dass Klammern hier nicht nötig; sonst gut. (P12)
- Fokus: Schneller auffindbar mit 2×2 Matrix, Blinken sollte häufiger erfolgen, das würde das Finden erleichtern. (P10)
- Einfügemarke:
    - Zu langsam blinkend. (P3)
    - Wie *Windows*, also normal (P4)
    - Blinken ist gut – es ist nicht zu schnell (P11)
- Abstand der Elemente:
    - Teilweise schlecht, nicht auf den ersten Blick erkennbar. (P4)
    - Gut, teilweise zu eng, bei Cancel fehlte das l. (P7)
    - Abstand der Elemente zueinander sehr gut. Innerhalt der Elemente (Takton) nicht so gut. (P8)
    - Taktons sind sehr eng – mit Übung aber kein Problem – nicht ändern (P10)
    - Taktons sind zu eng (P11)
    - Reiter und Takton sind etwas gedrängt. (P13)

Tabelle A.134.: *TactileBBB*-Abschluss-Fragebogen Frage A10: Im Test wurden zwei Bedienungsmöglichkeiten verwendet: Hardwaretasten und Gesteneingabe. Alternativ ist die Steuerung über Tastatur möglich, die heute nicht zum Einsatz kam.

	Hardwaretasten	Hardwaretasten und Gesten	Hardwaretasten, Gesten und Tastatur
Männlich	0	2	4
Weiblich	1	1	2
Gesamt	1	3	6

Tabelle A.135.: *TactileBBB*-Abschluss-Fragebogen Frage A11: Haben das Aktivitätsprotokoll mit seinen Statusmeldungen und die Teilnehmerliste dazu beigetragen, Ihr Gefühl der Anwesenheit anderer Teilnehmer – für die soziale Präsenz – zu stärken?

	Ja	Nein	Weiß nicht
Männlich	4	2	0
Weiblich	3	0	1
Gesamt	7	2	1

TactileBBB-Abschluss-Fragebogen Frage A4: Welche Funktionen haben Sie vermisst? Was würden Sie gerne ändern?

- P2: Zeichnen-Funktion gewünscht
- P3: „Beitreten und Verlassen sollte akustisch mit Signal verdeutlicht werden."
- P4: „Individualisierbarkeit: Anordnung der Buttons, Aussehen der Buttons und der Benutzungsoberfläche konfigurierbar machen. Man sollte Prioritäten setzen können: ggf. die Scroll-Leiste ausblenden."
- P6: „Sehr komplex."P4 hat aber nichts vermisst. „WLAN- und Bluetooth-Anschluss wäre für Übertragung vom Handy toll."
- P7: „Ggf. könnte man Melden und Mikro auf eine Taste legen, so wie eine Push-to-talk-Funktion, um umständliches Ausschalten der Meldefunktion zu vermeiden. Ggf. auch einstellbar machen. Die Oberfläche sollte lieber in Deutsch sein."
- P8: „Die Ansage, dass gescrollt wurde nervt und kann ganz weg."
- P10: „Ggf. Speichern des Whiteboards. Videoübertragung ist nicht nötig, es ist angenehmer nicht gesehen zu werden."
- P12: „Dateiaustausch; kollaborative Funktionen: Gemeinsames Bearbeiten des Tafelbildes. Gemeinsam an einem Text arbeiten; Möglichkeit für Tests und Prüfungen – aber nur ohne Zeitdruck und ohne technische Fehler."
- P13:

- „Verschiedene Sounds zum Unterscheiden der Ereignisse wären gut: verschiedene Ereignisse klassifizieren und über Sound unterscheiden; bessere Sounds helfen ein Springen zwischen Ansichten zu vermeiden."

- P13 hat eher Interesse sich auf den Inhalt zu konzentrieren und nur die Ansicht zu wechseln, wenn es wirklich nötig ist.

- In einer Lehrveranstaltung sind P7 die anderen TN egal, daher benötigt er die Info nicht. Bei eher kollaborativem oder privatem Charakter sind Teilnehmende eher interessant.

- P13 hat Erfahrungen mit eher anonymen Webinaren in dem die Interaktion primär über den Präsentierenden läuft.

- P13 nennt als Beispiel eine (alte) Skype-Anpassung, die viele verschiedene Sounds für verschiedene Ereignisse unterstützte – somit war der Typ des Events sofort klar.

- „Die Möglichkeit Mathematik abzubilden (ggf. Latex) wäre schön."

- P13 nimmt an, dass das AP in eine Live-Situation zu kleinteilig ist. Es ist aber zum Nachvollziehen in einer Aufzeichnung im Anschluss sicher sehr hilfreich.

Repräsentativität der Studie

Tabelle A.136.: Vergleich der Probandenzahlen (insgesamt und blind/sehbehindert) von Benutzertests mit blinden Probanden; eigene Studien: kursiv, durchschnittliche Werte ohne eigene Untersuchungen

Typ	Probanden Gesamt	Blind	Untersuchungsgegenstand	Quelle
Präsenz	*6*	*6*	*Taktiles Paper-Prototyping zu alternativen Konzepten virtueller Klassenzimmer*	[KL15]
Präsenz	*10*	*10*	*Teilnahme an einer Sitzung in einem virtuellen Klassenzimmer*	Kapitel 11
Präsenz	2	1	Zugängliches Whiteboard mit menschlichem Übersetzer	[FLB+10]
Präsenz	3	1	Evaluation des Screenreaders VoiceOver	[LBB12]
Präsenz	4	1	Brainstorming auf PixelSense	[KMM+14]
Online	5	1	Zugängliches virtuelles Klassenzimmer	[SCM14]
Präsenz	13	1	Vergleichende Untersuchung von taktiler Interaktion vs. gestenbasierter Interaktion	[MBJ08]
Präsenz	2	2	Erkennen und Zeichnen von taktilen geometrischen Formen	[KW06]
Präsenz	4	4	Evaluation eines kompetitiven Ping-Pong-Spiels auf taktilen Displays	[KW06]
Präsenz	5	5	Evaluation eines Prototyps zur Navigation	[BVO+10]
Präsenz	6	6	Evaluation einer audiogestützten Kameraanwendung für iPhone	[JJWB11]
Präsenz	12	6	Untersuchung der Interaktion von blinden und sehenden Probanden in einem 3D-Raum	[SBBW06]
Präsenz	8	8	Evaluation einer Anwendung zur Ausrichtung von mehreren Personen im Bild	[JJWB11]
Präsenz	16	8	Kollaborativer Transkriptionsprozess für digitale taktile Grafiken	[BPW15]
Präsenz	14	14	Vergleich von Zugänglichkeitsfunktionen zur Bedienung eines Touchscreens	[SRG+10]
Präsenz	20	20	Überprüfung der Konzeption einer Anwendung zur Navigation	[BVO+10]
Durchschnitt:	**10**	**6**		

Literaturverzeichnis

[AFGM10]   ALONSO, Fernando ; FUERTES, José L. ; GONZÁLEZ, Ángel L. ; MARTÍNEZ,
           Loïc: Evaluating Conformance to WCAG 2.0: Open Challenges. In:
           MIESENBERGER, Klaus et al. (Hrsgg.): Proceedings of the 12th International
           Conference on Computers Helping People with Special Needs (ICCHP 2010)
           Bd. 6179. Berlin, Heidelberg : Springer, 2010 (Lecture Notes in Computer
           Science). – ISBN 978–3–642–14096–9, S. 417–424

[AKTZ13]   ARNOLD, Patricia ; KILIAN, Lars ; THILLOSEN, Anne ; ZIMMER, Gerhard M.:
           Handbuch E-Learning: Lehren und Lernen mit digitalen Medien. 3. Aufl.
           Bielefeld : wbv, 2013. – ISBN 978–3–7639–5182–6

[AL09]   ASAKAWA, Chieko ; LEPORINI, Barbara: Screen Readers. In: STEPHANIDIS,
           Constantine (Hrsg.): The Universal Access Handbook. Boca Raton : CRC
           Press, 2009 (Human Factors and Ergonomics). – ISBN 978–0–8058–6280–5, S.
           28–1–28–17

[Alb08]   ALBERT, Kristin: Konzeption und Entwicklung eines taktilen Interface. Tech-
           nische Universität Dresden. Belegarbeit, 11.12.2008

[Ant06]   ANTOR, Georg: Handlexikon der Behindertenpädagogik: Schlüsselbegriffe
           aus Theorie und Praxis. 2. Aufl. Stuttgart : Kohlhammer, 2006. – ISBN
           978–3–17–019216–4

[App04]   APPELT, Wolfgang: Plattformen. In: HAAKE, Jörg M. ; SCHWABE, Gerhard ;
           WESSNER, Martin (Hrsgg.): CSCL-Kompendium. München, Wien : Olden-
           bourg, 2004. – ISBN 3–486–27436–8, S. 137–153

[AR11]   ALSEID, Marwan ; RIGAS, Dimitrios: The Role of Earcons and Auditory
           Icons in the Usability of Avatar-Based E-Learning Interfaces. In: HUSSAIN,
           Abir et al. (Hrsgg.): Proceedings of the 4th International Conference on
           Developments in eSystems Engineering (DeSE 2011). Los Alamitos, CA, USA
           : IEEE Computer Society, 2011. – ISBN 978–1–4577–2186–1, S. 276–281

[AR14]   AUPETIT, Sébastien ; ROUILLÉ, Vincent: Annotation Tool for the Smart
           Web Accessibility Platform. In: MIESENBERGER, Klaus et al. (Hrsgg.):
           Proceedings of the 14th International Conference on Computers Helping
           People with Special Needs (ICCHP 2014) Bd. 8547. Cham, Schweiz :
           Springer International Publishing, 2014 (Lecture Notes in Computer Science).
           – ISBN 978–3–319–08598–2, S. 93–100

[Arr05]   ARRIGO, Marco: E-Learning Accessibility for Blind Students. In: MÉNDEZ-
           VILAS, A. et al. (Hrsgg.) : Recent Research Developments in Learning
           Technologies. Badajoz, Spanien : Formatex, 2005. – ISBN 609–5995–3, S.
           422–426

[Auf71]   AUFERMANN, Jörg: Kommunikation und Politik. Bd. 3: Kommunikation
           und Modernisierung: Meinungsführer und Gemeinschaftsempfang im
           Kommunikationsprozeß. München-Pullach : Verl. Dokumentation, 1971. –
           ISBN 3–7940–4019–8

[AVA+11]   ARROBA, Patricia ; VALLEJO, Juan C. ; ARAUJO, Álvaro ; FRAGA, David ;
             MOYA, José M.: A Methodology for Developing Accessible Mobile Plat-
             forms over Leading Devices for Visually Impaired People. In: BRAVO, José ;
             HERVÁS, Ramón ; VILLARREAL, Vladimir (Hrsgg.): Ambient Assisted Living
             Bd. 6693. Berlin, Heidelberg : Springer, 2011 (Lecture Notes in Computer
             Science). – ISBN 978–3–642–21302–1, S. 209–215

[Bad07]   BADURA, Bernhard: Kommunikation als Prozess der Signalübertragung:
             Mathematische und soziologische Theorie der Kommunikation. In: BURKART,
             Roland ; HÖMBERG, Walter (Hrsgg.): Kommunikationstheorien Bd. 8. Wien
             : Wilhelm Braumüller, 2007 (Studienbücher zur Publizistik- und Kommunika-
             tionswissenschaft). – ISBN 978–3–7003–1602–2, S. 16–23

[Bau15]   BAUMÜLLER, Andreas: Projekt Geogebra. Persönliche Korrespondenz,
             5.5.2015

[BB04]   BREWSTER, Stephen ; BROWN, Lorna M.: Tactons: Structured Tactile
             Messages for Non-visual Information Display. In: Proceedings of the Fifth
             Conference on Australasian User Interface (AUIC 2004). Darlinghurst, Aus-
             tralien : Australian Computer Society, 2004. – ISBN 1–920682–10–4, S. 15–23

[BBDR10]   BORODIN, Yevgen ; BIGHAM, Jeffrey P. ; DAUSCH, Glenn ; RAMAKRISH-
             NAN, I. V.: More Than Meets the Eye: A Survey of Screen-Reader Brows-
             ing Strategies. In: Proceedings of the 2010 International Cross Disciplinary
             Conference on Web Accessibility (W4A 2010). New York, NY, USA : ACM,
             2010. – ISBN 978–1–4503–0045–2, S. 13:1–13:10

[BBL09]   BUZZI, Maria C. ; BUZZI, Marina ; LEPORINI, Barbara: Accessing e-
             Learning Systems via Screen Reader: An Example. In: Proceedings of the
             13th International Conference on Human-Computer Interaction. Part IV:
             Interacting in Various Application Domains. Berlin, Heidelberg : Springer,
             2009. – ISBN 978–3–642–02582–2, S. 21–30

[BBL+10]   BUZZI, Maria C. ; BUZZI, Marina ; LEPORINI, Barbara ; MORI, Giulio ;
             PENICHET, Victor M. R.:   Accessing Google Docs via Screen Reader. In:
             MIESENBERGER, Klaus et al. (Hrsgg.) : Proceedings of the 12th International
             Conference on Computers Helping People with Special Needs (ICCHP 2010)
             Bd. 6179. Berlin, Heidelberg : Springer, 2010 (Lecture Notes in Computer
             Science). – ISBN 978–3–642–14096–9, S. 92–99

[BBL+14]   BUZZI, Maria Claudia ; BUZZI, Marina ; LEPORINI, Barbara ; MORI, Giulio ;
             PENICHET, Victor M.R.: Collaborative Editing: Collaboration, Awareness
             and Accessibility Issues for the Blind. In: MEERSMAN, Robert et al. (Hrsgg.):
             On the Move to Meaningful Internet Systems: OTM 2014 Workshops Bd.
             8842. Berlin, Heidelberg : Springer, 2014 (Lecture Notes in Computer Sci-
             ence). – ISBN 978–3–662–45549–4, S. 567–573

[BBLM12]   BUZZI, Claudia M. ; BUZZI, Marina ; LEPORINI, Barbara ; MORI, Giulio: De-
             signing E-Learning Collaborative Tools for Blind People. In: PONTES, Elvis
             (Hrsg.): E-Learning – Long-Distance and Lifelong Perspectives. InTech, 2012.
             – ISBN 978–953–51–0250–2, S. 125–144

[BBLS08]   BUZZI, M. C. ; BUZZI, Marina ; LEPORINI, Barbara ; SENETTE, Caterina:
             Making Wikipedia Editing Easier for the Blind. In: Proceedings of the 5th
             Nordic Conference on Human-Computer Interaction (NordiCHI 2008). New
             York, NY, USA : ACM, 2008. – ISBN 978–1–59593–704–9, S. 423–426

[BBLT15]   BUZZI, MariaClaudia ; BUZZI, Marina ; LEPORINI, Barbara ; TRUJILLO, Amaury: Design of Web-Based Tools to Study Blind People's Touch-Based Interaction with Smartphones. In: STEPHANIDIS, Constantine (Hrsg.): Proceedings of HCI International 2015 – Posters' Extended Abstracts Bd. 528, Springer International Publishing, 2015 (Communications in Computer and Information Science). – ISBN 978–3–319–21379–8, S. 7–12

[BBV91]   BOYD, L. H. ; BOYD W. L. ; VANDERHEIDEN, Gregg: Graphics-Based Computers and the Blind: Riding the Tide of Change. In: Proceedings of the 6th Annual Conference on Technology and Persons with Disabilities. Los Angeles, CA, USA : Office of Disabled Student Services, California State University, Northridge, 1991, S. 109–118

[BCM+06]   BONI, Matteo ; CENNI, Sara ; MIRRI, Silvia ; MURATORI, Ludovico A. ; SALOMONI, Paola: Automatically Producing IMS AccessForAll Metadata. In: Proceedings of the 2006 International Cross-disciplinary Workshop on Web Accessibility: Building the Mobile Web: Rediscovering Accessibility? (W4A 2006). New York, NY, USA : ACM, 2006. – ISBN 1–59593–281–X, S. 92–97

[BE76]   BLOOM, Benjamin S. ; ENGELHART, Max D.: Beltz-Studienbuch. Bd. 35: Taxonomie von Lernzielen im kognitiven Bereich. 5. Aufl. Weinheim : Beltz, 1976. – ISBN 978–3407182968

[Ber05]   BERTRAM, Bernd: Blindheit und Sehbehinderung in Deutschland: Ursachen und Häufigkeit. In: Der Augenarzt 39 (2005), Nr. 6, S. 267–268. – ISSN 0004–7902

[BFS09]   BÜHLER, C. ; FISSELER, B. ; SCHATEN, M.: Lessons to Be Learned – Implementing Real-Life Accessibility Features in Faculty's E-Learning Initiative. In: LINGNAU, Andreas ; MARTENS, Alke ; WEICHT, Martina (Hrsgg.): Workshop-Proceedings Informatik. Hildesheim, Berlin : Franzbecker, 2009. – ISBN 978–3–88120–491–0, S. 61–78

[BJCH12]   BROWN, Andy ; JAY, Caroline ; CHEN, AlexQ ; HARPER, Simon: The Uptake of Web 2.0 Technologies, and its Impact on Visually Disabled Users. In: Universal Access in the Information Society 11 (2012), Nr. 2, S. 185–199. – ISSN 1615–5289

[BL10]   BUZZI, Marina ; LEPORINI, Barbara: Distance Learning: New Opportunities for the Blind. Version: 2010. In: BUZZI, Marina (Hrsg.): E-Learning. InTech, 2010. – ISBN 978–953–7619–95–4, S. 159–180

[Blu07]   BLUMER, Herbert: Kommunikation als interaktiver Vorgang: Der methodische Standort des Symbolischen Interaktionismus. In: BURKART, Roland ; HÖMBERG, Walter (Hrsgg.): Kommunikationstheorien Bd. 8. Wien : Wilhelm Braumüller, 2007 (Studienbücher zur Publizistik- und Kommunikationswissenschaft). – ISBN 978–3–7003–1602–2, S. 24–41

[BMW04]   BÄUMER, M. ; MALYS, B. ; WOSKO, M.: Lernplattformen für den universitären Einsatz. In: FELLBAUM, Klaus ; GÖCKS, Marc (Hrsgg.): eLearning an der Hochschule. Aachen : Shaker, 2004. – ISBN 978–3–8322–2531–5, S. 121–140

[BMZ+13]   BRADY, Erin ; MORRIS, Meredith R. ; ZHONG, Yu ; WHITE, Samuel ; BIGHAM, Jeffrey P.: Visual Challenges in the Everyday Lives of Blind People. In: Proceedings of the SIGCHI Conference on Human Factors in Computing Systems (CHI 2013). New York, NY, USA : ACM, 2013. – ISBN 978–1–4503–1899–0, S. 2117–2126

[BN09]   BEHRENS, Gerold ; NEUMAIER, Maria: Verbale Reize in der Kommunika-
              tion. In: BRUHN, Manfred (Hrsg.): Handbuch Kommunikation. Wiesbaden :
              Gabler Verlag/GWV Fachverlage GmbH, 2009. – ISBN 978–3–8349–8078–6,
              S. 735–753

[BNCM01]   BONEBRIGHT, Terri L. ; NEES, Mike A. ; CONNERLEY, Tayla T. ; McCAIN,
              Glenn R.: Testing the Effectiveness of Sonified Graphs for Education: A Pro-
              grammatic Research Project. In: HIIPAKKA, J. ; ZACHAROV, N. ; TAKALA,
              T. (Hrsgg.): Proceedings of the 7th International Conference on Auditory
              Display (ICAD 2001), Georgia Institute of Technology, 2001. – ISBN 951–22–
              5520–0, S. 62–66

[Böl95]   BÖLKE, Ludger: Ein akustischer Interaktionsraum – Neue Interaktions-
              möglichkeiten für blinde Rechnerbenutzer. In: DALDRUP, Ulrike ; GORNY,
              Peter (Hrsgg.): Menschengerechte Softwaregestaltung Bd. 46. Stuttgart :
              Teubner, 1995 (Berichte des German Chapter of the ACM). – ISBN 3–519–
              02687–2, S. 65–89

[Bor14]   BORNSCHEIN, Jens: BrailleIO – A Tactile Display Abstraction Framework.
              In: ZENG, Limin ; WEBER, Gerhard (Hrsgg.): The Proceedings of Workshop
              Tactile/Haptic User Interfaces for Tabletops and Tablets (TacTT 2014), 2014,
              S. 36–41

[Bos14]   BOSSE, Ingo K.: "Planet School": Blended Learning for Inclusive Class-
              rooms. In: MIESENBERGER, Klaus et al. (Hrsgg.): Proceedings of the 14th
              International Conference on Computers Helping People with Special Needs
              (ICCHP 2014) Bd. 8548, Springer International Publishing, 2014 (Lecture
              Notes in Computer Science). – ISBN 978–3–319–08598–2, S. 366–373

[BP14]   BORNSCHEIN, Jens ; PRESCHER, Denise: Collaborative Tactile Graphic Work-
              station for Touch-Sensitive Pin-Matrix Devices. In: ZENG, Limin ; WE-
              BER, Gerhard (Hrsgg.): The Proceedings of Workshop Tactile/Haptic User
              Interfaces for Tabletops and Tablets (TacTT 2014), 2014, S. 42–47

[BPIH10]   BAU, Olivier ; POUPYREV, Ivan ; ISRAR, Ali ; HARRISON, Chris: TeslaTouch:
              Electrovibration for Touch Surfaces. In: Proceedings of the 23nd Annual
              ACM Symposium on User Interface Software and Technology (UIST 2010).
              New York, NY, USA : ACM, 2010. – ISBN 978–1–4503–0271–5, S. 283–292

[BPSW13]   BORNSCHEIN, Jens ; PRESCHER, Denise ; SCHMIDT, Michael ; WEBER, Ger-
              hard: Nicht-visuelle Interaktion auf berührungsempfindlichen Displays. In:
              SCHLEGEL, Thomas (Hrsg.): Multi-Touch: Interaktion durch Berührung.
              Berlin, Heidelberg : Springer, 2013. – ISBN 978–3–642–36113–5, S. 319–338

[BPW14]   BORNSCHEIN, Jens ; PRESCHER, Denise ; WEBER, Gerhard: SVGPlott –
              Generating Adaptive and Accessible Audio-Tactile Function Graphs. In:
              MIESENBERGER, Klaus et al. (Hrsgg.): Proceedings of the 14th International
              Conference on Computers Helping People with Special Needs (ICCHP 2014)
              Bd. 8547, Springer International Publishing, 2014 (Lecture Notes in Com-
              puter Science). – ISBN 978–3–319–08598–2, S. 588–595

[BPW15]   BORNSCHEIN, Jens ; PRESCHER, Denise ; WEBER, Gerhard: Collabo-
              rative Creation of Digital Tactile Graphics. In: Proceedings of the 17th
              International ACM SIGACCESS Conference on Computers & Accessibility
              (ASSETS 2015). New York, NY, USA : ACM, 2015. – ISBN 978–1–4503–
              3400–6, S. 117–126

[Bra96]   BRANDT, Åse: ICTÅ Standardization and Disability in Europe. In:
              Proceedings of the European Policy Workshop. Sophia Antipolis, Frankreich :
              ETSI, 1996

[Bra06]   BRAJNIK, Giorgio: Web Accessibility Testing: When the Method Is the
             Culprit. In: MIESENBERGER, Klaus et al. (Hrsgg.): Proceedings of the 6th
             International Conference on Computers Helping People with Special Needs
             (ICCHP 2014) Bd. 4061. Berlin, Heidelberg : Springer, 2006 (Lecture Notes
             in Computer Science). – ISBN 978–3–540–36020–9, S. 156–163

[Bra08a]   BRAJNIK, Giorgio: Beyond Conformance: The Role of Accessibility Evalua-
             tion Methods. In: HARTMANN, Sven ; ZHOU, Xiaofang ; KIRCHBERG, Markus
             (Hrsgg.): Web Information Systems Engineering – WISE 2008 Workshops
             Bd. 5176. Berlin, Heidelberg : Springer, 2008 (Lecture Notes in Computer
             Science). – ISBN 978–3–540–85199–8, S. 63–80

[Bra08b]   BRAJNIK, Giorgio: A Comparative Test of Web Accessibility Evaluation
             Methods. In: Proceedings of the 10th International ACM SIGACCESS
             Conference on Computers and Accessibility (Assets 2008). New York, NY,
             USA : ACM, 2008. – ISBN 978–1–59593–976–0, S. 113–120

[Bre98]   BREWSTER, Stephen: The Design of Sonically-Enhanced Widgets. In:
             Interacting with Computers 11 (1998), Nr. 2, S. 211–235. – ISSN 1873–7951

[Bre02]   BREWSTER, Stephen: Overcoming the Lack of Screen Space on Mobile Com-
             puters. In: Personal Ubiquitous Computing 6 (2002), Nr. 3, S. 188–205. –
             ISSN 1617–4909

[BS03]   BONDAROUK, Tatyana ; SIKKEL, Klaas: Implementation of Collaborative
             Technologies as a Learning Process. In: CANO, Jeimy J. (Hrsg.): Critical
             Reflections on Information Systems: a Systemic Approach. Hershey, PA,
             USA : IGI Publishing, 2003. – ISBN 1–59140–040–6, S. 227–245

[BSG89]   BLATTNER, Meera M. ; SUMIKAWA, Denise A. ; GREENBERG, Robert M.:
             Earcons and Icons: Their Structure and Common Design Principles. In:
             Human-Computer Interaction 4 (1989), Nr. 1, S. 11–44. – ISSN 0737–0024

[BSN10]   BUCHHORN, Wiebke ; SCHIEWE, Maria ; NADIG, Oliver ; PROJEKT HYPER-
             BRAILLE (Hrsg.): Bedienkonzept. Internes Dokument, 2010

[Bun02]   BUNDESMINISTERIUM DER JUSTIZ UND FÜR VERBRAUCHERSCHUTZ: Gesetz
             zur Gleichstellung behinderter Menschen (Behindertengleichstellungsgesetz –
             BGG). 27.04.2002

[Bun07]   BUNDESMINISTERIUM DER JUSTIZ UND FÜR VERBRAUCHERSCHUTZ:
             Hochschulrahmengesetz (HRG). 12.4.2007

[Bun08]   BUNDESMINISTERIUM FÜR ARBEIT UND SOZIALES: Anhaltspunkte für die
             ärztliche Gutachtertätigkeit im sozialen Entschädigungsrecht und nach dem
             Schwerbehindertenrecht (Teil 2 SGB IX). 2008

[BVO+10]   BROCK, Anke ; VINOT, Jean-Luc ; ORIOLA, Bernard ; KAMMOUN, Slim ;
             TRUILLET, Philippe ; JOUFFRAIS, Christophe: Méthodes et Outils de Con-
             ception Participative avec des Utilisateurs Non-Voyants. In: Conference
             Internationale Francophone sur l'Interaction Homme-Machine (IHM 2010).
             New York, NY, USA : ACM, 2010. – ISBN 978–1–4503–0410–8, S. 65–72

[Can04]   CANADIAN NETWORK FOR INCLUSIVE CULTURAL EXCHANGE (CNICE):
             A-Communicator (A-Comm) Evaluation Report. Internes Dokument, 2004

[CB05]   CROSSAN, Andrew ; BREWSTER, Stephen: Micole – Inclusive interaction for
             data creation, visualization and collaboration. In: Proceedings of the Hands
             on Haptics Workshop (CHI 2005), 2005

[CDRK+08]   CARPI, Federico ; DE ROSSI, Danilo ; KORNBLUH, Roy ; PELRINE, Ronald ;
             SOMMER-LARSEN, Peter: Dielectric Elastomers as Electromechanical
             Transducers: Fundamentals, Materials, Devices, Models and Applications of
             an Emerging Electroactive Polymer Technology. Elsevier Professional, 2008. –
             ISBN 978–0–08–047488–5

[Chi10]   CHITTARO, Luca: Distinctive Aspects of Mobile Interaction and their Impli-
             cations for the Design of Multimodal Interfaces. In: Journal on Multimodal
             User Interfaces 3 (2010), Nr. 3, S. 157–165. – ISSN 1783–7677

[Cun12]   CUNNINGHAM, Katie: Accessibility Handbook – Making 508-Compliant
             Websites. Sebastopol, Kanada : O'Reilly, 2012. – ISBN 978–1–449–32285–
             4

[Daw04]   DAWABI, Peter: Virtuelle kooperative Lernräume. In: HAAKE, Jörg M.
             ; SCHWABE, Gerhard ; WESSNER, Martin (Hrsgg.): CSCL-Kompendium.
             München and Wien : Oldenbourg, 2004. – ISBN 3–486–27436–8, S. 118–126

[Daw12]   DAWABI, Peter: Virtuelle kooperative Lernräume. In: HAAKE, Jörg M. ;
             SCHWABE, Gerhard ; WESSNER, Martin (Hrsgg.): CSCL-Kompendium 2.0.
             München : Oldenbourg, 2012. – ISBN 978–3–486–59911–4, S. 146–158

[Deu84]   DEUTSCHES INSTITUT FÜR NORMUNG: DIN 1505-2:1984-01: Titelangaben
             von Dokumenten; Zitierregeln. 1984

[Deu05]   DEUTSCHES STUDENTENWERK ; INFORMATIONS- UND BERATUNGSSTELLE
             STUDIUM UND BEHINDERUNG DES DEUTSCHEN STUDENTENWERKS
             (Hrsg.): Studium mit Behinderung: Praktische Tipps und Informationen für
             Studieninteressierte und Studierende mit Behinderung/chronischer Krankheit.
             Nr. 6. Berlin, 2005

[Deu06]   DEUTSCHES INSTITUT FÜR NORMUNG: DIN EN ISO 9241-110:2006-03:
             Ergonomie der Mensch-System-Interaktion – Teil 110: Grundsätze der
             Dialoggestaltung. 2006

[Dit03a]   DITTLER, Ullrich: Einführung – E-Learning in der betrieblichen Aus- und
             Weiterbildung. In: DITTLER, Ullrich (Hrsg.): E-Learning. München and
             Wien : Oldenbourg, 2003. – ISBN 978–3486273984, S. 9–22

[Dit03b]   DITTLER, Ullrich: Virtuelle Seminare – synchrones Online-Lernen. In: DIT-
             TLER, Ullrich (Hrsg.): E-Learning. München and Wien : Oldenbourg, 2003. –
             ISBN 978–3486273984, S. 203–206

[DJA93]   DAHLBÄCK, N. ; JÖNSSON, A. ; AHRENBERG, L.: Wizard of Oz Studies –
             Why and How. In: Knowledge-Based Systems 6 (1993), Nr. 4, S. 258–266. –
             ISSN 0950–7051

[DKR96]   DEGENHARDT, Sven ; KALINA, Ulrich ; RYTLEWSKI, Dirk: Lebenswelten
             und Behinderung. Bd. 5: Der Einsatz des Computers bei blinden und
             sehbehinderten Schülern: Überblick, Stand und Perspektiven: Ergebnisse aus
             dem Modellversuch «Interaktive Informationstechniken für Sehgeschädigte in
             der informationstechnischen Bildung»(IRIS). Hamburg : Hamburger Buch-
             werkstatt, 1996. – ISBN 3925408266

[DP10]   DOUSH, Iyad A. ; PONTELLI, Enrico: Integrating Semantic Web and Folk-
             sonomies to Improve E-Learning Accessibility. In: MIESENBERGER, Klaus et
             al. (Hrsgg.): Proceedings of the 12th International Conference on Computers
             Helping People with Special Needs (ICCHP 2010) Bd. 6179. Berlin, Heidel-
             berg : Springer, 2010 (Lecture Notes in Computer Science). – ISBN 3–642–
             14096–3, S. 376–383

[DSG82]   Downs, Roger M. ; Steadman, David ; Geipel, Robert: UTB. Bd. 1126:
            Kognitive Karten: Die Welt in unseren Köpfen. New York, NY, USA : Harper
            & Row, 1982. – ISBN 0–06–312501–3

[EB08]   Evans, Gareth ; Blenkhorn, Paul: Screen Readers and Screen Magnifiers.
            In: Hersh, Marion A. ; Johnson, Michael A. (Hrsgg.): Assistive Technology
            for Visually Impaired and Blind People. London : Springer, 2008. – ISBN
            978–1–84628–866–1, S. 449–496

[ED08]   Evans, Shirley ; Douglas, Graeme: E-Learning and Blindness: A Compara-
            tive Study of the Quality of an E-Learning Experience. In: Journal of Visual
            Impairment & Blindness 102 (2008), Nr. 2, S. 77–88. – ISSN 0145–482X

[EGR91]   Ellis, Clarence A. ; Gibbs, Simon J. ; Rein, Gail: Groupware: Some Issues
            and Experiences. In: Communications of ACM 34 (1991), Nr. 1, S. 39–58. –
            ISSN 0001–0782

[EKK+10]   Erp, Jan B. F. ; Kyung, Ki-Uk ; Kassner, Sebastian ; Carter, Jim ;
            Brewster, Stephen ; Weber, Gerhard ; Andrew, Ian: Setting the
            Standards for Haptic and Tactile Interactions: ISO's Work. In: Hutchi-
            son, David et al. (Hrsgg.): Haptics: Generating and Perceiving Tangible
            Sensations Bd. 6192. Berlin, Heidelberg : Springer, 2010 (Lecture Notes in
            Computer Science). – ISBN 978–3–642–14074–7, S. 353–358

[EM09]   Esch, Franz-Rudolf ; Michel, Manuela: Visuelle Reize in der Kommunika-
            tion. In: Bruhn, Manfred (Hrsg.): Handbuch Kommunikation. Wiesbaden :
            Gabler Verlag / GWV Fachverlage GmbH Wiesbaden, 2009. – ISBN 978–3–
            8349–8078–6, S. 713–734

[Eng09]   Engelen, Jan: eAccessibility Standardization. In: Stephanidis, Constan-
            tine (Hrsg.): The Universal Access Handbook. Boca Raton, FL, USA : CRC
            Press, 2009 (Human Factors and Ergonomics). – ISBN 978–0–8058–6280–5, S.
            55–1–55–9

[Eur11]   European Telecommunications Standards Institute: ETSI EG 202
            848: Human Factors; Inclusive eServices for All: Optimizing the Accessibility
            and the Use of Upcoming User-Interaction Technologies, V1.1.1 (2011-02).
            2011

[Fal10]   Falloon, Garry: Making the Connection: Moore's Theory of Transactional
            Distance and Its Relevance to the Use of a Virtual Classroom in Postgrad-
            uate Online Teacher Education. In: Journal of Research on Technology in
            Education (JRTE) 43 (2010), Nr. 3, S. 187–209. – ISSN 0013–1962

[FH12]   Ferdinand, Peter ; Heckmann, Patricia: Plattformen.   In:
            Haake, Jörg M. ; Schwabe, Gerhard ; Wessner, Martin (Hrsgg.):
            CSCL-Kompendium 2.0. München : Oldenbourg, 2012. – ISBN 978–3–486–
            59911–4, S. 163–186

[FK04]   Fellbaum, Klaus ; Ketzmerick, Bettina: Anwendungsaspekte der akus-
            tischen Komponente in der Multimedia-Kommunikation. In: Fellbaum,
            Klaus ; Göcks, Marc (Hrsgg.): eLearning an der Hochschule. Aachen :
            Shaker, 2004. – ISBN 3–8322–2531–5, S. 97–109

[FLB+10]   Freire, André P. ; Linhalis, Flávia ; Bianchini, Sandro L. ; Fortes, Re-
            nata P. M. ; Pimentel, Maria da Graça C.: Revealing the Whiteboard to
            Blind Students: An Inclusive Approach to Provide Mediation in Synchronous
            E-Learning Activities. In: Computers & Education 54 (2010), S. 866–876. –
            ISSN 0360–1315

[FMS+14]   FRUTH, Robert ; MOEWS, Henry ; SILVA-RIBEAUX, David ; TSCHERNACK,
             Tom ; WALL, Norbert ; WOLFIEN, Patrick: Campus-Navigations-Applikation
             für Studierende mit Beeinträchtigungen. In: PLÖDEREDER, Erhard et al.
             (Hrsgg.): 44. Jahrestagung der Gesellschaft für Informatik, Informatik 2014,
             Big Data – Komplexität meistern, 22.-26. September 2014 in Stuttgart,
             Deutschland Bd. 232, GI, 2014 (Lecture Notes in Informatics). – ISBN 978–
             3–88579–626–8, S. 2401–2412

[För04]   FÖRSTER, Kati: Personalisiertes E-Learning in Unternehmen: Anforderungen
             an die Ausgestaltung Web-basierter Lerneinheiten im Hinblick auf die
             Wirksamkeit und die Effizienz des Lernprozesses: Theoretische Konzeption
             und experimentelle Untersuchung. Technische Universität Dresden. Disserta-
             tion, 2004

[FPP+09]   FREIRE, André P. ; POWER, Christopher ; PETRIE, Helen ; TANAKA, Ed-
             uardoH. ; ROCHA, HeloisaV. ; FORTES, RenataP.M.: Web Accessibility
             Metrics: Effects of Different Computational Approaches. In: STEPHANI-
             DIS, Constantine (Hrsg.): Universal Access in Human-Computer Interaction.
             Applications and Services Bd. 5616. Berlin, Heidelberg : Springer, 2009 (Lec-
             ture Notes in Computer Science). – ISBN 978–3–642–02712–3, S. 664–673

[Fre13]   FREEDOM SCIENTIFIC: Jaws: Jaws 15 Help Menu. 2013

[GAA00]   GARRISON, D. R. ; ANDERSON, Terry ; ARCHER, Walter: Critical Inquiry
             in a Text-Based Environment: Computer Conferencing in Higher Education.
             In: The Internet and Higher Education 2 (2000), Nr. 2-3, S. 87–105. – ISSN
             1096–7516

[Gar04]   GARCÍA, Luis G.: Text Comprehension by Blind People Using Speech Syn-
             thesis Systems. In: MIESENBERGER, Klaus et al. (Hrsgg.): Proceedings of
             the 9th International Conference on Computers Helping People with Special
             Needs (ICCHP 2004) Bd. 3118. Berlin, Heidelberg : Springer, 2004 (Lecture
             Notes in Computer Science). – ISBN 978–3–540–22334–4, S. 538–544

[Gav86]   GAVER, William W.: Auditory Icons: Using Sound in Computer Interfaces.
             In: Human-Computer Interaction 2 (1986), Nr. 2, S. 167–177. – ISSN 0737–
             0024

[GB94]   GRAZIANI, Paolo ; BRESCHI, Bruno: Screen Reader for Windows Based
             on Speech Output. In: GOOS, Gerhard et al. (Hrsgg.): Computers for
             Handicapped Persons Bd. 860. Berlin, Heidelberg : Springer, 1994 (Lecture
             Notes in Computer Science). – ISBN 978–3–540–58476–6, S. 96–100

[GBO04]   GUENAGA, Mari ; BURGER, Dominique ; OLIVER, Javier: Accessibility
             for E-Learning Environments. In: MIESENBERGER, Klaus et al. (Hrsgg.):
             Proceedings of the 9th International Conference on Computers Helping
             People with Special Needs (ICCHP 2004) Bd. 3118. Berlin, Heidelberg :
             Springer, 2004 (Lecture Notes in Computer Science). – ISBN 978–3–540–
             27817–7, S. 626–626

[Gen48]   GENERALVERSAMMLUNG DER VEREINTEN NATIONEN: Resolution der
             Generalversammlung: Allgemeine Erklärung der Menschenrechte. 10. Dezem-
             ber 1948

[GG15]   GUERREIRO, João ; GONÇALVES, Daniel: Faster Text-to-Speeches: Enhanc-
             ing Blind People's Information Scanning with Faster Concurrent Speech.
             In: Proceedings of the 17th International ACM SIGACCESS Conference on
             Computers & Accessibility (ASSETS 2015). New York, NY, USA : ACM,
             2015. – ISBN 978–1–4503–3400–6, S. 3–11

[GMRS09]   GAY, Greg ; MIRRI, Silvia ; ROCCETTI, Marco ; SALOMONI, Paola: Adapting
             Learning Environments with AccessForAll. In: SLOAN, David ; ASAKAWA,
             Chieko ; TAKAGI, Hironobu (Hrsgg.): Proceedings of the 2009 International
             Cross-Disciplinary Conference on Web Accessibililty (W4A 2009). New York,
             NY, USA : ACM, 2009. – ISBN 978–1–60558–561–1, S. 90–91

[GR05]   GURI-ROSENBLIT, Sarah: 'Distance Education' and 'E-Learning': Not the
             Same Thing. In: Higher Education 49 (2005), Nr. 4, S. 467–493. – ISSN
             0018–1560

[Gre11]   GREEN, Steve: Specification of an Adaptable and Inclusive E-Learning
             Support System. In: LAZARINIS, Fotis ; GREEN, Steve ; PEARSON,
             Elaine (Hrsgg.): Handbook of Research on E-Learning Standards and
             Interoperability. Hershey and PA : Information Science Reference, 2011. –
             ISBN 978–1–61692–790–5, S. 207–227

[Gug13]   GUGLIELMAN, Eleonora: Rethinking E-Learning Accessibility: Toward Di-
             dactic Guidelines to Design Inclusive Activities. In: Proceedings of the 2013
             ATEE Winter Conference – Learning & Teaching with Media & Technology,
             2013, S. 80–89

[GWB10]   GRÖBER, Petra ; WEICHT, Martina ; BERG, Markus: Inclusive eLearn-
             ing – Special Needs and Special Solutions? In: 3rd Workshop on Inclusive
             eLearning in London (UK), 2010

[Haa09]   HAAG, Florian: Entwicklung eines flexiblen Widget-Sets für die Stuttgarter
             Stiftplatte. Stuttgart : UniversitÃ€t Stuttgart. Diplomarbeit, 2009

[Had04]   HADIAN, Shohreh: Accessibility in a Virtual Classroom: a Case Study for the
             Visually Impaired Using WebCT. Victoria, Kanada : University of Victoria,
             Department of Computer Science. Masterarbeit, 2004

[Hai15]   HAIMERL, Mathias: Development Towards a Generally Applicable Process
             to Inspect and Verify Accessibility of Web Pages. In: CUNNINGHAM, Dou-
             glas et al. (Hrsgg.): Tagungsband der 45. Jahrestagung der Gesellschaft für
             Informatik (Informatik 2015) Bd. 246, 2015 (Lecture Notes in Informatics). –
             ISBN 978–3–88579–640–4, S. 1361–1374

[Hat14]   HATZFELD, Christian: Haptics as an Interaction Modality. In: HATZFELD,
             Christian ; KERN, Thorsten A. (Hrsgg.): Engineering Haptic Devices. London
             : Springer, 2014 (Springer Series on Touch and Haptic Systems). – ISBN
             978–1–4471–6517–0, S. 29–100

[Hat15]   HATTENHAUER, Dirk: Von einem, der auszog, das Drucken zu lernen. In:
             blind-sehbehindert 135 (2015), Nr. 1, S. 9–19. – ISSN 0176–7836

[HB98]   HÖMBERG, Walter ; BURKART, Roland: Elektronisch mediatisierte
             Gemeinschaftskommunikation. Eine Herausforderung für die kommunika-
             tionswissenschaftliche Modellierung. In: PFAMMATTER, René (Hrsg.):
             Multi-Media-Mania. Konstanz : UVK-Medien, 1998. – ISBN 3–896–69224–0,
             S. 19–36

[HCBK09]   HOGGAN, Eve ; CROSSAN, Andrew ; BREWSTER, Stephen A. ; KAARESOJA,
             Topi: Audio or Tactile Feedback: Which Modality When? In: Proceedings
             of the SIGCHI Conference on Human Factors in Computing Systems (CHI
             2009). New York, NY, USA : ACM, 2009. – ISBN 978–1–60558–246–7, S.
             2253–2256

[Her08]   HERSH, Marion: Accessibility and Usability of Virtual Learning Envi-
               ronmemts.   In: Proceedings of the 8th IEEE International Conference on
               Advanced Learning Technologies (ICALT 2008), IEEE Computer Society,
               2008. – ISBN 978–0–7695–3167–0, S. 1038–1039

[HGH97]   HESSE, Friedrich ; GARSOFFKY, Bärbel ; HRON, Aemilian: Interface-Design
               für computergestütztes kooperatives Lernen. In: ISSING, Ludwig J. ; KLIMSA,
               Paul (Hrsgg.): Information und Lernen mit Multimedia. Weinheim : Beltz,
               1997. – ISBN 3621273743, S. 252–267

[HH07]   HUBER, Anne A. ; HAAG, Ludwig: Kooperatives Lernen – kein Problem:
               Effektive Methoden der Partner- und Gruppenarbeit. 1. Aufl. Leipzig : Klett-
               Schulbuchverlag, 2007 (Schulpädagogik). – ISBN 3129244387

[Hin04]   HINZE, Udo: Medien in der Wissenschaft. Bd. 30: Computergestütztes
               kooperatives Lernen: Einführung in Technik, Pädagogik und Organisation
               des CSCL. Münster : Waxmann, 2004. – ISBN 978–3–8309–1422–8

[HJ08a]   HERSH, Marion ; JOHNSON, Michael: Accessible Information: An Overview.
               In: HERSH, Marion A. ; JOHNSON, Michael A. (Hrsgg.): Assistive Technology
               for Visually Impaired and Blind People. London : Springer, 2008. – ISBN
               978–1–84628–866–1, S. 385–448

[HJ08b]   HERSH, Marion ; JOHNSON, Michael: Assistive Technology for Daily Living.
               In: HERSH, Marion A. ; JOHNSON, Michael A. (Hrsgg.): Assistive Technology
               for Visually Impaired and Blind People. London : Springer, 2008. – ISBN
               978–1–84628–866–1, S. 615–657

[HJ12]   HOLMER, Torsten ; JÖDICK, Friedericke: Kooperation in kleineren Lerngrup-
               pen. In: HAAKE, Jörg M. ; SCHWABE, Gerhard ; WESSNER, Martin (Hrsgg.):
               CSCL-Kompendium 2.0. München : Oldenbourg, 2012. – ISBN 978–3–486–
               59911–4, S. 112–120

[Hof08a]   HOFER, Ursula: Sehen oder Nichtsehen: Bedeutung für Lernen und ak-
               tive Teilhabe in verschiedenen Bereichen des Lernens und Lebens. In:
               LANG, Markus ; HOFER, Ursula ; BEYER, Friederike (Hrsgg.): Didaktik des
               Unterrichts mit blinden und hochgradig sehbehinderten Schülerinnen und
               Schülern. Stuttgart : Kohlhammer Verlag, 2008. – ISBN 978–3–17–020150–7,
               S. 17–63

[Hof08b]   HOFFMANN, Rüdiger: Speech, Text and Braille Conversion Technologies. In:
               HERSH, Marion A. ; JOHNSON, Michael A. (Hrsgg.): Assistive Technology for
               Visually Impaired and Blind People. London : Springer, 2008. – ISBN 978–1–
               84628–866–1, S. 497–554

[HP03]   HÄGG, C. ; PETERSSON, M.: Datorn – Inkluderande Eller Exkluderande för
               Eleven Med Grav Synskada? (The Computer – Including or Excluding for the
               Visually Impaired Pupil). Lehrerhochschule Stockholm. Examensarbeit, 2003

[HSP08]   HARRISON, Matt ; STOCKTON, Claire ; PEARSON, Elaine: Inclusive, Adap-
               tive Design for Students with Learning Disabilities. In: DÍAZ, Paloma et al.
               (Hrsgg.): Proceedings of the 8th IEEE International Conference on Advanced
               Learning Technologies (ICALT 2008), IEEE Computer Society, 2008. – ISBN
               978–0–7695–3167–0, S. 1023–1027

[HSW04]   HAAKE, Jörg M. ; SCHWABE, Gerhard ; WESSNER, Martin (Hrsgg.):
               CSCL-Kompendium: Lehr- und Handbuch zum computerunterstützten
               kooperativen Lernen. München and Wien : Oldenbourg, 2004. – ISBN 3–
               486–27436–8

[HW04]   HAAKE, Jörg M. ; WESSNER, Martin: Kooperative Lernräume. In:
            HAAKE, Jörg M. ; SCHWABE, Gerhard ; WESSNER, Martin (Hrsgg.):
            CSCL-Kompendium. München and Wien : Oldenbourg, 2004. – ISBN 3–
            486–27436–8, S. 109–117

[HZAB10]   HAYDEN, David S. ; ZHOU, Liqing ; ASTRAUSKAS, Michael J. ; BLACK,
            JR., JOHN A.: Note-Taker 2.0: The Next Step Toward Enabling Students
            Who Are Legally Blind to Take Notes in Class. In: Proceedings of the 12th
            International ACM SIGACCESS Conference on Computers and Accessibility
            (ASSETS 2010). New York, NY, USA : ACM, 2010. – ISBN 978–1–60558–
            881–0, S. 131–138

[IH04]   INGRAM, Albert L. ; HATHORN, Lesley G.: Methods for Analyzing Collab-
            oration in Online Communications. In: ROBERTS, Tim S. (Hrsg.): Online
            Collaborative Learning. Hershey, PA, USA : Information Science Publ, 2004.
            – ISBN 978–1591401742, S. 215–241

[IMMC14]   IGLESIAS, Ana ; MORENO, Lourdes ; MARTÍNEZ, Paloma ; CALVO, Rocío:
            Evaluating the Accessibility of Three Open-Source Learning Content Man-
            agement Systems: A Comparative Study. In: Computer Applications in
            Engineering Education 22 (2014), Nr. 2, S. 320–328. – ISSN 1099–0542

[Int09]   INTERNATIONAL ORGANIZATION FOR STANDARDIZATION: ISO
            9241-920:2009: Ergonomics of Human-System Interaction – Part 920:
            Guidance on Tactile and Haptic Interaction. 2009

[ISO08a]   ISO/IEC: ISO/IEC 24751-1:2008(E): Information Technology –
            Individualized Adaptability and Accessibility in E-Learning, Education and
            Training – Part 1: Framework and Reference Model. 1.10.2008

[ISO08b]   ISO/IEC: ISO/IEC 24751-2:2008(E): Information Technology –
            Individualized Adaptability and Accessibility in E-Learning, Education and
            Training – Part 2: "Access for all" Personal Needs and Preferences for Digital
            Delivery. 1.10.2008

[ISO08c]   ISO/IEC: ISO/IEC 24751-3:2008(E): Information Technology –
            Individualized Adaptability and Accessibility in E-Learning, Education and
            Training – Part 3: "Access for all" Digital Resource Description. 1.10.2008

[ISO08d]   ISO/IEC: Information Technology – Individualized Adaptability and
            Accessibility in E-Learning, Education and Training – Part 1: Framework
            and Reference Model. 2008

[ISO14]   ISO/IEC: ISO 14289-1:2014: Document Management Applications –
            Electronic Document File Format Enhancement for Accessibility – Part 1:
            Use of ISO 32000-1 (PDF/UA-1). 2014

[IZL14]   IVANCHEV, Mihail ; ZINKE, Francis ; LUCKE, Ulrike: Pre-Journey Visual-
            ization of Travel Routes for the Blind on Refreshable Interactive Tactile Dis-
            plays. In: MIESENBERGER, Klaus et al. (Hrsgg.): Proceedings of the 14th
            International Conference on Computers Helping People with Special Needs
            (ICCHP 2014) Bd. 8548, Springer International Publishing, 2014 (Lecture
            Notes in Computer Science). – ISBN 978–3–319–08598–2, S. 81–88

[Jac91]   JACOB, Robert J. K.: The Use of Eye Movements in Human-Computer
            Interaction Techniques: What You Look at Is What You Get. In: ACM
            Transactions on Information Systems 9 (1991), Nr. 2, S. 152–169. – ISSN
            1046–8188

[Jan08]   JANSSON, Gunnar: Haptics as a Substitute for Vision.   In: HERSH, Mar-
            ion A. ; JOHNSON, Michael A. (Hrsgg.): Assistive Technology for Visually
            Impaired and Blind People. London : Springer, 2008. – ISBN 978–1–84628–
            866–1, S. 135–166

[JBK+04]   JACKO, Julie A. ; BARNARD, Leon ; KONGNAKORN, Thitima ; MOLONEY,
            Kevin P. ; EDWARDS, Paula J. ; EMERY, V. K. ; SAINFORT, Francois: Iso-
            lating the Effects of Visual Impairment: Exploring the Effect of AMD on the
            Utility of Multimodal Feedback. In: Proceedings of the SIGCHI Conference
            on Human Factors in Computing Systems (CHI 2004). New York, NY, USA :
            ACM, 2004. – ISBN 1–58113–702–8, S. 311–318

[JF98]   JUL, Susanne ; FURNAS, George W.:   Critical Zones in Desert Fog: Aids to
            Multiscale Navigation. In: Proceedings of the 11th Annual ACM Symposium
            on User Interface Software and Technology (UIST 2098). New York, NY,
            USA : ACM, 1998. – ISBN 1–58113–034–1, S. 97–106

[JJ82]   JOHNSON, David W. ; JOHNSON, Roger T.:   The Effects of Cooperative and
            Individualistic Instruction on Handicapped and Nonhandicapped Students.
            In: Journal of Social Psychology 118 (1982), Nr. 2, S. 257–268. – ISSN 1940–
            1183

[JJ88]   JOHNSON, W. D. ; JOHNSON, T. R.:   Critical Thinking Through Structured
            Controversy: Through Controlled Argumentation, Students Can Broaden
            Their Perspectives, Learn Materials More Thoroughly, and Make Better De-
            cisions. In: Educational Leadership 45 (1988), Nr. 8, S. 58–64. – ISSN 0013–
            1784

[JJ95]   JOHNSON, David W. ; JOHNSON, Roger T.:   Positive Interdependence: Key to
            Effective Cooperation. In: LAZAROWITZ, Rachel Hertz (Hrsg.): Interaction
            in Cooperative Groups: The Theoretical Anatomy of Group Learning. Cam-
            bridge University Press, 1995. – ISBN 0521403030, S. 174–199

[JJWB11]   JAYANT, Chandrika ; JI, Hanjie ; WHITE, Samuel ; BIGHAM, Jeffrey P.: Sup-
            porting Blind Photography. In: The Proceedings of the 13th International
            ACM SIGACCESS Conference on Computers and Accessibility (ASSETS
            2011). New York, NY, USA : ACM, 2011. – ISBN 978–1–4503–0920–2, S.
            203–210

[JP05]   JÜRGENSEN, Helmut ; POWER, Christopher: Information Access for the Blind
            – Graphics, Modes, Interaction. In: CARTER, J. ; FOURNEY, D. (Hrsgg.):
            Proceedings of Conference on Guidelines on Tactile and Haptic Interactions
            (GOTHI 2005), USERLab, 2005, S. 13–25

[JR09]   JANSSON, Gunnar ; RAISAMO, Roope: Haptic Interaction. In: STEPHANI-
            DIS, Constantine (Hrsg.): The Universal Access Handbook. Boca Raton, FL,
            USA : CRC Press, 2009 (Human Factors and Ergonomics). – ISBN 978–0–
            8058–6280–5, S. 33–1–33–15

[Kah98]   KAHLISCH, Thomas: Software-ergonomische Aspekte der Studierumgebung
            blinder Menschen. Hamburg : Kovač, 1998. – ISBN 3–86064–797–0

[Kal15]   KALINA, Ulrich: Mit 3D-Druck die Welt begreifbar machen: „Nihil est in
            intellectu, quod non prius fuerit in sensu". In: blind-sehbehindert 135 (2015),
            Nr. 1, S. 9–19. – ISSN 0176–7836

[Kar15]   KARLAPP, Marlene: Taktile Umsetzung eines virtuellen Klassenzimmers für
            Blinde. Universität Potsdam, Institut für Informatik und Computational
            Science. Masterarbeit, 24.12.2015

[KBW08]   KANE, Shaun K. ; BIGHAM, Jeffrey P. ; WOBBROCK, Jacob O.: Slide Rule:
            Making Mobile Touch Screens Accessible to Blind People Using Multi-touch
            Interaction Techniques. In: Proceedings of the 10th International ACM
            SIGACCESS Conference on Computers and Accessibility (Assets 2008). New
            York, NY, USA : ACM, 2008. – ISBN 978–1–59593–976–0, S. 73–80

[KDW15]   KÖHLMANN, Wiebke ; DRESSEL, Nils ; WEGNER, Dustin: Erweiterung eines
            virtuellen Klassenzimmers zur Verbesserung der Zugänglichkeit für Blinde. In:
            CUNNINGHAM, Douglas et al. (Hrsgg.): Tagungsband der 45. Jahrestagung
            der Gesellschaft für Informatik (Informatik 2015) Bd. 246, 2015 (Lecture
            Notes in Informatics). – ISBN 978–3–88579–640–4, S. 1325–1339

[Ker06]   KERRES, Michael: Potentiale von Web 2.0 nutzen. In: HOHENSTEIN, An-
            dreas ; WILBERS, Karl (Hrsgg.): Handbuch E-Learning. Köln : Dt. Wirt-
            schaftsdienst, 2006. – ISBN 978–3871562983

[KH02]   KIENLE, Andrea ; HERRMANN, Thomas: Integration von Kommunikation
            und Kooperation an Hand von Lernmaterial — ein Leitbild für die Funk-
            tionalität kollaborativer Lernumgebungen. In: HERCZEG, Michael ; PRINZ,
            Wolfgang ; OBERQUELLE, Horst (Hrsgg.): Mensch & Computer 2002 Bd. 56,
            Vieweg+Teubner Verlag, 2002 (Berichte des German Chapter of the ACM). –
            ISBN 978–3–519–00364–9, S. 45–54

[KH12]   KIENLE, Andrea ; HERRMANN, Thomas: Werkzeuge für den diskursiven
            Lernprozess. In: HAAKE, Jörg M. ; SCHWABE, Gerhard ; WESSNER, Mar-
            tin (Hrsgg.): CSCL-Kompendium 2.0. München : Oldenbourg, 2012. – ISBN
            978–3–486–59911–4, S. 187–197

[KH16]   KIY, Alexander ; HOFHUES, Sandra: Persönliche Lernumgebungen im Span-
            nungsfeld der institutionalisierten Lehre der Hochschule: Designprinzipien
            für eine hybride PLE. In: „Trendy, hip und cool": Auf dem Weg zu einer
            innovativen Hochschule? erscheint voraussichtlich 2016 (Blickpunktreihe der
            DGHD)

[Kie07]   KIENLE, Andrea: The Facilitation of Synchronous Discussions in CSCL-
            Systems. In: ISAÍAS, Pedro (Hrsg.): Proceedings of the IADIS International
            Conference on WWW/Internet 2007. Vila Real : IADIS, 2007. – ISBN 978–
            9728924447, S. 11–18

[Kie09]   KIENLE, Andrea: Computerunterstützung für die Organisation menschlicher
            Kommunikationsprozesse: Anforderungsanalyse und Systemgestaltung. Ha-
            gen, FernUniversität in Hagen. Dissertation, 05/2009

[KL14]   KÖHLMANN, Wiebke ; LUCKE, Ulrike: Non-Visual Usage of Virtual Class-
            rooms: An Analysis Using Screen Reading Software. In: Proceedings of
            the IEEE 14th International Conference on Advanced Learning Technologies
            (ICALT 2014), IEEE Computer Scociety, 2014. – ISBN 978–1–4799–4038–7,
            S. 590–591

[KL15]   KÖHLMANN, Wiebke ; LUCKE, Ulrike: Alternative Concepts for Accessi-
            ble Virtual Classrooms for Blind Users. In: SAMPSON, Demetrios G. et
            al. (Hrsgg.): Proceedings of the 15th IEEE International Conference on
            Advanced Learning Technologies (ICALT 2015), IEEE Computer Society,
            2015. – ISBN 978–1–4673–7333–3, S. 413–417

[KMM+14]   KUNZ, Andreas ; MIESENBERGER, Klaus ; MÜHLHÄUSER, Max ; ALAVI,
            Ali ; PÖLZER, Stephan ; PÖLL, Daniel ; HEUMADER, Peter ; SCHNELLE-
            WALKA, Dirk: Accessibility of Brainstorming Sessions for Blind People. In:
            MIESENBERGER, Klaus et al. (Hrsgg.): Proceedings of the 14th International
            Conference on Computers Helping People with Special Needs (ICCHP 2014)
            Bd. 8547, Springer International Publishing, 2014 (Lecture Notes in Com-
            puter Science). – ISBN 978–3–319–08595–1, S. 237–244

[KMP+11]   KANE, Shaun K. ; MORRIS, Meredith R. ; PERKINS, Annuska Z. ; WIGDOR,
            Daniel ; LADNER, Richard E. ; WOBBROCK, Jacob O.: Access Overlays:
            Improving Non-visual Access to Large Touch Screens for Blind Users. In:
            Proceedings of the 24th Annual ACM Symposium on User Interface Software
            and Technology (UIST 2011). New York, NY, USA : ACM, 2011. – ISBN
            978–1–4503–0716–1, S. 273–282

[KNK10]   KUNZ, Andreas ; NESCHER, Thomas ; KÜCHLER, Martin: CollaBoard: A
            Novel Interactive Electronic Whiteboard for Remote Collaboration with Peo-
            ple on Content. In: SOURIN, Alexei ; SOURINA, Olga (Hrsgg.): Proceedings
            of the International Conference on Cyberworlds (CW 2010). Piscataway, NJ,
            USA : IEEE Computer Society, 2010. – ISBN 978–0769542157, S. 430–437

[KNN04]   KERRES, Michael ; NATTLAND, Axel ; NÜBEL, Ilke: Mediendidaktische
            Konzeption. In: HAAKE, Jörg M. ; SCHWABE, Gerhard ; WESSNER, Martin
            (Hrsgg.): CSCL-Kompendium. München and Wien : Oldenbourg, 2004. –
            ISBN 3–486–27436–8, S. 268–275

[Koc94a]   KOCH, Michael: Design Issues and Model for a Distributed Multi-user Editor.
            In: Computer Supported Cooperative Work (CSCW) 3 (1994), Nr. 3-4, S.
            359–378. – ISSN 0925–9724

[Koc94b]   KOCHANEK, Dirk: Designing an Offscreen Model for a GUI. In: ZAGLER,
            Wolfgang L. ; BUSBY, Geoffrey ; WAGNER, Roland R. (Hrsgg.): Computers
            for Handicapped Persons Bd. 860. Berlin, Heidelberg : Springer, 1994 (Lec-
            ture Notes in Computer Science). – ISBN 978–3–540–58476–6, S. 89–95

[Köh09]   KÖHLMANN, Wiebke: Research and Perspectives on Cooperative Learning
            for the Blind. In: LINGNAU, Andreas ; MARTENS, Alke ; WEICHT, Mar-
            tina (Hrsgg.): Workshop-Proceedings Informatik Bd. 1. Hildesheim, Berlin
            : Franzbecker, 2009. – ISBN 978–3–88120–491–0, S. 9–19

[Köh12]   KÖHLMANN, Wiebke: Identifying Barriers to Collaborative Learning for the
            Blind. In: MIESENBERGER, Klaus et al. (Hrsgg.): Proceedings of the 13th
            International Conference on Computers Helping People with Special Needs
            (ICCHP 2012) Bd. 7382. Berlin, Heidelberg : Springer, 2012 (Lecture Notes
            in Computer Science). – ISBN 978–3–642–31521–3, S. 84–91

[Köh14a]   KÖHLMANN, Wiebke: Functional Requirements Catalogue in the Context
            of Virtual Classrooms for Blind Users. In: BREITER, Andreas ; RENSING,
            Christoph (Hrsgg.): Proceedings der Pre-Conference Workshops der 12.
            E-Learning Fachtagung Informatik der Gesellschaft für Informatik e.V. (GI)
            (DeLFI 2014) Bd. 233, Köllen, 2014 (Lecture Notes in Informatics). – ISBN
            978–3–88579–627–5, S. 61–72

[Köh14b]   KÖHLMANN, Wiebke: Richtlinien zur barrierefreien Gestaltung virtueller
            Klassenzimmer für Blinde. In: i-com 13 (2014), Nr. 3, S. 3–11. – ISSN 2196–
            6826

[Köh16]   KÖHLMANN, Wiebke: Barrieren bei der Bedienung virtueller Klassenzimmer
             durch Blinde – Ergebnisse einer Analyse. In: „Trendy, hip und cool": Auf
             dem Weg zu einer innovativen Hochschule? erscheint voraussichtlich 2016
             (Blickpunktreihe der DGHD)

[Kol84]   KOLB, David A.: Experiential Learning: Experience as the Source of
             Learning and Development. Englewood Cliffs, NJ, USA : Prentice Hall, 1984.
             – ISBN 978–0132952613

[Kor08]   KORTUM, Philip: Auditory Interfaces. In: HCI Beyond the GUI: The Human
             Factors of Non-traditional Interfaces. Burlington, MA, USA : Morgan Kauf-
             man, 2008. – ISBN 978–0–12–374017–5, S. 147–195

[Koz10]   KOZAR, Olga: Towards Better Group Work: Seeing the Difference Between
             Cooperation and Collaboration. In: English Teaching Forum 48 (2010), Nr. 2,
             S. 16–23. – ISSN 0425–0656

[KRW+14]   KARLAPP, Marlene ; ROSE, Fritz ; WÖLFERT, Volker ; KÖHLMANN, Wiebke ;
             ZINKE, Francis: Moodle-Plug-in zur Analyse und Kennzeichnung der Bar-
             rierefreiheit von PDF-Dokumenten. In: BREITER, Andreas ; RENSING,
             Christoph (Hrsgg.): Proceedings der 12. E-Learning Fachtagung Informatik
             der Gesellschaft für Informatik e.V. (GI) (DeLFI 2014) Bd. 233. Bonn :
             Köllen, 2014 (Lecture Notes in Informatics). – ISBN 978–3–88579–627–5,
             S. 133–138

[KS13]   KÖHLMANN, Wiebke ; SMISNIAK, Ute: Accessibility of Synchronous Collabo-
             rative Platforms – an Analysis. In: BREITER, Andreas ; MEIER, Dorothee ;
             RENSING, Christoph (Hrsgg.): Proceedings der Pre-Conference Workshops
             der 11. e-Learning Fachtagung Informatik (DeLFI 2013). Berlin : Logos Ver-
             lag, 2013. – ISBN 978–3–8325–3470–7, S. 117–122

[KSB+07]   KELLY, Brian ; SLOAN, David ; BROWN, Stephen ; SEALE, Jane ; PETRIE,
             Helen ; LAUKE, Patrick ; BALL, Simon: Accessibility 2.0: People, Policies
             and Processes. In: HARPER, Simon ; YESILADA, Yeliz (Hrsgg.): Proceedings
             of the 2007 International Cross-Disciplinary Conference on Web accessibility
             (W4A 2007). New York, NY, USA : ACM, 2007. – ISBN 1–59593–590–8, S.
             138

[KVW08]   KRAUS, Michael ; VÖLKEL, Thorsten ; WEBER, Gerhard: An Off-Screen
             Model for Tactile Graphical User Interfaces. In: MIESENBERGER, Klaus et
             al. (Hrsgg.): Proceedings of the 11th International Conference on Computers
             Helping People with Special Needs (ICCHP 2008) Bd. 5105. Berlin, Heidel-
             berg : Springer, 2008 (Lecture Notes in Computer Science). – ISBN 978–3–
             540–70539–0, S. 865–872

[KW99]   KRÄMER, Bernd J. ; WEGNER, Lutz M.: Beyond the Whiteboard: Syn-
             chronous Collaboration in Shared Object Spaces. In: Proceedings of the 7th
             IEEE Workshop on Future Trends of Distributed Computing Systems, IEEE
             Computer Society, 1999. – ISSN 1071–0485, S. 131–136

[KW06]   KOBAYASHI, Makoto ; WATANABE, Tetsuya: Multimedia Communication
             System for the Blind. In: ICHALKARANJE, N. ; ICHALKARANJE, A. ; JAIN,
             L.C (Hrsgg.): Intelligent Paradigms for Assistive and Preventive Healthcare
             Bd. 19. Berlin, Heidelberg : Springer, 2006 (Studies in Computational Intelli-
             gence). – ISBN 978–3–540–31762–3, S. 165–181

[KWFT13]   KARLHUBER, Stefan ; WAGENEDER, Günter ; FREISLEBEN-TEUTSCHER,
             Christian F.: Einsatz kollaborativer Werkzeuge. In: EBNER, M. ; SCHÖN,
             S. (Hrsgg.): L3T – Lehrbuch für Lernen und Lehren mit Technologien. epubli
             GmbH, 2013. – ISBN 978–3844265941

[KYM07] KUBER, Ravi ; YU, Wai ; MCALLISTER, Graham: A Non-visual Approach to Improving Collaboration Between Blind and Sighted Internet Users. In: Proceedings of the 4th International Conference on Universal Access in Human-Computer Interaction: Applications and Services (UAHCI 2007). Berlin, Heidelberg : Springer, 2007. – ISBN 978–3–540–73282–2, S. 913–922

[KZ11] KÖHLMANN, Wiebke ; ZINKE, Francis: Einsatz von IKT an Hochschulen zur Unterstützung sehgeschädigter Studierender. In: KARL, Wolfgang ; LUCKE, Ulrike ; TAVANGARIAN, Djamshid (Hrsgg.): Hochschule 2020: IT-Infrastruktur, Organisationsformen und Inhalte Bd. P192, 2011 (Lecture Notes in Informatics). – ISBN 978–3–88579–286–4

[KZSJ10] KÖHLMANN, Wiebke ; ZINKE, Francis ; SCHIEWE, Maria ; JÜRGENSEN, Helmut: User-interface Filter for Two-dimensional Haptic Interaction. In: Proceedings of the 12th International Conference on Computers Helping People with Special Needs (ICCHP 2010). Berlin, Heidelberg : Springer, 2010. – ISBN 3–642–14099–8, S. 498–505

[Las48] LASSWELL, Harold ; BRYSON, L. (Hrsg.): The Structure and Function of Communication in Society. The Communication of Ideas. New York, NY, USA : Institute for Religious and Social Studies, 1948

[LB14] LASECKI, Walter S. ; BIGHAM, Jeffrey P.: Real-Time Captioning with the Crowd. In: Interactions 21 (2014), Nr. 3, S. 50–55. – ISSN 1072–5520

[LBB12] LEPORINI, Barbara ; BUZZI, Maria C. ; BUZZI, Marina: Interacting with Mobile Devices via VoiceOver: Usability and Accessibility Issues. In: FARRELL, Vivienne et al. (Hrsgg.): Proceedings of the 24th Australian Computer-Human Interaction Conference (OzCHI 2012). New York, NY, USA : ACM, 2012. – ISBN 978–1–4503–1438–1, S. 339–348

[Leh10] LEHMANN, Robert: Medien in der Wissenschaft. Bd. 54: Lernstile als Grundlage adaptiver Lernsysteme in der Softwareschulung. Münster u.a. : Waxmann, 2010. – ISBN 3830923074

[Leh11] LEHR, Christian: Web 2.0 in der universitären Lehre – Ein Handlungsrahmen für die Gestaltung technologiegestützter Lernszenarien. Berlin, Freien Universität Berlin. Dissertation, 2011

[LJJ+14] LAABIDI, Mohsen ; JEMNI, Mohamed ; JEMNI BEN AYED, LEILA ; BEN BRAHIM, Hejer ; BEN JEMAA, Amal: Learning Technologies for People with Disabilities. In: Journal of King Saud University – Computer and Information Sciences 26 (2014), S. 29–45. – ISSN 1319–1578

[LKB14] LASECKI, Walter S. ; KUSHALNAGAR, Raja ; BIGHAM, Jeffrey P.: Helping Students Keep Up with Real-time Captions by Pausing and Highlighting. In: Proceedings of the 11th Web for All Conference (W4A 2014). New York, NY, USA : ACM, 2014. – ISBN 978–1–4503–2651–3, S. 39:1–39:8

[LL06] LEE, Taerim ; LEE, Jungjin: Quality Assurance of Web Based E-Learning for Statistical Education. In: RIZZI, Alfredo ; VICHI, Maurizio (Hrsgg.): Compstat 2006 – Proceedings in Computational Statistics. Physica-Verlag HD, 2006. – ISBN 978–3–7908–1708–9, S. 429–438

[LMS+12] LASECKI, Walter ; MILLER, Christopher ; SADILEK, Adam ; ABUMOUSSA, Andrew ; BORRELLO, Donato ; KUSHALNAGAR, Raja ; BIGHAM, Jeffrey: Real-time Captioning by Groups of Non-experts. In: Proceedings of the 25th Annual ACM Symposium on User Interface Software and Technology (UIST 2012). New York, NY, USA : ACM, 2012. – ISBN 978–1–4503–1580–7, S. 23–34

[Lon08] LONCHAMP, Jacques: Interaction Analysis Supporting Participants' Self-regulation in a Generic CSCL System. In: DILLENBOURG, Pierre ; SPECHT, Marcus (Hrsgg.): Times of Convergence. Technologies Across Learning Contexts Bd. 5192. Berlin, Heidelberg : Springer, 2008 (Lecture Notes in Computer Science). – ISBN 978–3–540–87604–5, S. 262–273

[LR14] LUCKE, Ulrike ; RENSING, Christoph: A Survey on Pervasive Education. In: Pervasive and Mobile Computing 14 (2014), Nr. 0, S. 3–16. – ISSN 1574–1192

[LS12] LUCKE, Ulrike ; SPECHT, Marcus: Mobilität, Adaptivität und Kontextbewusstsein im E-Learning. In: i-com 11 (2012), Nr. 1, S. 26–29. – ISSN 2196–6826

[LSS+13] LOITSCH, Claudia ; STIEGLER, Andreas ; STROBBE, Christophe ; TZOVARAS, Dimitrios ; VOTIS, Konstantinos ; WEBER, Gerhard ; ZIMMERMANN, Gottfried: Improving Accessibility by Matching User Needs and Preferences. In: ENCARNAÇÃO, P. ; AZEVEDO, L. ; GELDERBLOM, G. J. (Hrsgg.): Assistive Technology. Amsterdam : IOS Press, 2013 (Assistive Technology Research Series). – ISBN 978–1–61499–304–9, S. 1357–1365

[LT07] LUCKE, Ulrike ; TAVANGARIAN, Djamshid: Aktueller Stand und Perspektiven der eLearning-Infrastruktur an deutschen Hochschulen. In: EIBL, Christian et al. (Hrsgg.): Proceedings der 5. e-Learning Fachtagung Informatik der Gesellschaft für Informatik e.V. (DeLFI 2007). Bonn : Logos Verlag, 2007, S. 197–208

[LTC14] LUDI, Stephanie ; TIMBROOK, Michael ; CHESTER, Piper: A Tablet-Based Approach to Facilitate the Viewing of Classroom Lecture by Low Vision Students. In: MIESENBERGER, Klaus et al. (Hrsgg.): Proceedings of the 14th International Conference on Computers Helping People with Special Needs (ICCHP 2014) Bd. 8548, Springer International Publishing, 2014 (Lecture Notes in Computer Science). – ISBN 978–3–319–08598–2, S. 591–596

[Luk01] LUKE, Robert: Courseware Accessibility: Recommendations for Inclusive Design. In: OKAMOTO, Toshio et al. (Hrsgg.): Proceedings of the IEEE International Conference on Advanced Learning Technologies (ICALT 2001), IEEE Computer Society, 2001. – ISBN 0–7695–1013–2, S. 381–382

[LW03] LANDUA, S. ; WELLS, L.: Merging Tactile Sensory Input and Audio Data by Means of the Talking Tactile Tablet. In: Proceedings of EuroHaptics 2003, 2003, S. 414–418

[LW12] LOITSCH, Claudia ; WEBER, Gerhard: Viable Haptic UML for Blind People. In: MIESENBERGER, Klaus et al. (Hrsgg.): Proceedings of the 13th International Conference on Computers Helping People with Special Needs (ICCHP 2012) Bd. 7383. Berlin, Heidelberg : Springer, 2012 (Lecture Notes in Computer Science). – ISBN 978–3–642–31533–6, S. 509–516

[MA09] MURRAY, Iain ; ARMSTRONG, Helen L.: Remote Laboratory Access for Students with Vision Impairment. In: Fifth International Conference on Networking and Services (ICNS 2009), 2009. – ISBN 978–0–7695–3586–9, S. 566–571

[MAC99] MAURY, Sébastien ; ATHÉNES, Sylvie ; CHATTY, Stéphane: Rhythmic Menus: Toward Interaction Based on Rhythm. In: CHI 1999 Extended Abstracts on Human Factors in Computing Systems (CHI EA 1999). New York, NY, USA : ACM, 1999. – ISBN 1–58113–158–5, S. 254–255

[Mal75]   MALETZKE, Gerhard (Hrsg.):   Einführung in die
            Massenkommunikationsforschung.   2. Aufl.   Berlin : Spiess, 1975. –
            ISBN 3920889002

[MB07]   McGOOKIN, David ; BREWSTER, Stephen: An Initial Investigation into Non-
            visual Computer Supported Collaboration. In: CHI 2007 Extended Abstracts
            on Human Factors in Computing Systems (CHI EA 2007). New York, NY,
            USA : ACM, 2007. – ISBN 978–1–59593–642–4, S. 2573–2578

[MBB⁺11]   MORI, Giulio ; BUZZI, Maria C. ; BUZZI, Marina ; LEPORINI, Barbara ;
            PENICHET, VICTOR M. R.:   Making Google Docs User Interface More
            Accessible for Blind People.   In: Proceedings of the First International
            Conference on Advances in New Technologies, Interactive Interfaces, and
            Communicability (ADNTIIC 2010). Berlin, Heidelberg : Springer, 2011. –
            ISBN 978–3–642–20809–6, S. 20–29

[MBBL10]   MORI, Giulio ; BUZZI, Maria C. ; BUZZI, Marina ; LEPORINI, Barbara: Struc-
            tured Audio Podcasts via Web Text-to-speech System. In: Proceedings of the
            19th International Conference on World Wide Web (WWW 2010). New York,
            NY, USA : ACM, 2010. – ISBN 978–1–60558–799–8, S. 1281–1284

[MBJ08]   McGOOKIN, David ; BREWSTER, Stephen ; JIANG, WeiWei: Investigating
            Touchscreen Accessibility for People with Visual Impairments. In: TOLLMAR,
            Konrad ; JÖNSSON, Bodil (Hrsgg.): Proceedings of the 5th Nordic Conference
            on Human-Computer Interaction (NordiCHI 2008). New York, NY, USA :
            ACM, 2008. – ISBN 978–1–59593–704–9, S. 298–307

[MBJL15]   MOEBERT, Tobias ; BIERMANN, Martin ; JANK, Helena ; LUCKE, Ulrike:
            Konzepte und Verfahren zur Visualisierung von Kontextinformationen
            und Adaptionsmechanismen in mobilen adaptiven Lernanwendungen. In:
            RATHMAYER, Sabine ; PONGRATZ, Hans (Hrsgg.): Proceedings of DeLFI
            Workshops 2015 co-located with 13th e-Learning Conference of the German
            Computer Society (DeLFI 2015), 2015, S. 203–212

[McC14]   McCALL, Karen: Legislation and Standards of Accessibility versus Intelligent
            Design. In: Proceedings of the Conference Universal Learning Design Bd. 4.
            Brünn, Tschechien : Masaryk Universität, 2014. – ISBN 978–80–210–6882–7,
            S. 77–82

[MFT05]   MANKOFF, Jennifer ; FAIT, Holly ; TRAN, Tu: Is Your Web Page Accessible?:
            A Comparative Study of Methods for Assessing Web Page Accessibility for
            the Blind. In: VEER, Gerrit van d. ; GALE, Carolyn (Hrsgg.): Proceedings
            of the SIGCHI Conference on Human Factors in Computing Systems (CHI
            2005). New York, NY, USA : ACM, 2005. – ISBN 1–58113–998–5, S. 41–50

[MGB01]   McGEE, Marilyn R. ; GRAY, Phil ; BREWSTER, Stephen: The Effective Com-
            bination of Haptic and Auditory Textural Information. In: BREWSTER,
            Stephen; MURRAY-SMITH, Roderick (Hrsgg.): Haptic Human-Computer
            Interaction Bd. 2058. Berlin, Heidelberg : Springer, 2001 (Lecture Notes in
            Computer Science). – ISBN 978–3–540–42356–0, S. 118–126

[MKSW09]   MIAO, Mei ; KÖHLMANN, Wiebke ; SCHIEWE, Maria ; WEBER, Gerhard: Tac-
            tile Paper Prototyping with Blind Subjects. In: ALTINSOY, M. E. ; JEKOSCH,
            Ute ; BREWSTER, Stephen (Hrsgg.): 4th International Conference on Haptic
            and Audio Interaction Design (HAID 2009) Bd. 5763. Berlin, Heidelberg :
            Springer, 2009 (Lecture Notes in Computer Science). – ISBN 978–3–642–
            04075–7, S. 81–90

[MLT11] MEINCKE, Friedrich ; LUCKE, Ulrike ; TAVANGARIAN, Djamshid: Empfehlungen zur Nutzung eines Textverarbeitungswerkzeugs zur Erstellung von XML-basierten E-Learning-Inhalten. In: ROHLAND, Holger ; KIENLE, Andrea ; FRIEDRICH, Steffen (Hrsgg.): Proceedings der 9. e-Learning Fachtagung Informatik (DeLFI 2011) Bd. 188. Bonn : Gesellschaft für Informatik, 2011 (Lecture Notes in Informatics). – ISBN 978–3–88579–282–6, S. 9–20

[MPD12] MARTIN, Florence ; PARKER, Michele ; DEALE, Deborah: Examining interactivity in synchronous virtual classrooms. In: The International Review of Research in Open and Distance Learning 13 (2012), Nr. 3. – ISSN 1492–3831

[MPFW14] MIAO, Mei ; PHAM, HoaiAnh ; FRIEBE, Jens ; WEBER, Gerhard: Contrasting Usability Evaluation Methods with Blind Users. In: Universal Access in the Information Society (2014), S. 1–14. – ISSN 1615–5289

[MPOM98] MORLEY, Sarah ; PETRIE, Helen ; O'NEILL, Anne-Marie ; MCNALLY, Peter: Auditory Navigation in Hyperspace: Design and Evaluation of a Nonvisual Hypermedia System for Blind Users. In: Proceedings of the Third International ACM Conference on Assistive Technologies (Assets 2098). New York, NY, USA : ACM, 1998. – ISBN 1–58113–020–1, S. 100–107

[MR04] MCINNERNEY, Joanne M. ; ROBERTS, Tim S.: Collaborative or Cooperative Learning? In: ROBERTS, Tim S. (Hrsg.): Online Collaborative Learning. Hershey, PA, USA : Information Science Publ, 2004. – ISBN 1–59140–174–7, S. 203–214

[MRV+11] MESITI, Marco ; RIBAUDO, Marina ; VALTOLINA, Stefano ; BARRICELLI, Barbara R. ; BOCCACCI, Patrizia ; DINI, Silvia: Collaborative Environments: Accessibility and Usability for Users with Special Needs. In: PARDEDE, Eric (Hrsg.): Community-built Databases. Berlin, Heidelberg, New York : Springer, 2011. – ISBN 978–3–642–19046–9, S. 319–340

[MW94] MYNATT, Elizabeth D. ; WEBER, Gerhard: Nonvisual Presentation of Graphical User Interfaces: Contrasting Two Approaches. In: Proceedings of the SIGCHI Conference on Human Factors in Computing Systems (CHI 1994). New York, NY, USA : ACM, 1994. – ISBN 0–89791–650–6, S. 166–172

[MW13] MIAO, Mei ; WEBER, Gerhard: User Requirements Analysis in the Context of Multimodal Applications for Blind Users. In: BOLL, Susanne ; MAASS, Susanne ; MALAKA, Rainer (Hrsgg.): Mensch & Computer 2013 – Workshopband. München : Oldenbourg Verlag, 2013, S. 283–286

[Myn97] MYNATT, Elizabeth D.: Transforming Graphical Interfaces into Auditory Interfaces for Blind Users. In: Human-Computer Interaction 12 (1997), Nr. 1, S. 7–45. – ISSN 0737–0024

[Nam15] NAMDEV, Pattie Rahul Kumar; M. Rahul Kumar; Maes: An Interactive and Intuitive STEM Accessibility System for the Blind and Visually Impaired. In: MAKEDON, Fillia (Hrsg.): Proceedings of the 8th International Conference on PErvasive Technologies Related to Assistive Environments (PETRA 2015). New York, NY, USA : ACM, 2015. – ISBN 978–1–4503–3452–5, S. 20:1–20:7

[NG00] NEWELL, Alan F. ; GREGOR, Peter: "User Sensitive Inclusive Design" – in Search of a New Paradigm. In: Proceedings on the 2000 Conference on Universal Usability (CUU 2000). New York, NY, USA : ACM, 2000. – ISBN 1–58113–314–6, S. 39–44

[NGM+11] NEWELL, Alan F. ; GREGOR, Peter ; MORGAN, Maggie ; PULLIN, Graham ; MACAULAY, Catriona: User-Sensitive Inclusive Design. In: Universal Access in the Information Society 10 (2011), Nr. 3, S. 235–243. – ISSN 1615–5289

[Nic09]   NICKEL, Oliver: Haptische Reize in der Kommunikation. In: BRUHN, Man-
            fred (Hrsg.): Handbuch Kommunikation. Wiesbaden : Gabler Verlag/GWV
            Fachverlage GmbH Wiesbaden, 2009. – ISBN 978–3–8349–8078–6, S. 793–818

[Nie04]   NIEGEMANN, Helmut M. (Hrsg.): Kompendium E-Learning. Berlin, New
            York : Springer, 2004 (X.media.press). – ISBN 3–540–43816–5

[Nie08]   NIEGEMANN, Helmut M. (Hrsg.): Kompendium multimediales Lernen.
            Springer, 2008. – ISBN 978–3–540–37226–4

[NP10]   NEDBAL, Dietmar ; PETZ, Gerald: Implementation Concept for an Accessible
            Web CMS. In: MIESENBERGER, Klaus et al. (Hrsgg.): Proceedings of the
            12th International Conference on Computers Helping People with Special
            Needs (ICCHP 2010) Bd. 6179. Berlin, Heidelberg : Springer, 2010 (Lecture
            Notes in Computer Science). – ISBN 978–3–642–14096–9, S. 456–463

[NRA⁺02]   NAPS, Thomas L. ; RÖSSLING, Guido ; ALMSTRUM, Vicki ; DANN, Wanda ;
            FLEISCHER, Rudolf ; HUNDHAUSEN, Chris ; KORHONEN, Ari ; MALMI, Lauri ;
            MCNALLY, Myles ; RODGER, Susan ; VELÁZQUEZ-ITURBIDE, J. .: Exploring
            the Role of Visualization and Engagement in Computer Science Education.
            In: SIGCSE Bull 35 (2002), Nr. 2, S. 131–152. – ISSN 0097–8418

[NW09]   NEES, Michael A. ; WALKER, Bruce N.: Auditory Interfaces and Sonifica-
            tion. In: STEPHANIDIS, Constantine (Hrsg.): The Universal Access Handbook.
            Boca Raton, FL, USA : CRC Press, 2009 (Human Factors and Ergonomics).
            – ISBN 978–0–8058–6280–5, S. 507–522

[OCFQ10]   OLIVEIRA, Francisco ; COWAN, Heidi ; FANG, Bing ; QUEK, Francis: En-
            abling Multimodal Discourse for the Blind. In: International Conference
            on Multimodal Interfaces and the Workshop on Machine Learning for
            Multimodal Interaction (ICMI-MLMI 2010). New York, NY, USA : ACM,
            2010. – ISBN 978–1–4503–0414–6, S. 18:1–18:8

[PB07]   PARK, Yun J. ; BONK, Curtis J.: Is Online Life a Breeze? A Case Study for
            Promoting Synchronous Learning in a Blended Graduate Course. In: Merlot
            Journal of Online Learning anf Teaching 3 (2007), Nr. 3, S. 307–323. – ISSN
            558–9528

[PBW14]   PRESCHER, Denise ; BORNSCHEIN, Jens ; WEBER, Gerhard: Production
            of Accessible Tactile Graphics. In: MIESENBERGER, Klaus et al. (Hrsgg.):
            Proceedings of the 14th International Conference on Computers Helping
            People with Special Needs (ICCHP 2014), Springer International Publish-
            ing, 2014 (Lecture Notes in Computer Science). – ISBN 978–3–319–08598–2,
            S. 26–33

[PCB⁺09]   PIETRZAK, Thomas ; CROSSAN, Andrew ; BREWSTER, Stephen A. ; MARTIN,
            Benoît ; PECCI, Isabelle: Creating Usable Pin Array Tactons for Nonvisual
            Information. In: IEEE Transactions on Haptics 2 (2009), Nr. 2, S. 61–72. –
            ISSN 1939–1412

[PE02]   PAEPEN, Bert ; ENGELEN, Jan: Using XML as a Reading Enabler for Visu-
            ally Impaired Persons. In: MIESENBERGER, Klaus ; KLAUS, Joachim ; ZA-
            GLER, Wolfgang (Hrsgg.): Proceedings of the 8th International Conference
            on Computers Helping People with Special Needs (ICCHP 2002) Bd. 2398.
            Berlin, Heidelberg : Springer, 2002 (Lecture Notes in Computer Science). –
            ISBN 978–3–540–43904–2, S. 382–389

[PGG10] PEARSON, Elaine ; GKATZIDOU, Voula ; GREEN, Steve: From a Personal
         Learning Environment to an Adaptable Personal Learning Environment:
         Meeting the Needs and Preferences of Disabled Learners. In: Proceedings
         of the IEEE International Conference on Advanced Learning Technologies
         (ICALT 2010), IEEE Computer Society, 2010. – ISBN 978–0–7695–4055–9, S.
         333–335

[PHP11] PONS, Daniel ; HILERA, José R. ; PAGÉS, Carmen: Standards and Specifica-
         tions to Manage Accessibility Issues in E-Learning. In: Learning Technology
         13 (2011), Nr. 3. – ISSN 1939–1382

[PJ10]   POWER, Christopher ; JÜRGENSEN, Helmut: Accessible Presentation of In-
         formation for People with Visual Disabilities. In: Universal Access in the
         Information Society 9 (2010), Nr. 2, S. 97–119. – ISSN 1615–5289

[PK07]   PETRIE, Helen ; KHEIR, Omar: The Relationship Between Accessibility and
         Usability of Websites. In: Proceedings of the SIGCHI Conference on Human
         Factors in Computing Systems (CHI 2007). New York, NY, USA : ACM,
         2007. – ISBN 978–1–59593–593–9, S. 397–406

[PLR04] PARAMYTHIS, Alexandros ; LOIDL-REISINGER, Susanne: Adaptive Learning
         Environments and eLearning Standards. In: Electronic Journal of Elearning
         (EJEL) 2 (2004), S. 181–194. – ISSN 1479–4403

[PM15]   PÖLZER, Stephan ; MIESENBERGER, Klaus: 2D Presentation Techniques
         of Mind-maps for Blind Meeting Participants. In: SIKNE LANYI, C. et al.
         (Hrsgg.): Proceedings of the 13th AAATE Conference. Amsterdam : IOS
         Press, 2015

[PMW95] PETRIE, Helen ; MORLEY, Sarah ; WEBER, Gerhard: Tactile-Based Direct
         Manipulation in GUIs for Blind Users. In: Proceedings of the ACM CHI 95
         Human Factors in Computing Systems Conference. New York, NY, USA :
         ACM, 1995. – ISBN 0–201–84705–1, S. 428–429

[PPSS10] POWER, Christopher ; PETRIE, Helen ; SAKHAROV, Vasily ; SWALLOW,
         David: Virtual Learning Environments: Another Barrier to Blended and E-
         Learning. In: MIESENBERGER, Klaus et al. (Hrsgg.): Proceedings of the 12th
         International Conference on Computers Helping People with Special Needs
         (ICCHP 2010) Bd. 6179. Berlin, Heidelberg : Springer, 2010 (Lecture Notes
         in Computer Science). – ISBN 978–3–642–14096–9, S. 519–526

[Pre14] PRESCHER, Denise: Redesigning Input Controls of a Touch-Sensitive
         Pin-Matrix Device. In: ZENG, Limin ; WEBER, Gerhard (Hrsgg.): The
         Proceedings of Workshop Tactile/Haptic User Interfaces for Tabletops and
         Tablets 2014 (TacTT 2014), 2014, S. 19–24

[PW09]   PRESCHER, Denise ; WEBER, Ursula: Kollaboration blinder Menschen in
         Informationsplattformen. In: MEISSNER, Klaus ; ENGELIEN, Martin (Hrsgg.):
         Gemeinschaft in Neuen Medien (GeNeMe) 2009, 2009. – ISBN 978–3–941298–
         29–3, S. 157–165

[PWS10] PRESCHER, Denise ; WEBER, Gerhard ; SPINDLER, Martin: A Tactile Win-
         dowing System for Blind Users. In: Proceedings of the 12th International
         ACM SIGACCESS Conference on Computers and Accessibility (ASSETS
         2010). New York, NY, USA : ACM, 2010. – ISBN 978–1–60558–881–0, S.
         91–98

[PWV09] PETRIE, Helen ; WEBER, Gerhard ; VÖLKEL, Thorsten: Universal Access to Multimedia Documents. In: STEPHANIDIS, Constantine (Hrsg.): The Universal Access Handbook. Boca Raton, FL, USA : CRC Press, 2009 (Human Factors and Ergonomics). – ISBN 978–0–8058–6280–5, S. 46–1–46–18

[RC02] ROSSON, Mary B. ; CARROLL, John M.: Usability Engineering: Scenario-based Development of Human-computer Interaction. San Fancisco, CA, USA : Morgan Kaufmann Publishers, 2002 (The Morgan Kaufmann Series in Interactive Technologies). – ISBN 978–1–55860–712–5

[Rey09] REY, Günter D.: E-Learning: Theorien, Gestaltungsempfehlungen und Forschung. Bern : Huber, 2009 (Psychologie Lehrbuch). – ISBN 978–3–456–84743–6

[RGME07] RASSMUS-GROHN, K. ; MAGNUSSON, C. ; EFTRING, H.: AHEAD – Audio-Haptic Drawing Editor And Explorer for Education. In: IEEE International Workshop on Haptic, Audio and Visual Environments and Games (HAVE 2007), IEEE Computer Society, 2007. – ISBN 978–1–4244–1571–7, S. 62–66

[Rob06] ROBBEN, Bernard: Der Computer als Medium: Eine transdisziplinäre Theorie. Bielefeld : Transcript, 2006 (Kultur- und Medientheorie). – ISBN 3–89942–429–8

[RSS07] RUSCH, Gebhard ; SCHANZE, Helmut ; SCHWERING, Gregor: UTB Medienwissenschaft, Kommunikationswissenschaft. Bd. 2840: Theorien der Neuen Medien: Kino, Radio, Fernsehen, Computer. Paderborn : Fink, 2007. – ISBN 978–3825228408

[SB92] SCHMIDT, Kjeld ; BANNON, Liam: Taking CSCW Seriously: Supporting Articulation Work. In: Computer Supported Cooperative Work 1 (1992), S. 7–40. – ISSN 1573–7551

[SB10] SARODNICK, Florian ; BRAU, Henning: Methoden der Usability Evaluation: Wissenschaftliche Grundlagen und praktische Anwendung. 2. Aufl. Bern : Verlag Hans Huber, 2010 (Wirtschaftspsychologie in Anwendung). – ISBN 978–3–456–84883–9

[SBBW06] SALLNÄS, Eva-Lotta ; BJERSTEDT-BLOM, Kajsa ; WINBERG, Fredrik: Navigation and Control in Haptic Applications Shared by Blind and Sighted Users. In: MCGOOKIN, David ; BREWSTER, Stephen (Hrsgg.): Proceedings of the First International Workshop on Haptic and Audio Interaction Design (HAID 2006) Bd. 4129. Berlin, Heidelberg : Springer, 2006 (Springer-11645). – ISBN 978–3–540–37596–8, S. 68–80

[SBF+87] STEFIK, Mark ; BOBROW, Daniel G. ; FOSTER, Gregg ; LANNING, Stan ; TATAR, Deborah G.: WYSIWIS Revised: Early Experiences with Multiuser Interfaces. In: ACM Transactions on Information Systems 5 (1987), Nr. 2, S. 147–167. – ISSN 1046–8188

[SBH04] SÁNCHEZ, Jaime ; BALOIAN, Nelson ; HASSLER, Tiago: Blind to Sighted Children Interaction Through Collaborative Environments. In: VREEDE, Gert-Jan d. (Hrsg.): Proceedings of the 10th International Workshop on Groupware: Design, Implementation, and Use (CRIWG 2004) Bd. 3198. Berlin : Springer, 2004 (Lecture Notes in Computer Science). – ISBN 978–3–540–30112–7, S. 192–205

[SBV+07]   SANTOS, Olga C. ; BOTICARIO, Jesús G. ; VISO, Alicia Fernández d. ;
            CÁMARA, Santiago Pérez de l. ; REBATE SÁNCHEZ, Carlos ; RESTREPO,
            Emmanuelle Gutiérrez y.:   Basic Skills Training to Disabled and Adult
            Learners Through an Accessible E-Learning Platform.   In: STEPHANI-
            DIS, Constantine (Hrsg.): 4th International Conference on Universal Access
            in Human-Computer Interaction (UAHCI 2007) held as Part of HCI
            International 2007 Bd. 4556. Berlin, Heidelberg : Springer, 2007 (Lecture
            Notes in Computer Science). – ISBN 978–3–540–73282–2, S. 796–805

[SC04]   STAHL, Gerry ; CARELL, Angela: Didaktische Konzepte: Kommunikations-
            konzepte. In: HAAKE, Jörg M. ; SCHWABE, Gerhard ; WESSNER, Martin
            (Hrsgg.): CSCL-Kompendium. München, Wien : Oldenbourg, 2004. – ISBN
            3–486–27436–8, S. 229–237

[Sch85a]   SCHINDELE, Rudolf: Didaktik des Unterrichts bei Sehgeschädigten. In:
            RATH, Waldtraut ; HUDELMAYER, Dieter (Hrsgg.): Pädagogik der Blinden
            und Sehbehinderten Bd. 2, Carl Marhold Verlagsbuchhandlung, 1985 (Hand-
            buch der Sonderpädagogik). – ISBN 3–7864–1686–9, S. 92–123

[Sch85b]   SCHINDELE, Rudolf: Organisatorische Formen des Unterrichts und der
            Förderung Blinder und Sehbehinderter. In: RATH, Waldtraut ; HUDEL-
            MAYER, Dieter (Hrsgg.): Pädagogik der Blinden und Sehbehinderten Bd. 2,
            Carl Marhold Verlagsbuchhandlung, 1985 (Handbuch der Sonderpädagogik).
            – ISBN 3–7864–1686–9, S. 66–88

[Sch02]   SCHULMEISTER, Rolf: Grundlagen hypermedialer Lernsysteme: Theorie –
            Didaktik – Design. 3. Aufl. München : Oldenbourg, 2002. – ISBN 3–486–
            25864–8

[Sch04]   SCHÜTZEICHEL, Rainer: UTB Soziologie, Medien- und
            Kommunikationswissenschaft. Bd. 2623: Soziologische
            Kommunikationstheorien. Konstanz : UVK Verl.-Ges., 2004. – ISBN
            3–8252–2623–9

[Sch14]   SCHÄKEL, Carla: Untersuchung der Programmierschnittstellen virtueller
            Klassenräume bezüglich Barrierefreiheit. Universität Potsdam, Institut für
            Informatik und Computational Science. Bachelorarbeit, 10/2014

[SCM14]   SANTAROSA, Lucila ; CONFORTO, Débora ; MACHADO, Rodrigo P.: White-
            board: Synchronism, Accessibility, Protagonism and Collective Authorship for
            Human Diversity on Web 2.0. In: Computers in Human Behavior 31 (2014),
            S. 591–601. – ISSN 0747–5632

[SDD04]   SINGH, Gurminder ; DENOUE, Laurent ; DAS, Arijit: Collaborative Note Tak-
            ing. In: Proceedings of the 2nd IEEE International Workshop on Wireless
            and Mobile Technologies in Education (WMTE 2004). Washington, DC,
            USA : IEEE Computer Society, 2004. – ISBN 0–7695–1989–X, S. 163–167

[Sea06]   SEALE, Jane: A Contextualised Model of Accessible E-Learning Practice
            in Higher Education Institutions. In: Australasian Journal of Educational
            Technology 22 (2006), Nr. 2, S. 268–288. – ISSN 1449–5554

[SH12]   SCHÜMMER, Till ; HAAKE, Jörg M.: Kommunikation und Awareness.
            In: HAAKE, Jörg M. ; SCHWABE, Gerhard ; WESSNER, Martin (Hrsgg.):
            CSCL-Kompendium 2.0. München : Oldenbourg, 2012. – ISBN 978–3–486–
            59911–4, S. 84–96

[Shn96]   SHNEIDERMAN, Ben: The Eyes Have It: A Task by Data Type Taxonomy
            for Information Visualizations. In: Proceedings of the IEEE Symposium on
            Visual Languages, 1996. – ISSN 1049–2615, S. 336–343

[SHW07]   SINGH, Gurparkash ; HAWKINS, Louise ; WHYMARK, Greg: An Integrated
            Model of Collaborative Knowledge Building. In: Interdisciplinary Journal of
            Knowledge & Learning Objects 3 (2007), S. 85. – ISSN 1552–2210

[SK15]   SCHÄKEL, Carla ; KÖHLMANN, Wiebke: Programmatic Availability of Vir-
            tual Classrooms for Assistive Technologies. In: MAKEDON, Fillia (Hrsg.):
            Proceedings of the 8th International Conference on PErvasive Technologies
            Related to Assistive Environments (PETRA 2015). New York, NY, USA :
            ACM, 2015. – ISBN 978–1–4503–3452–5, S. 57:1–57:8

[SKNW09]   SCHIEWE, Maria ; KÖHLMANN, Wiebke ; NADIG, Oliver ; WEBER, Gerhard:
            What You Feel Is What You Get: Mapping GUIs on Planar Tactile Displays.
            In: STEPHANIDIS, Constantine (Hrsg.): Proceedings of the Conference on
            Universal Access in Human-Computer Interaction (UAHCI 2009) held as Part
            of HCI International 2009 Bd. 5615. Berlin, Heidelberg : Springer, 2009 (Lec-
            ture Notes in Computer Science). – ISBN 978–3–642–02709–3, S. 564–573

[SKW10]   SPINDLER, Martin ; KRAUS, Michael ; WEBER, Gerhard: A Graphical Tactile
            Screen-Explorer. In: MIESENBERGER, Klaus et al. (Hrsgg.): Proceedings of
            the 12th International Conference on Computers Helping People with Special
            Needs (ICCHP 2010) Bd. 6180. Berlin, Heidelberg : Springer, 2010 (Lecture
            Notes in Computer Science). – ISBN 978–3–642–14099–0, S. 474–481

[Sla94]   SLAVIN, Robert E.: A Practical Guide to Cooperative Learning. Boston :
            Allyn and Bacon, 1994. – ISBN 0205161111

[SME07]   SALLNÄS, Eva-Lotta ; MOLL, Jonas ; EKLUNDH, Kerstin Severinson: Group
            Work About Geometrical Concepts Among Blind and Sighted Pupils Us-
            ing Haptic Interfaces. In: Proceedings of the Second Joint EuroHaptics
            Conference and Symposium on Haptic Interfaces for Virtual Environment and
            Teleoperator Systems (WHC 2007), IEEE Computer Society, 2007. – ISBN
            978–0–7695–2738–3, S. 330–335

[SPL+14]   SCHULZE, Dirk ; PRESCHER, Denise ; LOITSCH, Claudia ; SPINDLER, Mar-
            tin ; WEBER, Gerhard: Vorlesungsinhalte inklusiv – Barrierefreiheit in
            virtuellen Lernumgebungen. In: FISCHER, Helge ; KÖHLER, Thomas (Hrsgg.):
            Postgraduale Bildung mit digitalen Medien Bd. 65. Münster : Waxmann,
            2014 (Medien in der Wissenschaft). – ISBN 978–3–8309–2993–2, S. 121–130

[SRG+10]   SU, Jing ; ROSENZWEIG, Alyssa ; GOEL, Ashvin ; LARA, Eyal de ; TRUONG,
            Khai N.: Timbremap: Enabling the Visually-impaired to Use Maps on Touch-
            enabled Devices. In: Proceedings of the 12th International Conference on
            Human Computer Interaction with Mobile Devices and Services (MobileHCI
            2010). New York, NY, USA : ACM, 2010. – ISBN 978–1–60558–835–3, S.
            17–26

[SRGS00]   SALLNÄS, Eva-Lotta ; RASSMUS-GRÖHN, Kirsten ; SJÖSTRÖM, Calle: Sup-
            porting Presence in Collaborative Environments by Haptic Force Feedback.
            In: ACM Transactions on Computer-Human Interaction 7 (2000), Nr. 4, S.
            461–476. – ISSN 1073–0516

[SRR12]   SORDEN, Stephen D. ; RAMÍREZ-ROMERO, José L.: Collaborative Learning,
            Social Presence and Student Satisfaction in a Blended Learning Environment.
            In: IEEE 12th International Conference on Advanced Learning Technologies
            (ICALT 2012), IEEE Computer Society, 2012. – ISBN 978–0–7695–4702–2, S.
            129–133

[SS95] SAVIDIS, Anthony ; STEPHANIDIS, Constantine: Developing Dual User Interfaces for Integrating Blind and Sighted Users: The HOMER UIMS. In: Proceedings of the SIGCHI Conference on Human Factors in Computing Systems (CHI 1995). New York, NY, USA : ACM Press/Addison-Wesley Publishing Co., 1995. – ISBN 0–201–84705–1, S. 106–113

[SS98] SAVIDIS, Anthony ; STEPHANIDIS, Constantine: The HOMER UIMS for dual user interface development: Fusing visual and non-visual interactions. In: Interacting with Computers 11 (1998), S. 173–209. – ISSN 1873–7951

[SS01] STEPHANIDIS, Constantine ; SAVIDIS, Anthony: Universal Access in the Information Society: Methods, Tools, and Interaction Technologies. In: Universal Access in the Information Society 1 (2001), Nr. 1, S. 40–55. – ISSN 1615–5289

[SSB07] STRAIN, Philip ; SHAIKH, A. D. ; BOARDMAN, Richard: Thinking but Not Seeing: Think-aloud for Non-sighted Users. In: Proceedings of the CHI 2007 Extended Abstracts on Human Factors in Computing Systems (CHI EA 2007). New York, NY, USA : ACM, 2007. – ISBN 978–1–59593–642–4, S. 1851–1856

[SSKJ09] STURM, Irene ; SCHIEWE, Maria ; KÖHLMANN, Wiebke ; JÜRGENSEN, Helmut: Communicating Through Gestures Without Visual Feedback. In: Proceedings of the 2nd International Conference on PErvasive Technologies Related to Assistive Environments (PETRA 2009). New York, NY, USA : ACM, 2009. – ISBN 978–1–60558–409–6, S. 15:1–15:8

[SSS04] SCHAFFNER, Dorothea ; SCHERER, Eric ; SCHNYDER, Cristina: Grundlagen zum Thema E-Learning: Läßt sich Lehren automatisieren? In: Industrie Mangement 17 (2004), Nr. 4, S. 65–69. – ISSN 1434–1980

[Sta00] STAHL, Gerry: A Model of Collaborative Knowledge-building. In: FISHMAN, Barry J. ; O'CONNOR-DIVELBISS, Samuel F. (Hrsgg.): Proceedings of Fourth International Conference of the Learning Sciences (ICLS 2000). Mahwah, NY, USA : Erlbaum, 2000. – ISBN 978–0805838145, S. 70–77

[Stö01] STÖGER, B.: Mensch-Maschine-Schnittstelle für blinde Computernutzer. In: e&i Elektrotechnik und Informationstechnik 118 (2001), Nr. 3, S. 131–135. – ISSN 0932–383X

[SVC12] SANGRÀ, Albert ; VLACHOPOULOS, Dimitrios ; CABRERA, Nati: Building an Inclusive Definition of E-Learning: An Approach to the Conceptual Framework. In: The International Review of Research in Open and Distance Learning 13 (2012), Nr. 2. – ISSN 1492–3831

[SW04] SEUFERT, Sabine ; WESSNER, Martin: Werkzeuge für spezielle Lernmethoden. In: HAAKE, Jörg M. ; SCHWABE, Gerhard ; WESSNER, Martin (Hrsgg.): CSCL-Kompendium. München and Wien : Oldenbourg, 2004. – ISBN 3–486–27436–8, S. 127–136

[SW09] SCHMIDT, Michael ; WEBER, Gerhard: Multitouch Haptic Interaction. In: HUTCHISON, David et al. (Hrsgg.): Proceedings of the Conference on Universal Access in Human-Computer Interaction (UAHCI 2009) held as Part of HCI International 2009 Bd. 5615. Berlin, Heidelberg : Springer, 2009 (Lecture Notes in Computer Science). – ISBN 978–3–642–02709–3, S. 574–582

[SZ03]   SALLNÄS, Eva-Lotta ; ZHAI, Shumin: Collaboration meets Fitts' Law: Pass-
              ing Virtual Objects with and without Haptic Force Feedback. In: RAUTER-
              BERG, Mathias ; MENOZZI, Mario ; WESSON, Janet (Hrsgg.): Proceedigns of
              the Conference on Human-Computer Interaction (INTERACT 2003), IOS
              Press, 2003. – ISBN 978–1–58603–363–7, S. 97–104

[SZ10]   SAMPSON, Demetrios G. ; ZERVAS, Panagiotis: Technology-Enhanced Train-
              ing for People with Disabilities: The eAccess2Learn Framework. In: XHAFA,
              Fatos et al. (Hrsgg.): Proceedings of the 2nd International Conference on
              Intelligent Networking and Collaborative Systems (INCoS 2010), IEEE Com-
              puter Society, 2010. – ISBN 978–0–7695–4278–2, S. 244–251

[SZWB14]   SONDEREGGER, Urs ; ZIMMERMANN, Martin ; WEBER, Katrin ; BECKER,
              Bernd: Mobile Learning mit kontextbezogenen mobilen Diensten in der
              "KMU Smart Factory": Szenarien und Lösungsansätze für Fertigungspro-
              zesse. In: RENSING, Christoph ; TRAHASCH, Stephan (Hrsg.): Proceedings
              der Pre-Conference Workshops der 12. E-Learning Fachtagung Informatik der
              Gesellschaft für Informatik e.V. (GI) (DeLFI 2014) Bd. 233, 2014 (Lecture
              Notes in Informatics). – ISBN 978–3–88579–627–5, S. 229–239

[TBB+02]   THATCHER, Jim ; BOHMAN, Paul ; BURKS, Michael ; LAWTON HENRY,
              Shawn ; REGAN, Bob ; SWIERENGA, Sarah ; URBAN, Mark D. ; WADDELL,
              Cynthia D.: Constructing Accessible Web Sites. Glasshaus, 2002. – ISBN
              978–1–59059–148–2

[TC07]   THIESSEN, Peter ; CHEN, Charles: Ajax Live Regions: Chat As a Case Exam-
              ple. In: Proceedings of the 2007 International Cross-disciplinary Conference
              on Web Accessibility (W4A 2007). New York, NY, USA : ACM, 2007. –
              ISBN 1–59593–590–8, S. 7–14

[TES13]   TARAGHI, Behnam ; EBNER, Martin ; SCHÖN, Sandra: Systeme im Einsatz
              – WBT, LMS, E-Portfolio-Systeme, PLE und andere. Version: 2013. In:
              EBNER, M. ; SCHÖN, S. (Hrsgg.): L3T – Lehrbuch für Lernen und Lehren mit
              Technologien. epubli GmbH, 2013. – ISBN 978–3844265941

[TFK09]   TESAR, Michael ; FEICHTINGER, Romana ; KIRCHWEGER, Anna: Evaluierung
              von Open Source Lernmanagementsystemen in Bezug auf eine barrierefreie
              Benutzerschnittstelle. In: SCHWILL, Andreas ; APOSTOLOPOULOS, Nicolas
              (Hrsgg.): Lernen im digitalen Zeitalter Bd. 153. Bonn : Köllen Druck+Verlag
              GmbH, 2009 (Lecture Notes in Informatics). – ISBN 978–3–88579–247–5, S.
              31–42

[Thu05]   THUN, Friedemann Schulz v.: rororo rororo-Sachbuch. Bd. 17489:
              Miteinander Reden 1 – Störungen und Klärungen: Allgemeine Psychologie
              der Kommunikation. 41. Aufl. Reinbek bei Hamburg : Rowohlt-Taschenbuch-
              Verl., 2005. – ISBN 3–499–17489–8

[Tin12]   TINNES, Judith: Informationszugang für Blinde und Sehbehinderte:
              Möglichkeiten und Grenzen. Saarbrücken : AV Akademikerverlag, 2012. –
              ISBN 978–3–639–40278–0

[TR03]   THEOFANOS, Mary F. ; REDISH, Janice: Bridging the Gap: Between Acces-
              sibility and Usability. In: Interactions 10 (2003), Nr. 6, S. 36–51. – ISSN
              1072–5520

[TR06]   TREVIRANUS, Jutta ; ROBERTS, Vera: Inclusive E-Learning. In: WEISS,
              Joel et al. (Hrsgg.): The International Handbook of Virtual Learning
              Environments. Niederlande : Springer, 2006. – ISBN 978–1–4020–3802–0,
              S. 469–495

[Tra04] TRAUB, Silke: Unterricht kooperativ gestalten: Hinweise und Anregungen zum kooperativen Lernen in Schule, Hochschule und Lehrerbildung. Bad Heilbrunn/Obb. : Julius Klinkhardt, 2004 (Erziehen und Unterrichten in der Schule). – ISBN 3–7815–1337–8

[TRSE10] TARAS, Christiane ; RASCHKE, Michael ; SCHLEGEL, Thomas ; ERTL, Thomas: Running Graphical Desktop Applications on Tactile Graphics Displays Made Easy. In: Proceedings of 3rd International Conference on Software Development for Enhancing Accessibility and Fighting Info-exclusion (DSAI 2010), 2010. – ISBN 987–972–669–994–1, S. 141–147

[TSW+08] TARAS, Christiane ; SIEMONEIT, O. ; WEISSER, N. ; ROTARD, M. ; ERTL, T.: Improving the Accessibility of Wikis: A Basic Analytical Framework. In: MIESENBERGER, Klaus et al. (Hrsgg.): Proceedings of the 11th International Conference on Computers Helping People with Special Needs (ICCHP 2008). Berlin, Heidelberg : Springer, 2008 (Lecture Notes in Computer Science). – ISBN 978–3–540–70539–0, S. 430–437

[Une13] UNESCO: Unesco Global Report: Opening New Avenues for Empowerment: ICTs to Access Information and Knowledge for Persons with Disabilities. Paris : United Nations Scientific and Cultural Organization, 2013 (UNESCO Global Report). – ISBN 978–92–3–001147–5

[Van00] VANDERHEIDEN, Gregg: Fundamental Principles and Priority Setting for Universal Usability. In: Proceedings on the 2000 Conference on Universal Usability (CUU 2000). New York, NY, USA : ACM, 2000. – ISBN 1–58113–314–6, S. 32–37

[Van09a] VANDERHEIDEN, Gregg: Accessible and Usable Design of Information and Communication Technologies. In: STEPHANIDIS, Constantine (Hrsg.): The Universal Access Handbook. Boca Raton, FL, USA : CRC Press, 2009 (Human Factors and Ergonomics). – ISBN 978–0–8058–6280–5, S. 3–1–3–26

[Van09b] VANDERHEIDEN, Gregg: Standards and Guidelines. In: STEPHANIDIS, Constantine (Hrsg.): The Universal Access Handbook. Boca Raton, FL, USA : CRC Press, 2009 (Human Factors and Ergonomics). – ISBN 978–0–8058–6280–5, S. 54–1–54–21

[VGBLGS+05] VEGA-GORGOJO, Guillermo ; BOTE-LORENZO, Miguel L. ; GÓMEZ-SÁNCHEZ, Eduardo ; DIMITRIADIS, Yannis A. ; ASENSIO-PÉREZ, Juan I.: Semantic Description of Collaboration Scripts for Service Oriented CSCL Systems. In: Proceedings of the 12th International Conference on Artificial Intelligence in Education (AIED 2005), IOS Press, 2005. – ISBN 978–1–58603–530–3, S. 935–937

[VJ12] VANDERHEIDEN, Gregg C. ; JORDAN, J. B.: Design for People with Functional Limitations. In: SALVENDY, Gavriel (Hrsg.): Handbook of Human Factors and Ergonomics. Hoboken, NJ, USA : Wiley, 2012. – ISBN 978–0–470–52838–9, S. 1409–1441

[VVH07] VIDAL-VERDU, Fernando ; HAFEZ, Moustapha: Graphical Tactile Displays for Visually-Impaired People. In: IEEE Transactions on Neural Systems and Rehabilitation Engineering 15 (2007), Nr. 1, S. 119–130. – ISSN 1534–4320

[VWB08] VÖLKEL, Thorsten ; WEBER, Gerhard ; BAUMANN, Ulrich: Tactile Graphics Revised: The Novel BrailleDis 9000 Pin-Matrix Device with Multitouch Input. In: MIESENBERGER, Klaus et al. (Hrsgg.): Proceedings of the 11th International Conference on Computers Helping People with Special Needs (ICCHP 2008) Bd. 5105. Berlin, Heidelberg : Springer, 2008 (Lecture Notes in Computer Science). – ISBN 978–3–540–70539–0, S. 835–842

[VYS⁺13]   VIERITZ, Helmut ; YAZDI, Farzan ; SCHILBERG, Daniel ; GÖHNER, Peter ;
            JESCHKE, Sabina: User-centered Design of Accessible Web and Automation
            Systems. In: JESCHKE, Sabina et al. (Hrsgg.): Automation, Communication
            and Cybernetics in Science and Engineering 2011/2012. Berlin, Heidelberg :
            Springer, 2013. – ISBN 978–3–642–33388–0, S. 927–938

[WAHN05]   WATTERS, Paul A. ; ARAUJO, Antonio ; HEZART, Armin ; NAIK, Son-
            ali: Accessibility Solutions for Visually Impaired Users of Web Discussion
            Boards. In: HE, Xiangjian et al. (Hrsgg.): Third International Conference
            on Information Technology and Applications (ICITA 2005), IEEE Computer
            Society, 2005. – ISBN 0–7695–2316–1, S. 488–493

[Wal05]   WALTHES, Renate: UTB Sonderpädagogik. Bd. 2399: Einführung in
            die Blinden- und Sehbehindertenpädagogik: Mit 14 Tabellen und 21
            Übungsaufgaben. 2. München : Reinhardt, 2005. – ISBN 3–8252–2399–X

[WB04]   WINBERG, Fredrik ; BOWERS, John: Assembling the Senses: Towards the De-
            sign of Cooperative Interfaces for Visually Impaired Users. In: Proceedings
            of the 2004 ACM Conference on Computer Supported Cooperative Work
            (CSCW 2004). New York, NY, USA : ACM, 2004. – ISBN 1–58113–810–5, S.
            332–341

[WB05]   WALL, Steven A. ; BREWSTER, Stephen A.: Providing External Memory Aids
            in Haptic Visualisations for Blind Computer Users. In: International Journal
            on Disability and Human Development 4 (2005), Nr. 4, S. 331–338. – ISSN
            2191–0367

[WB06]   WALL, Steven A. ; BREWSTER, Stephen: Sensory Substitution Using Tac-
            tile Pin Arrays: Human Factors, Technology and Applications. In: Signal
            Processing 86 (2006), Nr. 12, S. 3674–3695. – ISSN 0165–1684

[WBJ96]   WATZLAWICK, Paul (Hrsg.) ; BEAVIN, Janet H. (Hrsg.) ; JACKSON, Don D.
            (Hrsg.): Menschliche Kommunikation: Formen, Störungen, Paradoxien. 9.
            Aufl. Bern, Schweiz : Huber, 1996. – ISBN 3–456–82825–x

[Web89]   WEBER, Gerhard: Reading and Pointing – Modes of Interaction for Blind
            Users. In: RITTER, G. X. (Hrsg.): Proceedings of the Ifip 11th World
            Computer Congress on Information Processing. Amsterdam : Elsevier, 1989.
            – ISBN 978–0444880154, S. 535–540

[Web93]   WEBER, Gerhard: Adapting Direct Manipulation for Blind Users. In:
            INTERACT 1993 and CHI 1993 Conference Companion on Human Factors
            in Computing Systems. New York, NY, USA : ACM, 1993. – ISBN 0–89791–
            574–7, S. 21–22

[Web10]   WEBER, Gerhard: ICCHP Keynote: Designing Haptic Interaction for a Col-
            laborative World. In: MIESENBERGER, Klaus et al. (Hrsgg.): Proceedings of
            the 12th International Conference on Computers Helping People with Special
            Needs (ICCHP 2010) Bd. 2. New York : Springer, 2010 (Lecture Notes in
            Computer Science). – ISBN 978–3–642–14096–9, S. 431–438

[Wei01]   WEIDENMANN, Bernd: Lernen mit Medien. In: KRAPP, Andreas ; WEI-
            DENMANN, Bernd (Hrsgg.): Pädagogische Psychologie. Weinheim : Beltz,
            Psychologie Verlags Union, 2001. – ISBN 978–3–621–27473–9, S. 415–466

[Wei05]   WEIDNER, Margit: Kooperatives Lernen im Unterricht: Das Arbeitsbuch. 2.
            Aufl. Seelze-Velber : Kallmeyer [u.a.], 2005. – ISBN 978–3–7800–4934–1

[Wei13]   WEIGAND, Monika: eLearning für alle – Wege zu einer inklusiven Lern-
            plattform. In: BREITER, Andreas ; MEIER, Dorothee ; RENSING, Christoph
            (Hrsgg.): Proceedings der Pre-Conference Workshops der 11. e-Learning
            Fachtagung Informatik (DeLFI 2013). Berlin : Logos Verlag, 2013. – ISBN
            978–3–8325–3470–7, S. 111–116

[Wes01a]   WESSNER, Martin: Ein kollaboratives Lernmodell für CSCL-Umgebungen.
            In: BUHL, Hans U. (Hrsg.): Information Age Economy. Heidelberg : Physica-
            Verlag, 2001. – ISBN 3–7908–1427–X, S. 365–380

[Wes01b]   WESSNER, Martin: Software für E-Learning: Kooperative Umgebungen und
            Werkzeuge. In: SCHULMEISTER, Rolf ; WESSNER, Martin (Hrsgg.): Virtuelle
            Universität, Virtuelles Lernen. München : Oldenbourg, 2001. – ISBN
            3486257420, S. 195–219

[Win06]   WINBERG, Fredrik: Supporting Cross-Modal Collaboration: Adding a
            Social Dimension to Accessibility. In: MCGOOKIN, David ; BREWSTER,
            Stephen (Hrsgg.): Proceedings of the First International Workshop on Haptic
            and Audio Interaction Design (HAID 2006) Bd. 4129. Berlin, Heidelberg :
            Springer, 2006 (Springer-11645). – ISBN 978–3–540–37596–8, S. 102–110

[WM55]   WESTLEY, Bruce H. ; MACLEAN, Malcolm S.: A Conceptual Model for Com-
            munications Research. In: Audiovisual Communication Review 3 (1955), Nr.
            1, 3–12. – ISSN 0001–2890

[WNL06]   WALKER, Bruce N. ; NANCE, Amanda ; LINDSAY, Jeffrey: Spearcons:
            Speech-Based Earcons Improve Navigation Performance in Auditory Menus.
            In: STOCKMAN, Tony et al. (Hrsgg.): Proceedings of the 12th International
            Conference on Auditory Display (ICAD 2006), International Community for
            Auditory Display, 2006. – ISBN 0–902–23820–5, S. 63–68

[WOAO07]   WATANABE, Masahiro ; OKANO, Aya ; ASANO, Yoko ; OGAWA, Katsuhiko:
            VoiceBlog: Universally Designed Voice Browser. In: International Journal of
            Human-Computer Interaction 23 (2007), Nr. 1-2, S. 95–113. – ISSN 1532–
            7590

[ZR13]   ZAWACKI-RICHTER, Olaf: Geschichte des Fernunterrichts: Vom brieflichen
            Unterricht zum gemeinsamen Lernen im Web 2.0. In: EBNER, M. ; SCHÖN,
            S. (Hrsgg.): L3T – Lehrbuch für Lernen und Lehren mit Technologien. epubli
            GmbH, 2013. – ISBN 978–3844265941

[ZW14]   ZEBEHAZY, Kim T. ; WILTON, Adam P.: Straight from the Source: Percep-
            tions of Students with Visual Impairments about Graphic Use. In: Journal of
            Visual Impairment & Blindness 108 (2014), Nr. 4, S. 275–286. – ISSN 0145–
            482X

Internetquellenverzeichnis

[1] UNITED NATIONS GENERAL ASSEMBLY: Convention on the Rights of Persons with Disabilities: Sixty-first Session, Item 67 (b). Human Rights Questions: Human Rights Questions, Including Alternative Approaches for Improving the Effective Enjoyment of Human Rights and Fundamental Freedoms. http://www.un.org/esa/socdev/enable/rights/convtexte.htm#convtext. Version: 2006, Abruf: 16.01.2016

[2] CONFERENCE OF EUROPEAN MINISTERS RESPONSIBLE FOR HIGHER EDUCATION: The Bologna Process 2020: The European Higher Education Area in the New Decade. http://www.kmk.org/fileadmin/veroeffentlichungen_beschluesse/2009/2009_04_29-Leuven-Communique.pdf. Version: 2009, Abruf: 16.01.2016

[3] MIDDENDORFF, Elke ; APOLINARSKI, Beate ; POSKOWSKY, Jonas ; KANDULLA, Maren ; NETZ, Nicolai ; BUNDESMINISTERIUM FÜR BILDUNG UND FORSCHUNG (Hrsg.): Die wirtschaftliche und soziale Lage der Studierenden in Deutschland 2012: 20. Sozialerhebung des Deutschen Studentenwerks durchgeführt durch das HIS-Institut für Hochschulforschung. https://www.bmbf.de/pub/wsldsl_2012.pdf. Version: 2012, Abruf: 16.01.2016

[4] UNITED NATIONS EDUCATIONAL, SCIENTIFIC AND CULTURAL ORGANIZATION: Policy Guidelines on Inclusion in Education. http://www.inclusive-education-in-action.org/iea/dokumente/upload/72074_177849e.pdf. Version: 2009, Abruf: 16.01.2016

[5] DOBUSCH, Leonhard ; HEIMSTÄDT, Maximilian ; HILL, Jennifer ; TECHNOLOGIE-STIFTUNG BERLIN (Hrsg.): Open Education in Berlin: Benchmark und Potentiale. http://www.technologiestiftung-berlin.de/fileadmin/daten/media/publikationen/140514_Studie_OER.pdf. Version: 2014, Abruf: 16.01.2016

[6] CENTER FOR APPLIED SPECIAL TECHNOLOGY (CAST): Universal Design for Learning Guidelines. http://www.udlcenter.org/aboutudl/udlguidelines. Version: 2.0, 2011, Abruf: 16.01.2016

[7] DEUTSCHES STUDENTENWERK: „Für eine barrierefreie Hochschule" – Eckpunkte und Maßnahmenkatalog zur Schaffung gleichberechtigter Teilhabemöglichkeiten für Studienbewerber/innen und Studierende mit Behinderung und chronischer Krankheit: Die 65. ordentliche Mitgliederversammlung des Deutschen Studentenwerks. http://www.studentenwerke.de/sites/default/files/Eckpunkte_Barrierefreie_Hochschule_Dez.2004.pdf. Version: 2004, Abruf: 16.01.2016

[8] WORLD WIDE WEB CONSORTIUM (W3C): Web Content Accessibility Guidelines (WCAG) 2.0. http://www.w3.org/TR/2008/REC-WCAG20-20081211/. Version: 2.0: W3C Recommendation 11 December 2008, 2008, Abruf: 16.01.2016

[9] MICROSOFT: Inspect. http://msdn.microsoft.com/en-us/library/windows/desktop/dd318521%28v=vs.85%29.aspx. Version: 2016, Abruf: 16.01.2016

[10] SUN MICROSYSTEMS: JAVA ACCESSIBILITY – Ferret Example, Version 1.3. http://docs.oracle.com/cd/E17802_01/j2se/javase/technologies/accessibility/docs/jaccess-1.3/doc/Ferret.html. Version: 1999, Abruf: 16.01.2016

[11] SUN MICROSYSTEMS: JAVA ACCESSIBILITY – Java Accessibility Monkey Example,
      Version 1.3. http://docs.oracle.com/cd/E17802_01/j2se/javase/
      technologies/accessibility/docs/jaccess-1.3/doc/Monkey.html.
      Version: 1999, Abruf: 16.01.2016

[12] WORLD HEALTH ORGANIZATION: Visual Impairment and Blindness, Fact Sheet N°282.
      http://www.who.int/mediacentre/factsheets/fs282/en/. Version: 2014,
      Abruf: 16.01.2016

[13] DEUTSCHER BLINDEN- UND SEHBEHINDERTENVERBAND E.V.: Zahlen und Fakten.
      http://www.dbsv.org/infothek/zahlen-und-fakten/. Version: 2016, Abruf:
      16.01.2016

[14] FAKOÓ, Alexander: Braille-Alphabet, Brailleschrift, Punktschrift für Blinde,
      Blindenschrift 1825. http://www.fakoo.de/braille.html. Version: 2016, Abruf:
      16.01.2016

[15] FAKOÓ, Alexander: Computerbraille-Alphabet. http://www.fakoo.de/braille/
      braille-alphabet.html?co. Version: 2016, Abruf: 16.01.2016

[16] THE LIBRARY OF CONGRESS, NATIONAL LIBRARY SERVICE FOR THE BLIND AND
      PHYSICALLY HANDICAPPED: Braille Books and Pamphlets. http://www.loc.gov/
      nls/specs/800_march5_2008.pdf. Version: Februar 2008, Abruf: 16.01.2016

[17] FAUST, Volker ; ARBEITSGEMEINSCHAFT PSYCHOSOZIALE GESUNDHEIT (Hrsg.):
      Sehbehinderung und Blindheit. In: Psychiatrie heute: Seelische Störungen erkennen,
      verstehen, verhindern, behandeln. http://www.psychosoziale-gesundheit.
      net/psychiatrie/Int.1-Sehbehinderung_und_Blindheit%280%29.html.
      Version: 2015, Abruf: 16.01.2016

[18] FREEDOM SCIENTIFIC INC.: Jaws for Windows Screen Reading Software. http:
      //www.freedomscientific.com/products/fs/jaws-product-page.asp.
      Version: 2016, Abruf: 16.01.2016

[19] AI SQUARED: ZoomText. http://www.aisquared.com/zoomtext. Version: 2016,
      Abruf: 16.01.2016

[20] FREEDOM SCIENTIFIC INC.: MAGic: Bildschirmvergrößerungssoftware mit Sprache.
      http://www.freedomsci.de/prod02.htm. Version: 2016, Abruf: 16.01.2016

[21] WEBAIM: Screen Reader User Survey #5 Results. http://webaim.org/
      projects/screenreadersurvey5/. Version: 2014, Abruf: 16.01.2016

[22] NV ACCESS: What is NVDA? http://www.nvaccess.org/. Version: 2016, Abruf:
      16.01.2016

[23] SEROTEK CORP.: System Access. http://www.serotek.com/systemaccess.
      Version: 2016, Abruf: 16.01.2016

[24] AI SQUARED: GW Micro – Window-Eyes. http://www.gwmicro.com/Window-
      Eyes/. Version: 2016, Abruf: 16.01.2016

[25] APPLE INC.: Apple – Accessibility – Voiceover for iOS. http://www.apple.com/
      accessibility/ios/voiceover/. Version: 2016, Abruf: 16.01.2016

[26] GOOGLE: Introducing ChromeVox. http://www.chromevox.com/. Version: 2016,
      Abruf: 16.01.2016

[27] NATIONAL BRAILLE PRESS: Technology: Products in Development. https://www.
      nbp.org/ic/nbp/technology/prodsdev.html. Version: 2016, Abruf: 16.01.2016

[28] PROJEKT HYPERBRAILLE: HyperBraille: Das grafikfähige Display für Blinde. http:
      //hyperbraille.de/. Version: 2007, Abruf: 16.01.2016

[29]   METEC AG: Graphik Display. `http://web.metec-ag.de/`. Version: 2016, Abruf: 16.01.2016

[30]   TUD-INF-IAI-MCI: BrailleIO. `https://github.com/TUD-INF-IAI-MCI/BrailleIO`. Version: 2015, Abruf: 16.01.2016

[31]   GEOMAGIC: Welcome to Geomagic.com, the new Home of Sensable.com. `http://www.geomagic.com/en/products-landing-pages/sensable`. Version: 2015, Abruf: 16.01.2016

[32]   INDEX BRAILLE: The World's Leading Braille Embossers. `http://www.indexbraille.com/en-us/braille-embossers`. Version: 2016, Abruf: 16.01.2016

[33]   VIEWPLUS TECHNOLOGIES INC.: Braille Printers – ViewPlus. `https://viewplus.com/braille-printers/`. Version: 2016

[34]   UNIVERSITÄT KARLSRUHE, STUDIENZENTRUM FÜR SEHGESCHÄDIGTE: Handbuch zur Erstellung taktiler Graphiken. `http://www.szs.kit.edu/download/grafik.pdf`. Version: 2001, Abruf: 16.01.2016

[35]   SERAPHIN, Austin: My First Week with the iPhone. `http://blog.austinseraphin.com/2010/06/12/my-first-week-with-the-iphone/`. Version: 12.06.2010, Abruf: 16.01.2016 (Austin Seraphin's Weird Blog)

[36]   FIORITTO, Lou: How I Taught Myself to Use a Touch-Screen iPhone: Blind iPhone User Shares His Experience. `https://brailleworks.com/blind-iphone-user-shares-his-experience/`. Version: 16.10.2012, Abruf: 16.01.2016

[37]   GOOGLE: Use TalkBack Gestures – Android Accessibility Help. `https://support.google.com/accessibility/android/answer/6151827?hl=en`. Version: 2016, Abruf: 16.01.2016

[38]   MICROSOFT: Verwenden der Sprachausgabe auf dem Handy. `http://www.windowsphone.com/de-de/how-to/wp8/settings-and-personalization/use-narrator-on-my-phone`. Version: 2016, Abruf: 16.01.2016

[39]   LOOKTEL: LookTel Money Reader. `http://www.looktel.com/moneyreader`. Version: 2016, Abruf: 16.01.2016

[40]   GREENGAR STUDIOS: Color Identifier. `https://itunes.apple.com/us/app/color-identifier/id363346987?mt=8`. Version: 2015, Abruf: 16.01.2016

[41]   DOT INCORPORATED: Dot (Fingers on). `http://fingerson.strikingly.com/`. Version: 2015, Abruf: 16.01.2016

[42]   ADOBE SYSTEMS INC.: Flash Animation Software. `http://www.adobe.com/products/flash.html`. Version: 2016, Abruf: 16.01.2016

[43]   KOMMISSION DER EUROPÄISCHEN GEMEINSCHAFTEN: Communication from the Commission to the Council, the European – eAccessibility: Mitteilung der Kommission an den Rat, das Europäische Parlament, den Europäischen Wirtschafts- und Sozialausschuss und den Ausschuss der Regionen: [SEC(2005)1095]. `http://eur-lex.europa.eu/legal-content/EN/TXT/?uri=CELEX:52005DC0425`. Version: 13.9.2005, Abruf: 16.01.2016

[44]   IMS GLOBAL LEARNING CONSORTIUM: IMS AccessForAll Meta-data Overview. `http://www.imsglobal.org/accessibility/accmdv1p0/imsaccmd_oviewv1p0.html`. Version: 1.0 Final Specification, 2004, Abruf: 16.01.2016

[45]   EIDD – DESIGN FOR ALL EUROPE: The EIDD Stockholm Declaration 2004: Deutsche Fassung. `http://dfaeurope.eu/wp-content/uploads/2014/05/stockholm_declaration_deutsch.pdf`. Version: 2004, Abruf: 16.01.2016

[46] IMS GLOBAL LEARNING CONSORTIUM: IMS Global Access for All (AfA) Personal
      Needs & Preferences (PNP) Specification Information Model. http://www.
      imsglobal.org/accessibility/afav3p0pd/AfA3p0_PNPinfoModel_
      v1p0pd.html. Version: 3.0 Specification, Public Draft 1.0, 2012, Abruf: 16.01.2016

[47] IMS GLOBAL LEARNING CONSORTIUM: IMS Guidelines for Developing Accessible
      Learning Applications. Section 7: Guidelines for Developing Accessible Synchronous
      Communication and Collaboration Tools. http://www.imsglobal.org/
      accessibility/accessiblevers/. Version: 1.0 white paper, 2004, Abruf:
      16.01.2016

[48] DEUTSCHES INSTITUT FÜR NORMUNG E. V.: Deutsches Institut für Normung. http:
      //www.din.de/. Version: 2016, Abruf: 16.01.2016

[49] CEN: International Organization for Standardization. https://www.cen.eu/.
      Version: 2016, Abruf: 16.01.2016

[50] ISO: International Organization for Standardization. http://www.iso.org/.
      Version: 2016, Abruf: 16.01.2016

[51] WORLD WIDE WEB CONSORTIUM (W3C): User Agent Accessibility Guidelines
      (UAAG) 2.0. http://www.w3.org/TR/2013/WD-UAAG20-20130523/.
      Version: 2.0: W3C Working Draft 23 May 2013, Abruf: 16.01.2016

[52] WORLD WIDE WEB CONSORTIUM (W3C): Authoring Tool Accessibility Guidelines
      (ATAG) 2.0. http://www.w3.org/TR/2012/WD-ATAG20-20120410/.
      Version: 2.0: W3C Working Draft 10 April 2012, Abruf: 16.01.2016

[53] WORLD WIDE WEB CONSORTIUM (W3C): Accessible Rich Internet Applications
      (WAI-ARIA) 1.0. http://www.w3.org/TR/2014/REC-wai-aria-20140320/.
      Version: 1.0: W3C Recommendation 20 March 2014, Abruf: 16.01.2016

[54] BUNDESMINISTERIUM DER JUSTIZ UND FÜR VERBRAUCHERSCHUTZ: Verordnung zur
      Schaffung barrierefreier Informationstechnik nach dem Behindertengleichstellungsgesetz
      (Barrierefreie-Informationstechnik-Verordnung - BITV 2.0). http://www.gesetze-
      im-internet.de/bitv_2_0/BJNR184300011.html. Version: 2.0, 12.09.2011,
      Abruf: 16.01.2016

[55] IMS GLOBAL LEARNING CONSORTIUM: About IMS Global Learning Consortium.
      http://www.imsglobal.org/aboutims.html. Version: 2015, Abruf: 16.01.2016

[56] IMS GLOBAL LEARNING CONSORTIUM: IMS Global Access for All (AfA) Primer.
      http://www.imsglobal.org/accessibility/afav3p0pd/AfAv3p0_
      SpecPrimer_v1p0pd.html. Version: 3.0 Specification, Public Draft 1.0, 2012, Abruf:
      16.01.2016

[57] IMS GLOBAL LEARNING CONSORTIUM: IMS Global Access for All (AfA) Best Practice
      & Implementation Guide. http://www.imsglobal.org/accessibility/
      afav3p0pd/AfA3p0_BestPractice_v1p0pd.html. Version: 3.0 Specification,
      Public Draft 1.0, 2012, Abruf: 16.01.2016

[58] GREEN, Norm: What the Research Says About Cooperative Learning: Prepared
      on Behalf of Critical German Educators in Monchengladback and Beyond Who
      Thoughtfully Question the Value of Having Students Work in Teams. http://
      citeseerx.ist.psu.edu/viewdoc/summary?doi=10.1.1.119.1666, Abruf:
      16.01.2016

[59] JOHNSON, Roger T. ; JOHNSON, David W.: An Overview of Cooperative
      Learning. http://www.campbell.edu/content/662/overviewpaper.html.
      Version: 1994, Abruf: 16.01.2016

[60] HILGERCH: xMOOC vs cMOOC? A Glossary of Common MOOC Terms Part 2.
      `http://extensionengine.com/xmooc-vs-cmooc-a-glossary-of-common-`
      `mooc-terms-part-2-2/`. Version: 2014, Abruf: 16.01.2016

[61] EUROPÄISCHE UNION: Ministerial Declaration: Meeting in Riga on the Occasion of
      the Ministerial Conference "ICT for an Inclusive Society". `http://ec.europa.eu/`
      `information_society/activities/ict_psp/documents/declaration_`
      `riga.pdf`. Version: 11.06.2006, Abruf: 16.01.2016

[62] LEINER, Dominik: SoSci Survey: oFb – der onlineFragebogen. `https://www.`
      `soscisurvey.de`. Version: 2006, Abruf: 16.01.2016

[63] MICROSOFT: Blackboard Learn – Learning Management System. `https://`
      `products.office.com/en/powerpoint`. Version: 2016, Abruf: 16.01.2016

[64] WORLD WIDE WEB CONSORTIUM (W3C): XHTML 2.0. `http://www.w3.org/TR/`
      `xhtml2/`. Version: 2010, Abruf: 16.01.2016

[65] MOODLE: Accessibility. `https://docs.moodle.org/dev/Accessibility`.
      Version: 2015, Abruf: 16.01.2016

[66] JOHNSON, Mark: Blocks: Accessibility. `https://moodle.org/plugins/view.`
      `php?plugin=block_accessibility`. Version: 2015, Abruf: 16.01.2016

[67] FREEAR, Nick: Filters: SimpleSpeak Text-to-speech. `https://moodle.org/`
      `plugins/view.php?plugin=filter_simplespeak`. Version: 2015, Abruf:
      16.01.2016

[68] CUNNINGHAM, Nigel: Filters: Table of Contents Generator. `https://moodle.org/`
      `plugins/view.php?plugin=filter_toc`. Version: 2015, Abruf: 16.01.2016

[69] PROJEKT E-LEARNINGBASIERTE LOGISTIK QUALIFIZIERUNG: Barrierefreie Formeln
      mit MathML. `http://www.projekt-eloq.de/software/software/`
      `barrierefreie-formeln-mit-mathml`. Version: 2015, Abruf: 16.01.2016

[70] BLACKBOARD INC.: Blackboard Learn – Learning Management System. `http://`
      `www.blackboard.com/learning-management-system/blackboard-learn.`
      `aspx`. Version: 2016, Abruf: 16.01.2016

[71] WORLD WIDE WEB CONSORTIUM (W3C): Web Content Accessibility Guidelines 1.0.
      `http://www.w3.org/TR/WCAG10/`. Version: 1.0: W3C Recommendation 5-May-
      1999, Abruf: 16.01.2016

[72] WIKIMEDIA FOUNDATION: Wikipedia. `https://www.wikipedia.org/`.
      Version: 2016, Abruf: 16.01.2016

[73] WORLD WIDE WEB CONSORTIUM (W3C): Document Object Model (DOM). `http:`
      `//www.w3.org/DOM/`. Version: 2005, Abruf: 16.01.2016

[74] WORLD WIDE WEB CONSORTIUM (W3C): Overview of SGML Resources. `http:`
      `//www.w3.org/MarkUp/SGML/`. Version: 1996, Abruf: 16.01.2016

[75] WORLD WIDE WEB CONSORTIUM (W3C): VRML Virtual Reality Modeling
      Language. `http://www.w3.org/MarkUp/VRML/`. Version: 1995, Abruf: 16.01.2016

[76] APPLE INC.: iPad. `http://www.apple.com/ipad/`. Version: 2016, Abruf:
      16.01.2016

[77] ADOBE SYSTEMS INC.: Adobe Connect. `http://www.adobe.com/products/`
      `adobeconnect.html`. Version: 2016, Abruf: 16.01.2016

[78] BLACKBOARD INC.: Blackboard Collaborate. `http://www.blackboard.com/`
      `Platforms/Collaborate/Overview.aspx`. Version: 2016, Abruf: 16.01.2016

[79] CISCO SYSTEMS: Cisco WebEx. http://www.webex.com/. Version: 2016, Abruf:
16.01.2016

[80] BLACKBOARD INC.: Accessibility – Blackboard Help. https://en-us.help.
blackboard.com//Collaborate/Ultra/Administrator/Accessibility.
Version: 2016

[81] TALKING COMMUNITIES: Talking Communities V7.42 Voluntary Product Accessibility
Template. http://talkingcommunities.com/vat/. Version: 2008, Abruf:
16.01.2016

[82] TOESCA, Vincent ; ADOBE SYSTEMS INC. (Hrsg.): Improving Accessibility for Disabled
Users in Connect Pro Meetings. http://www.connectusers.com/tutorials/
2008/11/meeting_accessibility/. Version: 2008, Abruf: 16.01.2016

[83] SSB BART GROUP: Blackboard Voluntary Product Accessibility Template. https:
//en-us.help.blackboard.com/@api/deki/files/12864/Blackboard_
Collaborate_VPAT_(10-2015).pdf, 2015

[84] CISCO SYSTEMS: Cisco WebEx – Screen Reader Support. https://support.
webex.com/webex/v1.1/mc/en_US/in_meeting/index.htm#26867.htm.
Version: 2012, Abruf: 16.01.2016

[85] BIGBLUEBUTTON INC.: Wiki: 081Overview. https://code.google.com/p/
bigbluebutton/wiki/081Overview#Accessibility. Version: 2013, Abruf:
16.4.2015 (archiviert auf beiliegender CD)

[86] UNITED STATES OF AMERICA: Section 508 Of The Rehabilitation Act. https://
www.fcc.gov/general/section-508-rehabilitation-act. Version: 1998,
Abruf: 16.01.2016

[87] ADOBE SYSTEMS INC.: Adobe Connect 9 (Windows) Voluntary Product Accessibility
Template. http://www.adobe.com/accessibility/compliance/adobe-
connect-9-section-508-vpat.html. Version: 2012, Abruf: 16.01.2016

[88] BLACKBOARD INC.: Accessibility Guide for Moderators – Blackboard Collaborate
Web Conferencing. http://www.blackboard.com/docs/documentation.htm?
DocID=611001PDF. Version: 12.6, 2014, Abruf: 16.01.2016

[89] CISCO SYSTEMS: Cisco WebEx Meeting Center WBS28, Summary Table – Voluntary
Product Accessibility Template. http://www.cisco.com/web/about/
responsibility/accessibility/downloads/vpats/VPAT-WebEx_Meeting_
Center_WBS28_client.doc. Version: 2014, Abruf: 16.01.2016

[90] BIGBLUEBUTTON INC.: Statement on Accessibility for BigBlueButton. http:
//bigbluebutton.org/2013/10/17/statement-accessibility-
bigbluebutton/. Version: 2013, Abruf: 16.01.2016

[91] ADOBE SYSTEMS INC.: Adobe Connect – Mobile Web Conferencing. http://www.
adobe.com/products/adobeconnect/apps/adobe-connectmobile.html.
Version: 2016, Abruf: 16.01.2016

[92] BLACKBOARD INC.: Blackboard Collaborate Mobile on the App Store. https:
//itunes.apple.com/us/app/blackboard-collaborate-mobile/
id546742528?mt=8. Version: 2016, Abruf: 16.01.2016

[93] CISCO WEBEX: Cisco Mobile Apps. https://www.webex.com/products/web-
conferencing/mobile.html. Version: 2016, Abruf: 16.01.2016

[94] BIGBLUEBUTTON: BigBlueButton-Mobile. http://bigbluebutton.org/
category/bigbluebutton-mobile/. Version: 2011, Abruf: 16.01.2016

[95] CANADIAN NETWORK FOR INCLUSIVE CULTURAL EXCHANGE (CNICE): Accessibility Tools. http://cnice.idrc.ocadu.ca/tools.php.html. Version: 2016, Abruf: 16.01.2016

[96] W3C SVG WORKING GROUP: Scalable Vector Graphics (SVG). http://www.w3.org/Graphics/SVG/. Version: 2010, Abruf: 16.01.2016

[97] THE APACHE SOFTWARE FOUNDATION: OpenMeetings. http://openmeetings.apache.org/. Version: 2015, Abruf: 16.01.2016

[98] EXPAT SOFTWARE: Team WhiteBoarding with Twiddla. http://www.twiddla.com/. Version: 2016, Abruf: 16.01.2016

[99] SALESFORCE.COM: Salesforce.com Acquires Dimdim. http://www.salesforce.com/eu/company/news-press/press-releases/2011/01/110107.jsp. Version: 2011, Abruf: 16.01.2016

[100] PROJEKT DOSVOX, Núcleo de Computaçao Eletrônica (Universität Rio de Janeiro);: DosVox. http://intervox.nce.ufrj.br/dosvox/. Version: 2002, Abruf: 16.01.2016

[101] UNIVERSITÄT ZÜRICH: Welcome to OLAT! http://www.olat.org/. Version: 2016, Abruf: 16.01.2016

[102] BPS BILDUNGSPORTAL SACHSEN GMBH: OPAL – Online-Plattform für Akademisches Lehren und Lernen. https://bildungsportal.sachsen.de/opal/dmz/. Version: 2016, Abruf: 16.01.2016

[103] WORLD WIDE WEB CONSORTIUM (W3C): WebVTT: The Web Video Text Tracks Format. http://dev.w3.org/html5/webvtt/. Version: Draft Community Group Report 21 August 2015, Abruf: 16.01.2016

[104] MICROSOFT: The Power of PixelSense. http://blogs.msdn.com/b/pixelsense/archive/2011/06/30/the-power-of-pixelsense.aspx. Version: 2011, Abruf: 16.01.2016

[105] SKYPE ; MICROSOFT: Skype – Kostenlose Anrufe an Freunde und Familie. http://www.skype.com/de/. Version: 2016, Abruf: 16.01.2016

[106] AVILANO GMBH: Avilano Kostenlose Videokonferenzsoftware. https://webmeeting.avilano.com/de/kostenlose-videokonferenz-software/. Version: 2016, Abruf: 16.01.2016

[107] SABA SOFTWARE INC.: Virtual Classroom Software – Online Training – Virtual Learning System. http://www.saba.com/us/sabameeting/virtual-classroom-software/. Version: 2016, Abruf: 16.01.2016

[108] CITRIX ONLINE, UK LTD.: Online-Meetings und HD Videokonferenzen. http://www.gotomeeting.de/. Version: 2016, Abruf: 16.01.2016

[109] NETUCATE SYSTEMS GMBH: Lösungen von netucate systems GmbH – Realtime Collaboration. http://www.netucate.com/loesungen/loesungen.htm. Version: 2009, Abruf: 16.01.2016

[110] SKILLSOFT IRELAND LIMITED: Online Learing, ELearning, Online Learning Courses, Skillsoft. http://www.skillsoft.com. Version: 2016, Abruf: 16.01.2016

[111] TALKING COMMUNITIES LLC: Talking Communities. http://www.talkingcommunities.com/. Version: 2010, Abruf: 16.01.2016

[112] WIZIQ INC.: WizIQ – Making Online Teaching & Learning Easier and Affordable:. http://www.wiziq.com/. Version: 2016, Abruf: 16.01.2016

[113] BigBlueButton Inc.: BigBlueButton. http://bigbluebutton.org/.
       Version: 2016, Abruf: 16.01.2016

[114] Moodle: Moodle – Open-source Learning Platform. https://moodle.org/.
       Version: 2016, Abruf: 16.01.2016

[115] YSL Holdings: Yugma, Free Web Conferencing, Online Meetings, Web Collaboration
       Service, Free Desktop Sharing, Video Conferencing, Remote Control Software, Net
       Meeting, Mac Conferencing. https://www.yugma.com/. Version: 2016, Abruf:
       16.01.2016

[116] World Wide Web Consortium (W3C): The W3C Markup Validation Service.
       http://validator.w3.org/. Version: 2013, Abruf: 16.01.2016

[117] Gunderson, Jon: Accessibility Evaluation Toolbar :: Add-ons for Firefox. https://
       addons.mozilla.org/en-US/firefox/addon/accessibility-evaluation-
       toolb/. Version: 2016, Abruf: 16.01.2016

[118] Talking Communities: Features – Web Conferencing at a Glance. http://www.
       talkingcommunities.com/features.htm. Version: 2010, Abruf: 16.01.2016

[119] Mozilla.org: Firefox. http://www.mozilla.org/de/firefox/. Version: 2016,
       Abruf: 16.01.2016

[120] Microsoft Corporation: Internet Explorer. http://windows.microsoft.com/
       de-de/internet-explorer/download-ie. Version: 2016, Abruf: 16.01.2016

[121] WillT.net: Shadow Keylogger 2.0. https://shadow-keylogger.jaleco.com/.
       Version: 2012, Abruf: 16.01.2016

[122] WebAIM: Screen Reader User Survey #4 Results. http://webaim.org/
       projects/screenreadersurvey4/. Version: 2012, Abruf: 16.01.2016

[123] Microsoft Corporation: Microsoft Active Accessibility. https://msdn.
       microsoft.com/en-us/library/ms971350.aspx. Version: 2001, Abruf:
       16.01.2016

[124] Kaneko, Masahiko: Windows Automation API 3.0 Overview. http://www.
       codemag.com/article/0810042. Version: 2016, Abruf: 16.01.2016

[125] Microsoft Developer Network: UI Automation and Active Accessibility. http:
       //msdn.microsoft.com/en-us/library/ee671585%28v=vs.85%29.aspx.
       Version: 2015, Abruf: 16.01.2016

[126] Microsoft: Microsoft .NET Home. https://www.microsoft.com/net.
       Version: 2016, Abruf: 16.01.2016

[127] Oracle: Java Accessibility Overview. https://docs.oracle.com/javase/
       8/docs/technotes/guides/access/overview.html. Version: 2016, Abruf:
       16.01.2016

[128] Oracle: Java Accessibility Access Bridge. http://www.oracle.com/
       technetwork/java/javase/tech/index-jsp-136191.html. Version: 2015,
       Abruf: 16.01.2016

[129] Tabeling, Peter: Home of Fundamental Modeling Concepts. http://www.fmc-
       modeling.org/. Version: 2016, Abruf: 16.01.2016

[130] Microsoft Corporation: GDI+. https://msdn.microsoft.com/en-us/
       library/ms533798%28v=vs.85%29.aspx. Version: 2012, Abruf: 16.01.2016

[131] World Wide Web Consortium (W3C): User Agent Accessibility Guidelines
       (UAAG) 2.0. http://www.w3.org/TR/2015/WD-UAAG20-20150915/.
       Version: 2.0: W3C Working Draft 15 September 2015, Abruf: 16.01.2016

[132] GOOGLE: GoogleDocs. `https://docs.google.com`. Version: 2016, Abruf: 16.01.2016

[133] FACEBOOK: Willkommen bei Facebook. `https://de-de.facebook.com/`. Version: 2016, Abruf: 16.01.2016

[134] ATUTOR: ATutor: Learning Management System. `http://www.atutor.ca/atutor/`. Version: 2016, Abruf: 16.01.2016

[135] OBJECT MANAGEMENT GROUP: Unified Modeling Language (UML) Resource Page. `http://www.uml.org/`. Version: 2015, Abruf: 16.01.2016

[136] THE APACHE SOFTWARE FOUNDATION: Apache OpenOffice Draw. `https://www.openoffice.org/product/draw.html`. Version: 2016, Abruf: 16.01.2016

[137] SKYPE ; MICROSOFT: What Are Chat Commands and Roles? `https://support.skype.com/en/faq/FA10042/what-are-chat-commands-and-roles`. Version: 2016, Abruf: 16.01.2016

[138] SKYPE ; MICROSOFT: What Is the Full List of Emoticons? `https://support.skype.com/en/faq/FA12330/what-is-the-full-list-of-emoticons`. Version: 2016, Abruf: 16.01.2016

[139] WHATSAPP INC: WhatsApp: Home. `https://www.whatsapp.com/`. Version: 2015, Abruf: 16.01.2016

[140] FREE SOFTWARE FOUNDATION: GNU Lesser General Public License. `https://www.gnu.org/licenses/lgpl.html`. Version: 2014, Abruf: 16.01.2016

[141] BIGBLUEBUTTON INC.: BigBlueButton: Accessibility. `http://docs.bigbluebutton.org/dev/accessibility.html`. Version: 2016

[142] ADOBE SYSTEMS INC.: ActionScript Technology Center – Adobe Developer Connection. `http://www.adobe.com/devnet/actionscript.html`. Version: 2016, Abruf: 16.01.2016

[143] UBUNTU.COM: TrustyTahr/ReleaseNotes – Ubuntu Wiki. `https://wiki.ubuntu.com/TrustyTahr/ReleaseNotes`. Version: 2015, Abruf: 16.01.2016

[144] RED5: Red5 Media Server. `http://red5.org/`. Version: 2016, Abruf: 16.01.2016

[145] ÉCOLE POLYTECHNIQUE FÉDÉRALE DE LAUSANNE (EPFL): The Scala Programming Language. `http://www.scala-lang.org/`. Version: 2016, Abruf: 16.01.2016

[146] ADOBE SYSTEMS INC.: Adobe Flex 4.6 – Using Adobe Flex. `http://help.adobe.com/en_US/flex/using/index.html`. Version: 2016, Abruf: 16.01.2016

[147] GRAILS PROJECT: The Grails Framework. `https://grails.org/`. Version: 2016, Abruf: 16.01.2016

[148] MOZILLA: Popcorn.js – The HTML5 Media Framework. `http://popcornjs.org/`. Version: 2016, Abruf: 16.01.2016

[149] OPENSTREETMAP: OpenStreetMap. `http://www.openstreetmap.org/`. Version: 2016, Abruf: 16.01.2016

[150] OPEN SOURCE INITIATIVE: The BSD-2-Clause License. `https://opensource.org/licenses/BSD-2-Clause`. Version: 2016, Abruf: 16.01.2016

[151] TU DRESDEN: TUD – TU Dresden. `https://tu-dresden.de/`. Version: 2016, Abruf: 16.01.2016

[152] MICROSOFT: Microsoft Speech API (SAPI) 5.4. `https://msdn.microsoft.com/en-us/library/ee125663%28v=vs.85%29.aspx`. Version: 2016, Abruf: 16.01.2016

[153] DEUTSCHE BLINDENSTUDIENANSTALT E.V.: Blista: Carl-Strehl-Schule. http://www.
blista.de/css/. Version: 2016, Abruf: 16.01.2016

[154] BIGBLUEBUTTON INC.: HTML5 Overview. http://docs.bigbluebutton.org/
labs/html5-overview.html. Version: 2015, Abruf: 16.01.2016

[155] ABLEDATA: Dot View Series Tactile Graphics Display (Model Dv-2). http://www.
abledata.com/product/dot-view-series-tactile-graphics-display-
model-dv-2. Version: 2016, Abruf: 16.01.2016

[156] KGS: KGS Corporation. http://www.kgs-jpn.co.jp/. Version: 2016, Abruf:
16.01.2016

[157] EMPTECH: Product Details: Graphic Window Professional (GWP). http://
www.emptech.info/product_details.php?ID=2447. Version: 2015, Abruf:
16.01.2016

[158] HANDY TECH ELEKTRONIK GMBH: Willkommen. https://handytech.de.
Version: 2016, Abruf: 16.01.2016

[159] TACTISPLAY CORP.: Tactisplay: News. http://www.tactisplay.com/.
Version: 2015, Abruf: 16.01.2016

[160] NIST: NIST 'Pins' Down Imaging System for the Blind. http://www.nist.
gov/public_affairs/factsheet/visualdisplay.cfm. Version: 2002, Abruf:
16.01.2016

[161] GREENVISION & BLITAB TECHNOLOGIES LTD.: BLITAB Technology – Feeling
Gets Visible. http://blitab.com/. Version: 2015, Abruf: 16.01.2016

[162] SMART TECHNOLOGY LIMITED: Project Outcome – Full Graphical Array 128x64
dots. http://www.smarttec.co.uk/itacti/news.htm. Version: 2007, Abruf:
16.01.2016

[163] ANAGRAPHS-PROJEKT: Final Report Summary – ANAGRAPHS (Anaglyptic
Refreshable Photo-Haptic Screen). http://cordis.europa.eu/result/rcn/
141413_en.html. Version: 2008, Abruf: 16.01.2016

[164] PERA TECHNOLOGY: Pera Technology. http://www.peratechnology.com/.
Version: 2016, Abruf: 16.01.2016

Abbildungsverzeichnis

Tabellenverzeichnis

Quellcodeverzeichnis

Abkürzungsverzeichnis

A	Avilano
AC	Adobe Connect
AF	Anwendungsfall
ALE	Adaptive Learning Environment (dt. Adaptive Lernumgebung)
API	Application Program Interface
ATAG	Authoring Tool Accessibility Guidelines
B	Barriere
BBB	BigBlueButton
BC	Blackboard Collaborate
BITV	Barrierefreie-Informationstechnik-Verordnung
CLE	Cooperative/Collaborative Learning Environment (dt. Kooperative/Kollaborative Lernumgebung)
cMOOC	Massive-Open-Online-Course (mit Interaktion)
CMS	Content-Management-System
COM	Component-Objekt-Model
CSCL	Computer Supported Cooperative/Collaborative Learning
CSCW	Computer Supported Cooperative/Collaborative Work
DIN	Deutsches Institut für Normung/Norm des DIN
DLL	Dynamic-Link Library
DOM	Document-Object-Model
Fkt.	Funktionalität
GDI	Graphical Device Interface
GUI	Graphical User Interface
HTML	HyperText Markup Language
ICT	Information and Communication Technology (dt. siehe IKT)
IKT	Informations- und Kommunikationstechnik (engl. siehe ICT)
IMS	IMS Guidelines for Developing Accessible Learning Applications
JAAPI	Java Accessibility API
JF	Java Ferret
JM	Java Monkey
LMS	Lernmanagementsystem (engl. Learning Management System)
MINT	Mathematik, Informatik, Naturwissenschaft und Technik

MOOC	Massive-Open-Online-Course
MSAA	Microsoft Active Accessibility
NUI	Non-Visual User Interface
OCR	Optical-Character-Recognition
OER	Open Educational Ressources
OM	OpenMeetings
OSM	Off-Screen-Model
PLE	Personal Learning Environment (dt. Persönliche Lerumgebung)
PVLE	Personal Virtual Learning Environment
SGML	Standard Generalized Markup Language
SVG	Scalable Vector Graphics
TC	Talking Communities
TN	Teilnehmende/r
UAAG	User Agent Accessibility Guidelines
UDL	Universal Design for Learning
UIA	User Interface Automation
UML	Unified Modeling Language
VK	Virtuelles Klassenzimmer
VKL	Virtuelle Kooperative Lernräume
VLE	Virtual Learning Environment (dt. Virtuelle Lernumgebung)
VRML	Virtual Reality Modeling Language
W3C	World Wide Web Consortium
WAI	Web Accessibility Initiative
WAI-ARIA	Web Accessibility Initiative-Accessible Rich Internet Applications
WB	Whiteboard
WCAG	Web Content Accessibility Guidelines
WE	Cisco WebEx
WHO	World Health Organization
WYFIWYG	What You Feel Is What You Get
WYSIWIF	What You See Is What I Feel
WYSIWIS	What You See Is What I See
WYSIWYG	What You See Is What You Get
YF	Yugma Free
XML	Extensible Markup Language
xMOOC	Massive-Open-Online-Course (basierend auf traditionellen Universitätskursen)